생로병사의 지혜,
속담으로 꿰뚫는다

생로병사의 지혜, 속담으로 꿰뚫는다

만여 가지의 속담으로 구사하는 인생론

정종진 지음

내놓는 글

속담은 유머와 풍자로 가득 차 있고, 짧은 글귀지만 리듬이 생생하게 실려 있다. 그래서 경쾌하게 익히고 가슴에 아주 선명하게 새겨진다. 대부분이 빗대는 말이어서 의미심장하고 숱하게 많은 뜻을 지니고 있어, 같은 속담으로 여러 상황에 활용할 수가 있다. 그야말로 천千의 얼굴을 가지고 있는 셈이다.

속담은 민족이나 나라의 역사와 문화, 인간의 심리를 짧게 요약하여 간파하도록 한다. 그러니 속담은 민족이나 나라, 지역공동체의 기본 수사학이다. 누구든 이 기본 수사학에 익숙해야 성숙한 시민이 될 수 있겠다.

속담이 풍부하다는 것은 공동체의 문화유산이 그만큼 풍성하다는 뜻이 되는 것이다. 속담은 지금도 계속 생겨나고 있다. 과거의 언어유산도 중요하지만, 현재에 만들어지고 있는 것에 계속 관심을 가져야 한다. 속담은 민중언어의 주축이 되기 때문이다.

책을 출간하고 세월이 꽤 지나 손을 보게 되었다. 외국에 머물면서 서둘러 쓴 것이어서 곳곳에 적지 않은 흠이 있었다. 이번에 『한국의 속담대사전』 수정증보판을 출간하면서 이 책의 수정판도 내놓는다. 지금의 내 수견으로 곳곳을 손질하였지만 여전히 미숙함이 많으리라 생각한다.

책보다 휴대전화기를 훨씬 더 오래 들고 있는 세태에도, 좋은 책을 만들어 보겠다고 애쓰는 윤재민 사장께 감사드린다.

2022년 가을에, 정종진 삼가 씀.

서 문

속담을 두고, '조상들이 관棺 밖에 내놓고 간 보물'이라 해야겠다. 후손들을 위해 조상들이 남겨두고 간 지혜의 말이기 때문이다. 우리 민족의 오랜 역사 속에서 만들어진 속담은 무궁무진하다고 할 수 있다. 그런데 속담이라 하면 옛날 것이라서 유통기간이 지난 것으로 생각하기 일쑤다. 지혜의 말은 유효기간이 없고, 오히려 오래된 말일수록 깨우칠 바가 크다는 것을 알지 못한다. 옛사람들에 비해 현대인들의 삶이 훨씬 달라지고 편리해지기는 했지만, 삶의 기본 틀은 크게 다를 수 없는 법이다. 생로병사의 과정, 기본 욕구인 의식주, 물욕·색욕·권세욕, 자식양육, 모두가 그렇다. 이런 것에 대한 속담들은 정말로 절묘하고 기가 막히다 못해 오장육부를 뒤흔들 정도다. 그러나 조상들로부터 받은 지혜의 창고가 아무리 풍성하다고 해도, 살아가는 데 깨우치고 활용하지 않으면 그야말로 흙 속에 묻힌 옥일 뿐이다.

이 책은 우리의 속담을 새롭게 살려 쓰는 모범을 보여주기 위한 것이다. 5만 개 정도의 속담을 수록한 《한국의 속담 대사전》을 작년에 내놓았다. 그렇지만 사전은 사전대로 필요한 것이고, 속담을 활용할 수 있는 본보기가 있어야 한다는 생각을 오래전부터 해왔다. 일반인들의 경우에는 기껏 수백 개의 상투적인 속담을 써먹을 정도인데, 그 활용도를 한껏 높여줘야 한다는 생각 때문이다. 글이나 말에서 속담을 적절하게 활용한다는 것은 글맛이나 말맛을 내는 최상의 방법 중 하나다. 맛을 낼 뿐만 아니라 삶의 뼈대를 바로 잡아주는 것이 바로 속담이다.

적어도 일만 개 이상의 속담을 활용한 인생지침서를 써보자는 욕심을 남몰래 키워오던 참이었다. 될 수 있는 한 많은 속담을 끌어들이기 위해 어떤 그물을 던질 것인가, 하는 것이 문제였다. 인생의 통과의 례를 보통 '생로병사'로 요약하지만, 거기에 연관되지 않는 세상사가 어디 있을 것인가. 사람이 태어나기 전부터 죽은 후까지, 내 나름대로 중요하다고 생각되는 주제를 잡아보니 77가지가 되었다. 각 주제별로 중요한 속담을 가려내고 분류하여 보편적인 가치관을 표현할 수 있도록 문장으로 만들었다. 속담을 최대한으로 끌어들이기 위하여 내 생각은 필요한 최소만을 내세웠다. 그러다 보니 만 가지 이상의 속담이 중복되지 않고 활용되었다. 이 책을 읽으면 숱한 속담들과 친숙해질 것이며, 조상들이 남긴 지혜가 얼마나 대단한지 깨우치게 될 것이다.

   내 소견이 작아 그물을 더 넓게 펴지 못한 것이 못내 안타깝다. 그물을 더 멀리 던지지 못하여 소중한 속담들이 많이 빠져나가게 된 것이다. 후에 생각이 더욱 성숙해지면, 이번에 거두어들이지 못한 속담들을 더욱 끌어들일 수 있도록 할 것이다.

   일 년 동안 UCLA 방문교수로 있으면서 이 책에 몰두할 수가 있었다. LA 한국문화원 도서관과 UCLA Young Library를 찾아, 한구석에서 이질감과 자긍심을 함께 느끼며 노트북에 열심히 쳐넣은 것이 작은 결실을 맺게 되었다.

   산 설고 물 설은 남의 나라 땅에 있는 동안, 환대를 해준 친구 이세영 원장 부부에게 감사한다. 또한 이 책을 잘 만들어준 범우사 윤재민 사장께도 감사한다.

2007년 10월 LA 땅에서,
정 종 진 삼가 씀.

차례

내놓는 글 / 서문 • 5

1. 사람의 삶 - '사람 살기는 생각하기 나름이라' • 13
2. 출생 - '하늘이 하는 일과 부모님이 하는 일은 못 말린다' • 23
3. 아들과 딸 - '계집아이 낳았다고 슬퍼 말고 사내아이 낳았다고 좋아하지 말랬다' • 27
4. 성씨와 이름, 띠 - '몸 치수 보아 옷 짓고 얼굴 보아 이름 짓는다' • 32
5. 신분 - '초가에도 양반 살고 기와에도 상놈 산다' • 36
6. 고향 - '고향 자랑은 아무리 해도 욕하지 않는다' • 39
7. 할아버지, 할머니 - '노인 박대는 나라도 못 한다' • 42
8. 아버지, 어머니 - '세상에 부모만한 게 없다' • 44
9. 형제, 남매 - '형제간에는 콩도 반쪽씩 나누어 먹는다' • 47
10. 일가친척 - '친척은 옷 위의 바람이다' • 50
11. 나라와 법, 백성 - '민심을 얻은 사람은 하늘도 감동한다' • 52
12. 복 - '복 속에서 복을 모른다' • 59
13. 양육 - '귀한 자식일수록 천하게 여겨야 잘 된다' • 64
14. 배움과 가르침 - '황금 친 냥이 자식 교육만 못하다' • 69
15. 몸 - '몸 밖에 재물이 없다' • 75
16. 지체부자유인 - '소경도 날 새는 것을 좋아한다' • 80
17. 생리작용 - '천하장사라도 제 눈꺼풀은 들어올릴 수 없다' • 84
18. 용모 또는 미모 - '얼굴 일색이 마음 일색만 못하다' • 88
19. 젊음 - '젊음보다 더 큰 재산은 없다' • 93
20. 첫사랑 - '사랑에 겨우면 마마자국도 보조개로 보인다' • 97

21. 마음 - '부처가 성불을 해도 성질은 남는다' • 101
22. 버릇 - '버릇 굳히기는 쉬워도 버릇 떼기는 힘들다' • 113
23. 말 - '세 치 혓바닥으로 다섯 자 몸을 살린다' • 115
24. 글 - '말로 짓는 원한은 백 년을 가고 글로 짓는 원한은 천 년을 간다' • 125
25. 친구 - '좋은 친구가 없는 사람은 뿌리 깊지 못한 나무와 같다' • 128
26. 나 스스로에 대한 생각 - '제 발등이 제일 뜨겁다' • 133
27. 남에 대한 생각 - '남한테 공연한 말을 하면 앞길이 맑지 못하다' • 139
28. 하늘과 땅, 천기 - '좋은 산천에서 좋은 인물 난다' • 145
29. 사계절과 밤낮 - '겨울바람 버릇없고 여름비 염치없다' • 151
30. 오행에 대한 인식 - '불과 물은 사정이 없다' • 159
31. 직업의 선택 - '삼대독자 외아들도 일해야 곱다' • 163
 (1) 농어업 - '농사가 잘 되면 나라에 걱정이 없다' / '사철 바다를 비우지 말랬다'
 (2) 공업 - '곳간의 곡식은 썩어도 몸에 가진 재주는 썩지 않는다'
 (3) 상업 - '일 전을 보고 물 밑으로 오십 리를 간다'
 (4) 사 - '벼슬살이란 얼음 깔린 비탈길을 소 타고 오르는 것과 같다'
32. 고용주와 고용인 - '머슴은 일로 주인을 잡고 주인은 밥으로 머슴을 잡으랬다' • 191
33. 사주팔자, 관상 - '사주보다 관상이 낫고 관상보다 심상이 낫다' • 195
34. 중매와 혼인 - '복 중에서 가장 좋은 복이 인연복이라' • 203
35. 부부 - '부부는 평생 지팡이다' • 211
36. 남녀의 성차 - '여자는 속이 고와야 하고 남자는 속이 넓어야 한다' • 218
 (1) 남자 - '남자의 팔자는 여자에게 달렸다'
 (2) 여자 - '여자란 남자 할 탓이다'
37. 정, 사랑 - '물을 쏟으면 줄고 정은 쏟으면 붙는다' • 233
38. 몸 사랑 - '살송곳 맛을 알게 되면 정 붙어 살게 된다' • 237
39. 아이 낳는 일 - '인간 보배는 자식이고 나무 보배는 열매다' • 240
40. 집안의 화목과 불화 - '가정이 화목하면 금은보배도 부럽지 않다' • 244

41. 가정과 사회 환경 – '강가에 살면 내장 속에 강의 냄새가 밴다' • 249
42. 도시와 시골 생활 – '삼수갑산도 정 붙일 탓이다' • 252
43. 짐승과 사람 – '짐승도 해가 바뀌면 철이 든다' • 256
44. 의식주 – '헐벗고 잘난 놈 없고 못 먹고 살찐 놈 없다' • 268
 (1) 의 – '옷 잘 입고 미운 사람 없고 옷 헐벗고 예쁜 사람 없다'
 (2) 식 – '염라대왕도 먹어야 대왕이다'
 (3) 주 – '설움 중에서 가장 큰 설움은 집 없는 설움이다'
45. 외도 – '색에는 남녀노소가 없다' • 285
46. 이혼과 재혼 – '과부 사정 홀아비가 안다' • 298
47. 돈, 재물 – '돈만 있으면 처녀 불알 파는 가게도 차릴 수 있다' • 303
48. 운수 – '궁한 뒤에 횡재를 본다' • 314
49. 부자 – '부자는 돈으로 일하고 가난한 놈은 힘으로 일한다' • 319
50. 가난 – '가난하면 마음에 도둑이 든다' • 324
51. 술, 담배 – '마음은 술로 보고 외모는 거울로 본다' • 330
52. 노름, 잡기 – '노름쟁이는 망해도 흥하지는 못한다' • 337
53. 타향살이 – '집 떠나니 서럽다' • 341
54. 빚 – '없는 것 같으면서도 있는 것이 빚이다' • 345
55. 부지런함과 게으름 – '부지런이 반복이다' • 348
56. 품성 – '열 번을 아는 것 같아도 모르는 게 사람의 마음이라' • 355
 (1) 천성 – '심리 바르고야 옷깃도 바르다'
 (2) 감정 – '마음 가는 데 발끝이 돌린다'
57. 근심과 걱정 – '한숨을 쉬면 삼십 리 안 걱정이 들어온다' • 377
58. 선과 악, 죄와 벌 – '하늘에 죄지으면 기도할 데도 없다' • 384
59. 신앙 – '귀신 대접해서 그른 데 없다' • 392
 (1) 도깨비, 귀신 – '어둑귀신은 올려다볼수록 크다'
 (2) 무당과 굿 – '무당 남의 밥 공짜로 안 먹는다'
 (3) 제사와 전통종교 – '조상 박대하면 앞길이 어둡다'
60. 명절과 절기 – '추석은 맑아야 좋고 설은 질어야 좋다' • 403

61. 음식과 맛 - '말똥을 놓아도 손맛에 달렸다' • 407
62. 자식 - '자식과 불알은 짐스러운 줄 모른다' • 416
63. 효자, 효녀 - '효성이 지극하면 돌 위에 풀이 난다' • 425
64. 시부모와 며느리, 처부모와 사위 - '남의 식구가 잘 들어와야 집안이
　　　　　　　　　　　　　　　　　　　잘 된다' • 430
65. 처가, 시가의 사람들 - '시누이 하나가 벼룩이 닷 되' • 436
66. 손자, 손녀들 - '두불 자손 더 귀엽다' • 441
67. 주위 사람들과의 인연 - '가까운 이웃이 먼 친척보다 낫다' • 443
68. 능력과 재주 - '구름 먹어서 구름 똥 싸는 사람 없다' • 447
69. 부귀와 공명 - '재물 있고 세력 있으면 밑구멍으로 나팔을 분다' • 453
70. 건강 - '복 중에는 건강복이 제일이다' • 458
71. 세월과 나이 - '세월을 이겨내는 장사 없다' • 461
72. 늙음 - '도깨비도 나이 먹은 도깨비가 낫다' • 464
73. 장수 - '사람이란 오래 살고 볼 일이다' • 469
74. 병과 약, 의원 - '살아날 사람은 약을 만난다' • 472
75. 죽음 - '죽음에는 편작도 별 수 없다' • 478
76. 죽음 뒤의 정리 - '사람의 가치는 관 뚜껑을 덮은 후에야 안다' • 487
77. 삶에 대한 회상 - '사람은 다 살게 되어 있다' • 492

1. 사람의 삶

'사람 살기는 생각하기 나름이라'

사람이 세상에 태어난다는 것 자체가 '하늘에서 떨어진 복'으로 생각할 일이다. 애초에 천지신명은 '사람값에 들지 못하는' 사람은 내지 않았다. '사람은 산천에서 내워서 터에서 키운다'는 말이 있는데, 한 생명에 대한 천지의 조화가 크다는 뜻이다. 더구나 부모의 은덕은 또 얼마나 큰가. '아버지 공은 천 년이고 어머니 공은 만 년이라'고 하지 않던가.

'사람의 명줄은 태어날 때 타고 난다'고 했다. '목숨이 기러기 털보다 가볍다'고, 낳자마자 죽는 사람도 물론 있다. '목숨이 정승이라'거나 '목숨이 천하'라고, 평생을 살아가는 사람에게 생명 이상의 것이 없다. '망할 놈 나면 흥할 놈 난다'는 세상인지라, '사람이 살려면 이런 일도 보고 저런 일도 본다'고 했다. 누구나 대부분 좋은 일과 싫은 일을 번갈아 겪게 마련이다. '사람의 한평생이 물레바퀴 돌 듯한다'는 말이 그래서 있는 것이다. 세태에 따라 사람도 변하게 되니, '사람은 일생 동안 열 번도 더 변한다'는 말은 당연하다.

'십 리 갈 길손과 천 리 갈 길손은 첫걸음부터 다르나'고 했지만, 사람의 삶은 처음부터 목표를 정해놓고 시작하지 않는다. 더구나 모든 사람의 삶이 다 같지 않다. '사람이란 다 노는 물이 따로 있고 흐르는 골이 제 각각이라' 하지 않던가. '사람은 다 제 갈 길이 있다'고 했고, '사람은 다 제멋에 산다'고 했다. '사람 팔자 알 수 없고', '세상만사 마음먹기에 달렸다'고 했으니, 우선 자신 있게 제 삶에 덤벼들 일

정종진 13

이다. '당해서 못 당하는 일이 없다'고 했다. '사람의 힘은 무섭다'는 말이 조금도 그르지 않다. '십 년을 보고 있으면 생돌멩이에도 구멍이 뚫린다'는 진리를 스스로 얼마든지 증명할 수 있는 것이다.

'사람 될 것은 아이 적에 안다'고 했지만 결코 그렇지 않다. 스스로에게 정성을 들이는 사람은 일찍 인생이 결정되지 않는다. '사람은 열두 번 변성變性한다'거나 '사람은 백 번 된다'는 말이 있지 않은가. '사람 팔자 시간문제라'고도 했으니 인생은 갑자기 변할 수도 있고, 오래 두고 꾸준히 바뀔 수도 있다. '말똥에 굴러도 이생生이 좋다'고 하고, 누구나 욕심으로는 '뭇 닭 속의 봉황이요 새 중의 학 두루미'로 살고 싶을 것이다. 제 삶에 정성을 쏟는 만큼 제가 지니는 값이 달라질 것이다. '사람마다 제 팔자라'는 말이 그 뜻이겠다.

인생이 아무리 '먹구름에 학 지나가듯' 짧은 것이라 하더라도, 또한 '사람 한평생 살아가는 것은 눈 깜짝할 사이'라 하더라도 하늘과 땅, 부모의 덕을 생각하여 제 삶에 공을 들일 일이다. '사람과 곡식은 가꾸기에 달렸다'고 하지 않던가. 누구나 스스로에게 끈질긴 정성을 쏟으면 더없이 훌륭하게 된다. '사람과 곡식은 되고 볼 일이라'고 했다. 잘 되면 더없이 좋겠지만 설혹 조금 덜 된다 해도 걱정하지 않아도 된다. '메밀이 세 모라도 한 모는 쓰인다'거나 '사람과 쪽박은 있는 대로 쓴다'고 했으니 말이다. '맹물에다 도끼 대가리를 삶아 먹으면서 동냥치 첩을 해도 제멋에 산다'거나, '사람마다 저 잘난 맛에 산다'고 했다. '거지도 바가지장단 멋으로 산다'고도 했다. 누구의 삶이든 제가 살아가는 것이다. 남에게 피해를 주지 않는 한에서 제 삶에 정성을 쏟으며 제멋대로 사는 것이 제 삶을 사는 것이라고 할 수 있겠다.

'사람 노릇도 돈이 있어야 한다'거나 '사람도 돈이 있어야 값이 나간다'고 했지만, 어디서나 '돈이 힘이고 돈이 왕'일 수는 없다. '바람이 불려거든 돈바람이 불고 풍년이 들려거든 임 풍년이 들랬다'고 하지만, 그것이 불행의 시작일 수 있다. '사람은 재물을 탐내다 죽고 새는 먹이를 탐내다 죽는다'고 하지 않던가. 돈이나 권력을 가진 사람들을 부러워 말 일이다. '밑을 내려다보고 살지 위를 쳐다보고 살지 마라', '사람은 치켜보지 말고 내려보고 살랬다'는 말을 명심해야 한다.

살다 보면 삶이 참으로 불평등하다는 것을 절감할 것이다. '돈 버는 사람 따로 있고 쓰는 사람 따로 있다'거나 '뛰기는 역말이 뛰고 먹기는 역졸이 먹는다', '밥 하는 놈 따로 있고 밥 먹는 놈 따로 있다', '돌 드는 놈 따로 있고 가재 잡는 놈 따로 있다'는 것처럼 여겨진다. '닭 잡는 놈 따로 있고 먹는 놈 따로 있다'거나, '건더기 먹는 놈 따로 있고 국물 먹는 놈 따로 있다'고 생각하기 일쑤다. 그래서 '누구는 인삼 먹고 누구는 도라지 먹나' 하고 분개하기도 한다. '데어 죽고 얼어 죽는다'는 생각에, '개는 놀아도 밥 주고 소는 일해도 죽 준다'는 판단에 삶이 추호도 평등하지 않다고 절망하기 십상이다.

'떡도 못 얻어먹는 제사에 무르팍이 벗겨지게 절만 하는' 수도 있고, '두부 먹다 이 빠지고 수박 먹다 이 빠지는' 수도 있으며, '노루고기 한 점 먹으려다 제 고기 열 점 잃는' 수도 있다. 누구나 이익을 좇지만 제 뜻대로 되기가 쉽지 않다. '땡감 하나라도 생기는 게 없으면 가는 길도 뺑 돌아간다'는 게 인간 심사라서, '꿩 먹고 알 먹고 둥지 헐어 불쏘시개 하고 깃털 뽑아 이 쑤시고 다리 잘라 능 긁는다'는 격으로 철저히 빼먹고 싶지만, '날두부에 쇠젓가락도 안 꽂힐 소리'다. '삼 년 묵은 호박에 도래송곳도 안 들어가는' 생각인 것이다. 가끔가다 '떡 본 김에 굿한다'거나, '떡 삶은 물에 풀하고 군불에 밥 익힌다'는 정도 이익이 있으면 다행이라 생각할 일이다.

살아가는데 사뭇 좋은 일만 생기기를 기대할 수는 없다. '산 좋고 물 좋고 정자 좋은 데 없다', '산 좋고 정자 좋은 데 없고 큰 참외 맛 좋은 것 없다'는 말대로 무슨 일이건 장단점이 함께 있다고 생각하면 편하다. '백미에도 뉘가 있다'거나 '맛 좋은 생선에 가시가 많다', '맛 좋은 준치는 가시가 많다'는 것처럼 좋은 면이 있으면 좋지 않은 면이 있게 마련인 것이다. 어찌 '바람이 배가 바라는 쪽으로만 불까'.

설상가상이 아닌 것만도 다행으로 생각할 일이다. '돌림병에 까마귀 울음이요 하품에 딸국질이라'거나, '국 쏟고 뭐 데고 귀싸대기 맞고 치마 버리고 아침밥 굶는다'고 할 정도면 살맛을 잃을 것이다. '노루를 피하면 범을 만나고 산을 피하면 태산을 만난다'든지, '늑대가 물러가자 호랑이가 들어앉는다', '도둑을 피하니 강도를 만난다'고 할 수 있는 점입가경의 처지가 되면 삶에 대한 애착이 사라질 것이다.

그래도 '가시 센 고기가 맛이 있다'든지, '소경은 귀가 밝고 귀머거리는 눈이 밝다', '꿩이 걷는 것 같이 잘 날면 매에 잡히지 않는다', '한 다리가 길면 한 다리가 짧다', '귀머거리도 좋을 때가 있다', '나귀를 구하매 샌님이 없고 샌님을 구하매 나귀가 없다', '까마귀는 검어도 살은 희다'는 정도라면 반타작은 하는 셈이 아닌가. '값싼 갈치자반 맛만 좋다'거나 '개울 치고 가재 잡는다', '고래 치고 재거름 하기', '길 치고 나무 하고', '누이 좋고 매부 좋고', '개천 치다가 금을 줍는다'는 금상첨화를 바랄까. '값싼 것이 비지떡이라'든지, '궂은 종자 매려 하면 아끼는 종자도 매어진다', '꽃신 사자 발목 삔다', '꽃 필 무렵에 비바람이 잦다', '마루가 높으면 천장이 낮다'는 게 정상이라 생각하면 좋다.

'사람의 일생은 탄탄대로가 아니라'고 한다. '사람 한 생애 길은 구절양장 고갯길이라'는 말이 맞는 속담이다. 그 구절양장 고갯길을 오르내리자니 '내려갈 때는 할아버지 할아버지 하다가 올라갈 때는 내 아들놈 내 아들놈 하는' 노루나 토끼 같은 경우가 되기도 하는 것이다. '지붕에도 마루 있고 사는 데도 마루 있다'는데 어쩔 것인가. 모든 일이 '녹수 갈 제 원앙 가고 범 가는 데 바람 가고 용 가는 데 구름 가고 장끼 갈 제 까투리 간다'는 것처럼 잘 맞아떨어질 수는 없는 노릇이다.

아무리 능력이 빼어난 사람이라도 여러 사람과 어우러져 살아야 좋다. '독불장군치고 끝이 좋은 놈 없다'고 했으며, '사람이 많으면 하늘을 이긴다'지 않던가. 뭇사람들을 외면하고 혼자 잘난 척 해봐야, '여러 사람이 미쳤다고 놀리면 성한 놈도 미친다'는 지경에 빠지게 되리라. '개 밥통에 토란 굴러다니듯 한다'는 소리를 들어서는 안 될 일이다. '외가닥 실은 바로 될 수 없고 홀로 선 나무는 숲을 못 이룬다'거나, '여럿이 가는 데 섞이면 병든 다리도 끌려간다'는 진리를 터득할 일이다. '검불이나 북데기도 한 무더기로 모이면 열이 난다'거나 '싸리 회초리 쉰 개면 몽둥이가 못 당한다', '구두장이 셋이면 제갈량의 꾀를 이긴다', '세 사람이 모이면 문수보살의 지혜가 나온다'는 말대로, 제 삶의 힘을 주위 사람과 함께 키우는 것도 지혜요 능력이다. '나무는 숲을 떠나 홀로 있으면 바람을 더 탄다'고 하지 않던가. '나무만 보고 숲을 볼 줄 모른다'는 비판을 받아서는 큰 사람이 될 수 없다. 부디 '한 사람 가는 길로 가지 말고 열 사람 가는 길로 가라'는 말을 명심할 일이다.

한평생을 살려면 걱정 속에 치어 살아야 한다. '걱정이 반찬이면 상다리가 부러진다'든지, '걱정이 열 섬이면 근심이 스무 섬이라'는 말대로 근심 걱정이 잔칫상이다. 세상에 걱정 없는 사람 있을까. '등짐장수 짐 받아도 걱정 안 받아도 걱정'이라고 삶이란 짐이 무거우니 어쩔 도리가 없다. '돌을 들고 있으면 얼굴은 붉어지게 마련이라'고 삶이란 짐을 지고 있으면 수심에 싸이는 것은 자명한 일이다. '사람 일생에 자식 명리名利 수명은 뜻대로 이루기 어렵다'고 했는데, 뜻대로 안 되는 걸 두고 사뭇 걱정이다.

'걱정도 팔자다', '걱정이 병이다', '걱정도 팔자에 있으면 모면하기가 어렵다'는 말이 있다. 괜스레 걱정을 사서 하는 사람을 두고 비꼬는 말이다. '걱정 없는 사람 사돈네 개 밥 안 먹는 것 걱정한다', '걱정을 사서 한다'는 말처럼 없는 걱정을 만들어 하는 사람이 있다. '메밀도 굴러가다가 설 때가 있다'고 했는데, 걱정을 그칠 수가 없는 게 인생이다. 다만 '사람 마음이 검으면 장래가 좋지 못하다'고 했으니, 걱정은 해도 마음만 잘 가지면 되리라.

'하늘에 머리 두고 사는 인간들치고 죄 안 짓고 사는 놈 없다'고 했다. '하늘이 다 알아본다'고 하지 않던가. '가까운 데 눈보다는 먼데 눈이 무섭다'는 말이 그 뜻이다. 그렇지만 하늘은 그것을 덮어준다. 하늘은 덮어주지 않는 것이 없다고 했으니 말이다. 그러나 '그물코 삼천에 코코마다 한 마리' 격으로, 하늘 아래 만든 죄가 많으면 화를 피할 수 없게 된다. '하늘이 만든 화는 피할 수 있으나 제가 만든 화는 피할 수 없다'는 말이 그래서 있다.

'악하면 악한 끝이 있고 선하면 선한 끝이 있다'거나 '선한 뒤는 있어도 악한 뒤는 없다'고, 세상사는 자기가 한만큼 결과를 얻게 된다. '악한 끝은 없어도 선한 끝은 있다'거나 '악한 끝은 없어도 후한 끝은 있다'는 말들이 다 같은 의미다. 제가 저지른 일에 대한 후환을 두려워하지 않는 사람 없을 것이다. '덕은 닦은 데로 가고 죄는 지은 대로 간다'고 했으니 말이다. '악한 사람에게는 악한 귀신이 따르고 선한 사람에게는 선한 귀신이 따른다'고 했으니, 지은 업대로 받게 되리라.

살다 보면 제가 진정으로 원했던 일을 이루지 못하고, 못내 아쉬워할 때가 많다. '못 잡은 범이 크다'거나 '못 잡은 가오리가 멍석만하다'는 격이다. 최선이 아니라 차선책이라도 잘되면 다행이지만 그리 쉽지 않다. '무슨 일이 안 되려니까 시어미가 끼어든다'고, 무슨 일을 하려 하면 훼방꾼이 나타나기 때문에 그렇다. 세상 어디고 '바람 불고 자는 데 없다'기에 각오는 하지만, '발떠귀가 사나우면 가는 데마다 먹고 난 자리뿐이라'고, 뜻대로 되는 일이 드물다. '무슨 일을 하자면 뒷골 여우가 돌아봐도 돌아봐야 그 음덕에 성사된다'는 말을 믿을 수밖에 없다.

삶이 아무리 고통스럽다지만 '간장에 전 놈이 초장에 죽으랴', '개가 짖어서는 담장이 무너지지 않는다'는 배짱으로 살면 얼마든지 버틸 수 있으리라. 궁지에 이르면 '대 끝에서도 삼 년을 연명한다'지 않는가. '질기고 모진 것이 삶이고', '사람만큼 무서운 게 없다'지 않던가. '죽을 구멍에도 살 구멍이 있다'는 게 세상이다. '맷돌질을 해도 생콩이 나온다'는 말이 얼마나 절묘한가.

'세상에 못할 일 못할 일 해도 사람 싫은 것처럼 못할 일은 없다'고, 인간에 대한 절망은 참을 수가 없을 지경에 이를 때가 있다. '밉고 못 때려죽이는 것이 사람이라'고 했으니, 참을 수밖에 없다. '참고 사는 것이 인생이라'고 했다. '참는 게 장사다', '참는 게 약', '참는 게 아재비라'거나 '참는 뒤끝은 있디', '참는 자에게 복이 있다'고늘 말한다. '세 번만 참으면 살인도 면한다'거나 '일시를 참으면 백날이 편하다', '일시의 치욕을 참으면 후일에 재기를 꾀한다'는 말들이 더없는 진리라는 것을 알게 된다.

세월은 가고 몸은 늙으니 '여자 이십 대엔 꿀같이 달고 삼십 대엔 무장아찌처럼 짭짤하고 사십 대엔 시금털털하고 오십 대엔 매운맛만

나고 육십이 지나면 쓴맛만 남는다'거나, '여자 서른이면 서운하고 마흔이면 매지근하고 쉰이면 쉬지근하고 예순이면 착 쉰다'는 조롱 아닌 조롱의 말을 듣게 되는 것이리라. 그러나 제 삶에 대해 그 누가 무슨 말을 하더라도 제멋에 사는 것이 보람 있다.

 인생은 여행과 마찬가지다. '길을 떠나려거든 눈썹도 빼어놓고 가라'거나 '천 리 길을 가려면 눈썹이 달린다'고 했다. 또한 '길 떠나면 돈이 염라대왕이라'고 했다. 여행에 너무 욕심을 내면 삶의 맛과 멋을 빼앗긴다. 주변 사람들을 다 함께 떠나는 여행객으로 생각할 일이다. 정해진 길을 내달리는 것보다, 이리 묻고 저리 물으며 갈 일이다. '길은 거짓말로 가르쳐 주지 않는다'고 했지만, 때로는 속는 일도 있을 것이다.

 '길에 나서면 다 동무라'지 않던가. '길동무가 많으면 먼 길도 가깝다'고 했다. '가다보면 중도 보고 소도 본다'. 그렇지만 '길 가다 돌을 차도 연분이고', '길 가다 옷깃만 스쳐도 전생의 인연이라' 여기면 마음이 편안하다. '가고 가면 못 갈 길이 없다'든지, '가고자 하는 배 순풍이라' 했다. 노력하면 모든 일이 다 이루어지지는 않지만, 거의 근접하게 마련이다. '모 아니면 도' 식으로 투기할 인생도 아니다. '바위를 베개 삼고 가랑잎을 이불로 삼는다'고 하는 삶도 생각하기에 따라서는 최상일 수 있다.

 삶이 아무리 고통스러워도 사는 게 낫다. 죽어서 편하면 뭘 하겠는가. '살아야 진자리 마른자리도 있다'는 것 외에 무슨 말이 더 필요하겠는가. '거꾸로 매달아도 사는 세상이 낫다'거나 '말똥에 굴러도 사는 게 낫다', '개새끼가 죽은 정승보다 낫다', '땡감을 따먹고 개똥밭에 굴러도 이승이 좋다', '겉보리죽만 먹고 살아도 이승이 낫다'는 말들이 얼마나 절절한 표현인가.

누구의 삶이라도 애초 목표달성을 위해 출발한 것이 아니니 서두를 필요가 없다. '넉 자로도 살고 두 자 가웃으로도 산다'는 것이 삶이고, '달걀 같은 세상 둥글둥글 살랬다'고 했으니 '바람 핑계 구름 핑계' 하면서 느긋하게 세월에 몸을 맡길 수도 있다. '급히 서둘러 좋을 것은 싸움터에서 달아나는 것과 벼룩 잡는 것이라'고 하였다. '무슨 일이든지 무사타첩이 제일이라'는 생각으로 마음 편하게 살아가는 것 또한 최선일 수 있다. '급히 먹는 밥에 목이 메고 끓는 국에 맛 모른다'고, 서두르며 사는 인생은 사는 맛을 모르게 된다. '슬슬 걸어도 황소걸음'이라고, 뚜벅뚜벅 믿음직하게 나가는 삶이라야 한다. '도끼를 갈아 바늘을 만든다'든지, '낙숫물이 디딤돌에 구멍 뚫는다'는 생각으로 꾸준할 일이다.

'못 올라갈 나무는 쳐다보지도 말고 못 건널 물은 발을 담그지도 말라'는 말은 조심스럽게 살라는 뜻으로 받아들이지 말아야 한다. 무리하지 말고 곱게 살라는 뜻으로 받아들일 일이다. '곱게 살면 갚음 받을 날이 있다'는 말을 믿어야 한다. '길가 밭에 외 심어서 가는 이도 드리고 오는 이도 드리면 공덕이라'는 소박한 삶을 실천궁행하는 사람이야 말로 품격이 높다. '흐르는 물도 떠주면 공덕이다', '목마른 사람에게 물 한 모금 주는 것도 공덕이다', '밥 한 끼를 주어도 은덕이라'고 했다. 왜 그렇지 않겠는가. '밥 한 끼 얻어먹고 천금으로 갚는다'든지, '대답 없는 말 없고 보답 없는 덕 없다'는 말 또한 그르지 않다. 어차피 '대천지 한바닥에 뿌리 없는 나무가 인생이라' 했고, '떡이 별 떡 있지 사람은 별사람 없다', '바람 먹어서 바람똥 싸는 사람 없다'고도 했는데, 더 욕심을 내봤자 '사람은 일생을 속아서 산다'는 후회밖에 남지 않을 것이다. '지름길은 종종걸음이라'거나 '급하면 돌아가고 얕은 물도 깊이 건너라'는 충고가 그래서 있는 것이다.

'인간은 어쨌든 살아가게 마련이다'. 아무리 '세상만사 물레바퀴 돌 듯한다'고 하지만 때마다 새로움이 있다. '물도 가다 구비를 친다'고 하는데, 삶의 전환점이 없을 것인가. '성심을 다한 사람의 힘은 하늘도 움직인다'고 했다. '동해바다의 숭어가 뛰니까 초당방 목침이 뛴다'는 식으로 살지 말고, '이 사람 말에 김장하고 저 사람 말에 메주 쑨다'는 취급도 받지 말 일이다.

'새벽길 걷는 사람이 첫 이슬을 턴다'는 생각으로 제 인생을 개척해야 한다. '발은 땅에 있어도 뜻은 구름 위에 있다'거나, '두꺼비가 못가에 움츠리고 앉아 있어도 하늘의 별 따먹을 궁리를 하고 있다'는 말에 힘을 얻을 수도 있다. 그런 생각으로 살라고 한다면 허황된 욕심이라고 할 것인가. 때로 '머리카락으로 방귀를 동이려 한다'거나 '모래를 쪄서 밥을 지으려 한다'는 소리를 들으면 어떤가. '모사某事는 재인在人이요, 성사成事는 재천在天이라'고 했다. 되고 안 되는 것은 하늘이 할 일이고, 사람은 열심히 준비를 하면 된다. '물 좋고 반석 좋고 정자 좋은 데가 어디 있나' 하지 않던가. 인생만사 좋은 것만 찾으려다가는 크게 실망할 뿐이다.

'숫눈길을 걷는 사람만이 제 발자국을 남긴다'는 말처럼 삶을 개척하듯 늘 새롭게 살도록 해야 할 것이다. 남들이 사는 대로 따라 살면 제 삶의 맛을 한껏 느끼지 못할 것이다. '나무도 달라서 층암절벽에 산다'고 했으며, '까마귀는 검은빛이 아름답고 두루미는 흰빛이 아름답다'고 했다. 또한 '꽃도 이슬 맞으며 피는 나팔꽃이 있고 이슬 맞으며 지는 달맞이꽃이 있다'고 했으니, 제 삶의 빛깔을 저 좋을 대로 택해야겠다. '노래면 다 육자배긴 줄 아나' 하고 당당하게 말할 수 있어야 할 것이다.

◆◆ 문수文殊보살 : 석가모니여래의 왼쪽에 있는 보살로, 모든 보
　　살들의 지혜를 맡음.
◆◆ 발떠귀 : 사람이 가는 곳을 따라서 길흉화복이 생기는 운수.
◆◆ 아재비 : '아저씨'의 낮춤말.
◆◆ 가웃 : 어떤 수치의 반 정도를 더한다는 뜻.

2. 출생

'하늘이 하는 일과 부모님이 하는 일은 못 말린다'

　'하늘은 덮어주지 않는 게 없고 땅은 실어주지 않음이 없다'고 했다. 어느 생명이든지 하늘과 땅은 성스러운 기운으로 생명이 있게 한다. '상추쌈에 된장 궁합'으로, '찰떡에 조청 궁합'으로 하늘과 땅의 뜻이 통하고 어우러져 생명의 씨앗을 내준다. '자손은 산천에서 낸다'는 말이 그래서 있는 것이다.
　천지의 명을 받아 부모는 생명을 키우는 것이다. '떡은 별다른 떡이 있어도 사람은 별다른 사람 없다'고 말들을 하지만, 한 사람 한 사람 생명을 탄생시키기 위해 하늘과 땅은 조금도 질서를 어긋나게 하지 않는다. '부름이 크면 대답도 크다'고, 하늘의 명이 크니 부모의 따름도 명쾌하다. '아버지 뼈 어머니 살'로써 새 생명을 빚게 되는 것이다. '부모의 은덕은 산보다도 높고 바다보다도 깊다'고 했는데, 그것은 하늘과 땅의 명을 받았기 때문이다. '세상에는 법도가 있고 하늘에는 천도가 있다'는 말대로 한 생명의 탄생은 모든 법도가 호응해서 이

루어진 일이다. '사주팔자는 고치는 수 있어도 천륜은 못 어긴다'는 말은 여기에서 비롯된다.

'부모의 덕과 하늘의 덕은 모른다'고 했는데 당연하다. 그 덕이 너무 크기 때문에 깨우칠 수 없는 것이다. '담배씨로 뒤웅박을 파는' 인간이, '권련 마는 당지로 인경을 싸려는' 사람이 그 큰 천지의 법을 어이 쉽사리 알겠는가. 우리 생명의 근원이 너무 커서 안 보인다고 해도 원리는 알아야 하고 좇아야 할 일이다. '하늘을 좇는 자는 살고 하늘을 거스르는 자는 망한다'거나 '하늘을 법으로 알고 땅을 법으로 알아야 한다'는 믿음으로 평생을 살아야 하는 것이다.

천지의 명을 받아 아이를 가지면 그 아니 당당한 일인가. 거기다가 좋은 밭과 씨가 만나면 생명은 아주 순조롭게 이루어진다. '아기 잘 들어서는 여자는 남자가 손목만 만져도 애가 들어서고 남자의 눈길만 슬쩍 마주쳐도 배가 불룩하다'고 하지 않던가. 천지의 뜻을 잘 떠받드는 사람에게 아이가 드는 일은 그야말로 '난쟁이 턱 차기'요, '무른 땅에 나무를 박고 재고리에 말뚝 치기'다. '누워서 떡 먹기는 눈에 고물이나 떨어지지'라고 할 정도로 수월한 일이다.

'아이 밴 여자 세도 같다'는 말이 나올 만하다. 하늘과 땅의 명령을 받들어 결실을 맺었는데 어찌 당당하지 않으랴. 무엇보다도 산모는 잘 먹어야 한다. '아이 설 때는 바람벽도 떼어먹고 싶다'거나 '아기 어머니는 삼사월에 돌을 먹으려 해도 이빨이 안 들어가 못 먹는다', '산모 입에는 석 자 가시도 걸리지 않는다'는 말들에서 알 수 있듯, 식욕은 가장 왕성한데 가난한 산모는 누구보다도 굶주림에 시달리게 되는 것이다.

'뱃속의 아이도 달이 차야 나온다'고, 산모에게 열 달 동안은 절제와 인고忍苦의 기간이다. 금기할 것들은 얼마나 많은지, 일거수일투족을 조심해야 한다. 예컨대 '임산부가 지게작대기를 아궁이에 넣으면 육손이가 태어난다'는 말은 도무지 믿을 바가 못 되지만, 혹시나 해서 모든 행동을 조심 한다. 태교라는 것이 산모를 철저히 묶어둔다. 시부모들은 '애 밴 며느리는 상전이듯 모시고' 지내야 한다. '애도 낳기 전에 포대기 장만한다'고 빗대지만 천만의 말씀이다. 미리미리 준비해 두지 않으면 어떤 일이든지 낭패를 본다.

아주 지극히 고통스러운 일을 애 낳는 통증, 즉 진통에 견준다. '애 낳으러 갈 때 신발을 돌려놓는다'거나 '애 낳다가 죽는 것은 사주에도 있다'고 할 정도로 산모의 고통은 심하다. '아기 날 때는 한 올이 새롭다'고 했다. 출산의 고통이 너무 심해 시간이 조금이라도 빨리 갔으면, 하고 간절히 바라게 된다는 뜻이다. '아기 날 때는 남편 탓한다'는 말도 마찬가지다. '낮에 낳은 자식은 아비를 닮고 밤에 낳은 자식은 어미를 닮는다'고 했는데, 음양론에 맞추려는 말일 뿐이다. '아이 난 뒤에 병신 된다'고 했다. 큰일을 해놓은 어미가 몸조리를 잘못할 수 있다. 주위 사람이 돕지 않으면 안 된다.

열 달 배 아파 난 자식이기에 '아기는 간에 붙는다'고 했다. 어머니는 자식을 끔찍이 아낀다는 말이다. 아기를 밤낮없이 돌봐야 하기에 '아기 어미 잠은 반잠이라'고 했다. 또 '아이는 두 번 먹고 어미는 한 번 먹는다'고도 했다. 그 정성을 누가 흉내라도 낼 수 있으랴. 그래서 '아이는 외할머니 딸이 기장 잘 돌본다'는 말을 듣게 되는 것이다. '아기 엄마 똥칠한다'고 했지만 예삿일이다. '아기 낳고 달걀 먹으면 젖 안 난다'거나 '아기 어머니는 가물치 고기를 먹으면 젖이 잘 난다', '아기 낳고 바닷고기를 구우면 아기 피부가 거칠어진다' 따위의 금기어와 속신어는 얼마나 많은가. 설령 그런 말들이 맞지 않는다 해도 혹시 아기에게 해가 될세라 살피고 또 살핀다. 늘 노심초사하니 '어미

사랑만한 게 없다'는 말이 당연하다. 그러나 '아기 기르기와 농사는 마음대로 안 된다'고 했다. 새싹 하나 기르기도 어렵거늘, 사람 농사야 두말할 필요도 없다.

아기 돌보기는 또 얼마나 어려운가. 제 자식 돌보기도 힘 드는 일인데, 혹시 남의 자식이나 손자·손녀를 돌봐주게 될 경우는 말이 아니다. '일해준 것은 표가 나도 아이 키워준 것은 표가 나지 않는다'고 하는 말이 그르지 않다. '애를 봐주려면 애 어미 올 때까지 봐줘라'는 일이 실제로 얼마나 고통스런 것인지 두루 잘 안다. 만일 남에게 아이를 맡기려면 충분한 보상을 해야 한다. 오죽하면 '아기 어머니 품삯은 닷 되 아기 돌보는 이 품삯은 한 말이라'고 했겠나.

아기가 쑥쑥 자라는 것은 어머니에게 더할 수 없는 기쁨이 된다. '아기 젖 먹는 것하고 우리 논에 물 들어간 것이 보기 좋다'든지, '아기 어미는 하루에 다섯 번 거짓말을 한다'고 하지 않던가. '아기를 길러봐야 부모 공든 줄을 알게 된다'고, 부모의 은공을 깨우치는 일은 그렇게 힘들다. 자라면서 '아이는 불태워 버리고 아이 주머니만 키웠나' 하는 소리를 듣지 않으려고 무진 애를 쓰는 것이다.

'아기 데린 어머니는 톳국도 제대로 못 먹는다'고 했다. '아기를 예뻐하면 코 묻은 밥을 얻어먹는다' 했는데, 그 정도는 아무것도 아니다. '뱃속에서 나올 때 울지 않은 아이 없다'고 했다. '우는 아이는 장사도 못 당한다'거나, '우는 아이는 어머니밖에 못 달랜다'고 했다. 그런 핏덩이를 키우면서 부모가 기원하는 말은 '숫아버지 생겨서 숫어머니 낳아준 대로 살아라'는 것뿐이다.

◆◆◆ 뒤웅박 : 박을 쪼개지 않고 꼭지 부근에 구멍을 뚫고 속을 파낸 바가지.

◆◆◆ 톳국 : 톳이란 바닷가 바윗돌에 붙어 자라는 해조海藻이며, 그것으로 끓인 국.

3. 아들과 딸

'계집아이 낳았다고 슬퍼말고 사내아이 낳았다고 좋아하지 말랬다'

남존여비男尊女卑 풍조가 점점 사라져 가니 좋다. 아들·딸 중 어느 쪽을 좋아하고 싫어하는 마음을 갖는다는 것이 미련한 일이다. 예전부터 '딸은 남의 조상 모시지만 자식은 제 조상 모신다'거나 '딸은 남의 집 산천에 낳는다', '딸은 남의 집 운수에 낳는다'는 이유 때문에 아들을 고집했던 것이다. '딸은 시집가면 온 남이 되고 아들은 장가가면 반 남이 된다'든지, '아들네 집에 가 밥 먹고 딸네 집에 가서는 물 마신다'는 생각에서 벗어나지 못했던 까닭이다.

뱃속의 아기가 아들인지 딸인지 미리 알아내야 직성이 풀리는 세태다. 아들인지 딸인지 미리 알아 좋을 일이 많은가? 아이가 탄생할 때까지 호기심을 누르며 희망을 부풀리는 것도 좋지 않은가. '호박이 많이 열리면 딸이 많고 박이 많이 열리면 아들이 많다'는 정도의 속신어를 믿으며 호기심을 달랬던 시대의 사람들을 비과학적이라고 무시하지는 말자. '배 안의 아이 아들 아니면 딸이라'고 생각하며, 아들이 되었든 딸이 되었든 축복하며 기다리는 것이 새 생명에 대한 예의일 수도 있다. '딸도 낳으면 아들도 낳는다', '아들 나면 딸도 낳는다'지 않는가.

정종진 27

아들에 대해 달갑지 않게 표현한 말들이 있을까? '아들 셋 기르면 눈알이 변한다'거나 '아들 많으면 걱정도 많다'는 말은 딸보다 아들 기르기가 훨씬 힘들다는 뜻이다. '아들도 말 태워 놓으면 사촌 된다' 거나 '아들 주머니돈은 사돈네 돈이고 남편 주머니돈은 내 돈이라'는 속담은, 아들도 혼인을 하면 부모의 기대를 배반하게 된다는 뜻으로 이르는 말이다. '아들이 셋이면 소도둑 보고 웃지 마라'는 말은 아무리 소중하게 여기는 아들이라도 장차 어떻게 될지 모른다는 뜻이다. 그러니 '아들 없는 것이 상팔자'라는 말이 나올 만하다.

이와는 달리, 아들을 선호하는 말들을 보자. '아들 복이 천복', '아들은 울타리', '아들이 있어야 남들이 넘보지 못 한다', '아들 못 낳는 여자는 팔자가 세다', '아들 삼 형제 있는 집에는 범도 못 들어온다', '아들 없이 죽으면 제삿날 물 한 모금도 못 얻어먹는다', '낳을 바에야 남자로 낳고 군자로 낳아라' 하는 것들이다. 뭐니 뭐니 해도 대를 잇고 제사를 지내준다는 것이 가장 큰 이유겠다.

이에 비해 딸을 달갑지 않게 여겨 만들어진 속담들을 보자.

'딸이 열이라도 아들 하나만 못하다', '딸은 하나면 과하고 반이면 모자란다', '딸은 두 번 서운하다', '딸 가진 사람은 아랫길로 간다', '여자가 어릴 때 자란 집은 제집이 아니다', '계집애는 욕 밑천', '딸은 욕 밑천이다', '딸자식은 남 주려고 기른다', '딸자식은 도둑년이다', '딸자식은 시집만 가면 다 남이라', '딸자식은 애물이라', '딸네는 아무리 잘 키워도 손해라', '딸년은 알도둑이다', '딸년은 헛거', '전생에 죄 많아 여자로 태어난다', '딸을 낳으면 걱정거리가 따라온다', '딸자식 길러 시집보내면 육촌이 된다', '여자로 태어나느니 소로 태어난 팔자가 낫다', '지네와 벌레 낳다가 부쳐야 여자 낳는다', '여자 팔자 개팔자라', '여자 팔자는 남자 손끝에 달렸다', '여자 팔자는 뒤웅박 팔자라', '소로 못 낳아야 여자로 낳는다', '딸이 많으면 걱정도 많다', '여자 소리가 울 넘어가면 집안이 망한다', '여자의 기분과 개구리가 뛰는 방향은 알 수가 없다'는 것들이다. 정말 많고도 많은데, 그야말로 '두부에 이빨도 안 들어갈 소리'고, '냉수에 이 부러질 소리'다. '갑인년에 콩 볶아먹은 소리한다'고 면박을 받을 만한 말들이다.

이와는 달리 딸에 대해 호의적인 속담들을 보자.

'잘 기른 딸 하나가 열 아들 부럽지 않다', '기둥감 딸도 있고, 서까래감 아들도 있다', '아들집 가면 버스 태워주고, 딸네 집에 가면 비행기 태워준다', '산중 귀물은 머루 다래요 인간의 귀물은 계집이라', '딸을 잘 두면 부원군도 된다', '딸자식 잘 두면 못된 아들보다 낫다', '딸아이는 귀하게 키우고 아들아이는 천하게 키워라'는 것들이다. 부정적인 것에 비하면 그야말로 '새 발의 피 병아리 눈물'이다.

딸 중에서는 특히 맏딸을 매우 소중하게 생각해 왔는데, 그것은 단지 집안 살림에 크게 도움이 된다는 이유 때문이다. '맏딸은 금 주고도 못 산다', '맏딸은 살림 밑천이다', '복 있는 사람은 첫딸을 낳는다', '철든 큰딸은 남편보다 낫다'는 말들이 그렇다. '딸 낳으면 돼지 잡아서 잔치하고 아들 나면 발길로 궁둥이 찬다'고 하는 제주도 속담이 있는데, 남자보다 여자의 노동력이 더 소중하다는 데서 생긴 말이다. 제주도야 여자가 많을수록 좋다지만, '여자가 한 집에 아홉이면 집 안이 망한다'고 하여 여자의 수에 상한선을 두기도 했다.

딸만 낳고 아들을 못 둔 집에서는 작은 부인을 얻거나 양자를 들이느라 주위 사람들을 고통스럽게 했다. '딸만 있어도 양자는 말랬다'든지, '서자라도 있으면 양자 말랬다', '딸 놓아두고 양자 안 들이고 피 놓아두고 양식 안 빚진다'고 했지만, 도리를 저버리기 일쑤였다.

남자보다 여자를 덜 소중하게 여기면서도, 여자의 역할이 얼마나

정종진

중요한가에 대해 특히 강조하려 했다. '아들을 잘못 두면 한 집이 망하고 딸을 잘못 두면 두 집이 망한다'거나 '아들을 잘 두면 한 집이 잘 되고 딸을 잘 두면 두 집이 잘 된다'는 말에서 그것을 알게 된다. 그래서 시집을 보낼 때까지 집안에만 있게 하며 순종지도를 강요했던 것이다. '여자하고 아이는 길들일 탓이라'는 말은 그런 생각에서 비롯되었다. '여자가 글공부해서 도원수 받아온 데 없다'고 하여 공부하는 것도 달가워하지 않았다. '여자는 두 번 태어난다'거나 '호박넝쿨과 딸은 옮겨놓는 대로 된다'고 생각하여 무사히 시집보내는 것을 최선으로 여겼다. '여자는 정조가 목숨이라'든지, '여자는 익은 음식이라' 하여 바깥출입을 통제했던 것도 다 그 때문인 것이다.

아들이건 딸이건 '제 새끼 밉다는 사람 없다'는 말이 그를 리 없다. '호랑이도 제 새끼를 귀엽다고 하면 물지 않는다'는 속담도 괜한 말이 아니다. 같은 제 새끼인데, 딸·아들을 구별하며 사랑을 더하고 덜한다는 것은 있을 수 없는 일이다. '아들 가진 사람은 윗길로 걷고 딸 가진 사람은 아랫길로 걷는다'거나 '아들 둘에 딸 하나 둔 집은 하늘의 옥황상제도 부러워한다', 또는 '딸 둘 낳고 아들 낳기는 정승 하기보다도 더 어렵다'는 말은 이제 더이상 수긍하기 어렵게 되었다. 정말이지 '무주구천동 개구리가 담배 먹던 시절의 이야기라'고 할 만하다. 사내자식 기르기는 얼마나 힘든가. '천둥 우는 날에 낳은 아들이냐'고 남들이 물을 정도면 차라리 딸을 부러워하게 될 것이다. '딸은 어머니를 닮고 아들은 아버지를 닮는다'거나 '딸이 제 어미 팔자를 닮는다', '딸은 어머니 피를 물고 낳는다', '딸이 아버지를 닮으면 잘 산다'는 고정관념에서 벗어나지 않으면 안 된다.

딸을 낳으면 겨우 '순산이나 하였으니 다행하지요' 하고 위로하고, 아들을 나면 '심보가 고와야 첫아들 낳는다'고 의기양양했다. 그러나 '아들 자랑은 팔불출의 하나라'고 하였다. '아들 자랑은 유자 자랑 딸 자랑은 참외 자랑'으로 비유하지만, 요즈음처럼 부모를 돌보지 않는 아들을 두고도 유자로 격을 높여야 할 것인가? '아들놈 소금장수 내보냈나'라는 말이 있다. 부모를 돌보지 않는 아들을 두고 빗대는 말이다. 정말이지 요즈음은 소금장수 나간 아들놈들이 너무도 많다.

'딸은 시집을 안 보내도 걱정이고 보내도 걱정이라'는 말은 딸을 얕보는 데서 나온 말은 아니다. 부모라면 누구나 하는 말이며 걱정이다. '아무리 없어도 딸 먹일 것과 쥐 먹일 것은 있다'며 고이 키웠는데 왜 안 그렇겠는가. '아들이 장가가면 반 남이 되고 딸 시집가면 온 남이 된다'거나 '아들은 말 태워 놓으면 사촌이 되고 딸은 시집보내면 육촌이 된다'고 하는데, 사촌이나 육촌이나 크게 다를 게 뭐 있겠는가. 그러니 '딸자식도 반자식이라'고 한다면, 아들자식도 반자식밖엔 안 된다. 지극정성으로 낳고 키운 자식을 두고 사촌 육촌쯤으로, 또는 반자식으로 여겨야 속이 후련할까?

'고와도 내 자식 미워도 내 자식', '미우나 고우나 제 자식 제 부모'이니 딸을 낳건 아들을 낳건 천명이라 여길 일이다. '여자는 첫아들을 낳아야 마음을 놓는다'는 강박관념을 갖거나, '딸 반은 적고 딸 하나는 많다'거나 '딸은 하나도 나쁘고 반은 병신이라'는 생각을 가진다면 정말로 고루하다. '여자 몸으로 태어나지 마라 평생의 고락이 남의 손에 달렸다', '여자의 평생 궁달窮達이 가장에게 달렸다'는 생각을 바꿔, 딸에게 독립정신을 더욱 키워주는 게 중요하다. 왜 딸들을 '응달에 수숫대요 언 수탉 신세'로 만들려 하는가. 이런저런 의미로 '딸 낳으면 오동나무 먼저 심으랬다'고 했는데, 오동나무뿐만 아니라 더 좋은 나무들을 심어 딸의 앞날을 축원해주는 것이 좋겠다.

'자식은 있어도 걱정이요 없어도 걱정이라'거나 '자식은 잘 두면 보배요 잘못 두면 원수라'고 했다. 또한 '자식은 잘 만나면 효자 되고 못 만나면 애물 된다'고도 했다. '금이 쏟아지나 은이 쏟아지나' 하면서도 자식에게 온통 애정을 쏟는 게 부모다. 그야말로 '밑 빠진 동이에 물 채우기' 식으로 사랑을 퍼붓지만, 정말이지 자식 덕 보자는 건 아니고 그저 본능이겠다. 자식에 대한 부모의 위대한 사랑 속에는 딸과 아들의 구별이 없다. 딸과 아들에 대한 편견은 모든 사람들을 불편하게 할 뿐이다.

◆◆◆ 도원수都元帥 : 고려와 조선 시대에, 전쟁이 나면 군무를 통괄하던 임시 무관 벼슬.

4. 성씨와 이름, 띠

'몸 치수 보아 옷 짓고 얼굴 보아 이름 짓는다'

옛사람들은 가문을 무척 중요하게 생각했다. 가문은 아버지 쪽으로 이어오는 성姓으로 이어오고, 이어간다. '아버지 원망은 성을 물려받았기 때문에 못한다'는 말이 그 모든 것을 함축하고 있다. '성을 갈면 개자식이라'는 말이나 제 확실한 주장을 내세울 때 '성을 갈겠다'고 쓰는 말도 역시 가문의 자존심을 표현하는 것이다.

조상으로부터 이어져 오는 성이 좋을 때 사람들은 자긍심을 갖는다. '조상의 뼈다귀를 팔아먹으며 산다'고 했는데, 성씨 자랑도 여기에 해당하리라. 양반이 되려고 성씨를 바꾼 가문도 결코 적지 않을 것이다. 그러나 '귀신은 속여도 혈통은 못 속인다'거나, '참대그루에 참대 나고 싸리그루에 싸리 난다'고 했다. 조상의 피를 어떻게 속일 수 있겠는가. 성을 바꾼 양반이 어찌 진정한 양반이겠는가. 그에 비해 소위 '천방지축마골피'라는 성씨들은 천한 성씨로 취급해왔다. 그래서 '성은 별 것 아닌데 풍잠 맛에 산다'거나 '성은 피가라도 옥관자 맛으로 큰기침 한다', '성은 피가라도 동지 맛에 산다'는 말이 있다.

사람 중에 별사람 없는 법이거늘, 그것도 성씨로 양반·상민을 구별한다는 것은 사실 '고양이가 웃다가 수염 부러지겠다'고 할만하다. '날아가는 새 똥구멍이 웃고 목청 뽑던 장닭 똥구멍이 웃겠다'고 해야 하리라. '날로 보나 등으로 보나' 그게 그거인 것이 사람이다. '돌배와 아그배 사이'고, '굴려봐야 물레방아요 던져봐야 마름쇠라'고 할 만큼 큰 차이가 없는 게 사람인데, '강아지 이마빡만한' 자존심을 성씨로 내세우려 하니 소인배도 그런 소인배가 없다.

성씨에 관한 한 희귀한 것이 유리하지는 않은 것 같다. 성씨에도 세勢가 있기 때문이다. 성세姓勢 순위가 김, 이, 박, 정, 최……라고 하던가. '김 씨 한 몫 끼지 않은 장이 없다'든지, '김 씨가 한 몫 끼지 않은 우물은 없다'고 했다. '남산에서 돌팔매질을 하면 김 씨나 이 씨 집 마당에 떨어진다', '남산에서 돌을 굴리면, 김 씨나 이 씨 집에 들어간다'고 하니, 김 씨와 이 씨의 성세姓勢를 알고도 남음이 있겠다. '장꾼 셋만 모여도 김가는 있다'거나 '촌놈 성이 김가 아니면 이가라'는 속담들을 두고 시비를 할 일은 아니겠다. '서울 가서 김 서방도 찾는다'는 말 역시 성세와 연관된 속담이다.

성을 두고 양반·상민을 가르는 일이 허다하며, 파렴치하다고 할 정도로 생활력이 강하다든지 고집이 세다는 것을 빗대는 일도 예사롭다. '함안 조가는 말똥구멍에서 나와도 양반이고 고령 신가는 돼지우리에서 낳아도 양반이라', '산 최가를 벗겨 놓으면 삼십 리를 달아난다'든지, '고 씨 고집'이라는 말들이 그렇다.

이외에도 '최가 앉은 자리에는 풀도 안 난다', '최가 앉았던 자리에는 삼 년 동안 풀도 안 난다', '경주 최가 앉은 자리에는 풀도 안 난다', '죽은 최 씨 하나가 산 김가 셋을 당한다', '고 씨 집 딸 야무지고 똑똑하다', '노성 윤 씨 식도락하고 연산 김 씨 묘 치장하고, 회덕 송 씨 집 치장한다', '창 씨 고 씨 벽걸이에 걸어놓은 씨 아니다'와 같은 말들도 성씨에 따른 내력과 특징을 요약하고 있다. '석가가 면장을 하면 성을 바꾼다', '박가하고 석가하고 면장을 하면 성을 바꾼다', '허 씨들은 빗자락 몽뎅이만 들어도 명필이 나오고 문 씨들은 자귀만 들어도 목수가 나온다'는 속담들도 독특하다.

어떤 가문을 두고 조롱하는 속담을 만들어내는 것은 좋지 않다. 또한 가문을 우쭐하게 하는 속담만으로 허세를 부려서도 안 될 것이다. 성세姓勢를 믿고 호가호위狐假虎威하는 시대는 지났다. 다만 제 성씨에 누를 끼치지 않도록 애를 쓴다면 더없이 좋은 일이겠다.

'하늘 아래 이름 없는 풀이 없다'거나 '한 손에 붙은 손가락도 제각각 이름이 있다'고 했듯 이름 없는 사람이 없다. 이름이라는 것은 존재를 인정한다는 뜻이기에, 이름을 지어주는 일은 무척 중요하다. '이름도 성도 모른다'면 세상에 존재하지 않는 것처럼 여겨질 것이다.

이름은 그 사람의 특징을 요약하거나 그 사람에 대한 염원이나 축복의 의미를 가지기 십상이다. '이름이 고아야 듣기도 좋다'는 말대로, 사람의 이름은 될 수 있는 한 부르기 좋고 듣기 좋게 짓는 것이 당연할 것이다. '치수 보아가며 옷 짓고 얼굴 가져 오너라 이름 짓자'는 말대로 외모에 맞는 이름을 붙여야 할 것이다. 외모에 맞는 이름을 짓는다거나 '겉모습 보고 사람 이름 짓는다'는 말은 단지 겉모양을 이름으로 대신한다는 뜻이 아니다. '이름이 좋아 불로초라'거나 '이름이 좋아 하늘타리라'는 말처럼 명실상부하지 않은 이름이어서는 안 된다는 뜻이다.

이름을 짓기 위해서는 사주팔자와 관상학이 동원되어야 했다. 그 사람의 사주와 관상을 통해 출세를 하거나 팔자를 펼 수 있는 근거로 생각하기 때문이다. '범은 가죽을 아끼고 군자는 이름을 아낀다'거나 '표범은 죽어서 가죽을 남기고 사람은 죽어서 이름을 남긴다'고 했는데, 이름이 시원치 않아서야 되겠는가. 못난 사람에게 좋은 이름을 지어준다고 해서 '가게 기둥에 입춘'이라거나 '개발에 주석 편자', '청자 접시에 보리개떡'이라고 비꼬아서는 안 될 것이다.

문제는 좋은 이름이라는 것에 대한 생각이겠다. 성명학이라 해서 역술가들이 사주팔자, 관상을 동원하고 그럴듯하게 설명을 해대지만, 얼마나 믿어야 할지 망설여지는 것도 사실이다. 그런 지식을 동원하지 않고 이름을 지어도 얼마든지 잘 사는 사람이 많다. 믿을 수도 없는 성명학의 논리에 휘둘리지 않는 게 지혜다.

10간 12지를 가지고 60갑자를 만든다든지, 12지로 사람마다 띠를 부여하는 일은 무슨 의미가 있는 것일까. 무한한 시간을 일정 단위로 나누어 순환하는 세월로 파악하려는 욕심이겠다. 12지에 선발된 동물들과 그 순환되는 질서에 어떤 비의秘義가 있는 건지도 모르면서, 무작정 믿고 따르는 것에 문제는 없을 것인가?

'쥐띠는 잘 산다', '쥐띠는 밤에 낳으면 잘 산다', '소띠는 일이 많다', '겨울 소띠는 팔자가 편하다', '봄 소띠는 고되고 겨울 소띠는 편하다', '여자 범띠는 팔자가 사납다', '여자가 토끼띠면 예쁘다', '여자 토끼띠는 궁하게 산다', '여자 용띠는 성질이 악독하다', '뱀띠는 성질이 깐지다', '여자가 말띠면 팔자가 세다', '말띠 가진 여자는 팔자가

정종진 35

세다', '양띠는 부자가 못 된다', '봄 닭띠는 자식이 많다'는 말들이 띠에 관한 속담이다.

동물의 속성을 가지고 사람과 연관시켜 성품과 운세를 판단하는 것은 전적으로 믿을 수 없다. '두견이 소린지 소쩍새 소린지' 구별이 안 되니, 있는 둥 마는 둥 하다고 생각하는 게 현명한 일일 수 있다. 열두 동물을 선택하고 그 속성에 대해 판단을 하는 것, 그리고 그 순환질서를 절대적인 것으로 생각할 수는 없는 일이다. 띠에 관한 선입견을 가지지 않는 것이 더 지혜로운 생각일지도 모른다.

5. 신분

'초가에도 양반 살고 기와에도 상놈 산다'

'사람 위에 사람 없고 사람 밑에 사람 없다'고 했지만, 실생활을 겪으며 인간 평등을 믿는 사람은 없을 것이다. 예로부터 양반·상민의 구별이 엄연했고, 지금 이 시대에도 권력과 재물의 많고 적음에 따라 대접받는 높낮이가 천양지차, 천차만별이다. 사람들 마음속 깊은 곳에는 양반·상놈이라는 차별적 인식이 아직도 살아 있다.

양반과 상놈에 대한 인식은 극단적이었다. 하나의 속담에서 두 계층을 견주는 데서 그 모습을 보게 된다. '양반은 가는 데마다 상이요 상놈은 가는 데마다 일이라'거나 '양반은 먹는 것으로 세월을 보내고 상놈은 일하는 것으로 세월을 보낸다', '양반의 새끼는 고양이 새끼요 상놈 새끼는 돼지 새끼라', '양반 죽은 동네 없고 상사람 살만한 부락 없다', '양반 집 딸은 상놈 집으로 시집가면 못 살아도 상놈 집 딸은 양반 집으로 시집가도 산다', '상놈 먹고 싶은 것 많고 양반 보고 싶은 것 많다', '상놈 새끼는 강아지 새끼 양반 새끼는 비둘기 새끼', '상놈은 땅을 파서 먹고 살고 양반은 지조를 지켜서 먹고 산다', '상놈은 발덕 양반은 글 덕', '상놈은 발로 살고 양반은 글로 산다', '양반을 사귀면 병풍 두른 듯하고 상놈을 사귀면 가시 밟은 듯하다', '빨간 상놈 푸른 양반'이라는 말들이 그 예다.

양반은 탐욕과 허세의 화신으로 표현된다. 아주 비생산적인 계층으로 인식되었던 것이다. '양반 도둑이 호랑이보다 무섭다', '양반 돈은 상놈 주머니에 들었다', '양반 못된 것은 장에 가서 불호령한다', '양반은 으름장으로 살고 아전은 포흠으로 살고 기생은 웃음으로 산다', '양반은 이무기다', '양반이 마음대로 욕은 못하고 씹좆만 찾는다', '양반 자식은 배고픈 호랑이도 더럽다고 안 잡아먹는다', '양반 하나면 세 동리가 망한다'라는 말들에서 보듯 아주 되지 못한 인간상으로 제시된다.

체면과 고집, 허세는 또 얼마나 터무니없는가. '양반 고집은 쇠고집', '양반은 고집 센 짐승하고 한 가지라', '양반은 개헤엄을 안 친다', '양반은 곧 죽어도 겻불을 쬐지 않는다', '양반은 물에 빠져도 지푸라기를 잡지 않는다', '양반은 배가 고파도 밥 먹자고 하지 않고 장맛 보자 한다', '양반은 사흘을 굶어도 풍잠 맛에 굶는다', '양반은 샛길로 가지 않는다', '양반은 얼어 죽어도 짚불은 안 쬔다', '양반은 죽을 먹어도 이를 쑤신다', '양반은 추워도 떨린다고 하지 않고 흔들린다고 한다', '양반이라는 건 금방 굶어 죽어도 손끝에 흙 하나 안 묻히고 죽는다'는 속담들에서 별스런 인간으로 인식하게끔 한다.

'양반 상놈에 씨가 없다'든지, '상놈이라는 것은 할 수 없고 양반

놈 별하지 않다'고 했다. '검둥이가 센둥이고 센둥이가 검둥이라'는 말과 마찬가지인 셈이다. '양반은 조상의 뼈로 양반이라'거나 '양반도 사흘 굶으면 도둑질한다', '양반은 하인이 양반 시킨다'고도 했다. 제 노력과 능력에 따라 대접을 받지 않고 기득권으로 군림하려면 지탄의 대상이 된다. '양반 가난이 더 무섭다'는 말은 체면과 허세로 살며 현실적응력이 없던 양반의 처지를 요약한 말이다. 그래서 '개 팔아 두 냥 반'이라든가, '개 팔아 한 냥 돝 팔아 한 냥 개돝 합쳐 양반', '양반 양반 개 팔아 두 냥 반 돼지 팔아 석 냥 반 소 팔아 넉 냥 반이다', '양반인지 좆반인지'라고 조롱거리가 되었던 것이다. 이 시대 누가 이런 양반이 되고 싶을까.

상놈(상민, 상사람)은 오래도록 피해계층이었다. 죽도록 일하고도 대가를 정당하게 받지 못하고 억눌려 살던 사람들이었다. 그러나 그 계층에 의해 이 사회는 유지되었다. '상놈의 살림은 양반의 양식이라'거나, '상놈의 눈은 양반의 티눈보다 못하다'는 상놈이 양반에 견주어 얼마나 하찮은 존재인지를 표현한 말들이다. 상놈이 양반 욕심을 내도 불행해진다는 말들이 있다. '상놈이 양반을 좋아하면 사지가 찢긴다'든지, '상놈이 양반이 되면 한 달도 못 살고 북에 치어 죽는다', '상놈이 갓을 대가리에 얹으면 골이 깨어진다'는 말들이 그것이고, 상놈이 갑자기 처지가 달라져서 저지르는 꼴불견을 '상놈이 곡식 바쳐 맥동지 벼슬을 하면 대가리를 꼿꼿이 들고 팔자걸음 걷는다', '상놈이 나귀 타면 큰기침만 한다'고 비꼬았다.

상놈이 대우를 조금이라도 받으려면 돈이 있든지 나이가 들어야 했다. '상놈도 돈 있으면 양반 된다', '상놈은 나이가 양반이라', '상놈은 나이가 벼슬이라', '상놈은 지게가 의관이고 나이가 양반이라'는 말들에서 그것을 알게 된다. '상놈 좆에도 금테 두른 놈이 있다'는 말은 하찮게 여기는 집단에도 탁월한 인물이 있다는 뜻이다. '참새가 천 이면 멧새도 한두 마리 있다'는 말과 같은 뜻이다.

'족보가 밥 먹여주고 뼈대가 옷 입혀주나' 하고 말하지만, 옛날에는 그랬다. '뱃속에서부터 배운 놈은 없다', '뱃속에서 은숟가락 물고 나온 사람 없다'고, 양반과 상민이 전혀 다를 바 없는데도 제 능력과 관계없이 양반만 대접을 받았던 것이다. '가문 덕에 대접 받는다'거나 '가문 뜯어먹고 산다'고 할 수 있었다.

이제는 누구나 제 능력에 따라 대접을 받을 수밖엔 없다. 타고난 제 신분이나 집 안을 두고 열등감이나 우월감을 가져서는 안 될 일이다. '개천에 빠졌거나 용상에 빠졌거나' 누구나 동등하다. '대접에 든 물맛이나 항아리에 든 물맛이나' 다를 바 없고, '메로 치나 절구로 치나 떡방아는 한 가지'다. 양반·상놈을 가르던 오랜 편견, '고름이 피 안 되고 때가 살 안 된다'고, 이젠 흉터로 남은 유산이다. '문벌이 갑오쪽 같다'고 하는데, 지금의 제 능력이 명분에 못 미치면 오히려 족쇄가 될 뿐이다. '비단 조상에 개똥 자손'이라는 소리나 듣지 않도록 제대로 살면 된다.

6. 고향

'고향 자랑은 아무리 해도 욕하지 않는다'

'까막까치도 고향이 있다'고 했다. 누구들 고향이 없을 것인가. '고향길은 밤에 가도 돌에 채이지 않는다'고 했다. 또한 '매운 연기조차 단 게 고향이라'고 했는데, 더 이상 기막힌 표현은 없으리라. '쇠똥밭에 굴러도 고향이 좋다'거나 '고기도 저 놀던 물이 좋다', '갇힌 새는 옛날 놀던 숲을 그리워한다'는 심정을 이해 못할 사람 없을 것이다.

고향이란 제가 태어날 때 인연을 맺은 터전이다. 고향 대신 고구故丘, 고원故園, 고산故山, 고리故里라는 말로 쓰기도 하는데, 모두 오래도록 인연을 맺고 있는 가장 정겹고 익숙한 산천이란 뜻이다.

고향을 떠나봐야 고향 좋은 줄을 알게 된다. '헐어도 내 땅이 낙원이라'든지, '고향 까마귀는 보기만 해도 반갑다', '고향은 꿈에 가도 좋다'는 것을 객지에서 고생해본 사람들은 저절로 깨우치게 되리라. '살아가면 고향'이라지만 그런 경지에 이르기가 그리 쉬운 일일까. '고향이나 핏줄은 멀리 두고 그리는 게 제맛이라'이라지만, 또한 '숭늉을 마시면 고향 생각이 난다'는데 어찌 멀리 두고 그리고만 있겠는가.

'자식을 낳으면 서울로 보내랬다'고 하니까 그저 도회지만 좋은 줄 알고, 저를 길러준 산천을 미련 없이 뒤로 하는 사람도 많지만 얼마나 가겠는가. '사람 살 데는 골골이 다 있다'지만 어디 아무데서나 살 수 있는가. '고기도 큰물에서 놀아야 대어가 된다'고 하지만 큰물에서 논다고 저마다 다 대어가 되지는 못 한다. '개천에 나도 제 날 탓이라'는 말이 그르지 않다.

저 태어난 곳을 떠나보지 않은 사람은 제 고향 좋은 줄을 모르게 된다. '쌀광 쥐는 쌀 고마운 줄을 모르고 물고기는 물 고마운 줄을 모른다'는 말이 그를 두고 빗댄 것이다. '나는 꿩도 제 산기슭을 지킨다'고 하지만 제 고향만 지키다 보면 견문도 부족하고, 고향에 대한 애틋한 감정을 더 키우지 못하게 된다. '동네 송아지는 커도 송아지라'

는 취급이나 받게 되리라. 발가벗고 태어나 서로 허물없이 자라난 근본을 알기에 더 잘난 사람도 못난 사람도 없는 곳이 고향이다. 그래서 '제 자식에 위인 없고 제 고향에 영웅 없다', '현인은 고향에서 알아주지 않는다'는 말이 있는 것이다.

'짐승도 죽을 때면 고향을 찾는다'거나 '범도 죽을 때는 제 굴에 가서 죽는다', '사람은 늙으면 제가 태어나고 자란 고장의 음식을 찾게 된다'고 했는데, 그렇다면 고향은 죽을 때나 찾는 곳일까. '겉돌던 닭도 때가 되면 홰 안으로 찾아든다'거나, '호랑이도 죽을 때는 제집을 찾는다'고 하듯, 삶을 정리할 때나 마지막으로 찾아들어야 하나.

결코 그렇지 않다. 타향에 살면 살수록 고향을 탯줄처럼 튼튼하게 연결시키며 힘을 받아야 한다. '범도 저 자란 고향은 떠나지 않는다'고 고향을 떠나지 않고 살면 좋을 수 있겠지만, 떠나 살더라도 자주 고향을 찾아야 한다. 오죽하면 '선산도 고향이 가까워야 마음이 놓인다'고 했을까. '강남 갔던 제비 고향 산천 몰라본다'고 할 정도면 도리가 아니다. 저를 낳고 길러준 산천을 대하는 태도가 아닌 것이다.

'제 아비 성姓하고 고향은 못 바꾼다'고 했다. '아들 자랑은 말아도 고향 자랑은 하랬다'거나 '고향 자랑 병 자랑은 해도 계집 자랑 자식 자랑은 말랬다'는 말이 그르지 않다. '감 고장의 인심'이 있는 곳, '날 받아둔 처녀 돼지 밥 주듯 한다'고 견줄 만큼 인심이 후한 곳이니, 어찌 자랑하지 않을 수 있겠는가. 고향산천에 대한 고마움을 늘 새겨볼 일이다. '돌 진 가재'처럼 언제나 가슴이 뿌듯할 것이다.

7. 할아버지, 할머니

'노인 박대는 나라도 못 한다'

　이 세상에 태어나면 몇 겹으로 싸여있는 사람 울타리를 만나게 될 것이다. 가장 너르게 둘려져 있는 것이 할아버지·할머니, 외할아버지·외할머니란 울타리다. 이 울타리 덕분에 어린아이는 안전하고 지혜롭게 자라날 수 있게 된다.
　'집 안엔 늙은이 하나와 걸레 하나는 반드시 있어야 한다'는 말이 있다. 걸레는 집안을 깨끗하게 하고, 노인은 집 안팎의 대소사를 지혜롭게 해결하기 때문이다. 아버지·어머니가 가장 튼튼한 울타리일 수도 있지만, 예전에는 '이십 전 자식이요 삼십 전 재물이라'고 했는데, 이십 된 부모가 세상사를 얼마나 알 것인가. 요즈음 삼십, 사십이 된 부모라고 해도 크게 다를 건 없다. '바늘구멍으로 소 몰아넣기'나 궁리하다가, '가면 태산이요 돌아서면 숭산이라'는 처지에 몰리기 일쑤다. '짐작이 천 리고 생각이 두 바퀴라'고 하는 노인들이 있기에 집안이며 나라가 잘 돌아갔던 것이다. 하다못해 '게를 구워도 발을 떼어야 먹는다'는 노인들의 조심성도 소심한 것이 아니고, 슬기라고 보면 슬기라 하리라. '고욤 칠십 개가 감 하나 못 당한다'는 말로 젊은이와 노인을 비유할 수 있을 것이다. 노인들을 양로원이나 노인정으로 떠나보낸 것은 한 집안에서 지혜가 빠져나간 것과 다를 바 없다.
　할머니나 할아버지, 외할머니나 외할아버지는 부모의 부모다. '한 치 건너 두 치'인지라 조부모들이 부모에 비해 그리 영향력을 갖지 못하는 줄로 아이들은 눈치채게 마련이다. '할아버지 뺨은 손자가 때린다'고 할 정도로 버릇없이 굴기도 한다. 급기야 '할머니 콩죽으로 안 살고 어머니 젖으로 산다'는 투로 행동하기도 한다. 그야말로 '나올 적에 봤더라면 짚신짝으로 막았을 것을' 하는 말이 나올 만큼 호로자식으로 여겨질 때도 있겠다. 손자들 자라는 것이 할아버지·할머니의 음덕인 줄 알 수 없으니 참으로 답답한 일임엔 틀림없다. 한 가문의 자식들이 번성하고 부귀하게 됐다는 뜻으로 '할아비 산소에 함박꽃 피었다'고 말한다. 그렇게 된 것도 다 조부모 덕일 수밖에 없는 것이다.

　할아비를 못났다고 할 것인가. 물론 '할아버지도 손자에게 배울 것이 있다'는 말이 맞다. 그러나 '할아비 불출이 손자 거름이라'는 말이 있는데, 할아비가 다소 못난 것은 오히려 손자를 잘 되게 하는 거름이 된다는 말이다. 할아버지의 덕이 이렇게 저렇게 다 저에게 미치는 줄은 모르고, '개똥에 떨어진 감은 외할아버지 갖다 준다'고 한다.

　'할아버지 떡도 싸야 사먹는다', '할아버지 떡도 커야 사먹는다'고 말할 것인가. 하찮은 제 이익에 눈 어두운 놈치고 잘 되는 놈 없다. 손자가 할아버지에게 버릇없이 구는 것은 전적으로 부모 탓이다. 그런 부모라서 '할아버지가 돈을 벌면 아비는 돈을 쓰고 손자는 거지 된다'는 말이 있는 것이다.

　할머니의 경우도 좋게 쓰인 속담이 없다. '할머니 뱃가죽 같다', '할머니 젖통 같다'고, 시원찮은 것을 두고 견주는 말이다. '외할머니 술도 싸야 사먹는다', '외할미 보리개떡도 커야 사먹는다'고 의리부동한 말을 해댄다. 겨우 '할머니 손은 약손이라'는 말만 쓸 만하다.

　'자손은 조상의 그림자라'고 했다. 또한 '근원이 맑으면 흐르는 물도 맑다'고 했다. '물은 근원이 없어지면 끊어지고 나무는 뿌리가 없어지면 죽는다'는 말을 잘 새겨야 할 일이다. '껍질 없는 털 없고 먹지 않는 소가 똥 눌 리 없다'는 말도 같은 뜻으로 빗대는 속담이다. '신혼 초야에 만삭은 속일는지 몰라도 타고난 피는 못 속인다'고 했다. '개가 개를 낳고 범이 범을 낳는다'고도 하였다. 제 조상을 하찮게 안다는 것은 곧 저 스스로를 하찮게 여기는 것과 같다. '피는 물보다 걸다'는 말은 그냥 있는 말이 아니다. '뚝배기는 깨졌어도 장맛은 좋다'는 투로 노인을 생각해서는 안 된다. '할아비 모시듯 한다'는 말은 사람을 아주 공손하게 대한다든지 물건을 조심스럽게 다룬다는 뜻인데, 정말 할아버지 · 할머니를 그렇게 모셔야 할 일이다.

8. 아버지, 어머니

'세상에 부모만한 게 없다'

'부모가 반 팔자라', '사람 팔자 부모 팔자가 반이라'고 했다. '사람 팔자란 물줄기 같이 둘러댈 탓이라'고 하는데, 그 역할의 큰 부분을 부모가 한다. '자식 살리는 게 부모 구실에서 제일 큰 구실이라'고 하지 않던가. '삼천세계에 어버이 마음은 하나라' 했는데, 털끝만큼도 그름이 없는 말이다. 아무리 세상없는 자식의 대단한 삶이라도 부모로부터 시작된다. '천 리 길도 첫걸음으로 시작된다'는데, 첫 걸음이 부모다.

'부모가 없어도 아이는 큰다'고 했다. 부분적으로 맞는 말이다. 부모 없어도 크지만, 정상적으로 성장하기 쉽지 않다. 마음에 빈자리, 또는 정서적인 상처가 있어 다른 문제를 일으킬 가능성이 상존한다. '부모의 정은 자식에게 약이라'는 말을 부정할 수는 없으리라. '부모는 거미 넋이라'거나 '부모는 문서 없는 종이다', '세상에 악한 부모 없다'는 말들도 마찬가지다. '양친 부모 있는 것은 쌀궤 안에 든 닭이요 한 쪽 부모만 있는 것은 올콩밭의 비둘기요 양친 부모 없는 것은 눈 온 산의 꿩이라'는 비유가 기막히다.

아버지를 뒷돈이나 대주는 존재로 여기고 있는 세태 속에서 '아버지 그림자는 밟지 않는다'는 예의는 더이상 계속될 수 없다. 그러나 분명한 것은 아버지가 경제적인 후원자일 뿐만 아니라 정서적인 주체라는 점이다. '아버지는 뼈고 어머니는 공석이라'는 말이 있다. 공석이란 아무것도 담지 않은 빈 섬이라는 뜻이어서, 자식에게는 아버지의 역할이 중요하다는 말이 되겠다. 가부장적인 사고방식에서 비롯된 말이기는 하지만 아버지가 중요하다는 것은 부인할 수 없을 것이다. '아비를 보면 그 자식을 알 수 있고 자식을 보면 그 아비를 짐작할 수 있다'거나 '그 아비에 그 아들'이라는 말이 그것을 증명한다. '아버지가 약하면 집안 흔들린다'거나 '호랑이 아버지에 개자식 없다'는 말들이 여전히 어긋나지 않는다.

'어머니 생각은 천 년을 가도 못 잊고 만 년을 가도 못 잊는다'거나 '유월 물이 그립다 해도 어머니보다 더 안 그립다'고 했는데, 한 치도 그르지 않다. 자식 사랑에 아버지도 중요하지만, 어머니의 사랑은 훨씬 더 위대하다. '어미 마음은 자식만 따라다닌다'는 말이 진리다. 어머니는 제 모든 것을 자식에게 준다. '어미 배도 먹어야 산다'고 하지만, 자식을 더 먹이려 '어미는 배곯아 죽고 자식은 배 터져 죽는다'. 아무리 '어미 마음은 자식이 모른다'고 하지만, '어미는 좁쌀만큼 벌어오고 자식은 말똥만큼 먹는다'는 경우가 허다하다.

자식을 잘 기르기 위해 '어미는 반 무당 반 의원이 되어야 한다'고 했다. 실제로 여러 자식을 기른 어머니는 무당과 의원 뺨칠 정도인 경우도 있다. '어미는 제 자식이 가장 잘난 줄 안다'고 했는데, 그런 생각이 나쁠 수 없다. 특히 '어미는 병신자식을 더 귀여워한다'고 했는데, 이 부분은 아버지를 비롯해 그 누구의 사랑도 감히 쫓아갈 수 없는 경지다.

'여자가 약해도 어머니 되는 데는 강하다'고 했는데, 누가 토를 달겠는가. '훌륭한 어머니 밑에는 꼭 훌륭한 자식이 있다'는 말도 그르리 없다. 그러니 '귀여워하는 할머니보다 미워하는 어머니가 낫다'는 말이 있는 것이다. '어미 마음 반만 알아도 효자라'고 했는데, 반이 아니라 열 중 하나만 알아도 효자 중 효자이리라.

부모라는 울타리가 무너져 다른 울타리로 들어갈 수가 있다. 부모 중 한 분을 새로 맞는 경우겠다. 계부 또는 계모와 살게 되는 것이다. 기본 생각을 '나를 낳은 분도 부모요 나를 기른 분도 부모라'고 가져야 할 것이다. '계부는 노래로 지내고 계모는 눈물로 지낸다'는 말이 있다. 계부는 홀로 살다가 여자를 얻어 즐겁고, 계모는 전처 자식 때문에 속을 썩인다는 뜻이다. 여자와 남자의 속성은 이렇게 다르다.

'봉의 새끼도 어미가 죽으면 어리석어진다'고 했는데, 왜 아니겠는가. 등 비빌 곳 없는 소처럼 안절부절하니 어리석게 보일 것은 뻔하다. '굿을지라도 내 어머니 있으면 새어머니 없어도 산다'고, 아버지 때문에 그렇지 자식은 계모가 없는 편이 나을 것이다. '계모의 마음은 우거진 나무의 곁가지고 생모의 마음은 산호수의 윗가지라' 했는데, 생모와 계모가 비교될까. 계모가 품고 있는 애정은 우거진 나무에 곁가지처럼 있으나 마나고, 생모의 그것은 귀한 산호수의 윗가지처럼 소중하다는 뜻이다. '마음 착한 계모보다 마음 나쁜 제 어미가 좋다'는 말은 지당하다. 오죽하면 '청국장을 장이라고 하며 의붓어머니를 어머니라 하랴', '거적문이 문이러냐 의붓아비 아비러냐' 하겠는

가. 그렇지만 나이 들어 생각하면 '보리개떡도 떡은 떡이고 의붓아비도 아비는 아비라'고 여길 수 있게 된다.

'길러낸 부모덕은 사람마다 있다'고 했다. 누구나 부모덕을 입는다는 말이다. '부모 뱃속에는 부처가 들어 있고 자식 뱃속에는 범이 들어 있다'는 걸 자식들 스스로도 알 것이다. '부모 사랑은 내리사랑이라'는 것은 삼척동자도 느끼겠다. '부모는 이리 같은 자식을 낳아도 연약할까봐 두려워한다'고 하는데, 정말 그렇다. 그래서 자꾸만 더 강하게 만들려고 한다. '부모가 자식 겉을 낳지 속은 못 낳는다'고, 부모의 기대와는 정반대로 행동하는 자식들이 허다하다. 반대로 부모도 부모답지 못한 사람도 있다. 그럴 때 '제 부모 나쁘다고 내버리고 남의 부모 좋다고 제 부모 삼을까' 하는데, 도저히 가능하지 않은 일이다. 부모는 부모답게, 자식은 자식답게 살 수 있도록 서로 호응해야 한다. '제 부모 섬길 줄 알면 남의 부모도 섬길 줄 안다'는 말 그르지 않다.

9. 형제, 남매

'형제간에는 콩도 반쪽씩 나누어 먹는다'

형제는 늘 서로 의지하면서 돕고 살아야 한다는 뜻에서 '형제는 손발과 같다'거나 '형제는 수족 같고 처첩은 의복 같다', '형제는 양손이라'고 말한다. 좋게 말하면 그렇지만 '형제간에도 주머니는 다르다'거나 '형제간에도 담이 있다'고도 했다. '형제간은 남남'이라거나 '형제는 남이 되는 시초'라는 것을 확인하게 되면, 형제간도 별수없다는 생각을 하게 될 것이다. '형제끼리는 마음만 맞으면 천하도 반분한다' 는 정도가 돼야 진정한 형제애가 있다고 하리라. 반면 '형제도 눈앞에서 멀어지면 남이 된다'거나 '형제는 잘 두면 보배요 못 두면 원수라' 는 지경이 되면 형제라고 할 것도 없겠다.

형제는 부모가 '한 솜씨로 만든 연장이라'고 말할 정도로 심신이 닮는 경우가 대부분이다. 그러나 '자식 겉 낳지 속은 못 낳는다'고, 형제라도 속은 제각각일 경우도 적지 않다. '한 탯줄에 난 형제도 속은 모른다'고 하지 않던가. 그러니 '한 태반에서 낳은 돼지 새끼도 크기도 하고 작기도 하다'거나 '강아지 새끼도 아롱이자롱이라'고 빗대게 된다. '한배에 난 강아지도 쌀강아지 보리강아지가 있다', '한 개새끼도 아롱이다롱이가 있다', '한그루에 달린 열매도 쓰고 단 것이 있다', '한날한시에 난 손가락도 길고 짧다', '같은 손가락에도 길고 짧은 것이 있다'는 말들이 모두 같은 뜻으로 빗대는 속담이다. '형 보니 아우도 알 만하다'고 하지만, 형을 통해 아우를 짐작한다는 것이 쉽지 않은 셈이다.

같은 형제라고 해도 옛날의 풍습으로는 맏형의 권위를 거의 절대적인 것으로 생각했다. '맏이치고 얼뜨기 아닌 것 없다'고 하지만, '맏형은 부모와 같다'고 여겼던 것이다. 이런 차이 때문에 형제간에는 미묘한 경쟁의식이 있다. '동생이 형보다 낫다고 하면 싫어해도 아들이 아비보다 낫다면 좋아한다'는 것에서 시작하여 '남이 비웃는 건 예삿일이지만 형제가 비웃는 것은 더 원통하다'는 정도에까지 이르고, 심지어 '동생 죽음은 거름이라'는 생각도 가능했던 것이다. '배 안에 조부는 있어도 배 안에 형은 없다'거나 '나이 적은 형은 없어도 뱃속에 든 할아버지는 있다', '나이 어린 할아비는 있어도 나이 어린 형님은 없다'고 했는데, 그 위세가 예사로울 수는 없는 일이다.

'아비 없는 집에 형이 아버지 구실을 한다'느니, '형은 부모 맞잡이라'고 할 때, 동생은 형에 대해 고까운 심사를 가질 수도 있다. 특히 유산문제에 갈등의 소지가 있게 된다. '아이 적에는 형제끼리도 싸워야 큰다'고 해서 서로 비슷하게 여겼는데, 성장하니 위치가 현격히 차이가 나게 된 것이다. 그러니 '아우로 낳느니 형 좆으로 낳는 것만 못하다'고, 불만을 쏟게 된다. '맏 따라갈 아우 없다'거나 '아비만한 자식 없고 형만한 아우 없다', '형만한 아우가 없다'는 말들이 아우 속을 더 뒤집어 놓을 수 있다. '한 형제 같은 마음이 각각'이라는 증거가 이렇게 쉽게 확인되는 것이다. '한 형제간에 내리 정승 안 나온다'는 말도 마찬가지 이유 때문이다.

'동생 줄 건 없어도 도둑 줄 건 있다'거나 '형제간에도 큰 고기는 제 망태에 담는다'고 했다. 의가 아주 좋지 않으면, 형제간에도 제 이익을 먼저 차린다는 뜻이다. 더구나 여자가 가세하면 형제간의 사이는 더 벌어질 수 있다. '형은 내놓고 형수는 감춘다'는 말이 그것이다. 형은 베풀려 해도 형수가 못하게 한다는 뜻이다. 그러다 보면 동생 쪽에서도 '동생 말도 들어야 형의 말도 듣는다'고 나오게 되는 것이다.

'주식을 같이 하기는 친구가 좋으나 환란을 서로 돕기는 형제가 아니면 안 된다'고 했다. '궂은일에는 형제간이라'거나 '성한 때는 친구요 병이 나 급사急事에는 형제라'는 말이 조금도 그르지 않다. 형제간에 아무리 묘한 경쟁의식이 있다 해도 형제는 형제다. 같은 뿌리의 다른 가지(枝)일 뿐이다. '추우면 다가들고 더우면 물러선다'고 하는데, 형제간에 그럴 수는 없다. '형제가 가는 데는 범도 범접을 못 한다'고 했는데, 의좋은 형제들이라면 왜 안 그럴 것인가.

정종진 49

10. 일가친척

'친척은 옷 위의 바람이다'

옷 위로 바람이 불면 옷이 흔들리면서 역동성을 느끼게 한다. 친척들이란 마치 옷 위로 부는 바람처럼 가문의 위세를 더해준다는 뜻이다. '핏줄은 당긴다'거나, '핏줄은 못 속인다'고 했다. 피를 어느 정도 나누어 가졌는지, 피가 묽은지 진한지 차이는 있겠지만 어쨌든 피를 나누어 가진 사이라 남보다 가까운 것이 당연하다.

그런데 그렇지 않은 경우가 허다하다. '일가 못된 것 남만도 못하다', '일가 망한 것 이웃사촌만 못하다'고 할 정도로 관계가 멀거나 아예 '원수니 악수니 한다'면 문제는 달라진다. '친족마다 물 궂게 만드는 사람 있다'는 것을 알 것이다. '일가친척 망한 집 이름자 항렬만 높다'거나 '일가 못된 것이 항렬만 높다', '논바닥 고약한 것은 논두렁만 높고 인간 못된 것은 촌수만 높다'는 말들이 딱 맞는 경우가 허다하다.

아무리 '일가친척 도와준 공은 없다'지만 '일가끼리 방자한다'는 말을 들어서야 되겠는가. '일가 싸움은 개싸움'이라 했는데, 피를 나눈 사람들끼리 시기하고 질투해서 될 일인가. 집안에 어려운 일을 당하면 친척밖에 없다. '친척은 울려고 모이고 남들은 먹으려고 모인다'지 않는가.

친척 중에서 가장 쓸모없는 것이 삼촌·외삼촌이다. 사촌보다도 좋게 여겨지지 않는 경우가 많다. 오죽하면 '삼촌 사촌이라'고 하겠는가. 어느 곳에나 두루 쓰이는 말이며, 그게 그거라서 별 차이가 없다는 뜻이다. '삼촌 삼촌 하면서 짐 지운다'든지, '삼촌 못난이 조카 장

물 짐 진다', '삼촌 삼촌 하면서 무엇 먹인다', '삼촌을 메치고 힘이 보배란다', '외삼촌 사는 고을에는 가지도 말랬다', '외삼촌 무덤에 벌초하듯', '외삼촌이 물에 빠졌나 웃기는 왜 웃나', '덕분 없는 외삼촌 큰 무수기에 죽어서 해산물도 못 잡아먹게 한다'는 말들이 그렇다.

사촌의 경우도 삼촌과 '오십 보 백 보'다. '가깝고도 먼 사촌'이라 하지 않던가. '한 다리가 천 리' 또는 '한 다리 건너 두 다리'란 말은 친척들 사이에서 한 촌수라도 큰 차이가 있다는 뜻이다. 그런데 삼촌과 사촌은 별 차이가 없다. '사촌이 땅을 사면 배가 아프다'는 말에서 알듯, 별 도움이 안 되기는 마찬가지다. 오죽하면 남에게 사정하는 것이 낫다는 뜻으로, '사정이 사촌보다 낫다'고 할까. '먼 사촌보다는 가까운 이웃이 낫다'는 말도 마찬가지다. 특히 이종사촌의 경우에는 더하다. '사촌 망한 것은 이종사촌이라'는 말이 있는데, 여러 가지 사촌 중에서 이종사촌이 가장 관계가 멀다는 뜻이다.

말로는 '사촌이 명주 옷고름만 달아도 따습다'고 하지만, 속셈은 전혀 다른 것이다. 그러니 '사촌네 집에 가도 부엌부터 들여다본다' 하여, 아무리 가까운 사이라도 이해관계부터 따진다는 뜻으로 비꼬게 되는 것이다. 명색으로는 아주 가까운 삼촌·사촌이 우리 마음속에서는 제 이익이 없는 한 멀고도 먼 사이인 것이다.

'촌수는 못 속인다'고 했다. 촌수가 가까울수록 정이 쉽게 든다는 말이다. 그래서 '궂은일에는 나이 찬 아재비라'는 말이 있는 것이다. 물론 '경사 일에는 타인이요 궂은일에는 일가라'는 식으로 사는 친척도 있겠지만, 대부분의 경우 촌수가 가까울수록 정이 강해진다고 생각하게 마련이다. 그러나 살다 보면 반드시 그렇지만은 않다. 정의 크기가 촌수에 꼭 비례하지는 않는다. 그래서 '촌수보다 정이 앞선다'거나 '밥그릇이 앞에 가고 촌수가 뒤에 간다'는 말이 생겨나게 된 것이다. 가까운 촌수도 깊은 정 앞에서는 어쩔 수가 없다.

작은 도움도 되지 않는다고 친척을 멀리한다는 것은 '먼 데 것을 얻으려고 가까운 것을 버린다'는 경우와 마찬가지다. '가까운 턱을 차지 먼 귀를 찰까', '가까운 길 버리고 먼 길로 간다'고 비난받을 수도 있다. 이웃은 정으로 가까워야 하고, 도움이 안 되는 친척이라면 도리로 가까워야 한다. '먹을 때는 남이요 죽을 때는 친척이라'고, 저 필요할 때만 친척을 찾아서는 안 될 일이다.

◆◆◆ 무수기 : 썰물과 밀물의 차. 물이 가장 잘 써는 때.

11. 나라와 법, 백성

'민심을 얻은 사람은 하늘도 감동한다'

'나라 없는 백성은 금수보다 못하다'거나 '망국노는 상갓집 개만도 못하다', '나라 없는 사람은 집 없는 개만도 못하다'고 했다. 식민지시대를 경험한 우리 백성들은 그것을 잘 알고 있다. 모든 사람에게 나라는 가장 멀리 둘러져 있는 울타리와 같다. '나라 없는 백성 없다'거나 '나라는 백성의 근본이라'는 사실을 모르는 사람 없을 것이다. '때를 잘 만나면 범이 되고 때를 잘못 만나면 쥐가 된다'는 말이 있는데, 나라가 울타리가 되어주지 못하면 아무리 잘난 사람이라도 무능력하게 되고 만다.

'나라가 망하면 왕손도 거지 된다'든지, '왕손도 세상을 잘못 만나면 나무꾼이 된다', '나라가 망하면 충신이 욕을 본다'고 했다. 두말해 무엇하랴. '나라가 망하려면 도둑놈이 많아진다'고 했는데, '도둑놈은 시끄러울 때가 좋다'고 했으니 더욱 그렇다. 그러나 '나라가 어지러우면 충신이 난다'든지, '국난에 충신이 나고 난세에 영웅 난다', '집이 가난하면 효자가 나고 나라가 어지러우면 충신이 난다'고 했다. '나라가 어지러우면 어진 정승이 생각나고 집이 가난하면 착한 아내 생각이 간절하다'고도 했다. 그렇지만 어진 정승이나 어진 아내를 보자고 나라나 집안이 어지럽기를 바랄 수는 없는 일이다. 그거야말로 '마당이야 비틀어져도 장구는 바로 쳐라', '논두렁은 비뚤어졌어도 농사는 바로 져라'는 소리를 들을 일이다. '난세에는 하늘이 끝도 없이 인물을 점지해 낸다'거나 '난세에 영웅이 난다'고 하는데, 난세가 되기 전에 인물이 나와 나라를 부강하게 해야 할 일이다.

　나라가 위험에 처하지 않으려면 외부의 적뿐만 아니라 내부의 적을 잘 다스려야 한다. '나라를 뺏으면 임금이고 칼을 뺏으면 도둑이 된다'든지, '돈 뺏은 사람은 도둑이 되고 나라 뺏은 사람은 임금이 된다', '이기면 충신 지면 역적'이라고 할 수 있는 혁명에서부터, '나라의 고금도 잘라 먹는다'거나 '공물은 훔쳐 먹고 보라'고 하는 좀도둑까지 내부의 적이다. 내부의 적을 다스리기 위해서는 법이 엄격하고 공정해야 한다. '피 다 뽑은 논이 없고 도둑 다 잡는 나라 없다', '막돼먹은 인간은 나라도 다스리지 못한다'고 했지만, 최선을 다하는 것이 나랏일을 맡은 사람들의 임무다.

　'나라의 일을 하는 것은 관재를 당하는 근본이라'고 했다. 나라를 바로잡기 위하여 혼신의 힘을 다하다가 화를 당하는 건 기본이라서 달게 받아들여야 한다는 뜻이다. '때와 운은 나라도 어쩔 수 없다'고 했으니 운명으로 받아들일 일이다. '군인은 목숨을 모르며 문관은 돈

정종진 53

을 몰라야 나라가 보존된다'고 했는데, 지당한 말이다. 나라의 재산을 사사롭게 탐하는 자는 공인이 되어서는 안 될 일이다. '나라의 쌀독이 차야 나라가 잘 산다'고 했는데 내부의 적을 다스리지 못하면 정말로 '가난 구제는 나라도 못 당한다'는 말처럼 나라 꼴이 말도 아닐 것은 불 보듯 뻔하다.

'나라 상감도 안 듣는 데서는 욕을 먹는다'고 했다. 요즘이야 위정자들을 대놓고 비판을 할 수 있어 나라를 바로잡는데 훨씬 효과를 낼 수 있다. '나라 상감님도 다 백성들이 버릇들이기 나름이라'는 말은 골백번 들어도 진리다. 또한 '부모 명 잘 받드는 사람이 나라도 잘 받든다'고 했다. '제집에서 성실한 사람이 큰일을 맡아도 성실하게 한다'는 말이 그를 수 없다. '제집부터 꾸려야 나랏일도 본다'고 하지만, 나랏일은 대의명분이 있으니 우선 임해야 한다. '나라가 편해야 신하가 편하다'고 했다. '바람 잘 날 없는 나무는 지엽枝葉만 고달프다'고, 나라가 편안해야 백성들도 편안하다.

법이 제대로 갖춰지고 엄격히 시행되어야 나라가 부강해지고 백성들의 삶도 안락하다. '나라치고 좋은 법 없는 나라 없고 나라치고 나쁜 법 없는 나라 없다'고 했는데, '법에는 구멍이 뚫려 있기' 때문에 선하지 않은 사람은 늘 그 구멍만 이용하려 든다. 또한 '법이라는 게 돈하고는 친형제요 권세하고는 부부간이라'서 '법 돌아가다가 외돌아가는 세상'이 되기 일쑤다.

법이 백성 위에 군림하여 백성을 불편하게 한다든지, 모든 것을 법으로 해결하려 해서는 안 된다. '그물이 삼천 코면 걸릴 날이 있다'고 믿어, 법망을 총총하게 짜두는 것이 능사가 아니다. 그럴수록 '그물 속에 든 고기도 빠져나갈 구멍이 있다'고, 법을 악용하려는 부류는 더 많아질 것이며, '미운 파리 잡으려다가 고운 파리 죽인다'는 경우도 적지 않을 것이다.

'법 모르는 관리가 볼기로 위세 부린다'는 때가 있었다. '법 밑에 법 모른다'고, 법이 있기는 하지만 제대로 지켜지지 않을 때가 허다했다. '법보다 눈앞의 주먹이 무섭다'거나 '법은 멀고 주먹은 가깝다'고도 했다. '법 모르는 관장 매로 다스린다'는 격으로 기준이 없으니 '법에도 사정이 있고 매질에도 쉴 참이 있다'는 명분으로 사정을 봐주게 되는 것이다.

법에 돈이 따라가는 것인지, 죄에 돈이 붙어가는 것인지 모를 일이다. '국법도 돈에 따라 닫히기도 하고 열리기도 한다'고 하니까 말이다. '있는 놈이 왕이고 있는 놈이 법이라'든지, '재판에서도 돈이 있어야 이긴다', '돈은 법도 이긴다'는 말이 사실이라는 것은 언제든지 확인할 수 있다. '힘 있는 놈이 곧 법이라'는 생각이 바뀌지 않는 걸 보면, 아직도 '법은 피라미만 잡는다'고 해야 할 것인가.

억울한 사람이 법에 호소하는 것은 당연하다. 그런데 '도둑이 매를 든다'고, 때로는 남을 괴롭힌 사람이 법을 악용하는 경우도 있다. 피해를 당한 쪽에서는 이런저런 이유로 송사를 꺼리게 된다. '송사는 걸어도 망신 당해도 망한다'거나 '송사질 삼 년에 거덜 안 나는 집 없다'는 것을 알기 때문이다. '송사 좋아하는 사람치고 잘 사는 사람 못 봤다'는 것도 역시 마찬가지다. 오죽하면 '송사쟁이와 몽니쟁이는 종내기로 간다'고 했을까. 그러니까 송사를 즐기는 사람이나 심술을 잘 부리는 사람의 성격은 조상에게서 물려받는다는 뜻이다. '송사는 늦을수록 좋다'고 했다. 최선을 다하다가 정 안 되면 최후에 택할 방법이라는 뜻이다. 이렇거나 저렇거나 송사의 당사자들한테, '송사는 졌어도 재판은 잘 하더라'는 말을 들어야 법이 살아 있는 것이겠다.

'도둑이 없으면 법도 쓸데없다'고 했는데, 도둑이 없을 수 없으니 법이 존속하는 건 필연이다. '법 없이도 살 사람이라'는 말을 들으며 살다가도 운수가 사나우면 '굶주리면 법도 무서운 줄 모른다'는 상황에 빠질 수도 있다. 법이 억울하게 몰리는 사람을 보호해주지 못할 때도 허다하다. 그러기에 '목숨보다 더 귀한 제도는 없다'는 생각을 법의 근본으로 삼아야 한다. 그것은 곧 하늘의 법, 즉 천도天道기 때문이다. '법 위에는 천도가 있다'는 것을 아는 일이 무엇보다도 중요하다.

'조선 땅 법령은 사흘을 넘기지 않는다'고 비꼬았다. 법을 자꾸 손질하다 보니, 법이 일관성 있게 시행되지 못한다는 뜻이다. 그래서 '옛 법을 고치지도 말고 새 법을 만들지도 말랬다'고 할 정도였다. 오죽하면 '육법에 무법 불법을 합해서 팔법을 쓴다'고 하겠는가.

'백성 없는 나라 없다'고 했다. '나라 없는 백성 없다'는 말하고는 동전의 앞·뒷면으로 비유할 수 있을 것이다. 나라는 백성의 힘에 의해 지탱되고, 백성은 나라의 힘에 의해 보호된다. '백성을 멀리하면 나라가 망한다'거나, '백성의 마음은 하늘의 뜻이다', '백성의 소리는 하늘의 소리라'는 말은 듣기 좋으라고 하는 소리가 아니다. '백성이 있어야 관청도 있다'는 말 역시 마찬가지다.

나라는 백성의 세금에 의해 유지된다. 백성들은 세금을 내는 데 주저하지 말아야 하고, 위정자나 관리는 그 세금을 올바르게 써야 한다. 만약 세금을 혹독하게 거둔다면 '가정苛政보다도 호환虎患이 낫다'든지, '관가의 조세는 범보다도 무섭다'는 원망이 들리게 될 것이다. 만약 '기름과 백성은 짜면 짤수록 나온다'는 생각으로 백성을 대하는 관리가 있으면 사모 쓴 도둑놈으로 몰리게 될 것은 뻔하다. '방망이 수건 쓴 놈이 벌어놓으면 갓 쓴 놈이 털어먹는다'거나 '사모 쓴 큰 도적 벙거지 쓴 작은 도적'이란 말이 그것이다. '육모방망이도 잘만 놀리면 요술방망이라'는 생각을 버리지 않으면, 백성은 나라와 관리를 도적의 소굴과 도적으로 여길 것이다.

'백성이 죽기를 두려워 않음은 살기 어려운 까닭이라'고 했다. 가렴주구가 극에 이르면 '백성이 풍년을 바라지 않는다'는 지경이 되겠다. '흉년에는 백성 인심이 아귀보다 무섭다'고 했지만, 풍년이 되어 사모 쓴 도둑에게 빼앗기는 것보다 나을 것이 없다는 생각 때문일 것이다. '백성들의 분노가 쌓이면 모반하게 된다'고 했고, '잡초는 밟힐수록 뿌리가 깊어진다', '고인 물도 밟으면 솟구친다'고도 했다. 이것을 모르는 위정자라면 위정자 자격이 없다.

'백성들은 밥이 하늘이라', '백성은 먹는 것이 하늘이라'고 했다. '미련한 백성은 목구멍이 하늘이라'는 말도 같은 뜻이다. 백성이 바라는 것은 지극히 소박하다. 그 소박한 욕구를 거두어들인 세금으로 만족시켜 주지 못하면 위정자는 원성을 듣게 된다. 원망은 소원이 되고, '백성들과 바라는 것이 같으면 그 일은 성사된다'고 했다. '백성의 입 막기는 강 막기보다 어렵다'든지, '뭇 사람의 입은 막기 어렵다'고도 했으며, '백성이 원하는 것은 하늘도 따른다'고 했다.

백성들 개개인의 힘은 미약하지만, 한없이 많은 사람들의 의기가 투합하면 불가능이 없다. '참새가 천 마리면 호랑이 눈도 빼 먹는다'거나 '개미가 천 마리면 맷돌을 굴린다', '모기도 천이 모이면 천둥소리를 낸다', '참새가 백 마리면 호랑이 눈깔도 빼먹는다', '똥개도 백 마리면 범을 잡는다'는 말들은, 많은 사람들의 힘이 모이면 얼마나 대단할 수 있는가를 빗대는 속담이다. '강이 모여 바다를 이루고 실이 모여 대망을 이룬다'는 말에서 백성의 뜻이 왜 하늘의 뜻이 되는가를 깨우칠 수 있을 것이다.

'민심은 조석변이朝夕變異라'고 했지만, '용한 게 민심이라'고도 했다. '민심이 천심이라'든지, '민심을 얻으면 나라도 얻는다'는 말은 그

정종진 57

야말로 한 귀도 어긋나지 않은 네 귀가 반듯한 말이다. '성인도 시속을 따른다'는 것은 '백성은 물과 일반이기' 때문이다. 성인도 백성의 뜻을 따르는데, 위정자가 따르지 않을 것인가. 누구든 '백성들의 신망이 있는 사람은 승리한다'는 것은 필연이다. '없는 백성은 나라도 못 구한다'고 했다. 무엇보다 백성들이 잘 살아야 한다.

작은 땅덩어리를 차지하고 있고 다민족 국가가 아니라서, 법과 정치도 비교적 수월할 수 있는 우리나라. 위정자들이 백성들을 하늘로 삼는다면 민주국가의 모범을 보여주기가 어렵지 않은 조건이다. 그러나 제 이익을 위해서는 뻔뻔하게 백성 위에 군림하고, 불리할 땐 법을 빙자하거나 백성 뒤에 숨는 위정자들 때문에 세태가 늘 혼란스럽다. 백성들은 늘 위정자들을 경계해야만 한다. 인간의 어리석음을 무시하지 말라고 하는데, 그 어리석은 모습을 위정자들이 가장 잘 보여주기 때문이다.

우리나라를 팔도강산, 금수강산이라 부른다. 금수강산이라는 말이 너무 과장되었다고 할 것인가. 하지만 제 나라, 제 고향을 아름답다고 하지 않을 사람이 어디 있겠는가. 여하튼 이 금수강산에 우리 백성들이 보금자리를 틀었다. 골골에 나뉘어 살다 보니 곳곳마다 사람들의 성격이 조금씩 달라졌다. 산천, 또는 지세가 조금씩 다르기 때문이리라. 각도별 사람이나 지역의 특성을 담은 속담을 보자.

강원도 사람을 '강원도 감자바위'라거나 '강원도 포수'라 했다. 산속 깊은 곳에 산다는 뜻으로 빗대는 말이다. '경기도 까투리'라는 말은 무척 약다는 뜻이며, '경상도 고집이라'는 말은 고집이 무척 세다는 뜻에서 비롯되었다. '경상도 부자는 삼천 석을 넘기 어렵지만 전라도 부자는 일만 석이 넘는다'는 말은 전라도 곡창지대가 넓어 부자가 많다는 뜻이며, '전라도 사람은 밥상이 두 개'란 말은 전라도 사람이 꾀가 많고 요령이 좋아 이익을 많이 차지한다는 뜻이다. '제주산은 악산이니 악한 사람이 잘 된다'는 말이 있는데, 한라산은 험준한 산이라서 억척같은 제주도 사람이 잘살게 된다는 뜻으로 빗대는 말이겠다. '충청도 의병은 양반이라 총 맞을 때도 에헴 하고 함경도 의병은 불상놈이라 총 맞을 때 나으리 한다'는 말은 각각 그 지역 사람들의 성격적 특징을 빗대는 말이다.

도道보다 더 작은 지명으로 나눠 특성을 말한다면 훨씬 풍성할 것이다. 예컨대 '개성 사람은 벗겨놓아도 하루아침에 사십 리 간다'거나 '고창 사람치고 소리 한 마디 못 하고 장단 못 맞추는 사람 없다', '진도에 가서 글씨 그림 노래 자랑하지 말아라'는 속담과 같은 것이겠다. 그런 것은 너무 많아 감당하기 힘들 정도다. '민족마다 제 풍습이라'고 했는데, 지역마다 제 풍습이 있고 지세에 따라 성미도 조금씩 다르다. 물론 달라야 얼마나 다르겠는가. '건시乾柿나 곶감이나 백구두나 흰구두나' 하는 어감 정도의 차이일 것이다. 그 작은 차이를 느끼며 함께 어우러지니 사는 맛을 더욱 돋운다.

12. 복

'복 속에서 복을 모른다'

이 세상에 태어난 것만으로도 누구나 천복天福과 지복地福의 기본을 누리는 셈이다. 무난하게 살고 있음도 역시 복을 누리고 있는 것이다. 그런 줄 모르고 더욱 욕심만 부리다가 '제 복을 제가 털어버리는' 사람이 적지 않다. 제 도리를 잃어 그야말로 '들어오는 복도 문 닫는' 어리석음을 저지르지 않아야 슬기 있는 사람이다.

복도 참으로 여러 가지가 있다. '제 복 제가 타고 난다'고, 타고난 복으로부터 제가 만든 복, 그리고 '굴러 들어온 복'도 있다. 의식주 복, 자식 복, 처복, 하다못해 죽음 복까지 친다면, 그야말로 밑엣 복이 숨을 못 쉴 정도가 된다. 아무리 복이 많다고는 하지만 '복은 돈을 주고도 못 산다'고 하니 욕심대로 얻어지지 않는다.

'복불복은 하늘에 달렸다'고 하여 '덕이 있으면 복이 따른다'고 한다. 하지만 하늘의 뜻이 묘해서 인간이 추측하기 역부족이다. '제 복 짊은 놈은 소가 디뎌도 안 꺼진다'거나 '제 복 짊은 놈은 채로 쳐도 안 나간다', '가죽 속에 든 복은 누가 훔쳐가지도 속이지도 못 한다'고 하는 말들이 있다. 이미 확보된 복은 세상없어도 남이 어쩌지 못한다는 뜻이다.

한평생을 살아가는데 누구나 많은 복을 필요로 할 것이다. 그러나 사람들에게 복은 만족스럽게, 그리고 공평하게 찾아들지는 않는다. '복은 누워서 기다린다'는데, 복다운 복을 만나기 쉽지 않다. '복을 받고 싶으면 마음씨를 고치랬다'고 했는데, 마음씨가 곱지 않아 그런가? '타고난 복도 제 손으로 찾아서 손에 쥐어야 한다'고 하는데, 노력이 부족해서 그런가? '먹고 자고 먹고 싸는 식충이도 제 복에 산다'는데, '복 없는 놈은 엎어져도 탱자나무 가시밭에 엎어지고', '박복한 놈에게는 계란에도 뼈가 있다'지 않는가. '복을 타고난 사람한테는 수탉도 알을 낳아준다', '복 짊은 놈은 엎어져도 떡고리에 엎어진다'는데 비해, 너무한다 싶은 경우가 허다할 것이다. '호강에 겨워 요강에 똥 싸는 소리 하는' 사람이 있는가 하면, '개똥에 미끄러져 쇠똥에 입 맞추는' 사람도 있다. 복을 기다리다 차라리 '늑대 눈에서 살기 걷히기를 기다리는' 편이 낫다고 불평하는 사람도 적지 않겠다. 제 박복함을 두고 '곯은 달걀이 병아리 될까' 하고 절망하는 사람도 있을 것이다.

복 중에서 가장 좋은 복은 무엇일까. '이 복 저 복 해도 식복食福이 제일이라'고 했는데, 정말 식복이 가장 중요한가? '사람은 날 때 저 먹을 것을 타고 난다'고 했는데, 식복이 따로 있어야 하나? 먹어야 살고, 살아야 다른 복도 기대할 수 있으니 가장 기본적인 것이 식복이리라. '광에서 인심 나고 노적가리에서 만 가지 복 나온다'고 하지 않는가. 그러나 식복은 한 사람이 여러 사람을 감당할 수 있는 것이기도 하다. '식구가 열이면 누구 복에 먹고 살든지 산다'거나 '한 사람 복으로 열 식구도 먹여 살린다'는 말이 맞다. 하다못해 '개 복에 주인이 먹고 산다'고도 하지 않는가. '식복이 있는 놈은 자빠져도 떡판에 자빠진다'거나 '먹을 복이 있으면 우물가에서 백설기도 얻어먹는다'는 것이 '박복한 놈은 떡목판에 넘어져도 이마 다친다'는 경우보다는 분명 복이겠다. 그러나 이렇게 가끔가다 만나는 소박한 복보다는 평생의 식복을 해결하는 일복이 더 중요할 것이다. '일복이 돈복이라'고 했으니 말이다. 그 외에도 '밥 타박하면 식복이 나간다'거나 '흥부 새끼들 섬밥 먹어치우듯 해야 복을 받는다'는 말이 식복과 연관된 것이다.

'오복 가운데 처복이 제일이라'고 했는데, 여자의 경우 남편 복이겠다. 혼인을 하면서 죽을 때까지 같이 살아야 하니 당연한 생각이리라. '여자는 눈이 잘 생겨야 자식복이 있고 코가 잘 생겨야 남편복이 있다'는 관상학적 속담이 있는데, 어떤 눈과 코가 잘 생겼다고 하는지 기준을 삼기가 쉽지 않을 것이다. '처복이 있으면 아들복은 따라온다'거나 '다남多男이 천복이라'는 말은 이 시대에 부합하지 않지만, '돈복보다 자식복이 낫다'거나 '한 집안이 화목하면 복이 온다'는 말은 만

정종진

고불변의 진리인 듯 여겨진다.

　수명복이야말로 무엇보다 중요하다. 오래오래 살다가 깔끔하게 죽는 것은 누구나 바라는 복 중의 복이다. '이 복 저 복 해도 죽는 복을 잘 타고나야 한다'는 말이 그것이다. '박복한 놈이 명은 길다'고도 하는데, 박복한 대신 주는 선물이 장수일까. '박복한 놈은 돼지를 길러도 들치만 된다'거나 '헐복한 놈은 계란에도 뼈가 있다'는 말로 표현되는, 온갖 고통을 겪고 대신 오래 살게 하는 뜻이 박복의 연장인 듯싶기도 하겠다.

　살아가는데 복이 너무 과해도 좋지 않은 것으로 여겼다. '복이 지나가면 재앙이 온다'고 생각했기 때문이다. 그래서 '술은 반취가 좋고 꽃은 반개半開가 좋고 복은 반복半福이 좋다', '복은 반복이 좋고 술은 반취가 좋다', '복이 너무 차면 쏟아진다', '복이 과하면 사람과 귀신이 함께 시기하고 싫어한다', '복이 과하면 재앙이 생긴다', '솜에도 발을 찧듯이 복에도 다친다'고 여기며 복도 조심하며 맞이했던 것이다. 그러나 제 복이 너무 과하다고 생각하는 사람 몇이나 되겠는가. 모두가 다 '내 복에 산다'고 생각하며, '제 복은 귀신도 못 물어간다', '타고난 복은 남 못 준다'고 유세를 부리기만 할 것이다. 남은 안중에 없이 제 복만 싸고 드는 사람도 사실은 '들어오는 복을 망치로 치는' 것이다. 아무리 '기어든 업이요 입에 든 떡'이라도 겸손해야 복이 계속된다. '화 곁에 복이 기대섰고 복 속에 화가 숨어 있다'는 뜻을 깨우쳐야 할 일이다.

　복과 화는 있는 곳이 확연히 구별되지 않는다. '복은 화가 숨어 있는 곳에 있다'고 하듯, 복과 화는 언제 얼굴을 바꾸어 나타날지 모른다. '화복은 뜻밖에 나온다'고 했다. '복은 쌍으로 오지 않고 화는 홀로 오지 않는다'고 하듯, 화와 복이 나타나는 방식도 다르다. '덕 보는 줄은 몰라도 해害보는 줄은 안다'거나 '오는 복은 몰라도 가는 복은 안다'고 하면서도, 사람들은 덕을 쌓아 복을 잡으려 하지 않는다. '심술 많고 복 받는 것 못 봤다', '현인은 복을 내리고 악인은 재앙을 만난다'는 것은 당연한 이치다.

'흐르는 물도 아껴 쓰면 용왕이 복을 준다'고 하듯, 하찮게 여기는 덕도 덕은 덕이다. '돈은 나누어 주어도 복은 나누어 주지 못 한다'고 하는데, 돈을 나누어 주는 것도 복을 나누어 주는 것과 한가지다. 작은 덕을 하찮게 여기고 베풀지 않는 것이야말로 '복이 들어오는 문을 닫는' 일인 것이다.

'작은 복은 제게 달렸지만 큰 복은 하늘에 달렸다'고 했다. 작은 복들은 누구나 제 언행으로 주관할 수 있다. '대복은 누워 먹고 소복은 손톱 발톱 닳아야 먹고 산다'거나 '대복은 하늘이 주는 복이고 소복은 근勤해야 먹고 산다'는 말은 부지런할 수 있는 것도 복이라는 뜻으로 이르는 속담이다. 큰 복은 하늘의 뜻이니 인간이 어쩌지 못한다. 또한 큰 복은 연이어 내려주는 것이 아니어서, 큰 복을 받은 사람은 평생을 근신하고 베풀며 살아야 한다. '큰 복은 두 번 다시 오지 않는' 것은 물론 큰 뜻을 받들지 못하면 큰 복이 큰 재앙이 될 수도 있기 때문이다.

천복을 받으려면 끝까지 살아봐야 한다. '사람의 늦복은 모른다'고, 언제 하늘이 복을 내릴지 모르기 때문이다. 제 삶에 겨워 생을 포기하는 것은 '복 들어오는 날 문 닫기'다. 하늘은 대개 적당한 복을 내려준다. 무엇보다도 복은 맞아 즐기는 사람의 것이다. '백정도 제 좋아서 하면 낙이고 무당도 제 신명으로 하면 복이 된다'지 않던가. '복 없는 놈은 개 복으로도 산다'고 했다. 때로 일이 잘 풀리지 않더라도 근면하면 '소복은 재근在勤이요 대복은 재천在天이라'고, 작은 복은 차

정종진 63

지하게 된다. '너무 짜는 소리하면 오던 복도 달아난다'고 했다. '오는 복은 기어오고 가는 복은 날아간다'는데, 제 복도 어디쯤 천천히 기어 오고 있을 것이라 기대하며 살 일이다.

13. 양육

'귀한 자식일수록 천하게 여겨야 잘 된다'

'세상에서 제일 예쁜 꽃이 아이들의 얼굴이라'는 말에, 어린 자식을 둔 부모는 대부분 공감할 것이다. '어느 아이나 제 어머니에게는 귀동자'이기 때문이다. '아이는 냄새 맡고 자란다'고 말해왔다. 아이는 부모 곁에서 정으로 큰다는 뜻이다. 그래서 부모는 제 자식에게 한껏 정을 쏟는다. '어머니 품은 비단 속이라'거나 '아이는 귀여워하는 대로 따른다', '개와 아이는 사랑하는 데로 따른다'는 말 조금도 그르지 않다. 어미가 가슴에 아이를 안고 젖을 먹이는 것 이상 평화로운 정경이 또 있을까. '아이에게 젖을 주지 않으면 심지가 안 생긴다'는 말을 굳이 할 필요도 없을 것이다.

'애 하나 기르자면 똥가루 서 말은 먹어야 한다'지만 어떤 부모가 그것을 마다할 것인가. '제 귀염 제 등에 지고 다닌다'는 말대로 모든 어린아이는 귀염을 지고 다닌다. '아이들은 한눈파는 사이에 죽순 크듯 한다'거나 '아이들은 한 밥에 오르고 한 밥에 내린다'는 말이 사실이다. 그러니 '아이 어미는 하루에 거짓말 다섯 번 한다'고 오해를 받게 된다. 어린 생명이 매순간마다 새롭게 보이니 거짓 아닌 거짓을 하게 되는 것이다. '아이들은 열두 번 변한다'는데, 왜 아니겠는가.

'신체는 내리 낳고 꾀는 돋게 난다'고 했는데, 그리 좋은 일은 아닐 것이다. 아이들의 체력은 점점 더 약해지는 반면, 꾀는 더 늘게 된다는 뜻이다. 부모가 아무리 어린 자식을 잘 보듬는다 해도 '아이는 앓으면서 자란다'. 오죽하면 '어미 모르는 병 열두 가지를 앓는다'고 할까. 예전에는 '대역大疫소역 다 치러야 내 자식이라'고 할 만큼 병들이 무서웠다. '아이 기르다 보면 반 의원도 되고, 반 무당도 된다'거나 '어린아이 병엔 어미만한 의사 없다', '아이 둘만 기르면 반 의사가 된다'고 했는데, 지당한 말이다. 자식에게 사실 부모만한 의사가 어디 있겠는가. '어미 손이 약손이고 아비 손이 범손이라'는 말이 그냥 생기지 않았다. 그래도 '아이는 일곱 번 죽을 고비를 넘겨야 한다'지 않던가. 어린아이 적에 잘 먹여야 병 없이 자란다. '초년 입치레가 부실하면 평생 병치레가 된다'는 말이 그릇되지 않다.

제 자식에 빠지다 보면 '남의 자식 고운 데 없고 내 자식 미운 데 없다'는 지경이 된다. '뜸부기도 제 새끼는 예쁘다고 한다', '고슴도치도 제 새끼 귀한 줄은 안다'는데 어쩔 수 없다. 그렇지만 '남의 자식 흉보면 제 자식도 그 아이 닮는다'고 했다. 내 자식이나 남의 자식이나 '아이들 삼신三神은 같은 삼신이라'는 말을 새겨야 하겠다.

자식을 제대로 기르려면 마냥 귀여워해서는 안 될 일이다. 예컨대 겨울 날씨가 춥다고 껴입히고 따뜻한 방에만 있게 하는 것은 이래저래 좋지 않다. '아이와 장독은 얼지 않는다'거나 '아이와 장독은 시려야 좋다'고 했으니 말이다. 그렇게 끼고돌지 않아도, 아이는 커갈수록 '귀동이가 천동이 된다'는 것을 누구나 알 것이다. '뒷간 다른 데 없고 아이 다른 데 없다'고 다 마찬가지다. '갓 나서는 온 동네에서 귀여움 받고 일곱 살에는 열두 동네에서 미움을 받는다'거나 '세 살에 안 예

정종진 65

쁜 아이가 없고 일곱 살에 안 미운 아이 없다', '일곱 살 때는 일곱 동네에서 미움 받고 아홉 살 때는 아홉 동네에서 미움 받는다'는 말들이 기막히게 맞아 떨어지게 된다.

'사람 농사가 가장 귀한 농사라'고, 농사를 잘 짓기 위해서는 손질이 필요하다. '나무도 크게 자라려면 잔가지를 친다'는데, 사람도 다를 바 없다. '가꾸지 않은 곡식 잘 되는 법 없다'고 했다. 마냥 '불면 꺼질라 놓으면 다칠라 한다'면, '어느 손가락 깨물어 안 아픈 손가락 없다'고, 모진 마음을 먹지 못하면 자식 농사는 반타작커녕 모두 망치기 필연이다. 자식 농사가 성공하도록 충고하는 속담들이 많다.

'귀여운 자식은 의붓자식 키우듯 하랬다'거나 '예쁜 자식일수록 천하게 길러라', '귀엽게 기른 자식이 어미 꾸짖는다', '귀엽게 키운 아이치고 버릇 있는 아이 없다', '귀엽게 키운 자식에 효자 없다', '호강을 시켜 놓으면 잔병 그칠 날 없다', '위하는 아이 눈이 먼다', '얼러 키운 효자 없다', '집 안에서 귀염둥이는 밖에 나가면 미움둥이가 된다', '고운 놈 매 하나 더 한다', '귀여운 자식에게는 매채를 주고, 미운 자식에게는 엿을 주랬다', '아들을 꾸중할 때는 아프게 때려라', '막 기른 자식 덕 본다', '아이와 팽이는 때려야 한다', '싸움 않고 울지 않는 애가 큰 약값 친다'는 말들이 그것이다. '북과 아이는 칠수록 소리가 커진다'고 하지만, '독을 보아 쥐 못 친다'는 경우가 아니다. 이젠 작은 폭력도 허용하지 않는 세태인지라, 자식들에 향하는 매도 '마음으로 가하는 매질'이어야 할 것이다.

자식은 감쌀수록 잘못되기 쉽다는 말들이 대부분이다. '아내는 다홍치마 때 길들여야 하고 자식은 열 살 안에 길들여야 한다'거나 '열 번 눈감아 주는 것보다 한 번 회초리질'을 해서 좋은 버릇을 갖게끔 하는 것이 자식 농사의 지름길임을 터득해야 하리라. '맞는 자식보다 때리는 부모의 마음이 더 아프다'는 것을 자식이 알 리 없을 것이다. '부모한테 맞을 때는 빨리 달아나는 것이 효도라'는 것을 일찍 깨우치는 아이가 드물다. 여하튼 '엄부 밑에 효자 나고 엄모 밑에 효녀 난다'는 말은 변치 않는 진리다. 또한 '소년고생은 사서 하랬다', '소년고생은 은을 주고도 못 산다'는 말이 있다. 자식에게 필요한 만큼 심신을 단련시켜야 한다는 뜻에서 강조되는 말이다. 고생시키지 않은 자식이 성공하기를 바란다면, '군밤에서 싹 돋기를 바란다'거나, '동짓달에 명석딸기 찾는다'고 빗댈 수 있겠다.

시원찮은 자식을 보면 '아이는 내버리고 태만 키웠느냐'고 비꼰다. '푸성귀는 떡잎부터 알고 사람은 어렸을 때부터 안다'는 투로 빗댄다. 하지만 '사람과 그릇은 있는 대로 쓴다'고 했다. '곡식도 잘된 놈을 더 만져보고 싶다'고 하지만, 시원찮은 자식일수록 더 만져줘야 한다. '아버지는 똑똑한 자식을 더 사랑하고 어머니는 못난 자식을 더 사랑한다'는 말이 있다. 자식에 대한 사랑은 사실 아버지보다 어머니가 한층 깊다. '달걀은 재에 묻고 자식은 가슴에 묻어라'고 했듯이, 못난 자식도 가슴에 묻어야 한다. '말 못 하는 나무도 자라나는 가지를 꺾지 말라'는 말을 새겨들어야 한다.

자식이 반드시 친부모에 의해서만 길러지는 것은 아니다. 갈수록 세태는 비정해져 자식 때문에 참고 사는 부부가 줄어들고 있다. '자식은 부부의 꺾쇠라'고, 자식이 부부의 정을 더욱 두텁게 이어준다고 했는데 그런 생각을 더이상 하지 않는 것이다. 그러다 보니 의붓아비나 의붓어미를 만나는 자식들이 많아지게 마련이다.

의붓이란 가짜라는 뜻이다. '의붓아비가 아비냐 보리술이 술이냐', '의붓아비 아빌런가 명태고기 고기런가' 하듯이, 진짜로 여기지 않는다는 말이다. 피로 맺어진 관계가 아니라 의義로 맺어진 사이지만, 새로운 부모 자식 간에 결의結義된 것이 아니라서 자식은 가짜로 여기게 되는 것이다. 그래서 의붓아비나 의붓어미는 자식과 이리를 따지게 된다. '의붓아들은 선떡 주고 친아들은 익은 떡 준다', '의붓아들은 콩죽 먹이고 친아들은 팥죽 먹인다' 하는 부모가 있으니까, '의붓아비 산소에 벌초하듯' 하는 자식이 있을 수밖에 없다.

자식의 처지에서는 의붓아비보다 의붓어미를 더 싫어하게 된다. 의붓어미가 더 가혹하게 괴롭히는 경우가 흔한 탓이겠다. '의붓아버지 가는 데는 넓은 목에 번개 천둥 의붓어머니 가는 데는 좁은 목에 번개 천둥'이라는 말이 그 뜻이다. 또한 '의붓아들 창자 낸다'란 말은 의붓아들을 매우 학대한다는 뜻이다.

비록 의義가 아니라 하더라도 현실적인 이익이 있으면 자식도 의붓부모와 친화를 할 수도 있다. '의붓아비도 돈만 있으면 효도 받는다', '의붓아비 돼지 써는 데는 가도 친아비 나무 패는 데는 가지 말라'든지, '의붓아비 떡 치는 데는 가도 친아비 도끼질하는 데는 안 간다'는 말들이 그것을 대변한다.

때로는 의붓부모가 의붓 관계를 드러내지 않으려 하지만, 자식 쪽에서 '도둑놈 제 발 저리는 듯' 남들이 알게 하는 수도 있다. '의붓어미가 티 내는 것이 아니라 의붓자식이 티를 낸다'는 말이다. 그런 행동은 의義도, 이利도, 도리道理도 아니다. '개살구가 먼저 떨어진다'는 격이고, 제 마음이 의붓인 셈이다. 하지만 '미운 쥐도 품에 품는다'는데 어찌 할 것인가. '의붓자식놈 부모 뺨 안 치면 효자라'고 하며, '의붓자식 둔 년은 주머니 둘 찬다'고 했는데, 서로 철이 안 나기는 마찬가지다. '의붓아비한테 소 팔러 보낸 심정이라'거나 다른 곳에 돈을 쓰고 '의붓자식 옷 해준 셈친다'는 생각은 피차간을 괴롭게 할 뿐이다.

'기른 정이 나은 정보다 진하다'고 했다. '머리 검은 짐승이 길러

준 공을 모른다'지만, 인간사회에서 인간에게 기대를 걸지 않고 어디에 기대를 걸 것인가. '어린아이는 어른의 씨앗이라'는 말을 어떻게 부정할 수 있을까. '아이들은 키울 때 재미라'거나 '아이들이 아니면 웃을 일이 없다'고 말하는데, 어린이를 단지 어른들이 살아가는데 필요한 양념으로 생각지 말 일이다. 비록 '부모 속이지 않는 자식 없다'고 하여 밉더라도, '미운 아이 품에 품어라' 하는 생각으로 행동해야 한다. '늙은이 괄시는 해도, 아이들 괄시는 하지 마라'는 말을 특히 귀담아 두어야 한다. '아이에게는 흉년이 없다'고 하는데, 밥보다 애정의 흉년이 없어야 한다.

'게도 제 새끼보고는 바로 걸으라고 한다'고 했다. 부모가 못났어도 자식이 가야 할 옳은 길을 안다. '나는 바담 풍 해도 너는 바람 풍 해라', '나는 모로 기어도 너는 바로 걸어라' 하는 가르침이 결코 부끄러울 수 없다. '물과 아이는 트는 대로 간다'는 말은, 열심히 가르치면 가르치는 대로 된다는 뜻이다. '나는 미워해서 키운 아기 남은 아긴다'는 말은 그 후에 듣게 된다. '사람은 집 안에서 만들고 인물은 바깥에서 만든다'는 말처럼, 집에서 제대로 가르친 아이는 필연코 집 밖에서 인물로 만들어지게 마련이다.

14. 배움과 가르침

'황금 천 냥이 자식 교육만 못하다'

'사람은 배워야 길을 안다'거나 '사람은 가르쳐야 사람값을 제대로 한다'는 말에 '왼손 쳐들고 나오는' 사람 있을까. 물론 때때로 '아는 것 많으면 팔자가 세다', '아는 게 병이고 탈이라'는 말을 쓰기도 한다. 그러나 그런 말은 아주 특별한 상황에서나 맞는 말이다. 누구나 '아는 것이 힘 배워야 산다'든지, '아는 놈 당하지 못한다'거나 '사람은 아는 만큼 본다'는 말에 동조한다. '고무래 정丁자 하나 뜯어볼 줄 모르는' 놈과 무슨 일을 도모할 수 있겠는가. '똥개도 가르치면 사냥개 된다'고 했듯, 누구나 가르치면 지혜가 생기는 것은 뻔한 이치다. 가르치는 사람도 덕을 본다. '가르침은 배움의 반이라'고 했으니 말이다.

'모르는 놈은 손에 쥐어줘도 먼 산만 본다'고 한다. 아주 무지한 사람을 두고 '가갸 뒷다리도 모른다'거나 '가갸 뒷자도 모른다'고 비꼰다. '검은 것은 묵墨이고 흰 것은 종이인 것밖에 모른다'든지, '기역 자 외짝다리가 왼쪽에 붙었는지 오른쪽에 붙었는지 모른다', '땅에 앉아 따지 자 암클도 모른다', '똬리 놓고 이응 자도 모른다'고도 빗댄다. 글을 조금 안다고 할 때는 '가갸 뒷다리나 뜯는다'고 한다. 여하튼 배움이 없으면 사리분별력도 없어지고 무시당하게 된다. '청보에 싼 개똥은 반드시 냄새가 나고야 만다'고 했다. 무식은 언젠가 들통이 나고야 만다. '북은 두드리면 소리가 나고 꽹과리는 치면 칠수록 요란하다'고 했다. 무식할수록 언행은 야단스럽기 마련이다. 그래서 일찍부터 배워야 한다. '먼 데서 흘러오는 냇물은 가뭄을 타지 않는다'고 했다. 오래도록 역량을 쌓을 일이다.

'나면서 배운 사람 없다'는 말은 지당하다. 그래서 '자식은 처음 나서부터 잘 가르쳐야 한다'고 말하는 것이다. 시작을 잘해야 한다는 뜻이겠다. '어려서 배우지 않으면 커서 눈뜬 봉사 된다'는 말은 가정교육과 학교교육의 중요성을 특히 강조하는 속담이겠다. '어려서 굽은 나무는 커도 굽는다'고, 바르게 잡아주는 일이 부모와 스승의 도리다. '금강석도 갈아야 광이 난다'거나 '낙락장송 큰 나무도 깎아야 동량 된다'는 말이 적절한 비유다. '구슬도 깎고 다듬어야 구슬 노릇을 한다', '구슬이 서 말이라도 꿰어야 보배라'는 말도 마찬가지다. 그래서 '부모의 은덕은 낳아서 기른 은덕이요 스승의 은덕은 가르쳐 사람 만든 은덕이라'고 말한다. '나무는 먹줄을 따라 다듬어야 바르게 된다'고 했는데, 부모와 스승이 먹줄을 긋고 다듬는 역할을 하는 것이다. 그런 은덕을 입고도 '바위의 나무 옥당에 심어서 커도 그 은공을 모른다'고 한다면, 헛 배움이고 헛 가르침이 되겠다.

　'배워서 남 주냐'는 말대로, 남을 위해 배우는 것은 아니다. 배워도 제대로 배워야지, '배운 게 탈이요 아는 게 화라'는 말을 듣게끔 어설피 배워서는 안 된다. '배우는 것은 어른과 아이 따로 없다'거나 '배우는 것은 죽을 때까지 배워도 다 못 배운다'는 말이 그릇되지 않다. 그래서 '망아지는 나면 시골로 보내고 자식은 나면 서당으로 보내랬다'고 한 것이다. '가르침이란 공으로 주면 헛귀로 빠진다'고 하기에, 부모는 '단고쟁이를 팔아도 아들 공부는 시킨다'고 덤빈다. '돈 천 냥 물려주지 말고 자식 글공부 시키랬다'는 말을 철석같이 믿어도 손해가 될 일 없다는 것을 부모는 잘 알고 있다. '공부를 해야 돈도 잘 번다'는 이치도 아울러 잘 알고 있는 것이다. '방귀도 참았다 뀌어야 소리가 크고 널도 많이 굴러야 높이 솟는다'고 했다. 오랜 기간 동안 많은 공부를 해야 부귀영화도 클 것이다. '유년 고생은 양식 지고 다녀야 한다'고 했는데, 배움의 길을 두고 한 말이다.

　배우는 일도 어렵기는 하지만, 가르치는 일에 비할 바 못 된다. '악인 갖다 성인 만들 수 있고 성인 갖다 악인 만들 수도 있다'는 게 교육이고, '낫으로 모가지를 찍어도 기역이라 대답 못 하는' 놈, '뒤통수에 학문이 들었나 이마빼기에 상식이 묻었나' 하고 고개가 저절로

정종진 71

도리질하게 되는 놈을 '맹자 집 개가 맹자 왈 한다'는 정도로 만들려니 차라리 '동헌 기둥에서 새싹 나길 바라는' 게 낫다고 할 것이다. 그러니 '초학 훈장의 똥은 개도 안 먹는다'는 말이 생겨난 것이리라. '훈장이 제 자식 더 못 가르친다'고 했으니 남의 자식이나 붙들고 속을 썩일 수밖에 없는 노릇이다. 요즈음의 세태에서야 '새 뒤집어 날아가는 소리한다'고 하겠지만, '선생의 그림자도 안 밟는다'는 말은 가르치는 일이 예사롭지 않다는 뜻으로 하는 말이다.

배우기 위해 꼭 학교에 가야 하는 것은 아니다. 사회생활을 통해 배우고 깨우치는 것은 가정과 학교에서 배우는 것과 비교가 안 된다. '팔도강산을 무른 메주 밟듯 한다'는 말대로, 온갖 곳을 다니며 주워 들은 상식이 훨씬 유용할 수 있다. 책으로만 배운 지식보다도 나돌며 몸으로 익힌 지혜가 삶에 아주 큰 힘을 보탠다. '돌아먹은 무식이 앉은 유식을 이긴다'거나 '뒹굴린 달걀은 병아리 되고 뒹굴린 사람은 쓸모가 있다', '뒹굴린 아이는 쓸모가 생기고 모시는 아이는 바보가 된다'는 말이 조금도 그르지 않다. '문견이 좁으면 국량 배포도 좁아진다'고 하지 않던가. '물고기도 큰 강물에서 노는 놈이 더 크다'거나 '큰 고기는 깊은 물 속에 있다', '물도 곬을 찾아야 큰 강에 든다', '해변 강아지 범 무서운 줄 모른다', '큰 것을 보았어야 작은 것을 안다'는 말들이 모두 견문이 중요하다는 것을 비유하는 속담들이다.

사람에 따라 '말 글을 배워 되 글로 푸는' 사람이 있고, 되 글을 배워 말글로 풀어먹는 사람이 있다. 겸손하거나 수완 없는 사람이 말 글을 되 글로 풀어먹겠고, 여기저기 기웃거리며 익힌 '어깨 넘어 글'로 허풍을 떨거나 과시를 하여 제 이익을 얻어내면 되 글 배워 말 글 풀어먹는 사람이라 하겠다. '들은풍월이 더 요란하다'거나 '들은풍월도 한 몫 낀다'는 말은 되 글 배워 말 글 풀어먹는 사람을 빗대는 말이다.

'장님 노릇은 말아도 벙어리 노릇은 하랬다'는데, 식견은 넓히되 말은 많이 하지 말고 겸손하라는 뜻이다. '들은풍월 얻은 문자'로만 살기는 어렵고, 더구나 '들은풍월에 초시初試하는' 일은 '안사돈 허벅지 구경보다 어렵다' 할 것이다. '공부는 늙어 죽을 때까지 해도 다 못한다'고 하니까 지레 겁먹거나 배움을 포기하고, 평생 '모르쇠를 붙일' 생각을 하겠는가.

당연히 '무딘 칼은 숫돌에 갈아야 한다'. '고자가 뭣인지 까마귀가 뭣인지도 모르'거나 '문살 놓고 입 구口자도 모르는' 놈을 어디다 쓰랴. '북은 아무리 크게 울려도 속은 텅텅 비었다'고, 아무리 요란을 떨어 감추려 해도 무식은 드러난다. '담을 맞바라다 보면 아무것도 보이지 않는다'고 했다. 무식한 사람과 마주하면 속만 답답하리라. 차라리 '바위 위에 대못 박기'가 낫다고 할 것이다. 그러니 '무식한 놈에게는 주먹다짐이 약이라'고 한다. '무식이 유죄'고, '무식은 눈 뜬 소경이라'는 말이 그를 수 없다. '공부하라고 했더니 개 잡는 것을 배운다'거나 '글 배우랬더니 과붓집 강아지만 때리는' 놈을 누가 필요로 하겠는가. '낫 놓고 기역자가 긴가민가 한다', '검은 것은 글자고 하얀 것은 종이다' 하는 놈이 무엇을 제대로 하겠는가. '무식하면 손발이 고생한다'든지, '무식한 영웅은 없다'는 말이 지당하다. '무식쟁이 백 놈이 제갈량 한 사람보다 못한' 법이어서 '미꾸라지 만 년 살아 용 될 리 없다'는 말이 틀리지 않다. '춥다고 거문고를 부숴 불 때랴' 하지만, 무식한 놈은 그렇게 할 수 있다. '못된 벌레 장판방에서 모로 긴다'고 하는데, 무식해도 그렇게 행동한다. 무식하면 어디를 가나 '찬밥 신세'고, '가을 부채꼴'이고, '구부러진 송곳 불 없는 화로' 격이 된다.

'무식한 놈이 길 잘못 들면 제 한 몸 망치고 유식한 놈이 길 잘못 들면 여러 사람 망친다'는 것을 알기 때문에, 무식한 놈이 되는 게 차라리 낫다고 할 것인가. 무식할수록 제 무식을 모르기 일쑤여서, '무식한 놈이 먼저 나선다'고 한 것이 억지 말은 아니다. '개도 먼저 짖는 놈이 낫다'고 하겠는가. '개 달 보고 짖는 격'이 되리라. '어려서 굽은 나무는 길맛감으로 쓰인다'는 말이 그럴듯하지만, '돌쟁이 하라니까 눈 깜짝이기부터 배운다'거나 '뜨고도 못 보는 당달봉사'와 어찌 함께 일을 할 수 있겠는가. '명문名文집어먹고 휴지똥 누겠다'는 놈을 만들지 않기 위해서 배움은 필요한 것이다.

배우지 않고 가르치지 않으면 바보가 되는 것은 필연이다. '바보도 천 가지 궁리를 하면 한 가지는 얻는다'고 하지만, 그렇게 비생산적이어서 어찌 살 것인가. '바보가 욕심 많다'거나 '바보도 의뭉은 있다'고 했는데, 욕심과 의뭉만으론 세상살이를 못 견딘다. '바보와 칼은 쓰기에 달렸다'고, 쓰일 때만 기다리고 있을 것인가. '바보를 말로는 못 고친다'고 했는데 때려서 고치겠는가. '바보는 약으로도 못 고친다'거나 '바보는 죽어야 고친다'고 했지만, 결국 가르침으로 고칠 수밖에는 묘수가 없겠다.

'배움길에는 지름길이 없다' 하니, 평생을 꾸준히 배울 일이다. '공부할 시간이 없다는 사람 시간이 있어도 안 한다'는 것은 두루 아는 사실이다. 모르는 것은 물어서 깨우쳐야 한다. '묻기를 좋아하면 넉넉하다', '묻는 것은 일시의 수치요 모르는 것은 일생의 수치라'는 말이 틀리지 않는다. 물어 깨우치는 것은 겸손한 사람의 미덕이다. '아이는 어른한테 배우고 어른은 아이한테 배운다'거나 '아는 체하지 말고 무식한 체하지 마라'는 진리를, 진솔한 사람은 이미 터득하고 있다.

'범 새끼는 산에서 커야 하고 사람 새끼는 글방에서 커야 한다'고 했다. '아들에게 금 한 상자 주지 말고 책 한 권을 주랬다'는 말도 좋다. 자식을 어떻게 가르쳐야 하는가, 하는 왕도는 따로 없다. '여자는 자녀를 사랑할 줄만 알고 가르칠 줄은 모른다'는 말이 있는데, 제 욕심만큼 몰아붙이는 게 자식 사랑이 아니라는 것만은 분명하다. '말은 끌어야 잘 가고 소는 몰아야 잘 간다'는 말대로 사람에 따라 가르침도 다를 수밖에 없다. '배워야 면장을 한다'는 말, 이제 더이상 우스개가 아니다. 무식한 사람이 지혜로운 사람을 상대하기란 '나막신 신고 대동선大同船 쫓아가기'보다 어렵다. '고기가 부럽거든 그물부터 떠라'고 했듯이, 지혜로운 사람이 부럽거든 책을 펴들고 공부하고 아울러 견문을 넓힐 일이다.

❖❖❖ 암클 : '암글'의 잘못. 한글을 낮잡아 이르던 말.
❖❖❖ 길마 : 짐을 싣거나 수레를 끌기 위해 소나 말의 등에 얹는 안장.
❖❖❖ 대동선 : 조선시대에 대동미를 운반하던 배.

15. 몸

'몸 밖에 재물이 없다'

'일신이 천금이라'고 하고, '몸이 천하라'고도 했다. 이보다 더 기막힌 요약이 또 있을까. 제 몸만이 확실한 존재증명일 뿐이라는 말이다. 사람이 아무리 정신으로 산다고 하지만, 몸이 따라주지 않는 정신은 증명이 안 된다. 사람이 가지고 있는 의식주에 대한 기본 욕구도 결국 몸을 건사하기 위한 것이다. 그러니 누구나 제 몸이 하늘인 셈이다.

제 몸을 잘 섬기기 위해 많은 사람들이 '몸을 도끼 삼아 일한다'고 말하는데, 참으로 기막히다. '몸을 두 쪽으로 내도 모자란다'고 푸념하면서 '동 가자 서 가자' 한다. '몸이 바쁘면 입도 바쁘고 몸이 편하면 입도 편하다'는 말이 맞다. 부지런하면 먹을 것도 많고, 게으르면 입에 들어갈 것도 없다는 뜻이다.

몸은 후덕해 보여야 좋다. '하늘 높은 줄만 알고 땅 넓은 줄은 모른다'거나 '세상 너른 줄만 알고 하늘 높은 줄은 모른다'고 빗대는 몸은 후덕한 게 아니다. '두부살에 바늘뼈'도 말할 것 없다. 즉 몸피가 알맞아야 좋다. '부유하게 되면 집이 윤택해지고 덕이 있으면 몸이 윤택해진다'고 했다. 후덕한 마음이 그대로 몸으로 나타나면 더없이 좋을 것이다. '풍신이 아무리 좋아도 돈이 있어야 영웅이지' 하는 말이 있지만, 심신이 후덕하면 재물운도 따르기 마련이다.

편의상 몸을 사지육신四肢六身이라 말하기도 한다. 머리, 팔, 다리, 몸통이겠다. 그 가운데 어느 것이 가장 중요하다고 말할 수 있을까. 사람마다 답이 다르겠다. 모두가 중요한 게 사실이고, 특히 머리가 중요하다고 생각할 것이다. '한 사람의 얼굴은 그 조상과 후손을 잇는 다리'라고 했다. 말이 참으로 절묘해 '공자 맹자 빰치겠다'는 말을 들을 정도다. 그렇다, 한 사람의 얼굴에는 그 가문의 과거와 미래가 함축되어있는 것이다.

'머리 검은 놈은 은공을 모른다'거나 '머리 하늘로 둔 짐승 사람 은공을 모른다'는 말에서 알 수 있듯이 머리만으로 사람을 지칭하는 수가 있다. '머리가 나쁘면 수족이 고생한다'거나 '머리를 굴린다', 그리고 '머리 큰 아이는 똘똘하다'거나 '머리 큰 양반 발 큰 도둑놈'이란 말들은 두뇌나 꾀를 뜻한다. '머리가 치 오 푼도 안 돌아간다'는 말도 마찬가지다. '머리꼭지에 피도 안 말랐다'든지, '머리에 쇠똥도 안 벗어졌다'는 말은 아직 어리다는 뜻이며, '머리끝에 물 마를 날 없다'는 속담은 치성을 드리기 위해 목욕재계를 계속한다는 말이다. '머리에 부은 물은 발꿈치까지 내려간다'는 말은 윗사람의 잘잘못이 아랫사람에게까지 영향을 미친다는 뜻이다.

　얼굴에서, 아니 머리에서, 더 나가 몸뚱이에서 가장 중요한 것은 눈이라 여겨왔다. '일신이 천금이면 눈은 구백 금이라'는 말 한 마디면, 그 중요성을 충분히 알 수 있을 것이다. '한 입으로 묻지 말고 두 눈으로 보아라' 하는 속담에서, 눈은 세상의 모든 것을 직접 체험한다는 의미가 있음을 알게 된다. 몸값의 9할이라니, 눈 크게 뜨고 제 눈을 다시 볼 일이다.

　혀나 입은 말(言)과 동일한 것으로 쓰인다. '혀가 부지런하면 손발이 느리다'는 속담은 말을 앞세우면 실천이 늦다는 뜻이며, '혀가 깊어도 마음속까지는 닿지 않는다'는 말은 아무리 말을 잘한다고 해도 마음속에 있는 것을 충분히 표현하지 못한다는 뜻이다. '가나 오나 셈 아니하면 입에서 궂은 말 난다'는 말은 늘 입조심, 말조심을 해야 한다는 뜻으로 이르는 말이다.

　'이는 오복의 하나'라고 말해 이의 중요함을 강조한다. 이는 음식물을 섭취하는데 아주 중요하기에, 흔히 허점을 드러내려 할 때 상징적으로 쓴다. '이 빠진 늙은이 호박나물에 기세한다'든지, '이 빠진 시어미 흰죽사발에 힘낸다', '이 빠진 호랑이는 토끼도 무서워하지 않는다'는 속담들이 이에 해당한다. 오죽하면 '이가 자식보다 낫다'고 말하겠는가. 어떤 일에 가능성이 전혀 보이지 않을 때 '이빨도 안 들어간다'고 하거나 '이빨이 빠지면 잇몸으로 대신한다' 하여, 최선이 안 되면 차선책으로 버틴다는 뜻으로 쓸 만큼 이(齒)는 중요시 된다.

　손과 발을 사지라 부른다. 사지가 찰떡궁합으로 잘 어우러져야 그 사람의 일신이 천금도 되고, 천하도 된다. '제 손이 으뜸이라'고 한다. 왜 아니겠는가. '손이 비단이라'고도 한다. 손으로 온갖 소중한 것을 이루어 낸다는 뜻이다. 아무 일도 하지 않으며 지내는 사람을 두고 '손끝에 물도 튀긴다'고 하며, 부지런히 일을 하여 말할 새가 없으면 '손이 바쁘면 입은 논다'고 말한다. '마당손은 일을 잘 한다'고 하지만 막일만 일이 아니다. '손에 풀기가 있어야 돈도 번다'는 말은 일에 적극적으로 덤비는 정열이 있어야만 돈을 벌 수 있다는 뜻으로 쓰이는 속담이다.

'발이 의붓자식보다 낫다'거나 '발이 맏아들보다 낫다', '다리가 아들보다 낫다', '다리가 의붓자식보다 낫다', '다리뼈가 맏아들이라', '정강이가 맏아들보다 낫다'는 말들은 결국 다 같은 뜻이다. 제 다리로 여기저기 마음껏 돌아다닐 수 있으니까, 그 무엇보다도 좋다는 말이다. 이런 다리에 문제가 생겨 제 기능을 발휘하지 못하면, 아무리 능력 있는 사람도 '종이호랑이가 된다'. '다리 부러진 장수'라거나 '다리 부러진 장수 성안에서 호령한다', '다리 부러진 노루 한자리에 모인다'는 말이 그렇고, '다리병신이 비렁뱅이 된다'든지, '다리병신 차기 쉽고 죽은 중놈 때리기 쉽다'는 말 또한 그렇다. '다리 뻗고 잔다'는 말은 가장 편한 상태가 되었다는 의미고, 분별력 있는 행동을 한다는 뜻으로 '다리도 뻗을 자리 보고 뻗는다'고 말한다. 아주 급박하게 피하거나 부지런하게 움직인다는 뜻으로 '다리야 날 살려라 한다', '다리에 자개바람이 인다'고 말한다. '다리품을 판다'고 하는 것처럼, 손과 발은 몸을 위해 가장 활동적으로 시중을 든다. 손발만 잘 맞으면 한 몸을 건사하는 것은 아무 문제가 없다. '손발이 맞으면 포도청 들보도 빼온다'고 하지 않는가.

누구나 키가 훌쭉하게 큰 것을 바랄 것이다. 그게 마음대로 되는 일도 아니지만, 장단점이 있다는 것으로 판단하여, 어느 편이 좋다는 것을 고집하지 않도록 하는 것도 지혜였다. '키 작고 안 까부는 놈 없고 키 크고 안 싱거운 놈 없다', '키 크고 안 싱거운 놈 없고 키 작고 안 다라진 놈 없다', '키 큰 사람도 키 작은 사람도 하늘에 굽히지 않는 것은 매일반'이란 말들이 그렇다.

이상하게도 키 큰 사람의 장점을 드러내는 속담이 없다. '키 크고 싱겁지 않으면 배냇병신'이라거나, '키 크고 싱겁지 않은 놈 없고 팔다리 긴 인종치고 게으르지 않은 인종 없다', '키가 크나 작으나 하늘에 안 닿기는 마찬가지다', '키가 커도 수수깡은 측간으로 가고 후추는 작아도 사또 상에 오른다', '딸기 큰 것 맛이 없고 박 큰 것 잘 깨지며 사람 큰 것 싱겁다', '키 크고 묽지 않은 놈 없다', '키 크고 싱겁지 않은 놈은 병신이라'는 것처럼 모두가 부정적인 말들뿐이다. 키가 큰 것은 마치 '노인 부랑한 것 어린이 입 잰 것'처럼 쓸데가 없다는 투다.

이에 비해 '난쟁이 똥자루만하다'고 빗대는, 키 작은 사람에 대해서 옹호하려는 말들이 적지 않다. '키가 작아도 담은 크다'거나 '키 작고 안 까불면 재주 있다', '키 작은 사람에게 재주가 든다'고 하여 필요 이상으로 키가 큰 사람보다 오히려 작은 사람을 좋게 편을 들었다. 그야말로 '고욤이 작아도 감보다 달다'는 생각인데, 아전인수我田引水라 할 것이다. 키 큰 사람은 '고욤 맛 알아 감 먹는다'고 할 수 있으니까 말이다.

필요 이상 몸피가 크거나 작은 사람을 두고 '체신體身작고 안 까부는 사람 없고 체신 크고 안 싱거운 사람 없다'고 말한다. 지나치게 마른 사람을 두고는 '우황 덩어리를 달고 다녀도 짐이 되겠다'고 빗대는 반면, '마른 장작 불길이 더 세다'고 빗대기도 한다. '뚱뚱할수록 신경이 무르다'거나 '여자가 뚱뚱하면 성미가 거칠다', '뚱뚱한 여자는 세심하지 않다'고 하여 살이 많이 찌는 것에 대해서는 좋게 보지 않았다.

몸 밖에 재물이 없다고 하면서 제 몸 관리를 게을리하는 것은 지혜롭지 못하다. 돈은 적어도 소중하게 챙기면서, 천금이고 천하인 몸을 챙기지 않는 것은 정말 현명하지 못하다. 제 몸은 제 몸으로 끝나지 않는다. '몸과 마음이 병들면 나라가 병든다'고 하지 않던가. 하늘과 부모가 의기투합하여 내어놓은 제 몸을 스스로 소중하게 여겨야 하는 것은 두말하면 잔소리다.

◆◆◆ 풍신風神: 풍채風采. 사람의 겉모양.

16. 지체부자유인

'소경도 날 새는 것을 좋아한다'

몸의 한 부분이 불편한 사람을 두고 병신이라고 했다. 흠이 있는 몸이라는 뜻이겠다. 사람 누구나가 심신에 흠이 없는 사람이 없을 것이다. 특히 겉보기에 몸이 부자유스러우면 평생을 고통스럽게 살아야 한다. 이제는 많이 달라졌고 더욱 달라져야 하지만, 예전의 세태는 몸이 불편한 사람을 도와주기보다는 업신여기기 일쑤였다.

산업사회는 상품도 많이 만들어내어 사람의 눈을 현혹하기도 하지만, 장애인도 많이 만들어놓는다. 자동차를 비롯한 모든 탈 것들, 온갖 기계에 사람들이 상하고 몸이 자유롭지 못하게 된다. 몸이 선천적으로 불편한 사람보다 후천적으로 불편한 사람들이 훨씬 많아지고 있는 것이다. 불편하지 않은 사람이 불편한 사람을 위해 돌보고 양보하는 일은, 이 시대에 필수 예절이고 도리다.

'병신도 병신이라 하면 노여워한다'고 했는데, 왜 안 그럴까. 가슴 아픈 곳을 찌르는데 화내지 않을 사람 누가 있을 것인가. '병신 순한 놈 없다', '병신 마음 좋은 사람 없다'는 말도 마찬가지다. 부자유로운 몸으로 세상을 살려니 제대로 되는 일은 없고 무시는 당하고, 어찌 언행을 곱게 보일 수 있겠는가. '병신이 달밤에 체조한다', '병신이 육갑한다', '병신이 양장구 친다', '병신 삽질한다', '병신이 옹기 마중 간다', '병신이 풍장 한다'고 하는데, 그런 행동을 한다고 해서 남에게 해가 될 것 있는가. 왜 곱지 않은 눈으로 보려 하는지. 오히려 가상히 여기고 도와주지는 못할망정 마음의 상처를 줘서는 안 될 것이다.

'병신자식이 효도한다'고 했다. '병신 주인이 아흔아홉 몫 한다'고도 했다. 몸이 멀쩡한 사람들보다 오히려 더 올바르고 생산적으로 사는 장애인들이 허다하다. '병신 명줄 짧은 사람 없다' 했으니, 몸이 불편한 것을 명으로 보상받는 것이리라.

'몸뚱이가 만 냥이면 눈이 구천 냥이라'고 했다. 그렇다면 몸이 불편한 사람 중에서도 가장 힘든 사람이 장님이겠다. 몸뚱이 열 중 아홉을 어둠에 내주었지만 세상을 못 살아가랴. 천만의 말씀이다. '봉사도 날짜 가는 속은 안다', '장님도 제집은 잘 찾아간다'고 했다. 밖의 사물을 못 보는 대신 사람의 앞날을 잘 내다보는 것이 장님들의 특기다. '봉사 눈치 배우지 말고 점 배워라', '봉사는 점을 잘 쳐야 한다'고 하는 이유가 된다. '소경 개천 나무랄 것 있나 제 눈 탓이나 하지' 하거나, '소경이 제 닭 잡아먹는 줄 모른다'고 하지만, '소경도 지팡이가 있으면 천 리를 간다'든지, '눈먼 장님은 서울을 가도 말 못하는 벙어

정종진 81

리는 서울 못 간다'고 했다. '소경 하늘 쳐다보기', '소경 문고리 잡기', '소경 기름값 내기'라는 말로 장님을 업신여기기도 하지만, 조심할 일이다. '눈먼 사람이 눈뜬 사람을 잡는다'고 했으니 말이다. '봉사님 마누라는 하늘이 점지한다'고 했다. 하늘의 큰 뜻을 사람이 짐작이나 하겠는가. 한쪽 눈이 불편한 사람을 두고 '보름보기 신세'라 했다. 한쪽이라도 성하니 불행 중 다행이다. '봉사 나라에서는 애꾸가 왕'이라든가, '봉사는 애꾸를 부러워한다'는 말이 있는데, 부족한 만큼 하늘이 내린 장점이 분명 있으리라. '장님 셋이 모이면 못 보는 편지를 뜯어본다'고 했는데, 하찮게 여기는 사람도 힘을 합하면 어떤 일도 해낼 수 있다는 뜻으로 빗대는 말이다.

말을 할 수 없으니 불편한 것은 이루 말할 수가 없을 것이다. 그러나 '말을 안 하는 것이 약이라'고 했으니, 입으로 짓는 화禍는 평생 없는 셈이다. '벙어리가 말은 못해도 눈치가 빠르다'거나 '벙어리가 말은 못해도 날짜 가는 건 안다'고 했는데, 당연한 말이다. 부족한 면이 있으면 남보다 나은 면이 있는 법이다. '벙어리가 서방질을 해도 다 제 속이 있다', '벙어리가 말은 못해도 서방질은 한다', '벙어리가 웃는 뜻은 양반 욕하자는 뜻'이라고 하는데, 다 편견에서 비롯된 말이다. 아이를 기르려면 어떤 어미도 말을 할 수밖에 없다는 뜻에서 '벙어리도 아이 어미가 되면 말을 한다'고 했다. '벙어리 두 몫 떠들어댄다'고 했는데, 말이 통하지 않으니 어찌 답답하지 않으랴. 말을 할 수 없으니 '벙어리 속은 그 어미도 모른다'고 했다. 말 못하는 사람의 속은 얼마나 탈 것인가.

듣지 못하는 사람을 귀머거리라 한다. 들으면 병이라고 했는데, 듣지 않아도 될 것 많은 세상에 오히려 다행일 때도 있겠다. 하지만 '귀머거리도 우레 소리는 듣는다'고 했다. '귀머거리 눈치 빠르다'고 했는데, 귀먹은 대신 보상받은 것이다. '귀머거리가 벙어리 안 되면 살인이 난다'고도 했는데, 어설픈 것보다는 오히려 완전히 잘못된 것이 낫다는 뜻이리라. '귀먹장이 제 속에 있는 말을 한다', '귀머거리 제 마음에 있는 소리 한다'거나 '귀 먹은 중놈 목탁 치듯 한다'는 말은, 들리지 않으니까 제 주장이나 제 행동만 한다는 뜻으로 빗대는 말이다. '귀먹은 욕'이라거나 '귀먹은 욕이요 허공에 주먹질이라'고 했는데, 귀먹은 사람에게는 그 어떤 욕도 귀먹은 욕이 되겠다.

'곱사등이 짐 지나 마나'라거나 '곱사등이 잠자나 마나'라고 비꼰다. 하는 듯싶지 않게 행동할 때를 두고 '곱사등이 제사 지내듯' 한다고 빗댄다. '곱사등이 엎어놓고 밟아준다'는 행위는 도저히 용서받을 수 없다. '봉사 마누라 하늘에서 점지하고 곱추 남편 부처님이 점지한다'고 하니 불행 중 다행이라 할 일이다.

'절름발이 원행'이라는 말을 쓴다. 제 주제를 모르고 분에 넘치는 일을 한다는 뜻이다. 그러나 '절뚝발이 말이 천 리를 간다'고 했으며, '절름발이 자라가 천 리를 간다'고도 했다. 뭔가가 부족함에도 불구하고 끈질기게 노력하여 목적을 이룬다는 뜻이다. '절름발이를 보고 한쪽 다리가 길다고 한다'는 말이 있는데, 당연한 말을 한다는 뜻으로 비꼬는 말이다.

몸이 불편한 사람들은 평생을 고통 속에 살게 된다. 몸이 온전한 사람들이라면 그들을 돕고 격려하는 것이 도리지만, 오히려 업신여기거나 무시하는 경우가 허다하다. '난리가 나면 앉은뱅이가 삼십 리를 뛴다'고 했다. 궁지에 다다르면 기대 이상의 능력을 보여주기도 한다는 뜻이다. 그러니 함부로 대해서는 안 된다. '눈이 너무 밝은 것도 병 귀가 너무 밝은 것도 병 생각이 너무 빠른 것도 병'이란 사실을 모르는 사람도 많다. 몸이 온전하다고 자만할 일이 아니다. 세상에는 좀

부족한 사람이 있기에, 제 마음껏 사는 사람이 있는 것이다. 제 마음껏 사는 사람은 세상에 세금을 조금 낸다는 생각으로, 불편한 사람들을 위해 한껏 마음을 써야 할 것이다.

17. 생리작용

'천하장사라도 제 눈꺼풀은 들어올릴 수 없다'

잠과 꿈은 제 의지대로 통제하지 못한다. 아무리 극기심이 강하다 해도 잠을 자지 않을 수 없다. 사람마다 인생의 3분의 1쯤을 잠으로 소비한다. 짧은 삶인데, 잠자는 시간이 너무 많아 허송세월이라고 여겨질 수도 있을 것이다. 피곤함에 지친 잠이라면, 잠같이 행복한 시간이 없겠다. '잠이 보배다', '잠이 보약보다 낫다'고 하지 않던가.

'잠은 잘수록 는다'는 말은 실컷 잠을 자본 사람들이 잘 알 것이다. '잠은 잘수록 늘고 씹은 할수록 더 한다'고 고약하게 말하기도 하는데, 틀림이 없는 말이다. 인생살이 반을 잠으로 보내는 사람도 있을 것이다. 그래서 '잠 원수는 죽어야 갚는다'거나 '잠 원수와 씹 원수는 죽어야 갚는다'고 했던 것이다.

'잠 잘 자는 아이는 잘 자란다'든지, '잠 잘 자는 아이는 어미에게 큰 부조扶助라'고 했다. '나는 날부터 재우는 건 아기라'고, 어린애야 잠자면서 큰다고 하지만 어른의 경우 잠이 많으면 천덕꾸러기 취급을 받는다. '덕금 어미냐 잠도 잘 잔다'거나, '소대성이가 마빡을 쳤나'고 빗대었다. '늦잠은 가난 잠이라'거나 '술과 늦잠은 가난이다', '늦잠이 많으면 가난하다', '늦잠 자는 놈치고 잘 사는 놈 못 봤다'고 하듯, 늦잠 자는 것을 제일 좋지 않게 생각했다. 오죽하면 '수간獸姦하는 놈도 낮잠 자는 놈보다는 낫다'고 했겠는가.

잠을 잘 바에야 푹 자는 것이 최상이다. '잠들면 천지개벽을 해도 모른다'든지, '나무칼로 귀를 베어가도 모르겠다'고 했는데, 그렇게 자야 몸이 가뿐해진다. 또한 '잠은 혼자 자야 편히 자고 음식은 여럿이 먹어야 맛이 있다'거나 '음식은 마구 먹고 잠은 가려 자랬다' 했는데, 잘 받아들여야 할 말들이다.

꿈에 대한 속신어俗信語는 무척 많다. 주로 해몽과 관련된 말들인데, 이것들을 모두 속담으로 취급하기는 어렵다. '꿈에 돈이 생기면 재수가 없다', '꿈에 돼지를 보면 재수가 있다', '꿈에 흰말을 타면 병을 얻는다', '구렁이 꿈을 꾸면 돈이 생긴다'는 말들은 속신어로 볼 수도 있고 속담으로 볼 수도 있다.

꿈은 현실이 아니기 때문에 허망하다는 뜻으로 많이 쓰인다. '꿈에 떡 맛본 것 같다'거나 '꿈에 땅 마련한 것 같다', '꿈에 서방 맛본 것 같다', '꿈에 영감 맛난 것 같다'는 말들이 그렇다. '잠이 와야 꿈을 꾸고 꿈을 꾸어야 님을 보지'라는 말은, 원인이 있어야 결과가 있다는 뜻으로 이르는 말이다. 대수롭지 않은 일을 해도 큰 행운이 있다는 뜻으로 '낮잠을 자면서도 용꿈을 꾼다'고 했다. 동상이몽同床異夢을 두고 '같은 잠자리에 꿈은 다르다', '한 자리에 누워서 서로 딴 꿈을 꾼다', '잠자리는 같은데 꿈은 다르다'는 말처럼 다양한 속담으로 만들어지기도 했다.

'꿈은 생시하고는 반대라'는 말이 있지만, 악몽을 꾸고 좋아하는 사람은 없다. 제일 좋은 말은 '꿈은 아무렇게 꾸어도 해몽만 잘 하여라' 하는 말일 것이다. '돼지꿈을 꾸어도 해몽을 잘 해야 한다'는 말이

기발하다.

똥과 오줌을 누구나 뱃속에 넣고 있다. 아무리 고상한 척하는 사람이라도 제가 배설하는 모습을 생각하면 겸손해질 것이다. 맛있게 먹은 훌륭한 음식도 뱃속에 들어가면 예외 없이 똥오줌이 된다. '술 먹고 밥 먹으나 밥 먹고 술 먹으나 뱃속에 들어가 똥오줌 되기는 매일반이라'는 말이 그를 리 없다. 똥과 오줌이 더럽다고 내놓지 않을 수도 없다. 참아봤자 얼마나 참을 것인가. '똥은 참으면 약 되고 오줌은 참으면 병 된다'고 했는데, 생리적인 것을 매일 무난히 해결하는 것도 작은 걱정거리임에 틀림없다.

똥과 오줌은 두말할 것 없이 더럽다는 것을 드러내려 할 때 쓰게 된다. '똥만 빼면 부처님이라'는 말이 대표적인 예다. 언행이 무척 착한 사람을 두고 하는 말인데, 뱃속에 든 똥이 한계라는 뜻으로 빗댄다. 이렇게 똥과 오줌이란 어휘는 인간의 한계를 말하고, 허세를 찌르는 속담에 많이 쓰인다. '똥구멍이 더럽다고 못 도려내버린다'거나 '똥오줌을 받지 않는 알곡이 없고 악덕의 신세를 지지 않는 대의도 없다'는 말은 인간이 아무리 깨끗하고 올곧은 체해도 뒤 구린 부분이 반드시 있다는 뜻이 되겠다.

제 잘못을 모르거나 제 주제를 파악하지 못한다는 뜻의 속담은 많다. '똥 싼 주제에 매화타령'이라거나 '똥 싼 놈이 더 야단한다', '똥 싼 놈이 큰 체한다', '똥 싼 벗이 권주가를 부른다', '똥 뀐 놈이 성낸다', '똥 덩어리가 장 덩어리 나무란다', '똥 묻은 돼지가 재 묻은 돼지 말한다'는 말들이 그것이다.

인간의 간사한 마음을 두고 '똥 누러 갈 적 마음 다르고 올 적 마음 다르다', '똥 누고 간 우물도 다시 먹을 날이 있다', '똥 누기 전하고 똥 눈 다음이 하늘과 땅 사이라'고 빗댄다. '똥 누는 소리는 커도 개 먹을 건 없다'든지, '똥깨나 뀌고 방귀깨나 날린다'고 허세나 부리는 사람들을 비꼬며, 분별력이 없는 사람을 두고 '똥오줌 못 가린다', '똥인지 된장인지 모른다'고 질책한다.

    똥과 질책하고자 하는 대상을 견주면 가장 극심한 비난이 될 수밖에 없다. '똥과 부자는 건드릴수록 구리다', '똥과 지주는 건드릴수록 구리기만 하다'는 말들이 그것이다. '똥물에다 튀겨 죽이려 해도 똥이 아까워 못 죽이겠다'는 속담처럼 아예 사람을 똥보다 못한 존재로 취급해 버리는 수도 있다.

    '똥이 무서워서 피하나 더러워서 피하지'라는 말을 한다. 제가 눈 똥 피하는 모습을 보면 가관이겠다. 똥오줌을 그렇게 더럽다 피하지만, 그것처럼 좋은 거름이 없다. '농사꾼이 똥 무서우면 농사 못 짓는다'고 하는데, 정말 그렇다. 옛날 농사꾼은 똥오줌을 더러워하기는커녕, 조금 과장하면 친화감을 느꼈을 정도였다.

    '똥은 똥끼리 모인다'는 말은 유유상종을 뜻한다. '똥은 칠수록 튀어 오른다'거나 '똥은 말라도 구리고 북은 칠수록 소리가 난다'는 말은 품성이 좋지 않은 사람은 건드릴수록 좋지 않다는 뜻으로 빗대어 이르는 말이다. '똥 친 막대기로 안다'는 말은 무엇인가를 아주 하찮게 여긴다는 뜻이다. '더러운 것은 들출수록 냄새가 난다'고 해서 똥오줌을 들먹이지 않을 수 없다. 인간이 매일 저지르는 일이기 때문이다. '더러운 사람에게도 더럽지 않은 것이 있다'고 했는데, 반대로 더럽지 않은 사람에게도 더러운 것이 있다고 말해야 하리라. 더럽지만 생리작용이라서 어찌할 수 없다. 만물의 영장이라고 자만하는 인간인데, 배설에 대한 생각 때문에 겸손해질 수 있으니 천만다행이다.

정종진

18. 용모 또는 미모

'얼굴 일색이 마음 일색만 못하다'

　'인물가난이 제일 서럽다', '가난 가난 해도 인물가난이 제일 서럽다'는 말이 있다. 못생긴 것이 가장 서럽다는 뜻이다. 왜 아닐 것인가. 훌륭한 미모로 태어난 사람은 큰 복을 받은 것이고, 그렇지 못한 사람은 평생을 속상하며 사는데 왜 안 그렇겠는가. 인물이 출중할 경우 사내는 '해하고 박치기할 인물'이란 말을 쓰고, 여자는 '춘향이 찜쪄먹겠다'거나 '춘향이가 인도환생을 했나' 하고 말해왔다. '춘향이가 골마다 날까' 하는 말도 마찬가지다.
　'꽃 같은 얼굴에 달 같은 몸매'라거나 '살결은 분결이고, 젖통은 분통이라'는 찬사가 얼마나 여인을 들뜨게 할까. '앵두 같은 입술에 박씨 같은 이빨이라'거나 '물 찬 제비 같고 돋아오는 반달 같다'는 칭찬을 듣는다면 어떤 여인이든 흥분이 고조될 것이다.
　'잘나고 못난 것은 가죽 한 장 차이라'는 말이 맞기는 하지만, 이 가죽 한 장의 차이가 평생토록 슬픔에 빠지게 하는 경우가 적지 않다. '호박밭에 엎드려 있어도 찾지 못하겠다'거나, '개꽃에는 나비도 아니 온다'는 말을 들으면 살맛이 나겠는가. '나이 차 미운 계집 없다'지만 박색의 설움을 몰라서 하는 소리라 할 것이다. '못생긴 년이 달밤에 삿갓 쓰고 나선다'거나 '못난 여자는 거울만 나무란다'는 소리나 들으면 살맛이 나겠는가. '먹는 물이 좋아야 미인이 난다'고 했는데, 물이 좋지 않아서 그렇다고 하면 핑계가 될 것인가.
　반면에 '미인 얼굴은 거꾸로 봐도 예쁘다'거나 '미인에게는 나이가 없다', '미인은 가까이 보아도 미인이고 먼 데서 보아도 미인이다', '미인은 가꾸지 않아도 예쁘다', '미인은 나이를 먹지 않는다', '미인은 누구나 욕심을 내게 된다', '미인은 늙어도 곱다', '미인은 죄가 없다'고 하는 말들은 살맛을 돋울 것이다. 얼굴만 반반하면 '장구 치고 북 친다'고 할 정도로 설치며 사는 세상인데, 어찌 특혜가 아니랴. '재주 좋은 년보다 얼굴 예쁜 년이 낫고 얼굴 예쁜 년보다 팔자 좋은 년이 낫다'는 항간의 말을 보아도, 미모가 최상은 아니지만 좋은 팔자를 위한 차선의 수단이 된다는 생각이다.

남자에 비해 여자가 더 미모에 집착하게 마련이다. '여자는 인물이 밑천이라'는 생각 때문일 것이다. '꽃 중에 꽃은 인꽃이 제일이라'는 심리 때문일 게고, '고운 사람은 개똥밭에 앉아도 곱다'는 심사가 여자를 더욱 그렇게 만들 것이다. 하긴 '허울 잘 쓴 사내가 길에 지나가면 정절부인도 한 번은 쳐다본다'는 생각 때문에 반반한 사내도 우쭐대기 일쑤인데, 여자는 오죽하겠는가. '얼굴에서 쌀이 나오나 돈이 나오나' 하는데, 그게 가능하다고 여기는 것이다.

'여자 얼굴은 스물에는 타고난 얼굴이고 서른에는 자기가 꾸민 얼굴이고 마흔에는 남편이 만들어준 얼굴이라'는 말이 그럴듯하게 들릴 수도 있다. '사람 나이 마흔 넘어서 얼굴은 자기가 만든다'는 말도 또한 그렇다. 제가 꾸미든 남편이 만들어주든 결국은 재물이나 사회적 지위와 비례한다는 뜻이 되겠다. 그래서 '인물은 돈이 가꿔준다'고 한 것이다. 요즈음처럼 성형수술로 인물을 뜯어고치는 것이 유행하는 세태에 딱 맞는 말이다. 결국은 '잘난 건 돈이라'는 말인가. '사람의 얼굴은 열 번 변한다'고 말해왔는데, 몸 스스로가 변한 것이 아니라 성형의사가 변하게 해주는 것이겠다.

'미인 싫다는 사내 없고 돈 마다는 사람 없다'고 한다. 당연하다.

정종진 89

그러나 그 아름다운 기준은 사람마다 다르다. '네가 잘나 일색이냐 내 눈이 홀려서 일색이지'란 말이 핵심을 찌른다. '계집 얼굴은 제 눈의 안경이라'거나 '미인이 따로 없고 정들면 다 미인이라'는 말도 그렇다. '계집 얼굴은 제 눈의 안경이다', '계집에게 미치면 곰보딱지도 절세미인으로 보인다'는 말들에서 미모보다는 정이 더 윗길이라는 것을 깨우쳐야 하리라. '깻묵도 맛들일 탓이라'는 뜻인 셈이다.

한편 인물이 좋은 것을 두고 좋게만 평가하지 않았다. '고운 계집은 바람 탄다', '고운 꽃에 가시가 돋혔다', '고운 꽃은 쉬 꺾인다', '고운 꽃은 열매가 열지 않는다', '고운 딸 있는 집 감나무에는 목매다는 놈 많다', '미인은 요물이다', '미인 소박은 있어도 박색 소박은 없다', '미인은 사흘에 싫증이 나고 추녀는 사흘에 정이 든다', '미인은 박명이다', '미인의 운명은 기박하다', '얼굴 고운 것 속 궂다', '미인은 팔자가 세다', '미인은 투기심이 많다', '인물이 좋으면 한 마당귀에 시아버지가 아홉이라', '곱게 생긴 년이 밑 헤프다', '여자 고운 것과 바닷물 고운 것은 바람 탄다', '고운 꽃이 먼저 꺾인다'는 말들이 그렇다.

이 정도에서 그치지 않는다. '여자가 얼굴이 고우면 팔자가 세다', '여자가 예쁘면 얼굴값을 한다', '여자의 인물이란 눈길을 너무 붙잡아도 박복하다', '남의 간장 썩힌 얼굴 넓은 들에 쓴 개똥참외다', '낯바닥 예쁜 것도 액이라', '낯짝이 반반하면 얼굴값 한다', '얼굴 고운 것 속 궂다', '미인 끝은 여우 된다', '명주 바다와 각시 고운 것은 마음 못 논다'는 말들처럼, 미모를 경계하도록 이르는 속담이 많은 것은 필연적인 이유가 있기 때문이다.

그래서 지혜로운 사람은 얼굴 예쁜 것보다는 행실이 바른 여자를 더 높게 평가할 것이다. '얼굴 곱다고 탐내지 말고 소리 좋다고 탐내지 마라', '소리 좋은 여자 팔자 세다'고 했다. 얼굴이나 소리 고운 여자가 실속 없는 경우가 허다하다는 뜻이다. '얼굴 반반하게 생긴 계집 치고 행토 없는 게 없다', '얼굴이 반반하면 얼굴값을 한다'고 하지 않는가.

얼굴 고운 것만이 능사는 아니라는 뜻으로 전해지고 있는 속담도 적지 않다. '용모가 아리따운 계집은 소박을 당하지만 음식수발 잘 하는 계집은 박색이라도 소박은 면한다', '곰보도 정들면 보조개로 보인다', '일색 소박은 있어도 박색 소박은 없다', '유자는 얽어도 손님상에 오르고 탱자는 곱디고와도 똥밭에 구른다', '얽음뱅이도 정이 들면 얽은 구석구석까지 정이 든다' 정도만 예를 들어도 진실을 깨우치는 데 충분하리라.

박색을 두고 '호박꽃도 꽃이냐', '호박꽃도 꽃이라고 벌이 온다'고 빗댄다. 호박은 크고 많이 달려 흔하니까, 좋은 줄 모르고 못생긴 사람을 호박과 견준다. 그러나 '호박은 늙을수록 달다', '늙어서 맛있는 건 호박뿐이라'고 했다. 호박은 애호박도 먹고, 늙은 호박도 먹고, 호박씨도 먹는다. 그뿐인가. 호박잎, 호박순도 다 먹는다. '호박덩굴 뻗어나갈 적 같아서는 강계에도 미칠 것 같다'고, 정신없이 뻗어나가는 호박덩굴은 가난한 살림에 제법 풍성한 먹을거리였다. '호박순이 무성하면 양식이 귀해 내쫓았던 며느리도 다시 부른다'고 하지 않던가. 호박 같다고 빗대는 여자에게 그런 장점들이 숨어 있을 것이다. 그렇다면 스스로 박색이라고 풀 죽어 지내지 말고, '가마솥이 검기로 밥도 검을까' 하거나 '개구리 잔등에 점이 박혔으면 속도 점이 박혔나' 하고 당당히 나서야 하겠다.

인물과 성의 관계에 대한 속담 역시 아주 많지만, 이에 대한 것은 관상에 관한 장에서 설명될 것이다. '밭 좋고 씨 좋다'는 말은 성적 상징어로 이루어진 속담인데, 미모까지를 다 포괄하고 있다. '몽땅 삼켜도 비린내 안 나겠다'는 말은 사내들이 주로 쓰는 속담으로, 미모가 빼어나 성적 욕망이 솟는다는 뜻이다. '얼굴 박색은 있어도 씹 박색은 없다'는 말이나 '얼굴 잘난 사내치고 연장 잘난 것 못 봤다'는 말은 부분적으로만 근거가 있는 속담일 것이다.

'곱고 미운 것은 보기에 간다'든지, '곱게 보면 다 곱다'고 했다. 남자건 여자건 인품이 우선이지, 얼굴이 얼마나 반지르르 하냐를 따진다는 것은 마치 '범을 놓고 수염이나 칭찬한다'는 것과 한 가지다. '얼굴 보고 사귄 사람은 얼굴이 미워지면 사랑도 변하게 된다'거나, '곱기만 한 꽃에는 벌 나비가 오지 않는다'는 말은 그래서 있다. '털어서 먼지 안 날 비단 없고 뱃속에 똥 안 든 미인 없다'고 했으며, '상판대기 뻔뻔한 놈치고 계집 덕에 호강하겠다는 생각 안 가진 놈이 없다'고 했다. '얼굴이 비춰지는 어루쇠는 있어도 사람의 넋이 비춰지는 어루쇠가 없어' 그런 것들을 직접 못 보는 게 한이겠다. '외양 보면 일색 행실 보면 잡것'인 사람을 적지 않게 볼 수 있을 것이다. '돋아 오르는 반달 같고 물 찬 제비 같고 깎은 밤톨 같다'는 말에 제정신을 못 차리면 안 된다. '악인이 미상美相을 지니면 요기妖氣를 발한다'는 말이 그냥 있는 게 아니다.

얼굴의 아름다움보다 인품을 평가하는 것이 더욱 중요하다. '용모는 마음의 거울'이라 했다. '가르마가 바르면 저승길이 편하다'거나 '가르마를 잘 탄 규수가 좋은 며느릿감이라'고 했으며, '마음씨가 고우면 앞섶이 아문다'고도 했다. '덕이 연지요 정이 곤지라'는 말은 진실의 절정이다. '사람은 누구나 제 얼굴 뜯어먹고 산다'고 했지만, 그것은 관상쟁이들이 하는 말이고 '얼굴 뜯어 먹으려 말고 일 해먹고 살랬다'는 말을 들을 일이다. '일이 곱지 얼굴이 곱나' 하는데, 일 잘하는 사람이 진실로 곱게 여겨진다는 뜻이다.

◈◈ 행토 : '행티'의 경상도 방언. 행짜를 부리는 버릇.
◈◈ 어루쇠 : 쇠붙이를 반들반들하게 닦아 만든 거울.

19. 젊음

'젊음보다 더 큰 재산은 없다'

'핏종발이나 있다'는 게 젊음이다. '꽃도 한 철 나비도 한 철'이라거나 '매화도 한 철 국화도 한 철', '메뚜기도 오뉴월이 한 철'이라 하듯 사람에게도 한 철이 있으니, 그게 바로 젊음이라는 것이다.

젊을 때는 모든 게 왕성하다. 넘치는 활력 때문에 '가로 뛰고 세로 난봉이라'는 질책을 받기도 하고, '닷 곱에도 아는 체 서 곱에도 아는 체' 하고 나대다가 갑자기 '서리 맞은 구렁이요 날 샌 올빼미 신세' 처럼 처박히기도 한다. '공연히 긁어서 부스럼 만들어' 일만 저지르고 다니니, 도무지 냉철한 이성을 기대하기 어려운 때인 셈이다. 좋게 말하면 실험정신이 넘쳐서 제 활동의 범위를 확장해 보기도 하고, 제 정열의 한계를 가늠해 보기도 하는 때다.

젊을 때는 숱한 시행착오를 통해 분별력을 기르는 시간이다. '하늘이 무너지는지 땅이 꺼지는지 모른다'거나 '죽인지 코인지 무릇인지 닭의 똥인지 모르고' 설쳐대기에, '다리를 뻗어도 자리를 봐가며 뻗고 똥을 누어도 자리를 가려 누고 입을 대도 댈 자리에 대라'고 사뭇 잔소리를 듣는 때다. '제 코도 못 닦는 주제에 남의 코 닦으려 한다'든지, '망둥이가 뛰니까 송사리도 뛴다'는 격으로 나대고, '분다 분다 하니까 하루아침에 매운 재 석 섬을 분다'거나, '장 잘 보아다 준다니까 제 돈 보태가면서 사다 준다'고 비난받기 십상인 때다. '가리산인지 지리산인지를 모르고', '죽침 가지고 뜸 뜨자고 달려든다'. '농사 물정 안다니까 패는 나락 홰기 뽑고', '서까래 감인지 도리깨 감인지 모르고 길다 짧다 한다'. '공연히 숲을 헤쳐서 뱀을 일군다'거나 '기름 지고 불로 뛰어든다'. '몽둥이 짊어지고 가서 매 맞는다'고 할 정도로 나대어, '조그만 실뱀이 온 강물을 흐리게 한다'고 욕을 먹게 된다. '미친년 상추 뜯듯', '미친놈 도리깨 치듯' 하는 젊음을 누구라도 감당하기 쉽지 않다. 그래서 '젊은 놈 망령은 몽둥이로 다스리랬다'고 말하는 것이다.

　분별력이 없을수록 고집도 세다. '남대문을 두고 우기면 서울 안 가본 사람이 이긴다'거나 '서울 가본 사람과 안 가본 사람이 싸우면 안 가본 놈이 이긴다'는 격으로 우기고, '노랑 병아리는 다 제 것이라고 한다'. '남의 제삿날도 우긴다'고 했는데, 우겨도 '채반이 용수 되도록 우긴다'. '모로 가나 기어가나 서울만 가면 된다'고 우겨대는데, 아직은 사회생활이 부족해서 그렇다. 여러 사람과 어울려야 모난 성격이 둥글어지는데, 그럴 기회가 부족해서 그렇겠다.

　타협과 양보를 몰라 싸움도 잦다. '싸움 잘하는 놈치고 골병 안 든 놈 없다'거나 '도끼 가진 놈이 바늘 가진 놈을 못 당한다', '사나운 강아지 콧등 아물 날 없다'는 이치를 깨우치기 시작하는 때인 것이다. '천둥인지 지둥인지 모르고' 날뛰다가 '범의 꼬리를 밟고 용의 수염을 만지는' 실수도 하게 된다. '개미가 객사客舍숨기둥을 건드린다'고 할 정도로 나대는 건 예삿일이다. '경각성이 없는 사람은 적을 꼬리에 달고 다닌다'고 했는데, 누구나 젊을 때가 특히 그렇다.

　식욕과 성욕이 왕성하다는 것을 속일 수 없다. '한창때는 돌을 먹어도 삭힌다'든지, '한창때는 치마만 봐도 일어난다', '젊은 놈 허리 아픈 것은 요용소치要用所致라', '젊은 년 가지밭에서 오줌만 누어도 애 밴다', '젊은 여자는 익은 음식이라', '젊어서는 사랑싸움이고 늙어서는 돈싸움이다', '젊어서는 색으로 살고 늙어서는 정으로 산다'는 말들이 괜한 말은 아니다.

  손익계산에 영악하지 않은 것도 젊음의 장점이자 단점이다. '노적가리 불붙는 줄 모르고 쌀독 뒤의 쌀알만 줍는다'거나 '나중 꿀 한 식기 먹기보다 당장의 엿 한 가락이 더 달다'는 젊음이다. '젊었을 때 한 번 안 놀아본 놈 없다'고 말한다. '젊은이 골에는 놀 궁리 늙은이 골에는 잘 궁리'라고 하지 않던가. '젊어서 잘 뛰던 말도 늙으면 못 뛴다'는 평범한 진리를 알면서도 어깃장을 놓는 수도 있는 것이다.

  젊은이에게 가장 중요한 것은 고생을 통해 자신을 강화시킬 여유가 있다는 점이겠다. '초년고생은 금을 주고도 못 한다', '초년고생은 돈을 주고도 못 산다', '초년고생은 만년의 복이라', '초년고생은 양식 지고 다니며 한다', '초년고생은 중년의 낙이라'고 하는 말들을 잘 새겨들어야 하는 때인 것이다. '사람이 고되면 근본을 생각한다'고 했다. 사람이 고생을 하게 되면 죽음과 같은 것을 생각해 보게 된다는 뜻이다. 그러나 사서 하는 고생은 다르다. 오히려 '질러가는 길이 고생시킨다'는 것을 깨우치게 된다.

  '한 살이라도 젊어서 하는 고생이 약이다', '고생도 해야 정을 안다', '고생해본 사람이라야 세상 물정도 안다'는 말이 진실로 옳다. '고생 끝에 낙이 있다'거나 '고생이 낙이다', '낙은 고생의 씨요 고생은 낙의 씨라'는 것을 조금이라도 일찍 깨우칠수록 힘이 되기 마련이다. '대한大寒끝에 양춘陽春이 있다'든지, '겨울을 지내보아야 봄 그리운 줄 안다'는 진리를 알게 된다면, 그보다 훌륭한 각성은 없으리라.

  '엄한 단련이 어머니 사랑보다 낫다'는 말대로 자기단련을 엄하게 거친 젊은이라야 시련에 굴하지 않는다. '바람이 불면 나무뿌리는 깊어진다', '가뭄에 뿌리 깊어진다'는 이치와 같다. 그래야만 웬만한 일에는 '소금에 아니 전 놈이 간장에 절까', '소대한에 얼어 죽지 않은 놈이 우수 경칩에 얼어 죽을까' 하고 의연할 수 있고, '바윗돌 위에 놓아도 살겠다'거나 '센 바람이 억센 풀을 알아본다'는 말을 들을 수 있을 것이다. '고사리도 꺾을 때 꺾고 술은 괼 때 길러라'거나 '단풍도 떨어질 때 떨어진다'고 했다. 사서 하는 고생도 때가 있기는 마찬가지다.

'즐거운 일 년은 짧고 고생스런 하루는 길다'는 건 당연하다. 그러나 그 길고 지루한 시간을 겪어야 한다. '어두운 날이 있으면 밝은 날 있다'든지, '쓴맛을 알아야 단맛을 안다'는 이치를 모를 리 있겠는가. '지붕에도 마루 있고 청춘에도 마루 있다'고 했다. 한참 고생을 할 때는 '메는 오를수록 높고 길은 갈수록 멀다'고만 생각되지만 그 고비를 넘겨야 한다. '젊어 고생은 돈 주고 사서도 한다', '젊어서 고생은 금 주고도 못 산다', '젊어서 하는 고생은 약이다', '젊었을 때 고생은 논밭전지를 주고도 못 산다'는 말들이 허언이겠는가.

'사서 고생한다'는 정도가 아니라 '사주에 없는 고생을 한다'고 생각하고 견뎌라. 인고의 세월을 충분히 겪으면, 어떤 일에 조금 늦어도 좋다. '뒤에 난 뿌리 우뚝하다'거나 '뒤에 심은 나무가 우뚝하다'는 말이 그런 사람들을 위해 있는 속담이다. '젊은 거지는 막보지 말랬다'는 말도 마찬가지다. 충분히 고생을 참아낸 사람은 당연히 집념이 강하다. '독도 십 년만 눈독을 들이면 구멍이 뚫린다'고, 결국 하고자 하는 일을 해내게 된다. '길이 아무리 가까워도 가지 않으면 이르지 못한다'는 진리를 젊을 때 터득해야 한다.

정열이 넘치는 시기가 젊음이라면, 그 정열이 넘치는 부분을 얼마나 유용하게 활용하느냐에 따라 그의 삶이 달라질 것이다. '주먹에 핏

사발이나 들었다'고, 객기만 부릴 수는 없는 일이다. '용은 구름 따라 날고 범은 바람 따라 달린다'고 할 수 있는 젊은이들이 있는가 하면, '문어는 문어끼리 숭어는 숭어끼리 논다'거나 '까마귀는 까마귀끼리 모인다'는 젊은이들도 있게 마련이다. '태산도 참고 넘으면 평지를 보게 된다'든지, '사람의 후분後分이 좋으려면 초년고생을 한다'는 말을 명심해야 할 일이다. '한때 고생하면 한때는 잘 산다'는 진실을 모를 사람 없을 것이다. '어려서 고생은 출세의 밑천이라'거나, '어려서 고생은 부자 밑천이라', '젊어 게으름은 늙어 고생이라'는 말이 추호도 그르지 않다는 것을 한시라도 빨리 깨우치는 것이 젊음의 지혜가 되리라. 어른들은 젊은이들을 향해, '굿 속을 모르면 떡을 먹지 말고 소리 속을 모르면 장단을 맞추지 마라'는 편잔만 줄 것이 아니라, 격려를 하며 동시에 자중자애를 부탁할 일이다.

- 채반 : 싸리나 대오리로 만든 둥글고 긴 통으로, 술이나 장을 거르는데 씀.
- 용수 : 껍질을 벗긴 싸릿개비나 버들가지 따위로 만든 둥글넓적한 채그릇.

20. 첫사랑

'사랑에 겨우면 마마자국도 보조개로 보인다'

'개도 사랑할 때는 운율에 맞춰 짖는다'고 했거늘 사람이야 더 말할 나위 없겠다. 사랑에 빠진 사람은 대번에 언행이 달라진다. 그래서 '가난과 사랑은 못 속인다'거나 '사랑과 기침과 가난은 속일 수 없다'고 했던 것이다.

남녀 간의 사랑만큼 팽팽한 것이 없다. 소년·소녀, 총각·처녀에게 피어나는 사랑은 얼마나 풋풋하고 싱싱한가. '처녀 웃음은 여치 뛰는 것 닮았다'고 하는데, 사랑도 그렇다. '추위는 첫추위가 춥고 사랑은 첫사랑이 뜨겁다'는 말은 진정이다. 한평생 살아가는데 많은 사랑을 겪겠지만, 첫사랑만큼 뜨겁고 순수한 게 다시 있을까. '소녀의 정은 오래 간다'는 말은 첫사랑을 두고 이르는 것이다. '첫정이 무섭다'든지, '첫정이 원수다', '첫정은 무덤까지 가지고 간다', '첫사랑에는 생목숨도 끊는다', '첫사랑에 할퀸다', '첫사랑은 잊지 못한다', '사랑은 첫사랑이 뜨겁고, 바람은 늦바람이 더 좋다'는 속담들은 전혀 과장이 아니다.

'짝사랑이 더 괴롭다', '짝사랑 보람 없다'고 한다. 그러나 풋사랑은 용기를 키우며, 짝사랑부터 시작하지 않는 사랑이 어디 있을까. '남녀 간의 정분이란 하늘도 모른다'고, 저도 모르게 드는 정을 어찌할 것인가. 그래서 가장 고통스런 병을 얻게 되는 것이다. '이 세상 백병 중에 가장 아픈 병이 상사병이라'는 말이 절대 그르지 않다. '남녀가 반한 데는 고치는 약도 없다'는데, 정말 그렇다.

사소한 몸짓 하나로 사랑은 시작될 수 있다. '곁눈질에 정 붙는다'거나 '남자와 여자란 뒷간에서 얼핏 마주치기만 해도 정이 붙는다'고 하지 않던가. '눈 맞으면 정도 든다'는 말, 그리고 '밥은 뜸이 들면 먹고 남녀는 눈이 맞으면 정이 든다'는 말도 당연하다. '반한 눈에는 미인이 따로 없다'고 했으니 외골로 빠지게 된다. 그래서 '사랑이란 둘이 없다', '사랑은 중간이 없다'는 말이 한동안은 제법 설득력을 갖는다. '총각 눈에는 애꾸 처녀도 예뻐 보인다'고 할 정도가 되니 '눈먼 사랑이 눈 뜬 사람을 잡는다'는 가능하다. '꽃 본 나비가 불을 헤아리며 물 본 오리가 어옹漁翁을 두려워할까' 하는 말대로, 사랑에 빠지면 분별력을 잃고 덤비게 만든다.

'사랑에는 눈도 코도 귀도 없다'고 했다. 그래서 '사랑에 눈이 멀면 곰보도 째보도 안 보인다'는 것이다. 그렇게 사랑은 분별력이 없다. 그러나 '사랑은 인간을 짐승으로 만들기도 하고 짐승을 인간으로 만들기도 한다'고 할 수 있을 만큼 큰 힘을 지녔다. 그 큰 힘 때문에 '사랑은 깊어질수록 고통은 커진다'거나 '사랑은 괴로울수록 뜨거워진다'고 하는 것이다.

'사랑과 증오는 종이 한 장 차이'라는 말이 맞다. '사랑에는 질투가 양념'인지라 싸우기도 곧잘 싸우게 마련이다. '사랑싸움은 칼로 물베기'여서 '사랑에는 괴로움이 따르게 마련'이지만 오히려 그 '사랑싸움에 정 붙는다'. '멀고도 가까운 것이 남녀 사이'이며, 가깝고도 먼 것이 사랑이다. 사랑과 증오는 서로 대립되는 감정이 아니고, 증오는 사랑 속에 깃들어 있다는 것을 깨우쳐야 한다.

첫사랑처럼 분별없이 덤비는 행동은 정열을 쉽게 소진시킨다. '사랑도 미움도 세월이 지나면 변한다'거나 '사랑이 지나치면 미움을 불러온다'는 말은 전혀 그르지 않다. '뜨거운 사랑이 쉬 식는다'고 했다. '개구리와 남녀 사이란 어느 쪽으로 뛸지 모른다'는 말에 웃을 일이 아니다. '실떡실떡 사랑이 영사랑 되고 턱턱 사랑이 영이별 된다'든지, '갑작사랑 영이별'이란 말은 정곡을 찌른다. '극은 극으로 통한다'는 말이 사랑에서도 예외가 아니다. 사랑을 충분히 경험하고 나면, 비로소 '사랑도 품앗이라'는 말을 깨우치게 된다. '총각은 오장이 얕아야 하고 처녀는 오장이 깊어야 한다'는 말은, 사랑을 성공시키기 위해 꼭 가슴에 새겨두어야 한다. 사내는 먹은 마음이 없이 언행이 항상 경쾌해야 하고, 처녀는 매사에 늘 사려 깊어야 한다는 뜻이다.

사랑이나 정이 좋은 것이지만, '지나침은 모자람보다 못하다'는 데에는 예외가 아니다. 함부로 사정을 봐주다가는 '제 신세 제가 볶는다', '처녀 많은 동네 보리 풍년 드는 해 없다'고 했다. 사랑에 쉽게 빠지고 깊이 빠지면 당분간 분별력을 갖지 못한다. '남자는 다 늑대다', '남자는 다 도적놈으로 알아라' 하는 말을 참고로 하면 좋겠다. 육체적인 사랑까지 발전한 것이 남자 쪽으로는 '어린 자식의 첫 난봉은 속 트이는 것이라'고 치면 편하겠다. 하지만 갈 데까지 간 사랑은 사뭇 그렇게 이어지지 않아 서로를 절망하게 만든다.

'사랑은 배신하는 마음 이외의 모든 약점을 포용한다'고 했다. '사랑의 생이별에는 하늘이 무너지고 생초목에 불이 붙는다'고 했듯, 배신만은 참지 못하는 게 사랑이다. '사랑을 받고 못 받는 것은 제게 달렸다'고 하지만, 상대방이 못 미쳐서 그럴 수도 있다. '사랑에 씌우면 장님 된다'는 말대로, 잠시 그것을 알아채지 못했을 뿐이다.

'사랑에는 수고를 아끼지 않는다'는 말이 맞다. 그러나 그 수고는 손해를 보고 마는 수고가 아니다. '사랑하면 서로 이롭게 된다'고 하지 않던가. '사랑하는 사람은 미움이 없고 미워하는 사람은 사랑이 없다'고 했는데, 미움보다야 사랑이 훨씬 생산적이니 서로를 이롭게 하는 것이다.

'사랑도 배짱이라' 하고, '사랑하는 마음이 있으면 용감하게 된다'고 했다. 마음에 사랑을 두고 참고 있을 수 없다. '구하면 얻고 놓으면 잃는다'거나 '돌미륵도 삼 년 지극정성이면 화답한다', '백 년 고목도 열 번만 찍으라'는 말대로 사랑을 공략할 수밖에 없다. '상사병 든 놈은 말라 죽는다'고, 속만 썩이고 있으면 되는 일이 있겠는가. '상사병에는 약이 없다'지만 용기가 약이 된다. '실이 와야 바늘이 가고 장구를 쳐야 춤을 춘다'고, 초조했던 사랑이 드디어 '꺽꺽 푸드덕 장끼 갈 제 아로롱 까투리도 따라간다'로 이루어질 수 있는 것이다.

분명 '사랑이 병이다'. 그 병은 끝내 사랑으로 고쳐야 한다. '사랑에는 괴로움이 따르게 마련이라' 했는데, 왜 아니겠는가. '춘향이가 이 도령 보듯 한다'면 누군들 차분할 수 있겠는가. '바람에 날려 왔나 구름에 싸여 왔나'를 사뭇 되뇔 것이다.

'봄바람은 처녀 바람이고 가을바람은 총각 바람이라'고 했다. 봄에는 여자가 들뜨고, 남자는 가을에 이성을 가장 갈망하게 된다. 자연의 절묘한 균형감각이다. 만약 한철에 남녀 모두를 들뜨게 했다면, 이 세상은 사랑이 넘쳐 광기로 휘말리고 말았으리라.

21. 마음

'부처가 성불을 해도 성질은 남는다'

'마음 하나로 문밖이 극락일 수도 지옥일 수도 있다'고 한다. 사람의 모든 언행은 결국 마음이 지배하고 통솔하는 것이다. '모르는 게 사람의 마음이라', '사람 속은 천 길 물 속이라'고 했듯이, 사람마다 온갖 복잡 미묘한 세계를 제 마음속에 지니고 있다. 그래서 '심덕心德을 바로 가지면 하늘도 굽어본다'거나 '마음 잘 먹으면 북두칠성이 굽어본다'고 했다. 마음이 바르면 행동도 바르게 마련이다. '마음이 바르고 고와야 옷깃이 바로 선다'고 하지 않던가. '마음이 맑아야 보는 눈도 맑다'고도 했다.

사람 모두가 '마음 쓰는 게 햇솜 같다'면 얼마나 좋겠는가. 햇솜이 약한가. '마음 약한 사람치고 악한 사람 없다'지 않던가. '마음을 옳게 먹으면 죽어 가 옳은 귀신이 된다', '마음을 잘 쓰면 남산 호랑이도 사귄다'는 말들이 괜한 소리는 아니겠다. '마음으로 진정 빌면 부처님 전에서도 물고기를 얻을 수 있다'는 말도 마찬가지다.

'마음처럼 간사한 것은 없다'든지, '마음이 허망하면 교태만 남는다'는 말이 틀림없다. '마음이 열두 번씩 변사를 한다'거나 '마음이 흔들 삐쭉이라', '사람처럼 간사한 건 없다', '사람 변하기로 치면 순식간이라'는 말, 대부분 사람에게 어느 정도는 해당된다. '문지방 넘어서기 전과 넘어선 후가 다르다'든지, '변덕이 선주 마누라는 내일 아침이라'는 말을 예사로 듣는다면 제 성격을 바로 잡아야 한다. 사람은 어려움에 처해도 항심恒心을 놓치지 않도록 해야 한다.

제 중심을 잡아야 남들과 더불어 뜻을 이룰 수 있다. '마음이 화합하면 부처도 끈다', '마음이 맞으면 천하도 반분한다', '마음이 뭉치면 물방울로 강철판에 구멍을 뚫을 수 있다', '마음이 맞으면 삶은 도토리 한 알로도 시장을 면한다', '마음만 맞으면 태산도 옮긴다'고 하지 않던가.

'마음은 늘 콩밭에 가 있게' 하지 말고, '마음 없는 염불'도 하지 말고, 나와 남을 편하게 감싸야 하리라. '마음이 즐거우면 발도 가볍다', '마음이 지척이면 천 리도 지척이라'고 했다. 햇솜같이 가볍게, 주위 사람들을 가깝게 감싸면 그것이 제 재산이다.

'성격이 반 팔자'라거나 '성격이 팔자라'는 말은 틀림없다. 성격이 좋아야 팔자가 편하다. 물론 '속도 창자도 없다'고 할 만큼 헐렁한 사람을 두고 성격이 좋다고만 할 수는 없다. 제 실속도 못 차리는 '속 없는 춘풍'이나 '속 빈 강정'이 되어서는 안 될 일이다. 남을 상대하는데 '속 다르고 겉 다르'게 행동하거나 남의 언행에 늘 '속으로 왼새끼를 꼬는' 사람은 제 성격 때문에 제 일이 순조롭게 풀리지 않게 된다. '들깨가 참깨보고 짧다고 한다'는 말대로, 별로 나을 것도 없는 사람이 남을 비난하면 먼저 제 일이 꼬이게 마련이다. '몸은 개천에서 놀아도 심기만은 곧게 가져라'는 말이 그래서 있다.

'마음은 원숭이고 성질은 말(馬)이라'는 속담은 마음 쓰는 것은 옹졸하고 성격은 거칠다는 뜻이다. '마음은 호랑이고 행동은 쥐새끼라'는 말은 포부만큼 행동이 따라주지 않는다는 의미다. 마음과 행동이 부합하지 않으면 남들과 성숙한 관계를 맺지 못하게 된다. '사람에게 홀리면 덕을 잃고 물건에 홀리면 본심을 잃는다'거나 '음탕하면 마음도 혼란하게 된다'는 말은 다 제 마음이 중심을 잡지 못한다는 뜻이겠다.

제 심지를 잘 키우지 않으면 제 고통만 커지게 마련이다. '마음은 좋다 하면서 이웃집 불붙는 것 보고 좋아한다'는 사람은, 선하지 않은 마음 때문에 스스로도 고통을 당하게 된다. 또한 욕심을 앞세우면 무엇을 하든지, '떡도 떡같이 못해 먹고 생떡국으로 망한다'. '떡방아를 찧어도 옳은 방아를 찧어라'는 말을 명심하면 어디를 가나 '떡국값이나 하라'는 소리는 듣지 않을 것이다.

'사람의 심보란 버릴 것은 있어도 남 줄 것은 없다'고 했다. 제 마음에 따라 얻고 잃는 게 있을 뿐이다. '사람은 뚝배기 밑 된장 맛 같아야 한다'지만 그런 사람이 흔하지 않다. '벼랑에 매달려 떨어져도 성질 참기는 어렵다'고 했듯, 제 성격을 스스로 고치기란 '대들보로 쥐구멍 막기'보다 어렵다. '개 눈에는 도둑만 보이고 부처 눈에는 부처만 보인다'는 말도 제 심보에 따라 세상을 보는 눈이 달라진다는 뜻으로 빗대는 말이다. '사람이란 천 층에다 구만 층'이지만, 만고불변의 진리는 단 하나, '박한 끝은 없어도 선한 끝은 있다'는 것이리라.

성급한 사람은 거의 손해를 보게 돼 있다. 성급한 사람을 두고 '성미가 불붙는 가랑잎이라'고 비유한다. 매사가 그렇다 보니 '성급한 놈이 술값 먼저 내게' 마련이고, '성급한 여편네가 맷돌거리를 하는' 지경에 이른다. 매사를 '먹구름장 밑에 대목 장꾼 싸대듯' 서두르면 삶의 맛을 모르고, 살아야 하는 의무로 살게 된다. '뜨거운 국에 맛 모른다'는 이치가 그것이다. 성미 급한 사람을 빗대는 속담이 적지 않다.

'성미가 콩밭에 서슬 치겠다'거나 '개꼬리 잡고 선소리 한다', '성미 급한 감 장수 유월 감 판다', '오동나무만 보아도 춤춘다', '우물에 가 숭늉을 찾는다', '돼지 꼬리 잡고 순대 달라고 한다', '두레박 놔두고 우물 들어 마신다', '곰 굴 보고 웅담 선금 내쓴다', '급하기는 콩마당에 서슬 치겠다', '너구리 보고 피물 돈 내어 쓴다', '논에 가서 밥 달라 하고 우물에서 숭늉 달라겠다', '땅벌집 보고 꿀돈 내어 쓴다', '떡방아 소리 듣고 김칫국 찾는다', '밀밭에 가서 술 찾는다', '병아리 보고 잔치할 생각부터 한다', '노루는 잡지 않고 골뭇감 먼저 마련한다'는 말들이 그렇다.

성급해서 좋을 때가 있지만, 대부분 손해를 보게 된다. '성질 급한 토끼가 먼저 죽는다'고 하지 않던가. '죽 쑤어 식힐 동안이 급하다'고 나대면, '잦힌 밥이 멀랴 말 탄 서방이 멀랴'거나 '방정맞거든 성미나 급하지 말아야지' 하는 면박을 당하게 되고, 급기야 '외할미 속에서 나와야 할 성미라'는 모욕적 언사를 받게 되는 것이다.

성깔깨나 있는 사람은 남들이 경계심을 갖는다. '뼈 없이 좋은' 성격은 인간관계를 부드럽게 할 때나 좋지, 맺고 끊는 깔깔한 맛이 없어도 문제일 경우가 많다. 일을 제대로 해내기 위해서는 차라리 성깔깨나 있는 사람이 유리할 수 있다. '성깔 있는 놈이 일은 잘 한다'든지, '성깔 있는 머슴이 일은 잘하고 뜨는 소가 부리기는 좋다'는 말이 그래서 있다. '성나면 보리방아 더 잘 찧는다'는 말을 이해할 수 있을 것이다.

성질이 냉정하거나 앙칼진 사람을 두고 비유하는 속담들이 있다. '가시 돋은 꽃이 더 곱다'거나 '괄기는 인왕산 솔가지라', '성질이 찬물의 돌 같다', '차갑기는 섣달 냇물이다', '두부모 자르듯 한다', '성미가 쏘가리 같다', '못 되기는 고양이 새끼다', '성낸 고슴도치 털 일어나듯 한다'는 말들이 그것이다.

성질이 날카로우면 그 서슬에 상처를 입는 건 바로 저 자신인 경우가 허다하다. '성나서 바위 차면 제 발등만 아프다'는 말이 제격이다. 입바른 소리를 도맡아 해대서 사뭇 갈등을 겪기 쉽다. '바른 소리 잘 하는 사람 귀염 못 받는다'고 했다. 역시 피해는 자기가 입게 된다. '뜨는 소가 푸줏간에 먼저 간다'고 했으며, '모난 돌이 정 맞는다'고 했다.

성미가 너무 냉정하면 좋은 평을 받기 힘들다. '물도 너무 맑으면 고기가 살지 않는다'거나 '바늘로 찔러도 피 한 방울 안 나오겠다', '이마를 타래송곳으로 뚫어도 진물 한 점 안 나오겠다', '노랑물 한 방울 안 나오게 생겼다'는 말들로 비유되기 일쑤다. 서슬 푸른 성격으로 상대방을 나무라지 말고, 제 마음의 모서리를 먼저 부드럽게 만들어야 할 것이다.

차분하거나 느긋한 성격을 가진 사람은 때로 남의 속을 터지게 하지만, 주위 사람의 정서를 안정시키고 스스로를 견고하게 한다. '바닷물이 넘나 소금물이 쉬나 해 달을 좀이 먹나 해삼이 나무에 올라가나' 하니 어찌 그렇지 않겠는가. 그러니 사람이 순해 보이기 십상이다. 그러나 '김 안 난다고 숭늉이 식었을까', '김 안 나는 숭늉에 덴다'고, 함부로 대하다가는 그야말로 '뜨거운 맛을 보게 된다'. '뜨는 소는 씩 소리도 하지 않는다'고 했다. '뜬 쇠가 달면 더 뜨겁다', '뜬 솥도 달면 힘들다'거나 '뜬 소 걸음을 펴면 감당 못한다', '순한 소가 뜨기로 말하면 더 무섭다'고도 했다. 작동이 늦게 돼서 그렇지 한번 시작하면 걷잡을 수 없는 기세로 몰아가는 면도 있다. 그래서 '세상 끝까지 좋은 사람 없다'고 말하게 된다.

신중하고 차분하면 일을 거의 그르치지 않는다. 물론 '달걀에도 털이 났나 살펴보고 흰 구름에서도 비가 쏟아질까봐 근심한다'고 할 정도면 신중함이 아니라 초조함이리라. '일곱 번 재고 천을 째라'거나, '돌다리도 두들겨 보고 건너라', '가던 길도 돌아봐야 한다', '가까운 데를 가더라도 점심밥을 싸가지고 가라', '나는 새도 앉을 자리를 보고 앉는다', '개똥참외도 열매를 앉힐 때는 자리를 보아 앉힌다', '가물 때 도랑 친다', '가물 때는 배를 사두고 장마 때는 수레를 사둬야 한다', '삼 년 부치던 논밭도 다시 돌아보고 산다'고 할 정도면 신중함이리라.

생각을 깊이 하지 않고 나대면 하는 일마다 그르치기 쉽다. '초라니 방정 떨듯 한다'든지, '초라니 난다 난다 하더니 났구나' 하고 비꼬지 않던가. '지레 짐작 매꾸러기', '지레 약은 참새가 방앗간을 지나간다', '참새가 약은 척하다가 방아코에 친다', '하룻굿 보려고 코 깎는다', '기둥이야 되든 말든 목침 먼저 자른다', '초상집에 가 실컷 울고 나서 누가 죽었느냐고 묻는다'고 할 정도면, 세상살이 반타작도 못하게 된다.

무슨 일이든 차분히 물러서서 거듭 생각하면 지혜가 생긴다. 그래서 '후 생각이 우뚝하다'고 한 것이다. 미리 준비를 하면 감당하지 못할 것도 없다. '하찮은 닭 한 마리를 잡아도 칼 갈아놓고 시작한다'고 하지 않던가. '베는 석 자라도 틀은 틀대로 해야 된다'고, 하찮은 일을 하더라도 할 일은 다 해야 한다. '참새가 아무리 떠들어도 구렁이는 움직이지 않는다'고, 스스로 견실하면 누구도 얕볼 수 없게 되는 성품을 갖게 되리라. '버들가지가 딱딱한 장작을 묶는다'고 했고, '약한 바람은 불을 붙이고 강한 바람은 불을 끈다'고 했다. 괜스레 덤벙대지 않고 차분히 할 일을 다 하는 성격이라야 할 것이다.

의뭉한 성격은 제 이익을 알뜰하게 찾기 위해 제 속을 좀처럼 내보이지 않는다. 누가 뭐래도 제 속셈이 있어, 목적이 달성될 때까지 시치미를 떼며 버티는 성격이다. '초라니 열은 보아도 능구렁이 하나는 못 본다'고, 웬만한 사람은 의뭉한 사람과 함께하기 힘들다. '의뭉한 두꺼비 옛말한다'는 말은 남의 말을 끌어다가 제 속 이야기를 한다는 뜻이다.

'의뭉하기는 능구렁이다', '의뭉한 개가 부뚜막에 오른다', '의뭉한 년이 고추 따며 똥 누는 척한다', '의뭉한 놈이 과붓집에 간다', '의뭉한 놈이 닭 잡아먹고 오리발 내민다', '의뭉한 중놈 계집질하듯 한다'는 말들이 그것이다.

의뭉한 성격은 거짓말을 그럴 듯하게 하고, 시치미를 떼는 게 특기다. '입술에 침도 안 바른다'고 빗대게 되는 사람인 것이다. 또한 '거짓말도 열 번 하면 참말이 된다'고 믿는 사람이며, '거짓말을 오지랖에 싸고 다닌다'고 할 수 있는 사람이겠다. 아는 것을 모르는 체, 모르는 일을 아는 체하여 '백여우 간을 내먹겠다'고 할 만큼 능청을 떠는 사람이다.

물론 거짓말이 항상 나쁜 것만은 아니라는 것을 잘 안다. 꼭 필요할 때 최소한은 하늘도 덮어준다. 물론 '거짓말도 자꾸 하면 버릇 된다'지만, 상습이 아닐 때 '거짓말도 방편이라' 할 수 있다. 그래서 '거 짓말 석 자리는 항상 지니고 다녀라'든지, '거짓말을 잘하면 약이고 못하면 매다', '거짓말 한 마디가 올벼 논 서 마지기보다 낫다'는 말을 하기도 한다. 또한 '모르고 속이면 죄가 되지 않는다'고 했지만, 의뭉한 사람은 그런 경우가 아니다. 교활한 속임수를 통해 '검정 강아지로 도야지를 만든다'거나 남을 꾀여 '물 댄 놈은 술 차지하고 쌀과 누룩 댄 놈은 지게미 차지한다'는 식으로 사는 사람이다.

'속에 대감이 몇 개 들어앉았다'고 말한다. 마음속의 켜를 겹겹이 쌓아두고 제 실속이나 엉뚱한 속셈을 가리는 성격인 것이다. '시시덕이는 재를 넘어도 새침데기는 골로 빠진다'는 말도 이런 성격의 한 부류다.

무뚝뚝한 성격을 두고 맺고 끊는 것이 명확하다고 말할 수 있을까. 그보다는 섬세함이 부족하거나 선이 굵은 성격이라고 판단해야 하리라. 부드럽지 않아 무정한 사람으로 오해받는다. '뚝머슴 무 토막 자르듯 한다'거나 '뚝머슴 장작 패듯 한다', '말뚝을 삶아먹었나', '마른 나무 분지르듯 한다', '딱딱하기는 삼 년 묵은 물박달나무 같다'고 빗대는 성격이다. 가끔 '뚝배기 깨지는 소리'도 하고, 오랜만에 화를 내면 '불뚝성이 살인 낸다'고, 큰일을 저지르게 된다. '간사한 것이 사람 마음이라'고 했는데, 간사한 것 하고는 아주 거리가 멀다. '곧기는 뱀의 창자라'든지, '곧은 나무가 먼저 찍히고 모난 돌이 정 맞는다', '꼿꼿하기는 서서 똥 누겠다', '고지식한 놈 손해만 본다'고 빗대지만, 우직하기에 오히려 더 호감을 느낄 수도 있는 성격인 것이다.

고집이나 억지를 잘 부리는 사람도 많다. 때로 제 인생을 제대로 살아가는 힘이 된다. 웬만한 일에는 굽히지 않는 끈기를 가지게 하는 것이다. '하자는 놈 하나에 만류하는 열이 못 당한다'거나 '우기는 놈한테는 못 당한다', '떼가 사촌보다 낫다', '억지가 나을 때는 사촌보다 낫다'고 하고, '억지가 논 서 마지기보다 낫다', '억지가 반 벌충이라', '고집도 사촌보다 나을 때가 있다'고, 굳세게 제 뜻을 몰아붙여 목적을 달성하도록 한다. 그러나 생산적이지 않은 하찮은 일에 고집을 피우는 것은 제 소견이 아주 좁다는 것을 강조하는 짓이 될 뿐이다. '고집불통이면 패가망신 한다', '고집이 집안 망친다', '여자가 고집이 세면 팔자가 세다', '나무도 결이 세면 부러진다', '나무도 강하면 부러진다' 고 말해왔다.

고집이 아주 센 사람은 중국의 옛사람과 견주어 '고집은 항우 고집이고 꾀는 조조다', '고집은 용을대 고집이다'라고 했다. 용을대는 병자호란 당시 쳐들어온 오랑캐 장군의 이름이다. 또한 고집이 센 사람을 동물에 비유하기도 했다. '굳기는 당나귀 뒷발톱 같다'거나 '고슴도치도 제 새끼 터럭은 비단결 같다고 우긴다', '노새 고집', '괴 고집과 닭 고집', '고집이 닭의 고집이다', '고집이 당나귀 뒷발굽 같이 세다', '고집이 소 고집'이라는 말들이 그것이다.

'덕석이 멍석이라고 우긴다'거나 '남의 아들 생일도 우기겠다', '조선의 뜸부기는 다 네 뜸부기냐', '검정 강아지면 다 제 집 강아지인가', '기차 바퀴가 박달나무란다', '장에 가서 갓 쓴 건 다 제 할아비인가', '장터거리에 수염 난 것은 모두 자기 할아비냐', '서울 가본 놈하고 못 가본 놈이 동대문 문턱을 두고 다투면 못 가본 놈이 이긴다'는 말들은 모두 고집이 예사롭지 않은 사람을 두고 빗대는 속담이다. 고집을 피우거나 떼를 잘 쓰는 것이 성숙한 성격일 수 없다. 마음 씀씀이가 좁아서 그런 경우가 대부분이다. '집안 좁은 건 살아도 마음 좁은 건 못 산다'고 했다. 마음 좁은 사람은 부단한 노력에 의해 제 마음을 넓힐 수 있다. '구부릴 때는 구부리고 펼 때는 펴야 한다'고 했는데, 그것을 안다면 그보다 더 생산적인 성격도 없을 것이다.

　소견이 넓은 사람을 두고 '오지랖이 너르다'고 하며, '오지랖이 쉰 댓 자', '오지랖이 열두 폭이라'고 빗대기도 한다. 분명한 것은 소견이 트인 사람일수록 남들을 상쾌하게 해준다는 것이다. '논이 좋으면 물이 헤프고 사람이 좋으면 돈이 헤프다'고 하듯이, 소견이 넓으면 돈 씀씀이도 헤플 것은 당연하다. '술 먹으면 외삼촌 밭 사준다'거나 '술 먹으면 사촌 기와집도 사준다'고 하는 허세와는 다르다. 소견이 좁은 사람을 두고 빗대는 속담은 아주 많다.

　'벼룩 간 빼 먹고 모기 눈알 빼 먹겠다', '바늘구멍으로 하늘 본다', '벼룩의 등때기에 육간대청 짓겠다', '밀기름 새옹에 밥을 지어 귀이개로 퍼서 먹겠다', '새우의 간을 빼 먹겠다', '소가지가 꼬막껍질에 긁어 담아도 하나 차지 않겠다', '제가 덮고 있는 이불 속이 세상 전부인 줄 안다','모기 눈 빼 먹고 벼룩 간 빼 먹겠다', '모기 다리에서 피도 빼 먹겠다', '참대통에 똥 누겠다', '참나무 전댓구멍 같다', '참깨가 기냐 짧으냐 한다', '참새가 크니 작으니 한다', '밴댕이 창자만 하다', '장 아까워 잡은 개도 안 먹는다', '답답한 밑구멍에 불송곳이 안 들어간다', '동서남북 보아가며 똥 싸겠다', '등잔불에 콩 볶아 먹겠다', '먹자니 군동내요 남 주자니 아깝다', '메밀 한 섬 가진 놈이 흉년 들기만 기다린다', '무녀리가 앞이더냐 열쭝이가 앞이더냐 한다', '서캐조롱 장사 궁리라', '네 콩이 크니 내 콩이 크니 한다', '똥을 싸도 지관 불러다 방위 봐가며 싼다', '천생 팔자가 눌은밥이라', '제 털 빼서 제 구멍에 박는다', '두꺼비가 콩대에 올라가 세상이 넓다고 한다', '울타리 밖을 모른다', '나 먹자니 싫고 개 주자니 아깝다', '남산골 소나무를 다 주어도 서캐조롱 장사를 하겠다', '네 밥 콩이 더 크니 내 밥 콩이 더 크니 한다', '개구리 제 우물 자랑한다', '개털에서 비듬을 털어 먹겠다', '고추나무에 그네 뛰고 잣껍질로 배 만들어 타겠다', '곧 달걀 지고 성 밑으로 못 가겠다', '궁리궁리하다가 결국 죽을 궁리를 한다', '까다롭기는 옹생원 똥구멍이라', '깨가 기냐 짜르냐 한다', '깻낱 같은 잔소리를 담배 씨 같이 한다', '대붕의 뜻을 참새가 어이 알랴', '두엄에다 집장 띄어 먹고 훔친 떡 뒷간에 가서 먹는다', '갓 난 계집애 사타구니에서 밥풀을 떼어 먹는다', '강아지 평생 소원이 아궁이 무상출입이라', '나그네 먹던 김칫국도 먹자니 더러워도 남 주자니 아깝다', '나그네 보내고 점심 한다'는 것들이다.

'좁은 집에서는 살아도 속 좁은 사람과는 못 산다'는 말이 무슨 뜻인지 위의 속담들을 보면 능히 짐작할 수 있을 것이다. '성격이 반 팔자'라는 말에는 제 소견을 키우라는 뜻도 포함돼 있는 것이다. '참깨 백 번 구르는 것보다 호박 한 번 구르는 것이 낫다'는 말은 소견이 작은 사람과 큰 사람을 두고 견주어 빗대는 말이다.

이외에도 '견딜성이 셋이면 살인도 면한다'거나 '참을 인 자가 셋이면 살인도 면한다', '참으면 가난도 간다', '참을 인 자를 붙이고 다니랬다', '참는 것이 덕이라'는 신념이 확고한 성격도 있다. 이에 반해 '간사한 놈치고 거짓말 않는 놈 없다'거나 '간에 가 붙고 쓸개에 가 붙는다'고 할 수 있는 간사한 사람도 있어, '사람 영악한 것은 범보다 무섭다'는 말을 절감케 하는 성격의 소유자도 보게 된다.

'산천은 고쳐도 천성은 못 고친다', '천성 고치는 약은 없다'고 했다. '뱀은 꿈틀거리는 버릇은 못 버린다'거나 '뱀이 곧은 통에 들어가도 굽은 성질은 그대로 있다'고 빗대는 말이 타당하다. 그렇지만 누구나 그런 것은 아니다. 성숙한 성격은 타고나는 것보다는 스스로 끊임없는 노력에 의해 이루어지는 것이다. 미숙한 성격은 제 욕심에서 비롯된다.

어떤 성격을 가졌든 지혜로운 사람은 스스로를 성숙한 성격으로 만들기 위해 애를 쓴다. '모가 난 돌도 많은 돌과 어울리면 모가 둥글어진다'는 말은 옳다. 모난 성격도 많은 사람과 어우러지면 원만한 성격으로 발전하게 마련이다.

온갖 마음 중에 정성이 제일이다. '정성에는 무쇠도 녹는다', '정성이 도깨비 명당보다 낫다', '정성이 지극하면 귀신도 움직인다', '정성이 지극하면 돌 위에도 꽃이 핀다', '정성이 지극하면 동지섣달에도 멍석다래 찾는다', '정성이 지극하면 하늘도 움직인다'고 하지 않는가. '사람 마음은 열 겹 스무 겹이라'고 하는 그 위에 정성이 그물코 역할을 하고 있는 것이다. '성품이 안정되면 나물죽도 향기롭다'고 했다. 성숙한 성격이 되면 세상을 행복하게 살 수 있다는 뜻이다.

- ◆◆◆ 서슬 : 간수의 북한어. 강하고 날카로운 기세.
- ◆◆◆ 타래송곳 : 나무에 둥근 구멍을 뚫는 데 쓰는 송곳.
- ◆◆◆ 초라니 : 하회 별신굿 탈놀이에 등장하는 양반의 하인으로, 성격이 몹시 경박스러운 인물.
- ◆◆◆ 불뚝성 : 갑자기 불끈하고 내는 성.
- ◆◆◆ 괴 : 고양이의 방언.
- ◆◆◆ 소가지 : 심성心性을 속되게 이르는 말.
- ◆◆◆ 군동내 : 군둥내. 전라도에서 쓰는 말로, 김치류가 오래 되면 꽃가지가 피며 풍기는 고약한 냄새.
- ◆◆◆ 무녀리 : 한 태에 난 여러 마리 새끼 중에 가장 먼저 난 새끼.
- ◆◆◆ 열쭝이 : 겨우 날기 시작한 새나, 잘 자라지 못하는 병아리.

22. 버릇

'버릇 굳히기는 쉬워도 버릇 떼기는 힘들다'

천성이 타고난 것이라면, 버릇은 태어나서 스스로가 길들인 마음과 행동이다. '미꾸라지는 맑은 물에 놓아줘도 시궁창을 찾는다'고 빗댄 말에서 사람의 다양한 천성 탐구의 가능성을 암시받는다. 우리가 가장 많이 쓰고 있는 '세 살 버릇이 여든까지 간다'거나 '세 살 버릇은 여든이 가도 못 고친다'는 말은 천성이 아닌 버릇을 두고 이르는 말이다. 그러나 '개를 가마에 태우니 진창 속에 뛰어내린다'는 말은 천성일 수도, 버릇일 수도 있어 경계를 짓기가 애매하다. 우리가 일상적으로 말할 때는 천성과 버릇을 분명히 구분하지 않고 쓰는 경우가 흔하다.

버릇은 좋은 버릇이 있고 나쁜 버릇이 있다. 누구나 좋은 버릇을 갖도록 애를 쓴다. '습관이란 처음에는 거미줄 같다가 나중에는 쇠사슬이 된다'는 비유는 참으로 기가 막히다. 좋지 않은 습관은 거미줄일 때 뜯어내는 게 상책이다. 버릇은 몸에 배야 하기 때문에 일찍부터 몸에 익도록 다그치게 마련이다. '매를 아끼면 자식 버릇을 못 고친다'고, 매를 대서라도 일찍 고치려 한다.

'버릇 사나운 막내자식', '버릇없기는 과부 딸이라'는 말과 같이 못된 버릇이 들기 쉬운 아이들은 특히 우선 대상이 된다. '아이 때 버릇이 자라 버릇 된다'는 것을 알기 때문에 서두르지 않으면 안 된다. '어릴 때 오그라진 나무 커도 소 길맛가지 된다'고 했다. 어릴 때 바탕이 잘못되면 커도 별도리가 없다는 뜻이다. '어머니 사랑도 지나치면 버릇없는 자식이 생긴다'는 것을 모든 부모가 알고 있기는 하지만,

정종진 113

쉽게 행하기 어렵다. '상놈과 어린아이는 모질게 굴어야 한다'고 하지만, 제 자식에게 막상 모질게 하기가 어렵다. 그래서 때로는 '아이 행실과 어른 몽니는 종내기로 간다'고 핑계 아닌 핑계를 대기도 한다. 즉 아이들 행실과 어른들이 부리는 심술궂은 행실은 조상으로부터 받은 내력이라서 고치기 쉽지 않다는 뜻이다. 하긴 '버릇 고치라니까 과붓집 문고리 빼들고 엿장수 부르는' 자식을 두고 어찌할 것인가.

사람의 버릇이나 천성을 두고 동물에 빗댄 말도 재미있다. '게는 나면서부터 집는다'거나 '뛰어났던 돼지는 또 뛰어난다', '개는 똥 먹는 버릇을 고치지 못한다', '멸치 한 마리는 별 것 아니라도 개 버릇이 사납다', '명태 대가리 하나가 대단한 것이 아니라 고양이 소행이 괘씸하다', '천리마에도 못된 버릇이 있다', '숲에서는 꿩을 길들이지 못하며 못에서는 게를 기르지 못한다', '산 꿩은 길들일 수 없고 연못에 게 못 기른다'는 말들이 그것이다.

직업이나 일과 연관된 버릇에 관한 말도 몇 가지 예를 들 수 있겠다. '디딜방아 삼 년에 엉덩이춤만 배웠다'든지, '남산골 샌님이 망해도 걸음 걷는 보수는 남는다', '물장수 삼 년에 궁둥이짓만 남았다', '백정은 죽어도 버들잎을 물고 죽고 한량은 죽어도 기생집 울타리 밑에서 죽는다', '버릇없기는 소포 나루쟁이만도 못하다', '왈자가 망해도 왼다리질 하나는 남는다'는 말이 그렇다.

'좋은 버릇은 들기 어렵고 나쁜 버릇은 버리기가 어렵다'는 말은 분명한 진리다. 버릇은 아주 사소하게 시작하여 걷잡을 수 없이 커진다. '바늘 상자에서 도둑이 난다'는 말이 그 뜻이다. '천생 버릇은 임을 봐도 못 고친다'거나 '배운 게 도둑질이고 개 버릇 남 못 준다', '난 버릇이 든 버릇이다'는 말들에서 일단 들여놓은 버릇이 얼마나 집요한지를 깨우쳐야 한다.

사람마다 '밥 먹는 것도 각각이요 잠자는 것도 각각이라', '물 먹는 것도 각각이고 밥 먹는 것도 각각이라'고 했다. 버릇이 누구나 다르다는 뜻이다. '개 버릇 남 못 준다'고 했고, '손버릇과 입버릇은 들이기에 달렸다'고도 했다. 어릴 적부터 좋은 버릇을 들이려고 노력하면 안 될 일이 없겠다. 훌륭한 인품이란 결국 좋은 버릇을 많이 가지고 있다는 뜻과 마찬가지다.

23. 말

'세 치 혓바닥으로 다섯 자 몸을 살린다'

사람 몸에서 입만큼 중요한 곳이 있을까. 아무리 '몸 천 냥에 눈이 팔백 냥이라'지만, 입으로 밥을 먹지 않으면 살 수 없다. 그뿐인가. '입은 말하는 문이라'서 더욱 중요하다. 사람의 오관을 두고 어떤 것이 더 소중하다고 할 수는 없지만, 입과 말은 다른 어떤 부분과 견줄 수 없을 정도로 많은 속담이 있다.

'사람의 입은 불행과 행복이 드나드는 문턱이라'고 했다. '말이 사람 잡는다', '사람은 입 때문에 망한다', '세 치 혓바닥이 몸을 베는 칼이라', '혓바닥이 칼날이라', '사람의 혀는 뼈가 없어도 사람의 뼈를 부순다'고도 하였다. 입을 잘못 놀리다가는 '입으로 망한다'. 그렇다고 말을 하지 않고 살 수는 없다. '사람이 말을 하지 않으면 귀신도 모른다'거나 '고기는 씹어야 맛이고 말은 해야 맛이라'는 말은 그르지 않다.

말을 잘 하면 더없이 좋은데, 말을 잘한다는 것은 말을 청산유수로 하는 것이 아니다. 비록 어눌하다 해도 상대방을 설득시키면, 그것이 잘하는 말이다. '세 치 혓바닥만 있으면 사지에서도 살아남을 수 있다'는 속담이 말의 중요성을 절실히 깨우쳐 준다. '말 잘하고 뺨 맞는 법 없다'거나 '말 잘하고 징역 가랴', '말 잘하기는 소진 장의라'는 말들은 그야말로 상대방을 잘 설득한다는 뜻이겠다. '말 한마디에 천금이 오르내린다'든지, '말로 품삯 반을 치른다', '말만 잘하면 천 냥 빚도 갚는다'는 속담도 말의 힘이 크다는 것을 나타내지만, '입이 여럿이면 금도 녹인다'거나 '뭇 사람의 말은 쇠도 녹인다'는 속담은 뭇 사람들이 함께하는 말이 얼마나 위력이 강한지를 터득하게 한다. '말이 마음이고 마음이 말이라' 했다. 말하는 것을 보면 그 사람의 인품을 금방 알게 된다. '입만 있으면 서울 이 서방 집도 찾아간다'는 말처럼 우리가 실용적인 말만 하는 것은 아니다. 이 말, 저 말 하다 보면 '말이 병도 되고 약도 된다'. 누구나 약이 되는 말을 하고 싶을 것이다. 입과 말의 힘을 믿는 만큼, 입과 말을 조심하여 제 삶의 힘으로 삼을 일이다.

말에 대한 말들이라서 말이 많다. 이 많은 말들을 몇 가지 나누어 볼 수 있겠다.

입과 혀, 그리고 말이 무섭다는 것부터 말해야 하리라. '호랑이 입보다 사람 입이 더 무섭다'거나 '말 한마디로 사람이 죽고 산다'고 했는데, 결코 과장된 말이 아니리라. 말로 남을 해치는 것도 그렇거니와 저 자신도 제 말에 의해 다치게 된다. '사슴은 뿔 때문에 죽고 사람은 입 때문에 망한다'든지, '한 치의 혀가 역적 만든다'고 하지 않는가.

'말로 해치는 것이 칼로 해치는 것보다 무섭다'거나 '혀는 몸을 베는 칼이라', '혀는 칼보다 날카롭다', '혀끝에 목숨이 왔다 갔다 한다', '말끝에 칼날이 나와 있다', '무덤 앞을 지나더라도 함부로 말하지 말라', '귀때기에 언장 소리가 나도 막말은 못 한다', '혀 밑에 도끼 있고 말 속에 뼈가 있다', '곰은 쓸개 때문에 죽고 사람은 혀 때문에 죽는다', '사향노루는 사향 때문에 죽고 사람은 입 때문에 죽는다', '말 속에 도끼 들었다', '말조심하라 혀 밑에 도끼 들었다', '말 한마디가 대포알 만 개도 당한다'는 말들이 모두 함부로 하는 말이 무섭다는 것을 각성시키기 위한 속담인 것이다. 사람들은 항상 말을 즐기지만, 그 즐거움만큼 말로 인한 위험에 노출되어 있다. 오죽하면 '성인도 하루에 죽을 말 세 번은 한다'고 할까.

　예로부터 사람들은 말 많은 것을 좋게 생각하지 않았다. '말은 뱉어야 약이라'는 말이야 틀림이 없다. '혓바닥 묶어놓을 장사 없다'는 말도 옳다. 그러나 말이라고 다 말이 아니고, 말하는 만큼 효과가 있는 것도 아니다. 말의 양과 효과는 오히려 반비례하기 십상이다. '무당이 주문 외듯 명창 사설 외듯' 하든지, '말에 밑천 드나' 하면서 제멋대로 지껄여대는 곳에서 제대로 된 말은 '약에 쓰자 해도 없다'. '개도 안 물고 갈 소리 한다'거나 '개코 쥐코 떠든다', '개 발괄도 아니고 쇠 발괄도 아닌 소리', '개소리 쥐소리 지껄인다'는 소리나 들을 뿐이겠다. '멍 첨지 맹자 왈로' 떠들어대는 소리를 누구라서 좋다고 하겠는가. '말로 제사를 지내면 온 동리가 먹고 남는다', '말로 떡을 하면 온 동네 사람들이 먹고도 남는다'고 빗대는 말만 듣게 될 뿐이다. '말이란 오래 씹고 우물거리다 보면 북새통이 난다'지만, 한마디를 해도 상대방을 배려하면서 설득해야 효과를 얻게 된다. 말 많은 것을 경계하기 위한 속담은 매우 많다.

　'남의 열 마디 말 흙 묻히지 않는다'거나, '뚫어진 입이라 말 하나는 잘 나온다', '넋이야 신이야 한다', '말은 이 죽이듯 한다', '가루는 칠수록 고와지고 말은 할수록 거칠어진다', '여자가 셋이면 하나는 저어 저어 하다가 만다', '입은 재앙의 문이라', '주머니와 입은 동여매야 한다', '하고 싶은 말은 내일 하랬다', '두부도 아니고 묵도 아니게 떠든다', '여자가 셋만 모이면 쇠접시가 드논다', '참깨방정 들깨방정 다 떤다', '여자가 열이 모이면 쇠도 녹인다', '여자는 빠져 죽으면 주둥이만 뜬다', '촌개가 건성 짖는다', '물에 빠져도 주둥이만은 뜨겠다', '군말이 많으면 쓸 말이 적다', '청광쟁이는 곯아 죽고 수다쟁이는 맞아 죽는다', '말이 반찬이라면 상다리 부러지겠다', '말은 할수록 늘고 되질은 할수록 준다', '말은 다했으나 하고 싶은 말이 남아 있다', '말 많은 집 장맛이 쓰다', '말 위에 말 얹는다', '말은 갈수록 보태고 봉송은 갈수록 던다', '말에 값 있다더냐', '말에 고물 묻겠다', '말로는 못할 말이 없다', '말로 떡을 하면 조선 천지가 다 먹는다', '말로야 하늘에서 별도 따오겠다', '말로 온 동네를 다 겪는다', '말 많기는 과붓집 종년이라', '말 많은 집 잔치에 먹을 것 없다', '개가 잘 짖는다고 좋은 개는 아니다'는 것들이 그렇다.

이렇게 말 많은 것을 경계하는 반면, 과묵함과 말조심이 낫다는 말을 특히 강조하게 된다. '말은 적어야 하고 돈은 많아야 한다'거나 '말이 많은 사람은 복이 입으로 나가기 때문에 복이 없다'는 것이다. '입은 만 가지 화의 근원이고 사람을 해치는 도끼'니 정말 필요한 때가 아니고서는 닫아두는 것이 현명한 처사라는 것을 사뭇 강조하게 된다. '침묵은 금이요 웅변은 은이라'는 속담과 다를 바 없는 가치관인 셈이다. 말에 관한 속담 중 이 부류가 제일 많다.

'말이 많으면 쓸 말이 적다', '말이 많으면 실패가 많다', '말은 적을수록 좋다', '입은 무거워야 하고 발은 가벼워야 한다', '말로 떡을 하면 입에 들어가는 것이 없다', '입은 작아야 하고 귀는 커야 한다',

'입은 닫혀두고 눈은 벌려두라', '입은 병 같이 지키고 뜻은 성 같이 막아라', '숨은 내쉬어도 말은 내뱉지 말랬다', '관 뚜껑 덮기 전에는 입찬소리 마라', '한품에 잠은 자도 속의 말은 내뱉지 말라', '솟은 땀은 되들어가지 않고 뱉은 말은 지울 수 없다', '귀는 커야 하고 입은 작아야 한다', '관속에 들어가도 막말은 말라', '호랑이는 가죽을 아끼고 군자는 입을 아낀다', '어리석은 놈도 잠자코 있으면 똑똑해 보인다', '화살은 쏘고 주워도 말은 하면 그만이다', '살은 쏘고 주워도 말은 쏘고 못 줍는다', '한 말은 사흘 가고 들은 말은 삼 년 간다', '길은 갈 탓이요 말은 할 탓이라', '말 다하고 죽은 귀신 없다', '말에 도장 없다고 함부로 입방아 찧지 마라', '말을 않으면 한품에 든 임도 모른다', '말을 하면 백 냥이요 입을 다물면 천 냥이다', '말은 죽을 때까지 조심하랬다', '말은 기회가 맞지 않으면 한마디도 많다', '말은 할 탓이요 술은 먹을 탓이다', '말이란 탁 해 다르고, 툭 해 다르다', '말은 한 사람의 입에서 나오지만 천 사람의 귀로 들어간다', '말은 많을수록 거칠어지고 콩은 빻을수록 부드러워진다', '말은 꾸밀 탓이요 일은 할 탓이라', '귀는 길어야 하고 혀는 짧아야 한다'들이 그렇다. 오죽하면 '입도 뻥끗 않고 가만있으면 본전은 간다'고 할까. 필요한 최소만을 말하는 것이 최상의 지혜라는 것을 깨우치도록 이르는 말들인 것이다.

    말을 하는데 있어 특히 좋지 않은 습성을 일깨우려는 속담들을 몇 가지로 나누어보자.

    첫째, 말만 번드르르 하게 내세우는 경우를 두고 하는 말들이 있다. '장 단 집에는 가도 말 단 집에는 가지 마라'거나 '말 좋은 집의 장 맛 나쁘다', '말 단 집에 장 단 법이 없다', '혓바닥 세 치로 오만 생색 다 낸다'고 했다. '말은 꿀 바른 떡이라'든지, '말에 기름기가 잘잘 흐른다'고 빗대었다. 말이 윤기 나게 하려고 한다는 것은 외양을 꾸미는 것과 같이 내면이 진실하지 못하기 때문이라는 생각이다. '말에 꽃이 피는 사람은 마음에 열매가 없다', '말이야 덕유산 칡넝쿨이라'거나 '말하는 것은 얼음에 박 밀듯 한다'고 비유했으며, '말이나 못 하면 떡이나 사주지'하고 비아냥거렸던 것이다.

둘째, 도저히 말다운 말이라고 할 수 없는, 험한 말을 할 경우를 두고 이르는 말들이다. '입으로 말하는 것인지 똥구멍으로 말하는 것인지'라거나 '입에서 구렁이가 나가는지 뱀이 나가는지 모른다', '한 입으로 온 까마귀질 한다', '바늘 쌈지를 내뿜는 듯하다'고 빗대었다. 경우 없는 말이나 모욕적인 말을 할 때는 '입은 가로로 째졌어도 말은 세로로 세워 뱉어라', '입은 가로 찢어져도 침은 바로 뱉어라'고 일침을 가한다. '칼로 입은 상처는 나아도 입으로 입은 상처는 낫기 어렵다'든지, '보들보들 혓바닥이 사람 잡는다'는 말은 진실로 옳다. '못할 말 하면 볕 난 날에 벼락 맞는다'는 말을 새겨들어야 할 것이다.

셋째, 행동보다 입이 앞서는 경우를 깨우치려는 경우에 쓰는 말들이 있다. 입바른 말은 입빠른 말도 된다. '눈보다 빠른 게 입이라'고 하지 않던가. '입으로는 못할 일 없다', '입으로 하는 맹세가 마음으로 하는 맹세만 못하다', '말이 앞서지 일이 앞서는 사람 없다', '말은 앞에 가지 말고 뒤따라야 한다', '말만 비단짝 같은 것이 행동은 개차반이라'는 속담들이 그것이다. '밭갈이를 말하는 사람은 많은데 쟁기를 잡는 사람은 적다'는 게 늘 문제인 것이다.

넷째, 입바른 말을 함부로 하는 것이 좋지 않다는 뜻으로 이르는 말들이다. '말 잘하는 놈치고 옥살이 안 하는 놈 없다'거나 '입바른 말 하다가는 어느 귀신이 잡아가는 줄도 모른다'는 말이 그렇고, '바른 말을 하면 부처님도 돌아앉는다', '입찬소리는 무덤 앞에 가서 하라'

는 말 또한 그렇다. '무서워도 무서워도 세 치 혀끝으로 옮는 재앙이 제일 무섭다'는 말에 합당한 경우를 웬만한 사람은 경험해 보았을 것이다. 오죽하면 '말 잘 하는 아들 낳지 말고 일 잘하는 아들 낳아라'고 했을까. 묵묵하게 일만 하면 큰 탈이 없다는 것을 알기 때문이다.

다섯째, 말실수나 실없는 말을 경계하기 위한 속담들이다. '좁은 입으로 내친 말 넓은 치맛자락으로 못 막는다', '하루 한 말로 세 번 죽을 고비를 맞는다'거나 '쌀은 쏟고 주워도 말은 하고 못 줍는다', '구슬 이지러진 것은 갈면 되지만 말 이지러진 것은 바로잡지 못한다'는 말들은 말실수에 대한 경각심을 주기 위한 것이고, '뜨거운 밥 먹고 식은 소리 한다', '맹물에 조약돌 삶는 소리를 한다'거나 '빈말은 냉수 한 그릇만도 못하다', '말로는 사촌 기와집도 지어 준다', '실없는 말이 송사 간다'는 말들은 실없는 말을 하지 않도록 하기 위한 말들이다. 이런 말을 하면 애써 한 '말이나 귀양 보내고 만다'는 정도가 아니라, 큰 환란을 자초하게 되는 것이다.

여섯째, 간교한 속셈과 말을 조심하도록 이르는 말들이다. '한 입 가지고 두말하는 놈은 두 아비 아들이라'거나, '한 목구멍에서 두 소리 내는 놈은 애비가 둘이라', '두 목소리 쓰는 놈 믿지 말라'는 말들은 간교한 사람을 멀리하라는 뜻이다. 강한 사람에게는 온갖 아부를 다하고, 약한 사람에게는 허세를 부리는 사람이 두 목소리 내는 사람인 것이다. '속 각각 말 각각'이라든지, '입으로는 달콤한 말을 하고 속에는 칼을 품는다'는 말은 제 음흉한 속셈을 숨기고, 말만 반드르르하게 한다는 뜻이다.

일곱째, 말전주를 함부로 하거나 소문에 휩싸이지 않도록 경계하는 말들이 있다. '말이 말을 낳고 소문이 소문을 만든다'는 것은 얼마든지 경험할 수 있는 사실이다. 아무리 '뜬소리는 길어야 석 달이라'

이라 하지만, 소문에 한번 휘둘려 보면 사람들의 입과 혀가 얼마나 경박스럽고 무책임한 것인가를 절감하게 된다. 특히 남의 좋지 않은 말을 즐기는 심사 때문에 '좋은 말에는 발이 없고 나쁜 말은 천 리를 가는' 것이다. '입에서 입으로 세 번만 건너면 뱀한테도 발이 달린다'거나 '발 없는 소문이 단숨에 천 리를 간다', '나쁜 소문은 날아가고 좋은 소문은 기어간다', '나쁜 소문은 천 리를 간다', '날개 없는 말이 천 리를 간다', '담을 넘는 데는 소문처럼 빠른 것이 없다', '음식은 갈수록 줄고 말은 갈수록 는다'는 말들이 그래서 있다. '떡은 돌아가면서 떼고 말은 돌아가면서 보탠다'든지, '말이란 발이 달리게 마련이다', '낮말은 새가 물고 가고, 밤말은 쥐가 물고 간다', '발보다 빠른 게 말이라'는 말들은 말조심을 해서 괜한 소문에 휩싸이지 않도록 충고하는 속담들이다.

말을 잘한다는 것은 무엇일까. '힘 많은 아이 얻으려 말고 말 잘하는 아이 얻으려 해라'거나 '구변이 좋아 장승이라도 걸리겠다', 또는 '말 잘해서 징역 가는 사람 없다'든지, '말이 새알심같이 똑똑 떨어진다'고 하는데, 과연 어떻게 말을 해야 하는 것인가. '거미 똥구멍에서 거미줄 나오듯 한다'고, 말이 거침없이 나오는 것을 두고 말하는가. 보통사람들은 그렇게 생각하기 십상이다. 그러나 눌변이라도 구변 좋다는 말을 들을 수 있다. 필요한 최소의 말로 상대를 설득하는 말이 잘하는 말의 제 일급일 것이다.

우선 할 말은 해야 한다. 옛 선비들처럼 대의명분에 연관된 것이 아니라 하더라도 분명히 옳은 말은 할 수 있어야 한다는 것이다. '산에 가서 범 잡기는 쉬워도 입을 열고 바른 말 하기는 어렵다'고, 누구나 공감할 것이다. 그러나 누군가 말하지 않으면 잘못은 결코 고쳐질 수 없다. '혀는 뽑혀도 말은 바로 해라'거나 '목에 칼이 석 자가 들어

가도 할 말은 해야 한다', '말은 바른대로 하고 큰 고기는 내 앞에 놓아라'고, 용기가 있어야 말을 잘한다는 평가를 받을 수 있을 것이다. 또한 '말했으면 밤이 열 밤이라도 해라'는 말이 있는데, 말을 꺼냈으면 사정이 여의치 않아도 충분히 뜻을 전해야 한다는 것이다.

말부조를 할 줄 아는 아량을 가져야 한다는 속담도 적지 않다. '인정은 입에서 난다'고 했다. 상대방에게 말을 잘해야 정이 생긴다는 말이다. '혀끝에 정이 든다'거나 '말 좋게 해서 돈 드는 법 없다'는 말도 같은 뜻이다. '같은 말이면 엉덩이 보고 볼기라고 한다'고, 조금만 성의가 있다면 얼마든지 가능한 배려인 것이다. '같은 말도 툭 해서 다르고 탁 해서 다르다'는 것을 모를 사람 없을 것이다. '말이 고마우면 비지 사러 갔다가 두부 사온다', '비지 사러 갔다가도 말을 잘하면 두부 산다'는 것이 오는 정, 가는 정이다.

'말에 살煞내린다'고, 함부로 하는 말에 큰 고통을 받게 된다. 보고 듣는 대로 하는 말이나 상대방의 입장을 생각하지 않는 말은, 칼에 의한 것보다 더 큰 상처를 주게 된다. 그래서 '말은 지어야 낭패 없고 말은 빼고 해야 정 있다'고 했다. 늘 듣는 사람을 배려하라는 뜻이 담겨 있다. '숨을 쉬어도 같은 숨을 쉬고 말을 하여도 같은 말을 하는' 사이가 아니라도 아량을 가져야 한다.

'입이 보살이라'고 했다. 입과 혀에서 나오는 말이 보살이라는 말을 듣는다면 진실로 말을 잘하는 사람이겠다. 흔히 '가는 말이 고와야 오는 말도 곱다'고 한다. '덕담 끝은 있어도 악담 끝은 없다'는 말이 그를 리 없다. 그러나 '덕담도 여러 번 하면 악담이 되고 책망도 너무 하면 원망 된다'는 충고도 새겨야 한다. 입에 발린 말이 지나치면 좋지 않다는 뜻이겠다. '말은 넌지시 하는 말이 비싸다'고 하지 않던가.

말을 하는 사람의 태도도 중요하지만, 무엇보다도 듣는 이가 잘 들어야 한다. 그래서 '말은 하는데 달리지 않고 듣는데 달렸다'고 했다. '귀가 여린 것도 약 없는 우환이라'고도 했다. 좋지 않은 말은 하는 사람보다 듣는 사람에게 훨씬 오래 기억되기 마련이다. '들은 말은 삼 년 가고 한 말은 사흘 간다'는 속담이 그 뜻이다. '들으면 병 아니 들으면 약이라'고 할 수 있는 말을 수없이 듣게 될 것이다. 그럴 때 '들은 말은 들은 데다 버리고 본 말은 본 데다 버려라', '말 같지 않은 말은 귀 밖으로 지나보내라'는 말을 실천하면 좋다. '한 귀로 듣고 다른 귀로 흘린다'거나 '말이 아니면 듣지를 말고 길이 아니면 가지를 말랬다'는 충고를 들어야 한다.

'세상에 떠도는 말은 에누리 속으로 들어야 한다'는 말은 변치 않는 진리다. '쑥떡 같은 말을 해도 찰떡같이 알아들어라'는 말이 기막힌 경구다. '까치도 남의 입에 너무 오르면 까마귀가 된다'고 했다. 남의 입에 오르내리는 빌미를 주어서도 안 된다. 제 입단속이 무엇보다도 제일이다. '나쁜 말은 지붕마루에서 울려 나간다'고, 나쁜 말이 저로부터 시작되지 않도록 할 일이다.

남의 말을 소중하게 듣는 것은 가장 아름다운 모습이다. '한 구멍으로 묻지 말고 두 구멍으로 들어라'는 말은 상대방의 말을 잘 들으라는 충고다. '말 속에 말이 있다'는 말대로 남의 말을 건성으로 들으면 심중을 헤아리지 못하게 된다. '세 살 어린이 말에도 들을 말이 있다'거나 '미친놈의 말에도 쓸 말이 있다', '미친 사람 말도 성인이 가려 쓴다'고 하지 않던가. 말 같지 않은 말만 빼고는 남의 말을 듣는데 정성을 다하면, 제 구변도 자연 좋아지게 마련이다.

  ◆◆◆ 언장 : 관 또는 곽 뚜껑에 못을 치지 않아도 닫히도록 나비 모양으로 엇깎은 나비장.

◆◆◆ 발괄 : 신령에게 소원을 빌거나, 남에게 하소연을 하는 일.
◆◆◆ 청광淸狂쟁이 : 지나치게 결백하여 다른 사람을 꺼리고 멀리 하는 사람.
◆◆◆ 봉송封送 : 선물로 보내는 물건.

24. 글

'말로 짓는 원한은 백 년을 가고 글로 짓는 원한은 천 년을 간다'

글을 전혀 배우지 않아 '가갸 뒷다리도 모르는' 사람이 제 입장을 점잖게 말해 '글도 초면 나도 초면'이라 한다. 글을 배워 당장 식량이나 돈이 되지 않으니 근근생계 하는 사람들에게 오래 글공부를 하는 것이 달가울 리가 없다. 그러니 '글은 제 이름 석 자나 알면 족하다'거나 '글보다 도끼가 낫다'고 할 수밖에 없다. 예전에는 '계집아이가 글을 하면 팔자가 사납다'고도 했는데, 잘못 배우지 않는 한 배워서 사나운 팔자는 없다. 그런 사람들과는 달리 '글이 권세라'거나 '글이 황금이라'고 생각하는 사람들도 있다. 글공부하는 자신에 스스로 도취해서 세상사 중 글공부가 최상이라고 여기는 사람을 두고 '글에 미친 송 생원'이라 한다. 그들에게는 '글을 읽다가 양을 잃는다'는 것이 대수롭지 않다.

자식에게 글공부를 시키는 것은 부모의 의무다. 공부로 출세를 시키려 하든 말든, 세상에서 무시당하지 않고 살아갈 만큼 글공부를 시켜야 한다는 것은 당연하다. 오죽하면 '바가지를 차고 움막으로 기어 들어가도 안에서 글 읽는 소리만 들으면 정승 부럽지 않다'고 했겠는가. '사람 새끼는 글방에서 커야 하고 범 새끼는 산에서 커야 한다'고 했는데, 왜 아니겠나.

아무리 시대가 변하더라도 자식은 어릴 적부터 글을 읽고 쓰도록 가르쳐야 한다. 지혜를 터득하는 방법은 그게 제일 빠르기 때문이다. 글을 읽고 쓰는 일에 갈증을 느끼는 아이들치고 현명하지 않은 아이가 없는 법이다. '밥 동냥 말고 글 동냥 하라'거나 '밥 동냥은 나무라고 글 동냥은 안 나무란다'는 말이 그래서 생긴 것이다. '어깨 너머 문장' 소리는 못 듣더라도, 최소한 '풍월은 못 해도 문자 돌아가는 짐작이 있다'는 말은 들어야 할 것 아닌가.

'밥 한술에 힘 되는 줄은 몰라도 글 한 자에 힘이 된다'는 것을 절실히 깨달은 사람이라야 글을 배우거나 가르치려고 대들 것이다. '돈 다리 말고 글 다리 하라'고 했는데, 이 말은 돈으로 출세의 다리를 삼지 말고, 글로 출세의 다리를 삼으라는 뜻이다. '아무리 재주가 좋아도 남의 뱃속 글을 옮겨 넣지 못한다'고 했다. '말 못 하는 사기꾼 없고 글 못 쓰는 위조범 없다'는 격으로, '글을 아는 것이 근심'이 된다면 몰라도 필요하면 직접 배워야 하는 것이 글이다. 한 자 한 자 시작하여 습득해 가면 '글자는 병사와 같고 글 뜻은 장수와 같다'는 것을 깨우치게 되리라. '글 깨친 놈 대밭에 먼저 절한다'고 하지 않던가. 글 깨친 것이 얼마나 고마우면 붓 만드는 대나무에 절까지 하겠는가.

'글은 개 글이라야 잘 는다'고 했다. '글은 개씹 글이라야 잘 는다'거나 '개좆 글은 쓰고 움츠린 글은 못 쓴다'는 말도 같은 뜻이다. 즉, 조금 아는 글이라도 염치 불구하고 마구 써먹으면 늘게 마련이라는 의미인 것이다. '글 잘못 쓰는 사람은 붓 타박을 하고 농사지을 줄 모르는 사람은 밭 타박을 한다'는데, 타박하기보다는 개 글이라도 용기 있게 나서는 편이 낫다. '글 속에 글이 있고 말 속에 말이 있다'고 하여 글을 두려워하면 될 것인가. '글방 서방님'이라든가, '글 타박 양반 자식 밥 타박 호로자식'이라는데, 보통사람들이야 문호가 될 것도 아니잖는가. '총명은 둔필만 못 하다'고, '똑똑한 머리보다 얼떨떨한 문서가 낫다'고, 필요한 만큼만 글에 의존하면 될 것이다.

'글이 곧 사람이라'고 했다. 글공부를 많이 한 사람이든, 적게 한 사람이든 글은 그 사람의 인품을 보는 또 하나의 거울이다. '말 글 배워 되 글로 써먹는' 사람이 있는가 하면, '되 글을 배워 말 글로 풀어먹는' 사람도 있는 것이다. '글이 뱃속에 들었다'고, 높은 학식이 겉멋으로 흐르지 않고 겸손하다는 뜻인데 그런 사람이 이른 바 문장이리라.

학식을 높이려고 하든, 교양을 쌓으려고 하든 글을 읽는 것은 필연이다. '책을 떠난 식자란 있을 수 없다'는 말은 당연하다. '책에도 볼 책이 있고 안 볼 책이 있다'고 하지만, 읽는 사람에 따라 다르다. '독서를 하면 옛사람과도 벗이 된다'고 했다. 옛사람들의 글이 아무리 어려운 듯해도 '독서 백 편이면 뜻이 절로 통한다'고 했다. 통하지 않는 글을 만나면, 수없이 되풀이하여 읽는 옛사람들의 정성어린 태도를 본받아야 하리라.

'사흘 책을 안 읽으면 머리에 곰팡이가 슨다'고 할 정도로 책 읽는 것을 일상생활로 여겼다. 그러자니 책을 무척 소중히 여겼고, 소유욕도 예사로울 수가 없었다. 지식을 쌓으려는 욕구에 책을 빌리지 않을 수가 없었다. '책을 빌려주는 놈도 병신이고 빌렸다가 되돌려주는 놈도 병신이라'는 말이 생겨나게 된 것이다. 오죽하면 '책 도적은 도적이 아니라'는 데까지 발전하였겠는가.

신언서판身言書判이라고 했던가. 예전에는 글뿐만 아니라 글씨를 통해서도 사람 됨됨이를 판단했다. '글씨는 마음의 거울이라' 하지 않는가. '글씨 한 자가 천 냥이라'는 명필은 되지 못한다고 해도, 글씨 쓰는 수련을 통해서 인품을 단련시켰다. '글씨 잘 쓰는 사람은 종이와 붓을 가리지 않는다', '글 못하는 놈이 붓이나 고른다'고 하는데, 무슨 일을 하든지 게으른 사람은 그 모양이다.

옛날이나 지금이나 필화筆禍라는 것이 있다. 배우고 익힌 글을 잘못 써서 남이나 저나 화를 입게 되는 일이다. 물론 결과를 두고 필화라고 한 것이며, 대의大義를 위한 글은 필화라 하더라도 존경받을 일이겠다. '글의 무서움을 모르는 선비는 글로 망한다'고 했는데, 대부분은 대의를 위해 희생을 자초한 것이었다. '글 잘하는 자식 낳지 말고 말 잘하는 자식 낳아라'고 한 것도 필화사건에 휩쓸리지 않도록 하기 위한 생각이었다.

자식에게 글공부를 일찍 시키는 것은 좋은 일이다. 글을 읽고 쓰는 것은 인품을 올바르게 형성하는데 크게 도움을 준다. '많이 생각하고 적게 말하고 더 적게 써라'는 말이야 문장가들에게 해당되는 말이고, 청소년들에게는 될 수 있는 한 많이 쓰고, 더 많이 생각하고, 더욱 많이 읽도록 하는 게 좋다.

25. 친구

'좋은 친구가 없는 사람은 뿌리 깊지 못한 나무와 같다'

'형제 없이는 살아도 친구 없이는 못 산다'고 했다. 세상에 친구처럼 좋은 게 있을 수 있을까. '친구는 육친과 진배없다'거나 '친구가 일가보다 낫다'는 말이 전혀 과장이 아니라는 것을 알 것이다. 오죽하면 '친구란 함께 살지 않는 처, 동기가 아닌 형제라'고 했을까. 평생 정을 나눌 수 있는 좋은 친구를 가진 사람은 진실로 행복할 수밖에 없다. '친구는 팔십에도 아이들이라'는 말처럼 평생 동심속에 정을 나눌 수 있는 게 친구이리라.

'친구도 옛 친구가 좋다', '친구와 술은 오래될수록 좋다'거나 '친구와 장과 술은 오래 묵을수록 좋다'는 말들은 조금도 그르지 않다. '친구는 옛친구가 좋고 옷은 새 옷이 좋다'는 말도 그렇다. 그렇게 좋으니까 '부모 팔아 동무 산다'든지, '땅 팔아 친구 산다', '서 푼 주고 집 사고 천 냥 주고 친구 사랬다'고 말하는 것이다.

정이 깊이 든 몇몇 친구들과 살아가는데 편리할 많은 친구들을 두고 있는 사람은 그 자체로 큰 재산을 가지고 있는 것이나 다름없다. '친구에는 삼색 친구도 있어야 하고 구색 친구도 있어야 한다'는 말이 그것이다. 하게·하오·하시오 라고 할 수 있는 친구와 각계, 각층의 친구들이 있어야 한다는 뜻이다. '양식 싸지 말고 벗을 멀리 두라'고 한 말과 같은 뜻이다. 친구도 많고 많아 직계와 방계로, 아니면 성골과 진골로 분류할 수 있을까. '고향 벗은 오 년 객지 벗은 십 년'이라면 친구의 층이 두꺼울 수밖에 없으리라.

'친구의 마음은 먼 길에서 안다'고 했다. 멀리 있어도 친구와는 이심전심이 된다는 뜻이겠다. 그러나 친구랍시고 자주 만나지 않으면 우애도 멀어질 수 있다. '십 년 찾지 않으면 벗과 우의가 끊어진다'는 말이 있는데, 그렇게 되면 명목만 친구다. 오죽하면 '지척의 원수나 천 리의 벗이나' 하는 말이 있겠는가. '사촌이 논을 사면 배가 아프고 친구가 논을 사면 간 끝이 탄다'는 지경까지 간다면 더이상 친구라고 말할 수 없을 것이다.

'돈이 있어야 친구도 많다', '친구도 돈이 있을 때 친구라'는 말에 누구나 동의하기 쉽지 않을 것이다. '돈을 벌면 친구를 갈고 벼슬을 하면 아내를 간다', '돈 떨어지면 일가도 바뀌고 친구도 바뀐다'고 한다. 만약 그런 사람이 생긴다면 그야말로 '친구 망신은 곱사등이 다 시킨다'고 해야 하리라. 그렇게 쉽사리 정을 배반하는 사람을 친구라고 할 수는 없는 일이다. '성부동姓不同형제', 즉 친구는 성姓이 다를 뿐 형제나 다름없을 정도가 되어야 진정한 친구다. '동무 몰래 양식 내기'라는 말을 아는가. 몰래 좋은 일을 해서 공이 드러나지 않는다는 뜻인데, 어렵게 사는 친구를 몰래 도와주는 것은 당연한 행동이다. 친구 사이에 꼭 생색을 내야 하나. '재물을 잃은 것은 작은 것을 잃은 것이고 벗을 잃은 것은 큰 것을 잃은 것'이라는 말, 추호도 틀리지 않는다. '고생할 적 옹솥은 버리지 않는다'고 했는데, 친구야 말할 것 없다. '고생을 밥 먹듯 한다'고 할 정도로 고생할 때, 함께 있던 친구는 어떤 보배보다 소중하다는 걸 알아야 한다.

친구가 많으면 좋다지만 깊게 정을 주는 친구 없이 장터에서 사람 사귀듯 해서는 진정한 친구라 할 수 없을 것이다. '술친구는 많아도 일 친구는 없다', '술친구는 술 끊어지면 그만이다', '술친구는 친구가 아니다'는 말은 당연하다. 노름 친구는 안 그런가. 좋은 일에 함께하지는 못해도 나쁜 일에 함께 빠져들면 이미 친구는 없다고 봐야 한다. '개를 가까이하면 벼룩이 옮는다', '개랑 친하면 옷에 흙칠만 한다'거나 '검은 데 가면 검어지고 흰 데 가면 희어진다', '개 따라가면 똥간 간다', '무는 말 있는데 차는 말 있다'는 말들은 잘못된 친구 사귐을 빗댄 말이기도 하다. '망둥이가 제 동무 잡아먹는다'고 했는데, 친구를 잘못 사귀면 잡아먹히는 것과 다름없는 처지가 된다.

'친구는 위로 보고 사귀고 혼인은 아래를 보고 해라'는 말이 있다. '똑똑한 새는 나무를 가려 앉고 군자는 벗들을 가려 사귄다'고 했다. 그래서 '친구를 보면 그 사람을 안다'는 말이 맞는 것이다. 제 뜻과 맞는 친구를 가리어 사귀었는데 어찌 의기투합하지 않을 수 있을 것인가. 제 뜻이 친구의 뜻이고, 친구의 뜻이 제 뜻이 되는 경우가 허다할 수가 있다. 그러니 '친구 따라 강남 간다'거나 '친구 친해 강남 간다', '벗 따라 강남 천 리 간다'는 일이 가능하게 된다. '지초芝草가 불에 타면 난초가 슬퍼한다'는 속담은 '두말하면 숨 차는 소리'다. 서로 의기투합하는 친구를 가려 사귀니 '친구의 친구는 친구라'는 말도 당연시 된다.

의기가 투합하기에 친구가 될 수 있다. '초록은 제빛이 좋다'기에 함께 어우러진다. 그러니 '초록은 동색이고 가재는 게 편이라'거나 '초록은 동색이요 검정개는 돼지 편이라'는 말을 듣게 된다. 유유상종이라는 뜻으로 빗대는 말은 많다.

'숭어는 숭어끼리 문어는 문어끼리 논다'든지, '승냥이 승냥이 무리 따르고 노루 노루 무리 따른다', '땅꾼이 땅꾼 알아보고 백정이 백정 알아본다', '말 우는 데 말 가고 소 우는 데 소 간다', '말똥이 있는 곳에 쇠똥이 있고 쇠똥이 있는 곳에 개똥이 있다', '개는 개끼리 좋아한다', '검둥개 도야지 편이다', '거지는 거지 친구를 좋아한다', '가재는 게 편', '같은 깃의 새는 같이 모인다'는 말들이 그것이다. '같은 병을 앓는 사람들끼리는 서로 불쌍히 여긴다'거나, '망나니는 망나니와 길 가게 되고 불행에는 불행한 이 손 잡는다'는 부정적인 말만 듣지 않으면 친구 간 의기투합은 성공한 셈이 된다.

친구끼리 의기가 투합하면 어떤 일도 해결해 낼 수 있다.

'두 손뼉이 맞아야 소리가 난다'거나 '초지장도 맞들면 낫다'고 하지 않던가. '동냥자루도 둘이 벌려야 잘 들어간다'든지, '가래질도 세 사람이 한마음 되어야 한다', '개가 여러 마리면 호랑이도 잡는다'고 했다. '셋이 모이면 장님도 편지를 본다', '세 사람 힘만 합치면 저잣거리에 없는 호랑이도 만들어 낸다', '좀개도 많으면 범을 잡는다'고 하듯, 대단한 일도 해낼 수 있는 것이 친구들이다.

'벗이 없는 곳이 가장 낯선 곳이요 가장 외로운 존재는 벗이 없는 사람이라'고 했으며, '뜻이 있고 벗이 있고 의지가 있는 사람은 외롭지 않다'고 했다. 오래도록 벗을 사귀다 보면 별별 일이 다 있을 것이다. '동무 동무 하면서도 담배 한 대 안 나누어 피운다'는 친구도 만날 테고, '동무 사나워 뺨 맞는다'는 격으로 해를 끼치는 친구도 있을 것이다. 반면에 '친구의 덕으로 공신이 되었다'고 할 친구도 만나게 된다.

'가난하고 천대받을 때 사귄 친구는 잊지 못한다'고 했는데, 어찌 아니겠는가. 친구를 잃지 않기 위해서 특히 조심할 일이 있다. '친구 간에는 거래를 말랬다'고 했는데, 돈거래에 '친구 잃고 돈 잃는다'는 경우가 대부분이기 때문이다. 친구 간 돈거래는 금기사항이라고 생각하면 될 것이다.

'고슴도치도 친구는 있다'거나 '도둑놈도 친구는 있다'는 말처럼 누구나 친구는 있다. '오랜 친구가 새 친구보다 낫다'는 말처럼 과연 오래도록 변치 않는 우정을 쌓아왔느냐가 문제일 것이다. '사람 사귀어도 속을 사귀지 겉을 사귀지 마라'거나 '말은 달려봐야 알고 사람은 친해봐야 안다'고 했지만, 진정한 친구는 그런 의식 없이 이미 어린 시절부터 서로 끌리게 된다. '먹 옆에 가까이 있으면 몸에 먹이 묻고 붉은 채색을 가까이 두면 옷에 물이 들기 쉽다'는 말로 비유되는 친구의 선택은 제가 선하면 선한 친구와 이심전심으로 통하게 된다. '나쁜 사람을 가까이하면 착한 사람이 멀어진다'는 것을 누군들 알 수 없겠는가. '개와 친하면 옷에 흙칠만 한다'거나 '개 옆에 누우면 벼룩만 옮는다'는 것을 두루 잘 알리라. 사람을 많이 사귀다 보면 '무식한 벗은 원수 못잖게 무섭다'는 것도 쉽게 경험할 수 있을 것이다.

　아무리 친구라지만 매사에 정성을 다해야 하는 것이 기본 도리다. '죽마고우도 말 한 마디에 갈라진다'든지, '농담 끝에 친구 잃는다'는 일도 종종 있게 된다. '어제의 친구도 오늘 가는 길이 다르면 남남이라'고 하는데, 그런 경우도 흔치 않다. '삼 년 친구 성밖에 모른다'든지, '삼년부조三年不弔면 절교라'고 했는데, 그렇게 명분만 친구라고 해서는 안 될 일이다. 친구라는 명분답게 자주 만나 서로의 생각을 다독거려야 명실상부하게 된다. '저승길도 동무가 있으면 걸음이 가볍다'고 했다. 아무리 험한 세상이라지만 친구가 있으면 서로의 고통까지도 훨씬 가벼워진다.

- ◆◆◆ 옹솥 : 작고 오목한 솥이나, 옹기로 만든 솥.
- ◆◆◆ 좀개 : 작은 개.

26. 나 스스로에 대한 생각

'제 발등이 제일 뜨겁다'

　세상을 살아가면서 누구에게나 중요한 것은 자기 자신의 격格을 높이는 일이다. '내 돈이 있어야 세상인심도 좋아진다'고, 돈을 벌거나 좋은 직업을 가지려고 애쓰는 것이 모두 스스로의 격을 높이기 위한 노력이다. 제가 가진 재물이 아무리 풍성하다고 해도 격을 높이지 못하면 '내 것 쥐고 인심 잃는' 수가 있게 된다. 세상 이치는 결국 '내 덕에 산다'고 하는 말이 맞다. '천덕天德, 지덕地德하여도 내 덕이 제일이라'는 말이 진리인 것이다.

어떤 일을 하든지 남들이 나를 반대하지 않도록 하는 것이 좋은 처세술이겠다. '내 속에서 빠진 사람 같다'고 여길 만큼 내 속마음을 잘 알아주는 사람은 없는 법이다. '내 말이야 하면 자다가도 깃대 쳐들고 나오는' 사람이나 '꽹과리 치고 나온다'는 사람이 없으면 된다. '내 울던 곳에 너도 울어봐라' 하는 앙심을 갖지 않도록 하면 될 것이다. 남들이 나에 대해 '내 집 송아지 낳는 것보다 이웃집 황소 죽는 것이 기분 좋다'는 생각을 갖지 않도록 해야 한다.

사람이 살다 보면 행운도 만나고 불운도 당한다. 행운은 불운에 비해 아주 하찮다고 여기게 마련이다. '내 고춧가루가 팔려가니 바람이 분다'든지, '내가 중이 되니 고기가 흔해진다', '내 머리 깎으니 모기 생한다', '내 상주 되니 개고기도 흔하다'는 정도만 되어도, 내 팔자에 행운은 비껴간다고 생각하기 일쑤다. 그래서 '내 팔자가 남의 칠자만도 못하다'고 한탄하고, '내가 쌍언청인가' 하고 되뇌게 된다.

정도가 더 심하면 제가 정을 쏟은 사람으로부터도 배신을 당하게 된다. '내가 기른 개가 장딴지 문다'든지, '내 밥 먹은 개에게 발뒤축 물린다', '내 밥 먹은 놈이 내 흉 더 본다', '내 장 먹은 사람이 짜다 한다', '내 장 한 번 더 떠먹은 놈이 내 흉 한마디 더 본다'고 판단하게 되며, '내 것 잃고 내 함박 깨뜨린다', '내 것 잃고 죄짓는다', '내 것 주고 코 베인다', '내 돈도 남의 손에 들어가면 내 돈이 아니다', '내 칼도 남의 칼집에 들어가면 찾기 어렵다'고 단정해 버린다.

이런 생각이 깊어지면 자기학대증으로 발전될 수 있겠다. '내 계산이 나를 잡는다'는 데서 출발하여 '내 밑 들어 남 보이기', '내 손으로 내 목에 올가미를 건다', '내 손으로 내 옷 찢는다'는 정도를 거쳐, 급기야 '내 고기야 날 잡아먹어라'고 외치게 될 것이다. 제 마음을 다스리지 못해 '고생을 사서 한다'고 할 경우들이 수없이 많을 것이다.

   사람은 누구나 제 처지가 가장 중요하고, 또 제 일이 우선이다. 아무리 가깝고 손위 사람이라도 급할 땐 내 일이 먼저다. 그래서 '내 말을 먼저 잡고 난 다음에 아비 말을 잡는다', '내 말 맨 다음에 아버지 말 맨다', '내 발등의 불을 꺼야 부모 발등의 불을 끈다'고 했다. 누구나 제 일에는 열심이고, 남의 일에는 성의 없이 임한다는 뜻으로, '내 일을 할 때는 네씩네씩 남의 일을 할 때는 비씩비씩'이라는 제주도 속담이 있다. 혹 남의 일을 서두르는 일이 있다 해도 그것은 '내 일이 바빠 큰댁 한댁 방아 서두른다'는 이유 때문이다.

   이러한 이기심은 어쩌면 본능적인 것이어서 비난하기 곤란하다. '내 텃밭 배추가 주인 밭 배추보다 속살이 더 여물게 찬다'든가 '내 물건은 좋다 한다', '내 속 짚어 남 말 한다', '내 논에 물 대기', '내 살 떼어 개 못 준다', '내 코가 석 자인데 남의 설움 어찌 알랴', '내 코가 석 자고 내 솥에 죽이 끓는다'는 정도는 이기심이라 할 것도 없다.

   '내 곡식보다는 남 논밭의 곡식이 잘 되어 보인다'거나 '내 님 보고 남의 님 보면 심화 난다', '내 떡은 작고 남의 떡은 커보인다', '내 마누라보다 남의 마누라가 더 나아 보인다', '내 마을 무당은 남의 마을 무당만 못하다', '내 마을 지관은 남의 마을 지관만 못하다', '내 밥그릇보다 남의 밥그릇이 더 많아 보인다', '내 옷보다 남이 입고 있는 옷이 나아 보인다', '내 고뿔이 남의 염병보다 더하다', '내 돈 서 푼만 알고 남의 돈 칠 푼은 모른다', '내 돈 서 푼이 남의 돈 삼백 냥보다 낫다', '내 보리밥이 남의 이밥보다 낫다', '내 집 부뚜막이 남의 집 고루

거각보다 낫다'는 말들은 누구나 갖게 되는 보편적인 심정이다.

그러나 '내가 하면 사랑이고 남이 하면 불륜이라'든지, '내 먹을 것 아니라고 남의 밥에 물 만다', '내가 먹기는 싫지만 개한테 던져주기는 아깝다', '내 배가 부르니 평양감사가 조카같이 보인다', '내 배가 부르면 종의 밥 짓지 말란다', '내 못 먹는 밥에 재나 뿌린다', '내 것 없어 남의 것 먹으려니 배가 크다', '내 것 없어 남의 것 먹으면 병 없는 신음한다', '내 것 없어 남의 것 먹자니 말도 많다', '내 것도 내 것이고 네 것도 내 것이다'라는 정도에 이르면 이기심은 중증이 된다. 이런 이기심은 결국 파렴치를 만든다. '내 똥 구린 줄 모르고 남의 방귀 탓한다'는 정도가 될 것이다.

파렴치보다는 제 주제를 모르는 정도가 그래도 낫기는 하다. '내 앞도 못 닦는 것이 남의 걱정한다', '내 염통 곪는 줄 모르고 남의 집 마당으로 뻗어가는 솔뿌리 걱정을 한다', '내 이앓이 젖혀두고 남의 고뿔 걱정한다', '내 코가 대 자인 놈이 남의 말을 한다'는 말들은 이타심이라고 해야 할 것인가. '내 일 네 일을 가리지 않는다'는 것은 분명 이타심이 있는 것이다. 정도가 지나치지 않으면 말이다.

이기심이나 이타심은 제 균형감각을 잡지 못하는 데서 비롯된다. 나와 남이 비슷한 가치관을 가지고 있어야 윤리관이 제대로 형성된 것이다.

'내가 배고프면 남도 배고프다'거나 '내가 아픈 매는 남도 아프다', '내 남 없다', '내 눈에 찬 자식이라야 남의 눈에도 찬다', '내 딸이 고와야 고운 사위 고른다', '내 딸이 반달 같아야 온달 같은 사위를 얻는다', '내 떡이 크면 남의 떡도 커진다', '내 말은 남이 하고 남 말은 내가 한다', '내 물건이 좋아야 제값을 받는다', '내 배가 불러야 남의 배도 부르다', '내 살을 꼬집어 봐야 남의 아픔도 안다', '내남이 제 허물을 모른다', '내 솥 팔아 남의 솥 사도 밑질 것 없다', '내 안정 남의 안정', '내 입에서 궂은 말하면 남의 입에서 궂은 말한다', '내 자식이 귀하면 남의 자식도 귀하다', '내 집 궂은일 하려고 남의 집 궂은일 해야 한다', '내 서러운 말 남 들어서 헤심상 남 서러운 말 나 들어서 헤심상'과 같은 말들이 그렇다. 맨 나중의 속담에서 헤심상이란 제주도 말로, 근심이나 걱정을 드러내지 않고 천연덕스럽다는 뜻이다.

이런 균형감각을 기르지 못하면 마냥 고집이나 배짱으로 버티는 경우가 허다하다. '내 모른다 네 방귀 한다'거나 '내 노랑 병아리만 내라 한다'는 태도가 그것이다. 또는 '내 뱃병 아니면 무슨 병이냐', '내 쇠뿔이냐 네 담이냐'거나 '내 눈에 흙이 들어가기 전에는'이란 말을 거듭하다가 결국 '내 배 따라고 버틴다', '내 침 발라 꼰 새끼가 제일이라'고 나대다가, 급기야 '너는 노래 불러라 나는 첩질이나 하겠다'고 뻗대게 된다. '놀아본 놈이 놀 줄 안다'고, 파렴치한 행동이 처음부터 되는 것은 아니다.

이기심이나 파렴치, 이타심 아닌 푼수 행각을 스스로 잘 정리해야 한다. 맺고 끊는 것이 분명해야 하며, 욕심을 한껏 끌어내려야 한다. '내 집에 난 불은 내 손으로 꺼야 한다'거나 '내 절 부처는 내가 위해야 한다'는 것이 도리다. '내 병은 내가 제일 잘 안다'든지, '내 손끝에 뜸을 떠라', '내 손에 장을 지지겠다'고 할 수 있으면 확신이다. '내 속 짚어 남의 말 못 한다'거나 '내 한 급제에 선배 비장 호사한다', '내 몸이 높아지면 아래를 살펴야 한다'는 것은 도리 또는 배려다. '내 몸이 중이면 중의 행세를 하여야 한다'는 것은 도리고, '내 땅 까마귀는 검어도 반갑다'고 하는 것은 정이다. 이러한 것들에 대한 개념을 분명히 하면, '내 콩이 크니 네 콩이 크니 한다'거나 '내 더위 네 더위 한다', '내 탓 네 탓 수염 탓' 하지는 않을 것이다. 그게 그것 같아 '꽃게나 방게나 옆으로 기기는 일반'이라 생각되는가. '구름으로 이불솜 두는 소리 한다'고 할 것인가.

'내 입에 맞는 떡이 어디 있을까' 하면서 남을 원망하지 말고, 대신에 제 마음을 살펴야 하리라. '내 속내가 버선짝인가' 해도, 제 마음인 듯 여겨줄 사람 없다. '내가 부를 노래 사돈집에서 먼저 부른다'고 원망하지 마라. 원한을 갚겠다고 나서지 마라. '무거운 짐 비키라 하지 말고 가벼운 내가 비키지' 하는 마음으로 비켜서라. '내 원수는 남이 갚는다'고 했다.

'내 집이 극락이라' 믿으며 살 일이다. '내 손이 내 딸이라'는 신념으로 부지런하면 된다. '내 집 가운은 남의 집 처녀에게 달렸다'고 생각하면, 그 사람을 더욱 배려하게 된다. '내 집에 들어온 복은 남 주지 않는 법이라'고 했지만, 조금 나누어주면 주는 맛도 쏠쏠하다는 것을 깨닫게 되리라. '고생은 주야 고생이요 호강은 주야 호강이라'고 생각할 것이 아니다. 즉 고생하는 놈은 평생 고생을 하고, 호강하는 놈은 평생 호강한다고 생각해서는 안 된다는 말이다.

'내 고기 열 점 나가야 남의 고기 한 점 먹는다'든지, '내 집에서 쌀서 말이나 보아야 남이 반 말이나 본다'는 생각으로 살 일이다. '내 것이 중하면 남의 것도 중하다'고 여기며, '내 것 아니면 개똥같이 볼 일이다', '내 것 아니면 남의 밭머리에 개똥도 안 줍는다'는 신념으로 살면 된다. '남 허물 하나면 제 허물은 백이라'는 생각으로 겸손해야 한다. '춘풍으로 남을 대하고 추풍으로 나를 대하라'는 말을 좌우명으로 삼으면 이루지 못할 일이 없을 것이다. '뱃놈이 열이라도 키 잡은 것이 사공이라'고, 그런 마음가짐이면 결국 내가 사공이 된다.

27. 남에 대한 생각

'남한테 공연한 말을 하면 앞길이 맑지 못하다'

'남의 말이라면 쌍지팡이 짚고 나선다'는 말이 있다. 다른 사람의 의견에는 무조건 반대하고 나선다는 뜻이다. '남의 일은 사흘만 지나면 다 잊는다'는 말도 있다. 남의 일에는 오래 관심을 갖지 않는다는 뜻이다. 두 속담 모두 남에 대한 의식이 지나치거나 모자란다는 뜻으로 빗대는 말이 된다.

누구나 제가 상대하는 사람에 대한 생각을 바로 가져야 세상을 올바르고 풍족하게 살 수 있다. '남들과 담을 쌓고 못 산다'는 말처럼 이 세상은 홀로 살 수 없으며 남들과 공존공영, 동고동락하지 않으면 안 된다. '남이 아니면 발가벗고 산다'는 말이 있기는 하다. 남이 없으면 한껏 자유로울 수 있다는 뜻이리라. 하지만 이웃 없는 세상에서 금방 외로움에 시달릴 것이다. 그렇기때문에 남을 조금이라도 해하거나 이용하려 하지 말 일이다. '남을 물어넣자면 자기 혀를 먼저 물어야 한다'고 했으니 말이다.

제 삶에 충실하지 못한 사람들일수록 남의 일에 관심이 많은 법이다. '남의 일이라면 불거웃에 붙은 가랑니 숫자까지 알고 싶은 게 여편네들의 호기심이라'고 했다. '남의 말이 아니면 할 말이 없다'거나 '남의 말을 하기는 식은 죽 먹기라', '강 건너 불은 구경 좋고 남의 말은 하기 좋다'고도 한다. 정말 그렇다. 그렇지만 '남의 말을 하기 좋아하는 놈이 제 허물은 모른다'는 말이 딱 맞다. '남의 사정이 내 사정 될 때가 있다'거나 '남 잡이가 제 잡이'라는 것은 틀림없는 세상의 이치다.

　남의 일에 관심이 많은 사람은 남을 음해하기 쉽다. '남 말 하고 제 흉 모르는 것이 머리 검은 짐승이라'고 했다. '남의 머리칼 제껴본다'는 말처럼 내 허물이 아니라 남의 허물을 우선 찾으려는 심사를 갖고 있는 것이 사람이라는 뜻이다. '남 앓을 때 까마귀 소리한다'든지, '남의 상처에 소금 뿌린다', '남의 앞길에 함정 판다', '남의 잘 되는 감 찔러본다', '남의 제사에 닭 울리기', '남의 호박에 말뚝 박기', '남의 흉은 앞에다 차고 제 흉은 뒤에다 찬다', '남의 흉은 홍두깨로 보이고 제 흉은 바늘로 보인다'는 말들이 그렇다.

　남을 해하려고 생각하는 사람들에게 경각심을 주려는 속담들이 아주 많다. '남 곯리는 게 저 곯는 게라'는 것에서 '남 망우고 잘 되는 놈 못 봤다', '남 나무라다가 저승 가면 끓는 기름통에 담근다', '남에게 눈을 잘 흘기거나 욕을 잘하다가 죽으면 죽어서 뱀이 된다', '남에게 악담을 하면 자기 앞으로 다시 돌아온다', '남을 문 놈은 저도 물린다', '남을 속이자면 저부터 물에 들어가야 한다', '남에게 부조는 못할망정 백 냥짜리 제상이나 치지 마라', '남을 잘 속이는 놈은 저까지도 잘 속인다', '남을 해치려는 말이 자신을 해친다', '남의 가슴에 못 박으면 단잠 못 잔다', '남의 가슴에 못 박으면 제 창자에는 말뚝이 박힌다', '남의 개를 때린다는 것이 내 개가 맞아 죽었다', '남의 눈물 빼 놓으면 제 눈에 피눈물 난다', '남의 눈물 짜서 모은 재산 오래 못 간다', '남의 눈 속에 있는 티끌은 보면서 자기 눈 속의 대들보는 보지 못한다', '남의 눈에 피를 내면 제 눈에서는 고름이 난다', '남의 무엇은 크다고 부지깽이로 찌른다', '남의 밥에 모래 뿌린다', '남의 뺨을 치자면 나도 맞아야 한다', '남의 살 물다가 제 코만 깨진다', '남의 욕을 내 앞에서 하는 사람은 내 욕도 남에게 한다', '남의 돈 떼어먹는 놈 잘 되는 것 못 봤다', '남의 고기 한 점 먹고 내 고기 열 점 준다', '남의 서방을 얻어 가면 송장만 치르고 남의 옷을 얻어 입으면 걸레감만 된다'는 말들이다. 남에게 해를 입히려 하면, 도리어 제가 해를 입게 마련이라는 뜻으로 빗대는 속담들인 것이다.

남의 일에 괜스레 참견하지 말라는 충고도 많다. '남 떡 먹는데 팥 보숭이 떨어지는 걱정한다', '남 말하는 사돈댁', '남의 굿에 춤 춘다', '남의 농사에 콩 심어라 팥 심어라 한다', '남의 상사喪事에 머리를 푼다', '남의 상에 북어 놓아라 동태 놓아라 한다', '남의 싸움에 칼 뺀다', '남의 제사에 감 놓아라 대추 놓아라 굴러간다 주워놓아라 한다', '남의 죽음에 단지', '남의 중신 들다가 바람난다', '남의 집 과부 아이 밴 데 미역 걱정한다', '남의 집 마당 터진데 솔뿌리 걱정한다', '남의 집 제사에 와서 절한다', '남의 코를 닦으려 말고 제 코나 닦아라', '남이 가는 장을 똥장군 지고 따라간다', '남이사 자동차 바퀴로 단추를 달아 쓰든 말든', '남이 아이 낳는데 이쪽에서 힘주는 꼴', '남이야 똥뒷간에서 낚시질을 하건 말건', '남이야 전봇대를 뽑아 이빨을 쑤시거나당구를 치거나 말거나', '남이야 메주로 팥죽을 쑤어먹든 얼음덩어리를 지져먹든', '남이야 삽으로 귓밥을 파든 전봇대로 이빨을 쑤시든 말든', '남이야 지게를 지고 제사를 지내든 말든', '남이야 치마를 뒤집어 입고 벅수를 넘든가 뱅뱅이를 돌든가', '남이야 통영갓을 쓰고 지붕에 소를 몰아 올리거나 말거나' 하는 말들이 그것이다. 제 주제를 모르고 나서면 남의 눈에 꼴불견으로 비친다는 뜻으로 이르는 속담들이다.

사람은 물욕 때문에 제 것보다 남의 것을 좋게 생각한다. '남의 것은 다 좋아 보이는 법이라'거나 '남의 것만 보면 눈에서 불난다'고 했다. '남의 꽃이 붉어 보인다'든지, '남의 닭은 봉으로 보인다', '남의 밥

그릇이 더 높아 보인다', '남의 떡이 더 커 보인다', '남의 밥그릇에 숟가락을 처넣는다', '남의 집 찬장에 둔 밥을 보고 점심 굶는다'는 말들이 그렇다. 그래서 염치불고하고 남의 것을 가로채는 수도 있다. '남이 닦은 터에 주추 놓는다'거나 '남의 것을 마 베어 먹듯 한다'는 말들이 그런 심사를 빗대는 속담이다. '남의 것을 탐내는 놈이 제 것은 더 아낀다'는 말은 추호도 틀리지 않다. '남의 것 둘 먹지 말고 내 것 하나 아끼라'는 말을 잘 새겨들을 일이다.

　제 노력을 들이지 않고 일을 성취하려는 심보를 가진 사람도 많다. 제 노동에 자긍심을 갖지 못하고 이익만 취하려는 사람들이 그렇다. 그런 사람들을 깨우치려는 속담도 적지 않다. '남의 군불에 밥 짓는다', '남의 그림자에 땀 들인다', '남의 꽃 빌려 부처님께 바친다', '남의 낚시로 고기 잡는다', '남의 누더기에 땀 낸다', '남의 돈으로 병 고친다', '남 등불에 게 잡기', '남의 떡 가지고 굿한다', '남의 떡에 설 쉰다', '남의 밑 구린내로 제 밑 구린내 덮는다', '남의 바지 입고 똥 싼다', '남의 불에 가재 잡는다', '남의 불에 떡 구워먹는다', '남의 소에 멍에를 메워 제 밭을 간다', '남의 손으로 코 푼다', '남의 술로 친구 대접한다', '남의 염불로 극락 간다', '남의 위로 내 건넌다', '남의 팔매에 대추 줍기'라는 말들이 그것이다. '남의 밥에는 가시가 있다'고 했다. 남의 신세를 지든지 욕심을 내면 반드시 치러야 할 대가가 있다는 뜻이겠다.

　남의 일에 분수없이 참견하는 것도 문제지만, 지나친 이기심이나 무관심도 비정한 심사에서 비롯되는 것이다. '남의 등창은 제 여드름만 못하다'거나 '남의 죽음이 내 고뿔만도 못하다', '남의 골병이 내 고뿔만 못하다', '남의 똥구멍 더러운 줄은 알고 제 똥구멍 더러운 줄은 모른다', '남의 목숨 초개처럼 아는 사람치고 제 목숨은 천금처럼 알고 떨지 않는 사람 없다', '남의 생손은 제 살의 티눈만 못하다', '남의 소 날뛰는 것은 구경하기 좋다', '남의 손톱 밑에 가시 든 건 알아도 제 등에 등창 난 건 모른다', '남의 집 불구경 않는 군자 없다', '남의 집 삼 년 살고 주인 성 묻는다', '남의 집 삼대독자 죽는 것보다 자기 집 개의 고뿔 감기가 안타깝다', '남의 집 일은 초상집에 가서도 복 입은 딸 인물부터 훔쳐본다', '남의 흉은 사흘이라', '남의 굿 구경하듯 한다', '남의 사돈이야 장에 가거나 말거나', '남의 잘잘못은 석 달 못 간다', '남의 아이 떡 주라는 소리는 내 아이 떡 주라는 소리'라는 말들이 그것이다. '남의 일에는 오뉴월에도 손이 시리다', '남의 일은 한여름에도 손이 시리다'고 했다. 제 일에만 몰두하고 남의 일에는 눈길 한번 주지 않으면, 제 자신도 결국 고립되게 마련이다.

남의 말과 행동에 앞뒤 가리지 않고 무조건 따르는 것도 작은 문제가 아니다. '남의 말 다 들으면 목에 칼 벗을 날 없다'거나 '남의 말 다 들어주다가는 화냥년 된다', '남의 말에 귀 여리면 심은 논도 잡혀 먹는다'는 말들을 귀에 담아둘 필요가 있다. '남이 장에 간다니 거름 지고 따라간다', '남들이 방아 찧으러 가니까 거름 지고 쫓아간다', '남이 은장도를 차니 나는 식칼을 낀다', '남이 장에 가니까 무릎에 망건 씌우고 나선다'는 말들이 그런 행동을 빗대는 속담이다.

남에게 피해를 줘서도 안 되지만, 피해를 당해서도 안 된다. 남의 일에 잘못 끼어들어 피해를 보게 되었을 때, '남의 똥에 주저앉는다'고 한다. '남의 보증 안으면 아기 낳지 말고 일해야 한다'거나 '남의 빚보증 서는 자식은 낳지도 말랬다'는 말은 평생 새겨둬야 할 말이다. 한순간 잘못 판단하면 평생을 후회하게 된다. 아무 관계도 없는 일에 손해를 보게 되었을 때를 두고 '남의 추렴에 중놈 회값 무는 격'이라고 빗대기도 한다. 어설픈 동정심 때문에 남의 원을 들어줘서는 안 된다는 뜻으로 '남의 사정 다 들어주다가는 동네 시아버지가 아홉이라'고 빗댄다.

'남을 이기기 좋아하는 사람은 반드시 적을 만나게 된다'고 했으니 승부욕을 한껏 줄이는 게 좋다. '남 임 보고 내 임 보면 참고 있던 울화가 치민다'는 것도 일종의 경쟁심이다. 적은 어떤 적이라도 이로울 리 없다. '남과 경쟁하고 시기는 마라'거나 '남을 사랑하면 그도 나를 사랑한다'고 했다. '남을 위해 주는 일엔 북두칠성도 굽어본다'고 했다. 위해줄 수 있는 한 한껏 위해주면 좋다. 기왕에 남을 도와주겠다고 생색을 냈으면 철저히 도와주라는 뜻으로 '남의 상을 봐주려거든 삼년상까지 봐줘라', '남의 일 봐주려면 삼년상까지 치러줘라'고 했다. 어설프게 도와서는 생색이 나지 않는다는 뜻이겠다.

남의 것을 탐하거나 해하려 말아야 하리라. '남의 떡은 빼앗아도 남의 복은 못 빼앗는다'거나 '남의 복은 끌로도 못 판다', '남의 돈 먹기가 앓기보다 힘들다'고 했으니, 아예 탐심을 갖지 말 일이다. '남의 일에는 발 벗고 나선다'는 정도는 못 되더라도, '남의 일도 내 일처럼 하라'는 충고는 잘 받아들이고 실천해야 한다. 특히 남이 주는 공짜를 경계하라. '남이 주는 것 다 받아먹고 나니 벙어리가 되었다'는 말이 기막히지 않는가. '남의 정을 모르면 죄로 간다'는 말은 이 경우에는 해당되지 않는다.

어쩌다 남에게 수모를 당해도 즉각 갚으려 하지 말 일이다. '남이 돌로 친다고 나도 돌로 치겠는가'라고 했다. '남이 내 얼굴에 뱉은 침은 저절로 마르게 두랬다'고 하는데, 성인만 할 수 있다고 생각하지 말아야 한다. 남의 단점을 잘 보는 눈을 제 자신에게로 돌려야 한다. '남의 자식 흉보지 말고 내 자식 가르쳐라'고 하지 않던가.

28. 하늘과 땅, 천기 天氣

'좋은 산천에서 좋은 인물 난다'

'하늘을 법으로 알고 땅을 법으로 안다'고 했다. 지당하고도 지당한 말이다. 하늘에다 머리 두고, 땅에다 발을 딛고 있는 인간이 천지간의 법으로 살아야 하는 건 당연하다. '하늘 높은 줄 안다'는 것이 얼마나 다행인가. '하늘도 두렵지 않고 땅도 무섭지 않다'고 나대면 '하늘 모르는 벼락을 맞는다'고 했다. 사람이 하는 일은 '하늘이 알고 땅이 알고 네가 알고 내가 안다'고 했다. 천지에 경외감을 갖고 몸과 마음을 삼가면 사람의 도리를 아는 것이다. '우주가 있고야 해가 있고 백성이 있고야 국왕도 있다'고 했다. '한 송이 꽃이 바로 우주의 얼굴이라'고도 했다. 아주 하찮다고 생각하는 데서도 사뭇 우주의 신비를 느낄 수 있는 것이다.

'하늘은 부지런히 농사짓는 사람은 굶어죽게 하지 않는다'고 했다. 농사뿐인가. 근면하고 진실한 사람은 무슨 일을 하더라도 '하늘이 무심치 않다', '하늘처럼 믿는다'고 했다. 추호도 의심하지 않고 굳게 믿는다는 뜻이다. '하늘이 내려다본다'고 생각하며, 무슨 일이든지 하면 천륜에 어긋나지 않을 것이다.

'하늘 쓰고 도리질 하겠다'거나 '하늘에 방망이를 달고 도리질 한다'고 했다. 어떤 세력을 업고 함부로 행동한다는 뜻이다. 하찮은 주제에 겁 없는 짓을 하면, '하늘에 막대 겨눈다'고 빗댄다. 아무리 '하늘에 나는 새도 떨어뜨린다'고 해도 하늘을 이길 수 없다. '하늘이 높은지 땅이 낮은지 모른다'고 할 만큼 분별력이 없으면 안 된다.

'하늘이 무너져도 솟아날 구멍은 있다'거나 '하늘이 꺼져도 소 도망칠 구멍은 있다', '하늘이 무너져도 나무아미타불 할 짬은 있다'고 한다. 아무리 급박하고 위험해도 피할 방도가 있다는 뜻인데, 천륜을 어긴 사람에게는 어림도 없다. '하늘이 주는 얼은 피할 수 있어도 제가 지은 얼은 어쩔 도리 없다'고 했으니 말이다. 얼은 사고 또는 탈이라는 뜻이다. 제가 지은 죗값은 받을 수밖에 없다는 말이다. 제가 지은 업은 스스로 짊어지도록 하는 게 하늘의 질서다.

'하늘도 사람 하자는 대로 하려면 칠 년 가뭄에 비 내려 줄 날 없다'고 했다. 사람의 욕심이 하늘을 찌르지 않도록 해야 한다. '하늘을 이불 하여 덮고 땅을 요로 하여 깔고 잔다'고 할 만큼 욕심이 없다거나 호연지기가 넘친다면 하늘도 기꺼이 호응을 해줄 수 있을 지도 모른다.

'땅은 거짓말하는 법 없다'고 했다. 거짓말을 하지 않으니 속이지도 못한다. 그래서 '귀신은 속여도 땅은 못 속인다'고 한 것이다. '사람이 땅을 속이면 땅도 사람을 속인다'는 말은 농부들이 가꾼 만큼 땅이 보답해 준다는 뜻이겠다. '땅을 파먹고 사는 것이 농민이라'고 했으니, 농민이 순박할 수밖에 없다. '땅이 꺼져도 비켜설 데가 있고 하늘이 무너져도 솟아날 구멍이 있다'고 했지만, 꺼진 땅을 피할 곳도 땅이다. 농부뿐만 아니라 누구라도 오로지 땅을 믿고 살아야 한다. '나귀 등에 짐을 지고 타나 싣고 타나 마찬가지라'는 말을 새겨볼 일이다.

'땅 짚고 헤엄치기'라는 말을 잘 생각해 보면 알 것이다. 사람이 땅을 얼마나 굳게 믿고 사는지 말이다. '땅거죽 무너질까봐 씹도 못한다'는 사람을 빼고는 모든 사람이 굳세게 믿는다. 철석같이 믿는다는 정도는 감히 견줄 수 없다. '땅 열 길을 파도 동전 한 잎 안 나온다'고 하는데, 하찮은 동전을 땅속에서 찾으려는 위인이 가소롭다. 땅은 생명을 키우는 곳이다. '땅을 파면 금은 나와도 돈은 안 나온다'는 말은 열심히 땅을 파서 농사를 지으라는 뜻이다.

땅은 가장 안정되고 확실하게 믿을 만한 증거로 여겨졌다. '도깨비 돈은 땅을 사야 한다'는 말이 있는데, 갑자기 생긴 돈으로는 땅을 사놓아야 잃지 않는다는 생각인 것이다. 그러면서도 땅에 대한 지나친 집착을 경계하기도 했다. '땅 사려고 애쓰지 말고 입을 덜랬다'는 말이 그렇다. '집안 망하자 집터 나무란다'고 했는데, 땅을 나무라는 것은 '땅을 칠 노릇'이다.

해와 달과 별은 하늘의 문자文字들이다. 인간이 읽을 줄 몰라서 그렇지, 의미가 무궁무진하다고 보아야 할 것이다. 우선은 사람들이 생각해낸 몇 가지 비유적 표현이나 단순한 이치에 만족하고 있을 뿐이다.

'해는 중천에 뜨면 기울고 달은 차면 이지러진다'는 뜻이 예사롭기만 한가. 세상만사가 해의 운행에 질서를 맞추니, 해의 움직임은 실로 위대하다. '해가 동으로 지겠다'거나 '해가 서쪽에서 뜨겠다'는 말도 마찬가지다. '해 달을 좀이 먹나'고 하면서 살 수 있다면 얼마나 좋을 것인가. '해도 하나 달도 하나 임도 하나'라면 금상첨화이리라. '해하고 동갑한다'고, 해가 질 때 일을 끝낸다는 뜻이다. 사람의 삶이 사뭇 그렇다면 얼마나 좋으랴.

'볕 드는 집안에는 의사가 필요 없다'는 한 가지 속담으로도 능히 해의 필요와 효험을 알 수 있다. '햇볕 구경도 못하고 자랐나' 하는 속담도 마찬가지다. 키만 크고 연약한 사람을 두고 빗대는 말인데, 삼라만상이 햇볕 없이 생명을 부지할 수 없다.

'달밤엔 사내의 마음을 호리는 두억시니가 작회한다'고 했다. 사내가 달밤에 여자를 보면 제정신을 차리지 못하고 빠져든다는 뜻으로 이르는 말이다. '달 밝은 밤이 흐린 낮만 못하다'는 말이 있다. 아무리 효성이 지극한 자식이라도 못난 남편보다 못하다는 뜻으로 빗댄 말이다. '맑은 바람과 맑은 달은 돈 주고 사지 않는다'거나 '청풍명월은 돈을 주고도 못 산다'고 했다. 가장 값진 것은 돈으로 사는 것이 아니라, 우리가 고마운 줄 모르는 자연이라는 뜻이겠다. '달 밝을 때는 고기 잘 물지 않는다'는 말에서 달 밝을 때는 청풍명월을 즐기라는 암시를 받을 수도 있다.

'별이 천 개라도 밝은 데는 반달 하나만 못하다'고 했다. 하찮은 것이 아무리 많아도 웬만한 것을 따르지 못한다는 뜻으로 빗댄 말이다. '누워서 은하수가 입에 마주 닿으면 벼가 익는다'는 말에서 자연의 운행이 참으로 절묘하다는 것을 깨닫게 된다. '별이 낮게 뜨면 비가 온다'거나 '별이 반짝거리고 달빛이 흐리면 비바람이 동반할 징조라'는 말로, 별이 표현한 문자의 일부를 읽어낼 수 있는 것이다.

산천에서 산은 의연함이나 불변의 상징이 된다. '바람에 기운 산 없다'거나 '바람 불어 산 무너지랴' 하는 말이 그렇다. 또한 권력이나 위세를 상징하기도 한다. '산이 크면 울림도 웅심 깊다'든지, '산이 깊어야 골이 깊다'는 말이 그렇게 쓰인다.

산은 온갖 목숨들을 키우는데, 사람도 예외는 아니다. '산천도 사람을 만나야 한다'는 말이 그런 의미를 포함하고 있다. 산속에서 살아가는 사람은 무식하지만 질박하고 뚝심 있게 표현된다. '산중 놈은 도끼질 야지 놈은 괭이질이 제격이라'든지, '산중 놈은 똥 힘으로 산다'는 말이 그 뜻이다.

'산과 사람은 멀리서 보는 게 낫다'고 했나. 아니다, 산속에 안겨야 제맛이다. '산간에 앉아 철 가는 줄 모른다'고, 그 그윽한 맛을 예사로운 사람들은 짐작이나 하겠는가. '산중 농사지어서 고라니 좋은 일만 시킨다'고 하는데, 그것도 나눔이다. '산 중 귀물은 머루 다래'라고 했듯이, 자연이 베푸는 소박한 음식으로 자족하면 더 없는 행복이다. '지세가 인심을 낳는다'고 했는데, 옳은 말이다. 그러나 중간 중간 인간이 범접할 수 없는 곳을 두어 산 스스로의 위용을 과시하기도 한다. '태산에는 명당이 없다'는 말이 그 뜻이다.

'산 간 데 물 가고, 물 간 데 산 간다'고 했다. 산천은 언제나 '떡 옆에 조청' 격으로 어우러진다. '도랑물도 다 뜻이 있어 흐른다'는데, 사람이 물굽이를 돌리려 한다고 듣겠는가. '치산치수는 농사의 대본이라'고 하지만, '하늘이 낸 물길은 나라도 못 막는다'는 걸 깨우쳐야 할 일이다. 제 뜻대로 흐르는 물굽이가 말 그대로 자연이다.

바람은 구름과 함께 하늘의 움직이는 기운氣運이다. 사람들이 보고 느낄 수 있는 우주의 힘인 것이다. 둘은 가장 궁합이 잘 맞는 것 중 하나로 생각되어왔다. '바람 가는데 구름 간다'거나 '바람 따라 구름 가고 구름 따라 용도 간다', '바람 따라 범도 가고 구름 따라 용도 간다'는 말들에서 그것을 확인한다. 물론 '바람으로 밥 먹고 구름으로 똥 싸라 한다'든지, '바람 밥 먹고 구름 똥 싼다'는 말들도 있다. 무척 허황된 짓을 한다는 뜻으로 빗대는 말이다.

바람은 자유나 야성의 상징이다. 사람들이 흔히 말하는 바람기라는 말에도 그 뜻이 포함되어 있다. '바람 부는 대로 산다'거나 '바람으로 빗질하고 빗물로 목욕한다'는 말들이 그들이다. '바람세에 맞춰 돛을 단다', '바람 빌려 배 달리다'는 말은 세태를 잘 이용한다는 뜻으로, '바람에 잘 견디는 나무는 뿌리가 단단하다'는 말은 고생을 잘 견디는 사람은 뚝심이 있다는 뜻으로 비유한다. '태풍은 농사에는 해롭고 바다에는 이롭다'고 했는데, 바람이 때로 갖게 되는 지나친 힘의 장단점이다.

구름은 환상적인 것이나 허망한 것, 변화무쌍한 것을 뜻하는 말로 사용되었다. '구름의자에 앉은 것 같다'거나 '구름 같은 댁에 신선 같은 나그네 온다'는 말은 환상적이라는 뜻으로 빗댄 예다. '구름 잡아 타고 하늘로 날겠다고 한다'거나 '구름장에 치부한다', '구름을 잡으려 한다', '구름을 표하고 물건 파묻기'라는 말은 모두 허황된 짓을 한다는 뜻으로 빗대는 말이다. 어떤 일이 남의 뜻에 의해 이루어질 때를 두고 '구름은 바람 따라 모이고 바람 따라 흩어진다'고 말하며, 세상만사가 우연히 일어나는 게 아니라는 뜻으로 '뜬구름도 다 뜻이 있어서 흘러가는 법이라'는 말을 쓴다.

번개와 천둥은 어떤 일이 일어날 조짐이나 두려움을 뜻한다. '천둥이 잦으면 소나기가 온다'거나 '번개가 잦으면 뒤미처 벼락이 떨어진다', '번개가 잦으면 비가 온다'는 말들이 그런 뜻이다. '번개가 잦으면 농사가 풍년 든다'는 말도 마찬가지다. 번개가 잦으면 비가 충분히 오고, 그 때문에 벼농사가 잘 된다는 말이다. 또한 일의 순서나 처리를 비유하기도 한다. '천둥 치고 번개 치고 벼락 친다'든지, '번개 치면 천둥할 줄 알아야지', '번개에 장독 덮고, 천둥에 빨래 걷는다'는 말들이 그렇다. '번갯불에 콩 구워 먹겠다', '번갯불에 바늘귀 꿰듯 한다', '번갯불에 밥 익혀 먹겠다', '번갯불 지나간 콩밭에서 익은 콩 주워 먹기'라는 말들은 아주 재빠른 재주가 있다는 뜻으로 빗대는 말들이다. 번개나 천둥에 누구나 두려움을 갖게 마련인데, '천둥 번개 칠 때는 천하 사람이 한마음 한뜻이라'는 말이 그런 의미다.

비는 농경사회가 아니라도 무척 중요하다. 인간과 모든 생명들의 식수가 되기 때문이다. '비하고 임하고는 와야 좋다'거나 '비 오는 세월엔 돌도 자란다', '논 열 번 다녀도 가뭄비 한 방울만 못하다'는 말들에 그런 뜻이 포함되어 있다. 비는 필요하지만 많이 오는 것을 대부분 사람들은 싫어한다. '비 끝에 볕 나는 날은 죽은 어머니 만난 폭이나 된다'든지, '백날 가뭄은 싫다 안 해도 하루 장마는 싫다 한다'는 말이 그것이다. 장마보다는 차라리 가뭄이 낫다는 뜻으로 '장마 곡식은 못 먹어도 가뭄 곡식은 먹는다'거나 '가물 끝은 있어도 장마 끝은 없다'는 말을 쓴다.

'소나기는 종일 오지 않는다'거나 '소나기는 오래 가지 않는 법이라', '소나기는 잠깐 오지만 가랑비는 오래 온다'는 말들은 고통은 오래 계속되지 않는다는 뜻으로 비유된다. '일찍 가뭄이 드는 것은 해롭지 않다'든지,'소나기 내린 뒤 땅이 더욱 굳어진다'는 말도 고통을 일찍 겪으면 대비를 할 능력이 생긴다는 뜻으로 빗대어 쓴다. '비 오는 것은 십 리마다 다르고 바람세는 백 리마다 다르다', '비 많이 오는 해는 눈도 많이 온다'는 말은 자연현상을 설명하는 말이고, '비를 잘 비는 원님보다 똘을 잘 내는 원님'이란 말은 치수治水의 중요성을 뜻한다. '비 오는 것은 소금장수가 먼저 안다'는 말에서 누구나 제 이익에 관련된 것에 소홀하지 않는다는 것을 알게 된다.

우주 속에 살고 있는 인간은 자연의 온갖 징조 또는 문자를 읽어낼 수 있어야 한다. 자연의 암시를 못 알아채기에 사람은 재해를 겪게 된다. '난리가 나려면 산천초목이 먼저 안다'고 했다. 산천초목이 보여주는 징조를 터득할 수 있는 것이 가장 중요한 지혜인 것이다.

29. 사계절과 밤낮

'겨울바람 버릇없고 여름비 염치없다'

네 계절이 뚜렷한 곳에 사는 사람들은 그렇지 않은 곳에 사는 사람들보다 행복하다. 연료비나 옷값이 많이 든다는 이유를 들어 단점을 말하지만, 사계절이 주는 변화무쌍한 자연의 선물을 생각한다면 판단이 달라질 수 있다. 계절의 수도 많아 속담들 역시 풍성하다.

각 계절에 따른 특징이 요약된 속담에서 지혜와 재치가 번뜩인다. '봄비는 일 비 여름비는 잠 비, 가을비는 떡 비 겨울비는 술 비'라든가, '봄 안개는 천 석을 감하고 가을 안개는 천 석을 보태준다', '여름 천둥에는 농민 맞아 죽고 가을 천둥에는 양반 맞아 죽는다'는 말들에서 농사짓는 사람들의 일상이 눈에 선명하게 그려진다.

계절과 일상이 대비되는 일부 속담들을 예들어 본다. '봄비는 올수록 점점 따뜻해지고 가을비는 올수록 추워진다', '여름 가난은 드러나지 않고 겨울 가난은 감추지 못한다', '여름 방사 보약이고 겨울 방사 비상이라', '여름비는 더워야 오고 가을비는 추워야 온다', '여름비는 소 등을 다투고 가을바람은 노새 귀를 뚫는다', '여름 생색에는 부채요 겨울 생색에는 달력이라', '없는 사람은 여름이 좋고 있는 사람은 겨울이 좋다', '여름 철새는 알 자리 보기 바쁘고 겨울 철새는 잘 자리 보기 바쁘다', '여름 하루 노는 것이 겨울 열흘 노는 것보다도 더 지루하다', '오뉴월 비가 많이 오면 동지섣달에 눈도 많이 온다', '가을에 내 아비 제도 못 지내거든 봄에 의붓아비 제 지낼까', '오뉴월에는 뱃양반이고 동지섣달에는 뱃놈이라'는 것들이다.

속담에 표현된 사계절에 대한 사람들의 인식과 일상생활에 대한 관계를 살펴보는 것도 흥미 있는 일이다.

봄은 온갖 생명을 일깨운다. 봄볕과 봄바람은 온 세상에 생명력을 돋우게 된다. '삼 년 묵은 말가죽도 왱그렁쟁그렁 한다'는 정도니, 산천초목은 말할 것도 없겠다. '입춘 지나 열흘이면 개가 그늘을 찾는다'고 했으니, 그 따스함으로 충분하겠다. '봄바람은 품으로 기어든다'고 했다. '봄바람은 기생첩이라'거나 '봄바람은 품 안으로 기어드는 처녀 바람이라'고 비유하듯, 봄은 사람들에게 은근하게 스며들어 힘을 돋운다. 그렇지만 때로 매운맛을 내보이는 게 봄이다. '겨울 추위에는 살이 시리지만 봄 추위에는 뼈가 시리다'든지, '겨울 잘 넘긴 중늙은이가 꽃샘바람에 얼어죽는다'고 할 정도인 것이다.

'봄이 온다고 죽은 나무에 꽃이 필까' 하고 비웃지만, '봄이 되면 오십 년 묵은 썹도 터진다'고 하지 않던가. 특히 '초봄에 비가 자주 와야 풍년이 든다'는 말처럼 비가 자주 오면 만물은 더욱 빠르게 소생한다. 더욱 '봄바람에는 말 썹도 터지고', '봄이면 삼 년 묵은 말가죽에도 오롱조롱 소리가 난다'고 할 만큼 봄의 힘은 은밀하면서도 강력하다.

때로는 꽃샘추위가 있어 '봄추위가 장독 깬다'거나 '꽃샘추위는 꾸어다 해도 한다', '봄바람에 목장 말 얼어 죽는다', '꽃샘 잎샘에 설늙은이 얼어 죽는다'고 하지만, 그야말로 가뭄에 콩 나기보다 드문 일이겠다. '봄추위와 늙은이 근력은 오래 가지 못한다'고 했는데, 제풀에 지쳐 쉽게 물러가는 것이 봄추위다.

'봄에 씨를 뿌리지 않으면 가을이 되어도 거둘 것이 없다'고 했으니, 봄은 씨앗을 뿌리기 위해 서두르는 계절이다. 그래서 '봄에는 한시가 급하고 가을에는 하루 볕이 급하다' 했다. '봄에 하루를 놀면 겨울에 열흘 굶는다'는 것을 알기 때문이다. 그러니 '봄에는 굼벵이도 석 자식 뛴다'고 했던 것이다.

옛날에는 보릿고개 때문에 봄철이 고통스러웠다. '봄 돈 칠 푼은 하늘도 안다'거나 '봄 사돈은 꿈에 만날까 무섭다', '봄 손님은 범보다도 무섭다'는 말들이 다 춘궁기 고통을 표현하는 말들이다.

몸도 봄을 맞아 예사롭지 않게 새 기운을 내야 하고, 할 일은 많으니 춘곤증을 느끼게 될 수밖에 없다. '봄날 하루가 일 년 농사를 결정

정종진

한다'고 하니, 어느 계절보다 부지런히 일을 해야 한다. '봄 잠은 가시덤불에 걸려서도 잔다'거나 '봄 졸음은 시아비 불두덩도 몰라본다'는 말이 그런 정황을 잘 보여준다.

봄에는 만물이 소생하듯, 인간의 몸도 새 기운을 내뿜는다. '봄 처녀 가을 총각'이라고, 특히 남자보다도 여자가 그렇다. '춘삼월 보지는 쇠젓가락도 끊는다', '춘삼월 보지 쇠줄도 끊는다', '봄 씹은 세 번을 하고도 물고 늘어진다'는 말들이 그 증거가 된다. 여자의 정욕이 그렇게 솟는다고, 논밭 일에 한껏 시달린 남자가 호응하다가는 기진맥진하게 될 것이다. '봄 씹은 세 번 하면 네 발로 긴다'거나 '봄 씹은 세 번 하면 죽는다'는 말을 명심하며 살았던 것이다.

여름에는 한껏 더워야 여름이다. '오뉴월 더위에는 암소 뿔이 물러 빠진다'고 할 정도로 더워야 한다. 모든 것이 축축 늘어질 만큼 돼야 벼농사가 풍년이 된다. '오뉴월 쇠불알 보고 소금종지 들고 나선다'거나 '오뉴월 땡볕에는 솔개만 지나가도 낫다'고 할 정도가 돼야 여름다운 여름이라고 할 것이다.

여름철 한낮은 얼마나 길고 날씨는 얼마나 변화무쌍한가. '오뉴월 병아리 하룻볕 쬐기가 무섭다'고 할 정도로 낮은 길고, 갑자기 끼는 구름과 퍼붓는 소나기, 천둥과 번개는 더위에 지친 몸을 지루하지 않게 한다. 부슬비 오는 여름날에는 '게으른 놈 낮잠 자기 좋고 부지런한 놈 일하기 좋은 날이라'고도 했다. 부슬비건 소나기건 더위를 적절히 식혀주기도 하니 그 아니 고마운가.

여름철이 아무리 덥다 해도 일은 해야 한다. '오뉴월 댑싸리 밑에 누운 개 팔자'처럼 살 수는 없다. '한여름에 하루 안 꿈적이면 겨울에 열흘 굶는다'고 했으니 말이다. '여름은 무더워야 벼가 잘 자란다'는 것은 두루 아는 사실이겠다. '추위 타서 난 병은 있어도 더위 타서 난

병은 없다'고 했으니, 일하면서 더위를 실컷 즐길 일이다. 그야말로 일거양득이 아닌가.

'가을바람이 불면 곡식은 혀를 빼물고 자란다'고 할 만큼, 가을은 만물이 서두르는 계절이다. 그렇지만 '가을 곡식은 재촉하지 않는다'고, 충분히 익게 내버려 두는 여유도 필요하다. '가을 곡식은 찬 이슬에 영근다'고 했으니 말이다. 그러나 가을은 갑자기 추워지는 수가 있다. '가을날 더운 것과 노인 근력 좋은 것은 못 믿는다'거나 '가을 날씨와 사람의 마음은 모른다', '가을 하늘과 사나이의 마음은 하루에도 일곱 번을 변한다', '가을 날씨 좋은 것은 못 믿는다'고 했다. '가을볕은 아무리 따뜻하게 내려 쬐어도 꽃이나 잎을 피우지 못한다'고 했는데, 가을볕은 열매를 익게 하는 볕이기 때문이다.

가을의 날씨는 추수와 밀접한 관계가 있다. '가을 아침 안개는 중대가리를 깬다'고 할 정도로 가을아침 안개는 맑은 날의 징조가 된다. '가을 안개는 천 석을 올리고 봄 안개는 천 석을 내린다'는 말이 과장 아니다. '가을비 한 번에 열흘 추수가 늦어진다'는 말도 그렇다.

일단 가을걷이를 하기로 마음먹으면 정신없이 움직여야 한다. 가을 곡식은 더 이상 크거나 여물 시간이 없기 때문이다. '가을 곡식은 눈 감고 베어버려라', '가을 곡식은 볼 것 없이 베어야 한다'는 말이 그래서 있다. '가을 것 못 거둬들인 놈은 겨울 넘길 생각 마라'고 했고, '가을 하루 놀면 산꿩이 열흘 내린다' 했다. 가을 일이 하도 바쁘니까 그에 대한 속담도 많다.

'가을걷이 때는 부지깽이도 덤벙댄다', '가을걷이에는 죽은 중도 꿈적인다', '가을 들판에는 대부인마님도 나막신짝을 든 채 나선다', '가을 들판에는 송장도 덤빈다', '가을에는 송장도 쉬지 않는다', '가을에는 지나가는 중도 부른다', '가을일에는 죽은 중도 꿈쩍이고 고양이 손도 빌린다', '추수절에는 마당의 부지깽이가 걸기적거리며 한 몫 한다'는 말들이 그것이다.

'가을 다람쥐 같다', '가을 다람쥐처럼 욕심도 많다', '추수절 만난 서생원 팔자'라고 하듯 농사일 하는 사람만 바쁜 게 아니다. '가을 중 시주 다니듯' 한다고, 모든 것이 가을걷이를 하는 셈이다. 가을에는 어디를 가도 풍성하다. 그래서 '가을밭에 가면 가난한 친정 가는 것보다 낫다'고 한다. 일거리가 많아도 무조건 서두른다고 되는 것은 아니다. '가을일은 서둘러서 이익 볼 게 없다'거나 '가을일은 미련한 놈이 잘 한다'는 말대로 천천히 그리고 끈질기게 덤벼야 하는 것이다.

'가을바람에는 딸을 내어놓고 봄바람에는 며느리를 내어 놓는다', '가을볕에는 딸을 쬐이고, 봄볕에는 며느리를 쬐인다'고 했지만, 딸과 며느리를 구분할 겨를이 있겠는가. 가을걷이를 하느라고 들판에서 살다보면 살갗이 한껏 타서 '가을볕은 임도 못 알아본다'고 한다. '초동볕 사흘이 만가을 하루 볕만 못하다'고 하지 않던가.

내 것을 많이 가지고 있지 않은 사람이라도 풍성함을 느끼게 된다. 예전에도 '가을 간식이 봄 양식이라' 할 정도로 먹는 것도 많았다. 이것저것 거두어들이기 위해서는 누구도 빠할 틈이 없는 때라서 그에 대한 속담이 많다. 가을에는 그래서 천고마비의 계절이다. 하늘과 땅이 다시 맑은 기운을 띠게 된다. '가을 물은 소 발자국에 고인 물도 먹는다'는 말이 결코 과장이 아니다. 그런 물을 먹고 자라서인지 채소들도 유별나게 맛있다. '가을 상추는 노루고기 맛이다', '가을 상추는 문 걸어 잠그고 먹는다', '가을 아욱국은 제 계집 내쫓고 먹는다', '가을 아욱국은 문 걸고 먹는다'고 할 정도다. 여하튼 '가을이면 손톱 발톱까지 밥을 먹는다', '가을에는 손톱 발톱도 다 먹는다'고 할 만큼 일을 많이 해서 배고프고, 맛있어 먹는다. 오죽하면 '봄 꿀보다는 가을 꿀이 좋다'고, 꿀맛조차도 더 맛있다고 하겠는가.

그렇다 보니 남자들은 정력도 강해진다. '가을 씹은 하루에 한 번이라'거나 '가을 좆은 무쇠도 뚫는다', '가을바람이 노새 귀를 뚫고 가을 좆이 무쇠를 뚫는다'는 말에서 그것을 짐작하고 남는다.

가을걷이를 웬만큼 끝내놓으면 겨울준비를 재촉하는 비가 자주 내린다. '가을비는 늙은이 수염 밑에서도 피한다'고 할 정도로 조금 내리지만, '가을비는 올 적마다 추워진다'고 했다. 추수를 다 끝내놓았으니 크게 바쁠 일도 없겠다. 그래서 '가을비는 떡 비요, 겨울비는 술 비라' 했다. 비가 오면 떡이나 해먹으면서 잠시라도 태평성대를 보내게 된다.

겨울은 만물이 쉬면서 새로운 기운을 마련하는 때다. 겨울은 춥고 눈이 많아야 겨울답다. 춥고 눈이 많은 겨울이라야 시절이 순조롭게 돌아간다. '겨울 날씨가 추우면 다음 해에는 풍년이 든다'거나 '겨울 날씨가 추워야 여름에 질병이 없다', '겨울철에 얼음이 두껍게 얼면 풍년 든다', '겨울 보리밭에 내려 덮이는 함박눈과 타는 벼논에 내리는 장대비보다 더한 기쁨은 어디에도 없다', '겨울눈이 많이 내리면 그 해에는 가뭄이 없다'는 말들에서 그것을 알게 된다.

겨울을 농한기라고 했다. 겨울이라고 해서 아주 놀고 지내는 것은 아니지만, 그래도 제법 여유를 부리며 살게 된다. 긴긴 밤에 밤참을 먹으며 가마니를 짜거나 새끼줄을 꼬았다. '겨울밤이 길다 해도 내 새끼 끈만은 못하다'고 흰소리도 쳤겠다. '여름에 수박 참외 먹고 얻은 속병이 무 먹고 낫는다'고 했는데, 무도 겨울밤의 소중한 간식이었다.

'눈이 잦아야 풍년이 든다'고 하지만, 무엇보다도 눈이 오면 날씨가 포근해서 괜찮다. '춥고 배고픈 백성에게는 겨울 날씨 푸근한 것도 복이라'는 말이 꼭 맞다. '추운 대한 없고 춥지 않은 소한 없다'거나

'대한에 얼어 죽은 사람은 없어도 소한에 얼어 죽은 사람은 있다', '대한이 소한네 집에 왔다가 얼어 죽는다'는 말들도 어쩌면 그리 딱 들어맞는지 모를 일이다. 추우면 추운 대로, 포근하면 포근한 대로 겨울밤은 무척 소중했다. '오뉴월 긴긴 날에 점심 안 먹고는 살아도 동지섣달 긴긴 밤에 임 없이는 못 산다'거나 '겨울 씹은 하루에 열 번이라'는 말이 그중 좋을 것이다. 화롯불 쬐는 재미는 좀 좋았는가. 오죽하면 '겨울 화롯불은 어머니보다 낫다'고 했겠는가.

밤낮의 질서 때문에 모든 생명들이 산다. 일하고 쉬도록 밤낮이 알아서 조절해준다. '밤 가고 해 뜨는 일 못 막는다'고 했는데, 설령 막을 수 있다고 해도 왜 막겠는가. '벙어리 장닭 울지 않는다고 날이 안 새나' 하는 것처럼 밤낮의 질서는 그 무엇으로도 막을 수 없다. 낮과 밤은 서로 역할이 다르지만 결국은 이어지는 관계. '낮 바람이 오래 불면 밤 바람은 잔다'거나 '밤이 깊어갈수록 새벽이 가까워 온다', '낮에는 남 보듯 밤에는 임 보듯 한다'는 말들에서 그런 논리를 터득할 수 있다. 그런가 하면 밤낮없이 시종일관 같아야 할 일도 있다. '밤 말은 쥐가 물고 가고 낮말은 새가 물고 간다'든지, '낮에는 보는 사람이 있고 밤에는 듣는 사람이 있다'고 하여 말조심에는 밤낮이 없다는 것을 강조한다.

'낮도깨비 해코지만 한다', '낮꿈은 개꿈이다', '낮에 난 도깨비 상'이란 말들은 밤에 일어나야 할 일이 낮에 일어나 낯설다든지 좋지 않다는 뜻으로 쓰고, 많이 모자란 사람을 두고, '낮에 나서 밤에 자란 놈 같다'고 비꼬기도 한다.

밤에 일어나는 일은 낮의 그것에 비해 좋지 않은 뜻을 갖기 쉽다. '밝은 밤이 흐린 낮만 못하다'거나 '밤길에는 짐승보다 사람이 더 무섭다', '밤길에 짐승을 만나면 더운 땀이 나고 사람을 만나면 식은땀이 난다', '밤 쌀 보기 밤에 여자 보기', '밤에 돌아다니는 계집들은 사내들한테 익혀놓은 음식이라'는 속담들이 그렇다.

'밤낮으로 여드레를 자면 참 잠이 온다'고 했는데, 밤낮에 맞는 생리적인 질서를 무시하고 난 후, 비로소 새로운 질서를 되찾게 된다는 뜻이겠다. '밤 잔 원수 없고 날 샌 은혜 없다'고 했는데, 세월이 지나면 사람에 대한 은혜나 원수의 감정도 퇴색한다는 말이다. '밤이 길면 꿈도 길다'는 말은 밤낮의 질서에 따라 사람의 생리적인 현상도 비례한다는 뜻이며, '밤길이 붙는다'는 말은 똑같은 사실이라도 밤낮에 따라 심리적인 인식이 다르다는 뜻이다. '밤 음식은 적게 먹어라'고 했는데, 자연의 질서와 생리적인 질서를 생각한 좋은 충고다.

30. 오행五行에 대한 인식

'불과 물은 사정이 없다'

오행은 음양의 원리와 함께 옛사람들의 생각을 지배해 왔다. 현대인도 그런 생각에서 자유롭지 못하다. 음양의 원리와 오행 간의 상생·상극 관계로 인간의 길흉화복을 풀어내려 한 것이 주역이다. 그러나 오행은 그런 원리를 제공하는 요소보다는 인간의 삶에 가장 영향을 미치는 것들로 생각해야 될 것이다.

물과 불 없이 사람은 살 수 없다. 그래서 '물과 불은 원수가 없다'고 했다. 물과 불은 인간에게 너무 중요한 것이라서 도저히 원수로 삼을 수 없다는 뜻이다. 그렇게 중요한 만큼 또 위험도 크다. 그렇기 때문에 '물과 불과 악처는 삼대 재액'이라고도 했다. 한편 물과 불을 세상의 기본적인 요소로 생각했다. '물 고생 불 고생 다 한다'거나 '물 속 불 속으로 헤엄을 다 쳤다', '물불을 가리지 않는다'는 말들이 그렇다. '물인지 불인지 분간 못 한다'는 말도 마찬가지다. 물과 불은 세상의 모든 것이라는 뜻이 포함된 셈이다. 그러다 보니 '불구경 물구경 싸움구경만큼 신나는 구경은 없다'는 말도 생기게 된 것이다.

물과 불을 상극相剋으로 생각하는 건 당연하다. 그러나 불에 의한 재앙보다는 물에 의한 재앙이 더 무서운 것으로 생각했다. '불 지나간 자리는 있어도 물 지나간 자리는 없다'거나 '불탄 데는 터나 남아도 물 지나간 데는 터도 없다', '물 난 끝은 없어도 불 난 끝은 있다', '불보다야 물이 더 겁난다'는 말이 그것이다. 그러나 불과 물만이 상극관계는 아니다. '불에는 불 물에는 물', '불을 불로 다스린다'고 하여 스스로가 스스로를 극복할 수 있다는 것을 터득할 수도 있다.

물과 불은 언제나 상대적으로 생각하는 것이 자연스럽다. '물은 아래로 흐르고 불은 위로 올라간다'거나 '물은 젖은 땅에 흐르고 불은 마른 나무에 붙는다', '붙은 불은 꺼도 넘는 물은 막기 어렵다'는 말들이 그렇다. 그러나 만물의 이치를 잘 들여다보면 그렇지 않다는 것도 알게 된다. 술이나 기름처럼 물과 불이 잘 공존하는 것도 있을 수 있다.

불은 환한 것, 뻔한 것을 비유하는데 쓰인다. '불을 보듯 뻔하다'거나 '불을 보듯 환하다'는 말이 그렇다. 불은 매우 위험한 것, 촉급한 상황을 비유하는 데 쓰이기도 한다. '불과 똥은 쑤석거릴수록 탈 난다'거나 '불과 대망은 독 안에 들어도 못 면한다', '불타는 강변에 송아지 날뛰듯 한다', '불은 불씨 적에 꺼야 한다', '불이 발등에 떨어졌다'는 말들에서 그것을 알게 된다. 또한 스스로를 극복하거나 소생시키기도 한다는 뜻으로 '불이 불을 끈다'든지, '불 불이 새 불을 일으킨다'는 말을 사용한다. '불은 죽으면 죽었지 식는 법이 없다'는 말도 있는데 무척 다양한 의미를 유추해낼 수 있겠다.

　물은 무척 흔하면서도 소중한 것이라는 뜻으로 비유된다. '갑인년 흉년에도 먹다 남은 것이 물이라'거나 '물 인심은 짐승한테도 후하게 써야 한다'는 말은 물이 무척 흔하다는 뜻을 담고 있다. '물이 약이라'든지, '논에는 물이 장수'라는 말은 물이 아주 중요하다는 뜻을 포함하고 있다. '집을 지으려면 물자리부터 보라'는 말도 마찬가지다.

　물은 항상 순리에 따른다는 뜻으로 쓰이는 말이 있다. '물은 거꾸로 흐르지 않는다'는 말이 그것이다. '물은 곬을 따라 흐른다'거나 '물은 모났거나 둥글거나 그릇에 따른다', '물은 흘러야 썩지 않는다', '물은 트는 대로 흐른다'는 말들도 마찬가지다.

　물이 아무리 흔하다고 해도 농사철에는 부족할 때가 많다. 그래서 농부를 두고 '물 욕심 없는 사람 없다'고 했던 것이다. '물을 낭비하면 죽어서 그 물을 다 마신다'는 말도 평소에 물을 아껴 쓰도록 충고하는 속담이다. '서출동류西出東流라면 똥물도 약이 된다'는 말은 풍수지리에서 쓰는 말이고, '물이 있으면 고기가 저절로 모여든다'는 말은 조건이 충족되면 누구나 모여들게 마련이라는 뜻이다. '물이 깊을수록 소리가 없다'는 말은 인품이 훌륭한 사람은 결코 잘난 척을 하지 않는다는 뜻으로 비유하는 말이다.

　흙 또는 땅에 대한 생각은 아주 근본적이다. 흙 자체를 생명의 출발이자 종착으로 보는 것이다. '흙에서 나서 흙으로 돌아간다'는 말이 그렇다. '흙내가 고소하다'는 말은 죽고 싶은 충동이 생긴다는 뜻으로 빗대는 말이거나, 농부는 땅을 안식처로 생각한다는 뜻으로 쓰이는 말이다.

　흙도 물처럼 세상에서 가장 흔하면서 귀한 것으로 인식한다. '흙

쓰듯 물 쓰듯' 한다거나 '흙 먹는 지렁이는 세계의 땅을 아낀다'는 말이 그렇다. 땅은 인간에게 가장 편안하고 안전한 안식처나 재산으로 여기게 된다. '믿을 것은 땅밖에 없다'든지, '돈은 도적맞을 수 있어도 땅은 도깨비도 떠메고 갈 수 없다'는 말이 그 뜻이다. 땅을 조금도 가지고 있지 못한 경우를 두고, '벼룩 꿇어앉을 땅도 없다'고 했는데 표현이 기막히다. 농사꾼은 '땅은 거짓말하지 않는다'는 신념으로 한평생을 사는 사람들이다.

쇠는 모든 사물 중 가장 강한 것으로 여긴다. '철석같이 믿는다'거나 '철옹성으로 믿는다'는 말이 그 대표적인 경우다. 강한 것이기는 하나 더욱 강하게 하기 위해서는 조건을 맞추어야 한다는 뜻으로, '쇠는 달았을 때 두들겨야 그릇이 된다'든지, '철도 뜨거울 때 두드려야 한다'고 했다. 비록 강하다고는 하지만 '쇠도 녹슬 때가 있다'고 했다. '쇠붙이도 늘 닦지 않으면 빛을 잃는다'는 말이 그를 리 없다. 도저히 가능하지 않은 일을 해낸다고 할 때, '쇠공이 갈아 바늘 만든다'고 했으며, 좋은 것 중에 좋은 것을 두고 '철 중에도 쟁쟁이라'고 했다.

나무는 물과 불처럼 인간에게 가장 친숙한 것 중 하나로 생각했다. 그러나 오행 중 단 하나의 생명체이기에 인간의 삶과 견주어 표현되는 경우가 많았다. 우선 살아있는 나무를 아껴야 한다는 생각에서 '나무를 많이 때면 산신령에게 미움을 받는다'거나 '나무를 아껴서 쓰면 산신령이 돕는다'고 깨우쳤다. 그래서 '나무 한 대를 베면 열 대를 심어라'고 가르쳤던 것이다.

'나무도 설 데가 달라 층암절벽에 선다'거나 '나무뿌리는 그 나무 길이만큼 뻗는다', '나무도 나이 들면 속이 빈다'는 말들은 나무의 생태를 말하면서 인간의 생태를 빗대는 말이 되기도 한다. '나무도 쓸 만한 것 먼저 베인다'는 말도 마찬가지다. 능력 있는 사람이 먼저 불행을 당하는 경우가 적지 않다는 뜻이다.

　소나무는 예로부터 사람들에게 가장 좋게 여겨지는 것 중 한 종류였다. '소나무의 절개는 겨울에 안다'고 하여 절개를 상징하는 나무로 생각했으며, '소나무는 깨끗한 땅에서 자란다'고 하여 고귀한 나무임을 일깨우려 했다. '소나무 그늘에 바둑판 하나' 하면 유유자적한 생활을 암시한다.

　인간의 삶에 영향을 미치는 요소들이 오행만은 아니지만, 그래도 그중 가장 중요한 것들임에는 틀림없다. 이런 것들에 대한 인식을 제대로 하게 되면 삶을 풍성하게 살 수 있다.

31. 직업의 선택

'삼대독자 외아들도 일해야 곱다'

　'일이 보배라', '일이 황금이라'고 했다. 노동은 신성한 것이라든지, 노동이란 세상을 살아가는 의무라는 뜻으로 그렇게 말한다. 일을 잘 해야 사람들로부터 사랑을 받는다는 뜻에서 '일이 사랑'이라고도 한다. '놀고먹는 것은 개 팔자'라거나 '놀고먹는 상팔자'라고 하지만, 놀고먹는 사람은 염치가 없는 것이다. '더워서는 더워서 못 먹고 식어서는 식어서 못 먹는다'고 했는데, 이런저런 핑계를 대면서 일을 하지 않는 사람을 두고 빗대는 말이다. 일을 하지 않는 사람은 '미운 털이 박힐' 수밖에 없다.

　일은 남을 위한 것이 아니라 바로 나를 위한 것이다. 일을 통해 나를 비롯한 주위 사람들을 살리기에 일보다 더 신성한 것은 없다. 먹는 것이 하늘이라면, 노동도 하늘로 삼을 일이다. '일하는 사람은 앉아서 노는 사람의 종이라'거나 '일하다 죽은 소나 놀다 죽은 염소나 죽기는 일반이라', '일 잘하는 아들 낳지 말고 말 잘하는 아들 낳아라'고 말들 하지만, 일 자체의 맛을 모르는 사람들이 하는 말이다.

'사람은 일을 해야 입맛이 난다'든지, '사람이 고운 게 아니라 일이 곱다'는 말은 지당하다. '직업에는 귀천이 없다'고 말하면 '개가 웃을 일'이라는 듯 현대인 누구나 쉽게 수긍하려 하지 않겠지만, 노동의 신성함만을 생각한다면 이 말보다 좋은 말은 없다. '저 하고 싶은 일은 힘든 줄 모른다'고, 노동의 신성함을 깨우친 사람에게는 상일이 따로 없다. '상일은 연골에 배워야 한다'는 말도 잘 터득하고, 또 잘 받아들인다. 일을 노동의 신성함이라는 신념에서 하지 않고, 다만 이익을 취하는데 목적을 둔다면 '조선 놈은 돈 내기라도 하면 죽을까봐 겁나고 날일이라고 하면 전봇대 될까봐 겁난다'는 말이나 듣게 될 것이다.

'사람 밥 빌어먹는 구멍은 삼천 몇 가지'라고 했다. 사람의 직업은 많고도 많다는 뜻이다. 그 많은 직업 가운데 누구나 한 가지, 또는 한 가지 이상을 선택해야 하며, 당연히 직업의 귀천을 의식하게 된다. 직업의 귀천은 누구나 제 일에 자긍심을 가질 때 없어진다. '죽자니 청춘이요 살자니 고생이라'고 생각하는 사람이 노동의 신성함을 느낄 리는 만무하겠다. '삯일에 땀을 흘리면 죽었던 할아버지도 무덤 속에서 돌아눕는다'고 말들을 하는데, 어찌 자긍심을 느낄 것인가. 그야말로 '관 속에 든 송장도 웃겠다'고 할 것이다.

'일을 해서 죽는 법이 없다'는 것을 누구나 알 것이니, 기왕이면 열심히 하는 것이 아름답다. '집안에 항상 일만 있으면 굶어죽지는 않는다'고 했다. '이득 없는 일에는 부자지간에도 삼간다'고 하지만, 이 세상에 이득 없는 일이란 없다. '일을 하려면 어처구니 독 바르듯 하고, 삼동서 김 한 장 쳐부수듯 메로 새알 부수듯 하라'는 말이 있다. 어처구니란 엄청나게 큰 사람이나 물건으로, 어떤 일을 아주 적극적으로 덤벼들어 하라는 뜻이다. 그야말로 '곰굴 호랑이굴 안 가린다'고 할 만큼 대들어야 한다는 말이겠다.

일은 시원찮게 하면서 먹을 것만 탐하는 사람을 비꼬는 속담도 많다. '일은 송곳으로 매운 재 긁어내듯 하고 먹기는 돼지 소 먹듯 한다'거나 '일은 아이의 일 먹성은 황소', '일은 병신 밥 먹기는 장수', '일은 반 몫도 않고 말썽은 열 몫을 한다', '일에는 굼벵이고 먹는 데는 귀신이라'는 말들이 그것이다. 그뿐인가. '먹는 데는 걸신이고 노는 데는 귀신이며 일하는 데는 등신이라'거나 '먹는 데는 앞장서고 일하는 데는 뒷장선다', '먹는 데 빠져본 일 없고 일하는 데 참견해 본 일이 없다'는 말들도 그렇다.

'일은 만들어 할 탓'이라 했는데, '일 없는 샌님 명주꾸리 감았다 풀었다 한다'거나 '일 싫은 놈 해 판다'고 하듯, 일하기가 싫어 해찰을 부리면 세상에 도움이 되는 사람이라고 보지는 않을 것이다. 오죽하면 '일 없거든 양처兩妻하랬다'고 하겠는가. '하기 싫은 일은 오뉴월에도 손이 시리다'고 하는데, 제 일도 제대로 못 하는 사람에게 남의 일을 잘하기 바란다는 것은 그야말로 '곤소금에 곰팡이 피기를 기다리는' 것과 마찬가지다. '일하는 데는 병든 주인이 아흔아홉 몫이라'는 말이 그것이다. '구렁이가 개구리 녹이듯 한다'거나 '두부에 송곳 박기'로 일을 해치우면 보기에 얼마나 상쾌할 것인가.

누구든지 직업의식이 뚜렷해야 한다. 제 직업에 자긍심과 이문 추구까지 철저해야 하는 것이다. '무당은 병이 생기라고 빌고 관 짜는 목수는 사람 죽기만 기다린다'든지, '금산 체장수는 말꼬리부터 만져

본다', '고약장수는 헌 데 난 놈만 찾고 관쟁이는 사람 죽기만 기다린다'고 비난할 수도 있겠지만, 이것은 당연한 직업의식이다. 이 세상이 필요로 하기 때문에 직업이 있는 것이라서, 어떤 직업이든지 자괴감을 느낄 게 없다.

'일에는 소가 할 일이 있고 말이 할 일이 있다'고 했으며, '일 다 하고 죽은 귀신 없다'고 했다. 누구나 살아 있는 동안 제가 택한 일을 할 수 있을 만큼 성실히 하면 된다. '일은 소같이 하고 먹기는 쥐같이 먹으랬다'는 말대로 하면, 부자 안 될 사람 없을 것이다. '독 속에 든 자라 잡기'처럼 부자 되기가 쉬울 것이다. '동업은 부자지간에도 안 한다'고 했는데, 누구에게나 '바깥 일은 팔십 리고 집안 일은 이십 리라'는 이유 때문이다. '도적질이 제일 마지막 일이라'고 했다. 모든 일을 다 찾아 겪고 난 다음, 끝내 살 방도가 없을 때 할 수 없이 도적질을 한다는 뜻이겠다.

세상의 하고많은 직업을 사농공상士農工商의 범주 속에 몰아넣을 수 있을까? 그렇다, 충분히 될 수 있다. 근·현대에 생겨난 직업일지라도 모두 사농공상의 직업이 다양하게 변화된 것일 뿐이다. 명분이 그럴듯한 직업이라도 요즘 세상 모두가 장삿속으로 산다. 억지로 그렇게 한다 하더라도 직업의 선호도는 확실히 달라졌다. 사상공농士商工農일까, 상공사농商工士農, 아니면 공상농사工商農士인가. 확실한 것은 농업이 맨 밑바닥을 벗어날 수 없는 지경이 되었다는 현실이다. 사농공상이라는 옛 명분을 두고 견준다면 '비단 보자기에 개똥' 격인 셈이다. 그러나 분명한 것은 농업이 인간의 삶에 하늘이자 땅이라는 사실은 여전히 변함이 없다는 것이다.

◆◆◆ 메 : 둥글고 묵직한 나무토막에 자루를 박아, 어떤 것을 칠 때

쓰는 도구.

(1) 농어업 - '농사가 잘 되면 나라에 걱정이 없다'/'사철 바다를 비우지 말랬다'

제 생명을 유지하는 근원에 대해 조금이라도 생각해 본 사람이라면, 결코 농사짓는 일을 업신여길 수 없으리라. 현대인이 아무리 첨단 산업사회를 살고 있다고 해도, 먹는 것만큼은 농부에게 신세를 질 수밖에 없다. '농사는 천하의 근본이라'는 말이 그래서 있는 것이다.

'농민은 팔포대상八包大商부럽지 않다'고 했는데, 예전이나 지금이나 다들 그렇게 생각하는가. '농사하는 나라치고 흥하지 않는 나라 없다'거나 '농사는 나라의 근본이라'고 하는데, 정말 그런가. '당나귀가 하품하고 소가 웃을 일'이고, '냉수 마시고 냉돌방에서 땀낼 소리'다.

그렇다면 왜 '농투성이는 빚투성이라'고 하겠는가. '농업을 천직으로 삼으려면 빚 알기를 강도보다 더 무섭게 알라'고 하지만, 요즘 세상에 가능한 일인가. '땅마지기에 사주팔자 맞춘다'고, 오로지 땅만 부둥켜안고 씨름을 해도 '팔자에 옴 붙었다'는 생각만 드는데 어찌할 것인가. '땅도 못 견디게 굴면 농사 잘 안 된다'고 했는데, 아주 딱 맞는 말 아닌가. '땅에서 넘어진 사람은 땅을 짚어야 일어난다'고 격려할 것인가. '돌미륵이 웃을 노릇'일 게다.

'무식하면 농사나 지으랬다'고 했는데, 요즘 세태에 제대로 맞는 말일까. '모든 곡식은 농부의 피땀을 빨며 자란다'거나 '쌀농사는 여든여덟 번 땀을 흘려야 한다'는 말의 뜻을 진정으로 아는 사람이 얼마나 될까. '농사를 짓고 계산하면 반찬값이 모자란다'든지, '농사꾼은 일 년이 고생 반 년 걱정 반 년이다', '농부의 일생은 한가한 날이 없다'는 말들도 그저 막연히 추측이나 할 것이다. 오죽하면 '징역 사는 게 농사짓는 것보다 수월하다'는 말이 생겼겠는가. 농사를 짓는 사람이 아니고서는 그 고통을 도저히 이해하기 힘드니, '농사꾼은 농사꾼과 격이라'고 하는 것이다.

누가 농사 지으라고 했더냐, 할 것인가. '무거운 절 떠나라 말고 가벼운 중 떠나라' 했듯, 무거운 농사일 떠나라 말고, 농부가 떠나라고 하겠는가. '사람의 눈은 속여도 땅은 속이지 못한다'든지, '사람은 속일 수 있어도 농사는 못 속인다'는 말이 결코 그른 점 없다. 농부는 정직과 근면, 정성이 밑천이다. '집념은 사람을 귀신으로 만든다'고, 농부는 농사에 집념하다 보니 하늘과 땅의 질서에 도가 텄다.

'정직은 일생의 보배'라 하고, '정직한 사람의 자식은 굶어죽지 않는다'고 한다. '지성이 지극하면 동지섣달에도 천도天桃를 딸 수 있다'고 했으며, '지성이 지극하면 돌에도 꽃이 핀다'고 했다. 또한 '돌부처도 십 년을 빌면 눈을 뜬다'거나 '십 년 공적이면 한 가지 성공이 있다'고 했는데, 과연 농부에게 그런 영광과 보답이 있는가. '뒤웅박 차고 바람 잡는다'고 할 것이다. '거짓말도 잘하면 논 닷 마지기보다 낫다'고 했는데, 정직함이 거짓보다 못하단 말인가.

'농사꾼한테는 땅이 하늘이라'거나 '농사꾼은 땅이 조상이라', '농사꾼은 물이 목줄기라'는 말들이 조금도 그를 리 없다. 그래서 '독농가는 장마가 지거나 가물거나 농사일을 그만두지 않는다'. 오직 하늘과 땅을 순리대로 따르고, 조상들의 뜻에 거역할 수 없어 '농부는 개날 닭날 기는 공으로 산다'고 하겠다. '땅은 화수분이라'고 했는데, 그 말에 한두 번 속았겠는가. '농사는 명년이나 명년이나 하면서 속아 짓는다'는 것을 농부들이 모르겠는가.

'농사꾼에게는 곡식이 자식이다'. 그러니 '농군에게 세상 보기 좋은 일이 제 논에 물 들어가는 것과 자식 입에 밥 들어가는 것이라'는 속담이 괜한 말이 될 수 없다. '초식 장사 제 손 끝에 먹고 산다'고 했으니, 부지런히 손발을 움직이는 것 외에 도리가 없다. '곡식은 주인 발자국 소리 듣고 자란다'든가, '논두렁에 발자국 소리가 잦아야 벼가 잘 자란다'는 말이 틀림없다. '곡식은 거름보다 호미에 큰다'고 했다. '거칠게 두 번 매주면 먹어도 곱게 한 번 매주면 못 먹는 게 밭곡이라'거나 '거친 세 벌은 먹어도 꼼꼼 애벌은 못 먹는다'는 말을 생각해 보면, 농부가 얼마나 부지런해야 하는지 짐작이 될 것이다.

물론 농부라고 다 최상급이라 할 수 없다. '상농은 밭을 가꾸고 중농은 곡식을 가꾸고 하농은 풀을 가꾼다'거나, '근농勤農은 김을 안 보고 매고 중농中農은 김을 보고 매고 나농懶農은 풀을 보고도 매지 않는다'는 말을 들으면 의미를 짐작할 수 있을 것이다. '농사는 하늘이 일곱 몫이고 농부가 세 몫으로 짓는다'는데, 그 세 몫이라는 게 그렇게 감당하기 힘든 분량이다. 그러니 '농사꾼은 아비 없이는 살아도 소 없이는 못 산다'거나 '논매기 십 년에 허리 무너져 내려앉고 밭매기 십 년에 엉치 절단 난다'는 말이 있는 것이다.

'들판이 이쁠수록 사람 살기 고달프다'는 말이 얼마나 기막힌가. 농부가 얼마나 뼈 빠지게 일을 해댔으면 논과 들판이 그렇게 예쁘게 단장되었겠는가. '농군은 두더지'에 비유되니, '농사꾼에게는 나쁜 땅이 없다'는 말이 가능하다. '땅은 못 속이고 씨도 못 속이니', '농군에게는 흙내가 고소하다'는 말이 맞다. '낟알산에 오르려면 먼저 거름산에 올라야 한다'거나 '황금산에 오르려면 먼저 거름산에 올라야 한다'는 말은 당연한 이치다. 그러니 '한 사발의 밥은 남에게 주어도 한 삼태기의 재는 주지 않는다'든지, '밥 한 그릇은 남에게 공으로 줘도 거름 한 소쿠리는 남 안 준다'는 말도 과장이 아니겠다.

'곡식은 농부의 땀을 먹고 자란다'든지, '땀 흘린 밭에 풍년 든다'는 말은 만고불변의 진리다. '농부는 하루 쉬면 백 날을 굶는다', '농군이 여름에 하루 놀면 겨울에 열흘 굶는다'는 말이 과장은 아니다. 즐기고 쉬면서 농사를 하려 한다면 헛농사가 되기 십상이다. '장구 치고 북 치고 모내기한 집 가을 할 것 없다'고 하지 않던가. 하늘과 땅의 질서에 맞추지 못하면 그럴 수밖에 없는 것이다. '복사꽃 필 무렵에 낮잠 잔 농부 대추꽃 필 즈음부터 맨밥 먹는다'거나 '사람이 밭을 하루 속이면 밭은 사람을 일 년 속인다', 또는 '할아버지 진지상은 속여도 가을 밭고랑은 못 속인다'고 하지 않던가. 오뉴월 볕에 하도 타서 오죽하면 '개가 제 주인을 보고 짖게 되어야 농사가 풍년 진다'고 했을까.

그토록 순박한 농부도 때에 따라서는 도둑질을 하게 된다. 논농사는 물농사인데, 하늘이 무심하면 도리가 없다. '돈 도둑질은 안 해도 물 도둑질은 한다', '가뭄에는 사돈네 논물도 도둑질한다'고 했다. '물 탐 많은 사람 농사 잘된 것 못 보았다'고 하지만, 가뭄 때 농부의 심정을 어찌 짐작이나 하랴. '가뭄에 모 비틀어진 것은 홍역에 애 목이 비틀어지기나 같다'거나 '경풍에 아이 죽는 꼴은 봐도 가뭄에 못자리 타는 꼴은 못 본다', '논물 욕심에는 친구도 없다'는 말이 결코 허풍이 될 수 없다.

'유월 농부에 팔월 신선'이란 말대로, 모내기 · 김매기를 끝내놓고 잠깐 신선처럼 쉰다. '논밭 곡식이란 주인네 발자국 소리 듣고 자란다'고 하지만, 때로는 '땀은 땀대로 흘리고 농사는 풀농사만 짓는다'는 경우도 있다. '농사짓는 것도 물리物理가 나야 한다'지만 천기天氣가 돕지 않으면 물리가 트여도 어쩔 수 없다. '농사 하는 집치고 밥 굶는 집 없다'는 것 하나 때문에 위로하고 살 뿐인 것이다. 농부가 논농사만 짓는 것은 아니다. '밭농사가 반농사라'는 말대로, 논농사 못지않게 밭농사에 힘을 쏟아야 한다. '논 많은 곳에는 풍흉이 있어도 밭 많은 곳에는 풍흉이 없다'거나 '밭농사가 잘되어야 안살림이 풍족하다'고 여기는 것처럼 오히려 밭농사가 더 어렵고 그만큼 더 기대를 걸게 된다는 뜻이다.

원두막을 하거나 과수원을 한다 해도 고통이 적어지지 않는다. 애써 가꿔놓은 과일의 수확철이 되면, 공짜나 덤을 바라는 사람이 의외로 많기 때문이다. 충분히 인심을 쓰지 않으면 '원두막 삼 년 놓으면 조상꾼이 없어진다'고 하니 답답하기가 예사롭지 않은 일이다. '일이나 실컷 하다 죽으려면 과수원을 하라'고 했다. 얼마나 일거리가 많으면 이런 말이 있겠는가.

'추수 때는 돌부처도 꿈적인다'거나 '농사철에는 정짓간의 부지깽이도 깨금발을 뛴다'고 했다. 누구나 정신없이 바쁘다는 뜻이며, 하다못해 한량도 '일하는 데는 소리가 날개라'든지, '일로는 못 도와도 소리로는 돕는다'고 나선다. '소리하는데 추임새가 한 부조라' 하듯, 소리 부조도 부조는 부조임에 틀림없다. '구 년 농사에 삼 년 먹을 것은 남아야 한다'고 하지만 도무지 쉽지 않은 일이다. '농산물은 제값에 팔고 못 팔 때, 흉년 들어도 풍년 인심 나고 풍년 들어도 흉년 인심 난다'는데, 풍년 인심 나기란 '그믐날 밤 별 따기'만큼이나 어려울 것이다. '땀은 벼의 거름이라'거나 '낟알 하나에 땀이 열 방울이다', '쌀 한 말에 땀이 한 섬이라'고 하지만, 밥 한 술 먹으며 그것을 생각하는 사람이 얼마나 될 것인가. '쌀 한 톨 함부로 다루면 죄가 일곱 근이라'고 말한 이유를 누구나 깊이 생각해 봐야 한다.

'농사지은 사람은 쌀밥을 못 먹고 농사 안 지은 사람이 쌀밥을 먹는다'고 했는데, 그런 경우가 예나 지금이나 적지 않다. '농사가 잘되면 인심도 좋아진다'는 말은 틀림없다. 그러나 빚내어 농사를 짓는 경우에는 '농군은 가을 부자'일 뿐이다. 과거에 '농민들은 땅을 밭으로 삼고 관리는 농민을 밭으로 삼는' 때도 있었고, 자식을 잘못 두어 '뒷들 논 팔아 젊은이 노름 밑천 대준다'는 농부도 있겠다. 빚을 감당하지 못해 '농우農牛 팔아 세금 내고 집 헐어 불 땐다'는 지경이 되는 경우도 허다했다. '눈에는 풍년이요 입에는 흉년이라'는 말이 맞다. 그래도 '농사꾼은 굶어죽어도 씨오쟁이는 베고 죽는다'거나 '삼 년 흉년에도 씨앗자루를 베고 죽는다'고 했다. '농심이 천심이다', '농민은 먹는 것으로 하늘을 삼는다'고 했는데, 하늘 무너지는 소리만 듣고 있는 게 농부들이다.

여러 자연 현상을 통해 날씨를 예견할 수 있다는 것은 농어민들에게 아주 소중한 지혜다. 그런 능력이 있다면 농사에 낭패를 당하지 않을뿐더러, 목숨까지 구할 수도 있다. '개미는 닷새 안에 비 올 것을 알고 명장은 백 리 밖의 적을 안다'고 했다. 그런 개미를 보고 사람들은 날씨를 예견할 수 있는 것이다. 특히 농업과 어업에 종사하는 사람들은 날씨를 예견할 수 있는 지혜가 웬만큼 있어야 한다. 날씨에 관련된 속담들을 모아본다.

'서켠에 무지개가 서면 개울 너머 소 매지 말라', '노고지리가 높이 날면 날씨가 좋다', '이삭 팰 때 비 한 방울은 눈물 한 방울이다', '두꺼비가 나오면 비가 온다', '더위에 세 번 엎드리면 가을이 온다', '가뭄 철에 개미가 떼 지어 이동하면 비가 온다', '가뭄 때 거미 떼가 지나가면 비가 온다', '가뭄 때 개구리가 울면 비가 온다', '가뭄 때 달무리가 있으면 비가 온다', '가뭄 때 제비가 땅을 핥으면 비가 온다', '가을 무 껍질이 두꺼우면 겨울이 춥다', '갈가마귀가 제집으로 급히 모이면 비가 온다', '갈매기가 낮게 날면 비가 온다', '개구리가 겨울잠을 땅속 깊이 들어가서 자면 겨울이 춥고 얕게 들어가서 자면 따뜻하다', '개구리가 집안으로 기어들면 큰비가 온다', '개똥벌레 높이 날면 바람이 불지 않는다', '개울물 수면 위로 물고기가 뛰면 비가 온다', '거미줄에 아침 이슬이 맺히면 날씨가 맑다', '고기가 물 위로 뜨면 비가 온다', '고추잠자리가 낮게 날면 비가 온다', '굴뚝 연기가 얕게 퍼지면 비 올 조짐이다', '까치집을 높게 지으면 그 해 풍해風害가 없다', '날벌레들이 떼 지어 이동하면 비가 온다', '달무리 한지 사흘이면 비가 온다', '돌고래 뛰놀면 풍랑이 인다', '돌고래가 뱃전에 모여들면 비 올 징조다', '동쪽 놀에는 냇가에 소를 매지 말랬다', '들쥐가 부산하게 이사하면 홍수 진다', '마른번개는 큰비를 몰고 온다', '매어둔 배에서 쥐가 내려오면 해일이 온다', '맹꽁이가 처마 밑에 들어오면 장마 진다', '모기떼가 공중에 떠다니면 비가 온다', '무뿌리가 길면 겨울이 춥다', '무지개가 서면 날씨 갠다', '물고기가 물 위에서 숨을 쉬면 비가 온다', '벌들이 벌집 주위만 맴돌면 폭풍이 분다', '뻐꾸기가 낮은 땅에 모이면 큰비가 온다', '산봉우리가 구름관을 쓰면 비가 온다', '새가 먼바다 위를 날면 날씨가 고요해진다', '새벽길에 이슬이 발등을 적시면 날씨가 좋다', '새벽안개가 짙으면 맑다', '자라가 육지로 올라오면 홍수가 진다', '제비가 분주하게 먹이를 찾으면 비가 온다', '풀 이슬이 맺히면 날씨가 좋고 오후가 되어도 마르지 않으면 다음 날 비가 온다', '햇무리 달무리가 생기면 비가 온다'

적지 않은 속담들이다. 이 정도만 알고 있어도 천기를 웬만큼 읽어낼 수 있고, 그것에 대비를 할 수 있게 될 것이다.

어업은 농업에 비해 먹을거리나 돈 벌 거리를 수월하게 얻을 수 있다. 있는 것을 거두어들인다는 점에서 그렇다. 그 대신 어부는 목숨을 걸고 먹을 것을 거둔다. 그러니 어느 쪽의 일을 해야 살기가 편하다고 섣불리 말하기 힘들다. 농업이든, 어업이든 사람을 먹여 살리는 일에 종사한다는 자긍심으로 살아야 한다.

'고래 물결 악어 파도'와 싸우며 살아야 하기 때문에 '바닷길은 저승길의 절반'이라거나 '치 오 푼 뱃바닥 밑이 저승이라'는 말이 있는 것이 당연하다. '어부 삼대면 조상을 물에 눕힌다'든지, '어부가 살았다는 것은 배가 돌아와 봐야 안다', '뱃놈의 계집은 잘못하면 세 번 과부된다', '뱃놈의 계집은 씨 다른 자식이 셋이다', '고기 뱃속에 장사 지내는 신세라'는 말들도 다 똑같은 뜻이다.

어부가 '사잣밥을 덜미에 지고 지내는' 신세를 그만두지 못하는 것은 '바다를 낀 곳에서는 바다를 뜯어먹고 산을 낀 곳에서는 산을 뜯어 먹어라' 했기 때문이다. 누구나 제 삶의 터전에 맞는 삶을 꾸려나갈 수밖에 없다. 그렇지만 '가을 그루에 가도 없는 양식 바다에 가면 있다'거나 '해변 개가 산골 부자보다 낫다'는 말처럼 어부는 농부에 비해 사는 터전이 풍성하다. 더군다나 '귀신은 속여도 그물코는 못 속인다'고 하는 그물이 있는 이상 잘만 하면 부자가 되기도 쉽다. 물론 그물이 있다고 '밀물에 백 냥, 썰물에 백 냥'이 되는 것은 아니다.

어부가 가장 두려워하는 것은, 천기를 잘 예측하지 못해 험한 바닷길에 휘말려드는 것이겠다. '선령船靈이 울면 여러 가지 징후가 일어난다'고 했다. 선령이란 배를 지켜주는 수호신인데, 천기를 주재한다고 믿는 대상이다. '어부는 사흘 일기는 볼 줄 알아야 한다', '뱃놈은 하루 천기는 봐야 한다'고 하는데, 어부의 기본 자격을 말하는 셈이겠다. '바다 고운 것하고 여자 얼굴 고운 것하고는 믿지 말라'든지, '바다 물결 고운 것하고 계집 눈매 고운 것 믿지 마라', '바닷물 고운 것과 계집 고운 것은 탈나기 쉽다'는 말들이 천기를 예측하는 능력을 요구하는 것이다.

'바다가 울면 갯일을 치워라', '바다 건너 먼 산이 흔들리면 바람이 분다', '바다 안개를 만나면 호랑이보다 더 무섭다', '바다 우는 소리가 크면 비가 온다', '배질하다 안개 걷히면 뱃사공은 돌아가신 부모 만난 것 같다', '바다가 울고 산이 가깝게 보이면 비가 온다', '바다가 잔잔하면 갯병이 성한다'는 말들은 모두 천기를 예측할 수 있는 지혜에서 나온 속담들이다.

어부든, 농부든 부지런하지 않으면 제 끼니조차 마련하지 못한다. '바다 흉년 들면 들농사도 흉년 든다'고, 풍·흉은 바다에도 있다. 물론 '고기 못 잡는 선장이 배만 나무란다'고, 어부의 능력에 따른 풍·흉도 있겠다. 그러나 '어부가 사흘 쉬면 사타구니가 굽는다'고, 어부가 다만 며칠이라도 쉬게 되면 안달이 나서, 제 불알을 보고 고기 생각을 달랜다는 말처럼 어떤 어부든지 부지런할 수밖에 없다. '고사 지낼 생각 말고 그물코 단속하랬다'는 말처럼 그물 관리하기는 예사로운 일인가.

'뱃길 아깃길'이란 말이 기막히다. 목숨을 내놓고 하는 고기잡이니, 아기 낳는 일처럼 고통스러운 것이다. '바닷가에서 짠물 먹고 자란 놈이라'는 말이 괜히 생겼겠는가. '바다에도 마루가 있고 산야에도 마루가 있다', '뱃놈 말 들으려면 티 서 말은 먹어야 한다', '방그물하는 사람의 똥은 개도 안 먹는다', '고기를 잡으려면 의붓아비 모시듯 해야 한다'는 말들이 뱃사람의 고달픔을 대변하는 속담이다.

'바다에 오뉴월이 없다'고, 늘 비바람, 바닷물과 싸우니 오뉴월에도 더위를 탈 수 없다는 말이다. 삼복더위에 지치지 않고 늘 고기를 잡을 수 있어 좋다고 하겠는가. 민물에서 그저 나룻배나 저으며 '유월 뱃사공은 신선이고 섣달 뱃사공은 저승이라'는 말을 듣는 뱃사람보다는 낫다고 위로해야 하나.

'어부는 배에서 내린 뒤에야 마음을 놓는다'는 속담 하나만으로도 어부라는 직업이 얼마나 고통스럽고 위험한지 충분히 짐작할 수 있을 것이다. 바닷가에 산다는 이유로 '더운밥 쉰밥 가릴 처지가 아니라'는 처지가 되어 평생을 근심 걱정으로 사는 것이다.

잠녀潛女들도 엄연히 어업에 종사하는 여인들이다. 해녀라는 말은 근래에 와서 쓰인 말이고, 잠녀라는 말은 옛부터 쓰던 어휘다. 잠녀들의 평생이 얼마나 험한지 사람들은 짐작하기 어렵다. 맨몸으로 바다와 싸우니, 어부보다 더하면 더했지 덜하지 않다. '물에 들 때는 기와 집을 이룰 듯이 가고 나올 때는 오막살이 팔 듯이 온다'고 한 말은 잠녀가 물에 들 때마다 기대와 성과가 크게 어긋난다는 뜻으로 빗댄 속담이다. '잠녀는 아기 낳고 사흘이면 바다에 든다'거나 '물에 들면 숨비질소리 집에 들면 맷돌소리'란 바다에 나가나 집에 들어오나 고달프기는 한가지란 뜻이다. 잠녀의 일생은 '물 아래 삼 년 물 위에 삼 년'으로 계속 이어져 나가는 것이니, 그 한스런 고통을 누가 생각해주기나 하겠는가.

- ❖❖❖ 화수분 : 재물이 끊임없이 나오는 보물단지.
- ❖❖❖ 씨오쟁이 : 씨앗을 담아두기 위해 짚으로 엮어 만든 그릇.
- ❖❖❖ 방그물 : 손으로 끌어당겨 고기를 잡는 그물.

(2) 공업 – '곳간의 곡식은 썩어도 몸에 가진 재주는 썩지 않는다'

농부, 어부가 사람들에게 먹고 살 것을 생산해 준다면, 솜씨장이들은 사람들이 편리하거나 즐겁게 살 수 있는 집이나 도구를 만들어 준다. 빼어난 솜씨를 가져야만 호구지책이 되고, 제 명성도 높아지니까 자신들의 솜씨를 단련시키기 위해 부단히 노력하게 된다.

'솜씨 좋은 사람치고 팔자 드세지 않은 사람 없다'는 말은 유통기간이 지난 것 같다. 옛날이야 장인匠人들을 천하게 여겨 위세 높은 사람들이 함부로 부렸지만, 이제야 어디 그런가. 솜씨 좋은 사람들의 즐거운 비명소리가 곳곳에서 들리는 듯한 시대임이 틀림없다. 더구나 '목수 많은 집이 기울어진다'고 하여 한 사람의 장인으로 하여금 마음 놓고 일을 하게끔 해주는 세태이다 보니 자긍심은 더욱 클 수밖에 없다.

'굼벵이는 뒹구는 재주가 있고 두꺼비는 혓바닥으로 파리 잡아먹는 기술이 있다'거나 '굴 파는 데는 토끼가 선생이고 뒹구는 데는 굼벵이가 선생이라'는 말은 사람 누구나가 남보다 나은 솜씨를 가지고 있다는 뜻으로 빗댄 속담이다. 그러나 이런 재주를 두고 솜씨라고 하기 어렵다. 타고난 본능이 아니라 후천적으로 배우고 연마한 솜씨라야 할 것이다. '농사일은 머슴에게 물어가며 하고 길쌈은 계집종에게 들어가며 해라'는 말에서 솜씨의 소박한 근거를 찾게 된다.

빼어난 기술이나 솜씨를 익히기 위한 세월이나 노력을 투자하는 일은 결코 예사롭지 않다. 집념 없이 이루어지는 솜씨는 없으며, 아무리 하찮은 일에 대한 솜씨도 근원이 있다. '목탁도 십 년은 때려야 비로소 제소리가 난다'고 했다. '짚신 한 켤레를 삼는 데도 선생이 있다'고 하지 않던가. 또한 '하찮은 경마잡이도 솜씨로 한다'는 말대로 대수롭지 않은 일이라도 솜씨가 없으면 제대로 되는 일이 없게 될 것이

정종진 177

다. '죽 쑤는 데도 열두 가지 솜씨가 있다'는 말이 과장은 아니다.

솜씨 단련에 힘쓰지 않은 사람이 하는 일이란 언제나 어설프고, 그러다 보면 남의 탓을 하기 일쑤다. '석수장이는 눈짐작부터 배운다'거나 '석수장이는 눈깜짝이부터 배운다', '서투른 석공 깜짝이부터 배운다'거나 '솜씨 없는 마누라가 도마 소리만 요란하다'고 괜한 짓을 하기 십상이고, '서투른 과방이 안반 탓한다', '서투른 어부가 용왕 탓만 한다'는 격으로 남 탓을 한다. '서투른 의원이 생사람 잡는다', '서투른 머슴이 연장 탓만 한다', '서투른 도둑이 자는 주인 얼굴 밟는다', '서투른 무당이 장구만 나무란다', '목수가 해금통을 부순다'는 말들이 다 같다. '서투른 솜씨일수록 일은 더 저지르는' 법이다. '일솜씨 없는 여자 쌀 한 말치의 풀을 하여도 고쟁이 하나 풀기가 안 선다'든지, '일솜씨는 아이 일 먹성은 황소'라는 말에 한 치의 어긋남이 없다.

잘 살고 못 사는 기준을 직업의 종류로 판단했던 것도 특이하다. '대장장이는 이어 늘이는 솜씨가 있어서 잘 산다', '대장장이 잘 사는 사람은 있어도 목수 잘 사는 사람은 없다', '깎아먹는 목수보다 불려먹는 대장장이가 엽전 편다', '바느질장이 목수 잘 사는 것 못 본다'는 말들이 그렇다.

솜씨로 먹고 사는 사람들 대부분이 제 집안을 위하여 그 솜씨를 쓰지 않는다는 뜻으로 이르는 속담들도 많다. '목수집 문 온전한 것 없다'든지, '대장간에 식칼이 없다', '대장장이 집에 식칼이 놓고 미장이 집에 구들장 빠진 게 삼 년 간다', '대장장이 집에 식칼이 없고 목수 집에 칼도마가 없다', '미장이 집에 흙손이 없다'는 말들이 그렇다.

솜씨 좋은 사람의 신념을 장인匠人정신이라 한다. '갖바치는 소 죽기만 고소원한다'거나 '고리장이가 죽어도 버들가지는 물고 죽는다'는 말이 그렇고, '목수가 아내는 빌려줘도 연장은 안 빌려준다'는 속담 역시 장인정신을 극단적으로 표현한 것이다. '노루 쫓는 포수 눈에는 산 경치가 안 보인다'는 이치와 같이, 제 하는 일에만 전념하는 게 장인정신이다. 그런 극단적인 생각이 때로는 자식의 반항을 불어오기기도 한다. '대장장이 아들은 갓옷 짓는 일을 배우며 활장이 아들은 키 만드는 일을 배운다'는 사실이 그렇겠다.

장이에게는 기술에 맞는 도구가 갖추어져야 한다. '갓바치에 풀무는 있으나 마나'라거나 '미장이에 호미는 있으나 마나' 하는 말이 그렇다. '닭 잡는데 소 잡는 칼'을 들이대서도 안 되겠다. 더구나 '닭 잡는데 쇠백정을 불러낸다'면 '삿갓에 쇄자질'도 아닐 것이다. '목수는 쇠를 깎지 못한다'는 말 또한 그런 뜻이겠다. '개장수도 올가미가 있어야 한다'는 말과 한가지다. 기술을 제대로 발휘하기 위해서는 도구가 격에 맞아야 함은 물론이다.

'천만 재산이 서투른 기술만 못하다'고 했다. 어떤 솜씨가 되었든지 비법이야 살아 있는 동안에 한껏 활용하는 것은 누가 뭐라 할 수 없다. 짚신장수 부자의 일화에서 비롯된 속담에서 비롯된 '기술은 부자간에도 털털 하면서 죽는다'는 말대로 부자지간에도 그럴진대 어찌할 것인가. 그러나 죽을 때는 그 비법을 남에게 전수하고 가야 한다. 빼어난 솜씨를 두고, '관 밖에 내놓고 갈 솜씨'라 하는 뜻을 알 것이다.

'짚신 잘 삼는 사람은 하루짜리를 만들고 짚신 삼을 줄 모르는 사람은 열흘짜리를 만든다'는 말을 이해할 수 있을 것이다. 장인정신에 장사꾼 기질이 발휘되었다는 뜻이겠다. '돈맛 보면 솜씨 죽는다'고 했는데, 어떤 일이든 마찬가지다. 돈 벌기 전에 전심전력으로 솜씨를 연마하고, '솜씨는 관 밖에 내어 놓아라', '죽어도 손은 남기고 가라' 하는 충고를 실천할 일이다.

◆◆◆ 안반 : 떡을 칠 때 쓰는 두껍고 넓은 나무판.

◆◆◆ 쇄자刷子질 : 갓이나 탕건 따위에 앉은 먼지를 솔로 털어내는 일.

(3) 상업 – '일전을 보고 물 밑으로 오십 리를 간다'

'돈이라면 뱃속의 아이도 뛰어 나온다'는데, 누군들 돈을 밝히지 않으랴. 그러다 보니 세태가 온통 장삿속으로 돌아간다. 예전에 장사치라고 그토록 업신여기던 사람들을 자신도 모르게 닮아가고 있는 셈이다. 장사는 아예 내놓고 이익을 남기니까 밉지 않다. 겉으로는 선비(士)인 체 속은 모두 상商이니, 세상이 온통 상천하商天下다. '까치가 뒤집어 나는 짓거리를 한다'고 하는데, 요즘 세태가 그렇다.

제3차 산업이라고 하는가. 소위 서비스업이라는 이 시대의 지배적 업종은 모두 상업이라 할 것이다. 직업의 종류는 수천, 수만 가지고 명목은 다 제각각이지만, 모두 장삿속으로 통하고 있는 것은 속일 수 없는 사실이다. '장사 해먹으려면 속창자를 다 빼놔야 한다'고 했다. 그러니까 '자괴감 없이 거짓말도 하고 능갈도 떨게 된다'. 장사꾼들에게는 그야말로 '거짓말이 외삼촌보다 낫다'는 말이 맞을 것이다. 거짓말을 잘하면 이문이 크게 남기 때문이다. '거짓말하는 데는 참기름 첬다'든지, '가랑잎으로 눈 가리고 아웅 한다', '벼락 치는 하늘도 속일 때가 있다', '거짓말은 참말보다 더 잘해야 한다'는 말들에 대해서는 장사를 하는 사람이라면 이미 도통한 경지일 것이다.

그런 세태가 아니라도 제 이익을 밝히는 게 인간의 본능이리라. '돈 한 푼 쥐면 펼 줄을 모른다'고 하는데, 많은 사람이 그렇다. 사소한 이익을 두고 '가래도 요기고 메뚜기도 육미라'거나 '강아지 똥은 똥이 아닌가', '개감도 과실이다', '개꽃도 꽃은 꽃이고 밀개떡도 떡은 떡이다', '고둥도 고기다', '달팽이 뿔도 뿔은 뿔이다', '멸치에도 부레풀이 있다', '멸치도 육미고 망개도 과실이라'고 생각한다. '개를 두고 똥 다툰다'고 할 정도고, '술잔 든 팔이 안으로 굽지 밖으로 굽을까' 하는 정도로 제 이익은 당연하게 챙긴다.

'동네 늙은이야 죽든 말든 팥죽 먹을 생각만 한다'거나 '불공에는 마음이 없고 잿밥에만 마음이 있다', '방에 가면 더 먹을까 부엌에 가면 더 먹을까' 하는 것이 사람들의 예사로운 마음이다. '같은 값이면 과부집 머슴살이', '기왕에 종을 살려면 대갓집에 가 살아라', '동성 아주머니 술도 싸야 사먹지', '늙은 당나귀도 콩 실러 가자면 좋아한다', '돌멩이도 쓸 만하면 울 밖으로 안 넘어간다'는 게 보통 사람들의 행태다. 그러니 실리에 밝은 사람은 '꿈에 나타난 돈도 찾아 먹는다'고 할 만큼 잇속을 밝히게 마련이다.

이런 사람들을 상대로 하여 이익을 남기려니 장사꾼은 보통에 머물 수는 없다. '구경꾼 모이는 속은 호도엿 장수가 먼저 안다'고 했는데, 당연한 말씀이다. '밥에는 파리가 먼저 모이고 뒷간에는 개가 먼저 간다'고, 이문이 있는 곳은 장사꾼이 먼저 간다. '개가 사람 보고 꼬리를 흔드나 먹이 보고 흔들지' 하는 말이 틀림없다. 이문을 보고 사람에게 살갑게 대하는 것이다. '벌은 쏘아도 꿀은 달다'고, 사람 설득시키기는 어려워도 이익은 통쾌한 것이리라. '나무 찍는데 도끼밥이 떨어지지 않을까' 라고 했는데 맞다. 이익을 얻기 위해 자존심이 좀 상할 수밖에 없는 것이다. '흥정은 빠를수록 좋고 신용은 길수록 좋다'는 말대로 된다면 장사하기가 얼마나 편할 것인가.

'일거양득이면 포도청엔들 못 가랴'는 정도가 돼야 진정한 장사꾼이겠다. '장사는 발로 하랬다'고, 이익이 생기는 곳이면 어디라도 마다 하지 않고 쫓아가야 한다. '죽는 소리 않는 장사꾼 없다'거나 '장사꾼은 늘 밑진다면서 땅 산다', '장사꾼 남는다면서 파는 사람 없다'고 하는데 지극히 당연하다. '돈 십 전 보고 물밑으로 오십 리를 간다'거나 '장사치란 길미가 남는 일이라면 용천뱅이 마목자리에도 입을 맞춘다'고도 하는데, 알고도 남음이 있는 말들이다. 급기야 '쌀장사는 말질에서 남고 포목장사는 자질에서 남는다'든지, '장사치고 눈속임 귀속임 하지 않으면 장사가 아니라'는 말들도 익히 알고 있는 것이겠다. '내친 걸음이요 열어놓은 뚜껑이라', '벌여놓은 싸움판이고 벗겨놓은 계집이라'는데, 기왕 시작한 장사 돈을 벌지 않고 어찌 그만두겠는가.

온갖 술수와 비위를 키워 닳고 단 장사꾼이 된다. '장사치고 안 남는 게 없다'는 것은 기본이고, '먹는 장사는 흉년을 타지 않는다'거나 '장사는 먹는 장사가 제일'이고, '아무리 하찮은 장사라 해도 이문 없어 밥 굶는 일 없다'거나 '먹는 장사치고 허리 들어간 놈 없고 물장수치고 물렁한 놈 없다', '이문이 되는 일이라면 염라대왕 수염이라도 벤다'는 경지에 이른다. '고뿔 따라 몸살 들고 몸살 따라 염병 든다'고, 이익을 크게 내려고 온갖 술수를 짜내다 보면 자기도 모르게 심성이 사나워지기 일쑤다.

속임수를 쓰거나 능갈을 부리더라도 능수능란해야 함은 물론이다. 그래야 속으면서 사도 기분이 찜찜하지 않다. '장사도 이골이 나야 한다'거나 '두부하고 장사꾼은 딱딱하면 안 팔린다', '무주구천동 소금장수도 능갈이 없으면 이문 속이 허한 법이라'는 말이 그런 뜻을 담고 있다. 그래서 '장사꾼은 돈 벌어서 좋고 손님은 물건 사서 쓰니 좋다'는 명분이 설 수 있는 것이다.

장사꾼은 거짓말이 입에 배야 이문을 제대로 남길 수 있다. '거짓말하고 뺨 맞는 것보다 낫다'거나 '거짓말한 입은 똥 먹는다', '거짓말은 사흘 가고 창피는 석 달 간다', '거짓말은 도둑의 시초라'고 하는데, 장사꾼에게는 해당되는 말이 아니다. '솔직한 것보다 더 큰 용기는 없다'고 하는데, 그런 용기를 가질 장사꾼은 없다. '거짓말쟁이는 참말을 해도 거짓말로 안다'는데, 장사꾼도 일반이지만 그것을 사람들이 당연하게 인정해 준다.

아무리 이문을 남기기 위해 거짓말을 하고 능갈을 피웠다고 해서 업이 쌓이지 않는 것은 아니다. '돈은 더 받아도 물건을 속이지는 말랬다', '저울눈을 속이면 삼대가 가난하다', '되 속이고 저울눈 속여서 팔았다가 저승 가면 대꼬챙이로 눈 찔러서 짼다'는 말로 파렴치한 행동을 경계한다. '장사꾼은 친척도 없고 친구도 없다'는 정도가 되면 최악이다. 장사도 잘 선택해야 한다는 뜻에서, '널 장사 십 년을 하면 미역 장사 이십 년을 해도 지은 죄를 갚을까 말까 한다'는 속담도 기발하다.

'밑천 안 드는 장사 없다'고 하며, '손 안 대고 코 푸는 장사 없다'고 한다. 어떤 일인들 안 그럴까. '밑알이 있어야 알을 내 먹는다'는 것쯤은 누구나 안다. '제 물건 나쁘다는 장사꾼 없다'는 것은 삼척동자도 다 아는 입 발린 소리다. '한 푼어치를 팔아도 팔아야 장사라'고, 팔아야 되는 것은 당연한데 닳고 단 장사꾼은 이문이 터무니없이 높을 수 있다. '밥장사는 곱빼기 장사 물장사는 다섯 배 장사라'거나 '사기장수는 사 곱 옹기장수는 오 곱 칠기장수는 칠 곱'이란다. 이 정도면, '바늘도둑이 소도둑 될 수는 있어도 바늘장사가 소장사 될 수는 없다'는 말이 무색해진다. 그야말로 '바늘 넣고 도끼 낚기'인 셈이다. 물론 과장된 언어유희인지는 알 것이다. 중요한 것은 '꿀도 과다하면 취한다'거나 '꿀도 많이 먹으면 독약이라'는 말처럼 이문이 지나치면 탈이 생긴다는 사실이다.

정종진

'한 푼어치 팔고 두 푼이 밑져도 파는 것이 장사라'지만, 그래서야 될 것인가. 크게 능갈을 떨어놓아야 깎는 맛도 더 클 것이다. '세상에 에누리 없는 장사 없다'고 하지 않는가. 그래서 하는 말이 있다. '값은 깎아도 물건 나무라지 마라', '값은 다투어도 되는 잘 줘라'는 속담이 그것이다.

장사를 하는 데는 여러 가지 기본이 있다. 우선 '장사 속에서 장사가 된다'거나 '동무장사가 많아야 장사가 잘 된다'는 말에서처럼 독불장군식 장사는 안 된다는 것이다. 다음으로는 돈이 많든지, 목이 좋아야 한다. '돈이 많으면 장사를 잘하고 소매가 길면 춤을 잘 춘다'든지, '목이 좋으면 돌도 구워 판다', '방앗공이는 제 산 밑에서 팔아먹으랬다'는 속담들이 그런 뜻이다. '권하는 장사에 밑지는 법 없다'고, 먹는 장사를 특히 권한다. '음식 장사는 먹는 것이 남는 것이라', '음식 장사는 풍흉이 없다'는 말들이 그렇다. 될 수 있으면 외상을 주지 말라는 말도 들어가겠다. '외상 없는 거래 없고 에누리 없는 장사 없다'고들 말하지만, '외상을 주면 사람도 잃고, 돈도 잃는다'는 것은 장사꾼의 신념이다. 마지막으로 동업은 절대 하지 말라고 이른다. '하잘것없는 장돌뱅이 좌판이라도 혼자 꾸려갈 수 있으면 동업은 피하라'거나 '계집을 나누어 품는 것은 쉬워도 동업 장사는 어렵다', '삼 동업은 해도 두 동업은 마라'고 했으며, 급기야 '동업은 부자지간에도 안 한다'는 지경에 가야 한다.

'남의 돈 먹기란 쉽지 않다', '남의 돈 먹자면 말도 많다'는 것을 알고 뛰어든 장사꾼이다. 흥정이 돼야 이문이 남는다. '흥정은 권하고 싸움은 말려라', '흥정은 깎는 재미로 한다'는 말대로, 서로 필요하니까 권하고 미루다가 당기는 것이다. 이 과정에서 온갖 술수가 다 발휘되지만, 최소한의 상도리를 잊지 말아야 할 일이다. '추위에 떠는 놈 곁에서 옷장사 마라'거나 '장사에는 부자간에도 비밀을 지킨다'는 것도 상도리의 하나다.

- 개감 : 개암.
- 용천뱅이 : 나환자.
- 길미 : 이익.
- 능갈 : 얄밉도록 몹시 능청을 떠는 일.

(4) 사士 - '벼슬살이란 얼음 깔린 비탈길을 소 타고 오르는 것과 같다'

사士는 선비를 말하는데 책을 읽어 진리를 찾거나 그것을 수단으로 벼슬을 받는 사람이다. 선비는 옛날 양반에 속하는 계층이다. 그러면서도 엄밀하게 말하면 양반과 구별할 수 있다. 선비는 책을 읽으면서 진리탐구에 몰두하는 사람이며, 양반은 선비가 직업을 가진 계층이다.

예전의 직업을 말하려면 결국 양반에 대해 말하게 되며, 오늘날에는 소위 화이트칼라의 개념이겠다. 공부를 해서 공무원이 되거나, 정치를 통해 나라의 높은 벼슬을 차지하고 있는 부류를 사士에 포함시킬 수 있을 것이다.

'양반은 글 덕으로 살고 상놈은 일 덕으로 산다'고 했다. '양반은 죽어도 문자를 쓰고', '양반은 문자 쓰다가 저녁 굶는다'고 할 만큼 양반은 글로 평생을 사는 부류였다. 책을 열심히 읽어 진리를 터득하다가 기회가 주어지면 덕으로 백성과 나라를 이끄는 게 자타가 생각하는 양반의 이상적인 위상이었다. 책에 너무 집착하여 현실적인 안목이 떨어지는 문제점은 있었겠지만, 올곧은 양반이나 선비들은 권모술수를 부리지 않았다. 권세와 재물을 탐하지 않았던 것이다. 오죽하면 '괭이 든 거지는 없어도 책 든 거지는 있다'고 했을까.

'선비 난 데 용 나고 학이 논 데 비늘이 쏟아진다'고 했다. 훌륭한 사람들이 머문 곳에는 훌륭한 자취가 남는다는 뜻으로 비유한 말이다. 선비는 품성이 고결하여 허튼짓은 물론, 품위가 떨어지는 행동을 조금도 하지 않았다. '선비는 곁불을 쬐지 아니한다'고 할 정도였다. 특히 재물에는 더욱 엄격하였다. 아무리 가난하더라도 학덕과 자존심으로 살았기에 뭇사람으로부터 존경을 받았다. '남산골 딸깍발이'로 상징되거나 '남산골 샌님은 뒤주하고 담뱃대만 들면 나막신을 신고도 동대문까지 간다'고 빗대는 말이 선비정신의 한 부분을 대변해주는 것이다. '선비의 창자가 아무리 곧아도 채우고 봐야 한다'든지, '선비가 목구멍 때문에 구차해지면 백 가지 행실이 이지러진다'지만, 그래도 선비는 청빈하기 위한 자기절제가 정말 예사롭지 않았던 것이다.

선비에게는 지조가 최상의 덕목이었다. '곧은 막대기는 아무리 더러운 진창에 꽂아도 그림자가 곧다'고, 어떠한 고난을 겪어도 지조를 굽히지 않았던 것이다. '겨울이 돼야 송백의 절개를 알게 된다'고, 훌륭한 선비들이 그랬다. '곤궁할수록 지조는 굳어진다'고, 선비가 가난해서 그런가. 천만의 말씀이다. 배운 것을 그대로 실천하는 것일 뿐이었다. '개는 밥 주는 사람을 따르고 선비는 자기를 알아주는 사람을 위해 목숨을 바친다'고 했는데, 선비가 목숨까지 바칠 사람은 올곧은 인물이어야 했다. 그러니 '곧은 나무는 가운데 선다'고 한 것이다. 지조가 높으면 사회의 중심인물이 될 수밖에 없다.

선비의 올곧은 마음을 회유하려는 말들도 많았다. '곧은 나무 먼저 찍힌다'거나 '곧은 나무 쉬 꺾인다', '곧은 나무는 기둥감 굽은 나무는 안장감', '곧은 나무도 뿌리는 구부러졌다', '곧은 나무는 재목으로 쓰이고 굽은 나무는 화목火木으로 쓰인다', '곧은 낚시로는 고기를 낚지 못 한다', '강한 나무가 부러진다', '너무 강하면 부러진다'는 속담들이 그렇다. 물론 '곧은 나무에도 굽은 가지가 있다'는 것을 모르는 선비는 아니었다.

이에 반해 권세와 재물을 탐하는 양반은 나라를 약하게 만들고 백성을 도탄에 빠뜨렸다. '감투 마다하는 놈 없다'거나 '개는 구린내를 따라다니고 사람은 권세를 따라다닌다'고 했다. '돈 있고 권력 있으면 만사가 절로 된다'고 하니 대부분 사람들은 권세욕에 쉽게 사로잡힌다. 항상 '눈은 관청에 가 있고 몸은 개천에 가 있다'거나 '몸은 개천에 가 있어도 입은 관청에 가 있다'고 할 정도겠다. '금관자 서슬에 큰기침 한다'는 경지를 누가 알 것인가. '권세란 고기 맛 같아서 맛들이기 시작하면 아비 어미도 몰라본다'는 말이 기막힌 요약이다.

권력만 탐하면 그래도 다행이다. '감투 좋아하는 사람은 돈도 좋아한다'는 것을 모를 사람 없겠다. '벼슬아치는 심부름꾼', 즉 백성을 위해 필요한 부류지만 말이 그렇다는 것뿐이다. 백성을 가을밭으로 삼고 나랏돈을 빼먹는 재미에 빠지면 '관복 입은 도둑이라'거나 '관 쓴 도적놈', '관 쓴 원숭이'가 되기 십상이다.

권력을 가진 자가 가장 경계해야 할 것은 뇌물이겠다. 정을 물품으로 건네는 수가 있다. 그 물품이 크면 정이라기보다는 뇌물이라 할 것이다. 옛날에는 그것을 인정이라 하였다. '주고서 욕먹을 인심 없고 받고서 고마워하지 않을 인정 없다'는 말처럼 누구나 인정에는 약하다. '먹여서 싫다는 사람 없다'는 말이 어찌 그르랴. 올곧은 선비라도 그럴 것이다. 아무리 '가늘게 먹고 가늘게 싸서', '청백리 똥구멍은 송곳부리 같다'고 하지만 올곧은 사람도 정에 약한 구석이 있게 마련이다. '머리 위의 강권은 받아넘겨도 옆구리 인정은 물리치지 못한다'고 하지 않았던가. '높은 밥그릇에는 더 떠붙인다'는 것을 왜 모르겠는가.

'인정을 쓰면 저승길도 면할 수 있다' 했으니, 궁지에 몰린 사람들이 그냥 있을 수 있겠는가. '효험을 보려면 코 밑의 진상이 제일이라'고 해서 먹을 것을 바치는 것이 기본이겠다. 그러나 '진상은 배꼽 아래 진상을 덮을 것이 없다'고 해서 색욕을 만족시켜주는 것을 최상으로 여기기도 한다. '윗사람이 돛대를 구하면 아랫사람은 배를 만들어 바친다'는데, 제 이익을 위해서는 권세가에게 온갖 아부를 다할 것이다. 그러니 '진상은 꼬챙이에 꿰고 인정은 바리로 싣는다'고 했던 것이다. '배보다 배꼽이 더 클' 정도로 인정을 줘서라도 절박한 일을 해결해야 하니 말이다. '울며 겨자 먹기'가 따로 있는가.

'감찰 선생도 쑥떡 하나 주는 것은 치더라'고 했다. 누구나 받는 것을 좋아하고, 또 받으면 마음이 기울게 마련이다. 그래서 '돈 받아먹은 놈 큰소리 못 친다'거나 '골 먹인 가죽이 부드럽다', '기름 먹은 개는 짖지 않는다', '먹은 물에 뜸이 없다', '먹은 자는 말이 없다', '꿀 먹은 벙어리 냉가슴 앓는다'고 했던 것이다. '진상 퇴물림 없다'고 할 정도로 받는 것을 좋아한다지만, '먹은 것도 삭히기를 잘해야 한다'고 했다. 뇌물은 거의 뒤탈이 나게 마련이다.

벼슬살이를 하지 못하면 글을 아무리 읽어도 끼니가 해결될 수 없었고, 또 권세와 재물의 달디단 맛을 볼 수가 없었다. '벼슬에 미친 병 들면 기생 아니라 강아지한테 절한다'고 했던가. '돈과 권력으로 안 되는 일 없다'거나 '나는 새도 떨어뜨리고 닫는 말도 멈추게 한다', '감투 꼬리에 돈 따라다닌다', '벼슬을 하면 장맛부터 달라진다',

'도둑질을 하더라도 사모 바람에 거드럭거리고 망나니짓을 하여도 금관자 서슬에 큰 기침한다'는데, 어떤 양반이 벼슬의 유혹을 떨쳐낼 수 있겠는가. '나무가 커야 그림자도 크다'든지, '구름이 많으면 해가 멀어 보인다'는 생각에 자꾸 큰 권력을 탐하게 된다. 권력과 재물 맛에 취하면 빠져 나오기는커녕 한없이 빠져든다. 그래서 '눈 작은 양반은 있어도 입 작은 양반은 없다', '권세와 재산 앞에 부모 형제간이 없다', '벼슬을 좋아하는 사람은 돈도 좋아한다', '도둑질 잘하는 놈이 벼슬 밝힌다', '권력과 재물은 실과 바람이라'는 말들이 있는 것이다.

권세욕이나 벼슬살이에 대한 충고는 많다. '벼슬길의 염량세태란 고양이 눈깔 변하듯 한다'거나 '권불십년 세불백년이라', '벼슬자리 높을수록 뜻은 낮추랬다', '관리는 돈을 탐내지 말아야 한다', '국사에 힘쓰는 것은 관재의 근본이다', '무관은 목숨을 아끼지 않고 문관은 돈을 탐내지 않는다', '높은 자리에 있을 때 인심 얻으랬다', '돈은 있을 때 아끼고 권력은 있을 때 쓰랬다', '벼슬은 높이고 마음은 낮추라', '높은 곳 바람 잘 날 없다' 하는 말들이 모두 비슷한 뜻이다. 특히 '높은 태산에는 명당이 없다'는 말을 알아두어야 할 일이다. 높은 벼슬을 하면 편안할 날이 없다는 뜻이다.

이런 충고도 아랑곳없이 권력을 한번 쥔 사람은 자기 '권세가 빨랫줄 같기'를 항상 바랄 것이다. '벼슬 떨어진 양반은 개도 안 무서워한다'고 했으니, 권력을 꼭 잡고 놓으려 하지 않는다. '대감 집 말 죽은 데는 먹던 밥도 밀쳐놓고 가도 대감이 죽었다면 먹던 밥도 더 먹고 간다'고 하니, 오래오래 살기를 바란다. '지위가 높아지면 돈도 많아진다', '석 달 벼슬로 평생 먹는다', '나무는 키 큰 덕을 못 입어도 사람은 키 큰 덕을 입는다', '금강산 그늘이 관동 팔십 리 간다'는데, '나라님 말씀이야 늘 옳습지' 하고 사람들이 모두 굽실거리는데, 권력욕이 없어지겠는가. 그러니 '탐관오리는 매같이 먹고 이리같이 먹는다'거나 '탐관의 밑은 안반 같고 염관廉官의 밑은 송곳 같다'는 말이 있고, '짐승은 올가미를 싫어하고 백성은 관리를 싫어한다', '관리는 갓 쓴 도둑놈이라'고 하는 것이다.

벼슬살이에 길고 긴 인연이란 쉽지 않다. 그야말로 한때다. 권좌에서 내려올 때가 되면 주위부터 달라진다. '기둥을 치면 대들보가 운다'고, 기둥부터 허물어지기 시작하고, 권력이 허물어지는 소리를 듣게 된다. 충신이라도 그렇다. '곤장 맞으며 엄살 부려 미움 사는 죄인은 없어도 매 아픔 참아내다 매 두 벌 버는 충신은 있다'고 하지만, 속악한 권력 앞에서 속수무책이다. '겨울 날씨와 양반은 한갓 고달이 있다'지만, 그깟 거드름이 무슨 힘을 쓰랴. 다만 '귀양을 가더라도 살림 그루는 앉혀놓고 간다'고, 집안이 먹고 살 수 있는지나 걱정해야 하리라. '게는 구멍이 크면 잡힌다'고 했는데, 권력이 크면 위험도 크다는 걸 깨우쳐야 했다.

권력욕에 빠진 사람들에 비해, 진정한 선비들의 정신은 참으로 올곧았다. 오늘날 선비라 하면 사회부적응자나 시대착오적인 사람으로 취급하기 십상일 것이다. '시원찮은 선비 갓이 높고 헛기침이 크다'거나 '발 큰 도둑놈은 있어도 손 큰 선비는 없다', '게으른 선비 비 새는 지붕 타박만 한다', '게으른 선비 설날에 다락에 올라가서 글 읽는다', '게으른 선비 책장만 넘긴다'는 속담처럼 선비의 부정적 모습만 부각시켜서 그렇다.

참다운 선비정신은 사회의 소금이다. 속악한 사람은 감히 흉내도 낼 수 없는 고매한 품격을 지녀, 뭇사람들의 본보기가 된다. 오늘날의 위정자들, 공무원들, 그리고 학자들이 옛날의 양반·선비가 하던 역할을 하고 있다. 이들이 옛 선비를 닮으려고 웬만큼만 노력한다면 이

사회는 사뭇 생기를 잃지 않을 것이다.

◈◈◈ 염관廉官: 염리廉吏. 청렴한 관리.
◈◈◈ 고달 : 점잔을 빼거나 거만을 부리는 일.

32. 고용주와 고용인

'머슴은 일로 주인을 잡고 주인은 밥으로 머슴을 잡으랬다'

'나도 사또 너도 사또면 아전 할 놈 없다'고, 이 세상엔 윗사람과 아랫사람의 구별이 있을 수밖에 없다. '사람 위에 사람 없고 사람 아래 사람 없다'고 하지만 인격의 평등과 능력 또는 역할의 평등은 다르다. 세상이 아무리 태평성대라고 해도, 주인과 머슴으로 빗대는 고용주와 고용인이라는 관계는 사뭇 존재하게 마련이다. 주인과 머슴의 관계에 대한 옛사람의 속담에서 지혜를 터득하면 좋다.

'상전이 배가 부르면 종 배고픈 줄 모른다'거나 '배부른 상전이 하인 밥 못하게 한다'는 주인이 있기는 있을 것이다. '지주 다른 데 없고 뒷간 다른 데 없다'고 하듯, 주인이나 지주는 제가 부리는 사람 위에 군림하는 맛으로 살 수도 있다. 주인 혼자 '북 치고 나팔 불고', '북 치고 장구 친다'거나 '징도 치고 장구도 친다'고 하면 하인의 행동은 소극적이게 마련이다. 주종의 관계라고 해서 '가는 몽둥이에 오는 홍두깨'라거나 '가는 배가 순풍이면 오는 배는 역풍이라'는 관계가 되면 좋을 리가 없다. 물론 '목구멍이 포도청'이니 대개는 하인이야 알아서

기게 마련이다. '주인이 미역 짐 지고 장에 가니까 머슴 놈이 두엄 짐 지고 따라간다'고, 뭔지도 모른 채 시늉을 내야 한다고 생각하는 것이다. 처지가 그렇다보니 '주억거리는 것이 고개요 굽신거리는 것이 허리'다', '그저 사또님 말씀이야 다 옳습지' 하는 게 편하고, '승지댁 사촌 강아지에게도 길을 비킨다'는 식으로 살기도 한다.

주인과 하인의 관계가 겉으로는 그렇지만 속내도 사뭇 그런가. '한 치 벌레에도 닷 푼 결기가 있다'고, 밑에 있는 사람이라고 해서 마음속으로도 늘 고분고분한 게 아니다. '네 떡이 한 개면 내 떡이 한 개라'든지, '독으로 치면 독으로 치고 떡으로 치면 떡으로 친다', '가는 떡이 커야 오는 떡도 크다', '나가는 것이 있어야 들어오는 것도 있다'는 대등관계를 꿈꾸고 또 요구하게 되는 것이다. 그러자니 때로는 처지가 바뀌는 수도 있다. '일꾼을 부리려면 주인이 먼저 일꾼 노릇을 해야 한다'거나 '종을 부리려면 주인이 먼저 종 노릇 해야 한다', '주인이 열 몫 해야 머슴이 한 몫 한다'는 격이다. 사실 마음으로야 예전이나 지금이나 사정이 다를 바 없다. '아랫사람을 둔다는 것은 근심을 달고 다니는 것과 같다'는 말은 고금에 변할 수 없는 진리인 것이다.

엄한 주인 밑에 능갈이 넘치는 하인이 있다. '윗사람은 아랫사람을 삼 년 걸려야 알고 아랫사람은 윗사람을 사흘이면 안다'는 말이 과장일 수는 없다. 하인이 주인을 골탕 먹이려 하면 그리 어려운 일이 아니다. '하인이 양반 만든다', '하인을 잘 두어야 양반 노릇도 잘 한다'는 말이 그래서 있는 것이다. '일꾼을 박대하면 당일로 망한다'든가, '머슴 굶긴 집구석 후끝 안 좋다', '머슴 먹일 것 아끼다가 그 해 농사 다 망친다', '머슴을 잘못 두면 일 년 농사 폐농한다'는 말들은 괜한 과장이 아니다. '길로 가라니까 뫼로 가는' 하인을 두면 어찌 일이 되겠는가. 그야말로 '머슴꾼도 행세할 날이 있다'는 사실을 쉽게 겪을 수밖에 없다. 이렇게 되면 주인과 하인의 사이는 '꽹과리 청에 비 맞은 버꾸 소리' 격이 되는 셈이다. 어떤 일이든 '징 치고 막 내린다'는 꼴이 되게 마련이다.

아무리 머슴의 입장이라도 택할 권리와 이익도 있다. '머슴을 살아도 부잣집이 낫다'거나 '머슴살이를 하더라도 같은 새경이면 과부집살이라'는 말이 그렇다. 그뿐일까. '곧은 나무는 산지기 차지요 굽은 나무는 산주山主차지라'고 실속은 오히려 하인이 차지하는 경우가 비일비재하다. '주인들 싸움은 종놈한테는 구경거리'라든지, '주인네 초상이 머슴 놈한테는 잔치판이라'는 말 역시 인정해야 할 것이다. 주인으로 볼 땐 주제넘은 꼴을 많이 보겠다. '머슴 일 잘한다니까 지게 지고 방에 들어온다'든지, '마소와 일꾼은 챙겨줘야 먹는' 경우가 그렇겠다.

오죽하면 '상전은 거스르고 살아도 종 거스르고 못 산다', '상전은 미고 살아도 종은 미고 못 산다'고 하지 않던가. 주인 입장에서는 '바깥에서 드는 도적은 지켜도 안에서 나는 도적은 못 막는다'고 한탄할 지경이 되는 것이다.

주인에게 하인을 쓰는 일은 무척 중요하다. '물건은 새것을 쓰고 사람은 옛사람을 쓰랬다'거나 '의심나는 사람은 쓰지 말고 쓰는 사람은 의심하지 말라'는 가르침은 철칙이다. 똑똑한 사람을 하인으로 두는 것은 현명치 않은 짓으로 생각했다. 그래서 '말은 상등 말을 타고 소는 중등 소를 부리고 사람은 하등 사람을 부리랬다'거나 '말은 좋은 말을 타고 하인은 못난 놈을 써야 한다', '하인은 저보다 똑똑한 놈을 쓰지 말랬다'는 말들이 있는 것이다. 똑똑한 사람을 두었다가는 '머슴이 삼 년 되면 주인마님을 부리려고 하기' 때문이다. '머슴은 삼 년을 묵혀두지 말랬다'는 말도 같은 뜻이다.

똑똑하지는 않아도 분별력은 있어야 하겠다. 아무리 사소한 경우라도 '주인의 자리는 빼앗지 않는다'든지, '머슴살이 삼 년에 주인 성 묻는다'는 정도가 되어서는 곤란하다. '지주나 지주 아들이나' 하고 꼴사나운 짓을 하지 않으면 더없이 좋으리라. '하속배下屬輩는 돈 쓰는 사람에게 붙는다'고, 푼돈에 의리를 저버리지 않으면 분별력 있는 하인이다. '상전의 흉은 종의 입에서 나오고 반하의 시기는 같은 종끼리 한다'든지, '일꾼이 나갈 제는 주인집 흉을 내고 며느리 나갈 제는 시집의 흉을 낸다'는 사실은 흔히 보는 일들이다. '머슴이 주인 과부 수절을 빼앗을' 수도 있고, '머슴이 강짜하는' 경우도 있을 수 있다.

아무리 용빼는 능력이 있어도 주인을 어쩌지 못 하는 법이다. '강한 손님이라도 약한 주인을 못 누른다'고 하지 않던가. '주인마님 배 아프다니까 머슴까지 뒷간에 가 설사한다'거나 '상전이 배가 아프면 마름은 설사한다'고 할 만큼 충성심은 과도하다. 다만 주인이 베푸는 만큼은 일로든, 마음으로든 되돌려 줘야 한다.

'밥 많이 먹는 머슴이 일도 잘 한다', '머슴 밥도 많이 주고 닻 밥도 많이 주어라'고 했다. 아랫사람을 후덕하게 대하면 그만큼 덕을 보게 마련이다. 베풀지 않고 '바가지 부리듯 한다'는 것은 후환을 만드는 일이다. 나중에 '가래로 막을 일 쟁기로도 못 막는다'고 하지 말고, 미리미리 후하게 베풀 일이다. 물론 '징으로 밥 하나 먹고 광쇠 하나 못 이긴다'고 할 머슴도 가끔 있겠다. 그러나 '아랫사람을 사랑하는 사람은 강하게 된다'는 말이 추호도 틀리지 않다. '상전 눈은 열두 개라'지만, 눈 밝은 체 해봐야 오히려 손해만 볼 뿐이다. '나무는 소가 다 때고 양식은 머슴이 다 먹는다'는 말이 있다. 옛날 소의 죽을 쑤느라 나무를 때고 머슴 밥을 많이 주니까, 주인 눈에는 그렇게만 보인다는 뜻이다. 그러나 먹어야 얼마나 먹겠는가. '머슴은 호미 쥐고 울고 아낙네는 부엌문 짚고 운다'고, 그들의 고통을 생각해 볼 일이다. '머슴살이 일도 많고, 시집살이 말도 많다'는 설움을 가엾게 여길 일이다. '상전의 말은 믿고 살아도 종은 믿고 못 산다'는 생각을 하지 않는 것이 속 편하다. '상전 빨래에 상놈 발뒤축은 희더라'거나 '주인의 빨래를 하면 자기 발뒤꿈치 때가 떨어진다'는 게 그들에게는 그나마 위안거리다. '쟁북이 맞아야 춤도 어울린다'고, 고용주와 고용인이 의기투합이 돼야 무슨 일이고 제대로 된다.

◆◆ 버꾸 : 농악기의 하나로, 자루가 달린 작은 북.
◆◆ 미다 : 어떤 사람을 업신여겨, 따돌리고 멀리한다는 뜻.

33. 사주팔자, 관상

'사주보다 관상이 낫고 관상보다 심상이 낫다'

'타고난 팔자는 관속에 들어가도 못 고친다'거나 '사주팔자는 독 속에 숨어도 못 속인다'고 했다. 인간의 힘으로 어찌지 못하는 일을 당했을 때 푸념처럼 해대는데, 이와 같은 속담은 많고도 많다. '타고난 팔자는 죽는 날까지 떼어놓지 못한다'거나 '사주팔자는 불에 들어도 변치 못한다', '산천 도망은 해도 팔자 도망은 못한다', '뒤로 오는 호랑이는 속여도 앞으로 오는 팔자는 못 속인다', '사람은 속여도 팔자나 귀신은 못 속인다', '물에 빠져 죽을 신수면 접시 물에도 빠져 죽는다', '물에 빠져 죽을 팔자는 물 수 자에 코 박고 죽는다', '천만 가

정종진 195

지 도망은 해도 팔자 도망은 못 한다', '사나운 팔자는 불에 타지도 않는다', '사주는 속여도 팔자는 못 속인다', '귀신은 속여도 팔자는 못 속인다'는 말들이 그렇다.

사주팔자란 정말 정해진 것일까. '사람 팔자는 알 수 없다'는 말이 답이다. 그건 누구도 알 수 없다. 다만, '만사는 팔자소관이라'거나 '제 팔자 남 못 준다', '제 팔자 제가 짓는다'고 생각하면 속이 편할 때가 많다는 것뿐이다. '죄라고는 사주팔자 잘못 타고난 죄밖에 없다'고 여기면 세상사 얼마나 간단한가. '자기 팔자 자기가 타고 난다', '사주팔자는 날 때부터 타고난다', '세상일이 다 운수소관이요 타고난 팔자라'라고 하여 무슨 일이든 팔자 하나로 귀결시킨다. 심지어 '땅콩장수도 팔자에 타고나야 한다'고 하지 않는가. 그렇지만 한편으론 제 의지에 의해 팔자를 고쳐가며 살 수 있다고 생각하는 경우도 많다. '소 팔자가 개 팔자 되고 개 팔자가 소 팔자 된다'거나 '팔자는 길들이기에 달렸다', '팔자 드센 년이 팔자 고친다'고 여긴다.

사람의 팔자는 참으로 하찮고, 한순간에 뒤바뀔 정도로 예측할 수 없는 것이라고 생각해 왔다. 그래서 '사람 팔자는 옻짝 같다'거나 '사람 팔자는 뒤웅박이라', '여자 팔자는 알밤 줍기다', '여자 팔자는 옻쪽이라'고 빗댄다. 또한 '사람 팔자라는 것은 눈 깜짝하는 사이에 뒤집힌다'든지, '사람 팔자 한 발짝 앞을 모른다', '사람 팔자 하루아침에 달라진다', '여자 팔자는 마음 한 번 먹기에 달렸다'고 한다. 하물며 '씨도둑은 못해도 팔자 도둑은 있다'고 하지 않던가. 어쨌든 '팔자가 바뀌면 사람이 바뀐다'고 했는데, 당연한 일이다.

말마다 팔자타령인 것은 그만큼 인생이 변화난측하다는 뜻이겠다. '팔자는 무덤 앞에 가서 말하랬다'거나 '여자 팔자는 시집을 가봐야 안다', '여자 팔자는 자식을 낳아봐야 한다'는 말들이 그렇다. 어려움에 부딪칠 때마다 팔자가 사납다고 푸념을 해대는 것이 예삿일이다. '팔자 사나운 강아지 잠만 자면 호랑이가 꿈에 뵌다'는 격으로, 하는 일마다 되는 일이 없으면 어쩔 수 없다. 팔자를 조절하거나 고칠 수 있다는 생각을 하기도 했다. '원사주가 센 여자는 첩으로 가야 잘 산다'는 말이 그것이다.

제 팔자가 아무리 좋다고 하더라도 겸손해야 한다. '자랑 끝에 불붙는다', '자랑 끝에 쉬 슨다'고, 자랑을 하면 팔자는 순식간에 바뀐다고 생각했다. '팔자 자랑하는 사람은 죽어도 곽문이 열린다'는 말에 그런 뜻이 포함되어 있다. 팔자가 좋지 못한 사람에게 주는 충고도 있다. '팔자 치레 못했으면 염치 치레라도 하랬다'고 한 말이다. 타고난 복이 없더라도 염치가 좋으면 웬만큼 살아갈 수 있다는 뜻이리라. 최악의 경우, 염치가 좋지 않아도 괜찮다. '여자 팔자가 아무리 궂어도 사내하고 신발은 있다'고 했으니까 말이다.

'겉 꼴이 속 꼴'이라거나 '겉 볼 안이라'는 논리가 관상학의 근본이다. 관상쟁이는 '넓은 하늘을 보지 말고 한 뼘 얼굴을 보랬다'고 말한다. 인간의 길흉화복이 모두 얼굴에 펼쳐져 있다고 믿는 것이다. 그러나 '겉이 고우면 속도 곱다'고 했는데, 모든 사람이 그런가. '겉은 양이고 속은 두억시니라'고 할 수 있는 사람이 얼마나 많은가. '말은 속여도 얼굴은 못 속인다'는 말은 순간순간의 표정언어를 두고 말함이지, 관상을 두고 하는 말은 아니다.

관상학은 미신인가, 통계학인가에 대해서 논쟁을 한다. 어느 쪽이 되었든 사람들은 관상이라는 것에 대단한 흥미를 가진다. 독 속에 들어가 있어도 피할 수 없다는 사주팔자보다는 '만상불여심상萬相不如心相이라' 하여, 마음먹기에 따라 관상도 변할 수 있다는 것이 관상학의 매력이다. 속담을 여러 가지 작은 주제로 분류한다면, 그 중에 관상속담이라는 것도 가능하다.

사람들은 관상학이라는 것이 얼굴에만 집중해서 길흉화복을 예측하는 줄 아는데, 천만의 말씀이다. 관상은 편의상 신상身相과 면상面相으로 나눌 수 있으며, 면상보다는 신상이 더 중요하다. 신상은 물론 몸 전체를 보고 판단하는 것이다. 신상도 전상前相과 후상後相으로 나눌 수 있는데, 전상보다는 후상이 더 중요하다.

이렇게 볼 때 면상이란 인간의 길흉화복을 예측하는데 얼마나 미미한 부분을 차지하는 것인가를 알게 된다. 사주팔자, 자기 노력, 관상, 수상, 족상, 이름 전체를 가지고 인간의 길흉화복을 논의해야 한다. 사람들이 생각하는 것만큼 면상이 대단한 것은 아닌 셈이다. '찻집 출입 십 년에 남의 얼굴 볼 줄만 안다'고 하는 사람들이 흔히 코면 코, 귀면 귀를 가지고 인생 전체를 들먹거리는데 가당치도 않은 일이다. '꿈보다 해몽이 좋다'거나 '나팔이 아무리 좋아도 불기를 잘해야 한다'는 생각으로 혹세무민惑世誣民하는 사주 관상쟁이가 되어서는 안 될 일이다.

여기서는 관상속담이 사람 몸의 각 부분을 어떻게 말하고 있는가를 본다. 관상속담을 분류하면 신상身相 또는 그 일부에 관한 것들, 머리카락, 이마, 눈썹, 눈과 주위, 코, 얼굴, 인중, 법령, 입과 입술, 턱, 귀, 뒤통수, 목, 어깨, 손발에 관한 것들이다. 이 중에서 눈과 입에 속담이 집중되어 있음을 확인할 수 있다.

몸 전체, 즉 신상에 관한 속담은 아주 적은 편이다. 전체적인 인상을 추상적으로 제시하는 경우가 가끔 있다. '밥술이나 먹게 생겼다'는 말이 그 예인데, 따지고 보면 엄연한 관상속담이다. 물론 '키 작으면 앙큼하고 담대하다', '키 크고 속 찬 놈 없다', '키 크면 속없고 키 작으면 자발없다'는 말과 비슷한 속담은 무척 많다. 키 크고 작은 것 외에 몸 전체에 관한 속담은 없고, 부분적인 것을 조금 보게 된다. 얼굴 전체를 요약하는 말, 즉 '여자가 남자상이면 내주장으로 산다', '여자가 말상이면 팔자가 세다', '궁상에는 돈이 붙지 않는다', '궁바가지를 타고 났다', '낯짝에 밥풀 하나 안 붙었다'는 정도가 고작이다. 또 '몸에 털이 많으면 호색이다', '몸에 털이 많이 난 남자가 정이 많다'는 속담과 '살결이 희면 열 허물 가린다', '여자와 쌀은 흴수록 좋다', '쌀밥과 여자는 흴수록 좋다'는 말들도 여기에 포함시킬 수 있겠다.

관상속담 중 가장 많은 것은 눈과 그 주위에 관한 것이다. '일신 천 냥에 눈이 팔백 냥', '눈은 그 사람의 마음을 닮는다'는 말을 확실히 증명하고 있는 것이다. '미간이 넓으면 너그럽다', '눈 작은 여자가 정이 많다', '실눈으로 보는 여자는 정들기 쉽다'는 말과 같이, 미간이나 눈의 크고 작음, 눈의 움직임들에 관한 속담이 다 이에 관계된다.

'눈이 튀어나온 사람은 정이 많다'거나 '눈이 치찢어진 사람은 성미가 나쁘다', '눈이 큰 남자는 큰 인물이 못 된다', '눈 큰 사람은 겁이 많다', '눈 속에 물기가 있는 사람은 호색이다', '눈이 젖은 듯이 촉촉한 여자는 과부 팔자다', '남자가 쌍꺼풀이면 색을 좋아한다', '눈꺼풀이 두꺼운 사람은 자식복이 있다', '눈 사이가 넓으면 속이 넓다', '눈 끝이 아래로 꼬부라졌으면 색골이다', '눈 감고 웃는 여자는 정들기 쉽다', '항상 웃고 항상 곁눈질만 하고 행동이 가벼운 여자는 음란하다', '여자가 웃기 잘하고 곁눈질 잘하면 음란하다', '여자가 웃을 때 눈꼬리에 주름이 많으면 애정이 강하다', '눈 주위가 푸르거나 자색이 나는 여자는 독하다', '눈가가 푸른 여자는 색골이다', '눈가에 잔주름이 많은 남자는 바람을 피운다', '눈 밑 두덩이가 높으면 인정 많다', '여자가 곁눈질 잘하면 호색이다', '눈 바로 밑에 점이 있으면 울 일이 많다'는 정도다. 눈에 관한 관상학적 설명만큼 충분히 자상하

정종진

지는 않지만, 그것을 요약하는 정도는 된다.

　다음으로 많은 관상속담은 입에 관한 것으로, 입술과 이도 이에 포함된다. 다소간 쑥스런 말이지만, '여자 입은 작아야 하고 남자 코는 커야 한다'고 했다. 여성의 성기는 입, 남성은 코를 보고 짐작한다는 데서 비롯된 속담인데, 이와 비슷한 말이 많다. '입술 두터운 여자가 정이 많다', '입술이 푸르면 호색이다', '아랫입술이 두터우면 호색이다', '여자 입술이 푸르면 색골이다', '입술을 썰어 담으면 세 접시는 되겠다', '앞니가 넓은 사내는 처덕을 본다'는 것과 같이 입술에 대한 속담들과 '앞니가 넓은 여자는 남편 덕을 본다', '곱슬머리 옥니박이하고는 말도 말랬다', '옥니와 거적눈은 욕심 세다'고 하는 이에 관한 속담, 그리고 '입이 작고 혀가 긴 사람은 가난하고 장수하지 못한다', '계집의 입꼬리에 검은 사마귀가 있으면 사내들 삭신을 녹인다', '검은 점이 입 가장자리에 나 있으면 먹을 복이 있다'고 하는 입에 대한 속담이 있다. 주로 성적인 것과 연관시킨 것이 많은 게 특징이다.

　여성의 입과 함께 남성의 코도 성적인 것에 주로 연관시켰다. '콧날이 서면 입이 날카롭다', '매부리코는 고약하다', '콧구멍이 치켜진 사람은 빈복貧福하다'는 말을 제외하고, '사위 코 보니 외손자 보기는 다 틀렸다', '코가 짧은 여자는 호색이다', '코가 크면 양물이 크다', '화냥년 눈에는 코 큰 사내만 보인다', '여자 코가 짧으면 바람기가 있다', '코 크다고 얻은 서방이 자라 좆이라', '코 크다고 얻은 서방이 고자라', '코 큰 총각 실속 없다' 등이 모두 그렇다.

　머리털이나 얼굴의 털에 관한 관상속담도 적지 않다. '텁석부리 사람 된 데 없다', '여자 대머리면 늦 결혼한다', '머리숱 많은 놈이 계집 밝힌다', '고수머리 옥니박이하고는 말도 말랬다', '머리털이 검고 윤기가 있으면 색골이다', '머리털이 유난히 많은 사람은 호색이다',

'곱슬머리 여자는 정이 많다', '머리가 곱슬이면 성질이 사납다', '머리가 굵고 검으면 사주팔자가 나쁘다', '여자의 머리숱이 많으면 감정이 강하다' 하는 정도다.

귀에 관한 관상속담을 보자. '귓밥이 두꺼운 사람은 애정과 정력이 강하다', '귀가 시들은 것처럼 힘이 없으면 자식 복이 없다', '귀가 칼귀면 팔자가 세다', '귀가 크거나 귓밥이 늘어진 사람은 오래 산다', '귓구멍에 털이 많이 나면 장수한다', '귀 작으면 앙큼하고 담대하다', '귀 좋은 거지는 있어도 코 좋은 거지는 없다', '귀 큰 놈 큰일 한다', '귓문이 좁으면 부자 된다', '귓바퀴가 없으면 귀한 사람이 못 된다', '귓불이 크고 처지면 잘 산다' 등에서 귀는 주로 장수와 복에 관련되어 있음을 확인할 수 있다. 또한 '며늘아이 볼 때는 귀를 먼저 본다'고 했는데, 여자의 여러 특징이 귀에 잘 나타나고 있다는 것을 알게 해준다.

얼굴이나 광대뼈에 대한 관상속담은 그리 많지 않다. '얼굴색이 붉고 머리털이 검으면 음란하다', '얼굴 붉은 사람 팔자 세다', '얼굴에 주근깨가 많은 여자는 색골이다', '여자가 광대뼈가 나오면 팔자가 세다', '광대뼈가 튀어나오면 팔자가 드세다', '볼뼈 나온 사람 팔자 세다' 정도가 고작이다.

눈썹에 관한 관상속담도 비슷한 정도다. '버들 같은 눈썹에 복숭아 같은 얼굴이라'는 말로 여자의 미모를 요약하는 말 외에, '눈썹이 검고 짙으면 정력이 강하다', '눈썹 꼬리가 밑으로 처지면 친구가 많다', '눈썹결이 한 방향이면 복이 있다', '눈썹 위의 점은 복점이다', '남자 눈썹이 검고 짙으면 출세한다'는 것이다.

이 외의 부분에 대해서는 관상속담이 아주 적은 편이다. '여자의 인중이 분명하면 맏아들을 낳는다', '인중이 가늘고 길면 색골이다', '인중에 사마귀 있는 여자치고 색기 약한 계집은 없다'는 것은 코와

윗입술 사이의 인중에 관한 말이다. 이마에 대해서는 '여자 이마털 속에 사마귀가 있으면 바람을 피운다', '불룩 이마는 과부 된다'는 정도고, 코 끝에서 시작하여 입 끝을 감싸는 줄인 법령法令에 대해서는 '법령이 입구면 등통이도 아사餓死라'는 말 하나뿐이다. 법령이 입으로 들어가면 아무리 부자라도 굶어죽게 된다는 뜻이다. '턱이 길면 늦복이 많다', '뒤통수가 나온 사람은 재주 있다', '뒷머리가 납작하면 성격이 온순하다', '목이 가늘면 호색이다', '여자 목소리가 남성지면 재혼한다', '어깨 넓은 여자는 팔자가 세다', '남자나 여자나 음부에 사마귀가 있으면 한 사람으로 만족하지 못한다', '음부에 사마귀가 있으면 한 남자로는 만족하지 못한다'는 것처럼 한 부분에 대해 한두 개의 관상속담이 고작이다.

마지막으로 손발에 관한 관상속담이 몇 가지 있다. '여자 왼손잡이는 고집이 세다', '선 볼 때 처녀 왼손잡이는 고집이 세다', '막손금을 가진 사람은 부자가 아니면 천재다', '손금에 다 쥐고 있다', '여자 손발이 크면 고생을 많이 한다', '손바닥에 우물 정井자 금이 있으면 부자 상이다', '남자 손발이 작으면 귀인 된다', '남자 손발이 길어야 재물을 많이 모은다', '손발에 풀기가 없어지면 돈도 안 붙는다', '팔장 끼는 여자는 색정이 강하다'는 말들이 있다.

'얼굴은 마음의 거울이다'는 아주 틀린 말은 아니겠다. '생긴 꼴이 노는 꼴이다'라는 논리적 근거로 관상학을 논하고 관상쟁이도 먹고 살지만, 관상학이나 관상속담을 믿을 바 못 된다. '인간 팔자 새옹지마라'고, 사람이 모르는 어떤 질서가 있을 수 있고, '귀천궁달이 수레바퀴라'고, 인간이 모르는 어떤 힘의 작용이 있을 수 있다. 사람이 아무리 지혜롭다 하여도 한 치 앞도 못 보거늘, 어찌 남의 길흉화복을 내다보겠는가. '집이 망하면 관상쟁이만 원망한다'고, 괜스레 관상학에 전적으로 의존하여 제 앞날을 속단하도록 하지 말자.

관상은 저 자신을 보기 위한 것일 때 가장 쓸모가 있다. 그런데 '관상쟁이가 제 관상 못 보고 점쟁이가 제 점 못 친다'면, 관상쟁이의 말은 장사꾼의 말이나 다름이 없게 된다. 관상쟁이가 제 이익을 위해 상대방을 요리하는 꼴이 되겠다.

'운명과 여자는 담대한 것을 좋아한다'는 말이 있다. 그러니 사주니, 관상이니 너무 믿지 말고 담대하게 제 인생을 개척해 나가야 하리라. 왜 화나 복을 미리 알고 싶어 하는가. '모르고 당하는 화보다 알고 당하는 화가 가볍다'는 이유 때문인가. '한 방에서도 얼어죽고 데어죽은 놈이 있다'는 말처럼 같은 처지에 있어도 운수소관이 다를진대, 무슨 재주로 숱한 사람들의 길흉화복을 찾아낸다는 말인가. 관상학·관상속담을 너무 믿지 않는 게 현명한 일이다. 그러나 현명한 사람이라면 아주 무시하지도 않는다.

◆◆◆ 등통鄧通: 중국 한나라 때 문제文帝에게 총애를 받아 부자가 될 기회가 있었지만, 기회를 잃고 굶어죽은 사람.

34. 중매와 혼인

'복 중에서 가장 좋은 복이 인연복이라'

조혼하던 시절에 '여자는 키를 머리에 씌워서 땅에 안 끌리면 시집가도 된다'고 했다. 그래서 '여자는 첫아이 낳을 때까지는 큰다'고 했던 것이다. 그러자니 부모는 딸이 소녀티를 벗기도 전에 혼인시킬 걱정을 해야 했다. '계집아이를 낳으면 두 번 운다'고 했는데, 어린 것을 떠나보내며 안타까이 울더라도 짝을 찾는 일을 서둘러야 했던 것이다. '짚신짝도 짝이 있다'는 말을 건성으로 나불대지 않았다.

요즈음의 처녀·총각들이 모두 제가 제 짝을 찾아 혼인하는 것 같지만, 아직도 중매쟁이 신세를 지는 사람들이 많다. '도끼가 제 자루 못 깎고 중이 제 머리 못 깎는다'는 말이 여전히 유효하다. '중매와 흥정은 붙이랬다'고, 선남선녀를 혼인시키려 나서는 일은 분명 복 받을 일이겠다. '중매 셋만 잘하면 죽어서 좋은 곳 간다'거나 '중매 열만 하면 지옥 갈 사람도 극락 간다', '혼사 중매 열 번 하면 백 가지 지은 죄가 없어진다'고 했다.

'총각 처녀 중매는 개 빼놓고는 다 된다'고 했듯, 중매는 누구나 대상이 된다. '중매쟁이 거짓말 않는 데 없다'고 했고, '중매와 물길은 끌어대기에 달렸다'고 하듯, 중매쟁이의 둘러대는 말솜씨에 따라 일이 발전된다. '중매는 잘 하면 술이 석 잔이고 못하면 뺨이 석 대라'는데, 술 석 잔 바라고 하는 짓인가, 아니면 극락을 가자고 하는 짓인가. 여하튼 '중매꾼이 좋으면 절반 혼사 다 한다'는 말이 틀릴 리 없다. '중신아비 거짓말은 바지게 거짓말'이라 하더라도, 인연을 맺어 잘만 살면 나무랄 거짓말은 아닐 것이다. '거짓말을 못하면 중매 못 한다'고 했다. '좋은 거짓말에는 나라님이 상을 내린다'고 했는데, 중매쟁이의 웬만한 거짓말은 나라님한테 상 받을 것이겠다. 또한 '큰 거짓말은 해도 작은 거짓말은 마라'고 했는데, 혼인은 인륜지대사니까 큰 거짓말에 해당되겠다. '너무 정직한 것은 거짓말만 못하다'거나 '참말은 할수록 줄고 거짓말은 할수록 는다'고 하지만, 중매쟁이의 거짓말에는 대의명분이 있는 셈이라서 나쁘게만 여겨지지 않는다. '삼 년 가는 거짓말 없다'고 했는데, 중매쟁이가 이미 발을 뺀 후겠다. 이미 그때는 중매쟁이가 거짓말을 한 것이 아니라 '귀가 거짓말 했다'고 제 탓을 할 때다. 잘못 들었다는 뜻이다.

'나무젓가락도 짝을 맞출 때는 골라서 맞춘다'고 했으며, '맷돌도 짝이 있고 은행나무도 마주 선다'고 했다. '고리짝도 짝이 있고 헌신짝도 짝이 있고 맷돌짝도 짝이 있다'고도 했다. 하물며 인간에게 짝이 없겠으며, 그 인연을 위하여 정성을 아니 들일 수 있을까.

'처녀 시집 안 간다는 건 세상이 다 아는 거짓말이라'거나 '제 중매 제가 못 한다'고 하니까, '과년 찬 자식 있으면 부모가 중매쟁이를 따라다녀야 한다'는 것은 당연하다. '늙은 처녀더러 시집가라 한다'고 하는데, 그것은 냉수보다도 못한 빈말일 뿐이다. '처녀가 늙어가면 됫박 쪽박 안 남아난다'거나 '처녀가 늙어가면 산으로 맷돌짝 지고 오른다'고 하지 않던가. '과년 찬 노처녀 시집가기 기다리듯 한다'고 하듯 나이 찬 사람들은 얼마나 안달이 날 것인가. '장은 묵을수록 값이 오르고 처녀는 묵을수록 값이 떨어진다'는데, 부모보다 당사자는 얼마나 죽을 맛이겠는가. '길갓집 큰아기는 내다보다가 다 늙는다'고 하지 않던가. '딸 둔 어머니는 반중매쟁이가 돼야 한다'거나 '누이 찌꺼기 뒤처리는 오빠가 한다'고, 누구든지 나서서 나이 찬 처녀의 새 삶을 열어줘야 할 것이다.

'딸이 많으면 문 쪽에 불이 난다'는 정도가 되면 다행이다. 끊임없이 중매가 들어온다는 것은 여하튼 좋은 일이다. '딸자식 두면 경상도 도토리도 굴러온다'거나 '대감마님댁 따님이 당혼當婚하면, 부리던 종놈도 넘본다'고 했는데, 왜 아니 그렇겠는가. '궁노루가 있으면 향내가 풍긴다'거나 '국지기 배꼽에 사향 들었다'지 않던가. '처녀 총각의 중매는 개 빼놓고 다 된다'는 말이 과장이 아니다. '낯을 들고 다니

정종진 205

는 처녀도 선을 보아야 한다'고 했다. 인륜지대사인데 어찌 형식이 없겠는가. '낯을 보고 고르지 말고 마음을 보고 고르라', '며느리는 눈으로 고르지 말고 귀로 고르랬다', '간선은 눈으로 하지 말고 귀로 하랬다', '그 집 딸 선을 보려면 먼저 어머니를 보랬다', '며느릿감 선볼 때는 당사자보다 그 어머니를 보는 것이 낫고 어머니보다 그 집 측간을 보는 것이 낫다', '며느리 간선은 그 어머니 먼저 보랬다'는 말들이 그를 리 없다. 미모에 현혹된다든지, 겉만 보고 속을 어이 알랴. '첫선을 잘 봐야 길이 순하게 열린다'는 말은 혼사에는 시종일관 온갖 정성을 다하라는 뜻이 되겠다. '얻기 쉬운 색시는 버리기도 쉽다'고 하지 않던가.

예전에는 궁합을 보는 것이 필수였고, 지금도 그것을 신봉하는 사람들이 적지 않다. '궁합이 맞아야 혼인도 한다'지만, 궁합은 저희들이 맞춰가기에 달렸다. 그렇다고 미리 맞춰 '얌전한 아가씨 배 먼저 부르다'는 소리나 들으면 안 될 일이다. 사주팔자의 해석이 점쟁이마다 다를진대, 어찌 거기에 평생을 걸 것인가. 이리 재고 저리 재다가는 '모시 고르다 삼베 차지한다'든지, '은에서 은 못 고르고 총각 속에서 총각 못 고른다', '고르다가 고르다가 끝판에는 곰보 마누라 얻는다'는 말이 나오게 될 것이다. '제 마음에 괴어야 궁합이라'고, 서로 마음에 끌리게 되면 궁합도 거기에 끌려오게 마련이다. '짝을 맞춰봐야 팔자도 안다'고 하듯 궁합도 짝을 맞추고 난 다음에 겨우 알게 되는 것이다. '묵은 된장에 풋고추 궁합'으로 만나는 남녀가 어디 그리 흔하겠는가. 그런 인연은 '남대문 안에서 김 서방 찾기'보다 힘들면 힘들었지, 쉽지 않을 것이다.

'결혼은 연분이 있어야 한다'고 했다. '혼사는 일 중의 일이라'는데, 연분도 예사 연분이 아님은 당연하다. 또한 '결혼은 만대의 시초'

며, '결혼은 만복의 근원'이라고 했다. 아무리 '결혼하고 후회 안 하는 사람 없다'지만, 혼인은 신성하고도 신성하다. '혼인은 인류 대사' 아닌가. 그러니 '두 푼 주고 떡 사먹듯 한다'는 소리를 들으면 안 될 일이다.

'반달 같은 딸이 있으면 온달 같은 사위도 고른다'고 했으며, '나이 적은 딸이 먼저 시집간다'고 했다. 여자는 젊을수록 혼인하는데 유리하다는 뜻이겠다. '계집애년 쓸 만한 게 왜 동네 밖을 나가며 사내자식 똑똑한 게 왜 동구 밖을 나가겠느냐'고 하지만, 대부분 '동네 처녀 잘 자란 줄 모른다', '등잔 밑이 어둡다'는 말과 일반이다. '삼대 적선하지 못하면 좋은 혼사 못한다'고 했으니, 후손을 위해서는 늘 적선하는 마음으로 살 일이다. '장가갈 놈 눈에는 이 처녀도 곱고 저 처녀도 곱게 보인다'고 했다. 왜 아니겠는가. 그러니 '서천西天으로 경문 가지러 가는 사람은 경문 가지러 가고 이웃집 처녀한테 장가드는 사람은 장가든다'는 말대로 해야 하리라.

신성한 혼인은 누구도 방해해서는 안 된다. '혼사에 반간反間 놓은 놈은 만중 앞에서 목을 베어라'거나 '혼사 방해하는 놈은 때려 죽여도 죄가 없다'고 했다. 반간이란 이간질이란 뜻이다. 혼사에 이간질하는 것을 가장 큰 죄 중 하나로 쳤던 것이다. '혼사 말에는 흥 소리도 반간이라'고 했으니, 혼담이 있을 때는 누구나 입을 가볍게 놀려서는 안 된다. '흥정과 혼사는 붙여야 한다'고 했는데, 오히려 방해한다는 것은 용서받을 수 없는 짓임에 틀림없다.

'혼인과 물길은 끌어대기에 달렸다'거나 '딸과 호박덩굴은 옮겨놓은 데로 간다'고 했지만, 억지로 끌어댈 수는 없는 일이다. 흔히 말하는 '가마는 도투 타고 말은 숙여 타라'는 속담과 '장가는 얕게 가고 시집은 높이 가랬다'는 말은 똑같은 뜻을 가지고 있다. 장가는 저보다 좀 못한 여자에게 가고, 시집은 저보다 좀 나은 남자에게 가라는 의미다. '딸은 형세 난 데로 보내는 게 좋고 며느리는 없는 집 색시라야 쓴다'거나 '딸은 부잣집으로 시집보내고 며느리는 가난한 집에서 데려오랬다', '며느리는 부잣집 딸보다 못 사는 집 딸을 얻는 게 좋다'는 말들도 다 한가지다. '딸은 딸 많은 집으로 시집을 보내랬다'는 충고도 있다. '여자 높이 날고 낮이 놀기는 시집 하나에 달렸다'고 하는데, 요즘에 꼭 맞는 말은 아니지만, 아주 틀린 말도 아니다. 남자도 마찬가지다. 오죽하면 '전쟁에 갈 때는 한 번 기원하고 배 탈 때는 두 번 기원하고 장가 갈 때는 세 번 기원한다'고 하겠는가.

'혼인에 재물을 논하는 것은 오랑캐 풍속이라' 했다. 혼수 때문에 이런저런 갈등을 빚는 요즘 세태는 그렇게 보면 오랑캐 짓인 셈이다. '삼현육각三絃六角잡히고 시집간 여자치고 잘 산 데 없다'거나 '물 떠 놓고 혼례를 해도 제 복만 있으면 잘 산다', '반짇고리 옆에 끼고 간 사람은 잘 살고 농바리 싣고 간 사람은 못 산다', '방망이 하나 가지고 시집을 가도 잘만 산다', '삼현육각 잡히고 시집가도 제 복 없으면 못 살고 얼레빗 참빗 달랑 품고가도 제 타고난 복 있으면 잘 산다'는 말이 괜한 소리는 아니다. '바리바리 싣고 가도 제 복 없으면 못 산다'든지, '시집갈 때 허리에 빗 하나만 넣어가도 제 복만 있으면 잘 산다'는 말도 마찬가지다. 고생을 하면서 마련한 살림살이와 재물은 평생의 힘이 되게 마련이다. 그러니 '혼사치레 말고 팔자치레 하랬다'는 충고를 잘 새겨들을 일이다. 그렇지 않아도 혼사치레에 부모들은 멍이 들 대로 다 든다. '딸 시집보내면 도둑맞은 폭이나 된다'거나 '딸 넷 시집 보내면 대문을 활짝 열어놓아도 도적맞을 것이 없다'고 하지 않던가.

예로부터 혼인을 이성지합二姓之合이라 했다. 또한 '두 성이 결합하는 것은 만복의 근원이다'고 말했다. '가다 오다 만난 임은 나무그릇에 메밀범벅이고 사모관대 맺은 임은 놋그릇에 찹쌀범벅이라'는 말처럼, 정식으로 혼인절차를 갖추면서 맺은 연분이라야 복을 더욱 받게 된다.

'처녀 때 안 예쁜 여자 없다'고 하지만, 그야말로 '시집가는 날 예쁘다는 소리 못 듣는 신부 없다'고 했다. 사내도 '장가가면 철도 난다'고도 했다. '처녀 오장은 깊어야 좋고 총각 오장은 얕아야 좋다'고 했듯이, 서로 잘 어우러지면 선남선녀가 따로 없는 것이다. '첫날밤 같아서야 세 살 때 못 만난 것이 한 된다'고 하지 않는가. 대부분 신랑 신부가 그렇겠다. 철없는 신랑이 '첫날밤에 속곳 벗어 메고 신방에 들어간다'고 하더라도, 수줍은 신부가 '첫날밤 신랑을 배 위에 못 올려놓겠다'고 하더라도 곧 자연스럽게 어우러질 것이다. '애먹이는 큰 애기가 오히려 맛이라'고 했지만, '늦게 심은 모는 땅내를 쉬이 맡고 늦게 시집간 처녀는 서방 맛을 쉬이 안다'는 말처럼 늦게 혼인한 사람은 늦은 대로 즐거움이 클 것이다. '새 사랑 삼 년은 개도 지낸다', '첫사랑 삼 년은 개도 산다'고 했듯이, 신혼 초에 누군들 아니 즐겁겠는가. '색시가 고우면 처갓집 외양간 말뚝에도 절한다'고, 서로서로 '간이라도 뽑아 먹이겠다'고 엉켜들 것이다. 그러다 보면 '색시그루는 다홍치마 적에 앉혀라'는 충고를 실천하기가 쉽지 않을 것이다.

'막내딸 시집보내려면 내가 가는 것이 낫다'는 부모의 심정을 알 것인가. '장모 될 여자는 사윗감 코부터 본다'는 어머니의 속내를 알 수 있을 것인가. 어쨌든 '여자는 시집가는 날이 남 되는 날이다', '여자는 시집가면 친정과 멀어진다'거나 '여자는 시집가면 그 집 귀신이 된다', '딸은 시집가면 남 된다', '시집 장가 보내놓으면 자식은 빼앗기는 것이라'고 부모가 생각하는 것은 당연하다. 애지중지 기른 자식들이 하루아침에 떠나가 저희들끼리만 어우러지는데 어찌 서운하지 않겠는가. 그러니 옛날에 시집살이가 있었던 것이다. 하지만 '뒷간과 시집은 대신 못 간다'고 했는데 어찌하랴. '고추당초 맵다 한들 시집살이만 하랴'고 했을 정도였다. '시집 다른 데 없고 오뉴월 뒷간 다른 데 없다', '시집 열두 번 가봐야 시집살이 다른 데 없다'고 했었다. 그러면서도 '고된 시집은 살아도 후한 친정은 못 산다'고 했던 것이다. '멀리 간 시집 가나오나 눈물이다'고 했다. 딸도 어머니도 다 눈물인 것이다.

부부가 평생을 '댕기 끝에 진주 씨요 상추밭에 파랑새라'고 할 정도로 어우러지면 얼마나 보기 좋을 것인가. '일 고수 이 명창'이라거나 '명고수에 명창', '고수에 명창이라'는 말이 궁합 잘 맞는 부부에게도 쓸 만하다. 다만 '단마디 명창'으로 머물 것이 아니라, 오래오래 살며 완창을 해낼 수 있는 부부로 어우러져야 할 것이다. '용마龍馬도 장수를 만나야 하늘을 난다'는 듯 살면 더없이 좋으리라. 그것이 '하늘이 마련해준 연분'에 응답하는 일이겠다. '너하고 나하고 원수는 중매쟁이라'고 원망하며 살아서야 되겠는가. 오로지 '딸과 사위가 맞아야 명당이라'는 말이 옳을 뿐이다.

- ◆◆◆ 바지게 : 짐을 싣기 위해 큰 소쿠리를 얹은 지게.
- ◆◆◆ 국지기 : '노루'의 사투리.
- ◆◆◆ 간선 : 선을 본다는 뜻.

35. 부부

'부부는 평생 지팡이다'

'부부는 남이자 일신'이라고 했다. '부부도 처음에는 남이라'지만, 남이 아닌 남으로 예정되어 있었던 것이다. '부부는 정으로 산다'고, 정 때문에 둘 사이의 경계가 없어진 것이다. 그래서 '부부는 무촌'이 되고, '부부는 닮는다'는 것이다. '부부가 오래 같이 살면 겉과 속이 서로 닮는다'고 할 정도니 '부부는 형제보다 가깝다'거나 '허물 모르는 게 부부라'는 말이 억지일 수 없다. '부부는 원래 같은 숲속에 사는 새와 같다'는 비유가 그럴 듯하다. 어쨌든 부부가 되었다는 것은 '던져놓은 윷가락이라'거나 '기왕 벌인 춤이라', '기왕 내친 걸음이라'고 할 수 있으니 잘 어우러지도록 서로 정성을 들여야 하는 것이다.

부부가 한집에 살아도 역할이나 행동반경이 매우 달랐다. '남편은 남편다워야 하고 아내는 아내다워야 한다'지만, 말이 그렇지 어떻게 그것을 간결하게 설명할 수 있겠는가. '남자는 돈 쓰다가 한평생 여자는 밥 짓다가 한평생'이라거나 '사내는 돈을 잘 써야 하고 여자는 물을 잘 써야 한다'는 말처럼 아무리 부부라도 살아가는 방법은 사뭇 다르다.

'여편네는 정으로 살고 정으로 죽는다'고 했다. 그러나 여편네만 그런가. 사내도, 노인도, 아이들도 다 그렇다. '피도 눈물도 없다'고 하는데, 어떤 상황이 그렇게 만들었을 뿐 인간이란, 아니 동물 세계가 모두 정으로 산다. 정이란 얼마나 좋은 것인가. 그러나 좋은 만큼 예민한 게 정이어서 쉽사리 미움으로 바뀌기도 한다. '미운 정 고운 정다 들어' 스스로의 정을 웬만큼 다스릴 줄 알 때까지는 누구나 수없이 정에 들뜨고, 한편 배신감도 느끼면서 살게 되는 것이다. '여자를 데려오기는 쉬워도 길들이기는 어렵다'고 했는데, 길들이는 것이 아니라, 정에 빠져드는 것이리라.

'물이 아니면 건너지 말고 인정이 아니면 사귀지 말라'거나 '정은 나눌수록 커진다'는 말이 절대 그르지 않다. 냉정히 대할 바에야 만나지 않는 편이 낫다. '물은 낮은 데로 흐르고 정은 괴는 데로 쏠리는 것'이어서 오래오래 정성을 들이면 정이 괴고, 내 사람이 되는 것이다. '술은 첫물에 취하고 사람은 훗물에 취한다'고 하지 않던가. 정이 가득 괴게 하려면 오랜 시간이 걸리는 것이다. '어머니 입에서 효자 낳고 마누라 입에서 좋은 남편 낳는다'고 했다. 좋은 남편이란 평가는 오로지 아내 입에 달린 것이다.

어설프게 정을 주다가 실망을 하는 경우가 허다하다. 단숨에 숨막힐 듯 정을 주고, 그 대가의 정이 곧바로 되돌아오지 않을 때 그렇게 된다. '오는 정이 있어야 가는 정도 있다', '정도 품앗이라'고 불평하다가 급기야 '더러운 것이 정이다', '정이 원수요 정이 병이다' 하면서 제풀에 죽는다. 정은 인내다. 서서히 공을 들여야지, 바가지로 물 퍼주듯 하는 게 아니다. 그러기에 '드는 정은 없어도 나는 정은 있다'거나 '드는 정은 몰라도 나는 정은 안다'고 했다.

편견이란 인간의 입법자라는 말처럼, '제 눈에 안경'이라는 말같이, 사람은 편견에 살기 일쑤다. 정은 일종의 편견이지만 거의 생산적인 편견이다. '한 사람을 사랑하면 그 지붕 위에 앉아있는 갈가마귀도 사랑하고 한 사람을 미워하면 그 종들마저도 미워한다'는 말도 편견이요, '좋으면 곰보도 보조개로 보이고 절름발이도 춤추는 것처럼 보인다'는 말 역시 편견에서 비롯된다. '이 방 저 방 다 좋아도 내 서방이 제일 좋고 이 집 저 집 다 좋아도 내 계집이 제일 좋다'는 생각 또한 다름 아닌 정이라는 이름의 편견이다.

　부부간의 정이 정말 성숙해서 '고와도 내 님이요 미워도 내 님이다' 하며 서로 애지중지하는 모습은 얼마나 아름다운가. 그러다 보니 '베갯밑공사에 넘어가지 않는 사람이 없다'는 말도 생기게 되는 것이다. 아내가 귀여운데 어찌 말을 아니 들을 수 있으랴. 그것도 잠자리에서 말이다. '멀면 정도 멀어진다'고 하는 말은 당연하다고 해도, 늘 상 가까이 붙어있는 부부라 해서 사뭇 정이 붙기만 하는 것은 아니다. '부부도 오래 멀리 떨어져 살면 남 같아진다'는 말이 맞기도 하겠지만 결국 사람 나름이겠다. '정담도 길면 잔말이 생긴다'고, 사랑의 말이 싸움으로 번지는 수도 있다. '정에서 노염 난다'는 말이 그렇다. 그러다 보면 정이 식어질 수 있어 '정이 없으면 법으로 사는 것이 시집살이라'고 스스로를 다독이지만 쉽게 수긍할 세태도 아니다. 싸우려면 끝이 좋도록 싸워야 한다. 애정을 가진 싸움은 끝이 좋다. '싸움 끝에 정 붙는다'는 말을 끝내 믿어야 한다.

　명목은 부부간이라서 아무리 친한 사이라지만, 일마다 의기투합이 될 수는 없다. 그러니 갈등이 생기는 것은 필연적이다. '강아지 수염 외로 길지 바로 길지' 모르는 것처럼 부부생활이 좋을지 나쁠지 혼인 때에 어찌 알 것인가. 누구든 저 스스로도 갈등을 느끼는데, 둘이 붙어살면서 갈등이 없겠는가. 사랑이 식지 않은 부부는 싸울 수밖에 없다. 그러니 '부부간에는 낮에 싸우고 밤에 푼다'고 하지 않던가. '부부 싸움과 초생달은 밤마다 둥글어진다'고 하지 않는가. 부부 싸움은 서로가 먹은 마음이 없어야 한다. '부부가 싸울 때 한 말을 새겨듣는 연놈과는 살지도 말랬다'고 하니 말이다.

　'부부 싸움은 개싸움이다', '부부 싸움은 개도 안 쳐다본다'고 했다. 그래서 누구도 끼어들 수 없다. '부부의 일이란 하늘도 모른다'지 않던가. '부부 싸움은 칼로 물 베기'니 내버려 두는 게 상책이다. 그저 '부부 싸움은 젊어서는 사랑싸움이고 늙어서는 돈 싸움'이려니 할 일이다. '부부 싸움은 밤에 자면 풀린다', '부부 싸움은 해가 지면 그친다', '부부 싸움은 자고 나면 얼음 풀리듯 한다', '초승달과 싸운 부부는 밤마다 둥그래진다', '부부간에는 싸움 끝에 정이 더 든다'고 한 말들이 그렇다. '알 수 없는 것은 부부관계라'고 했는데, 이 복잡미묘한 관계를 누가 알려고 덤비겠는가.

그러나 그건 부부 사이가 좋을 때 얘기다. 부부 싸움이 잦으면 아무래도 정이 멀어지고 남처럼 여겨질 게 뻔하다. 서로 간에 소리 없이 멀어지는 정은 부부관계를 영영 회복하지 못하게 한다. '부부는 등을 대면 남이 된다', '부부간에도 돌아누우면 남이 된다', '안 맞는 버선은 고쳐 신지만 안 맞는 부부는 못 산다', '부부는 정 떨어지면 남이다'고 하지 않는가. 그렇다면 말 그대로 '부부는 악연이라'는 말이 맞다. '의가 없는 부부는 맞지 않는 신발과 같다'거나 '금 간 그릇 못 쓰고 틈난 부부 못 산다', '의 나쁜 부부는 맞지 않는 신발과 같다', '부부는 갈라서면 원수가 된다', '부부지간이란 돌아서면 남남지간이라 촌수가 없다', '마주 누우면 한 몸이고 돌아누우면 타인이다', '인연 없는 부부는 원수보다 더하다'는 말에서 충분히 짐작할 수 있겠다.

부부가 서로 틈이 나기 시작하면 이렇게 걷잡을 수 없게 된다. '부부 사이에도 담이 있어야 한다'는데 서로 감정적 거리를 조정하지 못하니까 극과 극으로 가기 일쑤다. '부부가 참지 않으면 자식들을 외롭게 만든다'고 한다. '부모 팔자가 반 팔자'라고 하는데 자식의 팔자를 망쳐서는 안 될 일이다. 이와는 달리 자식들의 교육을 명분으로 기러기 아빠를 만들거나 맞벌이 때문에 주말부부가 되기도 한다. '몸이 멀어지면 마음도 멀어진다'는 말은 진리다. '부부는 한지붕머리에서 살아야 한다'는 말이 맞다. '부부가 있은 후에야 자식도 있다'는 말이 조금도 그르지 않다. '아내 복이 있으면 자식 복은 따라온다'는 말을 믿어야 한다.

'부부간은 낮에는 점잖아야 하고 밤에는 잡스러워야 한다'는 말을 잘 새겨야 한다. '밤에는 임 보듯, 낮에는 남 보듯'이란 말이 그런 경우겠다. 남의 눈을 의식하자면 그럴 수밖에 없다. 부부간에는 육체적인 사랑이 무척 중요하고, 또 서로 간에 마음을 잘 읽고 행동해야 된다는 뜻이다. '부부간에는 금실이 좋아야 한다'는 말은 육체와 마음이 서로 잘 어우러져야 한다는 뜻이다. 속궁합은 맞추기 나름이다. 정해져 있는 것이 아니라 맞추려고 노력하는 것이 속궁합이다. '여자와 무는 바람이 들면 못 쓴다'고 했지만, 사내는 안 그런가. '여자는 품 안에 있을 때만 내 계집이라'고 생각하는 것은 여자 쪽에서도 마찬가지다. 밤에 잡스러워야 한다는 말은 속궁합을 맞추는 데 최선을 다하라는 뜻인 것이다.

'부부가 정이 좋으면 도토리 하나 먹고도 산다'고 했다. '부부는 참아가며 살면 일생을 편하게 산다'고도 한다. '부부는 살아서는 한 몸이 되고 죽어서는 한 구덩이에 묻힌다'는 말을 실천하고는 싶을 것이다. 이런저런 이유로 여의치 않아서 첩도 얻고 외입질도, 서방질도 하리라. '밝은 달밤이 흐린 대낮보다 못하다'는 말이 있다. 제 아무리 잘난 사내라도 못난 남편만 못하다는 뜻이다. 제아무리 잘난 여자라도 제 아내만 못하다는 뜻으로도 볼 수 있겠다. 왜 그렇지 않겠는가. '아내가 둘이면 때 굶는다'거나 '아내가 둘이면 서로 죽기를 기다린다'는데 말이다.

'간교하지 못하면 아내 노릇 못하고 어수룩하지 못하면 서방 자격 없다'는 말을 잘 새겨들을 일이다. '고추장 단지가 열둘이라도 서방님 비위 하나 못 맞춘다'고, 둔하면 아무리 물량공세를 해대도 비위를 맞출 수 없다. 그래서 '여우하고는 살아도 곰하고는 못 산다'든지, '여우하고는 살아도 소하고는 못 산다'고 했던 것이다. 아무리 그렇다고는 해도 제 아내 욕하는 놈치고 제대로 된 놈이 없는 법이다. '남정네 못난 것이 제 여편네 남한테 흉본다'고 하지 않던가.

'귀밑머리 마주 풀고 청실 홍실 늘이고 암탉 수탉 마주 놓고 백년가약 맺은 부부'로 인연을 맺은 바에야 쉽게 인연을 깰 수는 없는 노릇이다. '죽자 사자 원앙새', '살아도 내 남편 죽어도 내 남편' 하면서 살지는 못하더라도, 의리는 있어야 하고 도리는 지켜야 한다. '전생에 선행의 보답으로 금세에 아내가 된다'고 했는데, '귓머리를 맞춘 조강지처란 함부로 다루지 못 한다'는 말이 그래서 있다. '아내가 죽었대도 변소에 가서 싱긋이 웃는 게 남자의 생리라'고 우스개로 말한다. 실제로 그런 남자가 있다면 한참 잘못 생각한 것이다. '새 사랑은 꿀 사랑이고, 구舊사랑은 찰떡 사랑이라'고 비유하지만, 옛사랑 버리고 새 사랑을 구해도 별 대수로울 것 없다. '가마솥과 마누라는 오래될수록 좋다'고 했다. '못된 아내라도 자식보다는 낫다'거나 '못된 아내라도 홀아비로 있는 것보다 낫다', 또는 '악처 하나가 효자 열둘보다도 낫다'고 했다. 타박하지 말고, 잘 다독거리며 사는 것이 도리다. 특히 '오십 상처는 망처라'고, 늙어 아내를 잃으면 사내는 '옴치고 뛸' 재간이 없다.

'평생을 잘 살려면 아내를 잘 만나야 한다'거나 '일생 화근은 성품 고약한 아내'라고 하지만, 여자도 마찬가지다. '사내 잘못 만나면 백 년 원수'임이 분명하다. 물론 아내를 잘 만나면 못된 사내의 허물도 웬만큼 가려진다. '아내 행실이 어질면 남편 얼굴이 넓어진다'든지, '아내의 행실이 어질면 남편의 화가 적어진다', '어진 아내는 남편을 귀하게 만들고 악한 아내는 남편을 천하게 만든다', '어진 아내가 있으면 남편이 횡사를 만나지 않는다'는 속담들이 전혀 헛말이 아니다. '각시가 귀여우면 처갓집 섬돌도 귀엽다'는 경지를 맛본 사내라면 충분히 알 것이다. 그렇더라도 아내 자랑을 너무 하지 말 일이다. '계집 자랑 자식 자랑 돈 자랑은 말랬다'고 하지 않던가. '아내 잘 만나는 것은 복 중에서도 큰 복이라'는 말이 모든 것을 대변한다. 어찌 '아내는 남편 손에 붙은 밥풀이라'고 감히 말할 수 있으랴.

'집이 없으면 방앗간에서 자고 밥이 없으면 얻어먹어도 부부의 정만 좋으면 산다'고 했다. 부부가 정만 있으면 모든 어려움을 극복할 수 있게 된다. 그래서 '손바닥도 마주쳐야 소리가 나고 위아래 이빨도 서로 부딪쳐야 음식을 씹을 수 있다'고 한 것이다. '제 복만 있으면 빈손으로 만나도 잘 산다'고 하지 않던가. '네 복 내 복 해도 배필 복이 제일이라'는 말이 맞다. '여복은 있어도 처복은 없다'는 사내보다 못할 리가 없다. 그래서 서로, '집 중에 제일 좋은 집은 계집이요 방 중에 제일 좋은 방은 서방이라'거나 '방 중에는 서방이 제일이고 집 중에는 계집이 제일이다', '곯아도 젓국이 좋고, 늙어도 영감이 좋다'고 하면서 백 년이 짧다고 살아가면 얼마나 좋을 것인가. '부모는 밥맛이요 부부는 떡맛이라'고 했다. '늘그막에는 효자 열보다 등 긁어주는 악처가 낫다', '환갑 넘으면 말벗하고 잔등 긁어주는 맛에 산다'는 말을 허투로 듣지 말 일이다. '서방과 무쇠솥은 헌것이 좋다'거나 '어진 아내는 늙을수록 좋다', '아내와 가마솥은 오래될수록 좋다'는 말에서 알 수 있듯, 부부간의 정은 노익장인 셈이다. '아내와 집은 가꿀수록 좋다'든지, '밉네 곱네 해도 제 각시밖에 없다', '아내는 남편의 영원한 누님이라'는 말을 수긍할 수 있는가.

◆◆◆ 베갯밑공사 : 동침을 하면서 여자가 남자에게 원하는 것을 부탁하는 일.

36. 남녀의 성차

'여자는 속이 고와야 하고 남자는 속이 넓어야 한다'

혼인 전에는 남자나 여자가 진정한 남성성 여성성을 다 드러내지 않는다. 권력욕 · 명예욕 · 재물욕 · 성욕 등 사람의 속물근성은 혼인을 하고 나서야 품격의 밑바닥을 보이게 된다. 혼인을 하게 되면 이런저런 일을 충분히 겪게 되고, 그래서 인간에 대해 더욱 잘 알게 된다. 그래서 혼인을 하지 않으면 아이들 취급을 하게 되는 것이다. 남성과 여성을 견주는 속담을 보면, 성차에 대한 인식의 대강을 알 수 있게 된다.

'여자는 땅이고 남자는 하늘이라'는 말은 음양론의 가장 기초다. '남자를 볼 때는 위에서부터 보고 여자를 볼 때는 아래서부터 본다'는 말도 비슷한 뜻이다. 남자의 힘은 어깨에서 나오고, 여자의 힘은 엉치에서 나오기 때문이다. 하늘로 향한 어깨, 땅으로 향한 엉치인 것이다. '여자는 기가 보드라워야 되고 남자는 대가 세어야 한다'거나 '사내는 가을 여자는 봄'이라는 말도 마찬가지로 음양의 이치에 근거한다.

예로부터 남자에게는 대의명분있는 구실을 하도록 요구했다. 하지만 아무리 능력 있는 남자라도 시대가 도와주지 않으면 큰일을 할 수가 없었다. '계집은 사내가 제 팔자요 사내는 시대가 제 팔자라'거나 '계집은 한 사내 잘 만나야 여자 꼴 나고 사내는 한 시대 잘 만나야 인물 꼴 난다'는 말이 그것이다. '남자 셋이 모이면 천하가 들먹거리고 여자 셋이 모이면 그릇이 엎치락뒤치락 한다'든지, '여자 셋이 모이면 접시가 쪼개지고 남자 셋이 모이면 집이 한 채 세워진다'는 말도 마찬가지다. '남자는 자기를 알아주는 사람을 위해 죽고 여자는 자기를 좋아하는 사람을 위해 화장을 한다', '남자가 잘 나면 역적질을 하고 여자가 어여쁘면 서방질을 한다'는 속담의 의미도 다르지 않다.

'여자는 손이 길고 남자는 발이 길다'거나 '남자는 안에서 하는 일을 말하지 말고 여자는 밖에서 하는 일을 말하지 말랬다', '여자는 바깥일에 대해 말하지 말고 남자는 안일에 대해 말하지 않는다'고 거듭되는 말은 행동반경의 성차를 암시한다. '남자는 그릇이고 여자는 물이라'든지, '사내는 배짱 여자는 절개', '잔꾀는 여자가 많고 큰 꾀는 남자가 많다', '아내 방귀는 도둑 방귀고 남편 방귀는 풍월 방귀라', '남자가 디딘 풀은 죽고 여자가 디딘 풀은 안 죽는다', '잔소리는 여자한테 약이고 남자한테 병이다', '남편은 너그러워야 하고 아내는 유순해야 한다', '남자 속은 넓어야 하고 여자 속은 고와야 한다', '남자의 오장은 얕아야 하고 여자의 오장은 깊어야 한다', '남자는 이레 굶으면 죽고 여자는 열흘 굶으면 죽는다', '남자는 배짱으로 살고 여자는 절개로 산다', '남자 셋이 모이면 문수文殊의 지혜가 생기고 여자 셋이 모이면 여우가 생긴다', '남편은 두레박 아내는 항아리'라는 말은 남녀 속성의 성차를 견준 말이 된다.

성性의 차이를 견주는 말은 많고도 많으며, 모든 사람들에게 흥미를 갖게 한다. '사람이란 동물은 음기 양기가 동하면 촌수도 안 보이고 귀신의 눈에도 보이지 않는다'는 말처럼 성에 탐닉하면 남녀 구별 없이 분별력을 잃는다. 그래서 누구나 짝이 필요한 것이다. '여자는 아무리 가난해도 사내와 신발은 있고 사내는 아무리 가난해도 계집과 탕반기는 있다'는 말이 그렇다. 누구나 성욕을 해소할 수 있어야 제 정신을 갖고 살 수 있다. '남자 코가 크면 물건이 실하고 여자 눈 가장자리가 까무잡잡하면 조개가 찰지다'는 말은 관상을 통해 성기나 성력性力을 추측할 수 있다는 뜻이다. '여자는 다듬이방망이질을 잘해야 하고 남자는 가죽방망이질을 잘해야 한다'거나 '여자는 남자 품 안에 들어야 좋고 남자는 여자 품 안에 부듯해야 좋다', '남자와 가지는 검을수록 좋고 여자와 가지는 어릴수록 좋다', '여자는 몸으로 때우고 남자는 돈으로 때운다', '여자 못난 것이 젖통만 크고 사내 못난 것은 좆대가리만 크다', '여자 수절은 있어도 남자 수절은 없다', '여자는 남자 없이 살아도 남자는 여자 없이 못 산다', '여자 마흔이면 계집 행세 못하고 남자 쉰이면 사내구실 못 한다', '계집이 군것질 심하면 서방질하고 사내가 군것질 심하면 도둑질 한다', '남자 없는 여자는 살아도 여자 없는 남자는 못 산다', '남자는 돈으로 때우고 여자는 몸으로 때운다', '남자는 대가리가 둘이라 머리가 좋고 여자는 입이 둘이라 말이 많다'는 말들이 그렇다.

 나이를 먹는다든지 세월이 가는 것에 따른 남녀의 차이도 현격하다. '여자는 얼굴이 늙고 남자는 마음이 늙는다'고 하는데, 여자들이 외모에 지나치게 신경을 쓴다는 뜻이리라. '여자는 젊어 보인다고 해야 기뻐하고 남자는 늙어 보인다고 해야 기뻐한다'고 했는데, 점잖음을 강조하는 세태 때문이다. '남자는 나이 먹으면 어른이 되고 여자는 나이 먹으면 여우가 된다'고 했다. 나이를 먹게 되면 남자보다 여자가 처세술이 더 우월해진다는 뜻으로 빗대는 말이겠다. '남자 젊어 상처는 복이고 늙어 상처는 고생이며 여자는 젊어 상부는 고생이고 늙어 상부는 복이라'는 말은 젊고 늙음에 따라 남녀의 필요성이 다르다는 뜻이다.

'여자는 죽을 때가 돼도 철이 안 나고 남자는 죽을 때가 돼야 철이 난다'고 했는데, 남녀를 막론하고 철드는 것이 쉽지 않다는 뜻이다.

　남녀가 만나서 사는 과정을 성차를 대비시킨 속담으로 요약할 수도 있다. '아내는 부엌에서 얻고 남편은 글방에서 얻으랬다'고 했다. 남자는 선비를 좋게 생각하는 반면, 여자는 살림꾼을 좋게 생각했다는 뜻이다. '남자는 첫사랑이고 여자는 끝사랑이라', '여자는 첫차를 타야 팔자가 피고 남자는 막차를 타야 신수가 핀다'고 했는데, 남자의 여성 체험을 합리화시키는 말로 여길 수 있을 것이다. '여자치고 시집살이 일 년 못하는 여자 없고 남자치고 벼 한 섬 못 지는 남자 없다'고 했다. 시집살이가 아무리 고되어도 신혼기간 정도는 버텨나갈 수 있다는 뜻이다. '아내를 잘못 얻으면 삼대 원수요 남편을 잘못 만나면 당대 원수라'는 말은 여자를 잘 얻어야 된다는 것을 강조하는 말이다. '남편은 귀머거리가 돼야 하고 아내는 장님이 돼야 부부가 잘 산다'거나 '아내는 벙어리가 돼야 하고 남편은 귀머거리가 돼야 한다'고 했다. 부부가 너무 깐지게 서로를 간섭하면 안 된다는 뜻으로 빗대는 속담들이다. '남자가 버는 것은 황소걸음이고 여자가 버는 것은 거북 걸음이라'는 말은 경제력은 남자가 우월하다는 뜻으로 빗대는 속담이다. '아내가 앓으면 살림이 망하고 남편이 앓으면 집안이 망한다', '남자가 앓으면 집안이 망하고 여자가 앓으면 살림이 안 된다'는 말은 부부 중 누구라도 앓아서는 안 된다는 뜻으로 이르는 말이다.

　(1) 남자 - '남자의 팔자는 여자에게 달렸다'

　'사내 팔자는 아내에게 달렸다', '사내 팔자는 장가들기에 달렸다'고 한다. 그거야 여자도 마찬가지다. '사내 못난 놈은 여편네만도 못하다' 했는데, 여편네만 못한 놈이 어디 한둘인가. '사내 못날수록 여자 앞에 콧대가리 들고 나선다'거나 '사내 못난 것 집안에서 큰소리고 양반 못난 것 장에 가서 큰 소리라'는 말이 꼭 맞는 말이다.

'담력은 커야 하고, 마음은 세심해야 한다'는 말이 사내들에게는 정녕 좋은 충고다. 담력이 커야 한다고 해서 분별력 없이 나대라는 말은 아니다. '간담이 배 밖으로 나왔다'고 할 정도로 겁 없이 대들고 '내 배 다치랴' 하고 나대는 것을 두고 담력이 크다고 할 수만은 없다. 그렇게 하다가는 '못난 장닭 벼슬(볏)에 피 마를 날 없다'고, 못난 놈 되기 쉽다. '겁 없는 놈이 범도 잡는다'고 하지만, 때마다 그런 것은 아니다. 다만 '횃대 밑에서 주먹질'을 한다거나 '횃대 밑에서 활개치기', '겁 많은 개가 제집에서 짖는다', '겁 많은 개가 큰소리로 짖는다', '다리 밑에서 원을 꾸짖는다', '횃대 밑에서 호랑이 잡는 놈이 나가서는 쥐구멍 먼저 찾는다'는 말을 듣는다면 사내로선 실패작임이 분명하다.

옛날에는 사내의 권위를 키워주려고 금기어도 많이 만들어냈다. '사내가 바가지로 물을 마시면 수염이 안 난다'든지, '사내가 부뚜막 맛을 알면 계집을 못 거느린다', '사내가 부엌일을 하면 불알이 떨어진다', '남자가 여자에게 눌려 살면 집안이 망한다', '남자가 부뚜막 살림을 간섭하면 계집을 못 거느린다' 따위의 말들이 그것이다. 그러나 그런다고 모든 사내가 호기 있게 살아가는 것은 아니다. '사내대장부 마음은 천하를 호령해도 배가 안 찬다'거나 '남자 손이 크면 큰 성공을 한다'고 했지만, 괜한 바람만 넣어주는 말이기 십상이다. '남자 셋이 모이면 없는 게 없다'거나 '사내들은 도둑질을 하여도 뜻이 있다', '사내들이란 싸우면 적수요 사귀면 친구라', '사내들 싸움은 등이 없다'는 말들도 멋쩍거나 가소롭기는 한 가지일 터다.

'남자는 집 대문을 나서면 하루에 일곱 사람과 싸워 이겨야 살아남는다'고 했지만, 그렇게 설득력 있는 말은 아닌 것 같다. 밖으로 나돌기 때문에 '사내자식은 수리개 넋이라'고 했다. 그러다 보니 사회생활에 필요한 충고가 많다. '남자의 말은 천 년 가도 변하지 않는다'든지, '사내는 자기가 한 말에 책임을 져야 한다', '남자의 말 한마디는 천금보다 무겁다'는 언행훈부터, '남자는 도둑질 말고는 다 배워라', '남자는 입부리 좆부리 발부리를 조심하랬다'와 같은 처세훈이 적지 않다. '남자의 그것 짧은 건 써도 글 짧은 건 못 쓴다'거나 '계집 자랑은 삼불출의 하나요 자식 자랑은 팔불출의 하나라', '주색잡기에 패가망신 안 하는 놈 없다'는 말들도 아주 좋은 처세훈이다. 사내가 처신을 원만하게 하기 위해서는 돈이 중요하다고 여겼다. 그래서 '사내는 변소 길을 가도 돈 열 냥은 넣고 간다', '사내는 뒷간을 가도 돈 열 냥을 넣고 가랬다'고 했다. 때에 따라서는 거짓말도 중요한 처세술로 생각했다. '사내자식이 길 나설 때 갓모 하나 거짓말 하나는 가지고 나서야 한다'거나 '사내가 우비하고 거짓말은 가지고 다녀야 한다', '남자는 거짓말 세 자루와 우비는 가지고 다녀야 한다', '남자는 살다보면 평생에 세 번 거짓말을 할 일이 생긴다'고 가르치기도 했다. '계집 여럿 데리고 사는 사람은 들어가는 방마다 말이 다르다'고 한다면 거짓말을 밥 먹듯 해야 할 것이다.

남자에게는 여자관계가 가장 중요한 것이었다. '남자가 출세하려면 치마짜리 셋을 잘 만나야 한다'고 했다. 아내와 어머니, 할머니를 잘 두면 출세를 할 수 있다는 뜻이다. '여자 입술에 오르내리면 남자는 못 큰다', '범 같은 사내도 계집에게는 빠진다', '여편네 손찌검질 하는 사내는 팔불출의 하나라', '여자에게 빠진 사람 구하기 어렵다', '여자 울리고 가는 놈 얼마 못 가서 발 병신 된다', '하루를 잘 살려면 장사를 잘해야 하고 일 년을 잘 살려면 농사를 잘해야 하고 평생을 잘 살려면 아내를 잘 얻어야 한다'는 말들이 그렇다. 사내들은 모두가 수캐 넋이기에 제 여자를 두고 다른 여자를 밝히기도 한다. '계집은 남의 계집이 더 예뻐 보이고 자식은 제 자식이 더 귀여워 보인다'거나 '사내가 못 참는 것은 첫째가 술이요 둘째가 계집이요 셋째가 노래라'는 말은 예사로 내뱉었고, '사내 상처 세 번 하면 벼슬한 폭이나 된다'든지, '사내는 세 번 아내 죽기를 바란다'고 할 정도다. '사내 상처 세 번 하면 기둥이 부러진다'는 말은 아주 잔혹함의 절정이다.

사내들의 바람기는 은근히 조장되고 옹호되어 온 것도 사실이다. '사내가 잘 나면 열 계집도 거느린다'거나, '사내들이란 숟갈질할 힘만 있어도 딴 여자 볼 궁리를 한다'는 말들이 그것이다. 오죽하면 '사내 죽음 중에서 최고가 복상사라' 했겠는가. '남자라는 짐승은 백골이 진토될 때까지 바람을 피운다', '남자는 열 계집 마다 않는다', '남자는 좆방망이로 흥하고 망한다', '여자 싫다는 놈 없고 돈 마다하는 놈 없다', '계집이 여럿이라도 정은 각각 있다', '문지방 넘을 기운만 있으면 별을 딴다'는 말들이 그렇다.

남자의 성력性力을 중시하는 것도 이런 바람기 조장과 연관되어 있다. '남자가 상처하는 것은 과거할 신수라야 한다', '남자가 새벽 좆안 일어나면 끝장이다', '남자는 코 풀 힘만 남아 있어도 사내구실을 하려 한다', '남자는 팔십이라도 쌉 생각은 못 버린다', '남자 양기는 원기다', '양기가 원기다', '남자의 좆은 동산 겸 부동산이다', '남자 팔자는 장가 들어봐야 안다', '낮에는 큰소리치고, 밤에는 굽신거린다', '사내는 어디를 가나 옹솥하고 계집은 있다', '사내는 좆방망이로 흥하기도 하고 망하기도 한다', '오줌발 약한 놈과 고자는 사위 삼지 말라', '오줌 소리가 커야 양기도 좋다', '양기 줄고 식성 줄면 저승길이 멀지 않다', '새벽 좆 안 일어나는 놈은 돈도 꿔주지 말랬다'는 말들이 그에 해당한다.

이와 함께 여색에 대한 경계의 말도 구색을 갖춘다. '여색은 목숨을 치는 도끼라', '여색은 병을 돌아보지 않는다', '주색에 곯으면 추하게 늙는다', '주색에는 노소가 없다', '주색에 미치면 도리를 잃는다', '주색에 빠진 사람은 서로 더 하려고 한다', '주색은 사람을 함정에 빠지게 한다', '사내 못난 것이 오입질 자랑만 한다', '사내 원수는 술과 계집이다', '계집을 여럿 데리고 사는 사람은 늙어지면 하나도 못 데리고 산다', '얌전한 사내 늦바람이 무섭다'는 말들이 그것이다.

'사내가 계집 말을 들어도 패가하고 안 들어도 망신한다'거나 '남자가 생각이 너무 많으면 가난하게 산다', 또는 '계집 말을 잘 들으면 남을 도둑 만들고 안 들으면 집안 망신한다'는 말들은 사내들의 사리판단이 빠르고도 정확할 것을 요구하는 속담이다. 집 밖으로 나돌면서 활동해야 하기에 어설프게 행동하면 '물건만 차고 있다고 남자인가' 소리를 듣기 십상이다. 특히 여자관계가 그렇다. '계집이라면 생으로 회를 쳐 먹으려 한다'는 놈치고 패가망신 안 하는 놈 없는 법이다. '여우하고 계집은 피가 안 나게 사내를 잡아먹는다'거나 '여자 머리털 한 오라기가 남자를 붙잡아 매고 지옥에까지 끌고 간다'는 말을 잘 기억해 둘 일이다. '내일은 삼수갑산을 갈지언정' 하고 여자를 탐하다 보면 삼수갑산이 아니라 지옥까지 끌려가게 되는 것이다.

남자가 처세를 잘못하면 비난을 면치 못하는 건 당연하다. '남자는 사십이 넘으면 잡놈이 되고 환갑을 넘으면 개가 된다'거나 '남자는 모두가 늑대', '남자 버릇이 개 버릇이라'는 말을 듣게 된다. '사내 못난 것 집안에서 큰소리친다'든가 '송아지 못된 것이 장마당으로만 돌고 사내자식 못된 것이 남의 안방으로만 돈다', '밖에 나가면 호남자요 집에 들어오면 개자식이라'는 말을 듣는 좀스런 사내가 돼서는 안 될 것이다.

(2) 여자 – '여자란 남자 할 탓이다'

여자를 참으로 짧게 요약하기도 했다. '여자는 요물이라'거나 '여자는 외골수다', '여자는 악물惡物이다', '여자는 양념', '여자는 알밤 줍기다'라는 말들이 그렇다. 모두 여성을 모독하거나 비하하는 말들임이 분명하다. '일일 걱정은 아침술에 있고 일 년 걱정은 가죽신 작은 것에 있고 백 년 걱정은 악한 아내에게 있다'거나 '아내 나쁜 것은 백 년 원수 된장 신 것은 일 년 원수'라고 하여 여자 탓만 하는 사내들의 행태는 염치없었다. '여자는 참는 것이 부덕이다', '여자는 일부종사하는 것이 상팔자라'고 하여 여자에게만 인고忍苦의 덕을 요구하는 것은 횡포임이 분명하다. 오랫동안 남성이 주도해 왔기 때문에 여성 비하의 속담이 남성의 그것에 비해 무척 많다. 우선 그런 속담들을 모아 보자.

'여자 창자는 뱀 창자다', '여자 혀는 한 자다', '여자와 겨울 날씨는 믿을 수가 없다', '여자가 나돌면 일판 터지고 접시를 내돌리면 깨진다', '큰 싸움에 여자 안 끼는 싸움 없다', '여자 잔소리가 많으면 집안이 망한다', '여자는 강짜를 빼면 서 근도 안 된다', '여자는 남자 손에 붙은 밥풀이다', '여편네 통은 커봤자 깡통이라', '여편네 셋만 모이면 간사할 간 자가 된다', '여자하고는 대사를 논하지 말라', '여자와 가재는 가는 방향을 모른다', '여자 속은 뱅댕이 속이다', '여자 무게는 강짜 무게', '여자는 질투와 허영심을 빼면 두 근도 안 된다', '여자는 젊어선 여우고 늙으면 호랑이가 된다', '여자는 아기보 때문에 소견보가 작다', '여자는 전생에서 죄가 많아 여자로 태어났다', '여자는 늙으나 젊으나 죽어 관속에 들어갈 때까지도 질투하는 동물이다', '여자는 어머니라도 믿지 말라', '여자의 마음은 개구리같이 그 뛰는 방향을 예측할 수 없다', '여자의 속과 뱀굴은 모른다', '여자에게 돈 맡기는 것은 어린아이에게 칼 맡기는 것과 같다', '가재와 여자는 가는 방향을 모른다', '여자는 질투를 빼놓으면 두 근도 안 된다', '여자 딱딱한 것과 두부 딱딱한 건 쓸모가 없다', '계집이라는 게 변덕스러운 초가을 하늘이라', '계집의 강짜는 물불을 가리지 않는다', '여자는 가까이하면 버릇이 없고 멀리하면 원망한다', '여자는 남편 옆에 암고양이만 있어도 질투한다', '여자는 샘보와 아기보를 빼면 서 근도 안 된다', '계집이란 쉬 뜨거워졌다 금방 식는 번철이요 여우비 오는 여름 날씨라', '여자란 찬바람이 돌면 속 빼먹은 호두 같다', '여자의 마음과 가을 하늘은 변하기 쉽다', '여편네 팔자는 뒤웅박 팔자', '여편네 팔자는 윷가락 같다', '손바닥으로 하늘 가리고 아옹 하는 게 계집의 내숭이라', '사기그릇과 여편네는 내돌리면 탈이 난다', '여자가 말이 많으면 장맛이 쓰다', '여자가 잘 웃고 곁눈질 잘하면 음란하다', '여자의 혀는 크다', '여자 눈 높은 것하고 짚신 뒤축 높은 것은 아무데도 쓸모없다', '여편네는 사흘만 매질을 않으면 버르장머리가 없어진다', '계집년 말 많은 것은 하늘도 안다', '두부하고 여자는 딱딱하면 못 쓴다', '계집은 젊어서는 여우가 되고 늙어서는 호랑이가 된다', '계집을 오래 상종하면 생니 뽑아달라고 한다', '계집의 간이란 적을수록 좋다', '계집이 여우 꼬리를 한번 휘두르면 세상이 다 뒤집힌다', '계집이 인물 잘나면 노방초 되기 쉽다', '뱀굴과 여자의 속은 모른다', '남편이 좁쌀만큼 벌어오면 아내는 말똥만큼 먹는다', '아내가 주전부리를 하면 사내 등골이 빠진다', '여자 잘못 얻으면 대들보가 부

정종진 227

러진다', '여편네가 살림을 못하면 벌어들여도 시루에 물 붓기다', '여자하고 북어는 두들겨야 연하고 부드러워진다', '여자 서른이면 눈먼 새도 돌아보지 않는다','여자가 손이 크면 팔자가 드세다', '고집 센 년은 몽둥이가 약이다', '개 못된 것은 들에 가서 짖고 여자 못난 것은 달밤에 삿갓 쓰고 거닌다', '여자가 활수滑手면 벌어들여도 시루에 물 붓기다', '바가지와 계집은 내돌리면 깨진다'.

정말 많고도 많다. 그러나 아내·계집·마누라·여편네라는 말 대신, 사내·남자·남편이라는 말로 바꾸어도 별다를 바 없다. 개인 품격의 차이까지도 모조리 성차性差로 돌린 까닭이다. 여자 없이는 못 사는 사내들이 여자를 존중하기는커녕 이렇게 한껏 깎아내린 것은 사내라는 허세 때문이리라. '못된 당나귀 샌님만 업신여긴다'는 격으로 못된 사내들이 여자만 업신여겨 그렇다 해도 변명할 여지가 없다.

여자의 미모에 대한 사내들의 생각도 속담 속에서 유추해 볼 수 있겠다. '여자는 의복과 같고 형제는 수족과 같다'는 말에서 여자는 필요할 때 새로 바꿀 수 있다고 생각했음을 알게 된다. 남자들이 여자에게 기대한 것은 무엇보다도 인물이겠다. '여자는 얼굴이 밑천이라'는 말을 필두로 '여자는 첫째가 인물이고 둘째가 마음씨고 셋째가 건강이다', '여자 치장은 첫째가 머리고 둘째가 화장이고 셋째가 옷이다', '여자의 맵시는 머리와 화장 옷에 의해 결정된다', '여자는 서울 말씨에 평양 인물에 강원도 살결이라야 미인이라'는 말들이 그것을 대변한다. '미운 여자는 웃어도 밉고 고운 여자는 울어도 곱다'는 편견을 갖다가도, '예쁜 계집도 석 달 되면 예쁜 줄 모르게 되고 미운 계집도 석 달 되면 미운 줄 모른다'는 생각도 하게 된다. 하물며 '여자는 돈하고 시간만 있으면 얼마든지 예뻐진다'고 여기며, 끝내는 '여자는 옷 속에 감춰졌을 땐 모른다'고 하여 성적인 것에 연결시킨다.

'벌 나비도 꽃이 좋아야 찾아간다'고 하여 여자에게 미모가 가장 중요하다고 생각하는 사내들의 마음 한구석에는 그 미모에 대한 경계심도 자리 잡고 있다. '여자 얼굴 고운 것하고 바다 얼굴 미끈하고 고운 것하고는 믿지 말라'거나 '여자는 얼굴값을 한다'고 하여 미모가 절대는 아님을 애써 부정한다. '여자란 예뻐도 욕먹고 미워도 욕먹는다'고 하여 이래저래 여자의 미모는 갈등을 일으키는 것으로 인식하였다. '스물에는 타고난 얼굴이고 서른에는 꾸민 얼굴이고 마흔에는 남편이 만들어준 얼굴이라'고 하여 자연스런 미모는 한때임을 깨우치게 하려 했다.

여자에 대해 사내가 가장 못 참는 것은 수다나 잔소리일 것이다. '여자에게는 긴 혀가 있다'고 하며 가장 경계하였다. '여인네 셋 앉으면 하나는 저어 저어 하다 만다'거나 '여자 열이 모이면 쇠도 녹인다'고 허풍을 떨었다. 그래서 '여자 목소리는 문지방 넘어가면 소문이 된다'는 말로 여자의 목소리를 낮추려 했다. 또한 여자들은 비밀을 잘 지키지 못한다고 여겼다. 심지어는 제 부인도 믿지를 못했다. '마누라에게 이야기하면 새나간다'거나 '개에게는 실토해도 부인에게는 실토 말라'는 속담에서 그런 심사를 알게 된다.

그 다음으로는 애정이리라. '아내는 남편 사랑 먹고 산다'고 했고, '여자하고 고양이는 자꾸 만져줘야 좋아한다'고도 했다. 여자가 사랑을 받으려는 욕구는 자연스러운 것이다. 그러나 애정이 시들해진 사내는 그걸 귀찮게 여기기 일쑤다. 또한 '여자는 자기를 기쁘게 해주면 남자에게 속도 빼준다'거나 '여자는 예쁘다면 간도 내준다'고 했는데, 때때로 그것을 무분별한 사랑으로 여기는 것이다. 외골수로 돌아오는 사랑을 부담스럽게 여긴다.

'여자 중에 군자'라거나 '여자 중에서 호걸'이란 말을 알 것이다.

'아내가 남편보다 똑똑하면 집안이 망한다'고 했는데, 정말 그럴까. '계집이 야물고 안 야문 것은 남자 하기 탓이라'고 했다. '남편이 번영하면 아내도 귀하게 된다'든가, '여자는 높이도 놀고 낮게도 논다', '여자와 집은 임자 만날 탓이다'는 뜻을 알아야 하리라. 사내가 제 탓인지 모르고, 모든 잘못을 제 여자 탓으로 돌리는 것은 분명 파렴치한 일이다. '여편네 매운맛은 땅벌인들 당적하랴' 하거나, '여자 안 끼고는 살인 안 난다'고 했다. 여자도 때로 배포가 커지면 사내 못지않을 수 있다는 말이다. '죽기를 작정하고 덤비는 아낙에게 이길 사내 없다'고도 했으니, 여자 탓도 정도껏 할 일이다. '여자는 쏘는 맛이 있어야 귀엽다'고, 애교로 여기다가는 큰 코 다친다. '계집이란 한 번 치마끈 끊고 가면 두 번 다시 돌아보지 않는다'고 했으니까 말이다. '여자의 오장은 깊어야 하고, 남자의 오장은 얕아야 한다'고 했는데, 사내의 오장이 얕다보니까 여자를 제대로 감당하지 못한다고 할 것인가.

여성에 대한 남자들의 성性적 인식은 이제나 저제나 크게 다를 바 없다. '계집은 옷 속에 감춰졌을 땐 모른다'거나 '여자의 인물은 옷 속에 감춰졌을 땐 모른다'고 하여 여자의 진정한 인물이란 얼굴이 아니라 몸이라고 여긴다. '가재는 작아도 바위를 지고 여자는 작아도 남자를 안는다'거나 '밤도 여물면 저절로 벌어진다'고 하여 여자가 성숙하면 자연스럽게 사내를 요구하게 된다고 생각했다. 꼬리를 치는 여자는 결국 성적인 경험을 하게 마련이라는 뜻으로 '여편네가 꼬리를 치면 밟힌다'고 한다. 또한 '여자와 날고기는 오래 두고 보지 마라'거나 '여자와 군밤은 곁에 있으면 먹게 된다'고 하여 기회만 되면 여자와 일을 벌이게 마련이라고 생각했던 것이다.

'여편네란 꽁보리밥조차 조석朝夕거리며 새벽에 물 긷고 긴긴 낮 들일에 밤이면 축시 기울도록 베틀 앞에 앉았어도 남정네 품이 좋아 산다'든지, '여자는 엉덩짝 맛에 산다'고 하여 성을 삶에서 가장 중요하게 생각하는 것은 여자도 남자와 마찬가지라고 여겼다. '고집 센 년은 몽둥이가 약이고 골난 년은 가죽방망이가 약이라'는 말에서 알 수 있듯 성은 부부간의 관계개선에 필수라는 생각을 갖기도 했다. '방아확은 새것이 잘 찧어지고 여자확은 닳은 것이 맛이 난다'고 하여 성경험이 풍부한 여성을 선호했다. 급기야 '여자와 돗자리는 새것이 좋다'고 하여 많은 여자를 체험하는 것이 성욕을 한껏 충족시키는 수단으로 여겨지기도 했다. 사내에게 '여자는 백 가지 약 중 으뜸이지만 잘못 쓰면 비상이라'고 여겨졌다. 성이라는 게 사내에게는 아주 좋지만, 여자를 잘못 선택하면 패가망신 한다는 뜻이겠다. 그래서 제 여자는 늙도록 곁에 있어야 한다고 생각했다. '못난 마누라와 악한 첩도 빈방보다는 낫다'는 말이 그것인데, 반드시 성욕 해소만을 목적으로 하는 말은 물론 아니다. '북어는 두드려서 찢어먹고 여편네는 두드려서 데리고 살아야 한다'는 말이 있다. 무지한 사내는 나무 몽둥이를 들겠지만, 지혜로운 사내는 제 살 방망이를 세울 것이다.

'여편네는 오미五味를 구존具存한다'고 했다. 여자는 나이를 먹어가면서 성격이 다양하게 바뀐다는 뜻으로 빗대는 말이다. 또한 '여자는 웃음도 많고 눈물도 많다'고도 했다. 감정의 변화가 심하다는 뜻으로 이르는 말이다. 한편 '여자의 비밀은 요람에서 무덤까지라'거나 '여자의 속은 한품에 든 남편도 모른다'고 했는데, 마음만 먹으면 여자는 제 속의 말을 결코 털어놓지 않는다는 뜻으로 빗대는 말이다. 사내들이 여자의 단점으로 내세운 이런 점들과 이런 말들은 달리 보면 장점이기도 한 것이다. '싸움꾼 아낙네 하나가 개 없이도 온 동네를 혼자 지킨다'고 하는데, 결코 과장이 아니다. 여자가 나이가 들면서 변화하는 성격 때문에 가능한 일이다.

'백여우하고는 살아도, 점잖은 여자하고는 못 산다'는 말에서 여자들에 대한 사내들의 일관되지 않은 가치관을 본다. 여자의 점잖지 못한 언행을 나무라면서 이리저리 비위를 맞추는 가벼운 언행을 요구하기도 한다. 그런 것들을 위해 '여편네는 다홍치마 시절부터 길들이라'고 말한다. 그러나 남자의 비위를 맞추다 세월을 보내고 나면 '정 헤픈 년 늙어지면 술이 친구 된다'고 했다. '참고 견디는 것이 시집살이라'거나 '참고 사는 것이 여자라'고 했지만, 사내들의 뜻에 맞춰 산다는 것은 매우 억울한 일이 아닐 수 없다. '못된 말이 수레를 부수고 못된 년이 집안을 망친다'고 했는데, 사내들의 책임전가다. 여자가 그릇되는 건 대부분 남자 때문이다.

'두더지 마누라는 두더지가 제일이라'고 했다. 누구나 제격에 맞는 사람과 어우러져야 한다. '여자가 바르면 남자도 바르게 된다'고 했다. '아내가 어질면 남편은 걱정이 없다'거나 '아내가 착해야 남편도 착하게 된다'고도 했다. 사내들은 이렇게 여자가 우선 착하기를 바랄 것이다. 그렇게 되면 '아내가 귀여우면 처갓집 지붕에 앉은 까마귀도 귀엽다'든지, '아내가 귀여우면 처갓집 호박꽃도 곱게 보인다'고 하겠다. 그러면서도 '고향 자랑은 해도 계집 자랑은 말랬다'고 했다. '남편 자랑과 자식 자랑은 팔불출의 하나라'는 말과 같은 생각으로, 겸손하도록 이르는 속담이다. 급기야 '여편네가 귀여우면 개죽을 쑤어 줘도 맛있다'고 하지 않던가. 그러고 보면 남자는 여자 손에 의해 좌우된다고 볼 수도 있겠다. '피리도 십 년을 불면 입신入神을 한다'고 하는데, 남자·여자를 서로 대하는 데는 평생토록 입신의 경지란 없는 것처럼 여겨진다.

◆◆ 방아확 : 방앗공이로 찧을 수 있게 절구를 우묵하게 파낸 곳.

37. 정, 사랑

'물을 쏟으면 줄고 정은 쏟으면 붇는다'

'정은 쏟을수록 붇는다'는 말, 털끝만큼도 그르지 않다. '정에다 고삐 걸까' 하는데, 걸 수 없다. '귀신은 경문에 막혀 비는 쪽으로 돌아서고 사람은 인정에 막혀 그냥 돌아서지 못한다'고 하니까 말이다. '물은 낮은 데로 흐르고 정은 가까운 데로 기운다'거나 '물은 깊은 데로 쏠린다'는 말은 불변의 진리다. '굶어도 정만 있으면 산다'거나 '삿갓 밑에서도 정만 있으면 산다', '맨물에 밥 먹어도 둘이 좋으면 좋다', '돈으로 비단은 살 수 있어도 사랑은 살 수 없다'고 하니, 의식주보다 더 절실한 것이 정인 줄 알겠다. '그물이 삼천 코라도 벼리가 으뜸이라'고 했는데, 인간사 모든 것의 그물코는 정이다.

정이 천하에 제일인 줄은 알지만, 정드는 것이 다 좋은 것만은 아니다. '정을 베는 칼은 없다'고, 든 정을 베지 못해서 더 고통스런 경우도 허다하다. '무서운 것이 정이라'든지, '못 잊어 원수라', '정이 원수요', '사람의 정이란 더러운 것이다', '정이 병이라'고 하지 않던가. '삼 년 묵은 장은 변해도 임의 정은 안 변한다'는 정도가 되면, 왜 정이 원수가 되겠는가. 한 쪽에서 아무리 정을 쏟아부어도 다른 쪽에서 응하지 않으면, '애정이 헛벌이 하는' 격이 된다. '물이 와야 배가 가고 정이 와야 사랑 가네' 하는 말에서, 정도 품앗이라는 것을 깨우치게 된다. '백 년 산 부부도 정 떨어지면 남 된다'고, 변치 않는 정을 가져야 남남으로 살지 않는다.

그러고 보면 정은 고운 정만으로 안 되고, 미운 정만으로도 안 되

정종진 233

는 것이다. '고운 정 미운 정 다 들었다'거나 '쓴 정 단 정 다 들었다'는 정이 진짜배기 정이다. '뜨거운 정이 쉬 식는다'든지, '불같은 사랑 쉬 식는다'고 하는데, 고운 정만 맛봐서 그렇다. 오래 갈 정이라면 미운 정도 섞여야 한다. '미운 사람도 자꾸 만나다 보면 정이 든다', '미운 사람도 가까이하면 정 든다'고 하지 않던가. '미운 정이 있으면 고운 정도 있다'는 말처럼 미운 정과 고운 정이 반복되면서 정은 굳어지는 것이다. 특히 '고운 정은 잊어도 미운 정은 못 잊는다'고 했다. 정이 굳어져야 비로소 '미워도 내 임이요 고와도 내 임이라'는 말이 나오게 된다.

'도둑놈 예쁜 데 없고 정든 사람 미운 데 없다'고 했다. 정이란 것이 선남선녀만 드는 게 아니다. '예쁜 여자는 보기만 해도 예쁘지만 못난 여자는 정이 들어야 예뻐진다'거나 '미인이 따로 없고 정들면 다 미인이다', '정 들고 미인 아닌 여자 없고 정 떨어지고 안 미운 여자 없다'는 말들의 뜻을 잘 알 것이다. '외눈박이한테 정들면 두눈박이가 병신으로 보인다'고 하지 않던가. '까마귀가 검다고 정분까지 검으랴'고 했는데 맞는 말이다. '보태는 정은 몰라도 더는 정은 안다'고 했는데, 정이 마냥 보태지는 것만이 아니라는 것도 알아야 한다. '가는 임은 밉상이요 오는 임은 곱상이라' 했는데, '떨어졌다 만나는 정이 더 정답다'는 것도 알아야 할 일이다.

부부는 정을 주고받기 위해 만났다. '억지 결혼은 있어도 억지 사랑은 없다'고 하듯이, 억지 혼인이 아니라면 정으로 만난다. '용마도 주인을 못 만나면 삯말로 늙는다'는 말대로, 아무리 괜찮은 사람이라도 짝을 만나야 정을 쏟을 수 있다. 정 외에 아무 것도 전제하지 않은 관계인 것이다. 그래서 잘난 부부는 잘난 정으로, 못난 부부는 못난 정으로 살아가게 마련이다. '고운 계집은 첫눈에 예쁘고 못난 계집은 정이 들어야 예쁘다'는 말은 맞다. '가난해도 부부간 정만 있으면 산다'거나 '밥이 없으면 얻어먹고, 숟가락이 없으면 손으로 먹고 집이 없으면 정자나무 밑에서 자도 부부간에 정만 있으면 산다'는 말도 틀릴 리 없다. '남매와 부부는 닮는다'고 했는데, 부부는 피가 다른 대신 오랜 정으로 묶이기에 닮게 되는 것이다.

그러나 부부간 평생토록 항상 정이 샘솟는 것은 아니다. '어머니 사랑은 가슴에 품고 색시 사랑은 허리에 두른다'고, 부부가 서로 상대의 정을 풀어버리기도 한다. '남정네 깊은 정 없이는 살아도 맞고는 못 산다'는 말처럼 정 대신 도리나 법으로 버텨가는 세월도 적지 않다. '쌀 건지는 조리는 있어도 임 건지는 조리는 없다'고 했으니, 어쩔 수 없다. 아무리 가까워도 정도 품앗이라고 언제나 생각하는 것이 도리다. '가는 정이 있어야 오는 정이 있다'는 말이 불변의 진리다. 그래서 '정 떨어진 부부는 남이라'거나 '내외간은 돌아누우면 남이라'고 하는 것이리라.

부부간의 정은 나이가 지긋해지면서 더욱 소중해진다. '정분은 한 번 죽고 한 번 살아봐야 안다'고 했는데, 미운 정, 고운 정을 다 겪어봐야 한다는 뜻이리라. '콩 반쪽에도 정이 든다'거나 '정이 깊으면 병도 깊어진다'는 것도 체험을 통해 깨우쳤기 때문이리라. 그래서 정이라는 게 야단스러운 것이 아니라 은근한 것이라는 점을 터득하게 된다. '아는 정 모르는 정 다 들었다'는 나이가 된 것이다. '늙으면 정으로 산다'든지, '늦게 든 정이 더 뜨겁다', '마누라와 가마솥은 오래될수록 좋다', '새 정이 옛 정만 못하다', '신정新情은 꿀맛이고, 구정舊情은 밥맛이라'는 말의 뜻을 꿰뚫었기에 느긋한 정을 놓지도 않고 변하게 하지도 않는 것이다. 그래서 '마음도 하나 임도 하나 가는 길도 하나라'는 생각을 새삼스레 하게 된다. '새는 날면 깃을 남기고 사람은 가면 인정만 남는다'고, 자신도 죽으면 결국 정밖에 남지 않을 것이라 믿는다.

정이라고 해도 정이랄 수 없는 경우가 허다하다. 조변석개朝變夕改하는 사람의 마음 때문이리라. '사람의 정이란 볼 때 다르고 안 볼 때 다르다'거나, '눈에 멀리 있으면 심장에도 멀어진다', '가까이 앉아야 정도 두터워진다', '눈물로 사귄 정은 오래 가지만 돈으로 사귄 정은 잠깐이라네', '마음에 없으면 보이지도 않는다', '정이 들었다고 다 말 말라'는 말에서 구체적인 사정을 상상할 수 있을 것이다. 아무리 '자다가 얻은 병은 임이 준 병이라'든지, '귀에 쟁쟁 눈에 삼삼'하던 정도 피로감을 느끼면 '가는 임은 잡지 말고 오는 임은 막지 말랬다'는 태도가 될 것이다. 정은 주는 마음도 중요하지만 받는 태도도 중요하다. 그래서 '예쁨 제게 매였고 미움도 제게 매였다'고 한 것이다.

'옛정은 새 정처럼 아끼고, 새 정은 옛 정처럼 귀하게 여겨라'고 했다. 결국 정이란 정은 모두 소중하게 여기라는 말이 된다. 그도 그럴 것이 짧은 삶 속에서 인연을 맺는 사람이 얼마나 될 것인가. 하찮은 인연도 정이라야 통한다. 하다못해 '노류장 계집도 정이 없으면 종사從事하기 어렵다'고 하지 않던가. '정이 소홀하면 겉으로는 친한 체한다'고 했다. 왜 아니겠는가. 아무리 솟아나고 퍼부어도 부족하다고 느끼는 정인지라 '정을 주려면 한 곳에다 주어라'고 했다. 여기저기 기웃기웃하는 정 때문에 질투가 생겨난다. '불난 끝은 있어도 질투 끝은 없다'고 했으니, 정도 신중히 주고받을 일이다. 세상사 그런 정으로 통하면 '정이 앞서고, 촌수가 뒤 선다'는 말이 가능한 것이다.

◆◆ 노류장 : 노류장화路柳墻花. 거리의 여자라는 뜻.

38. 몸 사랑

'살송곳 맛을 알게 되면 정 붙어 살게 된다'

　부부간의 몸 사랑을 진지하게 말할 필요가 있다. 많은 부부들이 서로 간의 불만을 삭힐 만큼 삭히면서 산다. 그러다 한계에 이르면 성격 차이로 갈라선다고 핑계를 댄다. 그중 대부분 사람은 성격性格차이가 아니라, 성性의 격格차이라고 해야 하리라. '남녀 음양에는 임자가 따로 있다'는 생각이 타당한 것일까.

　남녀 간의 사랑은 몸의 결합으로 완성된다. 아무리 정신적인 사랑이 숭고하다고 떠들어대도, 그 말에 설득당할 사람은 드물다. 성性이란 한자가 마음 심 변에 날 생자가 결합 되듯, 마음에서 자라 완성되는 것이 성이다.

　남녀의 성생활을 공식적으로 인정해 주는 제도가 혼인이다. 그렇다고 성까지 사회가 관리하는 것은 아니지만, 말을 하자면 그렇다. '남자가 못 참는 것은 첫째가 술이고 둘째가 계집이고 셋째가 노래다'라는 말이 있지만, 사람에 따라 순서가 달라지겠다. 대부분의 경우는 첫째가 여자라야 할 것이다. '남자는 들깨 한 말만 들어도 아이를 낳는다'거나 '남자는 늙어도 문지방 넘을 근력만 있으면 씹한다', '남자는 백지장 한 장 들 기운만 있어도 그것을 한다' 하듯, 남자들은 늙어서까지 평생토록 성의 유혹을 떨쳐 버리지 못하는 것이다.

　'살 대고 사는 것이 부부라'든지, '살 대고 살면 정이 생긴다'고 했다. 지극히 당연한 말이다. '아내는 이불 속에서 길들인다'거나 '부부간에는 낮에 싸우고 밤에 푼다'고 하는데, 밤에 성애로 사랑을 회복하는 것이다. '부부간은 낮에는 점잖아야 하고 밤에는 잡스러워야 한다'는 말에서 인간의 표리부동이라든지 위선이라는 것을 말할 필요는 없다. 인간은 어차피 모순투성이니까 말이다. '한 이불 덮고 자면 서릿발 같은 원한도 녹는다'는데, 성이란 얼마나 절묘한 것인가를 알게 된다.

'음양에는 천벌이 없다'고 했다. 더구나 부부간에 벌 받을 일이 어디 있겠는가. 명분이 얼마나 좋은가. '방구들 농사를 짓는다'고 말이다. '오뉴월 풋고추에 가을 피조개' 궁합으로 어우러지는 일이니 '밤일은 야단스러워야 한다'는 충고가 무색할 것이다. '굶어도 엉덩방아 맛으로 산다'는 경지를 사람마다 알 것인가.

'명태하고 계집은 두들겨야 부드러워진다'니까 나무 몽둥이를 가지고 제 계집을 다스리려는 사내는 비난받아 마땅하다. 그거야말로 '꽹과리 칠 자리에서 징 친다'고 해야 하리라. 우둔하기가 곰발바닥 같아 제 몸에 붙어있는 살 몽둥이를 치켜들 줄을 모르면 비웃음 받아 마땅하다. '묏부리는 우뚝한 맛이요 골짜기는 깊숙한 맛이라' 하지 않던가. '여자 아랫배하고 집터는 꼭꼭 다져줘야 한다'거나 '마누라를 삼 일에 한 번씩 몽둥이로 다스려야 한다', '명태는 빨랫방망이로 두드려야 하고 여자는 가죽방망이로 두드려야 한다'는 말을 금과옥조로 알고 부디 양생술陽生術을 터득할 일이다. '뒷동산 딱따구리는 생나무 구멍도 뚫는데 우리 집 저 멍텅구리는 뚫어진 구멍도 못 뚫는다'는 소리나 들으면 체면이 말 아닐 것이다.

'금실은 장구와 같다'는 말이 명언이다. 부부가 흥으로 함께 어우러져야 속궁합이 제대로 맞는 것이다. '계집도 길들인 계집은 깊은 맛 있다'는 말, 조금도 그르지 않다. '돌확이 매끄럽게 길이 나야 남편 맛을 안다'거나, '마누라 엉덩이는 묵힐수록 익는 법이라'는 말 잘 새겨

들어야 하리라. 그래야 진정 '뼈와 살로 맺어진 정'이리라. '삼사월 긴 긴 날에 점심 굶고는 살아도 동지섣달 긴긴 밤에 임 없이는 못 산다'는 정도가 돼야 사내가 할 일을 제대로 하고 있는 셈이다. 또한 못난 아내라도 '마누라보다 떡판이 좋다'고 사내가 탐한다면 그것이 좋은 속궁합인 것이다.

'색은 원수 피하듯 하라'는 말은 부부간에는 예외다. '안방을 너무 밝히면 제 명에 못 죽는다'고 했듯, 지나쳐도 안 되지만 모자라도 안 된다. 그 기준은 이리저리 귀동냥하여 스스로 정할 일이다. '비지땀 서 말을 흘려도 각시 품 마다하지 않는다'는 격으로, 다른 여자들한테는 후하면서, '만만한 년은 제 서방도 못 데리고 잔다'고, 제 여자에게는 인색하면 되겠는가. 부부가 서로 '한 이불 속에서나 내 서방이라'거나, '아내는 품에 있을 때만 제 계집이라'고 동상이몽해서는 안 될 일이다. 아내가 '소나무 옹이만한 좆 하나를 바라고서 이 짓을 한다'는 심정을 부디 헤아릴 일이다.

사내들은 제 성기의 크기나 힘에 대해 늘 마음을 쓰고 있다. 평생의 강박관념이라 해도 지나치지 않을 정도인 사람도 적지 않다. '색은 나이를 좀 먹어야 참맛을 안다'고 하듯, 나이가 들수록 더욱 증세가 심각해진다. '사내가 새벽 좆 안 일어나면 끝장이라'거나, '남자는 빳빳한 게 연해지고 연한 게 빳빳해지면 죽는다'는 생각에 스스로 불안해진다. '성냥골이 커서 귓구멍이 시원할까' 하는 여인들의 푸념에는 아랑곳하지 않는다.

'일흔이 되면 잠자리도 바꾼다'고 했다. '오십에는 오다가다 하고 육십에는 육체만 만지며 산다'더니 급기야 잠자리도 따로 갖게 될 지경이 되는 것이다. '딱따구리는 생 구멍도 뚫는데 우리 집 낭군은 뚫어진 구멍도 못 뚫는다'고 할 만큼 무력하게 되었는데, 어찌 금슬이 장구처럼 되기를 원하랴. '남자가 젊어서 상처하면 남모르게 두 번 웃는다'고 할 때를 생각하면 그야말로 인생무상이다. '뽕나무 장작 열 바리를 지펴서 녹지 않는 무릎도 마누라가 녹이면 따뜻하게 녹는다'고 했는데, 그마저 효과도 의욕도 사그라진 것이다.

'이십에는 이렇게 좋은 줄 몰랐고 삼십에는 삼삼하고 사십에는 사생결단 하고 오십에는 오다가다 하고 육십에는 육체만 만지고 논다'는 말이 그럴 듯하다. '구멍에서 나와 구멍으로 들어가는 것이 인생이라'는 말이 외설스러워서 그렇지, 얼마나 절묘한가. 어머니 성기에서 나와 흙구멍으로 들어간다는 뜻이다. 좀더 보태면, 구멍에서 나와 구멍을 들락거리다 구멍으로 들어가는 것이 인생이라고 말하면, 너무 외설스럽다 할 것인가. '나왔던 구멍보다는 들어가는 구멍이 더 좋다'는 말은 당연하다. 어머니 은혜를 생각하기보다 제 색시와 껴안고 뒹구는 것을 더 좋아하는 것이 사내다.

남편은 저마다, '이 방아 저 방아 해도 임의 가죽방아가 제일이라'는 말을 들어야 하리라. 또한 여편네는 '옥양목 속적삼은 첫물이 제일이고 큰애기 감칠맛은 끝물이 제일이라'는 말을 들어야 할 것이다.

39. 아이 낳는 일

'인간 보배는 자식이고 나무 보배는 열매다'

'장가든 바에야 후생을 남겨라' 했다. 자식을 낳는 일은 부부의 선택사항이 아니라, 자연의 섭리다. '나무는 자라서 열매를 맺고 사람은 자라서 자식을 낳는다'는 말대로, 남녀가 성인이 되어 가장 뜻깊은 일이 후생을 남기는 일인 것이다.

'물맛이 너무 좋으면 설사가 나고 남정네 끌어안은 꽃살의 맛이 환장하게 좋으면 아기를 밴다'고 했다. '마당이 환하면 비가 오고 계집 뒤가 반지르르 하면 애가 든다'고도 했다. '아이 만드는 법 배우고 시집가는 처녀 없다'고 했지만, 아이 만들지 몰라 걱정 끼치는 신랑 신부 없는 게 확실하다. 다 자연의 섭리대로 따라하면 된다.

'금실이 너무 좋으면 자식이 귀하다'는 말과, '꽃살의 맛이 환장하게 좋으면 아기를 밴다'는 말이 서로 모순될 것 같다. 아마도 속궁합뿐만 아니라 겉궁합도 좋아야 되나보다. '씹할 적마다 아이 생길까' 하고 비꼬지만, '더 말하면 숨찬 소리라'. 방구들 농사에 아무리 열중해도 결실을 못 맺는 부부가 있다. '아이 못 낳는 년 밤마다 태몽만 꾼다'거나, '아이 못 낳는 년은 서방질을 해도 못 낳는다'고 비꼬지만, 누구나 아이를 만들게 되는 건 아니다. '삼 년 안에 못 낳는 자식은 두기 어렵다'고 했는데, 반쯤은 믿을만한 말이다. '아기를 예뻐하면 자식을 본다'도 했다. 남의 아기라도 예사롭지 않게 좋아하면 제 아이를 가질 때가 됐다는 신호라는 것이다. '모타래하고 오줌발은 멀리 나가야 첫아들 낳는다'고 하여 사내의 성력性力을 가장 중요한 조건으로 삼기도 하지만, 성력이 능사일 수도 없다.

'아이 밴 어미에게는 음식이 제일이라'고 했다. 왜 아니겠는가. 한 몸이지만 실은 두 몸인지라, 음식 수발은 주위 사람들의 몫이다. 제대로 먹어야 제대로 된 자식을 낳게 된다. 아이를 배면 누구나 아들이냐 딸이냐를 두고 궁금하게 여긴다. '사내아이는 왼손 편에서 놀고 계집아이는 바른손 편에서 논다'거나, '사내아이는 엎어져서 나고, 계집아이는 뒤집어져서 낳는다'고 하지만, 속신어일 뿐이다.

정종진

'아이 배서는 한 시름 해산하면 열 시름이라'든지, '밴 때는 한 걱정 낳을 때는 열 걱정'이라는 말이 백번 맞다. 아이가 뱃속에 있을 때는 그저 잘 낳기를 바라지만, 일단 낳아놓으면 훨씬 더 많은 걱정이 생긴다는 뜻이다. 왜 아니겠는가. 아기를 낳는 것 자체가 여자에게는 우선 큰 두려움이다. 목숨을 걸고 행하는 일이라 해도 과언이 아니다.

'해산 어미 뉘어두고 처녀 구하러 다닌다'는 짓은 아무리 어둑했던 시절이라 해도 비난받아 마땅하다. 죽네 사네, 하는 산모를 두고 제 생각만 하는 사람들은 분명 파렴치한이다. 오죽하면 '사잣밥 지어 놓고 아기 낳는다'고 했을까. '만삭된 산부가 문 잡기까지 애 빌기보다 낳기가 쉽다'고, 산모는 얼마나 속이 탈 일인가. '방귀가 잦으면 똥 나오고 태기가 길어지면 난산이라'거나, '설 적에 궂긴 아이가 낳아서도 말썽이 많다', '낳을 때 궂은 아이는 늙어 죽을 때도 궂게 죽는다'는데, 난산이라도 되면 절망은 한층 더 깊어질 것이다. '아이 날 땐 실오라기도 힘이 된다'는 말이 전혀 과장됨이 없다고 하지 않던가. '문 없는 길은 아이 나오는 것'이라 했다. 한 생명에게 새 세상을 열어주는 것이기 때문에 아이를 낳는 것은 창조다. 아니 그 이상이다.

'여자는 아이 낳을 때가 한창이라'고 하지만, 산모는 아무래도 힘이 달리게 마련이다. '여자가 박색이어야 자식 낳기를 잘 한다'고 하는데, 박색과 힘이 관계라도 있는지는 모를 일이다. '검은 똥 누고 나면 부모 은공을 알게 된다'고 했다. 아이 낳는 일이 얼마나 고통스러우면 저 낳은 부모를 생각하게 되겠는가.

'여자가 세상에 나서 미역국 맛을 모르면 세상을 헛산 것이라'고 했다. 여자라고 다 해산한 대가로 주는 미역국을 먹는 것은 아니니, 그런 말이 있겠다. '해산 조리 잘하면 백 일 산모, 못 하면 일 년 산모'라는 말대로, 아기를 낳은 산모에게는 주위 사람들이 나서서 산후조리를 잘 하도록 해주어야 후유증이 없게 된다. '아기 낳은 어머니 새참은 미역국에 메밀수제비가 제일이라'는 생각은 오랜 체험에서 얻어진 지혜일 것이다.

'용은 용을 낳고 봉황은 봉황을 낳는다'거나, '범이 범 새끼를 낳고 용이 용 새끼를 낳는다'고 했다. '감은 접붙여서 씨도둑을 하지만 사람은 씨도둑질을 못한다'고, 자식이야 당연히 제 부모를 닮는다. 자식의 능력이야 어떻건 낳으면 우선 아들이냐 딸이냐가 관심사다. '첫아들을 나면 지나가던 원님도 인사한다', '첫아들을 나야 활개를 편다', '첫아들 낳기는 정승하기보다도 어렵다'는 말대로, 첫아들 낳는 것을 최선으로 생각했던 적이 있었다. '첫딸은 금을 주고도 못 산다', '첫딸은 복딸이다', '첫딸은 살림 밑천', '첫딸은 살림 밑천이고 부부지상夫婦之上이라', '첫딸은 종 부릴 팔자에 낳는다'는 말대로, 첫딸은 노동력으로 환영하고 위로했다. 그러나 그게 무슨 대수랴. '아들 나면 딸도 낳는다'고 하지 않던가.

'평안감사가 첫 아이 낳은 여자를 뒤돌아본다'고 했다. 산후조리를 끝마친 여자는 몸에 활력이 더해지고, 윤기가 넘치게 된다는 뜻이다. 그 생기로 아기를 기르는데 전력을 다하게 된다. '낳을 줄 알면 키울 줄 알아라'는 말이 아니더라도, 제 새끼 키우는 일을 소홀히 하는 여자 없다. '여자는 남편 떨어져서는 살아도 어린 자식 떨어져서는 못산다'고 했는데, 모든 산모에게서 확인할 수 있는 사실이다. '난 정은 없어도 기른 정은 있다'고, 기르면서 서로 정이 듬뿍 들게 마련이다.

'아기는 낳는 날부터 재운다'고 하는데, 일부러 재우려 하지 않아도 잘 잔다. '아기 첫잠은 어둡게 재워야 한다'는 것을 알면 된다. '아기 짐과 미역 짐은 무거워도 안 내버린다'고, 아기를 기르려면 많은 짐이 필요할 수밖에 없고 또한 소중히 여겨야 된다. '아기 적에 미운 아이 없고 처녀 적에 미운 처녀 없다'거나, '아기 재롱은 상제도 웃는 다'고 했다. 부모 된 사람 어느 누가 어린 자식에게 현혹되지 않으랴. '돈 놓고는 못 웃어도 자식 놓고는 웃는다'든지, '금을 준들 너를 사며 은을 준들 너를 사랴'는 말이 결코 과장일 수 없다. 그러면서 때로는 문득문득 '아내는 성이요 자식은 감옥이라'는 생각도 하게 되리라.

40. 집안의 화목과 불화

'가정이 화목하면 금은보배도 부럽지 않다'

  사람의 행불행의 크기는 집안이 얼마나 화목한가에 따라 결정된다. 누구나 가정이 생활의 근거가 되니 그렇다. '밥은 굶어도 집안이 편해야 한다'는 말이 그래서 있다. '보금자리 사랑할 줄 모르는 새는 없다'고 하는데, 가정이 화목하기 위해서는 각자 제 역할을 충실히 해내야 한다. '나가서 화목은 남자가 하고 들어서 화목은 여자가 한다'고 했듯 어른과 자식, 남자와 여자의 역할이 있는 것이다.
  가장 된 사람은 무엇보다 축첩을 하지 말아야 한다고 생각해왔다. '일신기거에 자유는 버선을 크게 하는데 있고 일가화합 안락은 축첩처 안 하는데 있다', '발이 편하려면 버선을 크게 짓고 집안이 편하려면 계집을 하나만 두랬다'거나, '집안에 첩을 두는 것은 화를 두는 근본이라'고 했던 것이다.
  '집안의 흥망은 남자의 궁량에 달렸다'고 했다. 사내가 가장으로서 집안을 이끌어 가는데 덕이나 지혜가 없으면, 가정이 잘 될 리 없다. 아무리 가까운 사람의 말이라 하더라도, 지혜롭게 판단할 수 있어야 된다. '집안이 화목하려면 베개 밑 송사를 듣지 말랬다'는 말도 그래서 있는 것이다. 또한 '집안에는 호랑이가 하나 있어야 잘 산다'거나, '집에 호랑이가 있으면 번창한다'고 했다. 엄친자모라 했는데 아무래도 견실한 가정을 만들기 위해서는 가장이 엄할 때 엄해야 할 것이다. 물론 시도 때도 없이 엄해야 한다는 말은 아니다.

'아내는 유순해야 하고 남편은 너그러워야 한다'든지, '아내는 장님이라야 하고 남편은 귀머거리라야 한다', 또는 '집안에 어진 아내가 있으면 남자가 나쁜 짓을 못 한다'는 말들은 그를 리 없다. '장 잘못 담근 건 일 년 원수요 아내 잘못 얻은 건 평생 원수라'거나, '어진 아내는 온 가족을 화목하게 하고 간사한 아내는 온 가족의 화목을 깬다', '악한 아내는 집안의 화목을 깨고 어진 아내는 집안을 화목하게 한다', '간사한 아내는 온 가족의 화목을 깨뜨린다', '말이 넘어지면 수레가 부서지고 아내가 악하면 집안이 망한다', '고부간 사이 나쁘고 잘되는 집 없다'는 말들도 맞지만, 집안이 화목하지 못한 원인을 아내나 여자에게만 돌리는 것은 도리가 아니겠다. '좋은 아내는 집안의 보배라'거나, '집안에 훈기가 나고 냉기가 도는 것은 여자 할 탓이라'는 말이 틀림없지만, '아내는 항아리고 남편은 두레박이라'는 격으로 서로 잘 어우러져야 한다. '밤 금실 좋다고 낮 금실까지 좋을까' 하는 말이 있는데, 낮에는 부부싸움을 한다 해도 밤 금실이 좋으면 웬만큼 화목을 유지해갈 수 있을 것이다.

'될 집안은 들어오는 식구부터 다르다'고 했다. '집안이 잘되려면 남의 식구가 잘 들어와야 한다'는 말도 같은 뜻이다. '잘되는 집 며느리는 물에 빠져도 시아버지 반찬감을 잡아가지고 나오고, 잘 안되는 집 며느리는 베틀을 차려 주어도 베 짤 엄두는 안 내고 달밤에 삿갓 쓰고 무당춤 배운다', '되는 집 며느리는 물에 빠져도 시아버지 반찬 감을 잡아가지고 나온다'고 하지 않던가. '집구석이 망하려면 수염 난 며느리가 들어온다'든지, '집구석이 되는 건지 망하는 건지 집 나간 며느리가 애 배서 돌아온다', '집안이 안되려면 자식 낳은 며느리가 들어온다'고 할 정도가 되면, 집안이 화목하기는 힘들게 되리라. '며느리 술값은 열닷 냥 시어머니 술값은 홀 닷 냥이라' 하는 집안이 잘 될 리가 없다.

    동식물을 예로 들어 되는 집과 되지 않는 집을 비교하기도 한다. '되는 집에는 암소가 셋이고 안되는 집에는 계집이 셋이라'거나, '되는 집안은 개새끼가 집을 나가도 새끼를 배서 들어오고 안되는 집안은 소가 새끼를 낳아도 죽은 송아지만 낳는다'는 말과 같은 것들이다. '집구석이 되려면 집 나간 송아지가 새끼 배서 들어온다', '되는 집에는 개가 새끼를 낳아도 청삽사리만 낳는다', '되는 집안에는 나갔던 강아지도 동무를 달고 들어온다', '되는 집안에는 닭이 쌍태알만 낳는다', '되는 집은 말을 낳아도 용마만 낳는다', '되는 집에는 황소가 새끼를 낳는다', '되어가는 집 소는 개똥밭에 돋은 풀도 뜯는다', '되는 집안은 회오리바람이 외양간에 검불 집어넣어 준다', '되는 집안 추수에 기우는 집의 낫자루가 먼저 나간다', '되는 집안은 가지나무에 수박 열린다'는 속담들이 흥미 있다. '망하는 집안에 말이 많다'거나, '살림 못 하는 년이 양식 주고 엿 사먹는다', '집안이 망하려면 장맛부터 변한다'고 했다. '어장이 안되려니까 해파리만 들끓고 집안이 망하려니까 생쥐가 춤을 춘다', '안되는 집 모사에는 계란에도 유골이라'는 속담들도 재기발랄하다.

    '뒤를 캐면 삼거웃이 안 나오는 집안이 없다'고 했다. 그렇지만 되는 집안은 지혜롭게 처신하여 허술한 점을 보이지 않는다. '뒷간이 깨끗하면 들어왔던 도둑도 그냥 나간다'는 말도 그래서 있는 것이다. 되는 집안은 그냥 되는 것이 아니다. 단순히 운수소관에 집안을 맡기지 않고 정성을 다한다. 그래서 사람들도 꼬인다. '소沼가 좋으면 고기가 모여들고 집이 좋으면 사람이 모여든다'거나, '잘되는 집안은 상을 당해도 땅 마지기 살 부좃돈이 떨어지고, 안되는 집구석은 조문객이 없어 개새끼만 포식한다'는 말이 괜히 있겠는가.

살다 보면 가족 간에도 싸울 일이 적지 않다. 가장 가까운 사람일수록 싸울 일은 가장 많은 법이다. 서로 만날 일이 많지 않으면 싸울 일이 있겠는가. '장난 늙은 게 싸움 된다'고, 친한 사람끼리 장난을 하다가도 싸움이 된다. '둘이 똑같아야 싸움도 하게 된다'고 했는데 맞는 말이다. '싸움해 이한 데 없고 굿 해한 데 없다'고 했는데, 굿이 이한 줄은 몰라도 싸움이 해한 것을 누가 모르랴. 그러니 가능한 한 싸움은 피해야 한다. 그래서 '싸움에는 삼십육계가 제일이라'고 했다. '살인만 아니면 싸움굿 이상 재미있는 구경거리가 없다', '공짜 구경 중에 제일이 불구경과 싸움구경이라'고 하지만, 대부분의 사람은 싸움을 말리려 들 것이다. '싸움은 말리고 흥정은 권해라'거나, '싸움은 말리고 불은 끄랬다'는 것은 당연하다. '싸움은 말릴 때 그만두랬다'고 했는데, 그게 좋다.

싸움은 '이기는 것이 지는 것'이라거나, '싸움은 지는 것이 이기는 것이라'고 했는데 부부간이나 가까운 사람 간에는 특히 그렇다. 하지만 지려고 하는 사람이 드문 법이다. '승부에서는 화를 내면 진다'고 하는데, 그것 역시 쉽지 않다. '논에 든 맹꽁이냐 밭에 든 개구리냐 한다'는 말이 있다. 대수롭지 않은 일을 가지고 티격태격한다는 뜻인데, '두꺼비 싸움 누가 질지 이길지 안다더냐'는 말대로 승부가 날 수 없는 일이 대부분이다.

'싸움 잘하는 개 콧등 성할 날 없다'거나, '싸움 잘하는 놈 매 맞아 죽는다'고 했는데, 틀림없는 말이다. '개싸움에는 뜨거운 물이 제일이지만 사내들 싸움에는 북을 쳐라' 하는 말이 있다. 사내들은 결기나 객기를 삭혀야 한다는 뜻으로 이른 말이겠다. '개는 인사가 싸움이라'지만, 사람은 그럴 수 없다. 아무리 사내라지만 집 밖에서는 그럴지라도 가족 간에 그럴 수 없다. '싸움 끝난 뒤에 허세 부리기'보다는 '싸움하고 기장밭 매러 간다'고, 차라리 훨씬 생산적인 일이겠다. '바늘 가진 놈을 도끼 가진 놈이 못 이긴다'는 말이 틀릴 리 없다. '망하는 놈의 집엔 싸움도 잦다'고 했으니, 싸움은 피하는 게 지혜다.

말을 한마디 해도 함부로 하지 않기에 집안이 된다. 그래서 '문을 반듯이 세운 집은 지탱하여도 입이 재빠른 집은 지탱 못 한다'고 했던 것이다. 근면하고 검소하지 않은데 집안이 잘될까. '집구석이 되려면 들부터 잘된다'거나, '부자 되는 집 머슴은 배고프고 망하는 집 머슴은 배부르다'는 말이 헛말일 수 없다. '살림에는 눈이 보배라'고 했다. 눈썰미가 있는 부부라면 집안에 윤기가 나도록 행동할 것이다. '집안이 잘되자면 딸자식이 잘돼야 한다'고 하지만 아들도 잘돼야 한다. '되는 집안은 장맛도 달다'고 했다. '잘 참는 집안은 화목하다'고도 했다. 집안 구성원 모두가 정성을 쏟으면 화목함은 물론이고, 무엇을 해도 되지 않을 리가 없을 것이다. 어느 집이 화목한가, 그렇지 않은가는 쉽게 판단할 수 있는 것은 아니다. '그 집 장 한 독을 다 먹어 보아야 그 집 일을 잘 안다'고 하지 않던가. 어느 집안이든 다 제 나름대로 화목할 방법을 가지고 있을 것이다.

41. 가정과 사회 환경

'강가에 살면 내장 속에 강의 냄새가 밴다'

　환경이 사람을 만든다. 개개인의 성품과 능력이 아무리 중요하다고 해도, 그것들이 환경에 의해 지배를 받는다는 것은 부인할 수 없을 것이다. '참대밭에 쑥이 나도 참대같이 곧아진다'거나, '삼밭의 쑥대는 저절로 곧아진다', '참대밭에 사는 사람 마음도 참대같이 곧다'는 말들이 그 뜻이다. '강물에서 깐 연어도 바다에서 자라면 연어가 되고 강에서 자라면 열목어가 된다'는 말도 마찬가지겠다. 물론 '개가죽나무가 아무리 밋밋하게 잘 자랐어도 집 재목으로 쓸 수 없고 느티나무는 굽게 컸어도 쓸모가 있다'거나, '승냥이는 해마다 털을 갈아도 역시 잿빛이라'는 것을 모를 사람 없을 것이다. '같은 풀도 소가 먹으면 젖이 되고 뱀이 먹으면 독이 된다'는 것은 본바탕이 다르기 때문이라는 것을 두루 아는 사실이다.

　누구나 근본을 속일 수 없다는 뜻으로 빗대는 말들이 있다. '대 끝에서 대가 나고 싸리 끝에서 싸리가 난다'거나, '왕대 끝에 왕대 나고 갓대 끝에 갓대 난다', '동네 송아지는 이웃집 황소를 닮고 자식은 아비를 닮는다'는 말들이 그것이다. 근본이 그러니 앞날도 일찍부터 자연스레 내다볼 수 있다고 빗댄다. '용 될 고기는 새끼 적부터 안다'거나, '나무 날 곳은 첫 삼월부터 안다', '나무 될 것은 떡잎부터 알아본다', '대부등감은 자랄 때부터 다르다', '될성부른 나무는 떡잎부터 푸르다'는 속담이 그렇다.

　근본이 시원찮더라도 근본은 근본이다. '나무는 그닥지 않아도 뿌리는 뿌리라' 하지 않던가. '개로 태어났으면 똥을 먹어야 한다'거나, '승냥이는 양으로 변하지 않는다'고 빗대지만, 만물의 영장인데 근본 탓만 하겠는가. '궂은 날 끝에 좋은 날도 있다'거나, '궂은 날이 있으면 개는 날도 있다', '동산도 구렁 되고 구렁도 동산 된다', '음지가 양지 되고 양지가 음지 된다', '음지에도 볕들 날 있다'는 진리를 안다. '초라하던 집도 귀한 손님 다녀가면 울타리부터 달라 보인다'는 것도 알고 있다. '값진 진주도 진흙 조개에서 나온다'는 원리를 왜 모르겠는가.

환경이 본성을 근본적으로 바꾼다는 말은 아니다. 식생과 습성이 다양하게 달라질 수 있다는 것이다. '갯가 사람은 소금을 먹고 숯 굽는 사람은 물을 먹고 산다'든지, '산을 낀 곳에서는 산을 뜯어먹고 바다를 낀 곳에서는 바다를 뜯어먹어라'고 했는데, 그런다고 해서 사람의 근본은 달라지지 않는다. 다만 생각이나 생활습관이 조금 달라질 뿐이겠다. '논두렁 메뚜기 다르고 밭두렁 땅개비 다르다'는 말에서 그것을 깨우칠 수 있을 것이다.

제가 처한 환경을 떠나서는 살 수 없다거나, 제 환경 고마운 줄을 모른다는 뜻으로 이르는 속담이 적지 않다. '고기 눈에는 물이 보이지 않는다', '곳간 쥐는 쌀 고마운 줄을 모른다', '고기는 물을 떠나서는 못 산다', '고기는 물 고마운 줄을 모른다', '굳센 물고기가 부드러운 못물을 못 벗어난다', '고기는 물을 떠나 살 수 없고 나무는 뿌리 없이 자랄 수 없다', '물속에서 사는 사람은 물 귀한 줄을 모른다', '숲에서는 숲을 보지 못한다'는 말들이 그것이다.

누구나 제가 처한 환경에 동화되게 마련이라는 뜻으로 이르는 속담들은 많고도 많다. '먹 곁에 가면 먹 묻기 쉽다', '곳간 쥐는 쌀만 먹고 뒷간 쥐는 똥만 먹는다', '들 중은 소금을 먹고 산 중은 나물을 먹는다', '똥벌레는 똥 더러운 줄 모른다', '똥간에서는 구린내가 안 난다', '변소에 오래 있으면 변소 냄새를 모른다', '공자 집 개가 공자 왈 한다', '글방 개가 공자 왈 맹자 왈 한다', '훈장 집 강아지가 지게 작대기 건너뛰면서 한 일 두 이 한다', '독서당 개가 맹자 왈 한다', '글방 종도 강을 들으면 글에 능하다', '개도 서당 생활을 오래 하면 풍월을 읊는다', '곳간의 쥐는 쌀을 먹고 뒷간의 쥐는 똥을 먹으며 즐긴다', '땅강아지는 땅을 파고 송충이는 솔잎을 먹어야 한다', '쑥도 삼밭에서는 저절로 곧아진다', '절에 가면 중 노릇 하고 촌에 오면 속인 노릇 한다', '백사白沙도 진흙에 들어가면 다 같이 검정 된다'는 말들이 그렇다.

살아갈 수 있는 환경이나 조건이 갖춰지게 되면, 자연히 생물들이 모여들게 마련이라는 뜻으로 이르는 말도 여럿 있다. '덤불이 우거져야 도깨비도 모인다', '골이 깊어야 범도 있고 숲이 깊어야 도깨비도 있다', '깊은 물에 고기가 모이고 깊은 산에 짐승이 모인다', '둠벙 파놓으면 개구리 뛰어든다', '못을 파놓으면 물고기가 생긴다', '호랑이를 청하지 말고 숲 먼저 짓게 하라', '산이 깊으면 토끼와 범이 함께 산다'는 말들이 그렇다. '민둥산에는 고라니가 놀지 않는다'거나, '민물고기는 짠물에서 놀지 않는다'는 것은 두말할 필요도 없다.

'물 마다는 개구리 죽는다'고, 제 소중한 환경을 내치는 사람 없을 것이다. '딱따구리는 나무에 살면서 나무를 죽인다'는 정도가 되면 안 될 일이다. '못이 마르면 고기도 궁하게 된다'는 것을 모를 리 없다. '바닥이 얕은 실개천은 진주를 키우지 못한다'거나, '강남의 귤도 강북에 가면 탱자가 된다'는 것도 알아야 할 것이다.

환경이 모든 생명체를 변화시킨다는 것은 두루 아는 사실이다. '감옥에 십 년을 있으면 바늘로 파옥한다'는 속담도, 환경에 따라 인간이 어떻게까지 변화할 수 있는가를 말하고 있는 것이다. '고기는 큰 물에서 놀아야 한다'든지, '개가 되어도 부잣집 개가 되랬다', '개울 낚시에는 큰 고기가 잡히지 않는다', '흙탕물에는 용이 없다'는 말들도 한가지다. 반면에 '바다에서 송사리 나고 개천에서 용 난다'거나, '개똥밭에서도 인물 난다'는 말은, 사람에 따라 좋지 않은 환경을 잘 이겨낼 수 있다는 뜻으로 이르는 속담이다.

42. 도시와 시골 생활

'삼수갑산도 정 붙일 탓이다'

'시골 가면 시골 살고 싶고 서울 가면 서울 살고 싶다'는 게 대부분 사람들의 마음이겠다. 어디서 살든 장단점이 있기 때문이다. 이제는 도시와 시골사람 생활수준의 차이가 현격히 줄었지만, 옛날에는 천양지차로 생각되었다. '서울 양반은 글 힘으로 살고 시골 농군은 일 힘으로 산다'거나, '서울 사람은 옷을 다듬이 힘으로 입고 시골 사람은 옷을 풀 힘으로 입는다'고 했다. 도시 사람은 그야말로 깍쟁이로, 시골 사람은 어수룩하고 무지하게만 여겼던 것이다. 그런 생각은 '시골 깍쟁이 서울 곰만 못하다', '도시 머저리 촌 영웅보다 낫다', '잘난 체하던 양반이 서울 남대문 가니까 팩 한다'는 말로 요약된다. '시골 당나귀 남대문 쳐다보기', '시골 송아지가 관청에 들어가는 꼴', '시골 수탉 잡아서 장판에 갖다 놓은 것 같다', '성안에 들어온 촌닭 같다'는 말들도 마찬가지다.

'시골 사람은 굶어도 보리밥을 굶지만 도시 사람은 굶어도 흰 쌀밥을 굶는다', '시골 양반의 밥상이 서울 상놈의 밥상보다 못하다'는 말은 생활수준의 차이를 말한다. 비단 도시와 시골 차이뿐만이 아니다. '산골 부자는 해변가 개보다 못하다'고 하여 어촌하고도 차이가 크다는 뜻으로 빗댄다. '촌부자는 밭 부자라'거나, '촌부자는 일 부자'라고 하여 업신여기기 일쑤다.

그렇지만 촌사람이라고 마냥 무시할 수도 없다. 어수룩한 사람이 더 대단하다거나, 더 큰 일을 저지른다는 뜻으로 빗대는 말들이 있다. '촌개가 더 사납다'거나, '촌놈이 더 무섭다', '촌물이 더 쏟다', '촌닭이 아이 눈 쫀다', '촌닭이 관청 닭 눈 빼먹는다', '두메에 있는 이방이 조정의 일은 더 잘 안다'는 말들이 그것이다. 한결같이 촌이란 말을 붙였다. '촌년이 서방질을 하면 날 새는 줄 모른다'든지, '촌무당이 장구 깬다', '촌년이 아전 서방을 하면 걸음도 갈짓 자 걸음에 밥도 육개장 아니면 안 먹는다'는 말들도 마찬가지다.

시골 사람이라고 만만하게 보다가는 큰 코 다칠 수 있다. '서울 깍쟁이가 못 당하는 건 시골 어수룩이라'고 했다. '촌놈 글귀 돌아가는 속은 몰라도 말귀 돌아가는 짐작은 있다'고, 어수룩한 사람이 교활한 사람을 이기거나 골탕을 먹일 수 있는 것이다. '시골 놈이 서울 놈 사흘을 안 속여 먹으면 배탈이 난다'거나, '시골 놈이 서울 와서 서울 사람 못 속이면 보름간 똥을 못 눈다', '서울 사람을 못 속이면 보름 똥을 못 눈다'는 말들이 그렇다.

아무리 시골이라지만 뭐든지 거저먹기로 될 수는 없는 일이다. '시골 면장이라도 한번 하려면 하다못해 논두렁 기운이라도 받아야 한다'고 하지 않던가. '시골 아전이 조정 일 폐듯 한다'거나, '한양 소식은 시골 가야 잘 듣는다'고도 했다. '산골 고기가 가시가 세다'거나,

'산골 메기가 쏜다', '산골 쏘가리가 더 쏜다'고 하지 않던가. '고슴도 치는 범도 못 잡아먹는다'거나, '같잖은 간재미가 좆이 둘이다', '눈먼 병아리 독수리 눈깔 빼먹는다', '음식 같잖은 개떡수제비에 입천장만 덴다'는 말들이, 시골 사람을 우습게 알지 말라는 뜻으로 빗대는 속담이다. '가랑니가 더 문다'거나, '모기 다리가 쇠 씹고 가만 바람이 큰 나무 꺾는다'는 속담도 그런 의미로 쓸 수 있다.

시골 사람에게 서울은 못 살 곳으로 여겼다. '서울은 눈 뻔히 뜨고 있는 사람 눈 뽑아가고 코 베어가는 곳이라', '서울은 산 사람 눈도 빼 가는 데라'고 생각했다. '돌산 보이고 맷돌 선돈 받는다'는 사람들만 사는 곳으로 알 수밖에 없었다. 그렇지는 않더라도 '서울이 좋다 해도 임이 있어야 서울이라'고 여겼다. 그러니 '서울이 낭떠러지라니까 과천서부터 긴다'든지, '서울이 무섭다니까 남대문 밖에서부터 긴다'는 말이 있는 것이다. 시골 사람이 서울 사람과 함께 어우러진다는 것은 마치 '개를 범과 짝한다'는 것과 같은 것으로 여겼던 것이다.

'농사짓는 사람이 씨앗 한 번 잘못 고른 건 일 년 골치지만 서울 물 한번 잘못 들이면 평생 우환이라'고 생각했다. 서울 물 잘못 들이면, '지게를 져도 서울 지게가 가볍다'고 나대기 십상이기 때문이다. '서울에 살면 당나귀도 연설을 한다'고, 한편으로는 부러워하기도 하고 다른 한편으론 경계도 했다. '사람은 나면 서울로 보내고 말은 나면 제주로 보내라'거나, '소는 길러 산으로 보내고 사람은 길러 도회지로 보내라'는 말에 대부분은 왼고개를 저었다. '서울 놈은 장맛비가 와도 풍년인 줄 안다', '홍수가 나도 비만 많이 오면 풍년이 든다고 한다'는데, 똑똑해 봤자 헛똑똑이라고 생각한 것이다.

도시에 사는 사람이나, 시골에 사는 사람이나 결국 제 소견 만큼 밖에는 못 본다. '큰 고기는 작은 냇물에서 놀지 않는다'거나, '우물

고기가 바다로 나간다', '사람이 놀려면 큰물에서 놀아라'며, 제가 큰 체하는 도시 사람도 '오십 보 백 보'다. '서울 소식은 시골 가서 듣는다'고 하니까, '시골 앉은뱅이 서울 공론한다'는 격으로 허세를 부리고, '서울 놈이 글쪽질 모른다고 말쪽지야 모르랴'고 나서는 시골 사람은 더 말할 수 없는 꼴불견이다.

'흙에서 놀던 놈은 흙에서 놀고 물에서 놀던 놈은 물에서 놀아야 한다'는 말이 진리다. '산기슭에도 사람이 살고 물기슭에도 사람이 산다'는 것을 모르고, 제 좁은 소견만 우겨대는 사람과 말이 통할 리 없다. '서울 놈은 서울 년이 좋고 제주 놈은 제주 년이 좋다'는 말이 맞다. '산 아래 사는 사람은 산 위에 사는 사람을 말하지 말라'고 했는데, 두말하면 헛소리가 된다. '산골 놈은 도끼질 야지 놈은 괭이질'이 제 격인 것이다.

사는 곳이 '산 너머 산이요 재 너머 산이라'서, '산골 너구리 사촌'이라고 비웃더라도 기분 상하지 말 일이다. '강원도 꿀장수'라는 말을 듣는다 해도 한가지다. '촌놈은 등 따습고 배부르면 그만이라'거나, '촌놈에게는 짚신이 제 날이다', '촌놈하고 계집은 두들겨서 길들인다'고, 다소간 모욕적인 말을 듣더라도 흥분하지 말 일이다. '촌마다 불행자 하나씩은 있다'고 하지만, 도시와는 견줄 바가 아니다. '촌사람 선물은 미나리도 한 몫이라'거나, '시골에서 생색내는 것은 여름에는 부채요 겨울에는 달력이라'는 말을 들어도 웃어넘길 일이다.

'산전 농사 고라니 좋은 일만 시킨다'고 했는데, 농사지어 산짐승과 함께 나누어 먹는다고 생각할 일이다. '산 놈의 계집은 호랑이도 못 물어간다'고 했는데, 시골 사람은 뚝심이 있기 때문에 맹수도 함부로 범접하지 못하는 것이다. '촌놈 촌수는 사돈의 팔촌까지도 사돈이라고 한다'고 했는데, 될 수 있으면 많은 사람을 가깝게 생각한다는 게 얼마나 좋은가. '애쑥 국에 산촌 처자 속살 찐다'는 경지를 도시 사람들이 알까.

'서울 솥이 끓으면 시골 솥은 탄다'고 했는데, 사람마다 다 그럴까. '날씨가 좋으면 밭일을 하고 비가 오면 책을 읽는다'거나, '방에서는 글 읽는 소리 부엌에서는 귀뚜라미 노랫소리'라고, 몸은 바빠도 마음이 한가로우니 그게 진정 평화이리라. '텃밭 벌레는 텃밭에서 죽게 마련이라'고 했는데, 그거야말로 하늘이 내린 복 아닌가.

43. 짐승과 사람

'짐승도 해가 바뀌면 철이 든다'

사람이 사는 동안 짐승과 맺는 인연이 결코 가볍지 않다. 집짐승을 기를 경우는 아주 많은 시간을 써야 할 정도여서, 웬만한 사람보다 질긴 인연이 될 수도 있다. 요즘은 애완동물의 시대라서, 일부 동물은 예전처럼 어떤 역할을 하거나 고기를 제공하는 것으로 생을 마감하지 않는다. 가축은 사람이 이용하는 동물이라서 주인과 정이 통할 수밖에 없다. 그래서 그런지 가축과 오래 정을 붙이는 것을 경계했다. '가축을 너무 오래 키우면 요물로 변한다'거나, '짐승을 한 집에서 십 년 기르지 않는다', '개는 십 년 먹이지 않고 닭은 삼 년 먹이지 않는다', '개가 오래 묵으면 도섭한다'고 했다. '짐승을 사랑하면 자식이 귀하다'는 말이 특히 그렇다.

'짐승도 은혜는 안다'고 했다. '짐승도 제 새끼는 위한다'고도 했다. '짐승은 구하면 은혜를 갚고 사람을 구하면 앙분한다'고 하면서, 못된 사람을 깨우치려 하였다. '짐승도 죽기 전에는 제 굴을 찾아든다'는 말로, 본성이 사람과 다를 바 없다는 것을 깨우칠 수 있다. 특히 '비둘기도 삼지의 예절이 있고 까마귀도 반포의 효도가 있다'고 하여 작은 날짐승이지만 미물로 여기지 않았다.

개에 대한 생각은 참으로 다양하다. 때로는 무척 충직한 짐승으로 여기는가 하면, 때로는 지극히 천한 짐승으로 취급하기도 한다. '개는 믿고 살아도 상전 양반은 못 믿고 산다'거나, '개는 믿어도 사람은 못 믿을 짐승이라'고 말해왔다. 또한 '개도 사흘을 기르면 주인을 잊지 않는다'든지, '개도 은혜를 잊지 않는다', 고 하여 배은망덕한 사람보다 차라리 개가 낫다고 여겼던 것이다. 반면에 '개 대가리에 옥관자'라거나, '개 방귀만큼도 여기지 않는다'는 말에서 보는 것처럼, 하찮거나 아주 천한 것을 의미할 때 개를 물고 늘어진다.

개를 좋게 말하는 속담은 적지 않다. '개는 꼬리를 치고 나서 밥을 먹는다', '개는 밥 주는 주인을 닮는다', '개도 기르면 은혜를 안다', '개도 기르면 주인을 물지 않는다', '개도 방 봐가면서 똥 싼다', '개는 개를 잡아먹지 않는다', '개도 키워준 은혜는 안다', '개도 꼬리를 흔들며 제 잘못을 안다', '개도 뒤본 자리는 덮는다', '개도 상피하고 쌍놈도 항렬이 있다', '개도 오륜을 안다', '개도 세 번 보면 꼬리를 친다', '개도 물린 자리를 두 번 물리지 않는다', '개도 족보가 있다'는 말들이 그렇다.

이에 반해 부정적인 속담 또한 적지 않다. '개 못된 것이 부뚜막에 올라가 똥 싼다'거나, '개를 따라가면 뒷간으로 간다', '개 입에서 상아가 나올 리 없다', '개 입에는 개소리만 나온다', '개털 삼 년 동안 굴뚝에 넣어두어도 색은 제 색이라', '개한테는 똥이 약이라', '개새끼 밀다니까 우쭐대며 똥 싼다', '개가 보름달 쳐다보는 격', '개가 용상에 앉은 격', '개 한 마리가 헛짖으면, 동네 개가 다 따라 짖는다'는 말들이 그렇다. 특히 수캐에 대해서는 아주 천하게 의미부여를 한다. '수캐는 앉으면 뭣부터 불거진다', '수캐 본전 자랑한다', '수캐 싸다니듯 한다', '수캐의 세 가지 걱정은 앉으면 뭣 나올까 걱정 서면 뛰어야 할 걱정 밤에는 범 만날 걱정이라'는 말들이 그 예다.

개는 사람과 가장 가까이 있었기에, 팔자타령에 개가 끼기도 한다. '개 팔자가 상팔자라'든지, '사람 팔자 개 팔자요 개 팔자가 상팔자라'는 말이 그렇다. 개가 아무리 사람과 가깝다고 하지만, 때로는 사람을 두렵게 한다. '개도 짖는 개를 돌아본다'거나, '개도 무는 개를 돌아다본다', '개를 잘못 기르면 미친개가 되어 물기도 한다', '개도 밥그릇을 빼앗으면 주인이라도 문다'는 말들이 그렇다.

사람들이 개를 길들여 곁에 두었다고 함부로 취급하고 있는 건 사실이다. 개도 먹고 살 권리가 있다는 뜻에서, '개도 하루 똥 세 자루는 타고난다'고 했다. 그 존재의 정당성을 존중해 줘야 한다는 뜻이 포함된 말이다. '개새끼는 짖고 고양이는 할퀸다'고 했는데, 본성이 그렇다는 뜻이다. '개가 짖을 때마다 도둑이 오는 것은 아니라'는 것을 알면 된다. '개가 장승 무서운 줄 알면 오줌 눌까' 하는 말에서 알 듯, 개가 사람의 기대만큼 분별력이 있는 것은 아니다. 개를 애완동물이라 해서 지나치게 아끼는 것도 개가 원하는 바가 아니고, 개를 업신여겨 함부로 취급하는 것도 당연히 원하지 않을 것이다.

소와 말은 속담에서 흔히 함께 등장시키고 견주기도 한다. 둘 다 가축인 데다가 몸집도 비슷하기 때문이겠다. 그러나 소와 말은 본성이 아주 다르고, 그에 따라 쓰임도 다르다. 그 속담들을 보자.

'소 가는 데 말도 간다'거나, '말 갈 데 소 갈 데 가리지 않는다',

'말 탄 놈도 서울이요 소 탄 놈도 서울이다', '소 가리고 말 가린다', '소가 말 보듯 말이 소 보듯', '소 노는 데 소 놀고 말 노는 데 말 논다', '소도 아니고 말도 아니다', '소를 가리켜 말이라고 한다', '소 먹어난 데 말 배부르랴', '말이 미치면 소도 미친다', '말은 백마를 기르고 소는 검은 소를 기르랬다', '말은 세워서 기르고 소는 뉘어서 기른다', '밤길에는 소는 앞세워도 말은 앞세우지 말라', '소는 눕는 것을 좋아하고 말은 서는 것을 좋아한다', '소는 몰아야 잘 가고 말은 끌어야 잘 간다', '소 뼈다귀인지 말 뼈다귀인지 모른다', '소 살에 말 뼈', '소에게 물리고 말에게 뜨였다', '소 잃은 놈 소 찾고, 말 잃은 놈 말 찾는다', '소 탄 양반 끄덕끄덕 말 탄 양반 끄덕끄덕', '말고기로는 끼니가 되어도 쇠고기로는 끼니가 못 된다', '말 난 장에 소도 난다'는 속담들이 그렇다.

소에 대해서 사람들은 어떤 가축보다도 덕이 있는 동물로 찬양한다. 우덕송牛德頌이 있을 정도니까, 가히 짐작할 수 있을 것이다. '소가 말이 없어도 열두 가지 덕이 있다'거나, '소는 믿고 살아도 종은 믿고 못 산다', '소더러 한 말은 없어도 처더러 한 말은 난다', '소 앞에서 한 말은 안 나도 어미한테 한 말은 난다', '소 꿈을 꾸면 재수가 좋다'는 말들이 그렇다.

지나간 시대 농촌에서는 소를 매우 소중하게 여겼다. 기르는 데 정성과 노력이 무척 많이 들었다. '소 기르기는 힘들지만 가래 잡는 것보다 낫다', '소 먹이기 힘든데 괭이질을 어찌 할까' 하는 말들에서 추측할 수 있을 것이다. 그렇기 때문에 '소는 농가 밑천이다', '소는 농가에서 땅 다음가는 재산이라'거나, '천석꾼도 소가 반쪽이라'고 할 정도였다. 오죽하면 '소는 농민의 조상이라'고 했겠는가. 농사꾼이 늘 대동하고 다니니, '개는 안주인을 따르고 소는 바깥주인을 따른다'고도 했던 것이다.

　농촌에서는 늘 소와 함께 지내다 보니, 소를 통해 사람을 빗대는 말이 아주 많다. 어떤 일이 아주 기가 막힐 때는 '소가 웃다가 꾸러미가 찢어지겠다'거나, '소가 하품하고 개가 웃을 일이다', '소가 웃을 일이라'고 말한다. 서로 무관심한 것을 두고 '소 닭 보듯 닭 소 보듯' 한다고 하며, '소가 여우보다 낫다'고도 하였다. '소 먹이는 놈과 자식 둔 놈은 입찬소리 못한다'고 하는 것은, 때때로 소가 남의 집 곡식을 뜯어먹을 때가 있기 때문이다. '소 못 본 사람은 송아지도 크다고 한다'는 말로 견문이 좁은 사람을 빗대고, '소 같은 짐승도 제 죄를 안다'는 말로, 제 잘못을 모르는 사람을 빗댄다.

　'소 궁둥이에 꼴을 던진다'는 말이 있다. 미련한 사람은 아무리 가르쳐줘도 알지를 못한다는 뜻이다. '소귀에 염불 외우기'란, 아무 소용도 없는 짓을 한다는 뜻으로, '소 사정 본다는 놈이 짐 지고 소 탄다'는 말은 하는 짓이 매우 우둔하다는 뜻으로 빗대는 속담이다. '소는 골이 커도 우둔하다'고 하는데 정말 그런가. '소도 성낼 때가 있다'는 말을 명심할 일이다. '소 뒷걸음질하다 쥐 잡는다'고 하여 우연히 낸 어떤 성과를 두고 빗대는 말인데, 소는 덕이 있어 그저 묵묵할 뿐이다.

　말은 농사꾼들에게 소처럼 크게 도움을 주는 편이 아니다. 특정한 곳 또는 특정한 사람들이 필요로 한다. 그래서 '말 새끼는 시골로 보내고 사람 새끼는 서울로 보내라'고 했다. 말은 사람을 태우는 것이 역할인지라, 그것을 두고 빗댄 속담이 많다. '말 갈아타듯 한다'거나, '말 좋은 것 타봐야 안다', '말은 먼 길을 타봐야 힘을 안다', '말 달리며 산 구경하기', '말도 갈아타면 워랑사랑 좋다', '말도 갈아타야 새 맛이다', '말을 타고 먼 길을 가봐야 말 힘을 안다', '말은 타봐야 좋고 나쁨을 안다', '말 타고 천하를 얻는다'는 것이 그 일부 예들이다. 이 속담들 중 절반쯤은 여성과 성행위를 빗대는 성속담으로 해석하기도 한다. 물론 말을 타는 것 외에 짐 싣는 용도로도 인식되는 경우도 있다. '말이 좋아야 무거운 짐을 싣는다'든지, '말에 실었던 짐을 벼룩 등에 싣는다'는 말들이 그것이다.

흔하지 않아서 그렇지, 말고기는 식용으로 쓴다. '말고기 삶는 데는 가지 마라'고 했다. 말고기는 삶으면 양이 많이 줄기 때문에 오해를 받을 수 있다는 뜻이다. '말 잡은 집에 소금이 헤프다'고 했다. 큰일을 하면 부수적인 것이 많이 든다는 뜻으로 이르는 말이다. '말고기 다 먹고 무슨 냄새 난다고 한다'는 말은, 이용할 것을 다 이용하고 비난을 한다는 뜻이다. '말고기는 경기驚氣에 약이라'고 하여 약으로도 이용했다.

'말은 노상 뛸 생각만 한다'거나, '말 줄은 몸에 안 감는다', '말도 상피를 본다', '말도 부끄러우면 땀을 흘린다', '말이 콩을 싫다고 할까', '말은 물가로 끌고 갈 수 있어도 물을 먹이지는 못한다'라는 속담들은 말의 본성이나 습관에 관한 것으로 사람의 행태를 빗댄다. '말 죽은 원통보다 체장수 몰려드는 것이 더 속상하다'든지, '말 죽는 데 금산 체장수 지키듯 한다'는 속담은 남의 슬픔이나 손해는 아랑곳하지 않고, 제 잇속만 찾으려는 사람들을 빗대는 말이다. 결과는 두고 봐야 안다는 뜻으로 '말갈기가 외로 질지 바로 질지는 봐야 안다'고 하며, 때늦은 짓을 한다는 뜻으로 '말 잃고 마구간 문 잠근다'고 한다. 또한 아무런 효과를 얻지 못한다는 뜻으로 '말귀에 염불 격'이란 속담을 사용한다.

야생동물로 속담에 가장 많이 등장하는 것들 중 대표적인 동물은 호랑이와 곰일 것이다. '호랑이는 죽어서 가죽을 남기고 사람은 죽어서 이름을 남긴다'고 했듯, 호랑이는 백수의 왕이라서 만물의 영장과 함께 대비할 정도다. 그에 걸맞게 속담에 제일 많이 등장한다. 이에 비해 곰은 호랑이에 훨씬 못 미치지만, 단군신화가 그런 것처럼 어떤 매력을 가지게 되는 동물이다.

호랑이는 영물로 여겨진다. 가장 무서우면서도 지혜로운 짐승으로 생각해왔던 것이다. 호랑이를 산신령으로 여긴 것만 봐도 충분히 알 수 있다. '호랑이는 바람을 일으키고 용은 안개를 일으킨다'거나, '범 가는 데 바람 가고 바람 가는 데 범 간다'는 말로 위세를 더해주었다. '호랑이는 세 살 먹은 아이가 봐도 호랑인 줄 안다'든지, '호랑이가 열두 번 물어가도 정신만 차리면 산다'고 해서, 가장 두려운 대상으로 치켜세웠다.

호랑이의 위세를 보태주려는 속담들은 더 있다. '호랑이가 개새끼 아니 낳는다'든지, '호랑이가 토끼 한 마리를 잡을 때도 젖 먹던 힘까지 낸다', '호랑이가 호랑이를 낳고 개가 개를 낳는다', '호랑이도 제 새끼는 안 잡아먹는다', '호랑이 어금니 아끼듯', '범도 새끼 둔 곳을 두남둔다', '범 가죽은 무늬가 좋아 벗기게 된다'는 속담들이 그것이다.

그러나 사뭇 호랑이의 위세만 치켜세운 것은 아니다. 오히려 허점을 잡아보려 했다. '호랑이 새끼가 열이면 스라소니가 있다'거나, '호랑이도 시장하면 나비를 잡아먹는다', '호랑이가 굶고 나면 환관도 먹는다', '호랑이도 이가 빠지면 토끼도 만만히 본다', '호랑이 잡아먹는 담비가 있다', '호랑이 모르는 길을 생쥐가 안다', '호랑이 쫓는 게 곶감이라', '범도 개한테 물릴 때가 있다'는 말들이 그렇다. '초저녁에 나온 호랑이는 고운 각시나 처자나 하고 새벽 호랑이는 쥐나 개나 한다'는 속담은, 아무리 위세가 대단하다고 해도 궁지에 몰리면 초라해진다는 뜻으로 빗대는 말이다.

　호랑이를 통해 사람을 빗대는 말 중 독특한 것이 많다. 아주 터무니없는 짓을 한다고 할 때는, '호랑이에게 가죽을 달라는 격이다', '호랑이에게 개를 꾸어준다', '호랑이 앞에 돌팔매질'이라 한다. 위세가 커진다든지 추락하는 경우는, '호랑이가 날개를 얻었다', '범도 여우가 있어야 위세가 생긴다', '호랑이도 쏘아놓고 보면 불쌍하다'는 말로 빗댄다. '호랑이 모는 속은 사냥꾼이 잘 알지만 소 모는 속은 농사꾼이 잘 안다'는 말은 사람에 따라 특기가 다르다는 뜻으로, 큰일을 하는 사람은 작은 일에 신경을 쓰지 않는다는 뜻으로, '호랑이 사냥 가는 포수는 꿩은 쏘지 않는다'는 말을 쓴다. '호랑이 굴에 가야 호랑이 새끼를 잡는다'거나, '범 무서워하는 놈은 산에 못 간다'는 말은, 어떤 일을 하려면 모험을 해야 한다는 속담이다. 용두사미란 뜻으로, '호랑이 그린다는 것이 고양이를 그린다'고 하며, 뻔한 사실이라는 뜻으로, '호랑이 날고기 먹는 줄은 세상이 다 안다'고 한다. 스스로 후환을 만든다는 뜻으로, '호랑이 길러 화를 당한다'는 말을, 때늦은 일을 한다는 뜻으로 '호랑이 물어간 다음에 꽹과리라'고 빗댄다. 위세 부리던 사람이 없으면 하찮은 사람이 설치게 된다는 뜻으로, '호랑이 없는 산에서는 토끼가 선생 노릇을 한다'는 말을 쓴다. 또한 몹시 굶주려 물불을 가릴 처지가 아니게 급박하다는 뜻으로 '호랑이 코에 붙은 고기도 떼어먹겠다'는 속담을 활용한다. '간에도 차지 않는다'는 말과 같은 뜻으로, '범 바지락조개 먹은 것 같다'고 빗댄다

　곰에 대한 선입견은 우둔함이다. 곰의 지능이 높다는 생각이 속속 제시되기 이전에, 곰은 무조건 둔한 짐승으로 알고 있었던 것이다. '곰이 제 새끼 깔아죽이듯 한다'거나, '곰이 창날 받듯', '곰도 뒹굴 재주는 있다', '곰도 한 가지 재주는 있다', '곰 발바닥 같다'는 말들이

정종진 263

우둔하다는 뜻으로 쓰이는 것이다. '곰이 선비 죽은 넋이라'는 말이 흥미 있다. 선비들이 죽어라 하고 책을 읽는 것을 곰과 같다고 생각한 데서 비롯된 말이다. '곰이 제 주인 생각하듯'한다는 말은 더욱 재미 있다. 도와준다는 것이 도리어 화를 입혔다는 뜻으로, 주인의 얼굴에 앉은 파리를 잡겠다고 발로 치다가 주인을 죽였다는 일화에서 생긴 말이다.

곰에게 가장 소중한 것은 쓸개다. 그래서 웅담에 관한 속담도 많이 생겨났다. 뭔가를 무척 아낀다는 뜻으로, '곰이 쓸개 아껴오듯' 한다거나, '웅담가루 아끼듯' 한다는 말을 쓴다. 소중한 것 때문에 오히려 화를 당한다는 뜻으로, '곰은 웅담 때문에 죽는다'는 속담을 쓴다. '곰도 잡기 전에 웅담 선금 내쓴다'는 말은 성격이 매우 급한 사람을 두고 빗대는 말이며, '곰을 잡아도 웅담 없는 곰만 잡는다'는 아주 운이 없다는 뜻으로 빗대는 말이다.

먹을 것이 없어 오랫동안 굶고 사는 사람을 두고, '곰 겨울나듯 한다'고 빗대고, '곰이라 발바닥을 핥으랴'는 말도 마찬가지다. '곰 발바닥 들여다보듯 한다'는 말은, 뭔가 하고 있지만 도무지 뭔지를 모른다는 뜻으로, '곰의 설거지 하듯' 한다는 말은 어떤 일을 대충대충 한다는 뜻으로 빗대는 속담이다. '곰보고 아이 보란다'는 말은 믿지 못할 사람에게 일을 맡긴다는 뜻으로, '곰 씹에는 털도 많고 시집살이 말도 많다'는 말은, 시집살이에 잔소리가 너무 많다는 뜻으로 빗대는 속담이다. '곰은 미련한 놈이 잡는다'는 말은, 위험한 일에는 미련한 사람이 제격이라는 뜻으로 빗대는 속담이다.

이 외의 동물에도 속담에 많이 등장하는 것들이 많다. 쥐와 고양이도 거기에 속한다. 소와 말처럼, 고양이와 쥐가 함께 등장하는 속담이 적지 않다. '고양이는 꼴보다 쥐를 잘 잡아야 한다'거나, '고양이도 배가 부르면 쥐를 잡지 않는다', '쥐 잡는 데는 천리마도 고양이만 못하다', '고양이 쥐 양식 걱정', '쥐 아니면 고양이 꼴을 안 본다', '쥐가 고양이를 불쌍해한다', '쥐는 개가 잡고 먹기는 고양이가 먹는다', '쥐도 궁지에 몰리면 고양이를 문다', '쥐 죽은 데 고양이 눈물이 눈 가장자리 적시랴' 하는 말들이 그것이다. 이것은 물론 고양이와 쥐가 천적관계라서 그렇다.

고양이에 대한 생각은 긍정과 부정 반반이다. 쥐를 잡으니 고맙기도 하지만, 앙칼지고 얄밉게 행동한다고 여기기 때문이다. '고양이 덕은 알아도 며느리 덕은 모른다'는 속담과, '고양이가 반찬 맛을 알면 도적질을 하지 않고 견디지 못한다', '고양이가 원님 반찬을 안다더냐'는 속담들이 두 가지 감정을 대변한다. 고양이는 얄궂은 짓을 잘한다. 그러기에 '고양이도 낯짝이 있다'든지, '고양이도 낯짝이 있어야 망건을 쓴다'고 빗댄다. '고양이보고 반찬가게 지켜 달란다'거나, '고양이더러 찬장을 지켜달란다'는 말은 못 믿을 사람에게 일을 맡긴다는 뜻으로 빗대는 말이다. 뭔가가 자주 변한다는 뜻으로, '고양이 눈깔 변하듯 한다'고 하며, 불가능한 일이라는 뜻으로, '고양이 목에 방울 달기'라는 말을 쓴다. 아주 작다는 뜻으로, '고양이 이마빼기만하다'고 빗대며, 어떤 일을 아주 조금씩 한다는 뜻으로, '고양이 밥 먹듯 한다'고 비유한다. 모든 것들이 갖춰졌다는 뜻으로, '고양이 뿔 외에는 다 있다'고 하며, 하도 바빠 일손이 부족하다는 뜻으로, '고양이 손발도 아쉬워한다'고 한다. 욕심은 있어 차지했지만 감당할 수 없다는 뜻으로, '고양이가 소대가리 맡은 격'이라 빗댄다. 고양이는 유난히 따뜻한 것을 좋아하여 따뜻한 곳만 찾아다닌다. 여름철에도 예외는 아니다. '고양이도 유월 한 달은 덥다고 한다'는 말은, 고양이가 덥다고 할 정도로 유월은 아주 뜨거운 날씨라는 뜻이다.

쥐는 사람에게 피해만 끼치는 미물로 여긴다. 그래서 쥐에 대한 감정은 거의 부정적이고 하찮은 것으로 표현된다. 특히 하찮은 일이나 어이없는 행동을 빗댈 때 쥐를 등장시킨다. '쥐가 볼가심할 것도 없다', '쥐꼬리가 길면 얼마나 길까', '쥐구멍에 소 몰아넣는다', '쥐꼬리는 길기나 하고 노루 꼬리는 굵기나 하지', '쥐구멍에 홍살문 세우려 한다'는 말들이 그렇다. '쥐를 때리려 해도 독 깨질까 못 때린다'든지, '쥐 잡으려다가 동네 문 부순다'는 말도 하찮은 일을 하려다 큰 손해를 본다는 뜻이며, '쥐 같은 어미가 범 같은 자식을 낳는다'는 속담은, 하찮으면서 큰일을 해낸다는 뜻으로 빗대는 말이다. '쥐가 먹는 것과 아내가 먹는 것은 아까운 줄 모른다'는 말도 그렇다. 사랑스럽기 때문에 아내가 먹는 것은 아깝게 생각되지 않고, 쥐가 먹는 것은 하찮기 때문에 아까운 줄 모른다는 뜻이다.

터무니없이 없이 일을 한다는 뜻으로, '쥐구멍 틀어막으려고 대들보를 들이민다'고 빗대며, 누구나 제 이익을 생각하게 마련이라는 뜻으로, '쥐도 먹을 것이 있어야 간다'고 빗댄다. 아무리 미물이라도 할 것은 다 한다는 뜻으로, '쥐도 방귀를 꾸고 새도 염불을 한다'고 하며, 이것도 저것도 아니라는 뜻으로, '쥐도 아니고 개도 아니라'고 빗댄다. 아무도 모르게 어떤 일을 한다는 뜻으로, '쥐도 새도 모르게'라는 말을 쓴다. '쥐도 한 모서리를 긁으면 자리 난다'는 말이 있다. '우물도 한 우물을 파라'는 말과 마찬가지 뜻이다.

사람은 숱한 동물들과 공존해야 한다. 가까이에 있는 집짐승으로부터 멀리 산속에 있는 야생동물까지, 가깝고 먼 인연을 맺고 살아야 한다. 그것뿐인가. 멀리 가까이에 날아다니는 곤충들, 얕고 깊은 물에 사는 물고기들이 모두 사람들의 삶에 연결되어 있다.

'집에 벌이 들어오면 논 서 마지기 사주고 나간다'거나, '용은 오복을 불러들이고 범은 삼재를 쫓는다'는 곤충이나 짐승으로 횡재를 얻 수 있다는 뜻으로 하는 말이다. '짐승도 구하면 은혜를 안다' '짐승과 어린애는 생각해 주는 대로 간다'든지, '짐승도 죽으면서 저 살던 데로 머리를 둔다'고 하듯, 미물도 인간과 똑같이 감정이 있다는 뜻으로 쓰는 말이다. '물고기 한 마리가 열 개울물을 흐린다'고 하는데, 인간이 편리한 대로 생각하여 쓰는 말일 뿐이다. '참새가 황새걸음하면 다리가 찢어진다', '고기하고 사람은 큰물에서 놀아야 한다', '고기도 묵으면 어룡이 된다'고 하는데, 동물들이 부자연스런 생각과 행동을 하겠는가. '벌은 굶어죽지 않는다'거나, '일찍 일어난 새가 벌레 한 마리 더 잡아먹는다', '고기 보고 부러워 말고 집에 가서 그물을 뜨랬다'는 말들은 부지런해야 이익을 얻을 수 있다는 뜻으로 하는 말이다.

'시국이 어려우면 짐승이 먼저 나선다'고 했다. '집안이 기울면 기르던 벌이 먼저 알고 나간다'고도 했는데 사람들이 알아차리지 못할 뿐이다. '짐승도 집에 들어오면 거둔다'고 했는데 그래야 진정한 휴머니즘이다. '짐승도 한 번 혼난 골짜기에는 가지 않는다'고 했으며, '짐승도 궁지에 몰리면 물려고 덤빈다'고 했다. 짐승들이 막다른 골목에서 돌아서기 전에 어서 감싸고 친화력을 회복해야 한다.

◆◆◆ 도섭 : 주책없고 능청맞게 변덕을 부리는 일.

44. 의식주

'헐벗고 잘난 놈 없고 못 먹고 살찐 놈 없다'

예전에는 '기와집에서 이밥에 고깃국 먹고 비단옷을 입고 산다'고 하면, 최상의 삶이라고 생각했다. 의식주가 충족된 경지로 여겼던 것이다. '못 입어 잘난 놈 없고 잘 먹어 못난 놈 없다'고, 잘 입고 잘 먹으면 잘난 사람으로 보이기 때문이리라.

근근생계조차 하기 어려운 사람에게는, '먹고 입고 잘 곳은 타고 난다'는 말이 당치도 않는 말로 여겨질 것이다. '먹고 입는 것이 넉넉해야 영욕榮辱도 안다'는데, '밥이 분이고 옷이 날개라'는데, 도무지 넉넉하게 먹고 입을 수 없으니 사람노릇하기 힘들다고 생각하리라.

'옷은 결혼식 날처럼 입고 음식은 팔월 한가위처럼 한다'거나, '옷은 시집갈 때같이 입고 먹기는 한가위같이 먹는다'는 말은 그저 허언이려니 생각하는 것이 편할 것이다. '남자나 여자나 잘 먹고 잘 차리면 아주 딴사람이 된다'고 하지만, 속이 덜 찬 과시적 인간밖에 더 되랴. '옷맵시는 삼대 부자라야 알고 음식 맛은 오대 부자라야 안다'고 하는데, 지나친 호사취미가 삶을 불편하게 할 수도 있다. '체면쟁이 굶어서 죽고 호사쟁이 얼어서 죽는다'고 하지 않던가.

'옷은 살만 가리면 되고 음식은 허기만 면하면 된다'는 말이 촌스럽다고 할 것인가. 물론 음식이 음식 이상의 의미를 가지기도 한다. '용모가 아리따운 계집은 소박을 당하지만 음식수발 잘하는 계집은 박색이라도 소박은 면한다'고 했는데, 충분히 가능한 일이다. 얼굴이 반반하면 꼴값을 하여 미움을 사지만, 박색은 다른 것으로 벌충하려고 음식에 정성을 다하니 그렇다. 그러니 '기와집 음식이 초가집 음식만 못한 것도 있다'는 말이 가능한 것이다.

'먹는 집이 내 집이요 자는 집이 내 집이라' 하면서, 팔도유람에 나서는 사람처럼 도인다운 기개가 있다면 좋은 집이 오히려 부담스러울 것이다. '들이 있으면 민락이 있고 산이 높으면 절이 있다'고 했으니, 그게 모두 머물 곳인 셈이다. '기와집에 옻칠하고 사나' 하고 빗대는데, 좋은 집에 살아봤자 사람의 모양이 크게 돋보이는 것은 아니다.

의식주의 풍족함과 사람의 품격이 비례하지는 않는다. 의식주에 대한 집착에서 자유롭거나 소박한 것이, 오히려 사람을 더욱 푸근하게 할 수 있다는 것도 알아야 하리라. 속악한 사람들에게는 호화로운 의식주가, '도야지 발에 편자 붙인다'거나, '돼지 목에 금목걸이', '돼지 발톱에 봉숭아 물', '말 살에 쇠 뼈다귀'처럼 전혀 어울리지 않을 수 있는 것이다.

사람이 의식주를 해결하는 것보다 중요한 일은 없다. 그래서 짧은 생애 중 많은 시간과 힘을 거기에 쏟는다. 지극히 당연한 일인데도, 왠지 잘먹고 잘살려고 애쓰는 스스로의 모습이 처량하게 보일 때가 있는 것이다. 의식주라는 기본욕구를 어느 정도에서 만족하면서, 문화인의 긍지를 높이는 게 지혜의 척도가 될 것이다.

(1) 의衣- '옷 잘 입고 미운 사람 없고 옷 헐벗고 예쁜 사람 없다'

옷을 날개에 즐겨 비유해왔다. '옷이 날개', '입성이 날개', '이밥이 분紛이요 옷이 날개라', '옷은 날개고 돈은 힘이라'고 한 말들이 그것이다. 사람이 돋보인다는 뜻으로 그런 표현을 했겠다. '옷은 몸을 가려야한다'고 했지만, 이런 생각마저 세월에 따라 바뀌고 있다. 아무리 그렇더라도 '옷 보고 사람 평가하지 말라'는 말조차 힘을 잃어서는 안 될 일이다.

옷이 없다고 타박하는 사람에게 '옷 안 입은 인왕산 호랑이도 산다'고 나무랐다. 물론 벗고 살라는 말이 아니고, 최소한의 옷으로 만족해야 한다는 뜻이겠다. '굶어도 벗지는 말아야 한다'거나, '가림은 있어야 의복이라 한다', '벗은 거지는 못 얻어먹어도 입은 거지는 얻어먹는다', '벗은 것은 남이 알고 굶은 것은 남이 모른다', '굶어도 벗지는 말아야 한다', '한 끼 굶는 줄은 남이 몰라도 헐벗은 줄은 안다', '베옷도 안 입은 것보다는 낫다'고, 모두 옷 입는 것을 강조하는 말들이다. '밥 줄 사람은 있어도 옷 줄 사람은 없다'는 생각 때문에 그런 것일까.

옷은 알몸을 가리는 것이기에 최후까지 몸을 지키는 것으로 생각하는 것이 당연하다. '정자옷을 입더라도', '똥 묻은 속곳을 잡혀서라도'라는 속담은 아주 필요한 최소만을 가지고서라도 무엇인가를 하겠다는 각오를 할 때 내세우는 말이다.

지금처럼 옷이 흔하지 않던 옛날에는, 옷 한 벌로 사시사철을 견뎌야 할 사람도 많았다. 헐벗은 사람이 언젠가는 자기도 옷을 입게 될 때가 올 것이라는 생각에서 '벌거벗은 놈도 옷 입을 날이 있다'고 했는데, 이 말은 '쥐구멍에도 볕들 날이 있다'는 말과 같이 쓰이고 있다.

명주옷과 비단옷은 좋은 옷의 대명사였기에, '명주옷은 사촌까지 덥다', '명주옷은 육촌까지 따숩다'고 했다. 집안에 잘 사는 사람이 있으면 친척들이 도움을 받을 수 있다는 뜻이다. 비단옷은 부와 권세의 상징이기도 했다. '비단옷에 쌀밥'이라든지, '비단옷 입고 낮길 가기', '비단옷 입고 고향 간다', '비단옷을 입으면 어깨가 올라간다'는 말들이 그렇다. 그렇지만 '비단옷 속에 눈물 들었다'는 말은, 겉은 호사스러운 것 같지만 속내는 고통에 싸여 있다는 뜻이 된다. 한편 비단옷은 부정적 의미를 드러내는데 쓰기도 했다. '비단옷 입은 도적놈'은 백성을 착취하는 위정자를 빗대는 말이고, '비단옷 입고 밤길 가기'란 아무 보람 없는 짓을 한다는 뜻을 나타낸다.

가난한 사람들이 옷만 갖추었다고 마음이 흡족해질 수 없다. 옷에 달린 주머니에 돈이 있어야 마음이 가볍다. '주머니 빈 옷이 더 무겁다'는 말은 얼마나 절묘한가. 끼니거리조차 없는 사람에게 설령 비단옷이 생겼더라도 큰 행운이 될 수 없다. 그렇게 소중한 비단도 한 끼와 맞바꿀 수도 있기에 '비단이 한 끼'란 말이 가능한 것이다.

옷을 탐하는 것은 아무래도 남자보다 여자들이다. '옷 싫어하는 건 여자가 아니고 영화 싫어하는 건 사람이 아니다'라든지, '보석과 옷 앞에서 여자 마음은 갈대다'라는 말이 있는 것이다. 남자보다 맵시에 관심이 많은 여자들은 옷을 실용성 위주로 생각지 않았다. '몸꼴 내다 얼어 죽는다'거나, '맵시 내다가 얼어 죽는다', '겨울 멋쟁이 얼어 죽고 여름 멋쟁이 쩌 죽는다'는 말이 그래서 있다.

도시와 농촌 사람들이 옷을 입고 사는 양상을, '서울 사람의 옷은 다듬이 힘으로 입고 시골 사람의 옷은 풀 힘으로 입는다'고 표현한다. 또한 걱정할 처지도 아니면서 주제넘게 걱정을 한다는 뜻으로, '칠월 더부살이가 주인 마누라 속곳 걱정한다'는 말로 빗대기도 한다. 알량한 방법으로 사람을 꾀려한다는 말로, '입던 옷에 다리미질해서 어린 계집 달래러 간다'는 말을 쓰기도 한다.

'의복과 음식이 푼푼해야 예절을 차린다'고 했듯이, 의식주가 불만스러우면 사람의 도리를 잘 할 수 없게 된다. 그렇다고 '의복은 시집 올 때와 같이 음식은 팔월 십오일 같았으면' 하는 욕망에 맞출 수도 없는 일이다. 그런데도 모두들 옷은 새 옷을 좋아한다. '사람은 헌 사람이 좋고 옷은 새 옷이 좋다'든지, '옷은 새 옷이 좋고 정은 구정이 좋다', '옷과 여자는 새것이 좋다', '옷은 새 옷이 좋고 임은 옛 임이 좋다'고 한다.

질기고도 좋은 옷이 산더미 같이 쌓인 요즘 세상, 옷 한 벌 다 낡도록 입을 만큼도 안 되는 짧은 생애에 웬 옷들을 수십, 아니 수백 벌씩 사들이는 어리석은 짓을 해대는지, '사람의 욕심이란 굽 빠진 항아리라'는 말이 맞다. 하기는 '먹던 끝은 없어도 입던 끝은 있다'는 말이 있다. 먹어 없애면 남는 것이 없지만, 옷을 입어대면 입던 옷들은 남는다는 뜻이다.

'몸 보고 옷 짓고 꼴 보고 이름 짓는다'고 하지만, 사정에 따라 반대가 될 수도 있었다. 자식은 많고 옷 사 입히기는 어려웠던 예전, 큰 옷을 사서 몇 년씩 입혔다. 그럴 때 그럴듯한 핑계가 있어야 했다. '옷은 몸에 맞아야 한다'고 했지만, '옷이 몸에 붙으면 복 들어갈 틈이 없다'는 말을 생각해낸 것이다. 얼마나 기막힌 설득력인가.

옷이 아무리 좋고 따뜻하다 해도 심성이 좋지 않은 사람의 마음까지를 따뜻하게 할 수는 없다. 아무리 좋은 옷이라도 심성이 고운 사람의 말과 마음씨에 견줄 수 없다. 그래서 '비단 대단大緞 곱다 해도 말같이 고운 것은 없다'고 했다. '못 입어 잘난 놈 없고 잘 입어 못난 놈 없다'고 하지만, 못난 놈은 아무리 옷을 잘 입어도 역시 못난 짓을 하게 마련이다. 지금으로 말하면 단벌신사를, '입던 옷이 도포라'고 했다. 그래도 마음이 올곧았던 사람은 품위가 빛났다. '노닥노닥해도 비단일세' 하고 과시를 하려는 허세보다 낫다. '용모는 마음의 거울'이라는 말은, 옷을 자주 바꿔 입으라는 말이 아니다. '옷은 나이로 입는다'는 말도 나이에 따라 자주 바꿔 입으라는 말이 아니다. 옷은 품위로 입는다. '옷은 화려한 것이 좋은 것이 아니라 깨끗한 것이 좋은 것이라'는 말이다. 품격은 시원찮은데 옷만 화려하면, 그야말로 '거적문에 백통 돌쩌귀 달기'라거나, '개 이빨에 금박이 돼지 목에 목걸이'라는 생각을 들게 할 것이다. 특히 '속 검은 사람일수록 비단 두루마기 입는다'는 말을 그대로 받아들인다면, 좋은 옷을 탐할 수 없게 될 것이다.

◆◆◆ 정자옷 : 들판에 서 있는 허수아비가 입고 있는 저고리.

(2) 식食 - '염라대왕도 먹어야 대왕이다'

'목구멍이 옥獄이라' 했다. '목구멍이 원수', '목구멍이 죄라', '구복이 원수요 목구멍이 포도청이라', '목구멍이 포도청보다 더 무섭다'고도 했다. '하늘 밑에 난 것은 먹어야 산다'고 한 말이 지당하다. 사람도 하늘 밑에서 났다. '하늘을 나는 새도 쪼아 먹을 벌레가 있고 땅에 자라는 풀에도 이슬이 내린다'는 말은, 천지간이 모두 먹고 먹히는 곳이라는 뜻으로 이르는 속담이다. '길가에 핀 풀꽃도 제 먹을 이슬이 있다'고, 먹자는 동물이 있고, 그만큼 먹을거리가 있다는 말이다.

'세상만사가 다 먹자고 하는 짓이다', '다 먹고 살자고 하는 짓이라'는 말을 자주 들으면 왠지 조금은 서글픈 생각이 들 것이다. 광적인 미식가가 아닌 다음에야 매 끼마다 먹는 것에 집착하는 인간이 하찮게 여겨질 수 있다. 그러나 그만큼 누구에게나 '먹는 것이 가장 소중하다'는 것이겠다. '먹는 것을 하늘로 삼기'에 끼니 때우는 것에 목을 맬 수밖에 없다. '사람은 똥 힘으로 산다'는 말도 있으니까 말이다.

'만승천자도 먹는 것을 큰일로 삼는다'는 말은 그 누구도 먹는 것을 최상으로 여긴다는 뜻이다. 그러니까 '언제나 코 아래 입이 말썽이라'거나, '도둑 중에도 코밑 도둑이 제일 크다', '부뚜막이 큰 도둑놈

정종진 273

이라'고 말하게 되는 것이다. 사람들이 요기만 하는 것에 만족한다면 문제는 크지 않을 것이다. 그러나 배부르게 먹는 것을 누구나 원하고, 그것도 모자라 함포고복, 주지육림으로 살려 하니까 문제가 된다. '바닷물은 막아도 사람의 입은 못 막는다'든지, '계집질하고 노름하는 놈에게는 밑천을 당해줘도 씹음질하는 놈한테는 돈을 안 대준다', '고개는 보릿고개가 제일 높고 새는 먹새가 제일 크다'는 말이 그래서 있다. '먹자는 귀신 먹여야 한다'거나, '먹자는 놈한테 못 이긴다', '먹어본 놈이 잘 먹는다'는 말이 틀림없는 사실이다.

그러기에 '음식으로 하늘을 삼는다'고 하는 것이다. '먹는 것이 하늘이라'든지, '밥이 원수라', '밥이 인삼이다', '밥이 일한다', '밥이 지팡이라', '밥이 하늘이라', '밥 한 알이 귀신 열을 쫓는다'는 말들이 다 같은 뜻이다. '먹어야 양반 노릇도 한다'거나, '먹은 놈이 힘도 쓴다', '먹지 않고 잘 걷는 말 없다', '먹성 좋은 소가 부리기도 좋다', '굶어 힘쓰는 장사 없고 배곯아 나을 병 없다', '먹고 죽은 귀신 원도 없다', '먹고 죽은 귀신은 죽어서도 잘 썩는다', '먹고 죽은 송장이 빛깔도 곱다', '송장도 먹고 죽은 송장은 빛깔이 좋다'는 말들처럼 별의 별소리로 한결같이 먹는 것을 강조한다.

'먹을 일이 많은 곳에 인심은 없다'고 하지만, '먹는 데서 인심 난다'거나, '곳간에서 인심 난다', '광 속이 풍성하면 감옥이 빈다'는 말이 맞는 경우가 많겠다. '배가 부르면 흉포한 짐승도 순해진다'고도 했다. 본능이 충족되면 성미가 선해지는 것은 당연하다. 그러나 자칫 교만해지거나 게으르게 될 수 있다. '배부르니까 평안감사도 부럽지 않다'든지, '배가 불러야 흥정에 유리하다', '배가 불러지면 사람도 눈에 보이지 않는다', '배가 부르니까 제 세상인 줄 안다', '배부르고 등 따듯하면 음란해진다', '배부르면 재주가 막힌다'는 말들이 그것을 깨우치게 해준다.

반면 '배가 고프면 역정만 나고', '배가 고프면 잠도 안 온다'. '배가 고프면 금의錦衣도 일식一食과 바꾸고', '배고프면 제 아비도 모른다'. '배고픈 것은 나라 상감도 못 참는다', '배고픈 것 이기는 장사가 없음'은 물론이다. 그러니 '배고픈 것보다 더 큰 설움은 없다'는 말이 만고에 진리다. '굶주린 양반 겨떡 하나 더 먹으려고 한다'거나, '구레나룻이 석 자라도 먹어야 양반이라'는 말에서 인간도 참 별수없구나 하는 생각을 할 수밖에 없다. 그러나 '생각을 너무 많이 하면 가난해진다'고 하지 않던가. '코 아래 구멍이 제일 무섭다', '배腹 이긴 장사 없다'고 했으니 그런 줄 알자. 배고픈 설움에 대한 속담을 더 보자.

'무슨 설움 무슨 설움 해도 배고픈 설움이 제일이다', '배고픈 설움은 임금도 못 참는다', '굶주린 놈은 날벼락도 먹는다', '사흘 굶어 도적질 안 하는 사람 없다', '사흘 굶은 장사 없다', '사흘 굶으면 못할 노릇이 없다', '쌀독 사흘만 비면 칼 들고 안 나설 놈 없다', '굶주리면 본정신도 나간다', '굶주린 놈 눈에는 먹을 것밖에 안 보인다', '닷새 굶어 도둑질 않는 놈 없다', '기갈이 들면 돌담도 허문다', '땟거리가 없으면 양반 노릇도 못 한다', '먹을 것 없는 집에 화기 없다', '범이 배가 고프면 가재도 뒤진다', '먹고 죽자 해도 없어 못 먹는다', '책력 보아가며 밥 먹는다'는 것들이다.

정말이지 많고도 많다. 그만큼 굶주림이 누구에게나 가장 절실하다는 뜻이 되겠다. '곰마냥 발바닥 핥아먹고 사는 줄 아나' 하거나, '발바닥 핥아먹고 사는 곰인 줄 아나' 하는 말에는 마치 적대감을 드러내는 느낌이 드는 듯하다. '굶기를 부잣집 개 밥 먹듯 한다'든지, '목구멍은 봉해서 시렁 위에 얹는다', '굶으면 아낄 것 없어 통비단도 한 끼라', '뒤주 밑이 바닥나면 밥맛은 더 난다' 하는 사람들이 왜 안 그럴 것인가. '굶주림을 고치는 것은 밥이라'는 상식을 누가 모르랴. 끼니조차 해결하기 힘든 경우를 당하면, '굶어봐야 세상이 높은 줄 안다'든지, '굶어봐야 세상 인심도 안다', '배곯아 본 사람이라야 세상 물정도 안다', '굶어 본 놈이라야 남의 고생스러운 사정도 안다'는 말을 하게 될 것이다. 오죽하면 '앓으며 먹는 밥은 피가 되고 울면서 먹은 밥은 살이 된다'고 했을까.

'저 먹을 것 제가 타고 난다'거나, '밥그릇은 다 제가 차고 나온다', '메뚜기도 저 먹을 것은 타고 난다'고 했다. 그렇다면 먹고 살 것은 걱정하지 않아도 되는가. '굶어 죽기가 정승하기보다 힘들다'든지, '곯아 죽는 것이 정승하기보다 어렵다', '굶어 죽으라는 법 없다', '사흘을 굶고 누웠으면 쌀 지고 오는 놈도 있다', '굶어 죽기란 잘 살기보다 어렵다'고 했으니, 손 개고 앉았으면 제 명대로 살게 되겠는가. 그럴 리 없다. '뱃가죽이 등에 붙었다'고 느끼기 전에 끼니 찾아 나서야 하리라. '성인도 사흘을 굶으면 도둑질을 한다'는 말이 틀림없다.

인간이 얼마나 탐욕스럽게 먹어대면 '아귀 먹듯 한다', '노름하는 사람 뒤는 대도 먹는 사람 뒤는 못 댄다'고 할까. '새 중에서 제일 큰 새는 먹새'라든지, '세 중에서 가장 큰 세는 먹세'라는 말들을 수긍하게 될 것이다. 그러니 '장사는 먹어 없애는 장사가 제일이라'는 말이 어느 시대에나 진리가 되는 것이다.

먹는 것도 여럿이 떼를 지어 먹게 되면 그 상승효과가 만만치 않다. '천 사람이 소 천 마리를 먹는다'는 속담이 그래서 있는 것이다. 어디를 가나 먹자 놀자 판이니, '적게 먹고 가는 똥 싼다'는 말은 '말짱 도루묵'이다. '후장後場에 소다리 먹으려고 이 장에 개다리 먹지 않을까', '뒷장에 쇠다리 먹자고 오늘 장에 개다리 안 먹으랴' 하고 덤비는 데야 어쩔 것인가. 오죽하면 '하자는 놈하고 먹자는 놈하고는 당할 수가 없다'고 했을까.

이렇게 먹자 마시자 하는데도, '먹는 죄는 없다', '먹는 죄는 종짓 굽으로 하나'라 할 것인가. '코 아래 진상이 제일이라'고, '먹는 것이 남는 것이라'고 누구나 먹어대다가는 '천둥 번개 칠 때는 천하 사람이 한 마음 한 뜻'으로 초조한 삶을 살게 되리라. 한 편에서는 '허리띠가 양식'이라고 홀쭉한 허리를 더욱 조이며 '소같이 벌어서 쥐같이 먹어라'며 근검절약하는 터에, '먹고 죽은 귀신은 때깔도 곱다'고 아귀같이 먹어대면, 분명 죄받는 일이 될 것이다.

나누어 먹어야 한다. '적게 먹으면 부처님이라'는 생각을 존중할 일이다. 지나간 시절, 밥상머리에서 어른들은 '배가 좀 덜 찼다고 할 때 수저를 놓아라'고 말했다. '저 먹자니 싫은 떡 남 주자니 아깝다'고 생각하거나, '개 꼴 보기 싫어 낙지 사먹는다'고 한다면 공동사회에서 더불어 살아갈 자격이 못 된다. 제가 먹기 전에 남에게 조금 나누어 주고, 고기에 붙은 뼈는 당연히 개 차지가 되도록 해야 한다.

식탐이 강하면 제 것은 물론 남의 것마저도 대가 없이 먹으려 한다. '닭도 남의 닭이라야 맛이 있다'든지, '얻어먹는 인절미보다 훔쳐먹는 보리개떡이 더 맛있다'는 말을 철석같이 믿으려 한다. 제 것은 조금도 축내기 싫어해 '먹지 않는 종 투기妬忌 없는 아내'를 원하며, '어려서는 외가 것 먹고 성례 후엔 처가 것 먹고 늙으며 사돈댁 것 먹는다'는 식으로 파렴치한 삶을 살게 된다. '고뿔도 남 안 주겠다'는 심보가 되니, 식탐을 자제할 수 있어야 한다.

'욕심이 사람 잡는다'고 했다. 먹을 것에 지나친 욕심을 부리면 무엇보다도 천해 보인다. 아무리 '도리道理보다 가까운 것이 입이라'지만 최소한의 예의는 지켜야 하고 최대한 스스로를 절제해야 한다. '값나가는 말 팔지 말고 입 하나 덜어라'고 하지 않던가. '종손은 대추 세

정종진

개만 해도 요기를 한다'고 하지 않는가. 친인척들이 종가宗家의 것을 이리저리 빼가니까, 막상 종손은 아주 궁핍하게 살 수밖에 없다는 뜻이다. 그러나 그는 최대한 절제하며 명분을 지킨다. 얼마나 처절한 아름다움인가.

'쪽박에 밥 담아 먹어도 뜻이 맞으면 산다'고 했다. 한 끼에 밥 한 그릇보다 더 잘 먹어서 무엇 하려는가. '밥이 보약이라'고 했다. 식탐을 하지 않는 사람에게 한 그릇의 밥은 분명 보약이다. '약보藥補보다 육보肉補가 낫고, 육보보다 식보食補가 낫다'는 말 조금도 그르지 않다. '커가는 아이 한 밥에 오르고 한 밥에 내린다'는 말을 확인하게 되면 식보가 최상이라는 것을 깨우치게 될 것이다.

모름지기 먹을거리에 대해 탐욕으로 대하지 말고, 경건하게 생각할 일이다. '마름쇠도 삼킬 놈' 소리를 들을 정도가 되면 더 없이 천하게 된다. 저만 부지런하면 '산 입에 흙 들어가는 법 없다'. '열두 가지 재주 가진 놈이 저녁거리 간 데 없다'고 하는데, 그것은 너무 출랑대서 '제 복을 제가 털어버리기' 때문에 그렇다. 소박한 재주만으로도 의식주를 해결할 수 있다. '사흘 굶으면 양식을 지고 오는 놈이 있다'는 말만 믿고 살지 않으면 된다.

'소문난 잔치에 먹을 것 없다'고 했는데, 꼭 먹을 게 풍성해야 하는가. 국수 한 그릇으로 감지덕지 할 수는 없는가. '외상이라면 소도 잡아먹고 공짜라면 양잿물도 먹는다'지만, '세상에 공짜가 없는' 법이다. '남은 음식을 버리면 가난해진다'고 했다. 큰잔치로 허세를 부리는 것도 죄짓는 일이다. '잔칫날 잘 먹으려고 사흘 굶을까'라고 하지만, 기대와 흥분 속에서 사흘 굶어보는 것도 괜찮다. 먹고 사는 것에 대해 크게 깨우치리라. '열흘 굶어 군자 없다'고 하는데, 열흘 굶어도 군자는 군자라야 한다. '굶네 굶네 하면서 떡만 잘 해먹다'고 비난받을 짓 하지 말고 굶어도 의연할 수 있어야 한다.

'먹고만 산다면 개도 산다'고 했다. '먹고 사는 데만 급급한 사람은 천하게 여긴다'는 말이 맞다. '공구경도 속이 든든해야 보이는 것이 있다'거나, '금강산 구경도 배가 불러야 하고 도중 군자 노릇도 배가 불러야 한다'는 것이 틀림없지만, '입으로 먹고 배로 먹는' 탐욕은 누구라도 좋게 볼 수가 없다. '음식에 따라 일이라'고 했다. 음식의 질과 양에 따라 하는 일도 다르다는 뜻이다. 일도 많이 하지 않으면서 식충이가 될 수는 없는 일이다. '부자가 많이 먹으면 식복이 있어서 잘 산다고 하고 없는 놈이 많이 먹으면 먹어서 못 산다고 한다'고 한다는데, 왜 아니겠는가.

'배고픈 정 아는 게 사람으로서는 제일가는 정이라'고 한다. 또한 '따뜻한 밥이 고기반찬이라'고 했다. 사치스런 대접이 아니라, 소박한 정이 누구에게나 필요하다. 남의 절박함을 알아주는 정이 얼마나 아름다운가. 배부르면 '교동 부자가 어느 내 아들놈인가 싶다'거나, '내 배부르니 평안감사가 조카 같다'고 거드름만 피우지 말고, 나누어 먹는 정으로 살 일이다.

◆◆◆ 만승천자萬乘天子: 중국 주나라 때 천자가 자기 영토에서 1만 대의 병거兵車를 거느렸다 는 데서 나온 말로, 대단한 세력가라는 뜻으로 이르는 말.

(3) 주住 - '설움 중에서 가장 큰 설움은 집 없는 설움이다'

'짐승도 숲이 있어야 살고 사람은 집이 있어야 산다'고 했다. 이 세상에서 자기 집보다 더 좋은 곳은 없을 것이다. '제집이 극락이라'

정종진 279

고 하지 않던가. 몸과 마음을 편안히 쉴 수 있는 유일한 곳이기 때문이다. 물론 겨우 비바람을 막을 수 있는 집 아닌 집도 있고, 불화가 끊이지 않는 가정도 있으리라. 그렇더라도 지상에서 가장 편하다고 말할 수 있겠다. 집은 생의 출발점이자 종착점이고, 일상을 출발하는 곳이며 마무리하는 곳이기도 하다. '제 둥지 드나들듯', '제집 드나들듯 한다'는 속담이 이 모든 것을 요약한다.

집 없는 사람은 그 서러움을 절실히 알고 있을 것이다. '집도 절도 없이' 이리저리 옮겨다니면서 맛보았던 설움을 생생하게 되새길 수가 있겠다. 남의 집에 곁방살이를 하려면 '곁방살이 코 곤다'거나, '곁방살이 주인행세 한다'고 하니, '곁방살이 흉도 많고 시집살이 흉도 많다'는 말이 맞다. 서럽고 서러운 마음에서, '까막까치도 집이 있다'거나, '갈매기도 제집이 있다', '게도 저 숨을 구멍은 있고 가재도 저 숨을 바위는 있다', '우렁이도 집은 있다', '공중에 나는 새도 깃들일 곳이 있다'는 푸념을 해가며, 집 장만을 향한 각오를 헤아릴 수 없이 다졌으리라. '게 구멍 같은 집이어도 내 집이 좋다'는 생각은 누구나 마찬가지일 것이다. 모든 사람이 제집을 구심점으로 삼기에, 집을 마련하기 위해 안간힘을 쓴다. 많은 사람들이 일생을 노력해서 늘그막에 겨우 작은 집 하나 장만하고 큰 안도의 숨을 쉬는 것이다. 모든 '인간이 트는 곳이 제집'이라고, 더할 나위 없이 소중하게 여기는 곳이 다 제 집이다. 그러나 겨우 양택을 마련해 놓으면 곧 바로 음택陰宅을 마련해야 할 시기가 닥치는 것이 인생이다.

'평생에 성주 한 번 하는 것이 복이라'고 했다. 또한 '집은 사 들고 배는 지어 타라'고 했지만, 제가 살 집을 스스로 지어 사는 것이 가장 좋을 것이다. '사흘 살고 나올 집이라도 백 년 앞을 보고 짓는다'는 생각을 가지고 지으니 그렇겠다. 그러나 집 짓는다는 것이 결코 예사로운 일이 아니다. 제 손으로 짓지 않고 남을 시켜 지어도 마찬가지다. '집 짓는 집 머슴은 부엌문으로 들어가서 빈지 틈으로 나오고, 큰일 치르는 집 머슴은 빈지 틈으로 들어가서 부엌문으로 나온다'고 했다. 큰일 치르는 집의 머슴은 잘 먹어 살이 찌지만, 집 짓는 집 머슴은 하도 고생을 해서 마른다는 뜻이다. 또한 '집 짓고 삼 년을 조심하라'고 했다. 집 짓는데 하도 고생을 해서 다 지어놓고 삼 년을 못 넘겨 죽는 경우가 허다하다는 것이다. '집 지어놓고 삼 년'이라거나, '새로 집 지은 후 삼 년은 마음을 못 놓는다', '새 집 짓고 삼 년 나기 어렵다'는 속담은 그래서 생겼다.

인생이 짧은 터에, 집을 크게 장만하려고 한다면 뒤늦게 허망함을 맛보게 될 것이다. '고대광실만 바라지 말고 정만 깊어라' 하거나, '집 잘 지으려 말고 좋은 농토 먼저 장만하랬다'는 말을 명심할 일이다. 집 키우는 재미도 물론 있을 테지만, '집 작은 것과 아내 작은 것은 산다', '집과 여자는 작아도 산다', '집 작은 것과 여자 작은 것이 흠이 되지 않는다'고 했다. 집을 키우려 들지 말고 호연지기를 길러야 한다. '좁은 집에서는 살아도 마음 좁은 사람과는 못 산다'고 했으니 말이다. '큰 집 짓고 망하지 않는 놈이 없다'는 말은 여러 가지 근거가 있는 말이니, 큰 집에 대한 욕심을 버리는 것이 좋다. '기와집 물려준 자손은 제사를 두 번 지내야 한다'고 했지만, 제삿밥 두 번 얻어먹는다고 다시 이승으로 오는 건 아니다. 어떻든 '왕운에 집 짓는다'고 했으니, 짓는 것으로 만족할 일이다.

'집 짓기는 밥 짓기'라고 했다. 밥에 뜸을 들이고 먹기까지 순서가 있다. 서두른다고 빨리 지을 수 없는 일이다. 더구나 길옆에 집을 지으려면 오가는 사람마다 참견하고 훈수하여 공사가 제대로 진척되지 않는다. '길갓집 삼 년'이란 그런 의미다. 집 짓는 것이 하도 복잡

하고 힘드니까 차라리 '배는 지어서 타고 집은 지은 것을 사라', '집은 사서 살고 배는 지어서 타라'고 권했다. '오십 넘어 집 짓지 말라'는 말도 그런 뜻에서 하는 말이다.

오늘날도 그렇지만 예전에는 집터를 고르고 닦는데 무척 공을 들였다. '터서구니 센 집에는 말 좆도 벙긋 못 한다', '터서구니 사나운 집에는 까마귀도 앉지 않는다'고, 온화한 곳을 찾아 집터를 앉혔다. 우선 지대 높은 곳이 여러 모로 좋다. 그래서 '높은 곳에 집터를 잡으면 집안 식구가 건강하다'고 했다. 대부분 남향집을 제일로 쳤는데, '남향집에 동향 대문 여닫고 살려면 삼대 적덕을 해야 한다'거나, '복이 있어야 남향집에 산다', '양지바른 남향집에서 한 대가 살면 삼 대가 복 받는다'고 했다. 특히 '불난 터에 집을 지으면 부자 된다'고 믿었다. 불길이 이는 것처럼 재산이 일어난다고 상상했기 때문이다. 어디에 터를 잡든, '땀 흘린 밭에 풍년 들고 피 흘린 곳에 기와집 짓는다'고 했다. 고생을 한 곳에서 부귀를 본다는 뜻이다. 좋은 조건이 구비된 곳을 구하기란 이렇게 쉽지 않았다. 집을 사든지 짓든지, 옛사람들은 텃밭을 중시했다. '집을 사려거든 텃밭을 보라'는 충고는 그래서 있다.

집을 짓든지 사든지, 집을 갖게 되면 집 없는 사람들은 당연히 부러워하게 되는데, 집을 마련하기 위해서는 빠른 결단이 좋다는 말들을 한다. '여자와 집은 저질러 놓고 보라'는 생각은 꽤나 설득력 있다. 결단을 내리면 각오를 다르게 해서 어떻게든 뒷감당을 하게 된다는 뜻이다. 이래저래 집을 마련하게 되면 사람 주위 사람의 부러움을 사기도 하는데, 그 부러움이 간혹 시기로 변하는 수가 있다. '사촌이 기와집을 지으면 배가 아프다' 는 말에서 인간의 복합심리를 유추하게 된다.

제집을 마련하게 되면 몸과 마음에 뿌듯한 심지가 생긴다. 작지만 제가 주인 노릇을 하는 영역이 확보된 것이다. '똥개도 제집 앞에서는 한 수 따고 들어간다'는 말은, 영역 확보로 인해 자신감을 갖게 됨을 뜻한다. 텃세는 곧 자기 영역에 대한 믿음이다.

지금은 백성들의 반 이상이 아파트에 살고 있으므로 이웃에 대한 생각이 별로 간절하지 않게 되었다. 그러나 주택에 살던 옛사람들은 이웃과 화목하게 지내는 것을 아주 중요하게 여겼다. '집을 사면 이웃을 본다'거나, '집이 천 냥이면 이웃이 삼천 냥'이라고 할 정도로 이웃을 소중하게 생각했고 가까이했다. 이웃은커녕 '한집에 있어도 시어미 성을 모른다'고 할 정도로 무관심하면 어찌 가화만사성이 될 것인가.

'대문이 가문'이라고 해서 유달리 대문을 크게 만들거나 가꾼 집을 볼 수가 있을 것이다. '대문턱 높은 집에 정강이 높은 며느리 들어온다'는 말을 믿어서 그런지 몰라도 대문으로 한껏 위세를 높이려 한다. 그러나 여염집들은 소박하고 깔끔한 것으로 만족했는데, '집치레 말고 밭치레 하라'고 했기 때문이다. 집치장에 쓸 신경을 농사일에 쏟으라는 말이다. '집과 계집은 가꿀 탓'이며, '초라하던 집도 귀한 손님 다녀가면 울타리부터 달리보이는 법'이다. 결국 사람이 중요하다는 말이다. '문 바른 집은 써도 입 바른 집은 못 쓴다'는 말도 마찬가지다. 제집의 문이야 누구든 바르게 세우든지, 문종이를 바르든지 할 것이 당연하다. 그러나 입이 진중하지 못한 집이야 화를 부르게 마련일 것이다.

'사람 안 죽는 집 세상에 없다', '사람 안 죽는 아랫목 없다'고 하듯 어느 집에서나 사람은 죽어나간다. 태어나는 곳도, 생의 최후를 마감하는 것도 다 집인 것이다. '집 떠나면 고생'이고 '사람이 집 떠나면 독해진다'고 하지만, 집에 돌아와서는 순해지게 된다. '호랑이도 죽을 때 제집을 찾는'데, 하물며 사람이 안 그럴 리 있겠는가. '여자가 어릴 때 자란 집은 제집이 아니라'는 속담이 있는데, 아무리 여자는 시집 울타리 밑에서 죽어야 한다고 했지만 친정처럼 편안한 곳이 어디 있을 것인가.

'집이 타고 빈대 죽으니 시원하다'지만 빈대 잡으려고 그 소중한 집을 태울 수 있겠는가. '집 태우고 못 줍는 짓'도 마찬가지다. '휑한 빈집에 서 발 막대 거칠 것 없이' 적막한 집이지만, 그래도 그런 집이라도 있으니 그나마 살기에 덜 팍팍하리라. '사돈집과 뒷간은 멀어야 한다'고 했는데, 현대의 집은 뒷간도 방 옆으로 끌여 들였으니, 사돈도 가까이 끌어들이고 이웃은 더 가까이 끌어들여 모두 화기애애하게 살아가는 집이 되어도 괜찮겠다.

'성주가 부실하면 잡신이 안긴다'고 했는데, 집을 지키는 신령이 부실하면 대주가 있지 않은가. '성주는 대주 믿고 대주는 성주 믿는다'는 말이 있다. 터주신과 집을 지키는 신령이 서로 의지한다는 뜻이다. 덕을 베푸는 주인은 성주와 대주가 도와 복을 받으리라.

◆◆◆ 터서구니 : 북한어로 '터'를 속되게 일컫는 말.
◆◆◆ 성주 : 가정에서 모시는 신神의 하나로, 집의 건물을 지키는 신.
◆◆◆ 대주 : 집터를 지키는 지신地神.

45. 외도

'색에는 남녀노소가 없다'

　사람 본능이야 남자와 여자를 구분할 필요가 없을 것이다. 다만 이제까지는 남자에 비하여 여자들이 그 표현을 덜 했을 뿐이겠다. 그러나 이제는 시대 풍속이 상당히 달라졌다. '사내의 정은 들물과 같아 여러 갈래로 흐르고 여편네 정은 폭포같이 왼골로 쏟아진다'는 속담이, 이 시대 풍속에 맞는 말이라고 생각하는 사람은 드물 것이다.

　잘먹고 잘산 덕에, 남자고 여자고 웬만큼 늙어서는 이성에 대한 욕구가 쉽게 사그라들지 않는다. 예전에는 '여자 나이 삼십이면 눈먼 새도 안 돌아본다'거나, '여자 나이 사십이면 장승도 돌아보지 않는다'고 했고, '여자 나이 사십이면 사그라지고 오십이면 오그라진다'고 했다. '남자 나이 사십은 오월 나비고 첫배 황소라'고 하며, '남자 나이 사십이면 여자를 더욱 그리워하게 된다'고도 했다.

　예전에는 대놓고 첩을 얻어 들였다. 남편에게는 작은 마누라가 되지만, 아내 쪽에서는 시앗이 된다. 아내가 아들을 못 낳을 때 첩을 얻는 명분이 되기도 했지만, 대부분의 경우 사내의 외도를 공식적으로 선언하는 것이었다.

　남편의 공공연한 외도에 아내는 하늘이 무너진다. '후처에 감투 벗어지는 줄 모르는' 남편을 믿고 살 수가 없으니, 자연 시앗에게 온갖 눈총을 쏘아댈 수밖에 없으리라. '시앗을 둔 장가처의 투기란 서릿발을 녹인다'든지, '시앗하고는 하품도 안 옮는다', '시앗 본 사람은 덤불 보고도 이야기하고 바람벽 보고도 이야기한다', '시앗은 떡으로 빚어 놓아도 돌아앉는다'고 할 정도가 된다. '시앗 사이에 고운 말 있으랴'는 말처럼, 시앗과 싸움은 닭이나 개싸움에 뒤지지 않는다. '시앗 싸움에는 돌부처도 돌아앉는다', '시앗 싸움에는 오뉴월에 서리 내린다'고 했다. 화가 치솟아 살림살이 아까운 것 생각 못 하고 던져대니, '시앗 싸움에 간장 장수', '시앗 싸움에 요강 장수'라고 하듯, 엉뚱한 사람만 돈을 벌게 한다.

시앗은 집안 살림을 하기 위해 들어온 여자가 아니다. 남자의 사랑이나 재물을 빼먹는 재미로 살기 십상이기 때문에 '시앗은 질투 먹고 산다'거나, '시앗은 돈 떨어지는 날이 가는 날이라'고 하는 것이다. 남편과 시앗 사이의 육체적 정에 제동을 걸기 위해서 '시앗 시샘에 고사리죽'이라는 말이 절창이겠다.

'시앗을 보면 길가의 돌부처도 돌아앉는다', '시앗을 보면 부처님 가운데 토막도 돌아앉는다'고 했으며, '시앗이 한 마당에 사는 집에는 까마귀도 앉지 않는다', '시앗 말만 해도 통부처가 돌아앉는다'고 했다. 시앗을 두는 사람이나 시앗은 그 누구도 증오한다는 말이다. '시앗 산 때는 고깃국에도 안 내려가던 밥 시앗 죽으면 소금국에도 잘 내려간다'든지, '시앗 죽은 눈물에 눈 가장자리 젖으랴'는 말을 잘 이해할 수 있으리라.

본처와 시앗의 차이는 몇 가지 속담만으로도 충분히 알 수 있다. '큰마누라는 밥이고 첩은 양념이다', '큰마누라는 법으로 살고 작은마누라는 정으로 산다', '큰마누라는 매꾸러기고 작은마누라는 좆꾸러기다', '본처의 정은 백 년이고 첩의 정은 삼 년이다', '큰마누라 정은 백 년이고 작은마누라 정은 삼 년이다', '쇠고기는 본처 맛이고 돼지고기는 애첩 맛', '문어는 첩의 맛이요 전복은 본처 맛이라'는 말들을 요약해 보면, 본처와는 도리로 살고 첩과는 잠자리 맛으로 산다는 것을 알 수 있다. 첩과 살 대고 사는 맛은 좋지만, 좋은 것만 있겠는가. 천만에 말씀이다. 보통 능력으로는 대가를 지불하기에 역부족이다. 첩에 관한 속담을 보자.

'첩 많은 놈 간 갈라진다', '첩 가진 사내 큰마누라 안 때리는 놈 없다', '첩 사랑 일 년 사랑 남의 계집 번개 사랑', '첩살이 설움이 부평초 설움이라', '첩은 돈 떨어지는 날이 가는 날이라', '첩은 돈 있을 때 첩이다', '첩은 살림 장만하는 재미로 산다', '첩은 양념 맛으로 데리고 산다', '첩은 양념이고 큰마누라는 밥이다', '첩은 여우 본처는 소', '첩은 죽어도 옳은 귀신 못 된다', '첩은 질투 먹고 산다', '첩은 큰마누라 정 빼먹는 재미로 산다', '첩을 보면 돌부처도 꿈틀한다', '첩의 꼬리에는 강샘이 따라다닌다', '첩의 살림은 밑 빠진 독에 물 붓기다', '첩의 정은 삼 년이고 본처의 정은 백 년이다', '첩이 첩 꼴 못 본다', '첩이 큰방 차지한다', '통부처도 첩이라면 등을 돌린다', '양처 가진 놈은 동지섣달에도 홑바지 입는다', '계집 둘 가진 놈의 창자는 호랑이도 안 먹는다'는 것들이다.

첩은 주위의 많은 사람들에게 너무 큰 고통을 준다. 물론 당사자들도 편할 리 없다. '두 집 살림하는 놈 끼니거리가 없다'고 하지 않던가. 재물이 있다 하더라도 속 썩는 것은 어떻게 할 도리가 없다. 오죽하면 '두 계집 둔 놈의 똥은 개도 안 먹는다'고 했을까. '두 집 살림을 하는 집에는 까마귀도 앉지 않는다'고 했다. 감당할 수 없을 것 같으면, 아예 발을 들여놓지 말아야 할 일이다. '한 아들에 열 며느리'를 둔 시어머니는 행복할까. '한 자식은 미워도 열 시앗은 밉지 않다'고 했으니 말이다. 말이 그렇다는 것뿐이리라.

때로는 시앗과 잘 맞아 돌아가는 경우가 없는 것은 아니다. '시앗이 좋으면 세 몸이 한 몸 된다'거나, '시앗 등에 아이 업힌다'는 말들이 그것인데, 처첩이 이렇게 잘 맞아 돌아가는 경우가 얼마나 될까. 아마도 그런 경우를 보려 한다면 '간장이 쉬고 소금이 썩을 일이라'거나, '곤달걀 놓고 병아리 기다리듯 한다'는 말을 들을 것이다.

'게도 제 구멍이 아니면 들어가지 않는다'고 했지만, 사내들은 남의 구멍을 호시탐탐 노린다. '짚신도 제짝이라야 발이 편하다'는데, 제짝을 종종 불편해하는 사람들이 많다. '밥술이나 먹게 되니까 두 계집도 모자란다'는 말은 그르지 않다. '계집과 음식은 훔쳐 먹는 것이 별미다', '겁은 나도 도둑씹 맛이 제일이라'거나, '바다에 배 지나간 자리 없고 여자 배에 좆 지나간 자리 없다'고 나서면, '운전사는 정거장마다 아내고 뱃놈은 뱃머리마다 아내라'는 격으로, 남의 여자도 가리지 않고 걸터듬게 되는 것이다.

'남의 계집 탐하는 놈의 각시 편할 날 없다'는 말이 있다. '계집 싫은 것 억지로 못 산다'고, 제 여자는 썩혀두고 유독 남의 여자를 밝히는 사내들이 있다. '제 여편네 새로 해 입은 치마보다 화류계 계집 입던 팬티가 더 좋아 보이는 것이 사내라'서 그런지, '남의 떡이 크고 맛있어 보이기' 때문인지 몰라도, 남의 여자에 군침을 삼킨다. '일도一盜 이비二婢 삼과三寡'라거나, '일도一盜 이비二婢 삼첩三妾 사기四妓 오처五妻라'는 속설이 그렇다. 두 속담에서 제일로 친 것은 훔치는 것, 즉 남의 여자며, 맨 끝에 둔 것은 제 여자다. '훔친 떡이 맛있다'는 심보다. '남의 부부간 갈라놓는 것이 죄 중에서 제일 크다'는 죄목을 알지 못하는 게다. 설령 남의 사람과 오입를 해도 씨도둑질은 하지 않도록 해야 한다. '다른 도둑질은 다해도 씨도둑질은 하지 말랬다', '씨앗은 훔쳐도 사랑 씨는 훔치지 말랬다'고 하지 않던가.

'색에는 귀천이 없다'거나, '색에는 상하가 없다', '색에는 남녀가 없다'고 한다. 성에 대한 것은 누구나 평생토록 관심을 가지며, 말이나 몸으로 즐기게 된다. 오죽하면 '씹 얘기를 하면 부처님도 돌아앉아서 웃는다'고 했을까. '바람기 없는 계집 없고 허풍기 없는 사내 없다'고 했다. '사내란 모두 수캐 넋이라'고 한다면, 여자는 은근한 바람기로 본능을 내민다. '봄바람은 첩이 죽은 귀신이라'는 말처럼 여자의 바람기는 봄바람처럼 파고든다. 간 큰 남자와 통 큰 남자가 만나면 간통으로 이어진다고 하듯, 여자의 바람기와 사내의 허풍기가 '된장에 상추쌈 궁합'으로 만나면 일이 되는 것이다.

'여자는 엉치가 실해야 하고 남자는 어깨가 실해야 한다', '여자의 힘은 엉치에서 나오고 남자의 기운은 어깨에서 나온다'는 말은 음양의 원론에 속한다. 언제까지나 남녀 음양의 능력은 발휘되는가. '사내는 설 때까지지만 여자는 관뚜껑 닫을 때 거기도 함께 닫는다'는 말에서, 여성의 조건이 낫다는 것을 알게 된다. 사람에게는 발정기가 따로 없으니, 다른 동물에 비해 성을 자유롭게 즐길 수 있다. 다만 다른 동물처럼 대상을 자유롭게 바꾸기가 쉽지 않다는 점이다. 대상을 자기 배우자에 한정하지 않으면, '서방질은 할수록 샛서방이 늘고 오입질은 할수록 더하게 된다'.

'색념에 미친 놈은 약사여래가 환생을 해도 못 고친다', '여색女色과 욕심은 죽어야 떨어진다'고 하는데 그른 말이 아니다. '차돌에 바람이 들면 삼만 리를 날아간다', '차돌에 바람이 들면 석돌만도 못하다' 했듯이, 평소에 행동거지가 좋았다가 한 번 색에 맛을 들이면 걷잡을 수 없다는 말이다. '늦난봉은 밤 가는 줄도 모르고', '늦바람에 터럭 세는 줄 모른다'고 했다. '감은 늦감이 달고 바람은 늦바람이 더 세다', '늙마에 용마루 벗겨지는 줄 모른다', '늘그막 애첩에 감투 떨어지는 줄 모른다', '늙은 놈이 젊은 첩하면 날보리짚에 불 분다'고도 했다. 남자는 자칫 잘못하면 젊어서부터 늙을 때까지 색념과 외도에

정종진 289

서 벗어날 수 없게 된다. '물에 빠진 건 건져도 계집에 빠진 건 못 건진다'는 말이 그래서 있다.

'좆 하자는 대로 하면 망조가 든다'는 것을 모르는 사내 없을 것이다. 그런데도 색에 대한 유혹을 깔끔하게 내칠 수 있는 사람은 많지 않다. 사내들은 짓궂게도 여성에 대한 등급을 매기기도 한다. '오입은 종년 백정년 암중을 해야 온 오입쟁이라'거나, '제 일이 유부녀 제 이가 하님 제 삼이 과부 제 사가 기생 제 오는 첩 제 육은 처녀 끝이 마누라 최고가 광녀狂女라'는 말이 한 예다. 맨끝을 마누라, 최고를 광녀로 친 것에 대해 여자들은 이해하기 힘들 것이다. 아니 여자뿐만 아니라 충분한 외도 경험이 없는 남자들도 알 수 없을 것이다. '얼굴 못났어도 잠자리 좋은 여자하고는 살아도 인물 잘나고 잠자리 재미없는 여자하고는 못 산다'거나, '신도 길들인 신이 발 편하고 계집도 길들인 계집이 깊은 맛있다'는 말처럼 남자들은 여자를 맛으로 생각했다. '기생 맛을 못 보면 계집 맛을 모른다'는 말처럼.

'열 계집 싫어할 사내 없다'는 정도는 약과다. '사내가 열 계집 못 거느리는 것도 병신이다'는 말은 아예 많은 여자에게 탐심을 갖도록 부추긴다. '계집과 아궁이불은 쑤석거리면 탈 난다', '불과 계집은 쑤석거리면 탈 난다'는 말 역시 남자에게 강한 호기심을 자극한다. '풋보리밭에 한번 들어간 말과 남의 계집 방에 한번 들어간 놈은 늘 들어가는 줄로 안다', '섶보리밭에 들었던 소와 계집방에 들었던 놈은 한번 가고 나면 솔깃해진다', '볶은 콩과 젊은 여자는 곁에 있으면 그저 못 둔다'거나, '눈치만 보고 사부인 고쟁이 벗긴다'는 속담들은 외설스러움보다 말맛이 기막힌 경지다.

그것뿐이 아니다. '돗자리와 여자는 갈아댈수록 좋다', '계집과 과일은 익을수록 좋다', '계집과 말은 타봐야 안다', '군밤과 계집은 곁에 있으면 먹게 된다', '꽃 보면 꺾고 싶은 것이 사내의 심정이다', '날고기 싫다는 호랑이는 있는지 몰라도 계집 싫다는 사내 없다', '계집질은 염치가 없는 놈이 잘 한다', '계집질을 잘하려면 입담치레 체면치레 좆치레를 잘해야 한다', '말과 계집은 바꿔 타봐야 새 맛을 안다', '미녀는 낮 친구 추녀는 밤 친구', '한 남자가 열 계집 마다 않는다', '자리와 여자는 새것이 좋다', '쇠고기는 삶을수록 맛이 나고 계집은 나이를 먹을수록 제맛이 우러난다', '도토리묵하고 여자는 살살 다뤄라', '바람도 올바람이 낫다', '올바람은 잡아도 늦바람은 못 잡는다', '첫바람에는 반하고 늦바람에는 미친다', '칠십에 음행이 터지면 삼이웃이 잠을 못 잔다'는 말들 하나하나가 모두 사내들의 귀에 솔깃한 말이면서, 확인해 볼 도리가 없어 안타까워하는 사람도 있을 것이다.

'도깨비 방망이와 가죽 방망이는 놀리기에 달렸다'고 했다. '아이 버릇과 좆 버릇은 길들이기에 달렸다'고도 했다. 그런데 대부분 사내들이 제 것 관리를 철저히 하는 편이 아니다. 아니, '색정하고 원한은 한 가닥이라'고 해서 그런지도 모른다. '수염 나는 사람은 환갑 진갑 넘겨도 그 버릇 못 고친다'는 말이 과장이 아니다. '고추나무 작다고 그것도 작을까' 하는 사내건, '마방에 누웠으면 당나귀새끼라고 하겠다'고 할 사내건, '여자라면 절구통에 치마 두른 것도 좋아한다'거나, '여자라면 회로 집어먹으려고 한다'면, 그 습관 쉽게 고칠 수 없다. '발가벗고 달려드는 도깨비 부작을 써 붙여도 효험이 없다'든지, '먹자는 놈과 하자는 놈 못 당한다'고 하지 않던가.

'청탁 가리는 주객 없고 인물 가리는 오입쟁이 없다', '오입쟁이는 인물을 가리지 않고 주객은 청탁을 가리지 않는다'거나, '술에 빠진 놈은 건져도 여자에 빠진 놈은 못 건진다'고 했다. 그러다 보면 '말뚝 동서요 구멍 동서라'는 인간관계도 새로 생겨나게 되고, '주전부리해서 난 자식이 닮는' 경우도 생긴다. 더군다나 꽃값으로 나가기 시작하면, '찰벼가 전 닷 섬이라도 떡도 떡같이 못 해먹고 궁둥이 떡으로 다 조졌다'는 후회가 생기기도 할 것이다.

'속이 편하려면 한 팔에만 여자를 뉘어라', '집안이 편하려면 계집을 하나만 얻으랬다', '두 여자 거느린 놈 창자는 호랑이도 안 먹는다'는 말들은, 남자들이 평생의 교훈으로 삼아야 할 것이다. '좆 짧은 건 써도 글 짧은 건 못 쓴다', '나무 좋아하는 원숭이 나무에서 떨어져 죽고 계집 좋아하는 놈은 계집 단속곳 속에서 빠져 죽는다'는 속담들은 어떠한가. '구시월 메뚜기 흘레로 망한다'는 말에서도 깨우칠 것이 있지 않는가.

여자의 성 본능에 대한 것도 만만치 않다. '사내 싫어하는 계집 없다'로부터 시작하여, '군밤 맛과 샛서방 맛은 못 잊는다', '샛서방 맛과 청갈치 맛은 한 번 보면 못 잊는다'거나, '늦바람 난 여편네 속곳 마를 여가 없다'에 이르면 사내에 대한 그것하고 대등하겠다. '날아가는 까마귀도 맛보고 간다'고 할 정도가 되면 바람둥이 사내를 찜쪄먹고도 남음이 있겠다.

'장작불과 계집은 들쑤시면 탈 난다', '장작불과 계집은 쑤석거려야 불이 붙는다'고 말한다. 그렇지 않아도 욕정의 불씨를 가지고 있는데, 사내가 자극을 해대면 아무리 점잖은 여자라도 탈이 나게 마련이라는 것이다. '움직이는 바늘에 실 꿰랴'고 빗대기도 하지 않는가. 그래서 '풍기 없는 사내 없고 화냥기 없는 계집 없다'고 한 것이다. '한강수에 배 지나간 자리요 팥죽 그릇에 수저자국이라', '개 바위 지나간 자리라', '죽 떠먹은 자리요 한강에 배 지나간 자리라'고 하면서 대드는 파렴치한이 어디 한둘인가. '속곳 벗기를 버선짝 벗듯 한다'거나, '울타리 밑에 임 세워두고 아랫목에서 홑이불이 고깔춤을 춘다'는 지경이 되면 사내들조차 혀를 내두르게 될 것이다.

남자들보다는 덜하겠지만 여성도 성욕을 억제하지 못하는 경우가 허다할 것이며, 그것을 빗대는 속담이 적지 않다. '서방질을 했어도 할 말은 있다', '서방질 하는 년 족보 따로 없다'는 말대로, 누구든지 마음 한 번 잘못 가누면 외도를 하게 된다는 뜻이다. 그 맛에 한 번 빠지면, '도둑질은 말릴 수 있어도 화냥질은 못 말린다'. 그래서 '권하는 맛에 서방질 하는', 것으로 시작하여 '열녀전 끼고 서방질 하는' 수준에 이르고, 더 발전하여 '인정에 겨워 동네 시아버지가 아홉이라'는 절정을 맞게 된다. '본서방 좆에는 쇠테를 둘렀고 샛서방 좆에는 금테를 둘렀다'고 생각하면 거칠 것이 없겠다. '핑계 핑계 대고 도라지 캐러 간다'고 하지 않던가. 이런 서방질은 대부분 남편의 방치로 인한 경우가 많을 것이다. '계집은 씹 잘하면 좋은 일 없어도 사흘 웃는다'는데, 사내가 다른 여자에게 눈을 돌리면, '기와집이 서방이고 쌀밥이 좆이냐'고 나올 여자 많을 것이다. 여자는 의식주만 충족시키면 된다는 생각을 바꿔야 하리라.

물론 색녀가 따로 있다. '색녀 앞에서 성인군자가 따로 없다'는 말들에서, 남자가 여자의 성력을 도저히 앞설 수 없다는 것을 터득하리라. 그러니까 남자는 무릎을 꿇는다. '여자 앞에서 무릎 안 꿇는 남자 없다', '여자 앞에서는 임금님도 무릎을 꿇는다'는 말은 여러 의미를 지니는 셈이다. '계집의 색이 강하면 놋쇠도막도 녹인다'고 했다. '여자가 꼬리를 치면 오뉴월 봇줄도 흩어진다'고 할 정도니 두말할 필요가 있을까.

'서방질도 하는 년이 한다'는데, 맞는 말이다. 여자들이 저마다 다 서방질을 한다면, 세상 요지경속일 게다. '샛밥 맛이 더 좋다'거나, '서방질은 할수록 새 맛이 난다'는 생각은 늘 하는 사람이 할 것이다. '서방질도 핑계가 있어야 한다', '핑계 없는 서방질 없다'는데, 그까짓 핑계야 없겠는가. '못난 여편네가 아래위로 주전부리만 한다', '주전부리 잘못하다가는 다리 부러진다'고도 하지만, '서방질은 한 번 하나 열 번 하나 욕먹기는 일반이라'고 덤비면 어쩔 도리가 없다. '자랑하고 싶어도 못하는 것이 샛서방 자랑이라'고 하는데, 남들이 어찌 이해를 할 것인가.

'동네 소문 남편만 모른다', '마누라가 딴 배 맞추면 그 집 서방만 그 소문 모른다'고, 여자가 교활해서 제 남편은 속여도, 다른 사람들의 눈을 오래 속일 수는 없다. '네가 알고 내가 알고 하늘이 알고 땅이 안다'고 했으며, '고양이까지 속이랴'고도 했다. '집안에서 한 잔치는 소문이 안 나도 방안에서 몰래 한 화냥질은 소문이 난다'고 하지 않던가. '빚내서 장가 들여 놓았더니 동네 머슴 좋은 일만 시켰다'는 경우도 있겠고, '못난 계집 바람나면 머슴 한 놈 망치고 잘난 계집 바람나면 여러 양반 망친다'는 경우도 있을 것이다. '가을 메뚜기처럼 안고 죽자 업고 죽자 하는' 데도 탄로가 나지 않는 서방질도 있겠지만, '모처럼 서방질 한다는 것이 고자한테 걸리는' 수도 물론 있겠다.

'번개씹에도 정이 솟고 도둑씹에도 정이 큰다'는데 '품마다 사랑은 있다'는데, 자신도 모르게 빠져 들어가는 서방질에서 쉽게 헤어나지 못하게 된다. 그러다 보면 '마음 좋은 여편네 동네 시아비가 열둘이다', '사정 보다가 한 동네 시아버지가 아홉이다', '사정 봐주다 갈보 된다'는 지경에 이른다. '계집 못된 것이 위아래로 주전부리 한다'거나, '화냥년에 순결 없고 달걀에 모난 데 없다', '갈보 서방질은 개도 안다'는 비난을 듣게 마련이다.

'못난 계집은 정이 들어야 예쁘고 고운 계집은 첫눈에도 예쁘다' 했으니, 오래 정을 들이면 된다. '못난 놈 본처보다 잘난 놈의 첩이 낫다'고 했지만, '잘난 사내가 못난 남편만 못하다'고도 했으니, 생각하기 나름이다. '고욤이 아무리 달아도 감보다 못하다'는 말에 견줄 수 있다. 그러나 '못났어도 내 임이 좋다'는 생각이 한 수 위 아닐까. '못난 계집도 없는 것보다는 낫다'고 했으니, 못났다고 너무 절망할 필요 없다. 잘 산다고 하루 네 끼 먹는 것도 아니다. '추녀도 정들면 미녀로 보인다', '추녀는 살수록 정이 들고 미인은 살수록 정이 떨어진다'는 말을 이해할 수 있을 것이다. 미인은 꼴값을 하기 때문이다. '추녀는 밤친구다', '추녀도 밤에는 친하게 된다'는 말을 알겠는가. 누구나 필요로 하는 곳이 있다.

아무리 색녀라도 일말의 양심은 있는 법, '서방질 잘하는 여자도 천장 보기가 민망하다'고 하지 않던가. '오만 흉은 다 묻혀도 화냥 때는 못 벗는다', '도둑의 때는 벗어도 화냥의 때는 못 벗는다'거나, '화냥년 서방질은 하늘도 안다'고 했다. 또한 '샛서방 정은 삼 년이고 본 서방 정은 백 년이라'고 했다. 정이 장마 때 물같이 여러 갈래로 흐르는 여자는, '열 서방 사귀지 말고 한 서방 잘 모시랬다'는 말을 새겨들어야 할 것이다. '품 안에 있을 때나 내 계집이라'는 서방의 한탄이 처절하게 들리지 않는가.

과부에 관한 속담 역시 성의 문제를 가장 많이 다룬다. '평생 수절하겠다고 삼일장에 목쉰 년이 가지밭에 먼저 간다'고 했는데, 수절이 그리 쉬운가. '돌도 땀 날 때가 있다'고 했다. 누구나 탈이 날 수 있다는 말이다. '열녀문 하나가 서자면 삼층장에 피 묻은 솜이 가득 차야 한다'고 했거늘, 그 고통이 예사로운 고통인가. '열녀 과부 바람 들면 강 건너 고자까지 코피 터진다'고 했다. 남정네 살맛을 알면 알수록 수절하기 어렵기에, '청상과부는 수절을 해도 중년과부는 수절을 못한다'는 말이 그래서 있다. 서방 잃은 것도 억울한데 하루 이틀도 아닌 독수공방 뼈저려서 못하겠다고 일단 마음을 고쳐먹으면 그때는 거칠 것 없어, '과부 주전부리는 이웃이 알게' 되는 것이다. '서방 만난 초년 과부 뒷물할 새 없다'는 말은 너무 노골적이고 짓궂다. '과부 구제는 죄가 아니라 공덕이라'면 육보시가 최상의 공덕인 셈인가.

사내들이 성욕을 해소할 수 있기에 기생은 필요악이라 할 수도 있는가. '기생과 묘자리는 먼저 차지하는 게 임자라'고 하지만, 기생에게 어디 임자가 있는가. '화류계 사랑이란 돈이 든다'고, 임자가 있다면 돈이 임자다. '하룻밤에 소금 석 섬을 먹어도 짜다는 소리도 않는다'는 게 기생이다. 소금장사가 소금 석 섬을 판 돈으로 기생을 찾아가 봤자, 순식간에 날리고 내쫓기는 것은 예삿일이다. '기생 나이는 스물다섯이 환갑이라'고, 기생도 환갑 전에 평생 먹고 살 돈을 벌려면 도리가 없다. '기생이 열녀전 끼고 다닌다'고 지조 있다 칭송을 받을 것인가. '호달마가 요절하면 왕십리서 똥을 싣고 청춘기생 늙어지면 미아리서 탁주 판다'고 하니까 돈이 필요할 것이다. '평양 기생 열을 얻어도 정은 다 든다'고 덤비고, '나 모르는 기생은 다 가假기생이라'고 뻐겨도 실로 한 때다. '기생이란 일 원 삼십 전짜리 사랑이라'는 말을 모르는가. '각관 기생 열녀 되랴', '갈보가 열녀 되랴', '닭의 새끼 봉 될 리 없고 각관 기생 열녀 될 리 없다'는 말대로, 기생의 정은 돈에 끌려다니기에 갈피를 못 잡는다. '볶은 콩과 기생첩은 옆에 두고는 못 참는다'는 사내들의 마음을 모르는 바는 아니지만, '기생첩이 제일 무섭다'는 것을 알아야 하리라. '기생의 정이란 장마 때 물같이 갈래 없이 흐른다'고 했다. '십 년 갈보 노릇에 눈치밖에 안 남는다'고 하는 기생인데, 사내들이 당해낼 재간이 없다. '한량이 기생 무릎은 못 베고 죽어도 기생집 울타리 밑에서 죽는다'고 하는데, 그렇게 무의미한 죽음이 얼마나 처량한가. '기생 점고는 내시가 한다'는데, 거기에 무슨 실속이 있겠는가. 내시나 한량이나 도긴개긴이라 할 것이다. '화류계 정은 삼 년 본딧 정은 백 년'이라는 말 명심해야 하리라.

먹고 살기 위해 여자가 몸을 파는 것에 대해서는, 누구도 비난할 권리는 없을 것이다. 화류계 매춘은 물론이고, 소박한 매춘도 매춘은 매춘이다. '여자는 밑천 없이 큰 장사한다'는 것이 매춘 아니고 무엇이겠는가. '여자는 흉년에도 굶어죽지 않는다'는 것이 그 때문이다. 소박한 매춘을 시도하다 자칫, '돈 닷 돈 보고 보리밭에 갔다가 명주 속곳만 찢겼다'고 푸념하거나, '나 좋고 너 좋고 했는데 광목 한 통은 무슨 광목이냐'는 사내의 파렴치한 소리를 듣게 될 것이다.

성에 대한 능력도 능력은 능력이다. 고자와 석녀石女는 생식 능력이 없어 평생을 고통 속에 살아야 한다. 고자에 대한 속담은 거의 조롱이다. '고자가 계집 밝힌다', '고자가 계집 다루듯', '고자가 처갓집 드나들 듯', '고자가 하룻밤에 열두 번 배에 오른다', '고자는 씹 못하는 대신 입으로 물어뜯기만 한다', '고자는 씹을 좆으로 못하고 손가락으로 한다', '고자대감 공궐 지키듯 한다', '고자대감 세 쓰듯 한다', '고자 속은 장모도 모른다', '고자 여편네 위하듯 한다', '고자 좆 서기를 기다린다', '고자 힘줄 같은 소리'와 같은 말들이 그렇다. 이에 비해 석녀에 대해서는, '애 못 낳는 여편네 용꿈만 꾼다', '자식 못 낳는 년이 밤마다 서방질만 한다'고 했다. 무능력한 것도 억울한데 조롱을 받는다는 것은 참을 수 없는 일일 것이다. 말을 함부로 하지 말 일이다.

'하고 나니 개떡 같은 게 씹이더라'고 했다. 하고 나면 별것 아닌데도 자꾸 하게 되는 것이 오입질이고 서방질이다. '오입질은 할수록 늘고 서방질은 할수록 샛서방이 는다'거나, '계집질은 할수록 더하게 되고 서방질은 할수록 샛서방이 는다'는 말이 틀릴 리 없다. '색정과 욕심은 죽어야 없어진다'고 했지만, 습관 들이기 나름이다. '구멍 파기에 미치면 녹아내리지 않을 삭신 없다'고 했고, '돈 뒷하고 여자 뒷하고는 분명하고 깨끗해야 한다'고 했다. 아무리 색에 염치가 없다고 하지만, 염치를 알아 저를 지킬 일이다. '추한 아내와 악한 첩도 빈방보다는 낫다'는 말로 위로를 삼을 일이다. 건강을 지키고 패가망신 하지 않기 위해서라도 색욕을 억제하는 방법을 터득해야 할 것이다.

◆◆◆ 퉁부처 : 품질이 좋지 않은 놋쇠로 만든 부처.

46. 이혼과 재혼

'과부 사정 홀아비가 안다'

부부가 호흡을 잘 맞추어 살면 그야말로 삶이 꿀맛이겠다. 그야말로 '부부의 정은 꿀이고 부모의 정은 밥'이 될 것이다. 그러나 사는 도중 한쪽이 먼저 생을 마치거나 이혼을 하게 되어 헤어지는 경우가 허다하다. 부부가 오래 살다가 늙어 죽는 것이야, 별 서러움이나 고통이 덜할 것이다. 그러나 이런저런 이유로 이혼을 하게 되면 심신의 고통은 결코 만만치 않으리라. 과부와 홀아비로 사는 일처럼 못할 일은 없을 것이다. '살아 생이별은 구름에 든 달과 같다'거나, '살아 생이별은 생초목에 불이 붙는다'고 하지 않던가. '죽은 이별보다 생이별이 더 서럽다'고도 했다.

'원앙도 짝을 잃으면 삼 년간 홀로 산다'고 했지만, 사람이 그렇게 의리 있는 것은 아니다. '복 있는 사내는 세 번 크게 웃는다'고, 새로 여자를 얻는 맛에 제 짝과 사별하는 것을 은근히 기대하는 사람도 다소간 있겠다. 그렇다면 그야말로 '원수는 밥상머리에 앉아 있다'고 해야 하리라.

'늙어 홀아비가 돼봐야 아내의 공도 알게 된다'고 했다. 사별이든 생별이든 홀아비로서는 그럴 것이다. 만약 조강지처를 내쳤을 경우 얼마나 후회막심 할까. '조강지처는 하늘도 알아준다'거나, '조강지처는 버리지 않는다', '조강지처 내치고 잘 된 집구석 하나도 없다'는 뜻을 뒤늦게 깨우치게 되리라.

어쨌든 과부보다 홀아비가 홀로 오래 견디지 못 한다. '홀아비 사정은 과부가 알아준다'고, 서로 이심전심으로 맺어지면 좋지만 그리 쉬운 일이 아니다. 보다 못해 자식이 나서기도 한다. '늙은 홀아비 중신해 주는 자식이 효자라'고 하지 않던가.

홀아비가 젊을수록 못 참는 것은 성욕이겠다. '홀아비 좆 일어나 봤자 용두질이나 친다'는 말이 점잖지는 못하지만 사실일 것이다. 그러니 '홀아비 눈에는 미운 여자 없다'거나, '사흘 굶은 허기엔 꽁보리밥도 천하진미 되고 십 년 굶은 홀아비에겐 째보라도 천하일색 된다'는 말이 과장이 아니겠다.

'홀아비는 이가 닷 말 홀어미는 돈이 닷 말이다', '홀아비 부자 없고 과부 가난뱅이 없다'는 말처럼, 주위 사람에게 좋지 않은 모습 보이지 말고 빨리 새로운 제짝을 찾을 일이다. '홀아비 장가가서 좋고 홀어미 시집가서 좋고 동네사람 술 얻어먹어 좋다'는 소리라도 듣는 게 좋다. '첫 장가를 잘 들면 두 번 장가도 잘 든다'는 말은 몰라도, '질동이 잃고 놋동이 얻었다'는 소리를 듣는다면 얼마나 좋을 것인가.

오죽하면 '과부살이 십 년에 독사 안 되는 년 없다', '십 년 과부에 독사 되지 않는 년 없다'고 했겠는가. 과부도 과부 나름이라서 홍상과부보다는 청상과부의 서러움이 클 수밖에 없다. '청상과부는 한숨 먹고 산다', '청상과부 울음소리는 하늘도 울린다', '청상과부 한숨에는 땅이 꺼진다'고 했다. '이십 과부는 눈물 과부고 삼십 과부는 한숨 과부고 사십 과부는 씹 과부라'거나, '오십 과부는 금 과부 육십 과부는 은 과부 칠십 과부는 구리 과부'라는 말이 그럴 듯하다. '열아홉에 청상과부 되면 산천초목도 서러워 운다', '젊은 과부 한숨은 땅도 꺼진다'고 했다. 사별이든 생이별이든, 젊을수록 서러움은 더할 것이다.

'남편이 없으면 쥐새끼까지 업수히 여기고 지랄을 더 한다'는 뜻을 과부 아닌 그 누가 알 것인가. 그건 그렇다 치고, 사내 맛을 충분히 알고 있는 과부가 어찌 오래 홀로 살 수가 있겠는가. '과부도 중년 과부가 어렵다', '아이 낳은 과부 혼자 못 산다', '스물 과부는 혼자 살아져도 서른 과부는 혼자 못 산다'는 말이 그 뜻이다. '과부가 한 평생을 혼자 살고 나면 한숨이 구만 구천 말이라'는 말이 과장이겠는가.

'과부의 설움은 홀아비가 안다', '과부 사정은 과부가 알고 홀아비 사정은 홀아비가 안다'고 했다. '불쌍타 해도 과부 신세만큼 불쌍한 신세 없다'고도 했다. 왜 아니겠는가. '생초목 타는 불은 가랑비로 끄지만 과부 가슴 타는 불은 소나기로도 못 끈다'는 말보다 더 절절한 말이 있을까. '가려운 다리를 서로 알아본다'고, 이심전심으로 가슴의 불을 서로 꺼주는 것이 최선이리라.

홀아비와 마찬가지로 젊은 과부일수록 사내의 품을 그리워할 것이다. '과부가 홀아비를 끌어들여도 평계는 있다', '과부가 마음이 좋으면 동네 시아버지가 열둘이다', '마음씨 좋은 과부 속곳 마를 날 없다', '과부가 말 교미하는 것을 보면 수절을 못한다', '말 씹하는 것을 보면 젊은 과부는 단봇짐을 싸고 늙은 과부는 한숨만 쉰다', '새침데기 과부가 보리밭으로 간다', '허울 좋은 과부가 밤마을 다닌다', '과부 서방질은 삼이웃이 먼저 안다'는 말들이 모두 과부의 절실한 욕망을 대변한다. 그런데 '과부는 수절이 생명이라'고 했으니, 얼마나 비정한 생각이었던가. '과부가 아이를 낳아도 핑계는 있다'고 했는데, 지당한 말이다. '과부는 일을 많이 해야 산다'는 말은, 사내 생각을 억지로라도 잊겠다는 데서 나온 말이겠다.

'신세 생각해서 후살이 간다'고 했다. '되모시가 처녀냐 숫처녀가 처녀지' 하고 시비할 놈도 없으니 속 편하리라. '과부치고 못 사는 과부 없다'거나, '과부 몸에는 금이 서 말이고 홀아비 몸에는 이가 서 말이다', '과부는 은이 서 말 홀아비는 이가 서 말', '못 사는 과부 없고 잘 사는 홀아비 없다', '과부 가난뱅이 없고 홀아비 부자 없다'고 했는데, 홀로 사는데 큰 재물이 무슨 소용 있겠는가. '박복한 과부는 사내가 생겨도 고자만 생기고 다복한 과부는 넘어져도 가지밭에서 넘어진다'든지, '오십 년 수절하다 고자 영감 부랄 잡는다', '수절과부 늘그막에 훼절한다', '십 년 과부가 고자영감 만난다', '복 없는 과부는 봉놋방에 자도 고자 옆에서 자게 된다', '복 없는 과부는 봉놋방에서 자도 고자 옆에서 자게 되고 재수 없는 포수는 곰을 잡아도 웅담이 없다'고, 괜히 헛손질만 할 것이 아니라 팔자 고치기를 시도해야 할 것이다. '산돌과 여자는 굴러다니다가도 걸리는 데가 있다'고 하지 않던가. '젊은 과부는 단봇짐 싸고 늙은 과부는 한숨만 쉰다'고, 젊은 과부로서는 당연하다. 하긴 '과부 좋은 것과 소 좋은 것은 동네에서 나가지 않는다'고, 괜찮은 과부라면 구태여 도망가지 않아도 기다리면 좋은 사람이 절로 들어올 것이다.

'첫 팔자 험한 년은 두 번 팔자도 험하다'거나 '아예 팔자 험하거든 두 벌 팔자 보지 마라'고 하지만, 그 누가 팔자를 장담할 수 있을 것인가. '얻어 입은 옷은 걸레감만 되고 늙은 영감 잘못 얻으면 두 번 과부 된다'고 하더라도, 절실하면 개가하는 수밖에 없다. '살던 서방 버리고 개가할 때는 호강하자는 것이라' 했는데 지당한 말이다. '사주팔자가 센 여자는 후취로 가야 한다'거나, '서방질 잘하는 년이 후살이도 간다', '울기 잘하는 과부가 개가 간다'고 하는데, 어느 경우가 되었든 시도해봐야 알 일이다. '우는 꿩이 먼저 죽는다'고, 외로움을 호소하게 되면 어느 사내가 채가도 채갈 것이다.

홀아비거나 과부거나, 누가 되고 싶어 된 사람은 없을 것이다. 운수가 사나워 그렇게 되었을 뿐이다. '무자식 과부 팔자가 상팔자'라고 하더니, 천만에 말씀이라는 것도 알았으리라. '박색 소박은 없어도 미인 소박은 있다'는 말을 왜 진작 터득하지 못 했던가, 하고 후회도 되리라. '더러운 처와 악한 첩이 빈방보다 낫다'는 사실을 왜 몰랐던가, 하는 통탄도 하리라. '남편 죽었다고 섧게 울던 년이 시집은 먼저 간다'고 욕할 수 없다는 것도 깨달았을 것이다. '혼자 살아서 느는 것은 이밖에 없다'는 푸념도 실컷 해봤을 것이다.

짧은 인생이지만 일어나지 않을 일이 없다. 누구나 언제 불행을 당할지 모른다. 이렇게 저렇게 팔자를 고쳐보려 하지만, 크게 달라질 것도 없다. 있을 때 잘하는 게 최선이리라.

- ❖❖❖ 홍상과부紅裳寡婦 : 나이가 웬만큼 들거나 늙어서 남편을 잃고 홀로 된 여자.
- ❖❖❖ 청상과부靑孀寡婦 : 나이가 젊어 남편을 잃고 홀로 된 여자.

47. 돈, 재물

'돈만 있으면 처녀 불알 파는 가게도 차릴 수 있다'

'똥 마다는 개 없고 돈 마다는 사람 없다'고 했다. '호주머니에 돈이 두툼하면 세상이 내 것으로 보인다'고도 했다. 구구절절이 지당한 말이다. '돈으로 틀어막아서 안 되는 것은 재채기뿐이라'고 했으며, '돈 앞에는 인정사정도 없다'고 했는데, 한 치도 어긋남이 없는 말들이다. '술은 얼굴을 붉게 하고, 돈은 마음을 검게 한다'거나, '돈 나올 모퉁이는 죽을 모퉁이'고 했는데, 만고불변의 진리다. 돈이 무소불위한 능력을 가졌다는 뜻으로 이르는 말들이다. '돈보다 더 큰 보배는 없다'고 하지 않던가.

'사람 나고 돈 났지 돈 나고 사람 났나'고 하지만, 없는 사람에게는 돈이 더 먼저 난 듯 여겨지는 세상이다. 돈만 있으면 해결되지 않는 게 거의 없다고 믿으니까 그렇다. 사람들은 돈을 한없이 탐한다. '강변 돌이 돈 같으면 어느 누가 못 살리오' 하듯이, 누구나 돈이 많으면 삶이 팍팍하지는 않을 것이라고 생각하겠다. 돈을 쓰지 않고도 살수 있다면 얼마나 좋으랴. 하지만 '세 살 먹은 놈도 돈 쓸 날 있다'고 하지 않던가. '돈은 없어도 걱정이고 있어도 걱정이라'고 하는데, 대부분의 사람들은 아마도, 돈이 많아서 걱정좀 해봤으면 좋겠다고 생각할 것이다. '주머니가 무거워지면 마음은 가벼워진다', '주머니가 가벼워지면 마음은 무거워진다'는데 왜 그렇지 않으랴. 하여튼 '돈은 싫든 좋든 없어서는 못 산다'는 말을 부정할 수는 없으리라.

'돈 가지고 안 되는 건 처녀 불알 못 만드는 일밖에 없다'거나, '돈

정종진 303

을 준다면 뱃속에 든 아이도 기어나온다', '돈 가지고 안 되는 일 없다'고 말한다. 그렇게 '돈이 장사'고, '돈이 왕'이다. '돈이 있으면 적막강산도 금수강산 되고 돈이 없으면 금수강산도 적막강산 되고', '돈이 있으면 있는 죄도 없어지고 돈이 없으면 없는 죄도 있게 된다'는 것을 살면서 누구나 절감하게 된다.

사람들에게 돈은 이렇게 절대적인 것으로 인식된다. 그러니 정신을 강조한다든지 무소유를 말해도, '귀신 씨나락 까먹는 소리', '장마 도깨비 여울 건너가는 소리' 쯤으로 생각하기 십상인 것이다. 세상이 모두 '돈 놓고 돈 먹기' 판이라서, '어지럼증이 지랄병 되기는 수월하다'는 말이 꼭 맞는 것 같다. '돈을 밝히면 두 눈이 합쳐져 애꾸가 된다'는 말이 있는데, 마음의 눈이 애꾸가 된다는 말이겠다. 이렇게 돈의 위세를 표현하려는 속담은 유난히 많고도 많다.

'유전무죄 무전유죄', '인물은 돈이 가꿔준다', '잘난 건 돈이다', '돈 없고 빽 없는 놈들은 시체', '돈이면 하느님 불알도 고아 먹을 수 있다', '돈이 상전이다', '돈이 양반이다', '돈이 없으면 적막강산이요 돈이 있으면 천당도 살 수 있다', '돈이 제갈량보다 한 수 위다', '돈이 조상이다', '돈 있으면 도둑놈도 양반', '돈은 귀신도 부린다', '황금 덩어리와 돈이 입을 열면 모든 혀가 조용해진다', '법도 돈에 따라 닫히기도 하고 열리기도 한다', '뇌물이 두둑하면 귀신도 부릴 수 있다', '돈 가지고 안 되는 건 처녀불알 못 만드는 일밖에 없다', '돈 귀신은 만능귀신', '돈 들어 언짢은 일 없다', '돈만 많으면 상놈도 양반이 될 수가 있다', '돈만 있으면 강아지 새끼도 멍영감 명사장이다', '돈만 있으면 개도 풍헌질 한다', '돈만 있으면 뛰는 호랑이 눈썹도 뽑는다', '돈만 있으면 죽은 사람도 살릴 수 있다', '돈 앞에 당할 장사 없다', '돈은 귀신도 싫어하지 않는다', '돈이 날개다', '돈이 돈을 번다', '돈이라면 호랑이 코에 붙은 것이라도 떼려든다', '돈이 마패다', '돈이 많으면 귀신도 사귄다', '돈이면 저승사자도 서슬이 가라앉는다', '돈이면 중놈 상투 처녀 불알도 살 수 있다', '돈만 있으면 귀신도 연자매를 돌리게 한다', '천금이면 사람을 움직이고 만금이면 귀신도 움직인다', '천금이면 죽은 자식도 살린다', '천 냥이면 죽을 사람도 살리고 백 냥이면 형벌도 면한다', '돈이 없으면 똑똑한 놈도 무식해지고 돈이 있으면 무식한 놈도 똑똑해진다', '돈이 없으면 없는 죄도 있게 되고 돈이 있으면 있는 죄도 없게 된다', '돈 없고 잘난 놈 없고 돈 있고 못난 놈 없다', '돈 쥔 놈이 흥정 끝낸다', '돈이 참 장사다', '돈이 충신 만든다', '돈이 힘이다', '돈이 효자다', '돈 있는 문둥이는 안방에 모신다', '돈이 있으면 하늘에 별도 딴다', '돈이 있으면 죽을 사람도 살린다', '돈이 있으면 겉부터 의젓해진다', '돈이 있으면 없는 힘도 난다', '돈이면 지옥문도 연다', '돈만 있으면 못난 놈도 없다', '돈만 있으면 무식도 감춰진다', '돈만 있으면 염라대왕 문서도 바꾼다', '돈만 있으면 과거에도 급제한다', '누렁이도 돈만 있으면 황 첨지라고 한다', '돈 앞에는 귀신도 울고 간다', '돈이 있으면 힘도 난다', '돈이 있으면 무서운 것이 없다', '돈 있고 못난 놈 없고 돈 없고 잘난 놈 없다', '돈 있고 안 되는 일 없고 돈 없고 되는 일 없다', '돈 있는 집 도련님은 다 똑똑하다고 한다', '돈만 있으면 가는 곳마다 상전 노릇 한다', '돈만 있으면 귀신도 부하로 거느릴 수 있다', '돈만 있으면 만사가 해결된다', '돈만 있으면 의붓자식도 효도한다', '돈만 있으면 저승길도 바꾼다', '돈만 있으면 제왕도 살 수 있다', '돈만 있으면 종도 상전 노릇 한다', '돈만 있으면 지옥문도 여닫는다', '돈 없으면 천대받고 돈 있으면 존대받는다', '돈을 벌면 도량도 커진다', '돈을 벌면 없던 일가도 생긴다', '돈을 벌면 지위도 높아진다', '돈을 벌면 친구도 많아진다', '돈이라면 부처님도 웃는다', '돈이라면 산 호랑이 눈썹도 빼온다', '돈이면 나라도 팔고 사고 한다', '돈이면 애 밴 종도 산다', '돈이면 정승 판서도 한다', '돈이 사람을 부린다', '돈이 있으면 극락도 간다', '돈이 있으면 하늘에 사닥다리를 놓는다', '돈이 인품을 만든다', '돈 있을 때는 형님형님 하다가 돈 없으면 얘야자야 한다', '죽은 놈도 금 소리만 하면 벌떡 일어난다', '지옥도 돈만 있으면 극락 된다', '염라대왕도 돈 앞에서는 한쪽 눈을 감는다', '모르는 것도 돈이 가르쳐 준다', '매 앞에 장사 없고 돈 앞에 힘쓰는 놈 없다', '저승에 있는 귀신을 부를 수 있는 유일한 이승의 것은 돈이라', '돈 앞에는 웃음이 한 말이요 돈 뒤에는 울음이 한 말이라', '사람이 돈을 부리는 것이 아니라 돈이 사람을 부린다', '호주머니에 돈이 있으면 힘도 난다', '황금은 선비의 마음조차 검게 만든다'.

　　이러니 누구나 돈을 원하고 좇게 된다. 아무리 돈을 무시하고 돈보다 더 소중한 게 있다고 생각하려 해도, 결국 돈 때문에 속상한 일이 생긴다. 그렇지만 돈이 소중하다고 해서 마냥 좇기만 하면, 필연코 돈의 노예가 되기 십상이라는데 문제가 있다. 아무리 돈을 벌려고 애를 써도 마음대로 될 리가 없다. '돈하고 자식은 마음대로 되지 않는다'는 말이 그래서 있는 것이다. 결국 '돈은 제 발로 들어와야 한다', '돈은 재운이 따라야 한다', '돈은 여문 사람에게 태인다', '돈은 남이 벌어준다', '사람이 돈을 따를 것이 아니라 돈이 사람을 따라야 한다', '돈이 사람을 따라야지 사람이 돈을 따라가서는 안 된다'는 말처럼, 때를 기다릴 수밖에 없을 것이다. 그렇지 않고 무리를 한다든지 정당하지 못한 수단으로 돈을 모으면 제 돈이 되지 못한다. '연고 없이 생긴 돈은 화를 입게 된다'거나, '부정하게 모은 재산은 부정하게 나간다', '도둑질해서 번 돈은 오래가지 못 한다', '굴러 들어온 돈은 굴러나간다', '공돈은 나가는 줄 모르게 나간다', '돈은 고추같이 매운 사람이 번다', '돈은 악해야 번다'는 말들에서 그런 이치를 깨우쳐야 하는 것이다.

'도둑질 빼고는 세상에 쉬운 돈벌이 없다'는 말이 틀리지 않다. 오죽하면 '돈 벌기가 앓기보다 힘들다'고 할까. '돈은 쓰기는 쉬워도 벌기는 어렵다'는 가장 상식적인 말로부터, '돈은 상머리에 뿔이 나기 전에 모아야 한다', '고추같이 매워야 돈은 모은다', '돈을 벌려면 이마에 소 우 자를 붙여야 한다', '쉽게 번 돈 쉬이 나가고, 어렵게 번 돈 어렵게 나간다'는 말들이 구구절절 옳다. '땀 흘려 벌어야 돈 귀한 줄 안다'거나, '땀 흘려 번 돈이 오래간다'는 말을 명심해야 한다.

돈의 위세는 한없이 크고 벌기는 어려우니, 돈 많이 가진 사람의 속물근성이 예사로울 수 없다. '돈 힘이 사람 힘보다 세다'는 말대로, '한강물이 마르면 마르지 내 지갑 돈이 마르랴' 하고 거드름을 한껏 피우기 일쑤다. '부자가 패가하면 등신이 되고 없는 놈이 돈을 벌면 안하무인이 된다'는 말이 틀림없다. 그런 사람에게서는 '돈과 재물은 모일수록 욕심이 든다'는 진리를 쉽게 확인할 수 있게 된다. '돈 남아 주체 못 한다는 사람 없다', '돈 너무 많다는 사람 없다'고 하듯, 돈과 재물 욕심은 끝을 모른다. 그러니 '돈이 쌓이면 원망도 쌓인다'는 것을 알지 못한다. '돈과 여색은 따라다닌다'든지, '노는 돈에는 나봉나기가 쉽다'고, 돈이 필요 이상으로 많으면 사람을 타락시키는 것은 필연이다. '돈 냄새는 천 리를 풍긴다'는데, 부자의 욕심은 천 리를 뻗어 간다.

돈이 소중하다는 것을 누구나 아니까, 남에게 피해를 주지 않는 한에서 성실하고 조용히 벌면 누가 뭐랄까. 마치 '돈이란 남의 눈에 피눈물을 내야 버는 것이다'란 말을 확인이라도 해보려는 듯이 덤벼드니 문제다. '돈 한 푼 쥐면 손에 땀이 나고', '제 돈 칠 푼만 알고 남 돈 열네 잎은 모른다'는 듯 행동하며, '돈이란 아무리 많아도 많지 않다'고 악착같이 제 주머니 채울 생각만 하니 정녕 안타까운 일이다. '지나친 욕심이 패가망신의 장본'이요, '칼 가진 놈은 칼로 망하고 돈 가진 놈은 돈으로 망한다'는 생각을 하지 못 한다. '돈 나는 모퉁이 죽는 모퉁이'라는 것을 어찌 깨달으며, '천 석 부자 삼대 못 가고', '사람은 죽어서 관 뚜껑을 덮은 뒤라야 자손과 재물이 쓸데없음을 알게 된다'는 것을 어찌 알까보냐. 그걸 모르니 '부자하고 재떨이는 모일수록 더럽다'고 한 것이다. 가진 사람 대부분이 '돈 있는 사람이 더 무섭다'는 소리를 듣는다. 있는 만큼 쓰지를 않으니까 그럴 수밖에 없다. '돈 있는 집 머슴이 배고프다', '돈 있는 집 밥사발이 작다'는 말이 그래서 있다. '돈주머니가 크다고 인심도 후하랴' 하는 말이 그를 리 없다. '돈 있을 때 인심 사랬다'는 상식도 외면하는 것이 부자다.

'돈 떨어지니 너 언제 봤더냐 한다'는 것을 알기 때문일까. '돈 떨어지면 악밖에 남는 것이 없다'는 것을 겪었기 때문일까. 사실 그렇다. '돈 떨어지면 정도 떨어지고 임도 떨어진다'. '돈 떨어지면 친구도 괄시하고', '돈으로 사귄 사람은 돈 떨어지면 그만이라'는 말이 옳다. '돈 떨어져 봐야 세상인심도 알고', '돈 쓰던 사람 돈 떨어지니 구시월 막바지에 서리 맞은 국화라'고 했다. 그러니까 돈 있을 때 잘 써야 한다. '돈 잃고는 살아도 인심 잃고는 못 산다', '돈 잃고 병신 된다', '돈 잃고 사람 잃는다'는 말을 새겨 들어야 한다. 특히 돈 자랑은 금기다. '독 속에 숨긴 돈도 남이 먼저 안다'는데, 자랑하지 않아도 다 알게 되어 있다. '돈 자랑 계집 자랑 자식 자랑은 삼불출이라'거나, '돈 자랑 말고 계집 자랑 말고 좆 자랑 말랬다'는 말이 그것을 깨우친다. 때로 '돈은 만악의 근본'이 될 수 있고, '돈이 농간을 부리'면 '돈은 뜬구름'

이 될 수도 있기 때문이다.

돈이 없으면 세상 살 맛을 잃기 십상이다. '먹고 죽자 해도 땡전 한 잎 없다'는 사람은, '돈 없는 것이 죄라'고 생각하게 되니 그 심정을 가히 짐작할 수 있으리라. '돈 없는 놈 서러워 못 산다', '돈 없는 놈은 성도 없다', '돈 없는 놈은 입도 없다', '돈 없으면 끈 떨어진 망석중이다', '돈 없으면 잘난 놈도 용빼는 재주 없다', '돈 없으면 호걸도 없다', '돈이 없으면 금수강산도 적막강산 된다', '돈이 없으면 아무 일도 이루어지지 않는다', '돈이 없으면 사람값도 못 한다', '돈이 없으면 죽을 목숨이다', '돈이 떨어지면 만사가 다 떨어진다', '돈이 없으면 할 말도 못 한다'는 말들에서 돈 없는 사람들의 절절한 심정을 듣는 것 같다. 한마디로 말해, '돈 없는 천하에는 조무래기 영웅뿐이라'는 말이 없는 사람들의 세상을 잘 요약한다.

'돈이란 돌고 돈다'고 하지만, 없는 사람은 '돈은 뱅뱅 돌면서 가는 사람에게만 간다'고 말한다. '가난뱅이 조상 안 둔 부자 없고 부자 조상 안 둔 가난뱅이 없다'는 말이 제게는 해당되지 않는다고 말할 것이다. 또한 '돈은 말도 모르고 귀도 먹고 눈도 어둡다'고 푸념할 것이다. 분별력이 없어 선악과 관계없이 주인을 섬긴다는 뜻이겠다. 하지만 돈 많은 사람이라고 고충이 없겠는가. '돈 많은 부자는 잠을 못 잔다', '돈은 벌기 전에는 벌 걱정하고 번 뒤에는 잃을까봐 걱정한다', '돈 있는 놈이 돈 걱정은 더 한다'지 않던가. '꿈에 본 돈도 찾아먹겠다'고 덤비고, '돈이란 부자父子사이에도 세어 주고 받는다', '셈이란 부자지간에도 따질 것 따져야 한다', '돈주머니는 자식도 안 보인다'는 식으로 산다면 그야말로 '가진 놈이 더 무섭다'는 소리를 들을 수밖엔 없다.

'돈에 눈이 가리면 삼강오륜도 석 냥 닷 푼으로 읽는다'는데, 요즈음 풍조가 그렇다. 먹을 만큼 벌어도 만족하지 않고 계속 욕심을 부리니, '없다 없다 해도 있는 게 근심이고 있다 있다 해도 없는 게 돈'이라서 그런가. '천석꾼은 천 가지 걱정 만석꾼은 만 가지 걱정'이라는데도 더욱더 벌어 쌓아두려고 하니 돈을 밝히는 것도 업인가 보다. 없는 사람은 없어서 그렇다지만, 있는 사람은 '돈 있는 놈이 죽는 소리는 더 한다'고 모두가 돈돈 한다. '돈이 판을 치는' 세상이요, '돈이 화근인' 세상이다. 돈은 아무래도 깨끗한 곳보다는 더러운 곳에 모인다. 그래서 '돈 있는 곳에 바람 잘 날 없다', '맑은 물 맑은 바닥에 돈 안 고인다'고 했다.

    돈을 충분히 벌지 못하면 그만큼 아끼면 된다. '아이는 귀여워하는 사람에게 따르고 돈은 아끼는 사람에게 따른다'고 하지 않던가. 푼돈이라고 우습게 알지 말고 아끼고 모아야 한다. '망개도 과실이고 한 푼도 재물이라'거나, '한 푼 돈에 살인 난다'는 말이 괜한 소리가 아니다. '돈 일 원을 천히 여기는 사람은 일 원 때문에 울 일이 생긴다', '한 푼 돈에도 울고 웃는다', '한 푼 돈을 업신여기면 한 푼 돈에 울게 된다', '일 전 오 리 밥 먹고 한 푼 모자라서 치사를 백 번이나 한다'는 경우를 가끔 경험할 수 있을 것이다. '돈 있는 사람은 주머니를 꿰매는데' 돈도 없는 놈이 허세를 부린다고 알아줄 사람 없다. '모자는 빨리 벗고 지갑은 늦게 꺼내랬다'고, 도리가 없다. 없는 놈은 그저, '돈주머니와 입은 동여매야 한다'는 말을 따라야 할 것이다. '돈주머니를 채우면 인색 주머니가 된다'고 하더라도 어쩔 수 없는 일이다. '돈 한 푼 없는 놈이 자 두 치 떡만 즐기려' 하면 그대로 끝장이다. '돈은 아끼는 사람에게 따르고 아이는 귀여워하는 사람에게 따른다', '돈은 있을 적에 절약해야 한다', '돈은 안 쓰는 것이 버는 것이다', '벌기는 함부로 벌어도 쓰기는 얌전히 쓰랬다'는 말을 명심할 일이다. '가난 끝에 돈 번 사람은 인색하다'는 말은 그래서 있다. 돈은 벌었어도 아끼는 버릇은 그대로 남는 것이다.

돈 때문에 인간은 속물근성을 가장 잘 내보이게 된다. 돈에 의한 속물근성 때문에 가까운 사람을 실망하게끔 한다. 그래서 이를 경계하도록 하는 속담이 적지 않은 것이다. '돈독이 오르면 사람도 보이지 않는다', '돈에 환장하면 처자식도 모른다', '돈에 눈이 어두우면 부모형제도 보이지 않는다', '돈에는 부자간에도 속인다', '혈육에는 형제가 있어도 돈에는 형제가 없다', '돈에 들어가서는 일가친척도 없다', '돈을 보면 마음이 뒤집힌다', '돈이라면 죽을지 살지도 모르고 덤빈다', '돈에는 부자지간에도 남이다', '돈에 환장하면 돈밖에 보이지 않는다', '돈에 맛들이면 의리도 저버린다', '돈에 미치면 죽는 줄도 모른다', '돈에는 눈물도 없다', '돈 앞에서는 부모도 안 보인다'는 말들이 과장일 수 없다.

소중하다고 하여 돈을 숨겨두고만 있을 수 없다. '돈궤 속과 마음속은 남을 보이지 않는다'고 하지만, '돈하고 팽이는 돌아야 한다'는 말대로, 돈은 굴려야 더 커진다. '궤 속에서 녹슬은 돈은 똥도 못 산다', '찰떡은 굴려야 고물이 묻고 돈은 돌려야 이문이 붙는다'는 말은 철칙으로 삼아야 한다. '돈은 돈을 끌어당긴다', '돈이 돈 먹고 땅이 땅 먹는다', '돈이 돈을 새끼 친다', '밤에도 자지 않고 느는 것이 변돈이라'는 뜻을 모르지 않을 것이다. 그래서 '백석지기는 천석지기가 못 돼도 천석지기는 만석지기가 된다'는 말이 있다. 그렇지만 '돈놀이는 시비 거리'라는 것을 각오해야 한다. '돈은 웃고 주고 싸우며 받'거나, '돈은 앉아 주고 따라다니며 받기' 때문이다. 너나없이 '돈 줄 때는 부처고 받을 때는 야차'인 것이다.

'돈은 버는 자랑하지 말고 쓰는 자랑하라'고 했다. '돈은 쓰는 맛에 버는' 것이고, '돈은 쓰면 쓸수록 나올 구멍이 많다'는 말도 맞다. '돈은 쓰는 사람이 임자'라 했다. 그러나 '깨끗하게 번 돈도 잘못 쓰면 화를 입는다'고 했다. '돈을 써본 놈이 쓸 줄 알고 고기는 먹어 본 놈이 더 먹는다'는 이치를 알아야 한다. '소는 꿈쩍이면 똥 싸고 사람은 꿈쩍이면 돈 쓴다'고 했다. '사람은 움직이면 돈이라'는 걸 모르는 사람 없다. 돈을 쓰지 않고는 사람 노릇을 제대로 하기 힘들다. '사람이 좋으면 돈이 헤프고 논이 좋으면 물이 헤프다'는 말이 정곡을 찌른다. 돈이나 재물을 쓰지 않고서는, 사람 좋다는 소리를 듣기 힘들다. '돈은 욕먹고 벌어도 쓰기만 잘하면 된다'거나, '돈은 개같이 벌어 정승같이 쓰랬다', '돈은 좋은 사람이 쓰면 약이 되고 나쁜 사람이 쓰면 독이 된다'는 말들이 틀리지 않다.

'돈 벌기는 어려워도 쓰기는 쉽고 사람 만들기는 어려워도 버리기는 쉽다'고 했으니, 특히 자식을 버리지 않기 위해서는 '돈 모아 줄 생각 말고 자식 글 가르쳐라'는 말을 명심해야 될 것이다. '돈 벌면서 인심 잃지 말고 돈 쓰면서 이웃 사랬다'거나, '돈 쓰다가 못 쓰면 공동묘지로 가야 한다'는 말을 명심할 일이다. '돈 잘 쓰면 얼금뱅이도 호남자요 돈 못 쓰면 호남자라도 얼금뱅이에 못 미친다', '돈 잘 쓰면 한량이고 잘못 쓰면 개망나니라'는 말도 알아둘 일이다.

아무리 '돈다발로 쳐대는 매질 앞에서 끝까지 버티는 장사는 없다'고는 하지만, 돈 앞에서 정신 바짝 차려야 한다. '곳간에 돈이 쌓이면 사邪가 생긴다'는 말 그르지 않다. '금을 탐하는 것은 일만 악의 근본'이기에, 돈보다 인간이나 인간성을 더욱 중요하게 여기는 훈련이 필요하다. 특히 가까운 사람과 돈거래는 어느 때보다 신중해야 한다. '돈을 빌려주면 돈도 잃고 친구도 잃는다'거나, '돈을 빌려주면 돈도 잃고 사람도 잃는다'는 말을 명심할 일이다. '가까울수록 회계는 바른

대로 하라'는 말은 그 뜻이다. '돈을 빌릴 때는 고맙다고 하고 갚을 때는 박정하다고 한다', '돈을 줄 때는 부처고 받을 때는 염라대왕이라'고 하는 것이 인간의 심사일진대 어쩔 수 없는 노릇이다.

당당하지 못한 방법으로 돈을 벌려하다가는 '닷 돈 보고 보리밭에 갔다가 명주 속곳만 찢기기' 일쑤일 테고, '한 푼 아끼다 백 냥 잃은 꼴'을 당하기도 한다. '장사꾼이 마누라는 빌려줘도 돈은 안 빌려준다'고 하듯, 그렇게 살다가는 '돈이 원수'가 되어 완전히 돈의 노예로 평생을 보내게 될 것이다. 누구에게나 '돈은 좋은 하인이고 나쁜 상전'이기 때문이다.

'돈 주고 못 살 것은 지개志槪라' 했다. '밑에 돈이 숨을 못 쉰다'고 하는 사람도 기개를 당하지는 못한다. 그러니 돈으로부터 초연할 수 있는 지개를 배울 일이다. 때로는 무소유가 진정한 소유일 수 있다는 생각으로 자신을 단련시킬 일이다. '있노라고 자랑을 말고 없노라고 기죽지 마라'고 했다. '있다가도 없고 없다가도 있는 것이 돈이라'는 말을 믿을 일이다. '돈은 벌기도 어렵고 지키기도 어렵고 쓰기도 어렵다'고 했다. '돈 원수 갚고 죽은 사람 없다'고 했으니, 원수를 갚듯 대들고 집착하지 않는 것이 오히려 돈을 모으고 부리는 왕도가 되리라. '사람은 돈과 싸우다가 죽는다'는 말은 대부분 사람들에게 진실이다. '사람은 돈이 없어서 못 사는 것이 아니라 명이 모자라 못 산다'는 말 역시 타당하다. '돈돈 하다가 죽는' 인생은 누가 봐도 보람 있는 인생이었다고 말할 수 없을 것이다.

◆◆◆ 풍헌風憲: 조선 시대 유향소에서 면面또는 이里의 일을 맡던 사람.
◆◆◆ 망석중이 : 나무로 만든 인형으로, 팔다리에 끈을 매어 조종함.

정종진 313

- ◆◆ 망개 : 청미래 덩굴의 열매.
- ◆◆ 야차夜叉 : 모질고 사나운 귀신의 하나로 두억시니라고도 함.

48. 운수

'궁한 뒤에 횡재를 본다'

'무턱대고 쏜 화살에도 따오기가 맞는다'거나, '재수가 있으려면 무턱대고 허공에 화살을 쏘아도 새가 떨어진다'고, 행운을 만나 좋아하는 사람이 있겠다. 반면에, '소금을 팔러 가면 비가 오고 가루를 팔러 가면 바람이 분다'든지, '두부 먹다 이 빠지고 수박 먹다가 이 빠진다'고 제 운수를 탓하는 사람이 있을 것이다. 살다보면 '재수에 옴 붙었다', '재수에 옴 붙고 옻 올라 번졌다'고 할 만큼 일이 잘 안 되는 경우가 허다하다. 그러나 '일생에 한 번은 좋은 날이 있다'고, 아무리 기구한 사람이라도 몇 번쯤은 작은 행운이라도 얻을 수 있다.

한평생 살면서 운수대통할 일을 자주 만나야 살맛이 날 것이다. 운수 사나운 일만 생긴다면 누가 오래 살기를 바라겠는가. '살다 보면 토끼 쫓다가 노루 잡는 일도 있고', '살다 보면 가지나무에 수박이 열리는' 경우도 있어야 할 것이다. '되는 놈은 호박넝쿨에서도 수박이 달린다'거나, '되는 놈은 엎어져도 코에 금가락지 낀다', '되는 놈은 나무를 하다가도 산삼을 캔다'고 했는데, 누구나 되는 놈 되고 싶은 것이 속일 수 없는 사실이리라.

'일이 잘 되려면 거꾸로 가도 된다'거나, '일이 잘 될 땐 넘어져도 떡함지에 엎어진다', '재수가 있으려면 쌀뜨물에도 애가 선다', '재수 있는 놈은 엎어져도 떡전에만 엎어진다', '재수 좋은 날은 시장에서 발 헛디뎌 쓰러져도 홍합 그릇에 코를 박는다', '운수 좋은 년은 자빠져도 가지밭에 자빠진다', '재수 있는 년은 넘어져도 떡목판에 넘어진다', '재수 좋은 과부는 앉아도 요강 꼭지에 앉는다', '재수 좋은 년은 엎어져도 가지 밭에 엎어지고 연못에 처넣어도 보지로 붕어를 물고 나온다', '공중을 쏘아도 알과녁만 맞춘다'면 얼마나 좋을 것인가.

　재수가 좋아도 큰 규모로 좋게 된 것을 두고 횡재 만났다고 한다. '횡재 바가지에 기 꽂았다', '호박이 덩굴째로 굴러떨어진다', '호박이 떨어져서 장독으로 바로 들어갔다'는 말들로 표현한다. 그러나 '횡재 해봤자 횡액을 입어 역시 그렇게 없어진다'든지, '장작 틈에서 먹던 쥐 노적에 가면 죽는다'고도 한다. 뜻하지 않게 내린 행운은 그만큼의 불운을 가져오고, 가난하던 사람이 갑자기 횡재를 만나면 불행해진다는 뜻이다.

　횡재를 만났다는 뜻으로 빗대는 속담은 적지 않다. '두엄자리서 호박 줍는다'거나, '두엄자리 앉았다가 꿩 줍는다', '논두렁 밑에서 꿩알 줍는다', '두엄 속에서 옥지환 나온 격', '꿈도 꾸지 않고 호박을 잡았다', '되로 주고 말로 받는다', '지렁이로 잉어 낚는다', '질동이 깨뜨리고 놋동이 얻는다', '버린 밥으로 잉어 낚는다', '곤지로 잉어 낚는다', '호박이 통째로 굴러떨어진다', '물고기 그물에 기러기가 걸렸다'는 말들이 그렇다.

　그렇지만 '그물 던질 때마다 숭어 잡힐까' 하는 말처럼, 하는 일마다 어찌 모두 운수가 좋기를 바라겠는가. '범 잡고 꼬리 차지한다'는 경우도 있을 것이고, '중놈 해웃값 몽구리 횟값', '봉사 기름값 물어 주기'처럼, 전혀 상관없는 일에 손해를 보는 경우도 있을 것이다. '굿만 보고 인부심떡이나 먹어라' 하거나, '나무는 네 흔들어라 배는 내가 먹으마' 하는 욕심으로 살지만, '두 푼짜리 굿거리에 두부값이 닷 푼이라'는 경우가 허다할 것이다. '껍질 상치 않게 호랑이를 잡을까', '가죽 상하지 않고 호랑이 잡을까' 하는 말을 되뇌며 새로 시도하는 일이라도, '문어 회식하는데 개 밤샘한다'는 격이 되기 일쑤겠다. '물에 빠지는 김에 메기 잡는다'는 것도 쉬운 일이 아니며, 언제나 '떨어진 감은 때깔이 좋고 쥐 물려간 생선은 가운데 토막이기 마련이라'는 말대로, 애석함만 남는 것이다.

    사람이 살면서 재수 좋은 일보다는 재수 없는 일을 만나기가 더 쉽다. 욕심 때문에 그렇다. 당연히 그럴 수밖에 없는 일인데 재수가 나쁘기 때문이라고 생각하는 것이다. 그래서 그에 대한 말도 참으로 많다.

    '과부가 복이 없으면 봉놋방에서 자도 고자만 만난다', '일이 잘못되려면 콧물에도 애가 선다', '일이 잘못되려면 자빠져도 코가 깨진다', '일이 잘못되려면 모진 놈이 먼저 지나간다', '과부가 재수 없으면 뜨물을 마셔도 애기 선다', '일이 안 되려면 접싯물에 코를 박는다', '일이 안 될 때는 소똥에 미끄러져 개똥에 코를 박는다', '재수가 나쁘려면 소나무 아래 땀들이다가 솔방울 하나 맞고 죽는다', '재수가 나쁘려면 장판 위에서 낙상으로 죽는다', '재수가 사나우면 남의 똥자리에 주저앉는다', '재수가 없으려면 누운 개꼬리를 밟는다', '재수가 없으려면 쇠똥에 미끄러져서 말똥에 코 박고 넘어진다', '재수가 없으려면 쌀뜨물에도 애가 선다', '재수가 없으면 접시 물에도 빠져 죽는다', '재수 없는 놈은 계란을 집어들어도 뼈가 있다', '재수 없는 놈은 고양이 꼬리를 밟아도 호랑이로 둔갑한다', '재수 없는 놈은 곰을 잡아도 웅담이 없다', '재수 없는 놈은 두부에도 뼈가 있다', '재수 없는 놈은 손자 밥 떠먹고도 포도청에 끌려간다', '재수 없는 놈은 엿을 먹어도 이부터 빠진다', '재수 더러운 놈은 엎어져도 개똥에 코 박고 헛발을 디뎌도 독사를 밟는다', '재수 없는 강아지는 낮잠을 자도 호랑이가 꿈에 뵌다', '재수 없는 년은 머슴방에 가도 고자 곁에 눕는다', '재수 없는 놈 비행기 타고도 뱀한테 물린다', '재수가 없으면 송사리한테 좆 물린다', '고약할 땐 막대기가 뱀으로 변한다', '도둑 맞으려면 개도 안 짖는다', '안 되는 놈은 두부에도 뼈가 있다', '안 되는 놈은 넘어져도 똥밭에 넘어진다', '안 되는 놈은 뒤로 넘어져도 코가 깨지고 비행기 속에서도 뱀에게 물린다', '안 되는 놈은 달걀에도 뼈가 있는 것만 산다', '거지가 떡 쪄먹으려니까 시루가 깨진다', '떨어져도 범의 아가리에 떨어진다', '망신살이 들면 독 안에 있어도 못 면한다', '운수가 사나운 놈은 찬물을 마시다가도 이가 부러진다', '운수가 사나우면 거위에게도 뒷다리를 물린다', '재수가 없으려면 방 안에서도 낙상한다', '운수가 사나우면 찬물을 먹다가도 이가 빠진다', '운수가 불길하면 항우장사도 댕댕이 덩굴에 넘어져 죽는다', '운수가 다하면 방에 앉아서도 접시물에 빠져 죽는다', '운 없는 놈은 벼락을 맞아도 엎드려 있다가 맞는다', '난 나는 해 과거 했다', '길 걷다가 기왓장 맞는다'.

이루 헤아리기 어려울 정도로 많다. 이렇게 '재앙은 눈썹에서 떨어진다'든지, '재앙은 짝을 지어 이른다'고, 누구나 느닷없이 화를 당할 수 있다. '기침에 재채기요 하품에 딸국질이요 엎친 데 덮치기요 잦힌 데 뒤치는 셈이라'는 말대로, 겹치기로 화를 당할 수도 있다. '궁한 사람의 꾀에는 달걀에도 뼈가 있다'고도 했다. 그러나 '재앙을 물리치면 무값이요 물러서면 천 냥이라'고 했다. 운수 탓을 하지 말고 불운에 맞서야 화를 모면하든지, 당해도 약하게 당한다.

'사람 운이라는 게 돌고 돈다'고 했다. '사람의 운수란 하룻밤에도

정종진 317

몇 번씩 뒤집어지고 제쳐지는 법이라'고도 했다. '소가 뒷걸음질 하다가 쥐 잡는다'는 경우도 있고, '소똥에 미끄러져 개똥에 코 박는' 때도 있겠다. 좋은 운이라고 해서 반드시 착한 사람에게만 가는 것은 아니다. '악인도 운을 타고 난다'고 하지 않던가. 반면 선한 사람도 악운을 만나는 건 예사다. '망신을 당하려면 아버지 이름자도 안 나온다'고 했는데 어쩔 것인가.

더군다나 '나쁜 일은 혼자서 오는 법이 없다'고 했다. '액운이 겹치면 내리 겹친다'거나, '망신살이 무지갯살 뻗치듯 한다'고 할 정도로 사람을 한참 곤궁에 빠뜨린다. 그래서 마치 '막차에 종점이라'는 생각이 들도록 한다. 그러나 '불운이 극도에 달하면 행운이 온다'고 했다. 그래서 인생은 '양지가 음지 되고 음지가 양지 된다'는 이치로 계속되는 것이다.

'한 끼 잘 먹는 것도 재수라' 했다. '노루 때려잡은 막대기 삼 년 우려먹는다'는 수도 있다. 큰 횡재만이 운수라고 생각하니까, 제 일생에 운이 지독하게 안 따라준다고 생각하는 것이다. '날이 바뀌면 운도 바뀐다'고 했으니, 매일 새로운 마음으로 기다려 보자. '운수만은 방망이도 막을 수 없다'고 했으니, 제 운수가 어디 가겠는가. 혹시 알 것인가. 내일 아침에 '도깨비감투를 뒤집어쓰고' 대운이 찾아올 수도 있다. '운은 하늘에 있고 떡은 시렁에 있다'고 했으니, 하늘을 거스르지만 말자. 그렇지만 '돼지꿈도 세 번 꾸면 과하다'고 했다. 큰 행운이 아닌 작은 행운이라도 고마워하고 만족할 일이다.

- ◆◆◆ 몽구리 : '중'을 놀림조로 이르는 말.
- ◆◆◆ 해웃값 : 몸을 파는 여자에게 주는 대가代價.
- ◆◆◆ 인부심떡 : 좋지 않은 일(不淨)을 막기 위해 만든 떡.

49. 부자

'부자는 돈으로 일하고 가난한 놈은 힘으로 일한다'

'날 때 은숟가락 물고 나온 사람 없다'고 했다. 누구나 알몸으로 태어나지만, 평생 사는 모습은 결코 평등하지 않다. '거지 조상 안 가진 부자 없고 부자 조상 안 가진 거지 없다'고 하여 부자나 가난뱅이가 거기거기인 것처럼 말한다. 하지만 가난한 사람에게 세상은 모질고 불평등하기만 하다. '세상인심은 돈 있는 집으로 쏠린다'는데, 어찌 가난한 사람의 삶이 팍팍하지 않겠는가.

'큰 부자는 천명으로 이루어지고 작은 부자는 근면으로 이루어진다'거나, '만석꾼 부자하고 정승은 하늘이 낸다'는 말 자체가 인간불평등기원론인 셈이다. 하늘의 은혜를 받지 못하면 뼈 빠지게 일을 하여 작은 부자가 되거나, 아니면 '가난한 놈 소인 된다'고, 평생을 움츠리고 사는 수밖에 없다.

대부분 사람은 부자가 되려고 평생 애를 쓴다. 그러나 그냥 부자가 되는 것은 아니다. 남과 다른 면이 있기때문에 부자가 된다. 부모로부터 큰 재산을 물려받았거나, 근검절약해서 자수성가한 사람들이겠다. 오죽하면 '재주 있는 놈보다 재수 좋은 놈이 낫고, 재수 좋은 놈보다 아버지 잘 둔 놈이 낫다'고 하겠는가. 갑자기 부자가 된 사람을 두고 '도깨비를 사귀었나'고 한다. 이런 경우 외에는 오랜 노력 없이 큰 부자 되기가 쉽지 않다. '장자가 되려면 삼 대가 걸린다'거나, '대부는 하늘이 낸다'면, 결국 '없는 놈만 죽어라 죽어라 한다'는 소리가 될 것이다.

정종진

옛날에는 '부자 하나 나면 세 동네가 망한다'고 했다. 남의 것을 거두어들여 치부했기 때문이다. 그러니 '부자치고 모질지 않은 놈 없다'거나, '부자치고 극락 갈 놈 하나도 없다'고 없는 사람들은 욕을 해댔다. '부자 욕하는 것은 없는 놈이라'고는 해도, 모질지 않으면 돈이 모아질까. 불쌍한 사람 퍼주면 부자가 될 수 있을까. 부자는 더 부자가 되려고 한다. '있는 것 같으면서도 없는 것이 돈이라'고 생각하기 때문일까.

부자로 산다고 만사가 제 뜻대로 될 까닭이 없다. 아무리 '금덩어리가 입을 열면, 모든 혀가 조용해진다'고 하지만 걱정이 적지 않다. '부자일수록 근심은 더 많다'고 하지 않던가. '배부른 놈의 골에는 놀 궁리 배고픈 놈의 골에는 먹을 궁리'라거나, '있는 집 계집은 개소리에 잠 잃고 없는 집 계집은 귀뚜리 소리에 잠 나간다', '천석꾼은 천 가지 걱정 만석꾼은 만 가지 걱정'이라 했다. 무엇보다도 '부자 한 집 있으면 천 집이 이를 미워한다'는 남들의 시기심에 편하지 못할 것이다. 또한 '부자가 되면 아는 친척보다 모르는 친척이 더 많다'든지, '부자는 깊은 산골에 가 살아도 먼 친척까지 찾아온다'는 말들만으로도 가히 추측을 할 수 있을 것이다. '부자는 여러 사람의 밥상이라'고 했으니까 말이다.

부자를 좋지 않게 여기는 속담들이 많이 있다. '배부른 놈에게는 고량진미를 줘도 별 맛을 모른다'는 말로 시작해서, '부자는 어질 수 없고 어진 사람은 부자가 될 수 없다'거나, '탐욕 많은 놈 재물 때문에 죽는다'고 했다. '부잣집 인심 얻기가 가난한 집 쌀 얻기보다 힘들다', '쓰레기와 돈은 쌓일수록 더러워진다', '재물과 여색은 따라다닌다', '재물에 가린 눈에는 삼강오륜도 안 보인다', '치부한 사람은 돈 못 쓰고 죽는다', '부자에게 양심이 있으면 강물이 거꾸로 흐른다', '부자일수록 근심은 더 많다', '부자 인심이 더 무섭다', '다라운 부자가 가난한 활수만 못하다'는 말들처럼 한없이 많다. 급기야 '부자하고 재떨이는 모일수록 더럽다'거나, '뒷간 다른 데 없고 부자 다른 데 없다', '부자치고 인정 있는 사람 없다'는 모욕적인 말에 이르기까지 한다.

　세상의 인심이라는 것이 편견 투성이어서 그럴 수 있다. '있는 놈은 구리반지를 껴도 금반지로 보이고 없는 놈은 금반지를 껴도 구리반지로 보인다'든지, '있는 놈이 많이 먹으면 식복이 있어 잘 산다고 하고 없는 놈이 많이 먹으면 먹어서 못 산다고 한다'는 시각 때문에 부자는 무조건 욕을 먹기도 한다.

　잘 먹고 잘 사는 것을 두고, '등 따습고 배부르다'고 했다. 삶의 목적이 잘 먹고 잘 사는데 있는 사람에게는 '등 따습고 배부른 다음에는 만사가 여별이라'는 말이 딱 맞는다. 더이상 무엇을 어떻게 할 줄 모르게 된다. '재미 중의 재미는 돈 쓰는 재미라'고, 번 돈을 쓰기 위해 오래 살려고 몸조심을 극도로 하게 된다. '천금지자는 마루 끝에 나앉지 않는다'거나, '부자 제 몸 아낀다'고 할 정도가 된다. 아니면 '아흔 아홉 섬 하는 놈이 한 섬 하는 놈보고, 나 백 섬으로 채우게 한 섬을 나 달라고 한다'는 격으로, 더한 탐욕으로 빠져드는 게 십상이겠다. '주린 배 채우려는 도둑질보다 부른 배 터지려고 하는 도둑질이 더 무섭다'고 했듯이, 끝 모를 욕심은 남은 물론 제 스스로까지 불행하게 할 뿐이다.

　'부잣집 아들 일생 중 가장 기쁜 날이 아버지 죽는 날이라'는 말이 참으로 기막히다. 부모의 재산을 마음껏 쓰기 위해서, 아버지가 빨리 죽기를 바라는 아들은 제 스스로가 생각해도 불효 중 불효라 할 것이다. '재산은 젊어 재산이 제일이라'는 것을 알기 때문일까. '재산이란 모으는 사람 따로 있고 쓰는 사람 따로 있다'는 말은, 부자지간에서 바로 확인되는 셈이다. '어렵게 번 돈은 어렵게 나가고 쉽게 번 돈은 쉽게 나간다'고 했는데, 아버지로 보면 어렵게 번 돈이겠고, 자식으로 보면 쉽게 번 돈이겠다. '부자가 망해도 삼대를 간다', '부자가 망해도 삼 년 먹을 게 남는다'지만, 이럴 경우 삼대커녕 한 대도 못가 거덜이 날 수도 있다. '삼대 부자 없고 삼대 거렁뱅이 없다'거나, '삼대 정승은 있어도 삼대 부자는 없다'고 하지 않던가.

'재물을 모으면 흩어 쓸 줄 알아야 한다'는 말은 지당하다. '재산은 모으기보다 지키기가 어렵다'고 하니까, 재물을 지키기만 하려다가는 인심을 잃을 게 뻔하다. '동기간 인심도 쌀독에서 난다', '돈피 모자를 쓰면 사촌까지 덮다', '뒤주가 가득해야 인심이 난다'는 것을 안다면 인심과 재물을 바꿔야 지혜로운 사람일 것이다. '재산은 사나이의 담을 키우고 옷은 사람의 외모를 돋구어준다'거나, '남자나 여자나 잘 먹고 잘 차리면 아주 딴사람이 된다'는 것만 알아, 위세만 부리려 해서는 안 될 일이다.

부자도 격이 있다. '복장이 따뜻하니까 생시가 꿈인 줄 알고' 나대는 부자는 속악하다. 그런 사람을 두고 '겉 부자 속 가난'이라면 맞는 말이겠다. 재산을 많이 가졌다고 과시를 하는 사람은 마음이 가난한 사람이리라. 졸부의 경우가 그렇다. '갑자기 부유해지면 상서롭지 못하다', '벼락부귀는 상서롭지 못하다', '벼락부자는 오래 가지 못한다'고 하지 않던가. '부자도 한이 있는' 법이고, '억지로 모은 재물 삼대 가기 어렵다'고 했으며, '부자 되는 것보다 지키는 것이 어렵다'고 했다.

'시냇물도 퍼 쓰면 준다', '강물도 쓰면 준다', '강물도 아껴 쓰면 용왕이 기뻐한다'고 했다. 부자도 한이 있는 법이라서 아끼지 않으면 안 된다. 아무리 부자라고 해도 모든 것이 충분한 것은 아니다. '장자 집도 거지 집에서 얻어오는 것이 있다', '부잣집도 거지 집에서 얻어

오는 것이 있다'고 했다. '재산은 있다가도 없고 없다가도 있다'는 말이 그를 수 없고, '부귀빈천은 수레바퀴 돌듯 한다'는 말 또한 만고에 진리다.

'손끝이 곧 재산이다'고 믿으며 성실히 일하는 사람은 보기 좋다. '작은 부자는 부지런한 데서 오고 만석 부자는 하늘이 낸다'는 말은 퍽 유익하다. '새벽잠이 없으면 부자 된다'고 했다. 자기가 부지런히 일해 버는 것이야 욕을 얻어먹기는커녕 존경을 받아야 하리라. '쉰에 부자 소리 못 들으면 모자라는 사람이라'고 했는데, 사람마다 어찌 부자가 될 수 있을 것인가. 부자란 기준도 시대마다 다르겠다.

'광에서 인심 나고 뒤주에서 정 솟는다'는 것을 모르는 사람 없을 것이다. 사람 사는 곳은 '돈 떨어지자 입맛 나는' 곳이고, '돈 떨어지자 임 떨어지는' 곳이며, '돈 떨어진 자리가 그대로 초상 난 자리라'는 말은 웬만하면 다 경험해서 알고 있을 것이다. '사냥개도 이 빠지면 산토끼의 조롱 받고 부자 신세도 운 다하면 문전걸식한다'고 했다.

'부자는 곳간에서 인심 나고 가난뱅이는 아침 이슬에서 복 나온다'고 했다. '큰 부자는 하늘엣 부자 작은 부자는 오금엣 부자'라고도 했다. '무른 땅에서 마당삼 캐듯 한다'고, 돈을 그렇게 쉽게 많이 벌어야 좋을 것인가. '부자라고 뽐내 봤자 한 끼에 석 되 밥 못 먹는다'는 말이 맞다. '부자라는 건 한정이 있다'는 말도 맞다. '만족을 느끼면 부자라'는 말 또한 진실로 맞는 말이다. '쌍가마 속에도 근심 걱정은 있다'거나, '아래를 보고 살면 마음이 부자 된다'는 말에서 깨우칠 바가 많으리라. 가진 사람은 부디 많이 베풀고, 못 가진 사람은 부자 욕하지 말고 더욱 열심히 일을 해야 복을 받는다는 말이다. 부자들이 끝없이 욕심을 부리면, 가난한 사람과 다를 바 없다. '부자 되려고 애쓰지 말고 심사를 고치랬다'는 충고를 잘 받아들이면, 그가 부자다.

50. 가난

'가난하면 마음에 도둑이 든다'

　'몸에는 이밖에 없고 집에는 쥐밖에 없다'고 하던가. '씻은 듯이 가난하다', '씻은 듯 부신 듯 없다'고 했다. 아주 가난한 사람을 두고, '목을 딴대도 피가 나올지 의문이라'고도 했다. '밑구멍이 송곳처럼 된다'거나, '밑구멍이 찢어지게 가난하다', '밑구멍이 찢어지려 해도 힘줄에 걸려 안 찢어진다', '손금밖에 쥐인 것이 없다'고 빗대는 게 가난이다. 무소유를 최상의 덕목으로 삼고 실천궁행하는 도인을 제외하고는, '가난 좋아하는 사람 없다'. '곤궁한 것이 가장 걱정스러운 일이라'는 것을 누구나 다 안다. '가난이 창문 틈으로 새어들면 사랑은 대문을 열고 도망간다'는 말이 절묘하다.

　'가난 구제는 나라도 어렵다', '가난 구제는 임금님도 못 한다'는 말이 있듯이, 가난 퇴치가 쉽지 않다. 어설프게 베풀려다가는 '가난 구제는 지옥 늪이라'는 말을 절실히 느끼게 될 것이다. '밑 빠진 항아리는 막을 수 있어도 코 아래 가로 걸린 것만은 막기 어렵다'는 말을 깨우치게 되리라. '가난이 가난을 타고 온다'거나, '가난이 병보다 무섭다'는 것을 모르는 이 없을 것이다. '가난은 죄가 아니라'고 아무리 '떡 먹듯이 이른다'고 한들, 누가 수긍하겠는가. '겉 가난 속 부자'가 아닌 다음에야, 마음속으로는 '더도 덜도 말고 늘 한가위만 같아라'고 소리치고 있는데 말이다.

　우선 가난하다는 것을 표현하는 말 자체의 비유도 얼마나 기막힌지 흥미를 가져볼 수가 있다. '물에 빠지면 주머니밖에 뜰 것 없다',

'가랑잎에 똥 싸먹도록 가난하다', '가진 것이라고는 불알 두 쪽밖에 없다', '강아지 지나가도 때릴 나무 한 가치 없다', '개 죽 쑤어 줄 것이 없고 생쥐 볼가심할 것이 없다', '등쳐봤자 먼지밖에 안 난다', '목구멍에 겨우 풀칠만 한다', '목구멍에 거미줄이나 걷어낸다', '못 보아 못 먹고 안 주어 못 먹고 없어서 못 먹는다', '불알을 털어도 먼지밖에 안 떨어진다', '빈 주머니에 근심만 가득하다', '서 발 몽둥이 휘둘러도 거칠 것 없다'는 말들이 대표적인 예다.

정말 '가난이 원수'고, '가난이 죄'다. '가난이 우환'이고, '가난이 싸움'이다. '가난이 도둑'이고, '가난이 무식'이다. '가난하면 성도 없다', '가난하면 못난 놈 된다'는데 정말이다. 누가 가난을 한갓 남루에 지나지 않는다고 했던가. 정말 도인다운 도인이 아니고는, 진정 시인다운 시인이 아니고 보통 사람이라면 '가난하면 등신 된다', '가난이 질기다'는 말을 이해할 수 있으리라. 그러니까 '가난은 독에 감춰도 못 속인다' 했고, '가난 사랑 재채기 셋은 못 속인다'고 했다.

가난하면 얼마나 비참하게 되는지 다음의 속담들이 알려준다.

'가난하면 번화한 장바닥에 살아도 아는 사람이 없다', '가난하면 찾아오는 벗도 없다', '없는 집 제사엔 귀신도 굶는다', '가난하면 처자식도 얕본다', '가난하면 아끼고 말고 할 것도 없다', '가난하면 염치도 없어진다', '가난하면 아부하게 된다', '가나에는 백전노장도 별수없다', '가난하면 죽어도 찾아오는 사람이 없다', '가난한 사람은 허리띠가 양식이다', '가난한 놈이 남의 것을 먹자면 말이 많다', '가난한 놈은 바늘 꽂을 땅도 없다', '가난한 놈은 일가도 없다', '가난한 놈은 앓을 틈도 없다', '가난한 놈은 제 성도 못 가진다', '가난한 집 부부는 싸움이 잦다', '가난과 도둑은 사촌이다', '가난한 집에 자식이 많다', '사람은 가난하면 지혜도 적다', '사람이 궁하면 안 하는 짓이 없다', '없는 놈은 꿈으로 산다', '없는 놈은 허리띠가 양식이다', '가난 할수록 밤마다 기와집만 짓는다', '춥고 배고프면 도적질할 마음이 생긴다', '곤궁한 사람은 항상 지배를 받게 된다', '없는 놈은 고기 한 점을 맛봐도 배탈이 난다', '못 살면 일가도 오지 않는다', '가난한 사람이 신수가 틔어 벼락 횡재를 하면 죽는다', '등 시리고 배고프면 도적 마음 난다', '말은 마르면 털이 길어지고 사람은 가난하면 무식해진다', '없는 놈 돈이 더 헤프다', '미련한 놈 잡아들이라면 가난한 놈 잡아들인다', '배가 고프면 만사가 귀찮다', '빈 독에서 인심 나는 법 없다', '가난과 거지는 사촌 간이다'

정말 많고도 많다. 가난에 대한 말만은 풍성하다. 가난하면 얼마나 비참해지는지 능히 짐작이 갈 만큼 말잔치가 충분하다.

'춘궁기아가 뒷덜미 치고 대든다'거나, '춘궁기 보리 고개보다 추궁기 피고개 넘기 더 고달프다'는 말로 요약되는 옛날의 가난은, 대부분의 백성들이 겪는 것이었으니 설움이 덜했다. 그러나 요즘처럼 가진 자와 못 가진 자가 확연히 구분될 때, 못 가진 자는 괜한 박탈감에 시달린다. 제 게으름이나 무능력은 생각하지 않고, 무조건 희생자, 피해자라고 생각하는 사람이 적지 않다.

워낙 받은 것이 없어 가난한 사람도 있지만, 가진 것을 낭비하여 가난해진 사람도 있다. 있는 재산을 '곶감꼬치에서 곶감 빼먹듯' 빼먹기만 하면 웬만한 재산이라도 부지하기가 힘들다. '가마가 많으면 모든 것이 헤프다'고 했는데 당연하다. 한껏 쪄먹고 끓여먹는 것을 즐기는 데야 어찌 재물이 줄지 않으랴. '겨우살이 큰 주먹이 봄부터 조막손 된다'고, 아끼지 않으면 금방 궁핍해진다. '개 물리면서 얻어온 장 말똥만큼씩 들어먹는다'고, 아무리 거저 생긴 것이라도 아끼지 않으면 살림이 펼 수가 없다. '낯 씻을 때 물 많이 쓰면 죽어서 제가 쓴 물다 먹어야 한다'는 조상들의 가르침을 헤아릴 수 있어야 한다. '가난에도 암가난과 수가난이 있다'고 했다. 여자의 탓이나 남자의 탓으로 가난해지는 경우가 따로 있다는 뜻이다. 무엇보다도 가장 큰 낭비는 자식 때문이다. '구두쇠 아비에 방탕한 자식 생긴다'는 경우다.

적당히 가난해서 좋은 경우도 있다. '가난이 일찍 철들게 하고 효자도 만든다', '가난한 집에는 형제가 많아도 우애가 좋다', '가난한 형제 사이에 우애 나고 부잣집 형제 사이에 동티 난다', '가난해져야 아내의 어짊을 알게 된다', '가난한 집에 효자 나고 나라 망할 즈음 충신 난다'는 말들은 주위에서 흔하게 확인할 수 있다. 그럴 때 '가난이 스승이라'거나, '가난이 상팔자라'는 말을 할 수 있을 것이다.

'없는 사람은 입이 원수고 손이 보배라'고 했다. 가진 것이 없으면 덜 먹고 더 열심히 일하는 도리밖엔 없다는 말이다. '주린 배가 나라님이라'거나, '세상에 답답한 일 가난밖에 없다'는 말이 꼭 맞지만, '사람이 궁할 때는 대 끝에서도 삼 년을 산다'고 했다. '소금밥에 정 붙는다', '가난해도 속만 편하면 산다'고 했으니, 재물이 없으면 부지런함으로 가난을 막고 인정을 베풀 일이다. '인색한 부자보다 손덕 있는 가난뱅이가 낫다'는 것은 정 때문이다. 그러다 보면, '개떡 먹던 입에도 찹쌀떡 먹을 날이 있다'. 가난이 서서히 물러나면서 재물이 천천히 깃을 들게 된다. '첫 부자 늦 가난보다 첫 가난 늦 부자가 낫다'는 맛을 알게 되리라. '젊어서 못 산 놈이 늙어서 잘 살라'고 했다. 부지런함이나, 절약도 젊을 때 소용이 크다는 것을 깨우칠 일이다.

사람이 가난하다 보면 공것을 탐하게 마련인데, 아무리 궁하더라도 공것을 바라지 말 일이다. 세상에 '공짜보다 비싼 게 없다'거나, '공것이 비싸게 치인다'고 했는데 진실로 맞는 말이다. '거저먹을 것이라고는 하늬바람밖에는 없다'고 했다. 없는 사람은 자존심으로 살아야지, 공것 얻어먹는 재미로 살다가는 가난 말고 또 다른 노예가 된다. '공밥을 얻어먹으면 할 말도 못한다'든지, '공것을 얻어먹으면 할 말도 못한다', '공것 바라다가 낚시에 걸린다'는 말이 틀림없다. 공것을 밝히는 사람을 빗대는 속담이 적지 않다.

'공것엔 눈도 벌컹 코도 벌컹', '공것은 써도 달다', '공것이라면 노래기 회도 먹겠다', '공것이라면 양잿물도 들고 마신다', '공것이라면 초를 술이라 해도 마신다', '공짜가 망짜다', '공짜는 없다', '공짜라고 하면 눈도 뻘겋고 코도 뻘겋다', '공짜라고 하면 노래기 회도 먹는다', '공짜라면 당나귀도 잡아먹는다', '공짜라면 마름쇠도 삼킨다', '공짜라면 배가 터져도 먹는다', '공짜라면 양잿물도 먹는다', '무당서방처럼 남의 것만 바란다', '공것이라면 송장도 꿈틀거린다', '공것이라면 어디 무당서방뿐이랴', '공술 맛이 더 좋다', '공술이라면 삼십 리도 멀지 않다고 한다', '공술 한 잔 보고 십 리 간다', '공이라면 사지를 못 쓴다', '공것 바라기로는 무당서방 뺨치겠다', '강아지를 얻어도 공것은 없다', '공것 먹고 배 앓는다', '공것이 병이야', '공술도 세 번이다', '공술이라면 한 잔 더 먹는다'

공것을 유난히 밝히는 사람을 두고, '공달에 나서 윤달에 컸나' 하고 빗대게 되는데, 이보다 모욕적인 말은 없을 것이다. 차라리 '개 귀의 비루를 털어먹는 게 낫겠다'고 할 것이다. '공돈은 몸에 붙지 않는다'는 것과 마찬가지로, 모든 공것은 도움이 되지 않는다. 가난하면 가난한 대로 묵묵히 더 노력할 일이다. 아주 지독하도록 근면하고 검소하게 살면 된다. '쉰밥 고양이 주기 아깝다'거나, '고무신 장수가 짝신 신는다'는 정도로 살면 되겠다. '모래알 모여서 강변 된다'는 생각으로 푼돈도 아껴 모으면 작은 부자는 되리라. 그야말로 '몽글게 먹고 가늘게 싼다'는 신념으로 살면 된다. '땅도 굳어야 물이 괸다'는 말이 그런 뜻이다.

'절약도 있어야 절약한다'고 하지만, 없는 데서 부자가 된 사람도 많다. '겨 날리는 부자 없다'고 했다. '숯은 달아서 피우고 쌀은 세어서 짓는다'거나, '일 전짜리도 쪼개 쓴다'는 생각으로 모든 것을 절약해야 한다. '굳은 땅에 물이 괸다', '목돈도 푼돈에서 시작된다'고 했다. '가을 곡식을 아껴야 봄 양식이 된다'거나, '풍년 곡식은 모자라고 흉년 곡식은 남아돈다'고 하듯, 아끼게 되면 수가 나도 나게 마련이다. 아끼는 데는 가난도 범접하기 힘들다.

'사람이 청백하면 가난해도 두려울 게 없다'고 했다. 청백리는 가난과 타협하지 않는 사람이다. 얼마든지 가난을 면할 수 있지만, 스스로의 고집으로 심신을 깨끗하게 지키려 한다. '없이 살수록 심덕이 깊어야 복이 온다'는 말을 믿고 사는 사람이다. '빈천하면 부지런하고 검소하게 된다'는 신념으로 자신을 채찍질하니 복이 오지 않을 수 없다. '가난해도 절개는 지켜야 한다'는 고집이 어찌 곱지 않으랴. 진정 '가난도 비단 가난' 아닌가.

아무리 가난할 때라도 남이 도와주려니 바라지 말라. '없는 놈이 우는소리를 하면 있는 놈도 우는소리를 한다'는 게 세상인심이다. 그렇다고 세상인심이나 부자들을 욕하는 놈은 정말 가난해도 싸다. 가난에서 벗어나려고 올곧게 애쓰는 사람은 누가 도와도 돕는다. 그렇지 않고 게으름만 피운다면, '멱동구미 쭈그러진 것은 삼이웃이 일으켜도 못 일으킨다'고, 도무지 앞날이 희망적일 수 없다.

가난을 면하지 못하는 바에야 가난을 즐길 수도 있다. '담장 밑에 집 짓고 살아도 원대로 살면 그만이라'는 만족감을 가지면, 그 사람이야 말로 부자다. '가는 곳마다 내 땅이요 자는 집마다 내 집이라'고 호기를 부리면, 그도 집 없는 부자다. '동냥치가 발은 땅에 있어도 마음은 신선이라'고 하지 않던가.

'없을수록 마음을 바로 먹으랬다'고 했다. '없을수록 사람 도리를 해야 한다'고도 했다. '있는 것이라고는 몸에 이밖에 없고 집에 쥐밖에 없다'는 집이나, '새앙쥐 볼가심할 것 없다'는 집에도 운이 깃들 수 있다. '빈집에도 소 들어갈 날 있다', '없는 집에 소 들어간다', '개똥밭에도 이슬 내릴 때가 있다'고, 언제 복이 터질지 모른다. 사람 팔자 순식간에 뒤집히는 법이다. '첫 가난 늦 부자'라는 소리를 듣는 것이 가장 보람되고, 또 큰 축복이겠다.

- ◆◆◆ 하늬바람 : 주로 농촌에서 쓰는 말로, 서쪽에서 부는 바람을 일컫는 말.
- ◆◆◆ 멱동구미 : 곡식을 갈무리하거나 어떤 물건을 담기 위해 짚으로 엮어 만든 그릇.

51. 술, 담배

'마음은 술로 보고 외모는 거울로 본다'

'술과 계집과 노름은 사내의 삼 도락이라'고 했다. 이제는 여성들의 음주도 보편화 되어, 술은 사내가 아닌 남녀의 가장 중요한 도락이라고 해야 하리라. 분명 '술도 음식이다'. 다만 배고파 끼니로 먹는 음식이 아닐 뿐이다. '술도 핑계가 있어야 마신다'고 했는데, 핑계는 많고도 많다. '술은 기분으로 먹고 음식은 맛으로 먹는다'고 했듯, 기분을 좋게 하기 위해 먹는 음식이다. '술은 즐거워도 먹고 슬퍼도 먹는다'거나, '술은 즐겁게 하는 약이고 슬픔을 잊게 하는 약이라'는 말이 그르지 않다. '술은 근심을 잊게 하는 약'이기 때문에 잘만 복용하면, 약보藥補보다 더 나을 수도 있다.

'첫 잔에 목축이고 둘째 잔에 술맛 나고 셋째 잔에 웃음 나고 넷째 잔에 취기 난다'는 말은, 술을 조금만 먹어도 기분이 좋다는 뜻이다. '한 잔 술엔 청탁불고요 두 잔 술엔 노소불고요 석 잔 술엔 생사불고라'거나, '한 잔 술은 약이요 두 잔 술은 웃음이요 석 잔 술은 방종이요 마지막 술은 광증을 낸다'는 말들에서, 술을 절제하는 습관이 필요함을 깨우치게 된다. '술은 요기로 먹으면 요술 맛으로 먹으면 마술'이라는 말은, 술이 개인의 의지나 습관에 따라 얼마든지 다양한 효과를 낼 수 있다는 것을 암시한다.

사내들이 이런저런 핑계로 술을 먹다보니 재담이 많이 생겨났다. '술 잘 먹고 돈 잘 쓰면 금수강산이고 술 못 먹고 돈 못 쓰면 적막강산이라'든지, '술과 아내는 오래 될수록 좋다'고 했다. '술 나쁜 것 먹기는 정승하기보다 어렵다'는 말이 있는가 하면, 반대로 '싫은 밥은 있어도 싫은 술은 없다'고도 했다. '매는 아프라고 때리고 술은 취하라고 먹는다', '술은 맛으로 먹는 것이 아니라 취하라고 먹는 것이다', '술은 대작이 있어야 맛이 난다', '술은 권하는 재미로 마시다', '술 못 얻어먹은 흥은 주태백이 하고 음식 못 얻어먹은 흥은 후레자식이 한다', '밥은 배가 부르도록 줘야 하고 술은 취하도록 줘야 한다', '술을 들고는 못 가도 먹고는 간다', '술은 장모가 따라도 여자가 따라야 제맛이 난다', '술은 어미가 따라도 맛이 더 난다', '술이 나쁠지라도 차보다는 낫다', '술은 미운 놈도 준다'는 말들이 재미있다. 하다하다 '후래 벌주라'거나, '후래자 삼 배라'는 불문율을 만들어 놓기도 했다.

아무리 '술은 취하자는 술이라' 하지만, 제 흥을 돋우다 못해 추태를 부리면 제 낯을 깎게 된다. 스스로가 감당할 수 없을 만큼 마시게 되면 망신을 당하기 일쑤다. '술은 많이 먹으면 망주라'거나, '적게 먹으면 약주요 많이 먹으면 망주라'는 말이 추호도 그를 리 없다. '술 보고 안주 보면 없던 흥이 절로 난다'든지, '술만 보면 맹세도 잊는다', '술과 안주를 보면 맹세도 잊는다', '술이라면 사지를 못 쓴다'는 사람은 분명 술꾼이겠다.

술꾼은 '취한다면서 술은 더 마신다'. 그뿐만 아니라 '과하다면서 석 잔 먹고 그만 먹는다면서 다섯 잔 먹는다'. '술에는 안 될 껄 취할 껄 과할 껄의 삼 껄이 따라다닌다'고 하는데, 술꾼이 상습적으로 쓰는 말이다. '술꾼 술 끊는다는 건 세상이 다 아는 거짓말이라'는 것은 삼척동자도 안다. '술꾼은 밥은 굶어도 술은 굶지 못한다'거나, '술꾼은 청탁을 가리지 않는다', '술꾼은 죽고 사는 것을 돌보지 않는다'는 것도 쉽게 확인되는 사실이다. '술은 먹어도 술에 먹히지는 말랬다'거나, '술은 먹을 탓이요 길은 갈 탓이라'고 했는데, 절제를 하지 못하는 술꾼에게는 우이독경이다. '술에는 장사가 없다'는 말이 그르지 않다.

술을 절제하지 못해 우선 저지르는 실수는, 말을 많이 한다는 것이겠다. '술이 들어가면 혀는 나오게 된다'거나, '술이 벙어리도 말 시킨다', '숲속의 꿩은 개가 내몰고 오장의 말은 술이 내몬다'는 말이 기막히다. 말을 많이 할 뿐만 아니라 아예 제 속을 발가벗겨 드러낸다. '술 안 먹어서는 거짓말하던 사람도 술 먹으면 바른말을 하게 된다'든지, '술 취한 사람과 아이는 거짓말을 안 한다'는 말처럼, 취하면 거짓말을 할 능력을 잃게 된다. '쉰 길 물속은 알아도 한 길 사람 속은 모른다'고 했지만, 취한 사람의 속은 쉽게 알 수 있다. '취담 중에 진담이 있다'거나, '술 속에서 진담 듣는다', '술 취한 사람 속은 알게 된다', '생시에 먹은 마음 취중에 튀어나온다'고 하지 않던가. 그래서 '겉은 눈으로 보고 속은 술로 본다'고 했던 것이다. '술 취해서 말 다르고 술 깨서 말 다르다', '취중에 한 말은 술 깬 뒤에 후회하게 된다', '취중에 한 말은 자고 나면 잊어버린다'고, 술이 깬 후에는 되돌릴 수 없는 말이 되는 것이다.

'술 배우려면 술버릇부터 배워야 한다'고 했다. 그래서 '술은 어른 밑에서 배워야 한다'고 예로부터 일러온 것이다. '술술 넘어간다고 술이라'지만, 아무 말이나 술술 해서는 안 될 일이다. '말실수는 술 실수라'고 했다. '취중에도 말을 함부로 하지 않는 것이 군자라' 했는데, 군자는 못 되더라도 말을 지극히 삼갈 줄 알아야 한다.

말을 많이 하는 것만으로도 주정이 되지만, 여러 행태의 추태가 있다. 술꾼은 '취하는 것이 싫다면서 술은 먹는다'. '사람이 술을 먹고 다음에는 술이 사람을 먹는다'고, 술꾼은 늘 술에 먹힌다. '술은 과음하면 광약으로 된다'고 했다. '권주를 마다하고 벌주를 받는다'는 건 예삿일이다. '취하면 하늘이 엽전에 뚫린 구멍만해진다'거나, '하늘이 돈짝만 하고 남문이 쥐구멍만하다'고 느끼는 것은 광약 덕분이다. 그러니 '취하면 본성이 나온다'거나, '술은 들어가고 망신은 나온다'는 말이 그를 리 없다. '술 먹은 개'라고, 취하면 눈에 보이는 게 없다. '취중에는 임금도 안 보인다', '취중에 이웃집 땅 사준다'는 허세는 주정꾼에겐 예삿일이다. '술 본 김에 제사 지낸다'고 하면 애교 중 애교겠다.

'술주정은 버릇이라'거나, '주정꾼은 뜨물만 먹어도 주정한다', '술지게미 먹고 주정한다', '주정꾼은 보리밭 곁에 가도 주정한다'는 말이 맞다. '취객이 외나무다리 잘 건넌다'고 비꼬지 않던가. '술주정은 많이 먹는다고 하는 것이 아니'라는 말 또한 틀리지 않다. 아무리 술을 많이 마신 사람이라도, 습관이 잘 든 이는 결코 주정을 하지 않

정종진 333

는다. '주정하는 놈치고 술 먹었다는 놈 없다', '주정뱅이보고 술 먹었다면 성을 낸다'는 건 두두 겪는 일이다. '주정뱅이는 상감님 망건 살 돈으로도 술 사먹는다'고 했는데, 주정뱅이에겐 대수로울 것도 없다. '술 먹은 놈은 개천도 좁다면서 건너뛴다'거나, '술이 입에 들어가면 울다가도 웃는다'고 하니, '술을 똥구멍으로 먹었나'는 말을 들을 수밖에 없다. 오죽하면 '말 탄 궁인도 주정뱅이는 피한다'고 할까. '술과 색은 범 간 데 바람이라'고 했는데, 주색이 어우러지면 패가망신에 이르기 쉽다. 한 잔 술로 시작된 것이 절제를 못하면, 결국 '초장 술꾸러기는 파장 매꾸러기가 된다'. '술은 적게 먹으면 약이요 많이 먹으면 욕이 된다'는 말이 조금도 그르지 않다.

술꾼들의 행태가 이러하니 술장사를 해먹기가 쉽지 않다. '술장사는 쓸개가 둘이 있어야 한다'거나, '술장사를 하려면 아예 쓸개를 빼고 하랬다'는 말들이 이해될 것이다. 주정뱅이들은 추태를 달고 다니니, '술장사를 하려면 계집은 놔먹여야 한다'는 말도 짐작하리라. 또한 '술꾼치고 외상술 안 먹는 사람 없다'고 했으니, 고충은 말할 나위가 없다. '공술 먹은 놈이 트집 한다'고 하니 배은망덕하기 십상이다. 술장사는 이문이 많아, '술값 약값은 삼 년 안으로 갚으면 맞돈 한가지라'고 술꾼들이 생각하기 때문이다.

술을 마시자 해도 기회나 핑계가 좋아야 한다. '술 빚자 임 오신다'면, 기회는 더 없이 좋으리라. '술은 다정한 친구를 만나면 천 잔도 모자란다'고, 친구와 오랜만에 마시자면 한두 잔으로 만족할 수 없으리라. '상뒷술로 친구 사귄다'거나, '상둣술에 낯 낸다'고 하는데, 술 먹는 사람들 속에는 그런 부류의 사람도 있게 마련이다.

'상술 먹으러 오라고 하는 놈도 쇠 아들놈 먹으러 가는 놈도 쇠 아들놈'이란 말이 있다. 상술이란 새색시 집에서 신랑 집으로 보내는 술 한 병과 소량의 안주인데, 아주 조금인 것을 핑계로 술판을 벌이려 한다는 뜻에서 비꼬는 말인 것이다.

'하루를 편히 살려면 아침술을 먹지 말아야 한다'고 했다. 술을 마시는 것도 때가 있는지라, '술은 아침 술을 먹지 말고 저녁 술을 먹어야 한다'고도 했다. 내키는 대로 하다가는 '해장술로 파장술 삼는다'거나, '해장술에 맛 들이면 땅 팔아먹는' 일이 예사로 일어나기 때문이리라. '해장술에 취하면 아버지도 못 알아본다'든지, '낮술에 취하면 제 아비 어미도 몰라본다'고 했다. '술병은 술로 고쳐야 한다'는 억지소리를 해가며 덤벼드는 술꾼들은 그야말로 구제불능이겠다. '니나노 바람에 문전옥답 날린다'고 했으니, 정신 차려야 한다.

'사람은 술자리를 함께 해봐야 속을 안다'고 했다. 술을 마시는 동안 상대방에게 제 품격을 점검당한다고 생각할 일이다. '술 있는 강산에는 다 호걸이라'지만, 주정뱅이를 호걸이라 할 사람은 없다. '꽃은 반만 핀 것이 곱고 술은 반만 취한 것이 좋다'는 말을 새겨, 술자리에서는 늘 자제하는 습성을 가져야 하리라. '밀밭 근처만 가도 술이 오른다'거나, '술상의 떡을 먹어도 취한다'고 호들갑을 떠는 것이 주정을 하는 것보다 훨씬 낫다.

'술에 일의 성패가 달렸다'는 말을 평생 기억할 일이다. 아무리 '즐거워도 먹고 슬퍼도 먹는 것이 술이라'고는 하지만, '제일 무서우매가 술매라'는 것을 알아야 한다. '술은 예절로 시작해서 소란으로 끝난다'는 말은 언제든지 예사롭게 확인할 수 있다. '술은 백약의 장이요 만병의 근원이라'거나, '술은 적게 먹으면 약이요 많이 먹으면 독주라'는 충고를 잊으면 망신을 당하게 마련이다. '술잔은 작아도 빠져 죽는다', '깊은 물보다는 얕은 잔에 더 빠져 죽는다', '물에 빠진 사람은 건져도 술에 빠진 사람은 못 건진다', '물에 빠져 죽는 사람보다

술에 빠져 죽는 사람이 더 많다'는 말들이 괜한 소리가 아님을 잘 알리라. 사실 알고 보면 '술이 사람을 취하게 하는 것이 아니라 사람 스스로가 취하는 것이다'. '술하고 매에는 장사가 없다'고 했다. '술을 보거든 간장같이 대하랬다'거나, '술은 끊으려고 말고 과취를 하지 말랬다'는 말을 새겨듣고 따르면 유익하다. '이 술 저 술 해도 입에 들어가는 술이 천하일미라'고는 하지만, '술은 아무리 독해도 먹지 않으면 취하지 않는다'는 말 또한 만고불변의 진리다.

'담배는 수심을 쓸어버리는 빗자루라'는 말이 골초들을 위한 최상의 변호인 것 같다. 백해무익하다는 말에 잘 대응하는 표현이다. 술이 음식인 것과 마찬가지로, 엄연히 '담배도 음식이다'. 그런데 '술은 끊어도 담배는 못 끊는다'고 한다. 술꾼은 살에 인이 박히고, 골초는 뼈에 인이 박히는지 모를 일이다. 예로부터 골초를 두고, '철록이 어미냐 용귀돌이냐 담배도 잘 먹는다'거나, '문관장네 할멈마냥 담배는 잘 피운다', '담배는 용골대로 피운다'고 했다. 얼마나 담배를 피워댔으면 야사野史에 남을 만큼 되었겠는가.

'담배는 과부 친구'는 말은 그럴 듯하다. 과부에게 수심이 얼마나 많은가. '담배는 꽁초 맛에 피운다'는 말도 재치 있다. 한국 사람 술 인심 담배 인심 좋다고 하는데, 경우에 따라서는 그렇지 않다. '마지막 담배 한 대는 기생첩도 안 준다'거나, '마지막 대는 첩도 안 준다'고 하지 않던가. 골초의 뼛속에 얼마나 깊이 인이 박혔으면, '각시 잃은 건 안 섭섭하여도 담배통 잃은 건 섭섭하다'고 하겠는가. '술 담배 참아 소 샀더니 호랑이가 물어갔다'거나, '담배는 높여 피우고 술은 낮춰 마셔라'는 말들을 만들어냈겠는가.

52. 노름, 잡기

'노름쟁이는 망해도 흥하지는 못한다'

일하기는 싫은데 돈은 벌어 써야 하니, 마치 '호랑이는 무서워도 가죽은 탐 난다'는 격이다. '도깨비 살림 붇듯' 빨리 돈이나 많이 생기기를 바라니 노름판에 끼어드는 것이 필연이리다. '노름꾼치고 게으르지 않은 놈 없다'는 말이 그래서 있다.

'노름은 처음에는 장난으로 하고 다음에는 돈 욕심에 하고 나중에는 본전 찾으려고 한다'는 말이 틀리지 않다. '노름꾼은 본전에 망하고 술꾼은 해장에 망한다'고 했다. 그러나 '화투와 좆은 만질수록 커진다'지 않던가. 판돈은 점점 커지고 '돈 앞에는 눈이 어두워진다'. 노름판에서는 돈이 어른이기 때문에 사람 사이에는 위아래가 없어진다. '노름 친구는 삼 년' 정도가 아니다. '타향 친구는 십 년이요 노름 친구는 삼십 년이라', '노름 친구는 삼십 년 만도 한다'는 경지를 넘어 급기야 '노름판에서는 부자지간에도 거래를 안 한다'거나, '노름판에는 부자지간도 없다'는 지경에 이른다. 그 정도에 그칠까. '노름판이 커지면 친구도 적이 된다'는 것을 알아야 하리라. '화투판에서는 노소동락이라'지만, 이쯤 되면 동락同樂이 아니라 동고同苦인 것이다.

'노름에 미친 놈 여편네 속곳 팔아 투전한다'는 정도는 아무것도 아니다. '노름에 미쳐 나면 여편네도 팔아먹는다'거나, '노름에 돈 잃은 놈은 계집도 팔아먹는다'는 말이 과장일 수 없다. 노름에 눈이 뒤집히면, 돈 외에는 아무것도 보이지 않기 때문이다. '술은 해장에 망하고 투전은 본전 추다 망한다'는 말이 딱 맞다. 노름판에서 조금 따

정종진 337

는 것 같지만, 누가 거두어 가더라도 금방 거두어가기 십상이다. 그래서 '노름이란 도깨비 살림이라'고 했다. '노름돈은 판이 끝나야 내 돈이라'지만, 내 돈이 되도록 고이 내버려두지 않는다.

노름에 맛이 들면 스스로 제동을 걸지를 못한다. 노름판은 결코 제정신에 의해 정리되는 것이 아니다. 능숙하지 못한 노름꾼은 '초장 끗발 파장 맷감'이라거나, '초장에 까부는 게 파장에 매 맞는다'는 경우에 처하기 쉽다. 초반에 돈을 따는 것이 상대방의 술수인지도 모르는 채 끝까지 매달리다가, 결국 망신을 당하게 되는 것이다. '노름판은 큰돈이 떨어져야 끝난다'는 말이 맞다. 보통은 재미로 시작하다가, 본전 때문에 계속하게 되고, 빚으로 일어서기 일쑤다.

'노름꾼 맹세는 사흘 못 간다'고 했다. '술꾼 술 끊는다는 것과 노름꾼 노름 끊는다는 것은 멀쩡한 거짓말이라', '노름꾼 노름 끊는다는 건 세상이 다 아는 거짓말이라'거나, '노름꾼은 노름 않는다고 손목 끊고도 노름판에 간다', '화투짝 못 만지게 하려 손가락 잘라버리면 발가락 가지고 노름한다'는 사람들을 주위에서 흔히 볼 수 있을 것이다. 노름중독도 아편중독만큼이나 무섭다.

'돈 잃고 속 좋은 놈 없다'는 말, 누구에게나 진실이다. 아무리 부자가 푼돈을 잃어도 속이 쓰린 법이다. 더구나 큰돈을 잃으면 돈을 빌려서라도 원수를 갚으려는 듯이 달라붙게 마련이다. 그런 기세 때문에 돈을 빌려주지 않을 수 없다. 그렇지만 '노름판에서 돈 빌려주는 놈도 병신이고 빌렸다가 되갚는 놈도 병신이라'고 했다. '노름돈 대주는 놈은 낳지도 말랬다'거나, '세상에서 제일 어리석은 사람은 노름돈과 선거 돈 대주는 사람이라'고도 했다. '먹는 놈 뒷돈 대지 말고 노름하는 놈 뒷돈 대랬다'는 말이 있기는 하지만, 그것은 먹어치우는 것이 무섭다는 것을 빗대기 위한 말일 뿐이다.

노름판에 오고 가는 돈이야말로 뜬구름이다. 당장 눈에 아른거리고 손에 잡히니까, 내 것이 될 듯하지만 그렇게 쉽지 않다. '늦게 배운 노름이 날 새는 줄 모른다'고 하는데, 그야말로 아서라 말아라. '노름판의 삼 대 병신이란 속아서 병신 못 속여서 병신 돈 잃어서 병신이라'는 말이 있는데, 어찌 되었든 노름판에 끼면 병신이 될 수밖에 없다.

'노름판에는 딴 놈은 없고 잃은 놈만 있다'는 말은 언제 어디서나 증명된다. '노름판이 끝나면 딴 놈은 본전이라고 하고 본전인 놈은 잃었다고 한다'거나, '잃은 돈은 내 돈이고 딴 돈은 남의 돈이라'니 그럴 수밖에 없다. 오직 '노름하다 밤샌 건 제사 지낸 셈만 치고 돈 내버린 건 도둑맞은 셈만 친다'거나, '돈 잃은 것은 도둑맞은 폭 치고 기름 닳은 것은 개가 핥은 폭 친다'는 생각으로 스스로 위로하는 방법밖에 없다. '노름 좋아해 패가망신하지 않은 녀석이 없고 궂은일 피하여 안방 장사만 하는 놈치고 재산 붙는 일 없다'는 것을 애당초 깨우치는 일이 중요하다. '노름에 천 냥을 잃어도 개평 뜯어 해장하는 맛이라'고 한다면 어쩔 도리가 없지만 말이다.

'노름해서 부자 됐다는 사람 없다'는 말이 맞다. '노름꾼 제 무릎뼈 삭는 줄 모른다'고, 아무리 밤을 새워 노력을 해도 거두어들이는 것은 없고, 살만 마르고 뼈만 깎인다. '도둑 자식은 두어도 노름꾼 자식은 두지 말랬다'는 이유를 충분히 추측할 수 있을 것이다. '씨름 끝에 싸움 나고 노름 끝에 도둑 나는' 일이 다반사니까 더욱 그렇다. '벼룩도 이마가 있고 날파리도 뒤통수가 있다'고 하지 않던가. '기름 닳은 것은 개가 핥은 폭 치고 돈을 잃은 것은 도둑맞은 폭 치고 잠 못 잔 것은 제사 지낸 폭 친다'니, 개한테 미안하지 않고, 조상 뵈올 면목이 없지 않는가.

화투와 같은 노름과는 달리 장기와 바둑은 기본 예의가 있고, 판

돈이 크게 오가지 않아 신사적이다. '장기는 늙은이가 홍을 가지고, 젊은이가 청을 가진다'는 것은 상식이고, 바둑에서 흑백을 쥐는 것도 나이나 실력에 따른다. 잡기라고 여겼지만 이제는 어엿한 스포츠류의 게임으로 격상되었다. 바둑에서 국수니 기왕이니 하는 사람은 물론이거니와, 바둑 장기를 직업으로 삼은 사람들이 적지 않다. '바둑을 잘 두는 사람은 장기도 잘 둔다'고 했는데, 한 가지 잡기에 능하면 다른 잡기에도 통한다는 뜻으로 이른 말이다.

바둑과 장기, 또는 여러 가지 잡기 속에 인생이 있다고 말들을 한다. '바둑이 구멍마다 수라'는 말마따나, 인생도 그때그때에 따라 처세방법이 달라지는 것은 물론이다. '바둑은 끊는 재미로 둔다'지만, 삶을 내내 승부욕으로 살 수는 없는 일이다. '잡기를 해봐야 진심을 알게 된다'고 하지 않던가. '장군 하면 멍군 하고 멍군 하면 장군 한다'고, 서로 주고 받고 하면서 즐길 일이다. '장군 멍군에 빅수가 상수라'고, 인생에 승부를 가리지 않고 함께 즐기고 함께 이기는 마음을 배워야 한다. '바둑 두다 말고 장기 벌인다'는 말처럼, 제멋대로 살지 않는 자세를 잡기에서도 터득할 일이다.

훈수하는 재미로 바둑 장기판에 끼는 사람도 의외로 많다. 훈수꾼도 엄연히 함께 즐기는 사람이다. '훈수는 잘하면 본전이고 잘못하면 뺨이라'는 이치를 터득했을 텐데도, 여전히 '제 버릇 개 못 주는' 이들이 적지 않다. 사실 훈수 때문에 장기판이고 화투판, 바둑판이 더 재미있을 때도 많다. 오죽 밋밋하면 '훈수 없는 장기 같다'고 할까. '훈수는 불청'이라서, 청하지도 않는데 하면 '훈수하는 놈은 개자식' 소리를 들을 수도 있다. 아무리 '제멋에 들떠 천층만층으로 행동하는 것이 사람이라'지만, '훈수는 뺨 맞아가면서 한다', '훈수 두는 재미로 노중객사 한다', '장기 훈수는 욕 먹어가며 한다'는 정도가 돼서는 곤란하다. '훈수 두는 사람치고 국수 아닌 사람 있으랴'는 말을 진담으로 들으면 패가망신한다. '훈수를 하다보면 논 갈 때를 잊는다'고 제 먹고 살 궁리를 하는 것이 더 유익하다는 것을 깨우쳐야 하리라.

53. 타향살이

'집 떠나니 서럽다'

제가 태어난 땅을 떠나 '산 설고 물설다', '물설고 낯설다'는 곳에서 살자면 한숨부터 나올 것이다. '사람 살 곳은 골골마다 있다'거나, '사람 살리는 부처는 골골이 있다'지만, 낯선 곳에 적응하기가 얼마나 어려운가. '나무도 옮겨 심으면 삼 년은 뿌리를 앓는다'는데 어찌 안 그렇겠는가. 그야말로 '물 떠난 고기요 하늘 잃은 새라', '물 밖에 난 고기요 산 밖에 난 범이라'고 스스로를 생각할 것이다.

제 고향이 좁다고 생각하면 대처로 나갈 수밖에 없다. 농사짓는 것은 싫고, 다른 직업을 잡을 수 없으면 고향을 떠나야 한다. '사람은 낳으면 서울로 보내고 우마는 낳으면 상산에 두라'고 했느데, 그 뜻을 깨우쳐 봐야 한다. '객지에 나서면 다 절로 고생이라'는 것을 알지만, 직접 부딪쳐 봐야 살아갈 힘도 기르고 처세술도 깨우친다. 젊을 땐 뭣 모르고 좁아터진 고향이 싫다고 떠나지만 평생 그런 생각을 갖진 않으리라. '고향을 떠날 때는 뒷산을 보고 절을 세 번 하면 타향에 가도 고생을 안 한다'고 했다. 아무리 미련 없이 떠나는 고향이라도 절 세 번은 하는 게 도리겠다. 저를 낳아 키워준 천지와 산천에 어찌 고마움을 표하지 않겠는가.

'객지 밥을 먹어봐야 제집 좋은 줄 안다'거나, '제집 좋은 줄은 나가 고생을 해봐야 안다'고 했다. '객지 밥을 먹어봐야 세상인심도 안다'고도 하였다. '고향을 떠나면 천하다', '집 나서면 고생이다', '집 떠나니 서럽다'고도 했다. '바람도 타향에서 맞는 바람이 더 차고 시리다'는데, 왜 안 그렇겠는가. '나무는 옮기면 죽고 사람은 자리를 옮겨야 산다'고 했지만, 사람이라고 옮겨 사는 것이 쉽기만 할 것인가. '거북이도 제 살던 바윗돌을 떠나면, 오래 살지 못한다'는데 말이다. '호랑이도 제 숲만 떠나면 두리번거린다'는데, 사람도 고향을 떠나면, '물 밖에 난 용이요 산 밖에 난 범'이 되리라.

타향살이에 조금씩 익숙해지면서, '정들면 고향이고 사람 살 곳은 골골이 있다'는 생각이 들게 될 것이다. '물에 기름 돌듯' 하던 신세가 벗이나 이웃을 사귀게 되면 객고客苦가 훨씬 가벼워질 것이다. '타향 친구는 십 년 맏이도 벗 한다'거나, '객지 벗 열 살 터울이면 맞먹는다'는 말처럼, 사면팔방으로 사람을 사귀다 보면 '정 들면 내 고향 된다'고 생각하게 되리라.

아무리 정이 들고, 자신감이 생겼다 해도 타관은 타관이다. 주제를 모르고 설치면 '굴러온 돌이 박힌 돌 뺀다'는 말을 듣게 된다. '곳 다르면 물색도 다르다'는 것을 알아야 한다. '객지 생활 삼 년에 골이 빈다'는 소리를 듣지 않기 위해서 스스로 근기를 강하게 단련하면, 오히려 '타관 햇살이 보배라'거나, '타관이 밑천이라'는 생각을 할 수 있을 것이다. 대처나 객지에서 겪는 서러움이 오히려 사람을 더 강하게 만든다는 뜻이겠다. '거지 노릇도 고향에서 하랬다'는 생각과는 달리, '빌어먹어도 타향에 가 빌어먹으랬다'는 말에도 그런 생각이 들어 있다. 제 근본을 아는 고향보다는 차라리 타관에서 당당히 버티라는 뜻이겠다.

'고향이나 핏줄은 멀리 두고 그리는 게 제맛이라'고 한다. 멀리 있으면 한없이 그립지만, 막상 가보면 절망스러운 현실일 때 그럴 수 있겠다. '호마는 북풍을 그리워한다'거나, '나는 새도 옛집을 그리워한다', '떠다니는 새는 옛 숲을 그리워한다', '물고기도 제 놀던 물이 좋다 한다'는데, 사람이야 오죽하겠는가. '객지에 가면 내 땅 까마귀만 보아도 반갑다', '까마귀도 내 고향 까마귀가 반갑다'는 것은 지당하다. '타향에서 만난 고향 친구'를 부둥켜안듯, '천 리 타향에 고인 만나 반가워서 즐거운 일'이듯, '뭐니 뭐니 해도 내 집보다 좋은 곳이 없다'는 생각을 뼛속 깊이 새기게 되리라.

'물건은 생산지를 떠나면 비싸지고 사람은 고향을 떠나면 천해진다'고 한다. 그러나 나 스스로까지 천해지도록 내버려 두어서는 안 된다. 마음속에 모셔둔 고향을 위해, 스스로 단련하고 고귀해져야 한다. '거지 노릇을 해도 모르는 곳에서 하랬다'는 말에도 그런 뜻이 숨겨져 있는 것이다. 제아무리 '눈 설고 손 설고 귀에 설은' 곳이라 해도 금의환향의 뜻을 굳세게 키워야 한다.

금의환향이 부모형제와 이웃, 그리고 고향산천에 대한 보답일 것이다. 예전에야 벼슬을 하여 뻐기면서 돌아오는 것을 두고 금의환향이라 했지만, 그것만이 금의환향은 아니다. 사회적 지위가 아니라도 훌륭한 품격으로 성장했거나, 사회에 기여할 수 있는 활동력을 가지게 되었다면 금의환향이리라. '맴돌던 닭도 때가 되면 홰 안에 돌아온다', '베돌던 닭도 때가 되면 찾아 들어온다'고 하지 않던가. '여우도 죽을 때는 머리를 저 살던 언덕 쪽으로 돌린다'고도 했다.

고향으로 발길을 돌리더라도, 저를 강하게 만들어준 타관의 햇살, 타관 사람에게 절을 드리고 와야 한다. '어디를 가나 인정은 두고 가

정종진 343

랬다'고 했다. '제 고향 잃은 자는 짝 잃은 외기러기라'고 해서 울고 왔지만, 정이 들어 또 다른 고향이 되어버린 타향을 떠나려니 눈물이 나올 수밖엔 없을 것이다. 그래서 '울고 왔다 울고 간다'고 했다. '죽어도 제 구석에서 죽어라'는 말을 가르치지 않아도, 누구나 제 땅에 뼈를 묻으려고 하는 것이 사람의 본능일 것이다.

타관에서 일정한 기간 동안 정착해 사는 것이 아니고, 나그네처럼 지나치는 사람에게도 타향의 체험은 고되다. '마을에 들어가려면 그 마을 풍습을 알라'는 충고는 무척 중요하다. 그래서 '나그네 귀는 석 자라'고 했다. 귀를 잔뜩 열고, 눈치 빠르게 몸가짐을 해야 고생을 덜 하게 된다. '나그네살이 삼 년이면 생업이 이루어진다'는 말은 눈치코치가 밥 먹고 살 정도가 되었다는 뜻인 셈이다. 타관에서 눈치가 코끼리 발바닥 같다면 고생문이 훤할 수밖에 없다. '주인 보태주는 나그네 없다'고 했는데, 누가 반겨 맞겠는가. 더군다나 여비가 충분하지 않다면, '나그네 길에 들면 자식 촌수보다 돈 촌수가 가까워진다'는 말을 절감하게 될 것이다.

타관에서 헤매는 나그네를 도와주는 것은 예로부터 전해오는 미풍양속이었다. 아니 미풍양속 이전에 사람의 도리겠다. '문전 나그네 흔연대접하랬다'거나, '물 그린 새는 물 주면서 쫓고 쌀 그린 새는 쌀 주면서 쫓는다'는 말이 그 도리를 일깨워 주려는 말이다. '명산대천에 불공 말고 타관 객지에 나선 사람 괄시를 말라'는 말도 마찬가지다. 하찮게 생각되는 일이라도 실천궁행하면, 신神께 비는 것보다 오히려 더 큰 보답을 받을 수도 있다.

54. 빚

'없는 것 같으면서도 있는 것이 빚이다'

빚만 없으면 세상을 제대로 살고 있는 것이다. 그래서 '빚 없으면 부자다', '빚 없으면 잘 사는 사람이라'고 한 것이다. 누가 빚을 지고 싶은 사람 있겠느냐만, 살다 보면 누구나 유무형의 빚을 지게 마련이다. '있다 있다 해도 없는 것이 돈이고 없다 없다 해도 있는 것이 빚이라'는 말은 정말로 명언이다. 마음의 빚이야 두고두고 갚는다지만 돈은 그럴 수 없다. 당연히 '빚은 걱정거리다'. 그래서 '병 두고 못 살고 빚지고 못 산다'고 한 것이다.

'빚도 재산이라'거나, '없는 사람은 빚이 재산이다', '없는 놈은 빚이 밑천이라'지만, 빚을 얻는 때부터 처지가 달라지게 된다. '빚지면 문서 없는 종 된다', '빚지면 본심도 잃게 된다', '빚지면 잠도 제대로 못 잔다', '빚진 놈이 죄진 놈이다', '빚진 놈치고 거짓말 않는 놈 없다', '빚진 죄인이라'고 하지 않던가.

적은 돈을 빚졌다면, '빚이란 물어주는 재미가 있어서 좋다'고 말하면서 여유를 부릴 수도 있겠다. 그러나 '빚이 대추나무에 연 걸리듯 하여' 큰돈을 빚지게 되면 그거야말로 인생 전체를 저당 잡힌 꼴이 되고 만다. '빚을 고슴도치 외 따 짊어지듯 한다'고 할 정도면, 갚을 때까지는 내 삶을 사는 것이 아니라고 봐야 한다. '빚이 많으면 뼈도 녹는다', '빚이 많으면 악만 남는다', '빚이 천 냥이면 좆도 안 선다', '빚 많이 지면 잠도 못 잔다'고 하는 말이 틀림 없다. '빚 얻기는 근심 얻기라'는 말이 옳다. '빚도 많으면 갚을 생각보다 떼먹을 생각을 하게 된다'는 말이 틀리지 않다.

　빚을 자꾸 얻어 쓰게 될수록 사람 마음은 더욱 조마조마해질까. 그렇지 않은 사람이 많은 법이다. '빚이 많아질수록 배짱은 커진다'거나, '빚 많은 놈 복장 크다', '빚을 질수록 간은 더 커진다', '빚을 질수록 복장은 더 커진다'고 했으니, 빚이 많은 사람에게 또 빚을 주는 것은 빚쟁이를 호랑이로 만드는 결과가 될 것이다. '가난한 놈은 빚도 못 얻는다'거나, '빚도 있는 놈이 지고 꾸는 것도 있는 놈이 꾼다'고 했으니 빚지는 능력도 능력일 수는 있다. 그러나 아무리 복장이 크다 해도 허세일 뿐이다. '겉으로는 허허 해도 빚이 열닷 냥이라'든지, '허허 해도 빚이 천 냥이라'고 하지 않는가. '풀짐은 짊어지면 썩기나 하지만 빚은 짊어져도 썩지도 않는다'는 것을 잘 알 테니 말이다.

　빚을 돌려받기 위해서는 큰 고통을 겪어야 한다. '웃으며 가져간 돈 성내며 갚는다', '웃고 얻은 빚 울며 갚는다', '빚질 때는 보살이고 빚 갚을 때는 염라', '빚 줄 때는 부처님이고 갚을 때는 염라대왕이라', '빚은 앉아 주고 서서 받는다', '빚은 웃으며 주고 싸우며 받는다', '빚 준 사람은 오금을 못 펴고 자도 빚진 사람은 두 다리 뻗고 잔다'고 했다. 그러니 '빚 주고 뺨 맞는다'는 말이 있는 것이다.

　가까운 사람에게 빚을 주게 되면 더욱 심각한 고통을 당할 수 있다. '빚 주고 친구 잃는다'든지, '빚 주고 못 받으면 친구 잃고 돈 잃는다'고 했다. 지당한 말씀이다. '빚 안 준다고 원수 되는 일은 없다'는데, 돈을 줘 친구를 원수 만들지 말 일이다.

　빚을 얻어 쓰는 사람의 심정은 어련하겠는가. '빚 졸리는 것보다는 굶고 안 졸리는 것이 낫다'고 했지만, 어떻게 굶주릴 수 있을까. '빚은 생각나는 때 갚아라', '마지막 속바지라도 팔아 빚은 물라'고 했지만, 몰라서 안 하는 짓은 아닐 것이다. '저승의 차사가 빚쟁이같이 무서울까'하는 말처럼, 막막하기로 치면 어찌 빚 준 사람보다 못할 수 있겠는가. 빚을 얻어 일을 했으면 잘 되기나 하면 모르는데, '빚 얻어 장가 보냈더니, 동네 머슴 좋은 일만 시켰다'거나, '빚 얻어서 굿하는데 맏며느리 춤 춘다'면 '눈 위에 서리 친 격'이겠다.

모든 '원한 원망은 빚에서 생긴다'는 말이 옳다. '가난한 살림에는 빚보다 더 무서운 것이 없다'고 했다. '호랑이보다 무서운 것이 변돈이다', '범보다 무서운 것이 남의 변돈이라', '빚은 이자도 늘고 걱정도 는다'고도 했다. 그러니 '빚이 법보다도 무섭다'는 것이다. '빚 준 상전이요 빚 쓴 종이라', '빚지고 거짓말 않는 놈 없다'고, 빚을 지게 되면 대부분 종이 되고 거짓말쟁이가 되는 것이다. '가을 빚에 소도 잡아먹는다'고, 괜한 배포를 부리다가 그렇게 되는 수가 많다. '살았을 때 안 문 빚 죽어서 가더라도 갚아야 한다'고, 후손이라도 갚아야 도리지만 세태가 그렇지 않다. '묵은 빚은 본전만 줘도 좋아한다'거나, '십 년 묵은 빚은 본전만 줘도 고맙게 여긴다'고, 오래오래 버티다가 겨우 갚는 시늉만 하고 마는 것이다. 그럴 경우 그래도 일말의 양심은 있는 셈이다. '천지개벽하는 날이 돈 갚는 날이라'고 하는데, 결국 갚지 않는다는 뜻이다. 돈을 꿔준 사람은 '앉아서 준 돈 서서도 못 받는' 신세가 되고 마는 것이다.

빚은 부자도 질 수 있지만 대개 가난한 사람이 진다. '가난한 놈치고 빚 없는 놈 없다'고 하는데 당연하다. 큰일을 하자면 빚을 질 수 있다. 집을 마련하는 경우가 그럴 것이다. '집 마련에는 빚 좀 져도 괜찮다'고 했는데, 집값에 비해 빚이 적으니까 즐거운 마음이 들 것이다. 그러나 초상이나 혼인을 치르느라고 빚을 지는 것은 다르다. 특히 '초상 빚은 삼대를 두고 갚는다'고 했다. 고인의 명예에 관련된 것이라서 끝까지 갚아야 도리겠다. '살아서 못 갚은 빚은 죽어서라도 갚아야 한다'는 말이 된다.

빚 보증은 정말이지 서로를 괴롭게 한다. '술 사고 뺨 맞는다'는 격이다. 부탁하지도 말고 부탁을 들어주지도 말아야 하는데, '정든 것이 원수라'서 빚보증을 서주게 되면 일은 저질러지기 일쑤다. 오죽하면, '빚보증 넝큼넝큼 서는 자식은 두지도 마라'거나, '빚보인하는 놈은 낳지도 말라'고 했을까. 몰인정한 것 같지만 맞는 말이다. 흔히, 돈이 거짓말하지 사람이 거짓말하는 게 아니라고 한다. 그러나 다른 사람을 고통스럽게 해놓고 할 말은 못 된다. 부탁을 들어주지 않으면 서운하기는 하겠지만, 원수지간이 되는 것보다 낫다고 할 것이다. 빚보증이 잘못된다면, 그야말로 '돌풍에 만선배 헛치레라'는 꼴이 된다.

55. 부지런함과 게으름

'부지런이 반복半福이다'

'부자는 곳간에서 인심 나고 가난뱅이는 아침 이슬에서 복 나온다'거나, '부지런한 귀신은 배곯는 일 없고 게으른 귀신은 물밥도 못 얻어 먹는다', '큰 부자는 하늘이 만들고 작은 부자는 새벽별이 만든다'고 했다. 부지런한 것이 최선의 삶이라는 것을 충고하기 위한 말들인데, 누구도 부정할 수 없는 금언들이다.

부지런하다는 것은 몸과 마음이 건강하다는 증거다. 그래서 '부지런한 것도 반복半福이 된다'거나, '사람은 바빠야 늙지 않는다', '부지런한 자에게 복이 온다'고 한 것이다. 부지런한 것도 격이 있을 것이다. '가난하고 천하면 부지런해진다'고, 굶어죽지 않기 위해 부지런한 사람이 있겠고 '작은 복과 재물은 부지런함에 있다'고, 작은 부자라도 돼보기 위해 부지런한 사람이 있을 것이다. 아무래도 최상의 격은 부지런함 그 자체를 즐기는 사람일 것이다.

어느 정도가 부지런한 것일까. '죽을래야 죽을 틈이 없다', '죽재도 죽을 짬이 없다', '노루가 아이를 업어가도 뒤돌아볼 새 없다', '부지런한 사람은 앓을 여가도 없다', '부지런한 이는 앓을 틈도 없다'는 정도일까. 아니면 '불알 떨어지게 쫓아다닌다', '불알 사이에서 요령소리 울리도록 다닌다', '발톱 길 새 없이 뛴다', '손톱 발톱이 젖혀지도록 일한다'는 정도일까. '가을 중 싸대듯 싸댄다'거나, '물방아 얼 새 없다'고 비유할 정도가 되어야 할까. '바삐 찧는 쌀에 뉘가 많다'고 해도, 어쨌거나 바쁘다는 것과 부지런하다는 것은 좋게 보일 때가 많다.

분명한 것은 '노느니 개 팬다'거나 '노느니 염불한다'는 행동은 부지런함에 속하지 않겠다. '굼벵이도 꿈지럭거려야 먹고 산다'고 할 경우는 물론, '게으른 머슴은 저녁나절이 바쁘고 게으른 년은 섣달이 바쁘다'는 것도 부지런함은 아니다. '늦게 부지런한 자가 사람 죽인다'고 하지 않던가. '동으로 뛰고 서로 달린다'는 것은 부지런일 수도 있고 아닐 수도 있다. '바쁘면 먹을 것이 있다'지만, 바쁜 것과 부지런한 것은 다를 수 있다. 자발적이어야 하고 생산성이 있어야 한다는 점에서, 부지런하다는 것은 단순히 바쁜 것과 다르다. '일당으로 하면 게으름 피우는 것 속 터져 못 보고 도급제로 하면 죽을까봐 겁난다'거나, '쉬는 김에 아이 업고 집이나 지키면서 보리방아 두서 말 찧어 놓으라고 한다'는 말처럼 강요되는 바쁨을 두고 부지런하다고 볼 수는 없겠다.

'부지런한 사람은 굶어죽지는 않지만 큰 부자는 못 된다'고 하는

데, 꼭 큰 부자여만 하는가. '큰 부자는 하늘에서 내고 작은 부자는 부지런하면 된다'고, 작은 부자면 되지 뭘 더 바라겠는가. 어쨌든 확실한 것은, '부지런한 사람에게는 가난이 따르지 못한다'는 사실이다. '부지런하면 하늘이 무심하지 않는다'거나, '부지런한 부자는 하늘도 못 막는다'는 말이 허언이 아니겠다.

'첫새벽에 문을 열면 오복이 들어온다'고 했다. 일찍 일어나서 움직이면 잘 살 수밖에 없다는 뜻이다. '초사흘 달은 잰 며느리라야 본다'는 말도 다를 바 없다. '일찍 일어나는 것도 서 푼 버는 셈이라'고 하지 않던가. 예전 우리 조상들은, '들에 나갈 때 별을 보지 못하면 흉년에 굶어죽는다'거나, '밝은 달은 허송하면 천벌을 받는다'는 신념으로 살았다. '식전에는 개똥 줍고 달밤에는 김매는' 식으로 살았던 것이다. '하루 일이 모두 본전이라도 식전 하는 일만큼은 이익'이라거나, '꼭두새벽 풀 한 짐이 가을 나락 한 섬'이라는 계산으로 부지런히 살았다. 그렇게 해서 고된 농경시대를 버틸 수 있었다.

부지런해야 이익을 얻는다는 뜻으로 이르는 속담은 많다. '나들이 하는 개가 꿩도 잡는다'거나, '개도 부지런해야 더운 똥 얻어먹는다', '부지런한 개가 더운 똥도 얻어먹는다', '거지도 부지런해야 더운밥을 얻어먹는다', '도는 개 배 채우고 누운 개는 옆 차인다', '돌아다니는 개는 배 채우고 누운 개는 옆 채인다', '다니는 개는 배 채우고 누운 개는 배 채인다', '구르는 돌에는 이끼가 끼지 않는다', '들고 난 개가 꿩 물어온다', '밥도 부지런해야 얻어먹는다', '부지런하면 남 쌀밥 먹을 때 보리밥은 먹는다', '얻어먹는 놈도 부지런해야 얻어먹는다', '일찍 일어나는 참새가 모이 하나 더 주워 먹는다'는 말이 그렇다. 이 중에 잘못된 말이 하나라도 있을까.

'천금 사랑은 없어도 일 사랑은 있다'고 했다. 아무리 돈을 들여도 사랑을 받을 수 없지만, 일을 잘하면 사랑을 받게 마련이라는 뜻이다. 그래서 '달리는 놈에게 쌀밥 주랬다'. 부지런히 일하는 사람에게는 그만큼 대우를 해주라는 말이다. '부지런한 농민에게는 좋은 땅과 나쁜 땅이 따로 없다'거나, '일 잘하는 사람에게는 못 쓸 땅이 없다'는 말은 틀림없다. 주위에서 다양한 예들을 쉽게 확인할 수 있을 것이다. 그러면서도 '황소 같이 벌어서 다람쥐 같이 먹어라'는 신념으로 산다면, 어찌 그를 사랑하고 존경하지 않을 수 있으랴. '쥐가 하룻밤에 소금 한 섬을 나른다'든지, '풀무질이 오래 되면 굳은 쇠도 녹는다', '물방울이 떨어져 돌을 뚫고 쇳덩이를 갈면 바늘이 된다'는 생각으로 매사에 임하는 사람을 보면, 그 끈기와 열정을 어찌 닮고 싶지 않겠는가.

'부지런한 범재가 부지런하지 못한 천재보다 낫다'고 했다. '근면을 이기는 가난 없다'고, 웬만한 능력으로는 부지런한 사람을 이기지 못한다. '먼저 난 털보다 나중 난 뿔이 우뚝하다', '먼저 난 뿔보다 나중 난 뿔이 무섭다'고, 부지런하면 남보다 늦게 시작한 일도 더 빨리 성취한다. '빨리 달리는 말에도 채찍질한다'는 데야 왜 아니 그렇겠는가. 후유증은 없을까. '휴식이 전투라'는 말도 있는데? 어찌 없다고 할 것인가. 그러나 '바쁘게 찧는 방아에도 손 놀 틈이 있다'고, 정말 부지런한 사람은 부지런한 속에서 삶의 여유를 가질 줄도 안다.

'세상에 앉은 상 생기는 법 없다'고 했다. '고행 끝에 낙이 온다'고, '궂은일 마른일 도맡는다'고 해도 손해 볼 일 없다. 부지런한 사람을 위해 세상은 합당한 보상을 늘 준비하고 있다. '문지도리 좀 아니 먹고 흐르는 물 썩는 일 없다'고 하는 말 속에 그런 뜻도 포함되어 있다.

'뼈를 아끼면 한 뉘 빈궁하다'고 했다. 뉘란 평생이란 뜻이다. 제 몸을 아끼고 게으름을 피우면 평생 고생한다는 말이다. '게으른 년은 콧등에 앉은 파리도 혓바닥으로 쫓는다'거나, '코 아래 밥알 떼기도 귀찮다'는 사람들이 고생하는 것은 뻔한 이치다. '일 않는 놈이 밥은 두 그릇 먹는다'든지, '아귀같이 먹고 굼벵이같이 일한다'는 사람들이 가난하게 살 것은 기정사실이겠다.

아무리 쉬운 일이라도 노력이 들지 않으면 이룰 수가 없다. '범이 토끼를 잡아도 뛰어야 잡는다'거나, '나는 새도 깃을 쳐야 날아간다', '누워 먹을 팔자도 움직여야 한다', '누워 먹는 팔자라도 삿갓 밑을 도려야 한다', '누워서 저절로 입에 들어오는 떡은 없다', '가마 곁의 소금도 집어넣어야 짜다', '가마 속의 콩도 삶아야 먹는다', '감나무에 올라가야 홍시도 따먹는다', '북도 두드려야 소리가 난다'는 말들이 그런 뜻으로 이르는 속담들이다.

조금이라도 젊었을 때 부지런히 일해 돈을 벌라는 충고는 많이 있다. '횃대 밑에 더벅머리 셋 되기 전에 벌어라', '횃대 밑에 더벅머리 셋이면 날고 뛰는 놈도 별수 없다', '횃대 밑에 중머리 셋 앉으면 돈 안 모인다', '댓돌에 신발 두 개 있을 때 돈 벌어라', '댓돌에 신발이 많기 전에 벌어야 한다'는 말들이 그것이다. 그러나 천성이 게으르면 이런 금언도 마이동풍이다. '물 썰 때는 나비잠 자고, 물 밀 때는 조개 잡는다'거나, '퍼먹기는 나팔로 퍼먹고 일은 송곳으로 한다'는 사람을 어찌 참고 봐줄 수 있겠는가. 게으름을 경계하는 속담을 보자.

'일 못하는 놈이 쟁기를 나무란다'는 말로부터, '일 못하는 대목이 연장 나무란다', '일할 줄 모르는 놈 한 단오날 김을 맨다', '우물을 곁에 두고 목말라 죽는다', '망건 쓰다 장 파한다', '밥그릇 앞에서 굶어 죽는다', '게으른 년이 삼가래 세고 게으른 놈이 책장 센다', '게으른 년이 섣달그믐에 부지런 떤다', '게으른 여편네도 할 일이 없으면 불두덩이 털이나마 앉아 센다', '밭매기 싫은 놈이 밭고랑만 센다', '감나무 밑에 누워 홍시 떨어지기를 바란다', '벌린 입에 홍시감 떨어지길 바란다', '손바닥에 털이 나겠다', '콧등에 파리가 앉아도 혓바닥으로 쫓는다', '손이 심심하면 달밤에 삿갓 쓰고 도리질 한다', '나간 놈의 몫은 있어도 자는 놈의 몫은 없다', '게으른 놈 저녁 때가 바쁘다', '게으른 놈이 짐 많이 진다', '손이 놀면 입도 논다'는 것까지 적지 않다.

'게으른 놈도 한몫 볼 때가 있다'고 했는데, 어쩌다가 맞는 말일 수 있다. 부지런을 떨다가 손해 보는 수가 종종 있기는 있다. 그러나 그것이 결코 자주 있는 일은 아니다. 게으른 사람이 필요할 때도 있다. '담은 게으른 놈이 쌓아야 하고 방아는 미친년이 찧어야 한다'고 했으니 말이다. 담은 서둘러 쌓으면 무너지기 쉽기 때문이다. '한 죄는 있어도 안 한 죄는 없다'고 핑계를 대며 제 게으름을 합리화시키지만, 어쨌든 게으름은 좋게 보일 리 없다. 물론 '둔한 말도 열흘 가면 천 리를 간다'는 속담도 있다. 그러나 그것은 한 가지 일의 결과만 두고 빗댄 말이다. 오죽하면 '할 일이 없으면 매 품팔이라도 하랬다'거나, '게으른 년은 쫓아버리고 군음식 잘 해먹는 년은 놓아둔다'고 하겠는가.

'게으른 자는 먹지도 말라'고 했다. '게으른 자식 낳지도 말랬다'고도 했다. '손 놓고 앉아 있으면 입으로 밥이 절로 안 들어간다'거나, '겨울에 팔장을 끼면, 여름에 밭을 간다'는 말을 명심할 일이다. '업은 손자 환갑 닥치겠다'고 남들이 불평할 정도면, 그는 분명 '일천 석 불 붙는 줄도 모르고 독 뒤에서 쌀알 줍는' 짓이나 하게 되리라. '물레방아도 쉬면 물이 언다'거나, '돌쩌귀에 녹이 슬지 않는다'는 비유가 게으른 사람을 점잖게 일깨운다.

'인간이 게으름을 피우면 행운도 잠든다'고 했다. '앉아서 놀고먹으면 태산도 못 당한다'고도 했다. '사서삼경을 다 읽어도 누울 와臥자가 제일이라'고 게으름을 피워대면, 뭇 사람으로부터 손가락질 당하기 십상이다. '손때가 고우면 팔자가 기구하다'고 했으니, 제 고운 손으로 제 팔자를 거칠게 만들지 말 일이다. '게으른 부자 없고 부지런한 가난뱅이 없다'는 말 한 치도 어긋나지 않는다.

부지런한 사람의 대부분은 검소하며 절약하기를 즐긴다. 부자라고 해서 게으르다거나 호의호식한다고, 무조건 욕해서는 안 될 일이다. '산호 기둥에 호박 주추'를 해놓고 산다거나, '산 호랑이 눈썹도 그리울 게 없다', '맛있는 음식도 늘 먹으면 물린다'고 하며, 낭비를 일삼는 인간의 속물근성을 혐오하는 부자도 많다. '놀고먹으면 부자도 망한다'거나, '놀고먹으면 태산도 모자란다'는 것을 잘 알기 때문이리라.

부지런하더라도 집중력이 있어야 한다. 여기저기 기웃기웃해서는 되는 일이 없다. '한 우물을 파고 한 마리 토끼를 쫓아라', '구멍을 파도 한 구멍만 파라'고 했다. 노력을 하더라도 한 가지 일에 전념해야 수가 생긴다는 뜻이다. '추녀 물이 돌에 구멍을 뚫는다'든지, '돌 뚫는 화살은 없어도 돌 파는 낙수는 있다', '무쇠공이도 삼 년 갈면 바늘이 된다'는 말에서, 집념이란 얼마나 대단한 것인지를 깨우치게 된다. 부지런도 성과 있게 부지런할 일이다.

'검소하다가 사치하기는 쉬워도 사치하다가 검소하기는 어렵다'고 했다. 근면 검소한 버릇은 일찍부터 몸에 익어야 한다는 뜻이다. 대단한 구두쇠를 두고, '놀부 돈 제사 지내듯 한다'고 한다. '충주 자린고비는 조기를 천정에 매달아 놓고 밥을 먹는다'고도 했다. '노린전 한 푼에 치를 떤다'거나, '몸에서 쇳물내가 난다'고 비꼬기 일쑤다. 그러나 검소한 사람은 그런 말에 흔들리지 않는다. '입은 봤다 하고 목구멍은 못 봤다 한다'고 할 만큼 적게 먹어도, 제 의지가 굳기 때문에 악의악식을 즐기기까지 한다. '저금하는 놈과 공부하는 놈은 못 당한다'든지, '물을 아껴 쓰면 용왕님이 돕고 나무를 아껴 때면 산신님이 돕는다'는 말을 굳게 믿기 때문이다.

56. 성품

'열 번을 아는 것 같아도 모르는 게 사람의 마음이라'

사람의 성품 중 변하지 않는 본바탕을 사단四端이라 하는데, 인의예지가 그에 해당한다. 희노애락애오욕을 칠정七情이라 하는데, 시시각각으로 변하는 감정의 종류를 말한다. 사람은 제 스스로가 사단과 칠정을 어떻게 보존하고 통제하느냐에 따라, 성품의 좋고 나쁨을 평가받게 된다. '마음 한번 잘 먹으면 북두칠성이 굽어보신다'고 했는데, 마음 한번 잘 먹는 게 쉽게 이루어지지 않는다. 오랜 수련을 통해서 감정을 잘 통제하고, 인의예지란 바탕을 잘 닦아야 가능한 것이겠다.

'천 길 물속은 건너보아야 알고, 한 길 사람 속은 지내보아야 안다'거나, '열 길 물속은 알아도 사람 속은 알기가 어렵다'고 했다. 모두가 사단칠정의 조화라서 그렇다. '한집 살아보고 한 배 타 보아야 속을 안다'든지, '한 번 가난해 보고 한 번 부귀해 봐야 그 마음을 알 수 있다'고 했는데, 사람을 그렇게 겪어봐도 '우스운 게 사람 마음이라'고 여겨질 때가 허다할 것이다.

사람이 제 마음을 어떻게 잘 다스리느냐에 따라, 사람 됨됨이가 제대로 이루어진다. '마음이 편해야 먹은 것이 살로 간다', '마음이 병이다', '명심하면 명심 덕이 있다'는 말들을 자주 한다. 그것은 다 제 본성이 삐뚤어지지 않게, 감정이 편협하지 않게 해주려는 충고인 것이다. 제 사단과 칠정이 얼마나 견실하고, 또 얼마나 균형을 잡고 있나를 항상 들여다보아야 하는 것이다.

사단과 칠정은 서로 어우러져 사람의 품격을 이룬다. 그러나 편의상 사람의 품성을 사단과 칠정으로 나누어 논할 뿐, 실제로 그것들의 경계를 정확히 구분하기는 쉽지 않다. 사람의 성품은 현실문제에 대해 늘 종합적으로 반응하기 때문이다. 사단은 천성으로, 칠정은 감정으로 구분해 논해본다.

(1) 천성- '심리 바르고야 옷깃도 바르다'

인仁은 사람의 어진 바탕을 두고 말한다. 제 자신에게는 엄격하지만, 남을 향해서는 포용력을 발휘하여 감싸는 본성이다. 남에게 생긴 안타깝고 불행한 일을 보고 그냥 지나치지 않는다. 우리가 흔히 덕이 있다고 말하는 사람의 성격이다.

'덕이 있는 사람과 대적할 수 없다'고 했다. 또한 '요사스러운 사람이 덕 있는 사람을 이기지 못한다'고 했다. 지당한 말이다. 덕은 한없이 넓고 깊은 마음씨고, 요사스러움은 아주 편협한 마음이기 때문이다. 요사스러움이 덕에 맞서는 것은 그야말로 '개똥불로 별을 대적한다'는 것과 마찬가지다. 그러니 '덕으로 이긴 사람은 흥하고 힘으로 이긴 사람은 망한다'는 말이 있는 것이다. '낮은 굴뚝으로 높은 연기가 솟지 못한다'고 했는데, 천박한 사람에게서 어찌 높은 덕이 나올 것인가. '개똥에 비하면 호남자요 호남자에 비하면 개똥이라'고 할 사람이 흥한 경우가 있는가. '돈 있는 사람은 집만 봐도 알고 덕 있는 사람은 겉만 봐도 안다'고 했다. 마음은 얼굴과 몸짓에 다 나타나기 때문이다.

　덕은 가장 자연스런 마음이기 때문에 물에 비유한다. '물은 깊을수록 소리가 없다'거나, '깊은 물일수록 소리 없이 흐른다', '깊은 강물을 짧은 삿대로는 재지 못한다', '병에 가득 찬 물은 저어도 소리가 나지 않는다', '물은 장애물을 피해가면서 바다에 이른다'고 했다. 또한 '물이 너르면 송사리와 청룡이 더불어 모여들고 산이 깊으면 토끼와 대호가 함께 산다'고도 했다. 덕은 한없이 너르니, 온갖 미물과 모든 위인의 생각을 다 거두어들일 수 있다는 뜻이 되겠다.

　덕은 외양을 꾸미지 않는다. 소박한 대로 내버려둔다. 그 소박함이 사람에게 편안함을 주게 된다. '속에 옥을 지닌 사람은 허술한 옷을 입는다'거나, '덕이 많고 어진 사람의 외모는 어리석어 보인다', '맑은 거울은 먼지와 때를 감추지 않는다'고 했다. 덕이 있는 사람은 제 속에 가장 소중한 게 있는 줄 알기 때문에, 겉모습을 꾸밀 필요를 느끼지 않는다. 외양이 허름하니 '묶여온 맹꽁인 줄 알았다가 치고 보니 장비라'고, 사람들은 현명한 사람을 잘 구별하지 못한다. '나무는 구새먹어 보여도 단 사과가 열린다'든지, '나무는 늙고 삐뚤었어도 열매는 달다'고도 했다. 그래서 덕은 힘이 된다.

　덕이 예사롭지 않게 높은 사람을 성인 또는 군자라 부른다. 그들의 덕은 많은 사람들에게 힘을 주게 된다. 그래서 '성인 그늘이 팔십 리 간다'거나, '사향의 향기는 가만히 있어도 십 리를 간다'고 했던 것이다. 성인군자는 입으로 말을 베풀지 않고, 실천궁행으로 힘을 준다. '군자는 입을 아끼고 범은 발톱을 아낀다'고 한 것이 그 때문이다. '군자는 시속을 따른다'고 했다. 덕이 있는 사람은 결코 모가 나는 행동을 하지 않기 때문이다. '군자는 취해도 말이 없다'고 했다. 덕이 있는 사람은 극기력이 강하여 술에 흔들리지 않기 때문이다. 그러니 '군자

말년에 배추씨 장사라'고 조롱을 한들, 전혀 마음에 두지 않는다.

덕이 있는 사람은 다양한 사물과 견주어진다. '기린 나면 성인 난다', '금으로 만든 사발에는 흠이 없다', '귀한 구슬은 깊은 물 속에 있다', '떨어진 석류가 안 떨어진 탱자를 부러워하지 않는다', '순금은 진토 속에서도 변함이 없다', '개울이나 못은 더러운 물도 받아들인다'는 말들이 그렇다. 한결같이 소박함이나 포용력, 소중함을 강조한다.

아무리 덕이 높은 사람이라도 흠은 있게 마련이다. 덕이 있는 사람은 자기 흠을 감추려 하지 않고 오히려 내놓는데, 그것이 예사로운 사람과 다른 점이다. '백미에도 뉘가 있고 옥에도 티가 있다'거나, '깨끗한 물이라도 엎지르면 자국이 남는다'고 하는데, 거기서 오히려 인간미를 더욱 느끼게 되는 것이다. 어쨌든 '바람은 바위를 흔들지 못한다'고, 덕이 있고 현명한 사람은 언제 어디서나 견고하다.

의義는 의리다. 떳떳함이나 부끄러움을 구별하고 실천하는 행동이다. 사람의 본성에 깃들어 있는 의로움을 믿기 때문에, 사람에 대한 기대와 세상에 대한 희망이 상존하는 것이다. 의는 무엇보다 우선 나를 아름답게 하는 행동이다. 옳은 행동을 하는 사람을 보고 아름답다고 생각하는 것은 당연하다.

'한 치 벌레에도 오 푼 결기는 있다'고 했는데, 사람이야 말할 것도 없겠지. '사람은 의리가 주장이라'는 말은 그래서 있다. 그래서 예로부터 '의리는 바위처럼 무겁고 죽음은 깃털과 같이 가볍다'거나, '의리는 태산 같고 죽음은 홍모 같다'고 하며 의로움을 목숨보다 중시하였다. '나라에 대드는 신하가 있어야 하고 동네에는 오며가며 참견하는 늙은이가 있어야 하고 집안에는 따지고 캐는 아이가 있어야 한다'는 말에서, 의로움이 왜 필요한지를 알 수 있을 것이다.

의는 정이나 뜻, 도道라는 의미로 쓰이기도 한다. '의가 맞으면 소도 잡아먹는다'거나, '의가 맞으면 금바위도 나누어 가진다', '의가 좋으면 죽어도 한 곳으로 간다', '의가 좋으면 천하도 반분한다', '의가 좋으면 삼 모녀가 도토리 한 알만 먹어도 산다', '의만 좋으면 부처도 암군다'는 말들이 그에 해당한다.

사람들은 이익을 다투다가 의리를 상하게 한다. '뱀 잡는 땅꾼한테도 상투꼭지가있고 도둑놈들한테도 의리가 있다'거나, '의리 없는 산적 없고 잘 생긴 놈 인정 없다', '도둑놈도 의리가 있고 갈보도 절개가 있다'는데, 작은 이익을 좇다보면 의로움을 잃을 수 있게 된다. '사람의 의리는 다 가난한 데서 끊어진다'든지, '재물이란 천지간의 의리도 배추 밑 도리듯 한다'는 말에서 그것을 깨우칠 수 있다. '강이 아니면 건너지 말고 산이 아니면 넘지를 말라'고 하지만, 의로움이 사람의 마음을 잡아주지 못하면 '등에 붙었다 간에 붙었다 한다'는 것이 당연하다.

세상인심이 너무 천박하게 변하는 것도, 다 의로움을 가볍게 아는 풍조에서 비롯된다. '논두렁 이웃에 의좋은 사람 없다'고 했다. 물 때문에 이웃 간 의리를 지속시키지 못한다. '가는 년이 보리방아 찧어놓고 가랴'고 했다. 인연을 끊는다고 생각하는 순간부터, 상대방에 대한 배려까지 잘라버리는 것이다. 심지어 '나 낳은 후 어미 뭐가 바르거나 기울거나 무슨 상관이랴' 하고, 생각하는 놈이 있다면 천벌을 받아 마땅하다. '나올 적에 봤더라면 도로 쑤셔넣었을 것을' 하는 말이 목구멍까지 치밀어 오를 것이다. '더우면 물러나고, 추우면 가까이 한다'는 의리부동함은 없어야 할 일이다. '음탕하면 의리도 없어진다'고 했는데, 의로움을 저버릴 정도로 음탕함도 우선 경계할 일이다.

의리는 사람 사이의 의리만이 다 아니다. 이 세상을 같이 살고 있는 생물에게도 지켜야 할 의리가 있다. '추수를 할 때는 짐승 먹이를 흘려 놓게 마련이고 배나 감을 딸 때도 까치밥을 남겨놓고 따는 법이라'고 했다. 사람이 세상을 떳떳하게 살아가는 도리는 삼라만상과 모두 연결되어 있다.

'겨울이 돼 봐야 솔 푸른 줄을 안다'고 했다. '서리가 내려야 국화의 절개를 안다'거나, '국화는 서리를 맞아도 꺾이지 않는다'고도 했다. '빠른 바람에 굳센 풀을 안다'는 말도 같은 뜻이다. 세상 모든 사물 속에서 의로움의 이치를 발견할 수 있다. 그것을 통해 우리의 본성을 더욱 단련시켜야 한다. '검은색에는 물감이 들지 않는다'고 했다. '결백하기는 황 정승이라'고 하지 않던가.

예禮란 염치와 파렴치를 구분할 수 있는 분별력이다. 남에게 누를 끼치지 않도록 자신을 삼가는 언행이다. 자신에게 돌아오는 과도한 몫을 사양할 줄 아는 분별력인 것이다. 겸손이 최상의 미덕임을 아는 것이겠다.

'고양이가 얼굴은 좁아도 부끄러워할 줄은 안다'고 했다. '족제비도 낯짝이 있고 미꾸라지도 배통이 있고 빈대도 콧등이 있다'거나, '벼룩에도 낯짝이 있고 빈대에도 체면이 있다', '빈대도 콧등이 있고 족제비도 낯짝이 있다', '메뚜기도 낯짝이 있다'고도 했다. 사람이 염치가 있어야 한다는 뜻으로 빗대는 말들이다.

파렴치한 사람을 빗대어 이르는 말이 적지 않다. '곰을 잡으니까 웅담은 저 달라고 손 내민다', '다람쥐한테서 도토리 빼앗는다', '대청 빌린 놈이 안방까지 빌리려 한다', '동냥 핑계로 안방 앞까지 간다', '낯가죽이 쇠가죽이다', '낯가죽에 철판을 깔았다', '낯가죽이 곰발바닥 같다', '눈칫밥 먹는 주제에 상추쌈까지 먹는다', '뒷집 짓고 앞집 뜯어내란다', '도둑놈이 달아날까 했더니 우뚝 선다', '똥 싸놓고 매화타령 한다', '마당 빌려 뜰 빌리자더니 안방마저 빌리란다', '뻔뻔하기는 너구리 낯짝이라', '염치없기가 양푼 밑구멍 푼수다', '못 먹는다 못 먹는다 하면서 껍질까지 다 먹는다', '염치없기로는 무당 쌀자루보다 더하다', '곁집 잔치에 낯을 낸다', '비웃살 좋기가 오뉴월 쉬파리를 찜쪄먹겠다'는 말들이 그것이다.

물론 염치가 좋아야 살아가는데 도움이 된다는 충고도 있기는 하다. '과객질에는 염치가 밑천이라'거나, '복을 못 받았으면 비위라도 타고 나지', '수줍은 사람은 입에 들어가는 것이 없다'는 말들이 그것이다. 문제는 정도겠다. '흥부네 집에 가서도 온 밥그릇 차지하고 나서겠다'는 말을 들을 정도면 분명 파렴치에 해당하겠다. 어느 정도 염치가 좋은 것은 좋지만 파렴치에 이르지는 말아야 할 것이다.

겸손하지 않고 허세를 부리는 것은 무례다. 괜한 허세는 남들을 언짢게 한다. 괜한 허세를 부린다는 뜻으로 빗대는 속담은 많고도 많다. '제 흉은 뒤에 차고 남의 흉은 앞에 찬다', '제 흉은 묻어놓고 남의 흉 본다', '미꾸라짓국 먹고 용트림한다', '과부댁 종놈은 왕방울로 행세하고 관가 종놈은 생청으로 행세한다', '버마재비 수레바퀴에 달려든다', '지붕의 호박도 못 따면서 하늘의 천도를 따겠다고 한다', '서해 망둥이가 뛰니까 빗자루도 뛴다', '선가 없는 놈이 배에 먼저 오른다', '산 호랑이 입에서 삭은 뼈를 뜯어내려 한다', '망나니짓을 하여도 옥관자 맛에 큰기침 한다', '발목만 보고도 사타구니 봤다고 한다', '하지도 못할 놈이 잠방이 먼저 벗는다', '나는 놈마다 장군이다', '냉수 먹고 갈비트림 한다', '닷새를 굶어도 풍잠 맛으로 굶는다', '되바라진 방망이 서울 남대문에 가서 팩 한다', '되지 못한 국이 뜨겁기만 하다', '가는 기둥에 서까래 굵은 소리를 한다', '김칫국 먹고 수염 쓰다듬고 냉수 마시고 갈비트림 한다'는 말들이 그렇다. '낚시꾼과 사냥꾼 말은 제 애비 말이라도 절반은 깎아 들어야 한다'는 말이 절묘하다.

허세로 사는 사람들은, '예절도 과하면 횡액을 자초한다'고 할 것이다. '바쁜 때는 장인어른 와도 엉덩이로 절한다', '겨를 없는 보리 수확 때는 장인어른 오면 엉덩이로 절할 틈 없다'는 것이 조금도 이상할 것 없다고 여길 것이다. '나그네 모양 보아 표주박에 밥을 담고 주인의 모양 보아 손으로 밥 먹는다'는 행동이 전혀 문제가 될 것 없다고 생각하리라. '깨진 쌀톨만 먹고 살았나'는 말을 예사로 들을 것이다. 그러면서 '겉 겸손 속 교만'은 위선이고, '겸손도 지나치면 유세나 일반이라'고 주장하겠다. 하긴 '도둑놈더러 인사불성이라고 꾸짖는다'고 하는데, 그 짝일 수 있겠다.

　'담긴 통의 소리는 작고, 빈 통의 소리는 크다'고 했다. '큰소리치는 놈치고 실속 있는 사람 없다'거나, '곡식은 익을수록 고개를 숙인다', '곡식 이삭은 여물수록 고개를 숙인다', '벼이삭도 익을수록 고개 숙인다'고, 허세를 부리지 말고 제 속을 향해 여물 일이다.

　'절하고 뺨 맞는 일 없다'고 했다. 겸손하게 행동하고 예의 깍듯하게 차려서 손해될 일 없다. '뛰어봐야 부처님 손바닥 안이라'거나, '뛰어야 벼룩이요 날아야 하루살이라'는 말 잘 새겨들어야 한다. '눈 아래 사람 없는 줄 안다'든지, '눈이 눈썹 위로 올라서고 콧대가 턱을 가린다'는 말을 들어서는 안 될 일이다. 원래 '못난 놈이 잘난 체하고, 없는 놈이 있는 체한다'는 것을 모를 사람 없다. '의식이 넉넉해야 예절을 가린다'거나, '쌀광이 차면 예절을 안다'고 했지만, 굶어도 최소한의 예절은 지킬 수 있어야 한다. '골짜기는 내려다보아도 사람은 내려다보지 말아라' 했다. '나무는 먹줄을 받아야 곧아지고 사람은 충고를 받아야 크게 된다'고도 했다. '빨아 다린 체 말고 진솔로 있거라' 하는 충고를 들으면 삶에 큰 도움이 되리라.

　지智란 옳고 그름을 판단하는 능력이다. 지식은 물론 지혜를 가졌기에, 세상을 슬기롭게 사는 능력이 있다. 저 자신을 위한 작은 꾀로부터, 대의명분이 있는 지혜에 이르기까지 사실상 모두 지혜에 해당하는 것이겠다.

'곰의 발바닥에도 꾀가 있다'고 했는데, 사람이야 더 말할 필요가 있겠는가. '꾀만 있으면 용궁에 잡혀 갔다가도 살아 나온다'고 했으니, 과연 꾀가 으뜸이라 하겠다. '꾀 많은 늙은 새는 먹이로 잡지 못한다'고 했는데, 경험해본 사람은 잘 알 것이다. '꾀 장수가 힘 장수를 이긴다'고 했는데 당연하다. '기운 세다고 소가 왕 노릇 할까', '소가 크면 왕 노릇 하나 기운이 세면 장수 노릇 하나' 하지 않던가. 힘으로만 사는 사람은, '밤낮 내는 꾀가 죽을 꾀밖에 못 낸다'고 해야 하리라. '힘자랑하는 놈치고 제 대가리 안 깨는 놈 없다'거나, '힘자랑하다가 힘에 눌려 죽는다'는 말에서, 무력은 지력을 결코 앞설 수 없다는 걸 알 수 있다. '황소 잡을 힘을 쓰면 벼룩 한 마리도 못 잡는다'는 말이 손쉬운 예일 것이다. 비록 꾀를 쓴다 할지라도 꾀 나름이다. '좋은 꾀보다 나쁜 꾀가 먼저 생긴다'고 하니, 좋은 일에 꾀를 동원하도록 할 일이다. '힘 써보고 꾀 써보니, 꾀 써본 게 낫더라'고 하지 않던가. '좋은 꾀는 하늘도 도와준다'고도 했다. '꾀는 관 밖에 내놓고 죽어야 한다'고 했으니, 좋은 꾀는 많은 사람이 유익하게 쓰도록 해야 할 것이다.

'지식이 힘이라'는 말을 두루 쓴다. '지식은 도적도 아니 맞고 천하에서 제일 가벼운 보물이라'고 했는데, 정말 맞는 말이다. '모르려면 평생 같이 산 시어미 성을 모르고 알려면 사주팔자로 남의 평생운을 다 안다'고 하니, 지식을 갈망하지 않을 수가 있겠는가. '모르는 것은 손자한테 배워도 흉이 아니라'는 말이 불변의 진리다. 지식을 쌓기 위해서는 책만으로 안 된다. 세상사를 겪으면서 얻는 지식이 더 힘 있다. '집에 있는 똑똑이보다 나도는 머저리가 낫다'고 하지 않던가.

'설익은 유식보다는 무식이 낫다'고, 차라리 무지가 낫다는 생각을 내세우는 사람도 있다. '아는 것이 탈', '아는 것이 병', '전무식 상팔자요 식자는 우환이라'거나, '모르는 것이 약', '모르는 것이 부처', '모르는 게 상팔자', '모르면 죄가 아니다', '무지각이 상팔자', '모르면 화가 없다'고 했다. '아는 게 많으면 배가 고프다'고 말하면서, '아는 게 많아서 먹고 싶은 것도 많겠다'고 빗대기도 한다. 물론 무식이 유식보다 나을 때가 있다. 그러나 그런 경우는 아주 드물다.

'돼지는 저더러 물어보아도 물 끓여라 한다'고 했다. 무식하면 제가 죽는 줄도 모른다. '강아지풀도 모르는 놈이 조밭 맨다'고 하는데, 무지처럼 무서운 것도 없다. '하늘 천 왼쪽 다리가 어디에 붙었는지도 모른다'거나, '나자빠져 누워서도 큰 대자를 모른다', '동도 서도 모른다'는 정도가 되면, 거의 재앙이 되리라. '바닷가 강아지 호랑이 무서운 줄 모른다'고 했다. '불알도 모르면서 탱자탱자 한다'거나, '노루 꼬리만큼 알면서 안다고 한다'고 한다면, '빈 깡통이 소리는 더 요란하다'든지, '겉 똑똑이 속 바보'라는 소리밖에 더 들을까.

'미련이 담벼락을 뚫는다'는 말이 있다. '미련한 머슴 도리깨질에 신주단지 깨진다'거나, '미련한 놈 가슴엔 고드름이 안 녹는다'고도 했다. '미련한 놈이 호랑이 잡는다'고 하지만, 어쩌다 한 번 얻어걸리는 일이겠다. 무지한 사람을 깨우치기보다 어려운 일은 세상에 드물다. '모르는 것은 손에 쥐어줘도 모른다'고 했다. 무지한 사람이 뭣 모르고 떠드는 소리가 세상을 시끄럽게 한다. '도랑물이 소리를 내지 깊은 호수가 소리를 낼까' 하는 말이 틀림없다. '밤새도록 통곡하고 어느 마누라 초상이냐고 묻는다'는 사람을 두고, 곰발바닥처럼 미련하다고 할 수밖에 없다. '도끼 찾으면 장작 패려 하는 것이고 도리깨 찾으면 보리타작 하려는 것이라'든지, '울 너머에서 툭 하면 호박 떨어지는 소리'라는 것, '가마솥에 물을 끓이면 죽는 놈은 돼지뿐이라'는 낌새를 눈치채지 못한다면, 그야말로 분별력이 곰발바닥인 셈이다. '미련한 데는 약이 없다'고 하지만, 어쩔 것인가. 하나하나 깨우쳐 줘야 할 수밖에 없는 일이다.

'늙은 개는 공연히 짖지 않는다'고 했다. '늙은 고양이가 불에 데지 않는다'고도 했다. 세상사를 오래 겪어, 지혜가 생겼기 때문이다. 그래서 '지혜는 늙은이에게서 힘은 젊은이에게서 빌려야 한다'고 했던 것이다. 지혜는 그렇게 나중에 생겨난다. '선 미련 후 슬기'라거나, '미련은 먼저 나고 슬기는 나중 난다'는 말이 그래서 있다.

'지혜는 돈 주고도 못 산다'고 했는데, 정말 그렇다. 지혜롭지 못한 사람은 늘 손해를 보게 돼 있다. '닭 잡아도 남을 것이 소 잡아도 모자란다'고 할 행동을 하는 것이다. 지혜는 스스로 깨우친 지혜라야 쓸모가 크다. 때로는 지혜를 잃기도 한다. '술이 들어가면 지혜는 달아난다'고 하는 경우가 그렇다. '도둑은 소인이나 지혜는 군자보다 낫다'고 했는데, 남의 것을 훔쳐 가지려니 얼마나 고심을 많이 하겠는가. 그런 과정에서 지혜는 생겨나는 것이다. '크게 슬기로운 사람은 크게 어리석은 사람이라'는 말이 맞다. 오죽하면 '곰보 구멍에 지혜가 들었다'고 했을 것인가. '겉 헐렁이 속 든든이'라는 말처럼, 지혜로운 사람은 겉으로 지혜를 드러내려고 하지를 않는다. '알고 있는 일일수록 더욱 명치에 가둬 두어야 한다'는 말을 명심하고 있는 것이다.

◆◆◆ 구새 먹는다 : 살아있는 나무가 오래되어 속이 썩고 구멍이 뚫린다는 뜻.
◆◆◆ 인사불성人事不省: 사람으로서 예절을 차릴 줄 모른다는 뜻.

(2) 감정 – '마음 가는 데 발끝이 돌린다'

희락애喜樂哀에서, 기쁨과 즐거움은 분명 다르지만 서로 이웃하는 감정이라고 하겠다. 그럴 때 슬픔은 기쁨과 즐거움의 상대적 감정이 될 것이다.

'즐거운 일을 기다리는 것도 하나의 즐거움이라'고 했는데 정말 그렇다. 누구나 즐거운 일이 계속해서 일어나기를 바란다. 그러고 보면 사람 누구나가 즐거움을 누리기 위해 평생을 기다린다고 할 수 있겠다. '즐거움은 보태고 괴로움은 나눈다'고도 했다. 즐거운 일은 더욱 즐겁게 하고, 괴로운 일은 덜 괴롭게 해주는 것이 친구간의 도리라는 뜻이다. 또한 '슬픔은 나누면 반으로 줄고 기쁨은 나누면 배로 는다'거나, '슬픔은 나눌수록 줄고 기쁨은 나눌수록 커진다'고 했다. 조금도 그를 리 없는 진리다. 기쁨과 슬픔을 나누며 살기 위해 사람들은 모여 사는 것이리라.

'슬픈 일이 없는데 슬퍼하면 반드시 슬픈 일이 생긴다'고 하는데, 슬픔을 과장하지 말라는 말이겠다. '한 치의 기쁨에는 한 자의 걱정이 따른다'고 했는데, 기쁠 때 슬픔을 대비하라는 말이 된다. 그러고 보면 기쁘다고 기쁨을 만끽하지 말고, 슬프다고 슬픔을 만끽하지 말라는 조상들의 생각이 매우 슬기로운 것이다. 그렇다고 '고양이 죽은 데 쥐 눈물만큼'만 보여야 된다는 말은 아니다. 기쁨이든 슬픔이든 감정의 폭을 조금씩만 줄이면, 인생의 허무감도 반감될 수 있겠다.

기쁨과 즐거움, 슬픔은 웃음과 울음으로 구체화 된다. 웃음과 울음을 말하는 것이, 기쁨과 즐거움 슬픔을 논하는 것이 되겠다.

우선 웃음과 울음을 대비시킨 말들을 보자. 없이 살아도 행복할 수 있다는 뜻으로 이르는 속담이 적지 않다. '죽사발이 웃음이요 밥사발이 눈물이라'거나, '밥그릇에 눈물 나고 죽 그릇에 웃음 난다', '부잣집에 은단병을 놓고서 굴려도 웃음이 안 나지만 거지 집에 아이를 놓고 굴리면 웃음이 난다', '한 잔 술에 눈물 나고 반 잔 술에 웃음 난다'는 말들이 그것이다. 앞날을 보고 희망을 가지라는 뜻으로, '뒤를 돌아보고 울기보다는 앞을 바라보고 웃으랬다'고 했으며, '한 번 골내면 한 번 늙고 한 번 웃으면 한 번 젊어진다'고 하여 젊어지는 비법이 웃음이라 했다. 감정조절을 잘해야 한다는 뜻으로, '잘 웃고 잘 우는 여자는 팔자가 드세다'고 했으며, '우는 과부가 시집가고 웃는 과부가 수절한다'고 하여 고통 속에서도 웃는 사람이 여유 있고 격이 높다는 것을 암시한다. '고운 여자는 울어도 곱고 미운 여자는 웃어도 밉다'는 말은, 사람은 선입견에 따라 고정관념을 갖게 된다는 생각이다. 사람이 하찮은 것에 의해 희비가 엇갈리니 베풀려면 충분히 베풀라는 뜻으로, '반 잔 술에 눈물 나고 한 잔 술에 웃음 난다'는 말을 쓴다.

'웃음에 미운 웃음 없고 울음에 고운 울음 없다'고 했다. 웃는 것은 기쁨 때문이고, 우는 것은 슬픔 때문이라는 것은 일반적이다. 그래서 '웃음으로 사랑 받는다'거나, '웃는 집에 복이 있다', '웃는 사람을 보면 약이 된다', '웃는 얼굴에 복이 온다'고 했다. 웃음은 때로 얼마나 강력한 힘을 갖는지, '한번 웃으면 애간장이 다 녹는다'고 말한다. 웃음의 힘이 강력하니, '경사에 조상도 온다'고 한 것이다. 또한 '웃는 낯에 침 못 뱉는다', '친구의 찌푸린 얼굴을 보느니 바보의 웃는 얼굴을 보는 것이 낫다'고 했다. 오죽하면 '최후에 웃는 사람이 잘 웃는 사람이라'고 하여 웃음으로 승부를 판정하려 했겠는가. 그렇지만 웃음에도 쓴웃음, 비웃음, 헤픈 웃음, '등 시린 웃음' 따위가 있을 수 있고, 울음에도 기쁜 울음이 있을 수 있다. 또한 웃음과 울음으로 표현할 수 없는 묘한 상황에 빠지는 경우도 있다. '웃자니 울음이 앞서고 울자니 웃음이 앞선다', '울 수 없으니까 웃는다'는 경우가 그렇다. 하도 기가 막혀 어찌할 줄을 모르겠다는 뜻이다. '웃음 끝에 눈물'이란 말은 기쁜 일이 금방 슬픈 일로 변했다는 말인데, 웃음과 울음의 관계가 이렇게 복잡 미묘하니 '웃음과 울음은 부부라'고 한 것이다.

'웃음 속에 칼을 품는다'는 말이 있듯이, 웃으면서 해치는 경우가 있다. '웃으며 뺨 친다', '웃는 웃음에도 낚시가 있다', '웃고 사람 친다', '웃는 얼굴에게 맞는 뺨이 더 아프다'는 말들이 그렇다. 또한 함께 웃기 위해 한 농담인데, 그것이 잘못되어 화를 부를 때 '웃으며 한 말에 초상 난다', '웃음의 소리로 송사 간다'고 한다. '시어머니 웃음은 두고 봐야 한다'거나, '여자의 웃음은 주머니의 눈물이라'는 말도 겉과 속이 다르다는 뜻으로 이르는 말이다.

하찮게 여겨 비웃던 것이 오히려 이익을 가져다준다는 뜻에서, '웃던 물건이 돈 남긴다'고 하며, 웃음이 헤픈 사람을 질책할 때 '웃다가 째진 입은 온천 가도 못 고친다'고 말한다. 또한 '웃음이 헤픈 여자는 아래도 헤프다'거나, '여자가 잘 웃고 곁눈질 잘하면 음란하다', '가시나가 웃으면 갈보 되고 머슴아가 웃음이 헤프면 병신 취급을 당한다'고 하여 함부로 웃는 것을 경계하였다. '여자가 웃으면 정들게 된다'는 말도 비슷한 뜻으로 이르는 말이다.

이유 없이 웃거나 실없이 웃는 사람을 두고, '날아가는 참새 부랄이라도 봤나', '간이 뒤집혔나 허파에 바람이 들었나' 하고 비꼬기도 한다. '사내들은 마누라가 죽으면 변소에 가서 웃는다'거나, '사내는 장가가는 날과 아내 죽는 날 웃는다'는 말들은 사내들의 바람기를 지적하는 속담이다. '거지가 방앗간에서 자도 웃을 때가 있다'는 말은, 가난하지만 행복할 수 있다는 뜻으로, '배꼽이 두 개면 번갈아 웃겠다'는 말은, 어떤 일이 무척 우습다는 뜻으로 이르는 속담이다.

'웃고 나오는 아이는 없다'는 속담은 '귀에 걸면 귀걸이 코에 걸면 코걸이'로 해석할 수 있다. 큰일을 이루려면 처음에는 고통을 겪어야 한다는 뜻으로도 해석된다. 그래서 태어날 때 울음소리는 듣기 좋은 울음소리로 여겨지는 것이다. 그렇게 울음은 사람이 이 세상에 태어나는 순간에 시작된다. 그 울음은 상반되는 해석이 있듯, 기쁨의 울음일 수도, 슬픔의 울음일 수도 있다. '집안에는 아이 울음소리가 있어야 한다'고 했다. 아이 때문에 집안이 화목해진다는 뜻이다. '우는 애도 속이 있어 운다'고 했는데, 지당한 말이다. 아기는 우는 것으로 말을 대신한다. 그러니 자주 울 수밖에 없다. '나라님 자제도 하루에 세 번 울린다', '임금님 자제도 하루에 세 번 울린다'고 한 것이다. '우는 아이 젖 한 번 더 준다'거나, '우는 자식 떡 하나 더 준다'고 했는데, 아이의 노력에 대한 대가인 셈이다. 아무리 그렇다 해도 울음소리를 듣기 좋아하는 사람은 없다. '외아들 울음소리라도 듣기 좋은 울음 없다'든지, '삼대독자 외아들이라도 울음소리는 듣기 싫다', '삼대 외동아들이라도 아이 우는 소리 듣기 싫고 삼대 거지라도 씨아소리 듣기 싫다'는 말이 그래서 있다.

운다는 것은 뭔가 부족하거나 고통을 받을 때, 아주 서운하거나 표현할 수 없이 기쁠 때 있는 일이다. 싫은 일을 마지못해 할 때는 '울며 겨자 먹기', '울며 먹는 씨아'라고 말한다. 원해야 얻는다는 뜻으로 '울고 떼쓰는 아이에게 떡 한쪽 더 준다'고 한다. 어떤 일을 간절히 하고 싶은데 공교롭게 기회가 됐다는 뜻으로는 '울고 싶자 불 꼬집는다', '울고 싶자 따귀 때린다'고 말한다. 그렇지 않아도 좋지 않은 상황을 더욱 악화시켰을 때는 '울려는 아이 때려서 울린다'고 표현한다. '울고 왔다 울고 간다'는 말은, 처음에 내키지 않았지만 정이 듬뿍 들었는데 떠나게 되어 서운하다는 의미로 쓰는 속담이다.

'우는 사람 입 고우며 성난 사람 말 고우랴'고 했다. 그러나 울고 싶어 우는 사람 없을 것이다. '우는 얼굴에 벌이 쏜다', '우는 얼굴에 침 뱉기'라고 했듯이, 울어서 손해만 볼 뿐이다. '눈물도 배가 불러야 난다'고 하지만, 꼭 그렇겠는가. '멀건 죽사발에 떨어지는 눈물을 먹어본 사람만이 인생을 안다'는 말처럼, 삶을 꾸려가기가 하도 서럽고 고통스러워 울게 되리라. '사내는 여편네 잘못 만나서 울고 여편네는 사내 잘못 만나서 울고'라고 하듯, 제짝 때문에 서러움을 겪는 사람이 얼마나 많은가. '사내가 울면 하늘이 무너진다', '사내가 울면 산천초목이 흔들린다'고 했는가. '과부가 제 설움으로 운다'고 하던가. '잠은 잘수록 늘고 울음은 울수록 서러워진다'고 했는데, 웬만하면 경험이 있어 누구나 잘 알 것이다. '우는 가슴에 말뚝 박기'를 하면, 걷잡을 수 없으리라. 울어야 할 때는 울어야 할 것이다. '사나운 사람의 원망을 풀어주는 데는 울음보다 더 빠른 것은 없다'고 하지 않던가.

노怒는 화를 낸다는 뜻이다. 남을 원망하여 감정을 밖으로 발산하는 것이다. 화를 낸다, 화풀이한다, 성을 낸다, 노여워한다는 말로 이 감정을 표현한다. 주로 남의 잘못에 대한 반응이지만, 가끔은 제 잘못 때문에 화를 내는 수도 있다.

'노여워할 때 노여워하지 않으면 간신이 일어나게 된다'고 했다. 내야 할 때 내는 이러한 화는 부정적이라기보다 생산적이다. 자기 화증을 폭발시키는 게 아니라, 대의명분이 있는 노여움일 경우에 더욱 그렇다. '간에 천불이 난다'거나, '목구멍에서 불 단 모루쇠가 기어오른다'고 하지만 스스로 잘 달래고 참으면 되는데, 다른 사람에게 공격적 행위로 나서니까 일이 생기는 것이다.

화가 난다는 것을 속담에서는 재미있게도 표현했다. '성낸 고슴도치 털 일어나듯 한다', '화가 꼭뒤까지 난다'거나, '화가 상투 끝까지 솟아오른다'는 말은, 화가 날 만큼 났다는 뜻이다. '화가 홀아비 좆 일어나듯 한다', '뙤약볕에 콩 튀듯 한다', '하늘이 낮다고 펄펄 뛴다', '하늘에 구멍이라도 뚫을 것 같다', '가슴에 콩 없으면 톡톡 튀겠다'는 말들도 역시 마찬가지다. 화를 내는 사람은 내버려두고 더 자극하지 않는 게 지혜일 것이다. '성난 승냥이 코침 주다 되물리는' 짓은 어디 가서 하소연도 못한다.

아무 죄 없는 남에게 분풀이하는 것은, 스스로 죄를 짓는 행동이다. '장안에서 뺨 맞고 한강에서 눈 흘긴다', '장에 가서 선떡 사먹고 집에 와서 계집 팬다', '서울서 매 맞고 시골에서 주먹질한다', '주인한테 볼기짝 채인 견마잡이 늘어진 말자지에 회초리질 한다', '서울에서 뺨 맞고 안성 고개 가서 주먹질한다', '읍내서 뺨 맞고 꿀재 가서 눈 흘긴다', '관에서 매 맞고 집에 와서 계집 친다'는 경우들이 그렇다. '골풀이는 만만한 개한테 한다'고 하지 않던가. '장 쏟고 뚝배기 깨고 보지 데고 서방한테 매 맞는다'는 말도 있다. 이리저리 화를 당하여 화를 참고 있는 사람에게 화를 낸다는 것은 너무도 졸렬한 짓이다.

분에 못 이겨 화풀이를 하다가 오히려 제가 화를 입는 경우도 허다하다. '돌부리를 차면 제 발부리만 아프다', '화가 난다고 돌을 차면 발뿌리만 아프다', '성난 개구리 쇠발통 받기', '성난 황소 바위 받기', '성난 년 밥 굶기', '밖에 나가 뺨 맞고 구들 위에 누워서 이불 차기', '홧김에 닭 잡아먹는다', '홧김에 소 잡아먹는다'는 예들이 그렇다. 모두 화를 내다 제 손해만 본다는 뜻인데, '홧김에 밭맨다', '골나면 보리방아 더 잘 찧는다'는 말은 그렇지 않다. 화를 내면서 생산된 격한 에너지가 아주 유익하게 쓰인 경우인 셈이다.

화가 났을 때를 핑계 삼아 일을 저지른다는 말도 있다. '홧김에 서방질한다', '골 난 김에 서방질한다', '홧김에 화냥질한다'는 말이 그

것인데, 평소에 용기가 없어 하지 못한 일을 화가 난 김에 해버린다는 뜻이다. '장끼가 제 꼬리 칭찬하면 성낸다'는 말도 있다. 성격이 모가 나서 칭찬조차도 편하게 받아들이지 못한다는 말이다. '똥 싼 놈이 성낸다'는 말도 있다. 잘못을 저지른 놈이 되레 화를 낸다는 뜻이다.

'잘 싸우는 사람은 성을 내지 않는다'고 했다. 정말 그렇다. 성미가 불같은 사람은 불끈 화를 내고는 제풀에 지친다. '느린 소가 성나면 더 무섭다'는 말은 그래서 있다. '똥은 참으면 약이 되지만 화증은 참으면 병이 된다'고 하지만, 남을 공격하여 화증을 풀면 안 된다. 상대방의 잘못을 바로 잡아주기 위해서만 화를 내되, 필요한 최소만을 낼 일이다. '노여움은 사랑에서 나고 꾸지람은 정에서 난다'고 했다. 애정이 있으니까 화도 내는 것이지, 무관심하면 화조차 내지 않을 것이다. 최상의 방법은 화를 내지 않고 은근하게 타이르는 것이겠다. 말은 은근하게 하는 말이 값진 말이라 했으니까 말이다. '사람의 속에 든 화기는 제 살의 아픔으로 끈다'는 말이 훌륭하다.

애오愛惡는 사랑과 증오다. 사랑과 증오는 상대적인 감정이지만, 아주 가까운 이웃으로 인식된다. 즉 사랑이 돌아서면 곧 증오가 된다는 뜻이겠다. 사랑과 증오는 오로지 주관적 감정 또는 편견인지라 객관성이 확보되기 어렵다. '예쁜 년 미운 짓 않고 미운 년 예쁜 짓 않는다'거나, '정들면 얽은 자국도 보조개로 보인다'는 말만 봐도 알 수 있다.

'정들면 극락이라'거나, '정들면 그만이라'고 한다. 정말 그렇다. '사랑은 눈을 멀게 한다', '애정은 못 속인다', '정다우면 믿게 된다'고 하는데, 틀림이 없다. 사람마다 마음속에 좋고 싫은 감정을 태산같이 넣고 산다. 세상 모든 것이 그때 기분에 따라 좋고 싫음이 뒤바뀌기도 한다. '듣기 좋은 꽃 노래도 한두 번이라'든지, '듣기 좋은 육자배기도 한두 번', '듣기 좋은 타령도 삼세번이면 싫증 난다', '가지 좋은 꽃구경도 한두 번이라'는 말들이 그런 예다.

그러나 '정 각각 흉 각각'이라고, 어디까지나 정은 정이고, 흉은 흉이다. '정만 있으면 가시방석에서도 산다'거나, '정으로는 돌도 녹인다'고 했다. '정은 아무리 쏟아도 끝이 없다', '정든 부부는 얼음 속에서도 산다', '정들면 미운 사람도 고와 보인다', '사랑에는 천 리도 지척', '정은 두터워지지 않으면 식는다', '정은 옛정이 좋고, 집은 새 집이 좋다', '정 정 해도 늘그막의 정이 제일이라'고도 했던 것이다. 급기야 '정들면 사지를 못 쓰게 된다'고 하지 않던가. 정이 좋기야 하지만 능사는 아니다. '정 떨어지면 원수 된다'는 것은 물론이고, '정이 지나치면 원수가 된다'고, 정말 그런 경우가 허다하다. 그래서 '정 들었다고 정담 말고 친하다고 친담 말랬다'. 정은 들더라도 원수가 될 때를 대비하라는 말이겠다.

'음식 싫은 건 개나 주지만 사람 싫은 건 죽어야 안 본다'고 했는데, 누구나 이해가 갈 것이다. 저마다 증오의 감정이 사람에 대해서는 유독 강하다. '예쁘지 않은 며느리 달밤에 삿갓 쓰고 나온다'거나, '싫은 임 올 때는 초저녁에 닭 울었으면 한다'는 말을 예로 삼을 수 있을 것이다. '천 서방 만 서방도 저 싫으면 그만이라'거나, '금강산도 저 가기 싫으면 그만이다', '나라 임금도 제 싫으면 안 한다', '평안감사도 저 싫으면 그만이라', '경상감사도 나 싫으면 만다', '돈피에 잣죽도 제 싫으면 그만이라', '고량진미도 내 입에 안 맞으면 마는 법이라'는 말들에서 싫다는 것은 증오보다 가벼운 감정임에 틀림없다.

누구에게나 사랑과 증오의 감정을 억제하라고 할 수는 없다. 그것은 차라리 '고양이더러 채식 하라'는 것보다 어려운 일이다. 사랑과 증오는 억지가 많다. '강은 좋고 물길은 싫다'고도 하니까 말이다. '나 싫은 것은 남도 싫어한다'는 것을 알면, 증오의 감정은 훨씬 가벼워지

정종진 373

리라.

　욕欲은 욕심이다. 물건을 소유하려 하는 마음이거나, 어떤 일을 제 뜻대로 해보려는 마음이다. 제 욕심을 줄이거나 억제하는 것을 극기克己라고 할 수 있는데, 가장 어려운 일이다. 욕심을 줄일수록 삶은 편한 법인데, 세태는 갈수록 그것을 부추긴다.

　'골짜기는 메우기 쉬워도 사람의 마음은 메우기 어렵다'거나, '바다는 메워도 사람 욕심은 못 메운다'고 했다. 그만큼 사람의 욕심은 끝이 없다는 뜻이다. '되면 더 되고 싶다'든지, '가진 놈이 더 가지려 한다'고 했는데, 조금도 틀림이 없는 말이다. 욕심이 앞서는 사람은 정말이지, '간 쓸개 안 가리고' 덤벼든다. '첫술에 배부르랴'거나, '가뭄에 비 바라듯 한다'는 것이야 어찌 욕심이라 하랴. 그러나 실컷 먹고서도 '간에 기별도 안 간다'고 하는 사람을 보면, 욕심의 크기에 진저리를 치게 된다. '논 아흔아홉 마지기 가진 사람이 백 마지기 채우자고, 한 마지기 가진 사람보고 팔라고 한다'는데, '족제비 욕심 다른 데 없고 부자 욕심 다른 데 없다'는 건 누구나 잘 알고 있는 사실이겠다.

　욕심이 없는 사람은 드물다. 본성에 깔려 있는 기본욕구까지 나무랄 수는 없는 일이다. 그 욕구가 커지고 커져 탐욕, 과욕에 이르는 게 문제인 것이다. '제 중태에 큰 고기 담는다'는 정도는 누구나 가지고 있는 욕심이다. '길갓집에 복숭아나무 심으니 쓰냐 다냐 맛볼 이는 많아도 일 도울 사람은 없다'거나, '복숭아나무와 오얏나무는 말을 안 해도 그 밑으로 길이 절로 난다', '개꼬리는 먹이를 탐내서 흔든다', '까투리 새끼는 콩밭에만 마음이 있다', '고양이가 기름종지 노리듯' 한다는 정도를 과욕으로 몰아붙일 수 없을 것이다. '미친 체하고 떡목판에 넘어진다'고, 파렴치하게 욕심을 부린다든지, 현재 가지고 있는 것으로 욕구를 끌 수 있는데도 불구하고, 더한 욕심을 부릴 때 과욕이라 할 것이다.

　욕심 많은 것을 빗대고 경계하려는 속담은 많다. '산토끼 잡으려다가 집토끼 잃는다', '촉새가 황새를 따라가다 가랑이 찢어진다', '뛰는 토끼 잡으려다 잡은 토끼 놓친다', '나는 새 잡으려다가 기르는 새 잃는다', '같이 우물 파고 혼자 먹는다', '공복에 인경을 침도 안 바르고 그냥 삼키려 한다', '꿀돼지 제 욕심 채우기', '달아나는 노루를 좇지 말고 뒤에 처진 토끼를 잡아라', '나는 꿩 잡으려다가 잡은 꿩 놓친다', '노루 보고 쫓다가 잡은 토끼 놓친다', '메돝 잡으러 갔다가 집돝을 잃어버린다', '말 타면 경마 잡히고 싶다', '말 타면 종 앞세우고 싶다', '새우젓 먹을 땐 달걀 생각나고 굵은 베옷 입을 때 세모시 생각난다'는 말들이 그것이다.

　'욕심 많은 사람치고 인색하지 않은 사람 없다'고 했다. 그러나 '허욕에 들뜨면 한 치 앞도 못 본다'고도 했다. '개한테는 똥만 보인다'고, 한 치 앞을 내다보지 못하고 욕심만 앞세우면, 결국 잃는 것도 많게 된다. '내일의 닭은 모르고 오늘의 달걀만 안다'거나, '내일의 정승보다 당장 원이 낫다', '내일 백 냥보다 오늘 쉰 냥이 낫다', '내일 쇠다리보다 오늘 메뚜기 다리에 끌린다'는 것이 그렇겠다. '다욕多慾하면 있는 것까지 잃는다'고 한 말이 틀림없다.

　'세 살 난 아이도 제 손에 것 안 내놓는다'고 하듯, 모든 사람에게 소유욕은 있다. '고양이 쫓지 말고 고기를 치우랬다'고 하지만, 사람의 욕심을 다스리기 위해 모든 재물을 치워버릴 수는 없는 노릇이다. 언제나 과욕이 문제인 것이다. 품격이 좋다는 사람은 제 소유욕을 필요한 최소에서 차단시킨다. '시루의 물은 채워도 사람의 욕심은 못 채운다'는 것을 잘 알기 때문이다. 또한 '먼지와 욕심은 쌓일수록 더럽다'는 것을 익히 깨우치고 있기 때문이다. '내 것 네 것 없이 산다'는 세상이란 오직 꿈일 뿐이다.

'고기는 이깝에 물리고 사람은 욕심에 죽는다'고 했다. '마루에 올라가면 방에 들어가고 싶다'는 것이 사람 욕심이다. '범은 보니 무섭고 가죽은 보니 탐난다'고 했는데, 그러니까 욕심인 것이다. '거지가 자루 큰 것 가지고 다닌다고 더 얻어먹을까'라고는 하지만, 그럴 수밖에 없는 게 사람의 한계다. '만사가 욕심대로라면 하늘에다 집도 짓겠다'고 할 정도로, '눈은 높고 손은 낮다'. 물론 '내 것도 내 것 네 것도 내 것'이라고 하거나, '날아가는 방귀도 제 것이란다'고 할 정도면 심각하다. '동해 바닷물을 다 먹고 나서야 짜다고 하겠다'는 말을 들어도 싸다. '많이 먹으려고 산으로 오르면 덤불에 발 걸려 이울어서 죽는다'고 했다. 사람은 죽기 전까지 욕심을 부리기에 아름다울 수 없다. 특히 '노욕이 지나치면 삼대를 망하게 한다'고 할 정도로, 인생 말년에 내는 욕심은 끝간 데가 없다. 사람 잡을 욕심을 부리지 말고, 생산적인 욕심을 부릴 일이다. '계집 욕심은 죄가 되지만 일 욕심은 죄가 안 된다'고 하잖는가.

'탐욕을 버리면 냉수도 영양이 된다'고 했다. '돈과 욕심은 늘수록 커지고', 결국 '욕심이 사람 잡는다'는 지경이 된다. '족한 줄 아는 사람은 부유하다'고 한 말이, 듣기만 좋으라고 하는 소리가 아니다. '가는 밥 먹고 가는 똥 누랬다'거나, '가는 밥 먹고 속 편히 살랬다'는 소리 또한 그렇다. '메기 아가리 큰 대로 다 못 먹는다'고 했고, '닫는 말에 채질한다고 경상도까지 하루에 갈 것인가' 했다. 세상만사 제 욕심대로 되는 일은 거의 없다. '먼데 난 단 냉이보다 가까운 데 쓴 냉이 캐라'는 말은 허욕에 들뜨지 말라는 좋은 충고다.

57. 근심과 걱정

'한숨을 쉬면 삼십 리 안 걱정이 들어온다'

근심이 없는 사람을 찾으려면 저승으로 가야 할 것이다. 그렇지만 저승도 근심 없는 세상이라고 장담할 수 없다. '걱정이 많으면 빨리 늙는다'거나, '걱정이 없어야 먹는 것도 살로 간다'고 했지만 걱정이 없을 턱이 없다. '근원 벨 칼이 없고 근심 없앨 약이 없다'고 했다지만, 제가 지금 바라고 있는 일들이 한꺼번에 말끔히 해결된다 해도 근심은 또 생겨난다. 사람마다 평생토록 근심이다. 아니 온 세상이 그대로 영원히 근심덩어리다.

'곰의 발바닥에 티눈 뽑을 걱정을 한다'고 했다. '걱정할 일 없으면 누운 개 발 밟으랬다'거나 '걱정거리가 없거든 양처 하랬다', '걱정할 일 없는 놈 상놈의 벗 사귄다', '물오리가 물에 빠져 죽을까 걱정한다', '물오리 발이 짧다고 이어 줄 걱정한다', '거위한테 부리가 없을까 걱정한다', '구들 꺼질까봐 잠자리도 못 하겠다'고 했다. 걱정이 없어서 이런 걱정을 하는 사람이 있다면 행복할 것인가. 결코 그렇지 않다. 심심해서 살맛을 잃을 것이다. 그러고 보면 걱정거리가 있다는 것은 삶을 활기차게 만드는 것일 수 있다.

제 능력 부족을 의식할 때 근심 걱정은 제일 심할 것이다. 아마도 대부분의 사람들이 제 근본이 시원치 않다고 평생을 두고 한탄하거나, 자기비하에 빠지는 경우가 허다할 것이다. 저 스스로가 근심 걱정의 샘을 만들며 사는 셈이다. 잠시 잠시 그런 생각을 한다면, 스스로 겸손해질 수 있는 좋은 약이 된다. 그러나 열등의식에서 헤어나지 못하면 그야말로 '걱정이 태산 같다'고 할 것이다. 시원찮은 근본이나 능력을 빗대는 속담들은 많고도 많다.

'방귀소리 나던 엉덩이에서 거문고 소리 날까'로부터, '나무 접시 오래 쓴다고 놋대야 될까', '노새에 금안장 얹었다고 천리준마가 되랴', '강아지는 방에서 키워도 개가 된다', '까마귀가 공작 깃을 달아도 역시 까마귀다', '노루 꼬리가 길면 얼마나 길까', '금으로 꾸민 말안장을 얹어놓아도 당나귀는 역시 당나귀라', '돌배가 무르익은들 얼마나 무르익을까', '돼지 꼬리 십 년 묵어도 돼지 꼬리라', '돌은 갈아도 옥이 되지 않는다', '개 이가 상아 될까', '개 꼬리 삼 년 두어도 황모 꼬리 되지 않는다', '개고기는 언제나 제맛이다', '검둥개 미역 감긴다고 희어지지 않는다', '걸레는 빨아도 걸레라', '게 걸음은 바로잡지 못 한다', '굽은 지팡이는 그림자도 굽어 보인다', '까마귀 열두 소리에 고운 소리 하나 없다', '돋우고 뛰어야 복사뼈라', '돌다가 보아도 물레방아 던져보아야 마름쇠', '나무양판이 닮는다고 쇠양판 되랴', '까마귀 짖는다고 호랑이 죽을까', '뛰면 벼룩이요 날면 파리라', '뱀 꼬리 십 년 후라고 용 꼬리 될까', '삵쾡이 십 년 묵어도 호랑이 새끼 못 된다', '호박에 줄 긋는다고 수박 되랴', '승냥이 꼬리 삼 년 묻어둔다고 개꼬리 될까' 하는 말들까지 아주 많다.

이러한 열등감은 세상살이에 전혀 도움이 되지 못한다. 차라리 다른 걱정을 하는 것이 낫지, 근본적인 것에 집착하면 이득 될 것이 없다. 기왕이면 '개천에 내다버릴 종 없다'거나, '곤 달걀도 밑알로 쓰인다'는 식으로 나가야 잠시라도 근심 걱정이 끊긴다. '나무둥치는 불 때고 돌덩어리는 담 싼다', '뒷산의 구더기도 약으로 쓰일 곳이 있다', '굴러다니는 막돌멩이도 생김새에 맞춰 적당히 쓰면 요긴한 물건이 된다', '굽은 나무는 안장감 꺾인 나무는 길맛감', '좀벌레 삼 년이면 들보를 꺾는다', '누더기 속에 옥 들었다', '누더기 속에서 영웅 난다', '논둑 족제비가 까치 잡는다', '담비가 작아도 범을 잡는다', '말꼬리에 붙은 파리가 천 리를 간다', '딱따구리 부적도 귀신 쫓는 수가 있다', '각담 밑에 구렁이 있고 북데기 속에 알이 있다', '마소가 뒷걸음으로 용 잡는다', '말꼬리의 파리가 천 리 간다'는 말들에서 열등감을 극복하는 지혜를 깨우칠 일이다.

분별력이 없이 행동하는 것은 제 걱정이기보다 남을 걱정하게 만든다. '누울 자리 봐가며 발을 뻗어라'는 말대로 하면 어찌 근심거리가 될까. '누울 자리부터 보고 쇠 놓는다'거나, '물 때 썰 때를 안다', '경오가 대쪽 같다'면 걱정할 일이 없을 것이다. 그러나 '물에 떠내려가는 놈이 외삼촌 팔자 걱정한다'든지, '담살이가 주인마누라 속곳베 걱정한다', '더부살이 총각이 주인 아가씨 혼사 걱정한다'고 한다면, 근심거리가 아닐 수 없다. 분별력이 없어 주위 사람을 근심 걱정 속에 몰아넣는다는 뜻으로 빗대는 말은 한없이 많다.

'서울 경아리 비만 오면 풍년이란다', '초가삼간 타는데 빈대 죽는다고 좋아한다', '서울 가서 한양을 찾고 여의도 가서 섬사람 찾는다', '주책없는 놈이 장에 말좆 지고 간다', '육두문자로 과거 타령', '육두문자로 초시하려 든다', '초상난 데 춤춘다', '초상집 술에 권주가 부른다', '춤에 맛들이면 아랫목에 제 새끼 죽어가는 것도 모른다', '먹을 밥인지 안 먹을 밥인지 모르고 숟가락 든다', '금값도 모르고 싸다 한다', '청국인지 쥐똥인지 모르고 덤빈다', '초상난 집에 사람 죽은 것은 안 치고 팥죽 들어오는 것만 친다', '숭어가 뛰니 망둥이도 뛴다', '두메로 장작 팔러 간다', '도끼 들고 나물 깨러 간다', '동쪽인지 서쪽인지 구별을 못 한다', '돝인지 괭이인지도 모른다', '가락이나 알고 나팔을 불어라', '갈보 집에서 예절을 따진다', '값도 모르고 눅다 한다', '개 잡아먹은 자리에 가서 곡을 하고 재배하겠다', '거지가 도 승지 불쌍하다고 한다', '검정 개가 검정 돝을 웃는다', '갯가에서 늙은 개, 호랑이 무서운 줄 모른다', '게 잡자고 논물 뺀다', '경오가 발바닥이라', '국이 끓는지, 장이 끓는지 모른다', '남대문에서 할 말을 동대문에서 한다', '금두 물고기 용에게 덤빈다', '기생년한테 수절 의논한다', '맥도 모르면서 침을 놓는다', '누이 믿고 장가 안 간다', '눈먼 강아지 범 무서운 줄 모른다', '달걀 보고 새벽 알리기를 바란다', '도살장에 가서 짐승 잡는 것을 훈계한다', '동녘이 번하니까 다 내 세상인 줄 안다', '무릇인지 닭의 똥인지 모른다', '물고기 눈알과 진주를 분별하지 못한다', '새 오리 장가가면 헌 오리 나도 간다', '동녘이 훤하면 제 세상인 줄 안다', '두메 고뿔이 서울 몸살더러 환약 써라 탕약 써라 한다', '낙동강 잉어가 뛰니까 봉놋방 목침도 뛴다', '동정 못 다는 며느리 맹물 발라 머리 빗는다', '동여맨 돼지 주제에 갇힌 돼지를 걱정한다', '가랑잎이 솔잎더러 바스락거린다고 한다', '가마 밑이 노구솥 밑을 검다고 한다', '가진 것 없는 난쟁이 거시기 큰 것만 자랑한다', '간도 모르고 짜다 한다', '개구리가 올챙이 적 생각은 않고, 개구리 적 생각만 한다', '걷기 전에 뛰려고 한다', '겉가마도 안 끓는데 속가마가 끓는다', '국수도 못 하는 년이 피나무 안반만 나무란다', '길을 떠나려면서 신날도 안 꼬았나', '뱀 구멍에 손을 집어넣는다', '독사 아가리에 손가락을 넣는다' '쬐 벗고 돈 한 잎 차기요 속곳 벗고 은가락지 끼기라', '기러기가 나니까 똥파리도 난다', '기지도 못하는 주제에 뛰기부터 배운다', '꼬리 없는 소가 남의 소 등에 파리 쫓는다', '내시가 고자 나무란다', '눈 까진 딸 가지고 사위 고른다', '눈먼 놈이 앞장 선다', '달팽이가 바다 건널 걱정한다', '돈 한 푼 없는 놈이 떡집은 자주 간다', '벼룩이 황소 뿔 꺾겠다는 소리 한다', '비단 올이 춤을 추니 베 올도 춤을 춘다', '미련한 강아지 잡지도 못할 꿩만 내몬다', '미운 파리 고운 파리 못 가린다', '먹을 불콩인지 못 먹을 노간주나무 열매인지 모른다'

이렇게 빗댈 정도의 사람이라면 우환거리임에 틀림없다. '까마귀도 저 앉을 자리에 앉는다'는데, '뻗어가는 개똥참외도 열매를 앉힐 때는 다 자리를 보아 앉힌다'고 했는데, '사리분별이 절간 굴뚝이라'는 소리를 들어서야 되겠는가. 분별력을 기르는 것도 남의 걱정을 덜어주는 일임에 틀림없다.

어떤 거래에서 손실이 크게 나면 걱정도 클 것은 당연하다. '한 냥짜리 굿하다 백 냥짜리 징 깨뜨린다', '기와 한 장 아끼려다 대들보 썩는다', '지름길인 줄 알았더니 그게 바로 저승길이라', '개 잡아 할 잔치 소 잡아 한다', '겉으로 남고 속으로 밑진다', '게도 구럭도 다 잃었다', '건더기 주고 국물 얻어먹는다', '기름 쏟고 깨 줍는다', '꿩 잃고 매 잃는다', '물꼬 싸움에도 살인 난다', '도둑고양이보고 반찬 지켜달란다', '개에게 고기 맡겨 놓은 격', '노적 낟가리에 불 지르고 싸라기 주워먹는다', '대들보 썩는 줄 모르고 기왓장 아낀다', '누룽지 긁다가 솥 깬다', '닭 잡아 겪을 나그네 소 잡아 겪는다', '닭 길러 족제비 좋은 일 시킨다', '벼룩 잡다가 초가삼간을 다 태운다', '밥으로 치를 나그네 떡으로 치른다', '먹잘 것 없는 제사에 밤잠만 못 잔다', '새 잡아 잔치할 것을 소 잡아 잔치한다', '소금 한 종지 아끼려다가 고기 통마리를 썩힌다', '한 푼짜리 굿하고, 백 냥짜리 징 깬다'고 빗대는 말들에서 근심 걱정이 얼마나 클지를 깨우칠 수 있겠다.

바쁘면 바쁜 대로, 근심 걱정은 더 크다. 아니 근심 때문에 바쁜 것이리라. 그래서 '눈 코 뜰 새 없다', '궁둥이에서 비파소리가 난다', '귀 떨어지면 내일 줍자'며 부지런을 떠는 것이 오히려 근심을 줄일 수 있는 방법일 수도 있다. '겨울 방앗간 아버지도 몰라본다'고 했다. '급하면 관세음보살을 왼다', '급하면 나라님 감투끈 살 돈도 잘라 쓴다', '급하면 무당 판수도 믿는다', '급하면 성긴 바디로도 물을 막는다', '급한 놈이 우물 판다'고도 했다. 그러나 급하다고 최소한의 질서를 무시하면 더 큰 걱정을 만들게 된다. '급하다고 말을 거꾸로 타고 달릴까', '급하다고 우물 들고 마시랴', '급하다고 갓 위에 망건 쓰랴' 하는 말들이 그걸 말하고 있다. '급하건 둘러간다'는 말이 그래서 있다. 먹고 살기 위해 바쁜 것은 근심 걱정이 아니라 부지런함이겠다. 바쁘게 해결하지 않으면 큰일이 생길 경우가 근심 걱정의 영역이겠다.

 도저히 가능하지 않는 일을 두고 노심초사하는 것은, 근심 걱정을 자초하는 것이다. '장작개비 들고 소불알 떨어지면 구워먹을 생각한다'거나, '까마귀가 꿩 잡아먹을 궁리하듯 한다'고 했다. '달걀을 던져 성문을 부수려 한다', '바가지를 뒤집어쓰고 벼락을 피한다', '계란 속에서 소 잡을 공론만 한다', '말 대가리에 뿔이 나고 까마귀 머리가 희어지기를 바란다'는 말들이 그렇다. '하자고 결심하면 못 해낼 일이 없다'고 하지만, 못 해낼 일도 있다. 그런 생각 때문에 근심 걱정은 생겨나는 것이다.

 세상이 불공평하면 근심 걱정거리가 된다. '개가 쥐를 잡고 먹기는 고양이가 먹는다'거나, '개같이 버는 놈 따로 있고 정승같이 쓰는 놈 따로 있다', '닭 잡아먹는 놈 따로 있고 닭값 무는 놈 따로 있다', '밥 차리는 사람 따로 있고 먹는 사람 따로 있다'는 생각은 사회적 약자들의 오랜 근심 걱정이 된다.

 남에게 책임을 떠넘긴다고 근심 걱정이 해결될 것인가. '네 담장 아니면 내 쇠뿔 부러지랴' 한다고 근심이 없어질까, 아니면 '눈먼 탓은 안 하고 개천만 나무란다'고 걱정이 사라질까. 시치미를 떼는 것도 마찬가지다. '네 떡 내 몰라라 한다'든지, '네 좆 내 몰라라 한다'고, 마음속에 숨겨둔 근심이 사라질 리 만무다. 남에게 떠넘기려는 근심 걱정은 사라지지 않고 남는다. 사라지기는커녕 남에게 떠넘겼다는 죄책감 때문에 더 커진다.

근심 걱정을 완전히 없애려는 사람은 어리석을 뿐만 아니라 가능한 일도 아니다. 그것은 죽기 전에 결코 떼어버릴 수 없다. 없애려는 것보다 틈틈이 근심으로부터 해방되려 노력하고, 큰 근심 걱정을 작은 것으로 만드는 게 지혜이리라. '대변보러 들어갈 때와 나올 때가 다르다'거나, '뒷간 갈 적 맘 다르고 올 적 맘 다르다'고 했는데, 왜 그렇지 않겠는가. 잠시 동안이나마 근심이 없어지지 않는가. '동아 속 썩는 것은 밭 임자도 모른다'고 했다. 근심 걱정 때문에 남 속 썩는 것을 어찌 알랴. '궂은 일은 빨리 잊는 게 상수라' 했다. '한숨을 자꾸 쉬면 팔자가 세어진다'고 했으니 근심 걱정을 두고 한숨은 쉬지 말자. '근심에는 여위고 설움에는 살찐다'고 했으니, 작은 근심 작은 설움은 즐기자. '일산 받치고 높은 수레 타는 사람은 근심도 크다'고 하지 않던가.

'윗논에 물 실어놓은 듯하다'고 했다. 근심 없이 편안하다는 뜻이다. 그러나 얼마나 가겠는가. 귀와 입은 항상 열려 있어, 내가 아니라도 주위에서 늘 근심거리를 만들어낸다. '많이 들으면 걱정거리도 많아진다'는 말이 그르지 않다. 터무니없는 걱정이지만 '뒷집 마당 터진 데 솔뿌리 걱정한다'고, 걱정은 걱정이다. '남의 상에 술 놓아라 안주 놓아라 한다'고 빗대지만, 보기에 얼마나 안타까우면 내 걱정으로 삼겠는가. 모든 것이 '갓난아기 강변에 보낸 것 같다'고 생각되니, 걱정은 죽기 전까지 그칠 수 없다. 그러니 걱정은 나와 동갑한다고 생각하면 위로가 되겠다.

- ◆◆ 바디 : 베틀, 가마니틀, 방직기들에 딸린 기구의 하나로 구멍이 많이 뚫려 있다.
- ◆◆ 동아 : 박과의 한해살이 덩굴식물로, 열매는 호박과 비슷하지만 더 긴 타원형임.

58. 선과 악, 죄와 벌

'하늘에 죄지으면 기도할 데도 없다'

　'선악 보복은 도망하기 어렵다'고 했다. 선악의 결과는 반드시 있다는 뜻이다. 세상을 살아가는데 선악의 판단이나 사리분별력은 더할 수 없이 중요하다. 인간이 제 품격을 지켜나가거나, 남들과 어떤 관계를 유지시켜 나가는 것은 모두 그것들과 연관되어 있기 때문이다. '악한 일을 하자니 자손 생각해 못하고 도적질 하자니 법 무서워 못 하겠네' 하는 말이 있다. '못된 놈 옆에 있다가 벼락 맞는다', '모진 놈 곁에 섰다가 날벼락 맞는다'는 말도 있다. 내가 악하든지 남이 악하면, 저는 물론이거니와 주위 사람들에게 해를 끼치게 된다. 악과 선이 뒤엉켜져 있는 게 이 세상이라서 선하게 살아가자면 훈련된 판단이 필요하다.

　'뱀이 이슬을 마시면 독이 되고 매미가 이슬을 마시면 노래가 된다'고 했는데, 사실 이것은 선악으로 판단할 문제는 아니다. 자연을 두고 인간이 선악으로 구별하려는데 문제가 있다. 그것은 편견이다. '도둑놈도 양지쪽에 나서면 공자 왈 맹자 왈 한다'고 했다. '겉으로 웃으면서 똥구멍으로는 호박씨 깐다'고도 했다. 이런 경우는 위선이다. 편견에서 벗어나고 위선을 알아채기 위해서는 선악을 분별할 수 있는 훈련이 필요하다는 것이다.

'한 가지 악행이 백 가지 선행을 쓸어 넘긴다'고 했다. 선과 악은 지배적 우월로 사람을 평가하지 않는다. 즉 악행에 비해 더욱 많은 선행을 했다고 해서 선한 사람으로 평가하지 않는다. 백 가지를 잘 해도, 한 가지를 잘못하면 때로는 악인으로 몰린다. 선행은 당위이기 때문에, 선을 행하고 악은 언제나 피해야 한다. '착한 사람하고 원수는 되어도 악한 사람과 벗은 되지 말랬다'거나, '길이 아니면 가지를 말고 말이 아니면 하지를 마라', '기러기 털은 물에 젖지 않는다'는 말들은 악을 피한다는 뜻으로 하는 말이다.

남에게 해를 입히거나 심술을 부리는 행위는 분명 악이다. '용 못된 이무기 심술만 남는다'거나, '용 못된 이무기 방천만 무너뜨린다'고, 제 일이 잘못되면 남에게 해를 끼치려는 사람도 있다. '체한 놈한테 찰떡 먹이고 설사하는 놈한테 아주까리기름 먹인다'든지, '나 못 먹을 밥이라고 재 뿌린다', '구덩이 떨어진 사람에게 돌 던진다', '동냥도 안 주고 자루만 찢는다', '등치고 간 내먹는다', '모진 놈은 계집 치고 흐린 놈은 세간 친다'는 경우가 그렇다.

'꼬부랑자지 제 발등에 오줌 눈다'고 했는데, 마음이 삐뚤어져 있으면 남에게 해악을 주게 된다. '남의 눈에 눈물 내면 제 눈에 피눈물 날 때 있다'거나, '먼저 방망이를 들면 홍두깨가 안긴다'고 하는 후환을 모른다. '눈 쑤실 막대는 제만큼씩 가지고 다닌다'는 것을 알지 못하는 것이다. '동냥은 못 줄지언정 쪽박은 깨지 말랬다'는 하소연을 묵살해 버리면서 업을 만든다. '때린 놈은 길가로 가고 맞은 놈은 길 가운데로 간다'든지, '때린 놈은 오그리고 자도 맞은 놈은 다리 뻗고

정종진 385

잔다'는 사실을 뼈저리게 느껴야 하리라.

　배은망덕도 당연히 악이다. '덕을 원수로 갚는다', '공을 원수로 갚는다'고 해서, '검은 머리 가진 짐승은 구제 말란다'고 말해왔다. '물에 빠진 놈 건져 주니까 보따리 내놓으란다', '고름 짜주니까 구멍 낸 살껍데기 본시대로 해달란다', '강 건네주니 보따리 채간다', '등 쓰다듬어 준 강아지가 발등 문다', '도둑놈 재워주었더니 제삿밥 먹고 소 몰고 간다', '낫 빌려주었더니 내 밭곡식 베어간다', '기르는 개도 무는 개가 있다', '곱다고 안아준 아이가 바지에 똥 싼다', '다 크면 언제 어머니 젖 먹고 컸나 한다', '많이 먹은 놈이 많이 악문하고 적게 먹은 놈이 적게 악문한다', '모진 놈 구해주니 악문을 한다', '공 안 든 자식 덕 보고 많이 먹은 놈이 악문을 더 한다', '그 집 장맛 본 놈이 그 집 흉본다', '고양이 새끼 길러 놓으면 앙갚음한다'는 말들이 모두 배은망덕을 빗댄 속담이다. 아무리 '날 샌 은혜 없다'고 하지만, 도리를 모르면 사람값에 들 수 없다. '사나운 개도 먹이 주는 사람은 안 문다'고 하지 않던가. '머리털을 잘라서 신이라도 삼겠다'고 나서지 못할망정 배은망덕은 안 된다. 하다못해 '물 마실 때 우물 판 이를 잊지 말라'고 하지 않던가.

　행동이 아니고 말로 짓는 악도 악이다. '말로는 천당도 짓는다'거나 '말로 온 공을 갚는다'고 했다. 사람마다 '말부조가 푸짐하다'는 소리를 들을 정도면 사는 것이 그래도 덜 팍팍할 것이다. 그런데 말부조는커녕 가시 돋힌 말들을 즐겨한다. 그러나 '말이 아니면 겨루지 말라'고 했다. '말 한마디에 천 냥 빚을 갚는다'고 했는데, 빚을 갚기는커녕 '말 한마디에 목이 떨어진다'고 할 정도의 말을 해대는 사람도 분명히 있다. '말 한마디에 북두칠성이 굽어본다'고 했거늘, 입으로 업을 만든다. 그렇지만 '악담이 덕담'이라거나, '악담이 보담補談된다',

'악담도 귀담아 들으면 약'이라고 했다. 칭찬 아닌 비난을 들어도 의연할 일이다. 남의 말은 받아들이는 사람에 따라 결과가 달라진다는 것을 깨우치면 모든 말이 귀에 선하다. 원망도 비난도 칭찬도 잘 소화시킬 수 있다.

'책망도 여러 번 하면 원망이 된다'고 했다. '책망은 몰래 하고 칭찬은 알게 하랬다'지만, 그게 쉬운 일이 아니다. '나를 칭찬하는 자는 나의 적이라'든지, '칭찬만 하는 이는 적이요 잘못을 가르쳐 주는 이는 스승이라'고 했지만, 악담을 듣고 스승이라 생각하는 사람 지극히 드물 것이다. '내 흉은 남이 보고 남의 흉은 내가 본다'는 세상이 아닌가. '저 중 잘 뛴다 하니까 장삼 벗어 걸머쥐고 뛴다'거나, '춤 잘 춘다니까 속곳 벗고 시아비 앞에서 춤춘다'고 할 만큼 칭찬에 약한 것이 사람이겠다. '구변이 좋다니까 제 아비 욕까지 한다'거나, '궂은일을 잘 본다 하니 산 노인을 묶어낸다', '눈치가 빠르다니까 안는 암탉 잡아먹는다'는 게 순진한 사람이 사는 법이다. '고슴도치도 제 몸을 추면 좋아한다'든지, '구렁이도 제 몸 추어주면 좋다고 한다', '추어주면 엉덩이 나가는 줄 모른다'고 하지 않던가.

때에 따라서는 '추켜올리는 비난이 있고 깎아내리는 칭찬이 있다'는 것을 알 것이다. '닭을 가리키면서 개를 꾸짖는다'고, 다른 것을 빗대어 나에게 악담을 퍼부을 수도 있고, 듣지 않는 데서 내 악담을 할 수도 있다. 그러나 '귀먹은 욕은 상감님도 먹는다', '보지 않는 데서는 임금도 욕을 먹는다'고 했다. '듣지 못한 욕은 욕이 아니라'고 했으니, 전해들은 악담은 악담으로 치지 않으면 좋다. '삼 년 가는 흉 없고 석 달 가는 칭찬 없다'고 했다. '가마솥에 콩 볶듯' 악담을 해도 잘 새겨들으면 오히려 제 에너지가 될 수 있다.

'악을 쓰는 자는 악으로 망한다'고 했다. '악한 것은 끝이 있다',

'악한 일은 물레 돌듯 한다'고도 했다. 악을 저지르면 결국 벌이 돌아가지만, 악은 계속 저질러진다는 뜻이다. 누구나 한평생 사는데 필연코 크고 작은 악을 만날 것이다. 그러다 보면 사람마다 악과 인연을 갖게 마련이다. '악연도 연분이라' 했는데, 잘못된 말이 아니다. '악인은 선대하라'고 했다. 악연도 인연이니 처리를 잘하라는 뜻이겠다. '백정도 칼을 버리면 부처가 될 수 있다'고 했으니 말이다.

'하늘의 벼락은 피할 수 있어도 죄는 피하지 못한다'든지, '땅은 넓어도 죄인이 도망칠 곳은 없다'고 했다. 죄에는 반드시 대가가 있으며, 아무도 피할 수 없다는 뜻이다. '모진 놈은 동티도 피해서 간다'고 하지만 그럴 수 없다. 죄를 지으면 즉시로 벌을 받는 수도 있지만 두고 두고 천천히 받는 경우가 많다. 그래서 '초년에 죄를 지으면 말년에 죄를 받는다'거나, '죄악의 끝은 자손까지 미친다', '죽어도 죄만은 남는다'고 했던 것이다.

죄에는 벌이 따르게 된다는 뜻으로 이르는 속담은 다양하게 표현된다. '강물은 제 골로 가고 죄는 지은 대로 간다'든지, '공은 닦은 사람에게 죄는 지은 놈에게 간다', '공은 공대로 가며 죄는 죄대로 간다', '죄지어서 남 안 준다', '물은 골로 빠지고 죄는 짓는 대로 간다'는 말들이 그렇다. '사람도 제각각 죄도 제각각'이라는 말이 있듯이, 숱한 사람이 저지르는 여러 가지 죄가 있으니 벌도 그렇겠다. 하늘이 내리는 벌, 자연이 내리는 벌, 다른 사람이 내리는 벌, 스스로가 내리는 벌이 있을 것이다. '경찰은 때려 조지고 검사는 물어 조지고 판사는 미뤄 조지고 간수는 세어 조지고 죄수는 먹어 조지고 집은 팔아 조진다'는 말이 있는데, 죄인 하나를 두고 여러 사람이 못 살게 한다는 뜻으로 빗댄 말이다.

'배고프면 죄도 무섭지 않다'고 했다. 그렇다. 사람이 궁지에 몰리면 까짓 벌을 두려워하랴. '배고파 훔쳐 먹은 죄는 죄값도 봐준다'고 했는데, 그래야 할 것이다. '벌에도 덤이 있다'는데, 다른 도둑을 찾아 덤을 줄 일이다. '변호사와 의사는 허가 난 도둑놈'이라지만, '말이 그렇다는 것뿐이다'. 제 일을 충실히 하는 사람을 어떻게 몰아붙일 수 있겠는가. '벌도 법이 있다'지만, 법에도 정이 있다. 그러다 보니 '돈이 있으면 무죄요 돈이 없으면 유죄라'는 말이 아니 나올 수가 없게 된다. '도둑은 한 죄고 도둑맞은 사람은 열 죄라' 했으니, 제 탓이 크다는 생각을 하지 않을 수 없다.

제가 지은 죄에 벌을 받는다면 억울한 것은 없겠다. 그러나 '남 눈 똥에 주저앉고 애매한 두꺼비 떡돌에 치인다'는 처지가 되면 문제는 다르다. 살다 보면 '죄는 막동이가 짓고 벼락은 샌님이 맞는다'든지, '죄지은 놈 옆에 있다가 벼락 맞는다', '천산갑이 지은 죄를 구목丘木이 벼락 맞는다', '죄는 도깨비가 짓고 벼락은 고목이 맞는다', '천도깨비 지은 죄에 벼락 맞는다'는 경우가 적지 않을 것이다. 이럴 경우도 '죄는 미워해도 사람은 미워하지 말랬다'는 말을 들어야 할까.

사람은 누구나 죄를 짓고 산다. 깨끗하게 산다고 자신하지만, 제 생각일 뿐이다. 자연의 입장에서 보면 판단은 달라진다. 그러니, 사람이 마련한 법으로만 판단할 것은 아니다. '공은 들이면 죄가 준다'고 했다. 자연에도 경건할 일이다. '고운 일을 하면 고운 밥 먹는다'는 말은 그런 뜻을 포함하고 있다. '죄악은 전생의 것이 더 무섭다'고 했는데, 제 죄의 분량을 누가 알 것인가.

'사람이 사람을 서로 믿지 않는 것처럼 큰 죄는 없다'고 했다. 세상은 믿음으로 살아야 한다. '신주 믿듯 한다'거나, '물 부어 샐 틈 없이 꼭 믿는다'는 정도는 아니라도, 웬만큼 믿고야 산다. 때로는 '믿는 나무에 곰팡이 핀다'든지, '믿는 돌에 발부리 채인다', '믿는 나무 곰이 차지한다'고 하더라도 그렇다.

　'세상에 믿을 놈 하나도 없다'고 한다. 그럴 정도라면 세상은 악의 소굴이다. '윗돌도 못 믿고 아랫돌도 못 믿는다'거나, '콩으로 메주를 쑤고 소금으로 장을 담근다 해도 믿지 않는다'면, 어떻게 살 것인가. '믿다 말 것이 동창 많은 여편네 하고 칠월 구름이라'고 한다면, 어디서 낙을 찾을 것인가. '노루가 다리만 믿는다'고 하는 것처럼, 오로지 저만 믿으며 살 것인가. '믿음직하기로는 죽은 놈의 입이 제일이라'고, 죽은 사람을 믿을 것인가.

　'콩을 팥이라 해도 곧이듣는다'고 할 만큼 믿는 사람이 있다면 서로 행복할 것이다. '지어먹은 마음 사흘 못 간다'거나, '지어먹은 마음 종짓굽에도 안 찬다'고 하더라도, 거듭 지어먹어 든든한 마음으로 살면 더 없이 좋을 것이다. '한입에 혀도 물릴 때가 있다'고 하지 않던가. 설령 그렇다 하더라도 믿어야 죄가 가벼워진다. '나무는 돌 의지 돌은 나무 의지' 하는 정도라면 선악이나 죄와 벌이 어디 있겠는가. '믿을 것도 못 믿을 것도 사람이라'고 하지 않던가. 사람들이 서로 믿지 않는 데서 죄악은 생겨난다.

　저에게 큰 해를 준 사람을 두고 원수라고 한다. 그러니 제 입장에서는 그를 죄인으로 여기게 되고 언젠가는 갚겠다는 생각에 골몰한다. '각을 떠서 매 밥을 만들어도 시원치 않다'고 벼르기 일쑤다. 마치 '닭 잃은 놈 족제비 벼르듯 한다'는 격으로 되갚을 것만 생각한다. 남을 원망하면서 인생을 울분으로 소비하다 보면 원수는 더욱 많이 생겨난다. '원수도 한집에서 사는 수가 있다', '원수는 골골마다 만난다'고 할 정도로 원수를 많이 두고 있는 사람도 있다.

　'공은 공으로 갚고 원수는 원수로 갚는다', '눈물 난 놈이 눈물 낸 놈의 피를 낸다'고 하지만, 그랬다가는 악의 고리가 끊이지 않고 더 깊은 악의 늪에 빠지게 된다. '옛날 원수 갚으려다 새 원수 생긴다'든지, '낡은 원수를 잡으면 새 원수가 생긴다'고 하지 않던가. '원수의 자식일수록 여러 남매라'고 했다. 원수를 갚기가 결코 쉽지 않다는 뜻이리라. '원수는 외나무다리에서 만난다'고 했는데, 그렇다고 원수를 갚기가 쉬울까. 천만의 말씀이다.

원수라 할 수 없는, 한恨도 마찬가지다. 특히 한은 여자의 전유물인양 여겨져 왔다. '여자가 권하는 술 물리면 오뉴월에도 서리 맞는다'는 말로부터, '여자가 한을 품으면 유월에 서리가 내린다', '여자가 원한을 품으면 삼 년 동안 가뭄이 든다', '여자가 한번 독한 마음을 먹으면 비상보다 더 독하다'는 것까지, 한도 많다. '여자 가슴에 한 묻어 두는 사내치고 큰 일 하는 놈 없다'고 했다. '여자와 감투 때문에 생긴 원한은 일생을 간다'고도 했다. 원한을 맺게 되는 일을 피해야 하고, 뒷정리를 잘해야 하리라. 여자 문제뿐만 아니라, 돈, 권력 따위에는 원한 맺을 일이 널려 있다.

'원망과 불평으로는 성공 못 한다'고 했다. '네 갗담 아니면 내 쇠뿔 부러지랴' 하는 원망이라도 그렇다. 원망할 시간에 어떻게 잘 수습할 것인가를 생각하는 게 좋다. '원수도 한배에 타면 서로 돕게 된다'고 하지 않던가. '지척의 원수가 천 리의 벗보다 낫다'고 했다. '원수가 은인'으로 변할 수 있다. 그러니 '원수는 은덕으로 갚아라'거나 '원수는 순리로 풀어라'는 말을 실천하도록 할 일이다. '원수는 세월이 갚고 남이 갚아준다'고 했다. 제가 갚으려고 나서는 것은 슬기롭지 못한 일이다.

현대인이 악을 저지르는 주된 이유는 속물근성 때문이다. 물욕, 권세욕, 색욕을 다스리지 못해 그렇다. 예컨대 물욕을 부추켜, '악해야 돈을 번다'고 한다. 그래서 '악으로 모은 돈은 악으로 망한다', '악으로 모은 세간 악으로 패한다'는 생각이 느슨해진다. '악착스럽게 번 돈 져서 못 간다'는 사실도 잊은 채 말이다. 욕심을 줄이는 것이 악의 보복으로부터 자유로워지는 방법이다.

- 보담 : 도와주는 말이라는 뜻으로 補談도 좋고, 보배로운 말이라는 뜻에서 寶談도 좋겠다.
- 동티 : 땅이나 돌, 나무 따위를 잘못 건드려 지신地神을 화나게 하여 해를 입는 일.
- 천산갑 : 벌레를 잡아먹고 사는 작은 척추동물.

59. 신앙

'귀신 대접해서 그른 데 없다'

토속신앙은 늘 겸손할 것을 요구한다. 만물에 항상 경건한 마음으로 대하도록 깨우치려 한다. 곳곳에 귀신이 있다고 하여 사람들이 경거망동하지 못하게 하는 것이다. '귀신도 모를 조화라', '귀신 모르는 시주', '귀신도 모르게' 라고 하지만 귀신 모를 일이 있을까.

귀신을 흉악한 존재로 생각하지 않으면 좋다. '물건이 오래 되면 신령이 붙는다'고 했는데, 귀신을 오래된 혼령 정도로 생각하면 어떨까. '신심信心만 있으면 뒷간 빗자루도 오백 나한'이라는데, 어떤 마음 속인들 신심이 아니 깃들어 있으랴. '귀신박대하는 집 자손 안 된다', '귀신 위해야 잘 된다'고 하니, '밑져야 본전'이라는 생각으로 정성을 바쳐볼 일이다. '미신도 믿어두면 마음이 든든하다'고 하지 않던가. '간절히 원하면 이루어진다'고 했으니 말이다.

귀신을 인간과 가깝게 엮어둘 수 있는 것이 떡이다. 예로부터 귀신은 떡으로 달래왔다. 그래서 '귀신 듣는데 떡 소리 못한다', '귀신에게 비는 데는 시루떡이 제일이라'고 말한다. '귀신은 떡으로 사귀고 사람은 정으로 사귀라'고 했다. 떡값 떡값 하는데, 떡값 아끼려다 귀신의 화를 돋우지 말 일이다. '귀신은 먹은 값 못해도 못 먹은 값 한다'는 말을 명심할 일이다. '지신에 뜯기고 성주에 뜯기고 나면 먹을 것이 없다'고 할 것인가. '물을 아끼면 용왕님이 도와주고 나무를 아끼면 산신님이 도와주고 곡식을 아끼면 도랑신이 도와준다'고 했다. 제 욕심을 절제하고 아낀 만큼으로 치성을 드려야 효험을 본다. '불도 켤 자리에 켜야 아들도 낳고 딸도 낳는다'는 것은 물론, '신역 품은 팔아도 치성 품앗이는 못 한다'고 했으니 잘 새겨들을 말이다.

(1) 도깨비, 귀신 - '어둑귀신은 올려다볼수록 크다'

도깨비는 사람에게 크고 작은 심술을 부리고, 때로는 복을 가져다 주기도 하는 존재로 여겨왔다. '도깨비가 복은 주지 못하여도 몸에 지니고 다니는 붉은 화는 언제라도 쏟아부을 수 있다'고 하여 늘 조심해야 할 상대로 여겼다. '날도깨비가 복은 안 줘도 화를 주기로 하면 쌍으로 준다'거나, '무식한 도깨비 부적 무서운 줄 모른다'고 하여 무식한 도깨비에게 당하지 않도록 경계를 하게 했다.

도깨비의 활동무대는 대부분 숲이다. 그래서 '도깨비도 수풀이 있어야 모인다' '도깨비도 수풀이 있어야 재주를 피운다'고 했다. '무더기가 커야 도깨비나마 나온다'는 말도 같은 뜻이다.

아무래도 도깨비는 복을 가져다주기보다는 심술을 많이 부리기 때문에 쫓아버려야 할 것으로 생각했다. '도깨비는 방망이로 쫓고 귀신은 경으로 뗀다'든지, '도깨비는 복숭아몽둥이로 쫓아야 한다'고 했다. 이런 일을 시도해서 효과를 보지 못하면, '도깨비도 무식하면 부적이 소용없다'고 스스로 위로하게 된다. 또한 도무지 갈피를 잡을 수 없이 난잡하다거나 뭔가를 알 수 없다는 뜻으로도 쓰인다. '도깨비 씻나락 까먹는 소리', '도깨비 속쓸개 같다', '도깨비 얼음장 뒤지듯', '도깨비에 홀린 것 같다', '도깨비 여울 건너는 소리', '도깨비 염불하는 소리', '도깨비 음모 같다', '도깨비 잠꼬대 소리', '도깨비하고 씨름하는 격'과 같은 말들이 그것이다.

이외에도 '도깨비 땅 마련하듯 한다'는 말은 아무 계획 없이 마구 헛된 일을 한다는 뜻으로, '도깨비 사귄 셈 친다'는 말은 무엇인가 늘 따라다녀 떼어버리고 싶어도 떼어버릴 수 없을 때 쓰는 말이다.

도깨비는 사람 마음속에 있는 공포감 그 자체일 수 있다. '도깨비는 쳐다볼수록 커 보인다'는 말에서 그런 암시를 받게 된다. 마치 어둑귀신을 두고, '어둑서니는 볼수록 커만 간다'고 느끼는 것과 같다.

사람이 마음 속에서 스스로 키우는 공포감이든 실제로 존재하는 것이든, 두려움은 신앙이 된다. 세상이 무서울수록 도깨비의 키는 자꾸 커져갈 수밖에 없다.

귀신 역시 사람에게 해를 끼쳐 늘 두려운 존재로 여긴다. 그래서 늘 잘 대접해야 할 상대로 생각했다. '귀신도 사귈 탓이라'고, 정성껏 대하면 해를 당하지 않는다고 말해왔다. '귀신도 빌면 돌아선다', '귀신도 빌면 듣는다', '귀신도 부적을 알아본다', '귀신도 얻어먹고 나면 길을 비킨다'는 말들이 그것이다. 귀신은 떡을 가장 좋아한다고 생각하여 '귀신도 떡을 놓고 빈다', '귀신도 떡 하나로 쫓는다', '귀신 듣는데 떡 소리한다'는 말들이 있다.

귀신을 두려워하기도 했지만, 한편으로는 무식하거나 변변치 않다고 생각하면서 두려움을 극복하려 했다. '변변찮은 시골 사람 하나가 똑똑한 귀신 백보다 낫다', '복 없는 귀신은 죽어 물에 밥도 못 얻어 먹는다'거나, '무식한 귀신은 떡 해놓고 빌어도 안 듣는다', '무식한 귀신은 진언도 못 듣는다'는 말들이 그것이다. 귀신에게 빌어도 효험이 없을 때, 푸념으로 내뱉는 말이겠다. 원을 들어주기커녕 오히려 화를 입힐 때는, '시원찮은 귀신 생사람 잡는다'고 했다. 이에 반하여 제사 때는 지방紙榜을 알아보고 찾아와 음식을 꼭 챙겨먹는다는 뜻으로, '글 모르는 귀신이 없고 술 못 먹는 귀신이 없다'고 빗대기도 한다.

귀신을 음식으로 잘 대접해 보내기도 하지만, 경經으로 쫓는 수도 있다. 그래서 '귀신은 경문에 몰리면 죽고 사람은 경우에 막히면 죽는다'거나, '귀신도 경문에 매여 산다'고 한다.

귀신은 어떤 일이든 아주 감쪽같이, 그리고 아주 기막히게 해낸다고 생각한다. '귀신이 간 내갈 짓이다', '귀신이 곡할 노릇', '귀신도 혀를 내두른다', '귀신이 하품할 만하다', '귀신 찜쪄먹겠다', '귀신이 왔다가 울고 가겠다', '귀신 잡아먹고 도깨비 똥 싼다'는 말들을 그럴 때 쓴다.

뭔지 모를 소리를 한다거나 터무니없는 소리를 한다고 빗댈 때도, '귀신 젯밥 먹는 소리', '귀신 이 앓는 소리', '귀신 방귀 뀌는 소리 한다', '귀신 얼음 먹는 소리', '귀신 낮밥 먹는 소리 한다', '귀신 나락 까먹는 소리'라고 말한다.

이외에도 '귀신도 귀신 같지 않은 게 사람 잡는다'고 해서, 대수롭지 않게 여긴 것에 큰 화를 당했다는 의미로 쓰고, '귀신이 좋아하는 동무가 청승 떨기라'고 해서 청승 떠는 사람을 빗대기도 한다. '귀신이 독자를 아나'하는 말은, 귀신이 분별없이 사람을 해친다는 뜻으로 이르는 것이다. '귀신도 엄나무 밭은 겁낸다'고 하여 엄나무가 귀신을 막는데 유용하다고 생각해왔다.

　귀신 중에서도 물귀신은 아주 끈질기게 사람을 괴롭히는 존재로 여긴다. '물귀신 삼신이 덮어씌웠다'거나, '물귀신 잡아다니듯 한다', '물귀신 심사'와 같은 말들이 그렇다.

　　◆◆ 어둑서니 : 북한어로, 어두운 밤에 환각에 의해 뭔가 커지는 듯 여겨지는 것.

　(2) 무당과 굿 - '무당 남의 밥 공짜로 안 먹는다'

　'죽은 사람 원도 들어주려고 굿도 하는데 산 사람 원 안 들어주랴'고 말하듯이, 굿을 하는 것 중 하나가 죽은 사람 원을 들어주기 위해서다. '굿해 해한 데 없고 싸움해 이한 데 없다'고 하는데, 많은 사람이 그렇게만 생각하지는 않는다. 굿의 효험을 믿지 않을 뿐더러, 잘못하면 집안만 거덜이 난다고 여긴다. '부자는 보약에 망하고 가난뱅이는 굿에 망한다'는 말이 그렇다. 가난할수록 뭔가에 의존할 수밖에 없는데, 예전에는 무당의 역할에 의존할 수밖에 없었다. 가까이 사는 무당은 너무 잘 알기에 영험이 없다고 생각하게 마련이어서, '가까운 무당보다 먼데 무당이 용하다'고 했다. 그러니 먼데 무당을 부른다.

　'무당도 거짓말 지관도 거짓말'이라고 내치면 간단하다. 그러나 그럴 수도 없는 게 연약하기 이를 데 없는 인간이기 때문이다. '무당 만수받이 하듯'이란 말이 있다. 만수받이란 매우 귀찮게 구는 말이나 행동을 싫증내지 않고 잘 들어주는 일로, 남의 사연을 잘 들어준다는 뜻이다. 이것만 해도 무당이 남의 밥을 공짜로 먹지 않는다고 할 수 있겠다. 가난하고 불쌍한 사람들의 푸념을 잘 들어주고, 한을 풀어주겠다고 나서는 사람 누가 있겠는가.

그렇다고 무당과 굿에 빠지면 안 된다. '푸닥거리 좋아하는 집구석치고 기둥뿌리 성한 집 없다'고 했다. '무당이 굿을 하재도 떡이 있어야 하고 소가 등을 비비재도 언덕이 있어야 한다'고, 굿값이 만만치 않기 때문이다. 그렇지만 '무당 신들린 듯 풍수쟁이 산 타듯' 하는 굿판을 보면, 그 모든 것을 누가 미신이라고만 하랴. '무당 굿거리장단이 허수아비를 걸리고', 작두날을 타면 웬만한 사람은 무당의 말을 거역치 못하리라. '무당이 공수를 주듯'이란 말이 있다. 공수란 무당에게 신이 내려 신의 소리를 내는 것으로, 한껏 위세를 부린다는 뜻이다. 그게 굿의 절정이자 효험이라 할 것이다. 공수의 대가代價때문에, '무당은 흉년에도 안 굶어 죽는다'거나, '칠 년 대흉이 들어도 무당만은 안 굶어 죽는다'고 하는 것이겠다.

'선무당이 사람 잡는다'거나, '선무당 굿에 사람 죽는다'는다고 했다. '서투른 무당이 마당 기울다 한다', '굿 못하는 무당 장구 타박한다', '선무당이 징풍을 나무란다'고도 한다. 굿은 제대로 못하면서 재물만 챙기려 한다면, 이런 말을 듣게 마련이다. '무당 제 굿 못하고 소경 제 죽을 날 모른다'는 말도 마찬가지고, 오죽하면 '무당이 딸네 집에 가도 자루를 아홉 개 갖고 간다'고 했겠나. 그런 욕심 때문에 '무당 집 안 된다'고 한 것일까.

'굿 들은 무당 재 들은 중'이라 했다. 제 할 일이나 실속 차릴 일이 좋아, 부지런히 오가는 모습을 두고 빗대는 말이다. 당사자에게는 무척 심각한 일이지만, 관계없는 사람들에게는 굿처럼 좋은 구경거리도 없었다. '굿 구경하는 사람은 계면떡도 한 재미라', '굿 구경을 하려면 계면떡이 나올 때까지 하라'거나, '굿이나 보고 떡이나 먹어라'는 말이 그래서 있다.

'굿하고 싶어도 맏며느리 춤추는 꼴 보기 싫어 못 한다'거나, '굿하고 싶어도 맏며느리 장구 들고나오는 꼴 보기 싫어 못 한다'는 평계도 좋다. '굿 뒤에 쌍장구 친다'는 소리를 듣지 않도록 매사에 사려 깊게 행동할 일이다. '굿한다고 마음 놓으랴', '푸닥거리 했다고 마음 놓을까'했다. 인생만사 마음 놓고 살 때가 있을까.

❖❖❖ 계면떡 : 굿이 끝난 뒤에 무당이 구경꾼에게 나누어 주는 떡.

(3) 제사와 전통종교 - '조상 박대하면 앞길이 어둡다'

'조상 없는 후손 없다'고 했고, '도끼정승도 내 조상이라'고 했다. 제 근원을 모른다거나 소홀히 접대해서야 결국 저도 대접받기 힘들 것이다. '제사에는 정신이 없고 젯밥에만 마음을 쓴다'고 했는데, 세월이 갈수록 그런 사람들이 늘고 있다. 모두 미신으로 몰아붙이는데, '조상 박대하면 삼 년에 망하고 일꾼을 박대하면 당일로 망한다'고도 했다.

제사가 우상숭배인가. 제사는 나를 낳아준 조상에게 표하는 예의다. 거대종교들이 목표로 하는 천당이나 극락이 아니다. 그래서 무엇보다도 정성이 중요하다. '제사 음식에 머리카락이 들어가면 귀신이 먹지 않는다'고 했는데, 정말 조상신이 까다롭다는 뜻인가. 천만의 말씀이다. 최상의 정성을 다하라는 뜻이다. '제사 음식은 아무리 먹어도 탈이 나지 않는다'는 말이 그래서 있다.

사실 제사는 풍성한 음식을 강요하지 않는다. '지성은 위패로 가도 실속은 산 귀신 차지라'거나, '제상도 산 사람이 먹자고 차린다'는 말이 솔직해서 통쾌하다. '제사 한 번 넘기려면 가지 다섯 외 다섯 두 병들이 물 하나 고사리 다섯 포기 들어야 한다'는 말에서 눈치채듯이, 꼭 삼색실과나 주과포혜 오곡백과로 상다리가 부러지게 차려야 하는 것은 아니다. '제상에 놓은 떡이 커야 귀신도 좋아한다'는 말이 있지만, 그것은 '제삿날 잘 먹자고 석 달 열흘 굶는다'는 사람들의 생각일 뿐이다. 풍년이 들건 흉년이 들건 제사상은 잘 차려야 한다는 뜻에서, '제사에는 풍흉이 없다'고 하지만 '조상 덕에 이밥 먹으려는' 핑계일 뿐이다.

'다 보아도 남의 제사 흉은 안 본다'고 했다. '공연한 제사 지내고 어물 값에 졸린다'고 하는데, 무리해서 제사를 지내지 않아도 정성이면 된다. '논밭은 다 팔아먹어도 향로와 촛대는 지닌다'고 했다. 향로 촛대가 얼마나 되랴. 아무리 궁해도 상징적인 의미로 남겨두는 것이 도리다. '못된 것은 모두 조상 탓'을 했는데, 죄스럽지 않은가.

'추석 전에 벌초 안 하면 덤불 쓰고 명절 먹으러 온다'거나, '제사 안 지낸 것은 남이 몰라도 벌초 아니한 것은 남이 안다'고 했다. 다른 것은 몰라도 벌초만은 꼭 하라는 말이다. 요즘은 남들에게 돈을 주고 시키기 일쑤인데, 이유야 어떻든 반성할 일이다. 장례문화가 옳은 방향으로 바뀌고 있다는 생각을 하지만, 저 편하려고 조상을 소홀히 해서는 안 된다는 말이다.

'개천이 아래로 흘러도 갈래는 다르다'고 해도 그렇다. '귓등에 나린 물이 발등에 진다'고 하지 않았던가. 조상의 영혼은 저자신 속에서 항상 새롭게 모습을 보여주고 있다. 그것을 깨우치는 것이 지혜다. 한 조상으로부터 몸을 받고, 후대로 갈수록 나눈 피가 옅어져도 근본을 잊지 않는 모습은 아름다울 수밖에 없다. '나랏일은 전례를 따르고 집

안일은 선조를 따른다'고 했다. 선조들의 생활습관을 필요한 최소만큼 지키는 것은 피를 받은 후손들의 도리다. '미련한 자손이 조상 지킨다'고 했지만, 그 미련 때문에 장차 복을 받게 되는 것이다.

유교사상에 대한 속담은 앞에서 이미 다양하게 제시되었다. 양반, 선비, 조상숭배에 대한 논의가 그것이었다. 여기에서는 원시 유가사상의 기원이 되는 공맹자에 한하여 속담을 제시해본다.

공자 맹자는 유무식을 빗대기 위해 흔히 속담에 끌어들였다. '공자님 가운데 토막 같다', '공자님 고갱이 같은 말', '공자님 댁에서 곁방살이를 했나', '공자님 앞에서 문자 놀음 한다', '공자님한테 절 받겠다', '공자 앞에서 문자 쓴다', '공자 앞에서 논어 이야기를 한다', '공자님 앉혀 놓고 논어 타령한다', '공자가 문자를 모르고 달마가 참선을 모른다'는 말들이 그것이다.

아무리 유식하다 해도 한계가 있다는 뜻으로도 공맹을 들먹인다. '공자님도 못 읽는 글자가 있고 부처님도 못 외는 염불이 있다'거나, '공자 맹자도 모르는데 노자를 어찌 알까' 하는 말이 그렇다. '공자 맹자보다 등에 업힌 손자 빌어 바늘에 실 꿴다'고 하여 현실성 없는 글공부는 유용하지 않다는 뜻으로, '공자로 풀어야 할지 맹자로 풀어야 할지' 하는 말은, 어떤 방법으로 일을 해결할지 모른다는 뜻으로 빗대는 속담이다.

아무리 식견이 높은 사람이라도 그렇지 못한 사람에게 배울 게 있다는 뜻으로, '공자도 조그만 아이들한테 배웠다'는 말을 쓴다. '공자도 제 사는 골에 먼저 비 오라고 했다'는 말로, 아무리 선한 사람도 이기적인 면을 가질 수밖에 없다는 뜻으로 빗대는 말이다. '공자 왈 맹자 왈'은 두루 아는 것처럼 열심히 아는 체를 한다든가, 이런저런 말을 지껄여댄다는 뜻으로 빗대는 말이다.

'유가에는 삼 년마다 금부도사가 드나들어야 하고 갯밭에는 삼 년마다 강물이 드나들어야 한다'는 말은, 올곧은 선비는 바르지 못한 정치를 바로 잡으려다 화를 당하는 경우가 종종 있어야 진정한 유가 儒家라는 뜻으로 쓰는 속담이다. '무극이태극이 사람 잡고, 이발기발 이 집안 망친다'는 속담은, 공리공론만 일삼으면 득이 되는 일이 없다는 뜻으로 쓰인다.

불교사상은 속담에서 속된 언어의 진수를 맛보게 한다. 그것은 오랫동안 유교사상에 소외되어 있었던 까닭이다. 가장 현실적인 유교가 가장 이상적인 것으로 숭배되고, 가장 비현실적인 불교가 가장 속악하게 취급되었기 때문인 것이다.

부처님에 대해서 아주 깍듯한 경외감보다는 인간다운 부처님으로 만든다. 신앙 그 자체보다는 인간의 현실생활을 우선으로 삼았기 때문이다. '부처님도 먹어야 좋아한다', '부처님도 돈이 있어야 영험이 있다', '부처님인들 동전 싫다 할까', '부처님도 씹 얘기만 하면 돌아앉아 웃는다', '부처 밑을 들추면 삼거웃이 드러난다', '부처의 얼굴도 세 번 때리면 노한다', '부처도 돈이라면 뒤로 손 내민다'는 속담들이 그것이다.

중에 관한 속담이 많지만, 대부분 중을 업신여기거나 희롱하는 것들이다. '말썽 끝에 여자와 중이 끼지 않은 적이 없다', '부처 위해 중질 가나 내 몸 위해 중질 가지', '사니 상투가 있나 죽으니 무덤이 있나 토끼 같은 자식이 있나 여우 같은 계집이 있나', '아내가 있나 자식이 있나 죽으니 묘가 있나', '보살 많은 절의 화상 성불할 날 없다'는 속담들이 그렇다.

스님들이 성불하기 위해 수도하거나 중생들이 시주하는 것보다는, 어려운 사람에게 덕을 베푸는 것이 더 중요하다고 생각했다. '불

공도 돈이 많아야 영험도 많다'는 말이 있는 반면, '부처님 공양 말고 배고픈 사람 먹여라', '염불해야 극락 가나 마음이 착해야 극락 가지', '천 냥 시주 말고 없는 사람 구제하랬다', '가난한 사람의 한 등불이 백만장자의 일만 등불보다 낫다', '강원도 불공 기도 말고 지나가는 거지나 박대 말라'는 말들이 그렇다. '스님도 급하면 부처 뒤에 숨는다'는 말은 수도자의 한계를, '절이 싫으면 중이 떠나야지'라는 말은 남의 탓을 하지 말라는 뜻으로 쓰는 속담이다. '벼룩 서 말은 잡아가도 중 셋은 못 잡아간다'거나, '벼룩 서 말은 잔디밭으로 몰고 가도, 중 세 사람은 못 몰고 간다'는 말은, 스님은 자기 개성이 강해 통제하기 어렵다는 뜻이며, '주지 감투에 지옥이 삼천 개'라는 말은, 스님의 감투는 명예가 아니라 화禍라는 뜻으로 쓰는 속담이다.

이 외에 '절 양식이 중 양식이다', '절에 가면 절의 법도를 따라라', '절에 가면 중 노릇 하고 싶다', '절이 망하려니까 새우젓 장수만 모여든다'는 속담들이 있다.

불교에 관련된 속담에 상소리가 한껏 사용됨으로써, 이유야 어떻든 오히려 속담다운 속담을 만나게 된다. 점잖은 표현보다는 속악스럽게 표현된 것이 속담의 본령이기 때문이다.

신선사상은 속담 속에 두루 섞여 있지만, 신선이라는 어휘를 달고 있는 것만 가린다면 얼마 되지 않는다. '신선세계 하루가 백 년 맞잡이라'거나, '한 사람이 도를 닦아 신선이 되면 그 집 닭 개도 승천한다'는 말들은 신선세계를 추측하는 속담이다. '신선놀음에 도끼자루 썩는 줄 모른다'거나, '신선놀음에 밭이 날라간다', 또는 '신선놀음에 정신이 팔리면 거렁뱅이 된다'는 속담들은, 일은 하지 않고 겉멋에 들떠 여유 있는 체 사는 사람들을 비꼬는 말들이다. 먹고 살기 위해서는 일을 해야 한다는 뜻으로 '신선마냥 감로만 먹고 사는 줄 아나' 하는 말을 쓰고, 사람은 마땅히 식견을 키워야 된다는 뜻에서 '신선도 두루 박람을 해야 한다'는 속담을 쓴다.

60. 명절과 절기

'추석은 맑아야 좋고 설은 질어야 좋다'

설·추석·대보름·단오·한식이 예로부터 지켜온 명절이다. 못 먹고 못 살 때 명절은 사람들에게 큰 위안거리였다. 명절 하루만이라도 잘 입고 잘 먹으며, 편하게 쉴 수 있기 때문이었다. 물론 아주 가난한 집에서는 '서러워 설 추워서 추석'일 수 있었다. 그렇더라도 이웃 간에 나눠 먹고 함께 즐거워할 수 있어 좋았다.

'설에 부모를 모르다니' 하는, 예삿말에 지나지 않을 것 같은 속담이 있다. 다른 때라면 몰라도 설에는, 객지에 나가 있던 자식들이 돌아와 효도를 해야 한다는 뜻으로 이르는 말이다. '설이 되면 비렁뱅이도 쪽박에 낀 때를 벗긴다'고 했다 음식이 풍성하니 거지에게도 한 몫 가게 되는 것이다. 푸짐히 잘 살아서 그렇겠는가. 다만 명절이라는 기분에 들떠 그렇게 했다. '설은 질어야 풍년이고 보름은 맑아야 풍년이라'고도 했는데, 설에는 눈이 많이 와야 농사가 잘 된다는 뜻이다. '설 쇤 뒤의 높바람에 돌부처도 눈물 흘린다'는 어촌의 속담은, 설 뒤의 높새는 무척 매섭다는 뜻으로 이른 말이다.

'더도 말고 덜도 말고 늘 가윗날만 같아라'는 말처럼, 추석날처럼 사는 것이 최상의 바람이었던 것이다. 가을걷이가 한창일 때이니 뭐가 부럽겠는가. 그러니 날씨 좋은 것만이 소원이었다. '추석날 맑아야 시절이 좋다'거나, '추석날 마당에 물이 고이면 보리농사 폐농한다', '추석 무렵에 비가 오면 흉년이 든다'는 말들이 그것이다. '추석 떡을 먹고도 세월 장담 못한다'는 말은, 일이 잘 되어간다고 자신 말고 끝까지 조심하도록 충고하는 말이다.

'설은 나가서 쇠어도 보름은 집에서 쇠어야 한다'고 했다. 뜻하지 않은 일 때문에 설에 부모 곁으로 돌아오지 못한 사람은, 대보름에는 반드시 고향에 돌아와야 한다는 뜻이다. '대보름달은 맑아야 풍년이 든다'고 했는데, 대보름달의 색깔을 두고 농사의 풍흉을 점쳤기 때문이다. 대보름에는 권하는 것이나 금지하는 것도 아주 많았다. '대보름 전날 부럼을 깨먹으면, 잔병이 없고 이빨이 튼튼해진다', '대보름날 아침에는 귀밝이술을 먹어야 귀가 밝아진다'는 것들이 대표적인 예다.

'물 한식에 불 단오'라고 했다. 한식에는 비가 많이 와야 하고, 단오에는 더워야 한다는 뜻이다. 명절도 명절이지만, 농사가 무엇보다도 중요했기 때문이다. '한식날 비가 오면 땅속 석 자까지 마른다'고 하여, 한식을 기점으로 비가 오지 않으면 계속 오지 않는 경우가 허다하다는 뜻이다. '한식 물은 비상보다 독하다'고 했는데, 한식부터 논에 물을 잡아놓으면 농사에 좋지 않다는 말이다. '한식날 솔개 뜨면 닭 농사 망친다'는 말은, 일찍부터 솔개가 설치면 닭을 기르기 힘들다는 뜻이다. '한식에 멸치가 많이 들면 사람도 많이 죽는다'는 말은, 한식 즈음 악천후일 경우가 많은데 출어를 하면 많은 사람이 죽게 된다는 뜻이다.

'단오 선물은 부채요 동지 선물은 책력이라'고 했다. 단오 즈음부터는 여름 날씨가 되니, 부채가 최고의 선물이라는 것이다. '단오에 비가 오면 풍년이 든다'거나, '단오에 물 잡으면 농사는 다 짓는다'는 말들은, 단오 무렵에 물을 확보하는 게 농사의 성패를 좌우한다는 뜻으로 이르는 말이다. '단옷날 찔레꽃 떡을 해먹으면 얼굴이 고와진다'고 하는데, 소박한 풍속 중 하나였다. 특히 '오월 단오 안에는 못 먹는 풀이 없다'는 말은 사람들의 식생에 아주 중요한 정보가 된다.

24절기는 1년을 15일 단위로 하여 천기天氣를 관찰해온 것이다. 각 절기의 특징을 안다는 것은 1년의 기후를 거의 꿰뚫고 있다는 말이 되어, 농사를 짓는데 크게 도움이 되었다. 봄에 해당하는 절기는 입춘·우수·경칩·춘분·청명·곡우이며, 여름에 해당하는 절기는 입하·소만·망종·하지·소서·대서다. 가을의 절기로는 입추·처서·백로·추분·한로·상강이 속하고, 겨울의 절기는 입동·소설·대설·동지·소한·대한이 속한다. 24절기에 대한 속담은 많고도 많지만, 여기서는 각 절기마다 몇 가지씩만 뽑아 제시해본다.

입춘으로 봄이 시작되기는 하지만, 아직 남은 추위가 남았다는 뜻의 속담이 많다. '입춘에 하늘이 맑아야 백 가지 생물이 성한다', '입춘 추위에 선늙은이 얼어죽는다', '입춘날 내린 눈 작대기 잠긴다', '입춘 추위는 꿔다 해도 한다', '입춘 추위에 김칫독 얼어터진다'는 말들이 그렇다. 우수와 경칩은 거의 함께 동원된다. '우수에 대동강 풀리고 경칩에 배 떠나간다', '우수 경칩이 되면 봄이 문턱에 온다', '우수 경칩만 지나면 얼어죽을 내 아들놈 없다', '경칩에 강물 풀리듯', '경칩이 되면 삼라만상이 겨울잠을 깬다'는 말들에서 봄이 완전히 온다는 것을 강조한다. '춘분에 서풍이 불면 보리 흉년 든다'는 말은, 3월 중하순 경에 서풍이 불면 보리농사에 좋지 않다는 뜻이다. '청명 한식에는 동냥아치 고뿔도 나간다'거나, '청명에는 부지깽이를 꽂아도 싹이 난다', '청명 한식에는 아무데나 나무를 심어도 산다', '곡우에 비가 오면 풍년 들고 가물면 흉년 든다'고 하여 청명 곡우에는 모든 초목들의 생명력이 절정에 도달한다는 뜻으로 이르는 말들이다.

입하에는 논농사에 관한 속담이 많은데, '입하 바람에 씨나락 몰린다'거나, '입하에 물 잡으면 보습에 개똥을 발라 갈아도 안 된다'는 말들이 그렇다. '소만이 지나야 보리가 익어간다'고 하는 초여름 날씨지만, '소만 바람에 설늙은이 얼어 죽는다'고, 우스개로 여길 수밖에 없는 말도 있다. '망종 가뭄은 꿔다 해도 한다'거나, '망종에는 불 때던 부지깽이도 거든다'는 말에서, 이즈음에 가뭄이 있고 농사일이 특히 바쁘다는 것을 알게 된다. '하지가 지나면 구름장마다 비가 내린다'든지, '하지가 지나면 발을 물에 담그고 산다'는 말에서 비가 많이 내릴 즈음이라는 것을 알게 되며, '소서 모는 지나가는 행인도 달려든다'거나, '소서께 들판이 얼룩소가 되면 풍년이 든다'는 말에서, 벼가 한창 자라는 때라는 것을 알게 된다.

'입추 때는 벼 자라는 소리에 개가 짖는다'는 말은 허풍도 보통 허풍이 아니다. 그만큼 벼가 왕성하게 자란다는 뜻이겠다. '입추가 지나면 선들바람 분다'는 정도를 거쳐, '처서가 지나면 모기 입도 틀어진다'거나, '처서가 넘으면 풀 더 안 자란다', '백중날 비가 오면 백 가지에 해롭고 처서날 비가 오면 천 가지에 해롭다'는 데에 이르게 된다. 특히 처서는 늦더위에 지친 사람들에게 위안을 주는 절기가 되기도 한다. '백로 전 미발은 못 먹는다'고 했다. 미발은 벼 이삭이 나오지 않는다는 뜻이다. '백로에 비가 오면 십 리에 백 석을 감한다'든지, '백로에 비가 오면 흉년이 든다'고 했는데, 한창 벼에 꽃이 필 때라 비가 오면 수정이 될 수 없다는 말이다. '추분이 지나면 땅 위에 물기가 마른다'거나, '추분이 지나면 우뢰 소리가 멈추고 벌레가 숨는다', '추분이 지나면 백곡이 익는다'는 말들에서, 계절이 늦가을로 접어들었음을 알게 된다. '한로가 지나면 제비도 강남으로 가고 기러기는 북에서 온다', '벼는 상강 전에 베야 한다', '상강 넘어야 바닷고기 제맛 난다'는 말을 통해, 가을이 끝나고 있다는 것을 알 수 있다.

입동이 되면 추위에 바짝 긴장을 하게 된다. '입동 전에 보리는 묻어라'는 말은 반드시 지켜야 했다. '입동 지나 닷새면 물이 얼고 열흘 지나면 땅도 언다'고 했지만, '동지가 지나면 푸성귀도 새마음 든다'고도 했다. 초목들도 다시 새봄맞이 준비를 시작하려 한다는 뜻이다. '동지 지나 열흘이면 해가 소 누울 자리만큼 길어진다'거나, '동지 지나고 열흘 있으면 팔십 늙은이가 십 리를 더 간다'고 했다. 동지가 지나면 해가 점점 길어진다는 뜻이다. '대소한에 소대가리가 얼어 터진다'거나, '대소한 길 나간 사람 기다리지 마라', '대한이 소한의 집에서 얼어 죽는다', '소대한 지나면 얼어 죽을 잡놈 없다', '소한치고 안 추운 소한 없고 대한치고 안 따순 대한 없다', '소한이 대한의 집에 몸 녹이러 간다'는 말들에서 알 수 있듯, 대소한은 무척 추웠다는 것을 추측하게 해준다. 특히 소한이 그렇다는 것을 알게 된다.

'덥고 추운 것은 추분과 춘분까지라' 했다. 이런 말 하나만 알고 있어도, 살아가는데 큰 도움을 받는다. 24절기 가운데 대만·소설·대설에 관한 속담만 빠졌다. 농사를 짓는 사람은 물론, 일상인들도 위와 같은 속담을 통해 천기를 예견할 수 있는 지혜를 기를 수 있다.

61. 음식과 맛

'말똥을 놓아도 손맛에 달렸다'

입에 맛을 맞추는 것이, 맛에 입을 맞추는 것보다 좋을 게 당연하다. 음식은 많아도 맛을 내기가 어렵고, 사람은 많아도 입맛이 제각각이다. '입맛은 사람마다 다르다'고 하니, 음식을 하는 사람은 때마다 고심이겠다. '열두 가지 반찬으로도 서방님 비위는 못 맞추겠다'고 한다면 더욱 그럴 것이다. 그렇다고 '입맛이 없으면 밥맛으로 먹고 밥맛이 없으면 입맛으로 먹는다'는 말로 윽박지를 수는 없다. 사람마다 '입맛은 경기 비령이'인데, '맛 좋은 음식에는 독이 있다'고 할 것인가. '맞기 싫은 매는 맞아도 먹기 싫은 음식은 못 먹는다'고 했다. '음식 솜씨 자랑 말고 양념단지 갖추라'는 말대로, 우선 기본은 갖추어야 할 것이다.

'눈물 서 말 흘리지 않고는 음식 맛을 못 낸다'고 했다. '머리 좋은 여자가 음식도 잘한다'고도 했다. '음식 맛은 오대 부자라야 안다'고 하니, 맛을 내는 사람이나 맛을 즐기는 사람은 늘 팽팽하게 맞서게 마련이다. '맛있는 떡도 한두 끼니라'는 말처럼, 사람들의 입맛은 수시로 변한다. '맛없는 음식도 배고프면 달게 먹는다'는 말을 따라, 늘 배고플 때쯤 밥을 줄 수도 없는 노릇이다.

'입맛 없을 때는 밥그릇 들고 텃밭으로 간다'고 한다. 집안에서 음식을 먹는 것보다 들에서 먹는 밥이 맛있다는 뜻으로 쓰는 속담인데, 때마다 음식을 텃밭으로 날라다 줄 수도 없는 노릇이다. '두꺼비가 벌을 잡아먹어도 쏘는 맛에 잡아먹는다'고 했고, '소금을 먹어도 입에 맞으면 진미라'고 했거늘, 꼭 '둘이 먹다가 마누라가 죽는 것도 모른다'고 할 음식을 바라니 보통 어려운 일이 아니다.

'한 고을 원님 살림을 술에서 보고 한 집안 살림은 양념 맛에서 본다'고 할 정도로, 음식에서 사람들의 인심과 품격을 보게 된다. 내놓는 음식에 따라서 '보기 좋은 음식 별수 없다'고 할 수도 있고, '보기 좋은 음식이 맛도 좋다'고 말할 수도 있다. '숭늉은 아랫목같이 따뜻해야 하고 찌개는 부뚜막같이 뜨거워야 한다'거나, '밥은 봄같이 먹고 국은 여름같이 먹고, 장은 가을같이 먹고 술은 겨울같이 먹는다'는 말만으로도, 음식 만들기가 까다롭다는 것을 능히 짐작할 수 있을 것이다.

'입맛 나자 양식 떨어진다'면 입맛을 더 돋울 테고, '먹잘 것 없는 음식이 짜기만 하다'는 푸념과 함께 입맛은 사라질 것이다. 음식을 맛있게 하기만을 바라지 말고, 제 혓바닥도 항심恒心을 가지도록 해야 하리라.

몇몇 대표적인 양념이나 음식에 대한 속담을 제시해 본다.

소금은 근본적으로 불변하는 것을 인식하게 한다. '소금에 곰팡이 스는 법 없다', '소금이 쉬나' 하는 말이 그것이다. 그러나 세상사란 예외적인 일도 있을 수 있다는 뜻에서, '소금에도 곰팡이 난다', '소금도 맛 변할 때가 있다', '소금도 쉴 때가 있다'고 한다.

소금은 맛을 내는 기본이라서, '소금은 반찬 중에서 으뜸이라'고 했다. '맛은 소금이 낸다'거나, '천 냥짜리 쇠고기도 소금이 들어가야 제맛이 난다'는 말만으로도, 소금을 얼마나 소중하게 생각했는지를 알 수 있다. 오죽하면 '난리 나면 곡식짐 버리고 소금짐 지고 간다'고 했겠는가.

'반찬이 없으면 소금밥 먹는다'고 하듯, 소금은 직접 부식 노릇도 한다. 그 뿐만 아니라 '흉년에는 소금도 양식이라' 하여, 극한상황에 생명을 지켜내는 가장 소중한 먹을거리로 여겨온 것이다.

고추는 한국 사람의 대표적 양념거리다. '고추는 건초다', '고추나무는 제 그림자도 싫어한다'고 한 것처럼, 고추는 양陽의 식물이다. '고추는 작아도 맵다'고 하듯, 적은 양으로도 음식의 맛을 지배한다. '고추를 넣으면 화끈한 맛이 있어야 한다'거나, '고추맛과 씹맛은 화끈해야 맛이 있다'는 말이 고추의 효용성을 알게 해준다. '고추장 없는 상추쌈'이란 중요한 게 빠져 쓸모가 덜하다는 뜻으로 쓰는 속담이다. '고추보다 후추가 더 맵다'는 속담은 작거나 어릴수록 힘이나 능력이 뛰어나다는 뜻이다. 비위를 맞추기 위해 온갖 것을 준비했다는 뜻으로, '고추장이 열두 단지라'는 말을 쓴다. '고추 가꿀 줄 모르는 사람이 먹기는 잘한다'는 속담은, 일은 하지 않고 먹는 것만 밝히는 사람을 빗대는 말이다.

차를 마시는 백성은 흥하고 고추를 먹는 백성은 망한다고 하는 사람도 있지만, 음식을 두고 민족 단위의 흥망을 말하는 것은 설득력이 없다. 우리 민족만 해도, 차도 많이 마시고 고추도 많이 먹기 때문이다. 다만 고추가 극양極陽으로 작용하여 사람들의 심성을 너무 성급하게 만들지 않도록 주의할 필요는 있다 하겠다.

고기(肉)는 먹는 것 중 최고의 것으로 여겨졌다. 남의 살로 일컬어지는 고기는 값지고도 맛이 있어, 사람은 물론 신神을 대접하는 최상의 수단이었다. '고기 한 점으로 잡귀 천을 달랜다', '고기 한 점이 귀신 천 마리를 쫓는다'고 할 정도로 사람 아닌 귀신도 고기를 제일 좋아한다고 여겼던 것이다. '노인네 망령은 고기로 고치고 젊은이 망령은 몽둥이로 고친다'는 말도 마찬가지다. 오죽하면 금육禁肉을 덕목으로 하는 수도승을 두고, '고기 맛을 가르쳤더니 중이 법당의 파리를 그냥 안 둔다'거나, '고기 맛본 중이 구유를 핥는다'고 희롱을 하겠는가. '소증 나면 병아리만 쫓아도 낫다'거나, '소증에는 참새만 봐도 낫다'는 말도 기막힌 표현이다.

'날고기 보고 침 안 뱉는 이 없고 익은 고기 보고 침 안 삼키는 사람 없다'고 했다. 누구나 고기를 먹고 싶어 하지만, 예전만 해도 흔치 않은 것이라서 자주 먹을 수가 없었다. 그러다보니 '입맛 없는데 병아리 궁둥이만 따라다녀도 낫다'는 말까지 생겨나게 되었던 것이다. 이렇게 소중한 음식이다 보니 알뜰하게 먹어치워야만 미덕이 될 수 있었다. '물고기는 대가리 쪽이 맛이 있고 짐승 고기는 꼬리 쪽이 맛이 있다'는 말이 그래서 나온 것이다.

'대사에는 음식이 주장이고 음식에는 고기가 주장이라'고 했다. 음식의 왕은 어쨌든 고기라고 생각하게 된다. 그러나 육식 위주의 식생활은 장수무병에 최상은 아니다. 행보行補, 육보肉補, 식보食補, 약보藥補가 있는데 육보가 최상이 아니라 행보, 즉 운동이 최상이라는 것을 알아야 한다.

'장醬은 장將이라'거나, '삼장三醬만 있으면 밥은 먹는다'고 했다. 된장 간장 고추장만 있으면 반찬의 기본이 해결된다는 뜻이다. 소금을 가장 기본이 되는 재료로 삼기는 하지만, 세 가지 장은 모든 음식의 기본 재료다. 장을 얼마나 소중하게 생각했으면, '한 고을의 정치는 술맛으로 알고 한 집안의 길흉화복은 장맛으로 안다'거나, '고을 정치는 술맛으로 알고 집안 일은 장맛으로 안다', '간장 맛이 변하면 집안에 우환이 생긴다'고 표현했을 것인가.

'장이 단 집에 복이 많다'든지, '장맛아 좋아야 집안이 잘된다', 또는 '장맛이 변하면 집안에 변이 생긴다', '된장 맛이 좋아야 집안이 잘된다', '장맛을 보면 그 집 인심을 알 수 있다'는 속담들에서, 우리는 한 집안의 흥망성쇠의 열쇠를 장醬이 쥐고 있다는 것을 알게 된다.

장이 음식 맛의 기본이 되는 만큼, 여자들은 장맛을 내는데 온갖 정성을 들였다. 만드는 것뿐만 아니라, 관리하는데도 사시사철 신경을 썼다. 그러니 장맛은 그 집안 정성의 절정이라 할 것이다. 정성이 그러할진대 다른 일이 잘되지 않을 수 없다는 논리인 셈이다. '장맛 그른 것은 일 년 원수고 계집 그른 것은 평생 원수라'거나, '간장 맛이 있는 집 아이는 영리하다', '된장 맛을 보면 그 집 음식 맛도 안다'는 말이 다 그런 논리와 이어져 있는 것이다.

'장맛 아는 사람이 구더기 무섭다고 장 안 담글까' 하는 말이 지당하다. '장 없는 집에서 국 좋아하는 사람은 더 많다'고, 원래 그런 법이다. 정성을 한껏 쏟은 장이기에, '장 아까워 개고기도 안 먹는다'고 할 정도다. 아무리 아끼면 뭐하랴. '맛 좋은 장이 먼저 떨어진다'고 하지 않던가. '장 쏟고 허벅지 덴다'고 하는데, 이리저리 손해를 본다는 뜻으로 쓰이는 말이다.

장은 오래되어야 좋은 것으로 여겼다. '장은 묵은 장맛이 좋다'거나, '묵은 장이 약 된다', '아내와 장은 오래될수록 좋다'는 말이 허풍은 아니다. '간장 된장은 묵을수록 깊은 맛이 난다'는 것은 언제나 확인할 수 있는 사실이다. '아기 서고 담근 장으로 그의 혼인 때 국수를 만다'는 정도가 되면, 여성들이 장에 쏟는 애착을 알 수 있겠다. 또한 장은 뚝배기와 궁합을 맞춰야 한다. '장은 뚝배기에 끓여야 제맛이 난다'는 말이 그것이다. 그리고 보면 장은 담을 때부터 입에 들어갈 때까지 철저히 관리되고 있는 것이다. '장이 끓는지 깨가 타는지 모른다'는 것이 사내들이다. '간장은 주장'이라고 요약되듯, 다른 장들도 주장인 것이다.

'떡같이 믿는다'고 했다. 무엇인가를 꼭 믿는다는 뜻인데, 그야말로 떡은 기대를 하게 한다. 별다른 간식이 없었던 시대에, 떡은 별식 중 최상으로 여겼다. '떡은 갈수록 작아지고 말은 갈수록 커진다'는 말 속에 그런 의미가 다 들어 있다. 별식이라고는 하지만 때로는 주식으로 삼기도 하였음은 물론이다. 떡은 사람에게도 소중한 것이었지만, 고기(肉)와 함께 신神에게 바치는 최상의 제물이었다. '떡이 있어야 굿도 한다'거나, '떡 한 개로 귀신 백을 쫓는다'는 말이 그래서 생긴 것이겠다.

'떡은 별다른 떡이 있어도 사람은 별다른 사람 없다'고 했는데, 떡의 종류도 유별나게 많은 게 사실이다. 그중에 별다른 떡이 한두 가지겠는가. 이런저런 떡들을 잘도 생각해낸 조상들이었다. '떡이 있어야 제사도 지낸다', '떡 본 김에 고사 지낸다'고 할 정도로 떡이 중요했기에 숱한 종류의 떡을 창안해냈을 것이다. '떡 없는 제사에 절만 한다'는 말에서, 떡이 가장 핵심적인 것임을 유추할 수 있겠다.

'떡 주어 싫다는 사람 없다', '떡 사온 아재비 대하듯 한다'는 말에서 조상들이 떡을 유난히 좋아했음을 알게 된다. '떡 줄 놈은 생각도 않는데 김칫국부터 마신다'는 말도 한가지겠다. 오죽하면 '떡 쥔 놈 따라다니다 보면 고물이라도 흘린다'고 했을까.

이런 생각 때문에 오늘날 이런저런 돈을 떡값이라고 하는지도 모르겠다. 떡을 앞세워 웬만한 뜻을 통하기도 한다. 모든 일이 끝나 돌이킬 수 없다는 뜻으로, '떡 쪄먹고 시루 엎었다'고 한다. '떡을 얻어먹으면 떡으로 갚으랬다'거나, '떡으로 치면 떡으로 치고 돌로 치면 돌로 친다'는 말은, 받은 만큼 되갚는다는 뜻으로 이르는 말이다. 금상첨화라는 뜻으로, '떡도 살 박은 떡이 더 맛있다'고 하며, 내용보다 겉치레가 좋다는 것을 '떡보다 함이 더 좋다'고 빗댄다.

능력이 없으면서 남만 탓할 때 '떡 할 줄 모르는 아주머니 안반 타령만 한다'고 비꼬며, '떡 사먹을 양반은 눈꼴부터 다르다'고 하여 눈치로 행동을 짐작할 수 있다는 뜻으로 빗댄다. 좋지 않은 일만 생기는 집안을 두고, '떡 해먹을 집안'이라 하며, 갑자기 횡재를 만나면 '웬 떡이냐 한다'고 빗댄다. 아주 능수능란한 재주를 두고, '떡 장수 떡 주무르듯 한다'고 비유를 한다. 어떤 일을 제대로 해내지 못하고 손해만 보았을 때는, '떡도 떡같이 못 해먹고 가마만 깨트린다'고 빗대었다.

조상들은 떡을 하면 당연히 이웃과 나누어 먹었다. 그러니 욕심을 부리면, '떡 해먹고 이웃 인심 잃는다'고 했던 것이다. 떡이 아무리 좋다고 해도 '떡 본 도깨비 같다'는 소리를 듣지 말아야 한다. 좋은 것일수록 허발하지 말아야 옳은 행동으로 평가받는다. 그래서 '떡방아를 쪄도 옳은 방아를 찧어라'고 했다.

어물魚物까지 동원되어야 밥상의 구색이 갖춰진다고 할 것이다. 특히 바닷고기는 저절로 간이 배어있어 장醬을 생략해도 되니 더욱 좋다. '바닷고기는 밥 도둑놈'이라거나, '간장게장이 밥도둑이라'는 말이 기막히다.

바닷고기에 대한 속담은 무엇보다도 과장이 많아 흥미를 더해준다. 망망대해에서 거친 파도와 함께 사는 사람들이라서 그런지 표현 또한 푸짐하다. 겨울철 숭어가 맛있다는 것을 강조하기 위해, '겨울 숭어 앉았다 나간 자리 뻘만 훔쳐 먹어도 달다'고 했다. '봄철 문절이는 개도 안 먹고 구월 광어는 그놈이 엎드려 있는 갯벌만 떠다 먹어도 맛있다'는 말도 같은 말투다. '가을 전어 머리에는 깨가 서 말이다', '월하시 맛에 밤새는 줄 모르고 뱅어국에 허리 부러지는 줄 모른다'는 표현에 저절로 입맛이 다셔진다. 임연수의 껍질이 맛있다는 것은 예사롭지 않게 강조된다. '임연수 껍질 쌈 삼년에 강릉 부자 기둥뿌리가 빠졌다'거나, '강릉 최 부자가 새치 껍데기에 고래등 같은 기와집 세 채를 날렸다', '임연수 껍질 쌈은 셋이 먹다가 둘이 죽어도 모른다'고 했다. 임연수를 새치라고도 부른다.

'날껍질에 밥 싸먹다 논 팔았다'는 말도 마찬가지다. 여기서 날껍질은 민어 껍질을 말한다. '숭어 껍질에 밥 싸먹다가 논 판다'는 말도 같은 어법이다. 이 외에, '산천어국은 둘이 먹다 셋이 죽어도 모른다'

거나, '초겨울에 뱅어를 먹으면 속살까지 희어진다'는 말이 허황되지 않고, 오히려 정감을 느끼게 한다.

나갔던 며느리가 돌아온다는 표현법도 하나의 틀이 되어 있다. '전어 굽는 냄새에 나갔던 며느리 다시 돌아온다', '청어 굽는 냄새 맡고 나갔던 며느리가 되돌아온다', '조기 굽는 냄새에 나갔던 며느리가 들어온다', '굴비 굽는 냄새에 나갔던 며느리 되돌아온다', '산천어 굽는 냄새에 나갔던 며느리가 되돌아온다'는 속담들이 그렇다. 맛있다는 것을 강조하기 위한 최상의 표현 중 하나임이 분명하다. 이 외에도 며느리를 빌어 맛있다는 것을 강조하는 다른 표현법이 있다. '전어는 며느리 친정 간 사이에 문 걸어 잠그고 먹는다', '가을 배와 가을 고등어는 며느리에게 주지 않는다'는 말들이 그렇다.

맛이 가장 좋은 계절이나 월月을 고기의 이름과 함께 끌어들이는 예도 적지 않다. '봄 도다리 가을 전어', '봄 조기 가을 낙지', '봄철 그믐께 잡은 꽃게가 가장 맛있다', '가을 낙지 봄 조개', '가을 전어 겨울 숭어', '겨울 낙지요 봄 조기라', '오 농어 육 숭어 사철 준치다', '복어는 눈이 와야 제맛이 난다', '날씨가 차면 홍어 생각 따뜻하면 굴비 생각'들이 그렇다.

'치 자 돌림 생선은 다 맛있다', '물고기는 치 자 돌림자가 맛이 있다'는 말은 두루 알려진 상식이다. 음식을 잘하려면 위와 같은 지식을 가져야 할 것이다. '맛 좋고 값싼 갈치 자반'이라는 말만 알아도 일거양득 아닌가.

◆◆◆ 소증素症: 푸성귀만 너무 먹어서 고기가 먹고 싶은 증세.

62. 자식

'자식과 불알은 짐스러운 줄 모른다'

조상들은 자식 기르는 것을 농사짓는 것과 같이 생각했다. '자식도 농사와 같다'거나, '사람에게 농사 욕심하고 자식 욕심이 제일이라', '자식 농사가 농사 중에서 가장 큰 농사라'고 했던 것이다. 그래서 '마른 논에 물 들어가는 것과 자식 입에 밥 들어가는 것보다 더 보기 좋은 것은 없다'거나, '자식놈 입에 밥 들어가는 것과 가문 논에 물 들어가는 것이 세상에서 가장 보기 좋다'고 견주어 말했다. '세상 못 볼 일이 자식 죽는 것하고 농사 타들어 가는 것이라'고 했으며, '곡식은 남의 것이 잘 되어 보이고 자식은 제 자식이 잘나 보인다'든지, '곡식과 자식은 더러워도 버리지 않는다'고 했던 것이다. 부모는 '곰배팔이 육손이라도 제 자식은 귀하다'고 여긴다. '깨물어서 아프지 않은 손가락 없다'고 했듯이, 자식이 여럿이라도 골고루 사랑을 펼친다. 어떤 자식이라도 '꿀단지냐 엿단지냐 한다'지 않던가. '자식이 없으면 속 썩일 일이 없다'고 한다. 그렇지만 자식을 낳는 것은 천지간의 필연적 질서다.

'부모와 자식은 전생에 원수지간이어서 무조건 잘해줘야 한다'거나, '부모는 자식에게 빚쟁이라'고, 내리사랑의 근거를 달리 표현하는 경우도 있다. 그렇지만 '자식 사랑은 짐승이나 사람이나 한 가지라'든지, '자식 사랑하는 법이 상중하가 다를까' 하는 데서, 모든 동물이 제 피붙이에 대한 애착은 무엇보다 강하다는 것을 깨우치게 된다. '고우니 미우니 해도 제 자식밖에 없다'거나, '나쁜 아비도 나쁜 자식 원하지 않는다'는 말도 같은 맥락이다. '거지도 돈 복보다는 자식 복을 더 바란다'고 하지 않던가.

'자식은 애물단지라'는 것을 알면서도 거의 모든 사람들은 자식 두기를 간절히 원한다. '자식 없는 여자는 칠거지악에 들어서 죄가 제일 크다'는 말 때문에 그런가, 여자가 특히 더 자식에 대한 집착이 강하다. '무자식 어미의 팔자가 상팔자'가 아니라, '무자는 죄라'고 생각하는 사람들이다. 자식을 두고 속 썩이는 것이 자식을 못 둬 고통받는 것보다 낫다고 여기는 이들이 적지 않다. '자식 없는 인왕산 호랑이도 산다'는 말로 위로받지 못하는 것이다. '자식 없는 집안은 초상 난 집안 같다'는 말이 맞다고 생각하는 것이겠다.

그리고 보면 '무자식이 상팔자라'는 말에 누구도 설득당하지 않는다는 말이 된다. 공감은 하지만 그래도 자식을 두어야 된다고 생각하는 것은 필연 본능이겠다. '강산이 제 것이라도 자식 없는 사람이 제일 서럽다'든지, '자식보다 더 귀한 보배가 없다', '자식이 재산이라', '자식이 제일 큰 보배라'고 하는 생각들이 그렇다. '자식 없는 부자는 울며 살고 자식 있는 거지는 웃고 산다'고도 했다. 어쨌든 자식을 둔 부모는 평생을 걱정으로부터 자유롭지 못하게 된다. 그래서 '자식 둔 부모 근심 놓을 날 없다', '자식 둔 부모는 알 둔 새 같다'고 하는 것이다. '속이 여름 두엄벼늘 속 홍어 속이라'고 했는데, 부모의 속이 꼭 그렇겠다.

누구나 자식을 잘 두고 싶지만 쉬운 일이 결코 아니다. '자식을 두고 싶거든 불공을 말고 심보부터 고치랬다' 하지만, 꼭 심보가 사나워 자식이 안 생기는 것은 아니겠다. 명산대찰을 찾아다니며 치성을 드리는 이들을 보면, '자식은 가정의 꽃이라'는 말을 다시 생각하게 된다. '자식 놓고는 웃어도 돈 놓고는 못 웃는다'고 하지 않던가.

정종진 417

'자식이란 한 배에서 나와도 오롱이조롱이'라거나, '한 나무에 달린 모과도 크기가 다 제각각이라'고 했다. 그래서 모두가 잘 될 수가 없다. '자식이란 잘 길러야 반타작', '자식 농사 반타작'이란 말이 그래서 있는 것이다. 자식이 아직 어릴 때, 부모들은 제 자식이 자기들 뜻대로 잘 키울 수 있으리라 자신을 갖는다. 그렇지만 곧 그 생각이 잘못 되었다는 것을 깨우치게 된다. '자식을 겉은 낳아도 속은 못 낳는다'고, 커가면서 도무지 말을 들어먹지 않는다. '자식은 품 안에 있을 때나 내 자식이다', '자식도 품 안에 적 자식이지 제 발로 걸어 다니기 시작하면 그만 남이라'는 말이 꼭 맞다고 생각하게 된다.

'자식을 낳기는 쉬워도 키우기는 어렵다'거나, '자식을 낳기보다 부모 되기가 어렵다'고 하지만, '자식은 키우는 재미'라고도 한다. 누구나 제 자식은 귀엽다. 그러나 '자식 귀엽게 키워 버릇 있는 놈 못 봤다'고도 했다. '사랑하는 자식일수록 매로 다스려라', '귀한 자식일수록 고생을 사서라도 시켜라'는 말을 명심해야 한다. 사랑때문에 꾸지람 한다는 것을 모를 사람 없다.

부모와 자식 간의 사랑은 정말 일방적이다. 내리사랑인 것이다. '사랑은 내리사랑이라'든지, '사랑은 내리사랑이 더하다', '사랑이란 내리사랑 하지 치사랑은 아니다', '내리사랑은 있어도 치사랑이 없다'는 말들은 전혀 그르지 않다. 윗사람으로부터 아랫사람으로 향하는 것이 진정 크다는 뜻이다. '사랑은 내려가고 걱정은 올라간다'는 말도 같은 뜻이다. '부모 속에는 부처님이 있고 자식 속에는 앙칼만이 들었다'는 뜻을, 자식 길러본 사람은 다 알게 된다. '낳은 정이 아프다'는 말을 자식들이 알 수 있을까. 부모의 속내를 어찌 알뜰히 알 수 있을 것인가. '버선목이라고 뒤집어 보일 수도 없는' 일이다.

'가장 질기고 모진 것이 어미와 자식 사이의 정이다'. 아무리 배은망덕하다지만 자식 포기하는 부모 없는 법이다. 포기하기는커녕 자식이 못 될수록 애정을 더욱 쏟는 게 어미다. '모정은 아들에게 향하고 부정은 딸에게 쏠리는 법'이지만, 잔정이 조금 다를 뿐이지 근본은 같다. 자식을 둔 이는 누구나, '자식은 내 자식이 귀하고 곡식은 남의 곡식이 더 잘 돼 보인다'거나, '자식은 내 자식이고 짐승은 남의 짐승이 좋아 보인다'고 생각하게 마련이다. 자식이 부모에게 할 수 있는 하나는, '끊어진 연분은 자식이 이어준다'는 것이다. 혹시 부부 사이가 좋지 않아도, 자식 때문에 참고 산다는 뜻이겠다.

'자식치고 부모 속 안 썩이는 자식 없다'는 말은 만고불변의 진리다. '자식 하나만 키우자면 머리가 쉰다'고 하는데, 자식이 많으면 어떻겠는가. 오죽하면 '자식 키우는 죄인'이라고 하겠는가. '자식을 잘못 기르면 호랑이만 못하다', '자식 있는 사람치고 안 운 사람 없다'는 말이 기막히다. '자식이란 숨통 밑에 가시라'거나, '자식이 자라면 상전 된다'는 말 추호도 틀림이 없다. '아비가 고생해 돈 벌어 놓으면 아들은 흥청망청 쓰고 손자는 거지 된다'든지, '집안을 망칠 자식은 돈 쓰기를 똥 버리듯 한다'는 경우가 수두룩하다. 사정이 이렇더라도 '황소의 목을 휘었으면 휘었지 자식 목은 못 휜다'고 하니, 부모가 얼마나 불쌍한가.

'자식 웃기기는 어려워도 부모 웃기기는 쉽다'고 했는데, 정말 가슴 속에 앙칼만 들은 자식들은 부모를 웃게 하는 데 인색하다. '자식은 먹고 남아야 부모에게 주고 부모는 먹지 않고 자식에게 준다'거나, '자식은 부모에게 쓰고 남은 돈을 주고 부모는 자식에게 주고 남은 돈을 쓴다'는 말에 예외가 없을 정도로 자식은 부모를 생각지 않는다. 그렇게 해도, '자식은 아비의 가난한 것을 원망하고 아우는 형이 부자로 사는 것을 미워한다'. 그래서 '자식들은 평생 부모 앞에 죄 짓고 산다'는 것이다.

　자식을 많이 둔 사람은 한평생이 그야말로 바람 잘 날 없다. '자식 많고서는 발 편한 잠을 못 잔다', '자식 많은 부모 속 안 썩는 날 없다', '자식 많은 사람은 집 비울 사이도 없다', '자식 많은 어미 허리 펼 날 없다', '자식 많은 집 아랫목 마를 새 없다', '자식 많이 둔 어미 눈물 마를 날 없다'고 하는데 틀린 말 하나도 없다. '하룻길을 가도 돈이 있으면 배가 안 고프고 자식 앞세우고 가면 배가 고프다'는 심정을 알 수 있을 것이다. 게다가 '못된 소나무에 솔방울만 가득하다'는 말이라도 듣는다면 더욱 절망스러울 것이다.

　자식이 많으면 뜻밖의 일들이 많이 생기는 것은 당연하다. 자식이 많지 않아도, '자식 둔 사람은 입찬소리 말랬다'고 했는데, 많다면 두말할 필요가 없겠다. 자식이 어떻게 변할 줄 알겠는가. '세모시 키우는 사람하고 자식 키우는 놈은 막말을 못한다'거나, '자식 많이 둔 사람은 화냥년 보고 비웃지 말고 도둑놈 보고 흉보지 말랬다', 또는 '딸이 셋이면 잡년 보고 웃지를 않고 아들이 셋이면 잡놈 보고 웃지를 않는다', '제집에 딸 두고 남의 딸 웃지 마라'는 말이 그래서 있다. '자식은 쪽박에 밤 담듯' 많이 둔 사람은, '자식 많은 거지다', '자식 많은 게 죄라'고, 뇌까리고 다닐 수밖에 없지 않겠는가. '자식을 많이 낳으려 말고 난 자식 잘 가르치랬다'는 말은 동서고금의 진리다. '마소가 많으면 부자요 자식이 많으면 거지라'거나, '범의 새끼도 열이면 스라소니가 있다', '새끼 많은 소 멍에 벗을 날 없다', '많이 열린 감나무 가지는 늘어진다', '가지 많은 나무에 바람 잘 날 없다'는 말들이 구구절절 옳다. 그렇다고 외아들이면 고생이 훨씬 덜할까. '범도 외아들이라면 물고 가다가도 놓고 간다'거나, '외아들 물가에 보낸 어미 마음이라'고 하지만, 애지중지하는 것은 그야말로 일방통행이다. '외아들에 효자 없다'는 말이 에누리 없는 사실이기 때문이다.

'자식과 돈은 마음대로 안 된다'지 않던가. '자식을 키우는데 오만 자루의 품이 든다'고 했고, '자식이 여럿이면 별일이 다 있다'고 했다. 그래서 '죽지 않을 자식이라면 하나만 낳아야 한다'는 말을 뒤늦게 되새기는 것이다. '부모의 수치가 자식의 수치라'거나, '부모의 얼굴이 자식의 얼굴이라'고 했는데, 자식은 그런 것에 아랑곳하지 않는다. '나쁜 소도 좋은 송아지 낳는다'든지, '검정 소도 흰 송아지를 낳는다'고 했거늘, 자식을 보면 도무지 그런 희망이 보이지 않는 경우가 허다하다. '밤껍질에 밥 담은 것 같다'고 여길 만큼 도무지 욕심에 차지 않을 경우가 많으리라.

마음으로야 맛있는 것 푹푹 퍼주고, 있는 돈 없는 돈 다 긁어 내주고 싶지만 행여 자식의 인성을 그르칠세라, '고운 자식 밥 적게 주면서' 노심초사하는 것이다. 그뿐인가. '불면 날아갈까 쥐면 꺼질까' 키우다가 잘못된 구석이 보이면 매를 들게 된다. 차라리 매로 제 심장을 치는 게 낫지, 자식을 때리자면 억장이 무너져 내리지만 때려야 하는 심정을 자식이 어떻게 헤아리랴. 그래도 다행히 '매 끝에 정이 들어' 진정한 부자유친, 엄친자모가 이루어지면 그보다 다행한 일이 어디 있겠는가.

'자식 끝이 펴일려면 에미 손끝이 헤퍼야 한다'고 했다. 자식이 기를 펴고 살게 하려면 어머니가 남에게 인심을 써야 한다는 뜻이다. 한편에선 '자식에게 금상자를 물려주지 말고 책을 물려 주랬다'고 한다. '자식에게 땅 줄 걱정 말고 책 물려 줄 걱정하랬다'거나, '자식에게 천금을 주는 것보다 한 가지 기술을 물려주랬다'고 한다. 자식을 향한 욕심은 태산 같지만, 어떻게 하는 것이 최선인지 갈피를 잡지 못한다.

'자식이란 낳기보다 키우기가 어렵고 키우기보다 가르치기가 어렵다'고 했다. '자식 셋 키우자면 눈알이 변한다'고도 했다. '품 안에 들었을 때가 자식이라'고는 하지만, 부모가 끼고 자식을 기르면 편협해질 수 있다. 그래서 '귀한 자식은 객지로 보내랬다'거나, '자식을 귀하게 기르려면 객지 밥을 먹이랬다'고 했다. '용 새끼 못된 것은 미꾸라지 된다'고 하는데, 미꾸라지 꼴 보지 않기 위해 멀리 쫓아버리는 게 나을지도 모르겠다. 그러나 혹시 아는가. '공 안 든 자식 덕 본다'거나, '애물단지가 보물단지 된다'고 했으니 말이다.

오죽하면 '머리 검은 고양이 귀치 마라', '머리 검은 짐승은 은혜를 모른다'고 했을까. 머리 검은 짐승은 사람이다. '머리 검은 짐승을 거두는 것은 지옥의 늦이라'는 속담이 있다. 늦이란 앞으로 어떻게 될 것 같은 일의 근원 또는 먼저 보이는 빌미라는 뜻이다. 그러니까 사람을 거둔다는 것이 지옥에 갈 일이라는 얘기가 된다. 얼마나 섬뜩한 말인가. 인간에게 얼마나 배신감을 느끼면 이런 말이 나올 수 있을까. 자식은 이런 말과 관련이 없다고 할 것인가. '돈과 자식은 마음대로 되지 않는다'고 했는데, 왜 관련이 없겠는가.

'인자한 아비도 이롭지 못한 자식은 사랑하지 않는다'고 했는데, 아버지에겐 그런 냉정함이 있다. '인자한 어머니도 세 사람만 짜고 거짓말을 불어넣으면 자기 자식도 의심한다'고 했는데, 아무리 어머니라도 분별력을 잃을 때가 있는 것은 당연하다. '부모와 자식 간에는 경우를 가리지 않는다'고 했지만, 늘 그럴 수는 없는 일이다. '부모와 자식 간에도 일이 사랑이라'는 말이 맞다. 제 할 일 하는 자식이 믿음직스럽게 보이는 것은 당연하다.

자식이 좀 잘 되었다고 해서 남들에게 자랑하는 것은 금기였다. 자식이 언제 어떻게 될지 아무도 알 수 없기 때문이다. '자식 놓고는 장담하는 게 아니라'고 하지 않는가. 아무리 잘 된 자식이라도 옛사람들은 큰 복으로 생각지 않았다. '자식은 오복에 들지 않는다'거나, '자식은 오복이 아니라도 이(齒)는 오복에 든다' 하는 말이 그래서 있다. '모든 자랑은 다 해도 자식 자랑은 장담 못 한다'거나, '자식 자랑은 숨어서 하고 남의 자랑은 보는 데서 하랬다'고 했다. '자식 자랑하는 것은 팔불출의 하나라'든지, '고향 자랑은 해도 자식 자랑은 말랬다', '자식 자랑은 반불출 아내 자랑은 온불출'이라고 했던 것이다.

자식에 대해서는 부모가 가장 잘 알게 마련이다. 그도 그럴 것이 자식을 두고 평생을 노심초사했기 때문이다. '자식을 아는 것은 아비만 못 하다', '자식을 보는 눈은 어미 당할 사람 없다', '자식을 보기에 아비만한 눈이 없고 제자를 보기에 스승만한 눈이 없다', '부모가 자식은 제일 잘 안다'고 하는 말들이 틀릴 수 없다. '집안을 일으킬 자식은 똥도 금같이 아긴다'는 기미를 부모는 일찍이 보고 있는 것이다.

팔자가 여의치 않다 보면 의붓자식을 키우는 경우가 있겠다. '의붓자식 키우느니 개를 키우랬다'거나, '꿩 새끼 제 길로 찾아든다'고 했다. '여자는 남의 자식을 데리고 살아도 남자는 남의 자식을 데리고 못 산다'든지, '복 없는 놈은 자식 복까지 없다'고 했는데, 누구는 남의 자식을 키우고 싶어서 키울 것인가. 그저 사는 일에 대한 업이려니 생각할 일이다.

자식으로서 차마 못할 일이지만, 부모보다 앞서 떠나는 자식도 있다. '남편이 죽으면 하늘의 별이 보이지만 자식이 죽으면 하늘의 별이 안 보인다'거나, '남편이 죽으면 땅에 묻지만 자식이 죽으면 가슴에 묻는다'는 심정을 이해할 수 있겠는가. '자식이 죽으면 보던 눈도 먼다'든지, '자식이 죽으면 가슴에 묻고 부모가 죽으면 산에 묻는다'는 심사를 짐작할 수 있는가. '어머니는 눈으로 울고 아버지는 가슴으로 운다'고 했다. '어머니 눈에는 눈물 아버지 눈에는 피'뿐일 것이다. 자식이 부모를 앞서지 않는 것만으로도 최소한의 효도는 하는 셈이다.

자식들이 성장하여 혼인을 하여도 자식에 대한 걱정은 마찬가지다. 자식들이 나이는 들어 이렇게 저렇게 살지만, 부모 눈에는 여전히 철부지로밖에 보이지 않는다. 혼인을 시켜놓은 후에 자식들에 대한 서운한 마음은 더욱 커진다. '영감 밥은 누워서 먹고 아들 밥은 앉아서 먹지만 딸의 밥은 서서 먹는다', '남편 밥은 아랫목에서 먹고 아들 밥은 윗목에서 먹고 딸 밥은 부엌에서 먹는다'거나, '남편 주머니 돈은 내 돈이고 아들 주머니 돈은 사돈네 돈이라'는 말은 두루 확인할 수 있을 것이다. '부모 촌수보다 돈 촌수가 가깝다'고 했는데, 어찌할 것인가. '딸은 예쁜 도둑이고 사위는 미운 도둑이라'는 것을 부모는 다 안다.

자식이 충분히 자랐다고 하여 부모가 근심에서 해방될 것이라 생각한다면, '천만의 말씀 만만의 콩떡'이다. '자식이 작으면 작은 걱정 크면 큰 걱정'이라 하지 않았던가. '자식은 어려서는 애물이고 크면 상전이라' 했다. 물론 '자식은 어려서는 애물이고 크면 울타리라'는 말이 있기도 하다. 둘 다 맞는 말이다. '백 세 된 어미가 팔십 된 자식을 항상 염려한다'고 하지 않는가. '도둑의 때는 벗어도 자식의 때는 못 벗는다'고 했다. 아무리 나이가 먹어도 자식은 자식이다.

늙었어도 자식에게 의지하지 않겠다는 생각으로 열심히 노후준비를 하는 게 현명하다. 자식이 제 가정 하나도 제대로 못 이끌어가는 주제면, 부모 봉양은 멀고 먼 일이다. '열 자식 구완 못 하는 부모 없다'고 했는데, '열 자식이 한 부모만 못하다'고 하니, 얼마나 한심한 일인가. '한 부모는 열 자식을 거느려도 열 자식은 한 부모를 못 거느린다'는 말이 결코 과장이 아니다. 마치 '한 놈이 놓은 다리는 열 놈이 건너도 열 놈이 놓은 다리를 한 놈도 못 건넌다'는 이치와 같다. '아비와 아들이 말 타고 가면 자기 말 매어두고 아버지 말을 맨다'고 할 정도로 자식은 부모에게 인색하다. '아비 팔아 노자하고 어미 팔아 친구 산다'고 할 만큼, 자식은 부모를 이용한다.

늙어서야 자식을 보고 위안을 느끼게 된다. 제 핏줄을 잇는다는 생각에 그럴 것이다. 그래서 '슬하가 쓸쓸하면 오뉴월에도 무릎이 시리다'고 했다. 그렇다고 뒤늦게 자식을 낳아놓으면 그것도 화근거리다. '늦게 본 자식이 더 말썽이라'고 했으니 말이다. 남편에게 실망한 여자일수록 자식에 대한 집착은 더해간다. '여자가 자식 보고 살지 서방 보고 사나' 하고 말할 정도가 된다. '남정네는 상전이고 새끼는 원수라'고 하지 않을 정도면 다행이다. '자식 없는 고생이 제일 마지막 고생이라' 했지만, 그래도 자식을 보고 속썩이는 것이 낫다고 한다. '죽어서 상여 뒤에 따라와야 자식이다'는 말에, 자식에 대한 끝없는 애착이 다 담겨 있다. '어머니는 살아서는 서 푼이고 죽으면 만 냥이라'는 깨우침은 살아있는 자식들의 몫으로 남게 된다.

◆◆◆ 두엄벼늘 : 두엄은 거름. 벼늘이란, '낟가리'의 경상도 사투리. 두엄더미라는 뜻.

63. 효자, 효녀

'효성이 지극하면 돌 위에 풀이 난다'

어디서부터 어디까지를 효자라 할까. 효와 불효에 대한 판단은 시대에 따라 다른 것은 물론, 개인에 따라 무척 다를 수가 있겠다. 오랫동안 자식이 없던 집안에서는 태어나는 것만으로 효자가 되고, 능력이 전혀 없는 부모 밑에 있는 자식은 처음부터 끝까지 부모를 봉양해야만 효자 소리를 들을 수 있을 것이다. 또한 자식에 대한 부모의 판단과, 다른 사람들의 판단도 다를 수밖에 없다. 그래서 '효자는 부모의 입에서 낳는다', '위 좋은 효자는 있어도 아래 좋은 효자는 없다'는 말이 있다. 부모가 제 자식 효자라고 선전하고 다니면 효자가 되는 것이다. 그것이야말로 '자식이 좋아서 효자가 아니고 부모가 좋아서 효자라'는 말이 맞는다.

예전에는 가풍이 제대로 잡힌 집에서나 효자가 난다고 생각했다. '효자 가문에 효자 난다', '효자 집에 충신이 난다', '효자 난 데 효자 난다', '효자가 있어야 효부가 있다', '효부 없는 효자 없다'는 말들이 그렇다. 물론 반드시 그런 것은 아니다. '효자 끝에 불효 나고 불효 끝에 효자 난다'고, 어느 가문이든지 효자나 불효는 있게 마련이다.

'모르면 불효고 알면 효자다'는 말이 있다. 사람의 도리를 알게 되면 효도를 하게 마련이라는 뜻이다. 철이 들면 효도를 하게 되는데, 철들기가 그리 쉬운가. '자식이 부모의 마음 반이면 효자 된다', '자식이 부모 사랑 절반만 해도 효자라'는 생각은 당연하다.

효도의 실천 방법도 다양하다. '이 효자 저 효자 해도 늙은 홀아비 중신하는 자식이 효자라'든지, '효도 중의 으뜸은 윗방아기'라는 말이 있듯이, 홀로 된 아버지의 마음을 꿰뚫어 보고 여자를 들여 모시는 것이다. '홀아비 딱한 사정 과부가 안다'는데, 그 심정을 자식이 알아주니 얼마나 기특한 일인가. '열두 효자가 악처 하나만 못하다'거나, '효자가 악한 처만 못하다'고 하는 이유가 거기에 있다. 늙은 아버지의 여자에 대한 욕망을 해결해주는 자식이 어찌 효자가 아니겠는가. 이런 생각은 어머니의 경우도 마찬가지다. '효자보다 못된 영감이 낫다'는 말이 그것을 깨우치게 한다.

효자가 나서 반드시 좋은 것만은 아니라는 생각도 있다. '효자 효녀가 나면 집안이 망한다'는 말이 그렇다. 친상을 당해서 오랫동안 부모의 묘소를 지키느라 집안을 돌보지 못한다는 뜻에서 비롯된 말이다. 지나친 효심이 때로는 달갑지 않은 결과가 된다는 말이겠다.

효도 중에서 효도는 부모보다 먼저 죽지 않고 잘 사는 것이다. 그래서 '부모보다 먼저 세상을 뜨는 게 제일 큰 불효라'고 했다. 반대로 '죽은 자식으로 효도 본다'고 했는데, 산 자식이 늘 불효를 하니 죽은 자식이 더 낫게 여겨진다는 말이다. 하지만, 차마 그것을 효도라고 해서 되겠는가. '부모 상고에는 먼 산이 안 보이더니 자식이 죽으니 앞뒤가 다 안 보인다', '부모는 땅 속에 묻고 자식은 가슴 속에 묻는다'고 말하듯, 평생 한이 될 뿐이다. '죽은 자식에 못난 자식 없다'거나, '죽은 자식의 귀 모양 좋다 하지 마라'고 했다. '죽은 자식 자지 자랑하지 마라', '죽은 아이에 침 주기요 마른 나무에 물 주기라'고도 했는데, 부모 심정이야 이미 숯이 되어 있을 것이다. '고기는 놓친 고기가 크고 자식은 죽은 자식이 잘났다'고 했는데, 얼마나 안타까우면 그렇겠는가. '죽은 자식 생각 말고 또 낳을 생각을 하랬다'고 하지만, 그거야말로 '솔 심어 정자 삼기'로 생각될 것이다.

'산 효자는 없어도 죽은 효자는 있다'거나, '죽은 효자는 사립마다 난다'고 했다. 부모가 돌아가신 후 효심을 갖는 것은 누구나 같지만 아무 소용이 없다는 뜻이겠다. 부모의 묘소에 석물石物이나 호화롭고 가득하게 세운들 무슨 소용이 있을 것인가. 그 모두가 다만 자기 과시라서 씁쓸하게 여겨질 뿐이다. '죽어 만수진찬이 살아 쓴 담배 한 대만 못하다'거나, '죽은 뒤에 많은 제물보다 살아서 한 잔 술이 낫다'

는 말 허투로 들어서는 안 된다. '죽은 귀신보다 산 귀신을 잘 모셔라'는 말이 짧아도, 가장 의미심장하다. '구시월 가지 먹으려 해도 어머니 생각하면 목 막혀 못 먹는다'는 심정이 효심 아니고 무엇이겠는가.

부모의 구미에 맞게 잘 자란 자식이 반드시 효도하는 것은 아니다. 때로는 아주 제쳐 놓았던 자식이 효도하는 수도 있다. 그래서 '불효 끝에 효자 나고 효자 끝에 불효 난다'고 했던 것이다. '매 끝에 정 나고 효자 난다'거나, '눈먼 자식이 효도한다', '눈먼 놈이 효자 짓 한다'는 경우가 적지 않다. '바리데기가 효자노릇 한다'든지, '굽은 나무가 선산 지킨다', '속 많이 썩인 자식이 효자 노릇한다', '가난 속에서 효자 효녀 난다'는 말들도 같은 뜻이다. '효성이 지극하면 돌 위에 꽃이 핀다'거나, '효자의 집엔 방바닥에 대(竹)가 나온다'고 하는데, 효도하는 자식이 그리 흔하지 않다는 뜻으로 여겨진다.

예전에 그렇게 원하던 아들은 불효의 원인이 되기도 한다는 것을 알고 있을 것이다. 그래서 '첫째 원수는 아들이요 둘째 원수는 며느리고 셋째 원수는 딸이라' 했다. 그렇게 업신여기던 딸이 아들보다 낫다고 뒤늦게 생각한다. '딸네 집에 가면 비행기 태워주고 아들 집에 가면 버스 태워준다'고 했던가. 더구나 요즈음 자식을 한둘 낳는 마당에 효자를 두기란, '고양이가 알을 낳으면 낳았지' 거의 불가능하다. '하나 자식 효자 없다'고 하지 않던가. '발이 효도 자식보다 낫다'고, 자식에 기대하느니 제 발에 기대하는 게 속 편할 일이다.

요즘의 세상이 하도 험악하여 존속살해 사건도 적지 않게 일어난다. '매 새끼는 어미도 잡아먹는다'더니, 매 새끼 같은 자식도 있구나 싶다. '삼 년 간병에 효자 없다'거나, '부모 임종을 못하면 철천지 불효라'는 정도는 그야말로 고전적 불효인 셈이다. '부모의 마음을 십분의 일만 알아줘도 효자라'고 하는데, 십분의 일이 아니라 털끝만큼도 모르는 자식들이 늘어가기만 하는 세태다.

효도도 조건이 맞아야 한다는 것은 평계만은 아니다. '충신이 나려면 나라가 어지러워야 하고 효자가 나려면 부모가 노망을 해야 한다'거나, '효자 노릇을 할래도 부모가 받아줘야 한다', '부모가 있어야 효도도 한다'는 경우들이 그렇다. '충성과 효도가 쌍전할 수 없다'고도 하는데, 국사에 전념하거나 전쟁과 같은 어려운 시기에는 두 가지를 다 해낼 수 없으니 그런 말이 있겠다. '충신을 찾으려면 효자문으로 가랬다'고 하는데, 두 가지 모두 하나의 정신에서 나오기는 하지만 실천궁행으로 병행하기는 힘들다.

'부모에게 효도는 제 자식을 위한 것이라'는 뜻을 알아야 한다. 아니 결국 저 자신을 위한 것이리라. '부모 박대했다가 자기도 자식한테 천대 받는다'는 사실을 빨리 깨우칠수록 좋다. '부모가 효자라야 자식도 효자 된다'거나, '부모가 온 효자가 되어야 자식이 반 효자 된다'는 것도 마찬가지다.

'천 가지 죄 중에서 불효 죄가 가장 크다'고 했다. 효도라고 해서 그야말로 '쌍가마를 태울 건가 용상에 올라 앉힐 건가' 하듯이, 결코 그런 게 효도의 본질은 아니다. '소 잡아 제사 지내려 말고 살아서 닭 잡아 봉양하랬다'는 말이 지당하다. 부모를 재물로 호강시키는 게 아닐 것이다. '큰 효는 한평생 부모를 사모하는 것이라'고 하지 않던가. '미욱한 까마귀도 제 부모 덕을 안다'거나, '까마귀는 자라서 어미를 먹인다'고 했는데, 만물의 영장이라는 사람이 부모의 덕을 몰라서 될 것인가.

64. 시부모와 며느리, 처부모와 사위

'남의 식구가 잘 들어와야 집안이 잘 된다'

'사위는 백 년 손이요 며느리는 종신 식구'라 하지만, 손님이라는 사위도 잘 들어와야 집안에 평화가 깃든다. '며느리는 부엌에서 얻고 사위는 글방에서 얻으라'고 했는데, 남자는 학식이 있어야 하고, 여자는 살림만 잘 하면 된다는 생각을 했기 때문이다. '사위 고르기는 며느리 얻기보다 어렵다'고 했지만, '며느리 얻기 묘터 얻기'라고도 했다. 명당을 찾아 묘터를 잡을 만큼 며느리 얻기가 어렵다고 생각했다. '너무 고르다가 종말에 눈먼 사위 얻는다'고 했는데, 며느리의 경우도 마찬가지다. 사위가 됐든 며느리가 됐든, 남의 식구를 맞는다는 것은 '겨자씨 속에서 담배씨 찾기'만큼이나 어렵다고 생각해야 할 것이다.

남의 식구에 대한 사랑과 미움은 예전에 참으로 극단적이었다. '사위는 장모 사위고 며느리는 시아버지 며느리라'거나, '며느리 안 귀여워하는 시아버지 없고 사위 안 귀여워하는 장모 없다'는 생각 때문이리라. '장모는 사위가 곰보라도 예뻐하고 시아버지는 며느리가 뻐드렁이에 애꾸눈이라도 예뻐한다'고 할 정도가 되었던 것이다. 같은 며느리를 두고도, '며느리 사랑은 시아버지가 하고 며느리 험담은 시어머니가 한다'고 했으며, '사위가 귀여우면 딸보다 귀엽고 미우면 원수보다 밉다'고 하여 호불호의 감정이 극단적이었던 셈이다.

'사위 미워하는 장모는 약에 쓸래도 없다'고 할 정도로, '사위 사랑은 장모 사랑'이다. 특히 맏사위에 대한 사랑은 절대적이다. '맏사위가 오면 장모는 버선발로 맞이한다'거나, '맏사위가 오면 장모는 신을 거꾸로 신고 나간다'고 하는 말들이 그것이다. 사위에 대한 장모 사랑은 도에 넘칠 정도다. '사위 밥 한 그릇은 동네 사람이 먹고도 남는다', '도리깨와 사위는 먹어도 안 먹는다', '사위 밥은 발로 눌러 담고 일꾼 밥은 피워 담는다', '사위 반찬은 장모 눈썹 밑에 있다', '사위와 씨아는 먹어도 안 먹는다', '장모는 사위가 곰보라도 예뻐한다', '아시 정구지는 아들도 안 주고 사위 준다'는 말들이 그것을 증명한다. 오죽하면 '장모 없는 집에는 장가도 가지 말라'고 하겠는가.

'사위 자식도 자식이라'거나 '사위는 대자식이라', '사위도 반자식이라'고 했다. 그러나 사위를 늘 좋게만 생각한 것은 아니다. '사위는 도둑놈이고 딸년은 도둑년이다', '사위는 미운 도둑이고 딸은 예쁜 도둑이라', '사위 새끼 고양이 새끼', '사위 섬기기는 고양이 섬기기와 같다', '사위에게 잘하다가는 집안 망운다', '사위 자식 개자식'이라는 말들에서 그것을 확인할 수 있다.

'며느리는 반자식이라'거나, '며느리는 종신 식구라'고 했다. '며느리가 잘 들어오면 장맛도 좋아진다'고도 했다. '문턱 높은 집에 정강이 긴 며느리 들어온다'거나, '조는 집에 자는 며느리 들어온다'고도 했는데, 어쨌든 시집과 잘 맞으면 좋다. 그러니 며느리에 대한 시아버지의 사랑도 특별할 수밖엔 없다. '시아버지는 딸이 그릇을 깨면 딸을 나무라고 며느리가 그릇을 깨면 그릇을 나무란다', '시아버지 방귀는 두둔 방귀고 시어머니 방귀는 요망 방귀다'는 말이 대표적 증언인 셈이다. '시아버지 무릎에서 나물 썬 것도 흉이라더라', '시아버지 콧대에 똥구멍 댄 것도 흉이라더라', '못된 며느리 시아버지 콧잔등에 밑 닦는다'는 말에 이르면 그 절정을 보게 된다. 오죽하면 '충주 자린고비도 며느리한테는 속는다'고 했을까.

'가죽신 세 켤레 끊기면서 데려온 며느리 개가죽 한 장 값이 안

정종진 431

된다', '가죽신 세 켤레 닳으면서 얻어온 며느리가 방귀만 뀐다'고 한다면, 시아버지도 생각이 달라질 수도 있을 것이다. '머슴 잘못 들어오면 일 년 우환이고 장을 잘못 담아도 일 년 우환이며 며느리 잘못 들어오면 백 년 우환이라'고 했던가. 설령 잘못 들어온 식구라 하더라도 잘 감싸고 가르치면 '굽은 소나무 선산 지키고 나간 며느리 집 지킨다'고, 크게 달라질 수도 있을 것이다.

시아버지가 며느리를 사랑한다 하더라도, 며느리 편에서는 시아버지 섬기기가 여간 어려운 것이 아니었다. '시아버지는 화덕에 앉아도 시아버지 거동한다' 했다. 시아버지는 며느리를 사랑하면서도 위엄을 부리려 한다는 뜻이다. 그래서 만약 시어머니가 일찍 죽고 홀시아버지를 모시게 될 경우, '홀시아버지 모시기는 벽에 오르기보다 어렵다', 또는 '시아버지 모시기가 벽에 오르기보다 어렵다'고 했던 것이리라.

예전에는 며느리와 시어머니 관계가 최악이었다. '시어머니치고 범 안 잡았다는 시어머니 없다'고, 유독 며느리한테만 위세를 부리려 했다. '시어머니는 부뚜막에 앉아도 호령한다'지 않던가. 아무리 착한 며느리가 들어온들 무엇 하랴. '며느리는 시어머니 눈에 들어야 착한 며느리가 된다'고, 시어미 심사가 뒤틀려 있으면 며느리 약점만을 잡으려 들 것이다. '며느리가 미우면 발뒤축이 달걀 같다고 나무란다', '나무랄 것이 없으면 며느리 발뒤축이 계란같다고 한다', '며느리가 맛보는 것도 주전부리라 한다', '며느리는 바른말 하는 것도 말대답이 된다', '맛보는 건 주전부리고, 옳은 말은 말대답이 된다', '며느리 흉이 없으면 다리가 무같이 희다고 한다'고 한 말들에서 그 모습의 일부를 보게 된다. '며느리 늙은 것이 시어머니라'는데, 속 좁게 위세를 부리려 하는 것이다. '속옷 입은 시어머니나 안 입은 시어머니나' 하는 말은, 시어머니란 누구나 심통이 똑같다는 뜻으로 빗대는 말이다. 오죽하면 '시어머니 심술은 하늘에서 타고난다'고 했을까.

웬만한 행동은 다 트집을 잡고 잘못을 며느리한테만 뒤집어씌우려고만 했다. '며느리 잘못 만나면 대들보가 부러진다', '며느리 싸움이 형제 싸움 된다', '며느리는 바른말 하는 것도 말대답이 되고 음식 맛보는 것도 주전부리로 된다', '변변치 못한 며느리가 고추장 한 단지를 다 먹는다', '며느리가 늙어 시어머니 되니 시어머니 티 더한다', '부뚜막 땜질 못하는 며느리 이마의 털만 뽑는다', '곰 같은 며느리하고는 못 살아도, 여우 같은 며느리하고는 산다', '굿하고 싶어도 며느리년 엉덩춤 추는 꼴 보기 싫어서 못 한다'는 말들에서 지나간 날의 세태를 짐작하게 된다.

특히 며느리와 딸을 견주는 속담에서, 딸에 대한 편애가 두드러진다. '며느리는 비빔밥 먹은 그릇을 씻기고 딸은 흰죽 먹은 그릇을 씻긴다', '며느리는 감자밭 매이고 딸은 무밭 매인다', '며느리는 여름 불을 때게 하고 딸은 겨울 불을 때게 한다', '며느리네 집에서 성게국 먹어서 딸네 집 가서 물맛 달다고 한다', '봄볕은 며느리를 쬐이고 가을볕은 딸을 쬐인다', '며느리 아이 낳는 건 봐도 딸 애 낳는 건 못 본다', '며느리 차반은 농 위에 두고 딸 차반은 재 넘어간다', '며느리 험담 잘하는 시어머니가 딸 자랑은 잘한다', '딸의 오줌소리는 은조롱 금조롱 하고 며느리 오줌소리는 쐐 한다', '딸네 집에서 말똥성겟국 먹고서 며느리 집에 가서 물맛 쓰다고 한다', '딸의 시앗은 바늘방석에 앉히고 며느리 시앗은 꽃방석에 앉힌다', '딸에게는 돼지고기를 삶게 하고 며느리에게는 쇠고기를 삶게 한다', '딸은 쥐 먹듯 하고 며느리는 소 먹듯 한다'는 말들이 그렇다. '며느리 시앗은 열도 귀엽고 자기 시앗은 하나도 밉다'는 말에 이르면 그 끝을 보게 된다. 그렇지만

'딸은 데리고 못 살아도 며느리는 데리고 산다'고 했다. 시집을 갔다가 친정살이를 하게 된 딸과 함께 살 수 없을 만큼 서로 어렵다는 뜻이다.

미움은 미움을 낳는다. '눈멀어서 삼 년 귀먹어서 삼 년 벙어리 삼 년'을 참기가 그리 쉬운 일은 아니다. 그렇기 때문에 며느리에 대한 시어머니의 구박은, 다른 것들에 대한 며느리의 분풀이로 나타난다. '시어미 미워 개 배때기 걷어찬다', '시어머니한테 통 맞고 남편에게 역정 낸다'는 것이다. 시어머니 심술이 하 오래 지속되면 만성이 되고, 때로는 며느리가 '네 방귀 내 몰라라' 하고 버티게 된다. 그래서 '시어머니 앞에서도 아이 젖 핑계하고 눕는다'고 할 만큼 능청을 부리든지, 더 나가서 '며느리 셋이 시어미 단지 곰한다'거나, '시어머니 잡아 단지 곰 곤다'고 할 만큼 시어머니를 골탕 먹이게 된다. 뿐만 아니라 '며느리라는 것은 시집을 때가 다르고 첫 아기 낳아서 다르고 둘째 낳아서 다르다'고, 자식 낳고 웬만큼 시집살이를 하면 배짱이 점점 늘게 될 것이다.

'며느리 덕과 고양이 덕은 알지 못한다', '고양이 덕과 며느리 덕은 눈에 안 보인다'고 했다. 들어와 제 식구가 된 사람을 감쌀 줄 모르고 증오를 하면, 그 증오는 결국 제게로 다시 돌아간다. '며느리한테 바보나 귀머거리가 되지 않으면 어진 시어머니가 되지 못한다'거나, '며느리는 여럿 두어야 착한 며느리를 알게 되고 아들은 외아들을 두어야 귀한 줄을 안다'는 것을 깨우쳐야 한다. '무던한 며느리는 아들 맞잡이라'고 했다. 무던하기에 시어미 극성을 참는 것이다. '며느리 구박하는 시어머니 잘 되는 것 못 보았다'고 했다. 아무리 '뒷간 다른 데 없고 시어머니 다른 데 없다'거나, '팔도 시어미 모두 한 말씨'고 하지만, 괜한 심술을 부리지 않도록 스스로 달라져야 한다. '며느리는 문서 없는 종이라'는 생각을 하지 말아야 할 뿐만 아니라, '며느리도 시어머니질 할 때가 있다'는 것을 알아야 한다.

'사위 팔자와 딸 팔자가 잘 맞아야 산다'고 했다. 그래서 '사위 좋고 딸년 좋고'가 되어야 온 집안이 화락할 수 있는 것이다. '며느리 마음은 부엌이 거울이라'고 했으며, '된장 맛으로 이불 속의 며느리를 들여다 본다'고도 했다. 또한 '곰 같은 며느리보다 여우 같은 며느리가 예쁘다'고 했다. 부엌을 단정하게 한다든지, 정성껏 된장을 담는다든지, 온갖 애교를 떤다든지 하는 것은 며느리를 감싸고 아껴야 가능한 일이겠다. '시집간 딸은 친정의 명당도 훔쳐온다'고 했다. 그런 며느리를 미워할 까닭이 무엇인가.

어쩌다 아들이 먼저 죽어 며느리가 혼자 된 경우에는 시아버지와의 관계도 당연히 멀어질 수밖에 없다. '과부 며느리가 시아버지 진짓상 들고 문지방 넘어가는 동안에 아흔아홉 번 마음이 변한다'고 하듯, 제 마음을 바로잡지 못하게 된다. '천 냥 시주할래, 홀시아버지를 모실래 하면 천 냥 시주한단다'는 말이 그래서 있는 것이다. 그럴 때 시아버지도, '착한 며느리도 악처만 못하다'는 것도 알게 되리라.

지나간 시절에는, '시어머니가 모이면 며느리 흉보고 며느리가 모이면 시어머니 험담한다'는 말을 당연하게 여겼다. 그렇지만 그것처럼 비생산적인 경우는 없다. 안팎으로 인연 맺은 사람들을 칭찬하고 감싸는 쪽으로 말을 해야 할 일이다. 그래야 '시아버지 죽었다고 좋아했더니 왕골자리 떨어지니 생각난다'거나, '시어머니 죽었다고 춤추었더니 보리방아 물 부어 놓으니까 생각난다'는 지경에 이르지 않으리라. '시아버지가 화난 데는 술로 풀어주고 시어머니 화난 데는 이 잡아 풀어준다'는 식으로, 적극적인 화해로 나서면 미운 정을 슬기롭게 없앨 수 있게 될 것이다.

◆◆◆ 아시 : '애초'나 '맨 처음'이라는 뜻의 경상도 사투리.
◆◆◆ 왕골자리 : 물에서 자라는 '왕골'로 엮어 만든 돗자리.

65. 처가, 시가의 사람들

'시누이 하나가 벼룩이 닷 되'

처가에는 장인·장모만 있는 게 아니다. 마찬가지로 시가媤家에도 시아버지 시어머니만 있는 것이 아니다. 처남·처제·동서, 시누이·시동생들이 있다. 이들도 주변인물은 아니다. 혼인을 하면서 맺은 관계는 매우 오랫동안 지속되기 때문에, 적지 않은 영향을 줄 수도 있는 인물들인 것이다.

'처가에는 무존장無尊長이라'고 했다. 사위에게 처가에서는 높이 떠받들어 모실 사람이 없다는 뜻이다. '사위는 백년지객이라'는 말 때문이다. 처가에서 대접을 깍듯이 해주니, 오만한 처지가 됐다고나 하겠다. '처가 촌수는 무촌'이라거나, '처가와 외가에서는 발가벗고 춤춰도 좋다'는 말들이 다 한통속이다.

'장인 장모는 반 부모라'고 했다. 기껏 반 부모라고 생각했기 때문에, '처갓집 세배는 앵두꽃을 꺾어 가지고 간다'거나, '처갓집 세배는 보리누름에 간다'고 한 것일까. 괜한 위세다. '처갓집 밥 한 사발은 동네 사람들이 다 먹고도 남는다'든지, '처갓집에는 송곳 차고 간다'고 했다. 밥을 너무 꼭꼭 눌러 퍼서 송곳으로 파먹어야 될 지경이라는 뜻으로 이르는 말이다. 이렇게 환대를 해주는데 허세를 부린다는 것은 파렴치한 짓임이 분명하다.

'처가하고 뒷간은 멀어야 좋다'고 했다. 가까이 살면 흉잡힐 일이 있을 수 있다는 뜻으로 빗댄 말이다. 요즘은 가까이 살면서, 자꾸 처가 것을 가져다 쓰려고 하는 사람들이 늘고 있는 세태다. '처가 재물 양가養家재물은 쓸 데 없다'는 생각을 추호도 하지 않으니, 그야말로 별꼴이 반쪽이다. '처가 좋으면 처갓집 말뚝도 좋게 보인다'는 말이, 순박하게 우러나는 정의 표현이어야 할 것이다.

'처가살이십 년에 등신 안 되는 놈 없다'고 했다. '처가살이는 오장육부 빼어놓고 하랬다'고도 했다. 처가살이를 하려면 그만큼 자존심이 상한다는 뜻이겠다. 처가살이를 하게 되는 여러 가지 이유가 있겠지만, 만약 능력이 없어 그렇다면 자존심을 내세우는 것이 잘못이겠다. '처가살이는 고용살이'라든가, '처가살이가 굶는 내 집만 못하다'는 말에서 깨우쳐 사정이 그렇게 되지 않도록 해야 할 일이다. 오죽하면 '등겨가 서 말만 있으면 처가살이 안 한다'든지, '뒤주에 쌀 세 톨만 있으면 처가살이 안 한다', '밑 보이는 쌀독에 쌀톨이 있거든 처가살이 하지 마라'고 했겠는가. '처가살이 십 년이면 아이들도 외탁한다'고 한다. 못난 소리를 할 것이 아니라, 제 능력을 키워야 하는 것이다.

동서란, 남자 형제의 아내들 사이나, 여자 형제의 남편들 관계를 말한다. 속담에서 보면, 여자 형제간의 남편들 관계는 더없이 좋은 데 비해, 남자 형제간의 아내들 사이는 아주 좋지 않은 관계로 표현된다.

'동서끼리는 오입도 같이 한다', '동서는 백 년 친구라'고 하여 남자 동서 사이는 매우 임의롭다는 뜻으로 표현되었다. '동서 간에 산 소다리 벤다', '삼동서가 모이면 황소도 잡는다'고 했는데, 동서 간에 화합이 잘 되어 어떤 일이라도 능히 해낼 수 있다는 뜻이다.

이에 반해 여자 동서들 사이에는 좋은 말이 없다. '동서 간에 정이 있어야 형제간에도 우애가 좋다', '안동서 우애가 좋아야 바깥 형제 우애도 좋다'고 했지만, 여자들의 미묘한 심사가 '동서 싸움이 형제 싸움 되게' 만들기 일쑤다. 오죽하면 '안동서 모임은 독사 모임이라'고 했겠는가. 때때로 동서들이 힘을 모으는 경우도 있기는 하다. '삼동서가 얼려서 시어머니를 항아리 곰 곤다'는 때다. '삼동서 김 한 장 먹듯'이라거나, '삼동서 앞에 식은 죽 한 그릇이라' 할 경우도 그렇다. 제 이익 외에는 힘을 모으기 어려운 관계인 것이다. '삼동서 사는 집에 물독이 마른다', '삼동서 사는 집에 밭 세 고랑을 묵힌다'고 하지 않던가.

손위 동서가 시집살이 시키는 정도는 시어머니보다 한 단계 위였다. '동서 시집살이가 무섭다', '동서 시집살이가 시어머니 시집살이보다 무섭다', '동서 시집살이는 독사 시집살이고 시어머니 시집살이는 구렁이 시집살이다', '동서 시집살이는 오뉴월에도 서릿발이 친다'는 말들에서 그 정도를 잘 알게 될 것이다.

시앗과 견주어 그보다 나쁘다면 지상 최악의 대상이 되는 셈이다. 손윗동서는 시앗과 잘 견주어진다. '시앗도 동서보다는 낫다'거나, '시앗은 광을 맡겨서 다니고 동서는 못 맡겨서 다닌다'고 했다.

'동서 춤추게', '동서도 춤이나 추지' 하는 말들은 기막히다. 제가 하고 싶은 일인데 먼저 나서기가 쑥스러우니까, 옆의 사람을 충동질한다는 뜻으로 쓰는 속담이다.

바깥 동서들 사이와 안 동서들 사이의 친화는 이렇게 극과 극이라고 말할 수 있다.

'시누이는 고추보다 맵다'고 했다. 그러니 시집살이는 시어머니가 전부는 아니다. 그래도 시어머니는 연륜이 있어 덜하다. 뭣 모르는 시누이들이나 '먹을 콩 났다고 덤비는' 것이다. 얼마나 괴롭히면 '올케의 흠허물 찾는 데는 해 달보다 더 밝다'고 하며, 오죽하면 '시누이 하나에 바늘이 네 쌈'이라거나, '시누이는 벼룩이 닷 되 이 닷 되'라고 비유를 할 것인가.

시누이를 시앗과 견주어, 그보다 더한 박해자로 부각시키기도 한다. '시앗은 벼룩이 한 말이고 시누는 벼룩이 서 말이다', '시누는 벼룩이 닷 되요 시앗은 벼룩이 석 되다', '시앗이 밉다 해도 시누만은 못하다'는 말들이 그렇다. 또한 '시누이 뒤에는 앙큼한 시고모가 있다'고 하여 공모자인 시고모를 간접적으로 비난하기도 한다.

시어머니, 시누이, 시고모, 동서들이 들볶아대는 시집살이를 어떻게 참았을까. 견고한 오기와, 몰릴 때로 몰리면 터져 솟구쳐 나오는 배짱으로 버텼을 것이다. '시누야 시가에서 호령 말라 너도 가면 시집이라'거나, '시누도 시집갈 날 있다'는 앙심 아닌 앙심으로 쾌재를 부르기도 했으리라.

'똥간 다른 데 없고 시누 다른 데 없다'고 했다. 시누이들이 얼마나 위세부리기를 즐겨했으면 이런 말까지 생겼겠는가. 가끔가다 '시누 올케 춤추는데 나라고 춤 못 출까' 하는 배짱으로 나서는 며느리가 있었을 것인데, 생각만 해도 통쾌해진다. '시동생 사랑은 형수'라는 말이 있는데, 이처럼 서로 사랑하고 아끼는 관계라면 얼마나 좋을 것인가.

'사돈네 안방 들어온 것 같다'는 말이 있다. 무척 낯설고 어려워 처신하기가 곤란하다는 뜻으로 쓰는 말이다. 또한 아주 어색하고 불편하다는 뜻으로 '사돈과 소를 어울려 탄 것 같다'고도 한다. 인간관계에서 사돈 관계만큼 조심스러운 것도 드물다. 오죽하면 '사돈집은 멀수록 좋다'고 했을까. 제 문제는 내버려두고 남을 탓하거나 간섭하면, '사돈 남 말한다'고 하며, 쓸데없는 이야기를 늘어놓는다는 뜻으로 '사돈네 김치 쉰 이야기를 한다'고 빗댄다.

왜 '사돈집과 뒷간은 멀수록 좋다'고 했을까. '사돈이 가까우면 말이 나돌고 뒷간이 가까우면 냄새가 풍긴다'는 말이 답이다. 그러니 '사돈은 부처님 팔촌만도 못하다' 말이 있는 데, 사돈은 먼 이웃만도 못하다는 뜻이다. '사돈 틀어지면 마람 틀어진 것만도 못하다'는 말도 있다. 마람이란 이엉을 뜻하는데, 사돈 사이에 갈등이 생기면 아주 고약하게 된다는 말이다.

그래서 '사돈과 짐바리는 골라야 좋다'고 한 것이다. 천하에 쓸모 없는 것이 '문지방 높은 것 사돈 높은 것'이라거나, '처마 높은 것 사돈 높은 것'이라 했다. 그러니 '문턱 높은 집과 사돈 마라'고 한 것이다. '사돈을 하려면 근본을 보랬다', '밭사돈 보고 안사돈 안다'고 했지만, '멸치가 뼈대 없는 오징어하고는 사돈을 않는다'는 생각은 아닌 것이다. 뼈대가 있는 집안이라고 위세를 부리면 아주 좋지 않은 상대로 생각하는 셈이다.

사돈은 아들 사돈이냐 딸 사돈이냐에 따라 처지가 달라졌다. 우선은 '아들 가진 부모는 선 사돈이요 딸 가진 부모는 앉은 사돈이라'는 말대로, 아들 가진 사돈이 딸 가진 사돈을 찾아 인사하는 게 도리겠다. 그러나 '딸 사돈은 굽사돈이고 아들 사돈은 뻗사돈이라'거나, '딸네 사돈은 꽃방석에 앉히고, 며느리 사돈은 가시방석에 앉힌다'고 하지 않던가. 일단 혼인을 시키면 사정은 바뀐다. 예전에는 '딸 준 죄인이라'고 하여 사위 사돈에게 굽신거릴 정도였는데 이제는 세태가 완전히 달라졌다.

'반갑지 않은 사돈 장날마다 만난다'고 했는데, 어떤 사돈이든 서로 만나는 것을 극히 조심스럽게 생각했다. 가끔 '방둥이 부러진 소 사돈 아니면 못 팔아먹는다'는 경우도 있지만, 흔한 일일 수는 없다.

물론 '사돈도 이럴 사돈 다르고 저럴 사돈 다르다'고 한 것처럼, 서로가 하기에 달렸을 것이다. '안암산 차돌은 먹고 삭혀도 사돈의 음식은 먹고 삭히지 못한다'는 선입견을 버려야 장수무병에 지장이 없을 것이다.

66. 손자, 손녀들

'두불 자손 더 귀엽다'

'늙어서 낳은 아들이 영리하다'고 했지만, 특별한 사연 없이 늙어 자식을 두면 욕스런 짓이다. 그렇지 않아도 '늙으면 욕이 많다'고 했으니까. 그저 '늙어서 보기 좋은 것은 고추자지밖에 없다'는 말이 맞다. 손자를 보고 있는 것이 가장 행복하다는 뜻이다. 늙으면 아이 된다고 하는데, 손자와 함께 동심으로 어우러지는 셈이다.

'자식보다 손자가 더 귀엽다'거나, '두 대째 자손 더 아깝다'는 말은 손자를 둔 노인들의 한결같은 생각이다. '손자 귀여워하면 할아비 수염이 안 남는다'든지, '오냐오냐 하니까, 손자 놈이 할아비 수염 잡아당긴다'는 것에 그리 노여워하지 않는다. '자식 못된 것은 손자만도 못하다'고 생각하고 있다면, 더 말할 나위도 없을 것이다.

'아들 사랑은 내리사랑이고 손자 사랑은 치사랑이라'고 했다. 자식은 나이 적은 자식으로 내려갈수록 귀여움이 더하지만, 손자는 나이 많은 자식으로 올라갈수록 귀여움이 더하다는 뜻이다. 그 차이가 얼마나 되겠는가. '손자가 태어나면 감나무부터 베어버린다'고 할 정도로 마음 씀씀이가 자상한 게 조부모다. 감나무가 약하니까, 손자들이 오르다 떨어져 다치거나 죽을까봐 화근을 없애는 것이다.

노인들의 손자 사랑이 결코 쉬운 것만은 아니다. '며느리 얻는 날 경치고 손자 보는 날 주리 틀린다'거나, '손자 보는 날이 할멈 죽이는 날이고 며느리 보는 날 상전 사오는 날이다'고 하지 않던가. 며느리 앞에서 언행을 조심해야 하고, 손자를 낳게 되면 봐주느라고 삭신이 쑤시기 십상이다. '며느리가 미우면 손자까지 밉다'는 말과, '며느리는 미워도 손자는 귀엽다'는 정반대의 말이 공존하지만, 따지고 보면 결국은 노인들이 손자를 너무 귀여워하는 데서 비롯된 말이겠다.

친손자냐 외손자냐에 따라 사랑의 차이가 있다는 게 사실이겠다. 그러나 그 차이는 사람에 따라 다르다. '딸 손자가 아들 손자보다 더 귀엽다'거나, '딸 손자는 가을볕에 놀리고, 아들 손자는 봄볕에 놀린다'고 했다. 시집은 갔을망정 귀여운 딸이기에, 그 자식에게 정이 더 갈 수 있는 것이다. '업은 외손자 발 시리다고 걸어가는 친손자보고 빨리 가자고 한다'는 말이 외손자 사랑에 대한 표현의 절정이다. 반면에 '외손을 귀여워 말고 파밭이라도 가꾸어라'든지, '외손자는 위해 봤자 디딜방아 절구공이라'고 했다. 또 '외손자를 귀여워하지 말고 절굿공이를 귀여워하랬다'거나, '외손자는 절구만 못하다'고도 했다. 외손자는 남의 집안 핏줄을 이어준다고 생각했기 때문이다.

그렇게 열심히 손자 사랑을 하면 뭐할 건가. '손자 홍시 주워주면 개똥 묻은 것은 제 할미 주고 안 묻은 것은 제 아비 준다'고 하는데 말이다. '꺽저귀탕에 개구리 뛰어 오르듯 하는' 어린 손자들을 두고 '가물콩 장마콩 한다'고 말을 들을 수는 없는 일이다. 이것저것 따지면 사랑이 안 된다. 서운한 것을 참는 게 진정한 사랑이리라. '팔십 노인도 손자한테 배우다 죽는다'는 말이 있는데, 지혜를 배우겠는가. 다만 희망을 배우리라. '어려서는 엄마 사랑이 좋고 커서는 부부 사랑이 좋고 늙어서는 손자 사랑이 좋다'는 것이, 한평생을 살아온 사람들의 사랑에 대한 결론이다.

67. 주위 사람들과의 인연

'가까운 이웃이 먼 친척보다 낫다'

　주위 사람과 좋은 인연을 맺고 잘 사귀는 것도 재산이다. 친척, 이웃, 친구, 사제, 선후배, 직장동료가 모두 주위 사람들이겠다. '사람은 남 어울림에 산다'고, 어울려 살 사람이 많으면 그것이 힘이다. '길동무가 좋으면, 먼 길도 가깝다'고, 무슨 일을 하더라도 함께 어우러질 사람이 있으면 삶이 덜 고달프리라. '한 성바지 사귀지 말고, 열 성바지 사귀어라'는 말은 그래서 있다. '사람은 정으로 사귀고 귀신은 떡으로 사귄다'고, 정을 주면 정을 받게 마련이다. '가깝던 사람이 원수된다'고 했는데, 그런 경우가 허다하다. '가까운 집 며느리일수록 흉이 많다'는 말도 한가지다. '사람을 대할 때는 늘 귀한 사람 대하듯 하라'고 한 것은 그런 일이 없도록 하기 위한 충고다. 그렇게 한다고 해서 제가 손해를 보는 일은 없다.

　일가친척이야 피를 나누어 가지고 있는 사이라서 당연히 화목하게 지내야 한다. '육친이 불화하면 하늘도 돕지 않는다'고 한 이유가 그것이다. 그렇지만 피를 나누어 가졌다는 이유만으로 모두 친하게 지내지는 않는다. '바다 속 깊이는 알아도 한 집안식구 마음속은 모른다'고, 가장 가까운 육친이라도 속내를 헤아리지 못해 서로 갈등하는 경우가 얼마나 많은가. '못된 일가 항렬만 높다'거나, '외조카 사랑하느니 닭 길러 잡아먹어라'고 하듯, 뜻하지 않게 불화하는 일이 수두룩하다. 그래서 친척이나 친구 외의 주위 사람들이 또 필요한 것이다.

'집안 불목은 살아도 외인 불목은 못 산다'고 했다. 불목不睦이란 서로 화목하지 못 하다는 뜻으로, 집안 화목보다 이웃과 화목이 더욱 중요하다는 말이다. 타인과 친하게 지내려면 어차피 사람을 고르게 되어 있다. '사람은 겉만 보고 모른다'거나, '사람을 안다는 것은 얼굴을 아는 것이지 마음을 아는 것은 아니라'는 말이 백 번 지당하다. 그래서 속내를 볼 줄 알아야 하고, 한편 남을 타산지석으로 제 성격을 성숙시켜야 원만한 사귐이 이루어진다.

제 의지와 관계없이 이웃이 되는 사람도 있지만, 제가 이웃을 택하려면 택할 수 있다. '이사는 방위 보고 가지 말고 사람 보고 가라'든지, '천금으로 이웃을 사고 팔백금으로 집을 산다'는 말이 다 이웃을 선택하는 것에 대한 말이다.

'가까운 데 집은 깎이고, 먼데 집은 비친다'고 했는데, 집이니까 그렇다. 멀리 있는 것이 그럴듯해 보이고 가까운 것은 흠이 있어 보인다는 뜻인데, 사람은 그렇지 않다. 사람은 가까이 있어야 비친다. 이웃이 얼마나 중요한가를 일깨우는 말은 많다. '형제 없이는 살아도 이웃 없이는 못 산다'거나, '집값은 백 냥 이웃 값은 천 냥'이고 했다. 이웃이 있어야 외롭게 살지 않으니, 그 대가代價가 적지 않다는 논리겠다. '가까운 남이 먼 일가보다 낫다'든지, '이웃이 사촌보다 낫다', '먼데 일가가 가까운 이웃만 못하다'는 말들 또한 마찬가지다. 아주 급한 일이 생겼을 때, 멀리 있는 육친은 도움이 되지 않는다. 그래서 '먼데 있는 물은 가까운 불을 끄지 못한다'고 했던 것이다.

이웃이 그렇게 중요하니, 잘 선택하는 것은 물론 서로 사이가 어긋나지 않도록 세심하게 배려해야 한다. '개 잡아먹고 동네 인심 잃고 닭 잡아먹고 이웃 인심 잃는다', '닭 잡아먹고 이웃 인심 잃고 소 잡아먹고 동네 인심 잃는다'는 일이 있어서는 안 될 일이다. '이웃 간에는 황소 한 마리 가지고도 다투지 않는다'거나, '이웃을 위해서는 목숨을 아끼지 않아야 한다'는 말이 지나치다고 할 것인가. 당장은 손해를 보는 것 같지만 결국 큰 보람으로 돌아오게 마련이다. '이웃이 천 리라'거나, '등잔 밑이 어둡고 이웃집이 멀다'고 할 만큼 사이가 멀다면 그보다 고통스러운 일은 없을 것이다.

주위 사람을 가까이하다 보면, '모진 놈 옆에 있다가 날벼락 맞는다'는 수도 있겠다. '물은 건너봐야 알고 사람은 지내봐야 안다'고, 금방 정을 주고 친해지려면 아무래도 무리가 생긴다. '사람은 고를수록 멀어진다'고 하지만, 고르지 않고 어떻게 친하게 지낼 수 있겠는가. '사람은 두고 봐야 한다', '가까운 사이에는 돈거래를 하지 마라', '사람은 돈거래를 해봐야 알고 쇠는 불에 달궈봐야 한다'고 하듯이, 얼마간 겪어보면서 제게 맞는 사람을 골라 정을 들여야 하리라.

'사람은 구하면 앙분을 하고 짐승은 구하면 은혜를 안다'고 했다. '사람은 급하면 변절하고 개는 급하면 담을 뛰어넘는다'고도 했으니, '사람은 궁할 때의 행동을 봐야 한다'는 말처럼 사람 선택에 신중하여야 한다. '남을 물에 넣으려면 제 발부터 물에 먼저 들어간다'고 했으니, 남에게 분풀이할 생각은 아예 마는 것이 좋다. '부유한 사람과 친하게 지내지 말고 가난한 사람과 소원하게 지내지 말라'는 말도 소중하게 생각해야 한다. 제 고집을 피우는 대신 남의 말을 잘 듣고, 필요하면 설득하는 자세가 남을 사귀는 기본 태도다. '남의 말을 잘 소화시키면 음식물이 잘 소화된다'고 했잖은가.

'동네 적선은 도깨비 명당보다 낫다'고 했다. 제 주위에 있는 어려운 사람을 돕는 것은 결국 저를 위한 일이 된다. 그러나 '남을 도와줄 때는 받을 생각을 하지 마라'는 말이 그르지 않다. '받으러 와도 고운 사람 있고 주러 와도 미운 사람 있다'는데, 받으러 와도 고운 사람을 많이 만들 일이다. '길은 물음 물음으로 가고 사람은 알음알음으로 만나라'는 말을 잘 새기면 사람 사귐에 큰 어려움이 없을 것이다. '사람은 때 묻은 사람이 좋고 옷은 새 옷이 좋다'거나, '집 백 냥 주고 사고 천 냥 주고 이웃을 산다'는 팬스레 하는 말이 분명 아니다.

'오다가다 옷깃만 스쳐도 전세의 인연이라'고 했다. 한순간을 만나도 때로는 그것이 큰 인연으로 발전하는 수가 많다. 특히 남으로부터 잠시 대접을 받거나, 내가 대접을 할 경우 그럴 수 있다. 내가 평소에 잘 알고 있는 일가친척은 물론, 전혀 낯선 사람도 손님이 된다.

예로부터 손님을 잘 접대해 보내는 것을 미풍양속의 하나로 생각했다. '들어오는 개 쫓는 법 없고 찾아오는 손 퇴하는 법 없다'고 했다. '묵은 집일수록 대문이 번듯해야 하고 늘 드나드는 손님일수록 문전 대접이 섭섭잖아야 한다'고 했다. 허세를 부리지 않는 한에서는 한껏 대접하는 게 도리라고 여겼다. '똥은 곁에 두고 먹어도 사람은 곁에 두고 못 먹는다'고, 비록 처음 보는 사람도 함께 청해 먹는 것이 예의였다.

물론 손님이라도 '소 잡아 대접할 손님 있고 닭 잡아 대접할 손님 있다'는 게 확실하다. 가까운 정도에 따라 대접하는 격이 다를 수밖에 없다. '손의 얼굴 보고 표주박에 밥을 담고 주인 봐서 손으로 밥 먹는다'는 말이 그냥 있겠는가. 누구도 서운함을 느끼지 않도록 대접하지만 속내로는 어서 떠나기를 바라는 마음일 것이다. '숭어와 손님은 사흘만 지나면 냄새 난다'거나, '객과 음식은 사흘 두면 썩는다'는 말이 그것이다. '가는 손님 뒤꼭지가 예쁘다'든지, '반가운 손님은 만났을 때가 반갑고 미운 손님은 갈 때가 반갑다', '청한 손님은 만났을 때가 반갑고 청하지 않은 손님은 갈 때가 반갑다', '비는 올수록 좋고 손님은 갈수록 좋다'는 말들이 구구절절 옳다. '손님과 백로는 일어서야 예쁘다'는 비유가 기막히다. 그래서 '벌거벗은 손님이 더 어렵다'고 한 것이다. 분별없는 어린 손님을 접대하기가 더 어렵다는 뜻이다.

'객질도 자주 하면 객 값에 못 간다'고 했다. '귀객도 오래 머물면 구박을 받는다'는 말도 있다. 눈치 없이 오래 머물다 보면, '봇짐 내주면서 하룻밤 더 묵으란다'는 말을 듣게 되는 것이다.

◆◆◆ 성바지 : 성姓의 종류.

68. 능력과 재주

'구름 먹어서 구름 똥 싸는 사람 없다'

사람이 잘나고 못났다는 기준은 여러 가지가 있겠다. '못난 놈 잡아들이라면 가난한 놈 잡아들인다'는 세상이지만, 재산 외에 권력 재주 생김새 학식 따위의 많고 적음이나 좋고 나쁨을 두고 말을 할 것이다. 그중 한두 가지나 모두가 두루 갖추어져 삶을 편안하고 행복하게 살면 잘 난 사람, 유능한 사람으로 일컬어진다. 그러나 능력이 좋아도 조건이 맞지 않으면 제 능력을 발휘할 수 없다. '팔준마라도 주인을 못 만나면 삯마로 늙는다'는 말이 그런 경우를 암시한다. 반면 능력보

정종진 447

다 다른 조건이 좋아 잘나 보이는 수도 있다. '사람이 잘났나 돈이 잘 났지' 하는 경우다.

'잘난 사람이 있어야 못난 사람도 있다'거나, '못 되는 놈 곁에 잘 되는 놈 있다'는 것이 세상 이치인 것은 분명한데, 누가 못난 사람 취급을 받고 싶겠는가. '나는 놈 위에 타는 놈 있다'든지, '재주 좋은 놈 위에 재수 좋은 놈 있고 재수 좋은 놈 위에 아버지 잘 둔 놈 있다'. 재주가 없으면 재수가 있든지 하다못해 아버지라도 잘 만났으면 좋으련만, 이도 저도 아니면 못난 사람 취급받는 건 당연하다.

능력은 무소불위, 즉 어디에나 힘을 발휘한다는 것을 뜻하지 않는다. '범 잡는 포수 따로 있고 꿩 잡는 포수 따로 있다'거나, '호랑이는 포수가 잡고 귀신은 무당이 잡는다'고, 누구나 쓰일 곳은 한정되어 있다. '독수리가 파리를 못 잡고 천리준마도 쥐 잡는 데는 고양이만 못하다'든지, '구멍을 뚫는 데는 도끼가 끌만 못하고 쥐 잡는 데는 호랑이가 고양이만 못하다'는 말도 같은 뜻이다. '말 상 볼 줄 안다고 쇠 상도 보랴'라든지, '부엉이가 낮 눈은 어두워도 밤눈은 밝다'고, 한쪽에 능력이 있으면 다른 한쪽은 무능한 게 이치다. '다재多才는 무재無才라'거나, '여러 가지 재주 있는 놈이 한 가지 재주도 못 써먹는다'는 말이 그래서 있다.

'재간만 출중하면 부처님을 삶아서 육고기로 둔갑시킬 수 있다'고 했다. 재주를 배우려면 부지런함이 필수다. '타고난 재주 사람마다 하나씩은 있다'고 했는데 맞는 말일까. '재간 뱃속에서 타고난 사람 없다'거나, '재간을 배 안에서부터 배우겠나' 하는 말처럼, 재주는 결코 타고나지 않는다. '지렁이도 기는 재주 하나는 있고 굼벵이도 꿈틀거리는 재주 하나는 있다'고 하지만, 그것은 재주라기보다 본능이겠다. '명공의 손에 잡히면 내버린 나무토막도 칼집이 된다'고, 명공이 되기 위해서는 평생 그 일에 집념해야 한다.

'도깨비 등거리라도 입은 것 같다'거나, '도깨비 방귀라도 옭아 매겠다'는 말은 능력이 매우 좋다는 뜻으로 쓰인다. '팔랑개비 재주를 지녔다', '뛰는 호랑이 눈썹도 뽑고 날아가는 새 똥구멍도 맞힌다', '명포수 범의 털만 보고도 쏜다', '뛰는 놈 위에 나는 놈 있고 나는 놈 위에 업혀가는 놈 있다', '산 호랑이 눈썹도 구한다', '가랑잎으로 꿩 구워 먹는다'는 말들은 모두 능력이 빼어나다는 뜻으로 이르는 속담이다.

'지랄만 빼놓고 세상 온갖 재간 다 배워 두랬다'고 했는데, 어찌 그른 말이겠는가. '재주는 장에 가도 못 산다', '재주를 팔 밑에 끼고 다닌다' '산 재주 있어 나무 잘 하는 사람 있고 논 재주 있어 우렁 잘 캐는 사람 있다', '산판에서는 도끼질 잘 하는 놈이 최고고 노름판에서는 속임수 잘 쓰는 놈이 최고요 서당에서는 글 잘 읽는 놈이 최고라'는 말들이 구구절절 맞다. 또한 '세상천지를 돗자리 말듯 한다'는 말이 있는데 능력이 빼어나 세상을 제 마음대로 한다는 뜻이다. '바늘이 송곳 구실까지 하겠다'는 말은, 능력이 있어 두루두루 쓰이겠다는 뜻으로 이르는 말이다.

'모 다섯 걸이 손 안에 있다'고 자신할 만한 재주가 있다면 얼마나 좋을 것인가. 단번에 상대를 제압할 능력이 있으면 두려울 게 없겠다. 어떤 재주라도 많아 쓸 곳에 유익하게 쓰이면 좋다. '국수 말아내는 솜씨로 수제비는 못 뜨랴'고 할 정도로 한 가지 빼어난 재주가 두루두루 통할 수 있다면 얼마나 좋을 것인가. '재주가 너무 많아도 빌어먹는다'고 했지만, '재주가 메주'인 사람보다는 확실히 낫다. '재주가 승하면 가난하거나 요절한다', '재승才勝하면 박덕薄德이라', '재사와 가인은 단명 박복하다', '재주가 승하면 화를 불러들인다', '쓸 만한 나무가 먼저 베인다'지만, 그것은 '제 복사발 제가 차서' 그런 것이다.

정종진 449

'재주가 많은 놈 굶어죽기 십상이라'고 한다. 그래서 세상은 공평하다고들 말한다. 재주는 많지만 제 관리를 잘못하면 잘난 사람 축에 못 낀다. '재주 있는 사람치고 안 까부는 놈 없다'는 소리를 듣지 않아야 잘난 놈인 것이다. 재주는 있는데 스스로 그 재주에 자긍심을 갖지 못하면 '재주가 근면보다 못하다'는 말을 듣게 될 것이다. '재주 있는 놈치고 안 빌어먹는 놈 못 봤다'거나, '재주 있는 사람은 재주 없는 사람의 종노릇밖에 못한다'는 말에서 많은 것을 깨우칠 수 있겠다.

재주도 여러 가지라, 어떤 재주는 재물을 모으는데 오히려 손해가 된다고 하는 것도 있다. '바느질하는 사람은 썰어 버리는 솜씨가 있고 짚신 삼는 이는 골치는 솜씨가 있어 어렵게 산다'고 했는데, 정말 타당하다고는 판단할 수는 없다. '훌륭한 목수에게 버릴 나무 없다'고 말하는 목수도, 썰어버리는 재주라서 어렵게만 사는 것인가.

'잘난 사람은 못난 사람을 보고 배우지만 못난 사람은 잘난 사람의 흉만 찾는다'는 말은 맞다. 잘나고 못난 차이가 바로 이런 태도에서 시작되는 것이다. 저 못난 것을 알고 묵묵히 제 할 일만 한다면 누구나 함부로 보지 않을 것이다. 울뚝밸로 못난 것을 감출 수는 없다. 아니 오히려 그것이 못난 것을 더 돋보이게 한다. '못난 놈이 얼른하면 작대기 들고 계집 잡는다'고 하는데, '못난 놈 울뚝밸은 석 달 열흘이 고작'일 뿐이다. 제 성깔만 부린다고 되는 일은 없다. 무능력하면 늘 남의 탓을 하기에 바쁘다. '선무당이 마당 기울었다 탓한다'거나, '재주 없는 놈이 연장 탓만 한다'고 했다. 그런 사람들이 하는 짓거리나 모양은 늘 조롱거리가 된다. '바느질 못하는 년이 실은 길게 꿴다'든지, '들지 않는 솜틀은 소리만 요란하다', '골통만 크고 재주는 메주라'는 경우도 마찬가지다.

'돌 멍청이는 담이나 쌓고 나무 멍청이는 불이나 때고 소 멍청이는 잡아나 먹지만 사람 멍청이는 무엇에 쓰랴'고 한탄할 수밖에 없을 것이다. '호박이나 낳았으면 국이나 끓여먹지', 하고 탓하면 분명 인격모독이다. '호박이 나쁘면 수족이 평생 고생한다'고 했다. 머리가 좋지 않으면 항상 고생만 한다는 뜻이다. 무능하면 '어려서는 외갓집 것 먹고 커서는 문중의 것 먹고 산다'고 하던가. '참새가 작아도 알을 낳고 제비가 작아도 강남 간다'는데, 만물의 영장이 제 앞가림을 못하면 사람 멍청이 소리를 들을 건 뻔하다.

'못난 강아지 들거나 나거나 상전치레라'고 했다. 무능하면 유능한 사람 밑에서, '달리면서 쉰네 뛰면서도 소인' 하며 살아야 하는 것이다. '못난 놈은 제 개도 못 잡아먹고', '재주는 곰이 넘고 돈은 왕 서방이 챙기는' 격으로 살게 마련이다. 그리고 오로지 상전에 의지하여 '못난 개 울타리 밑고 짖는다'는 격으로 행동하기 일쑤다. 마치 '과부집 머슴은 왕방울로 행세한다'는 식이다.

'장사를 하자 하니 돈이 없어 못하고 모군을 서자 하니 다리가 짧아서 못하고 훈학을 하자 하니 학문이 없어 못한다'고 했겠다. 모군이란 품팔이를 뜻하는데, 이 정도로 무재주면 심각한 수준이다. 무재주는 결국 게으름이라는 생각이 들게 한다.

'무재주 상팔자'라는 말이 맞는가. '재주 쓰다 메주 쑨다'거나, '설익은 재주에 코 깨진다'고 하니까 말이다. 그러나 그것은 잔재주를 두고 하는 말이다. '잔재주 많으면 저녁 못 얻어먹는다'고 했다. '뛰어봤자 벼룩이요 재봤자 도토리 키다'고 하거나, '날다람쥐의 다섯 가지 재주라'는 말들에서, 잔재주나 무재주가 상팔자일 수만은 없다고 생각된다. '재주 다 배우니 눈이 먼다'는 경우는 어떨 것인가.

제 주제를 파악하는 건 못난 놈도 할 수 있는 일이다. 무능한 주제에 나대서, '가물치가 뛰니까 피라미도 뛴다'거나, '가물치가 첨벙 하니 메사구도 첨벙 한다'는 놀림을 받지 말아야 할 일이다. 못났다고 무조건 국으로 있으라는 말은 아니다. '가만 있으면 가마떼긴 줄 알고 점잖으면 전봇대나 된 줄 아는' 법이다. '못난 열 명의 꾀가 잘난 이 한 명 꾀보다 낫다'고 했다. 못난 사람은 못난 사람끼리 어우러져 도우며 살면 된다. '못난쟁이가 되려 밥값 하고', '못난 소도 좋은 송아지 낳는' 법이다. '잘 먹고 잘 입어 못난 놈 없고 왕후장상에 씨가 없다'고 했다.

'못난 소나무 솔방울만 많다'는 것이 세상 이치다. 능력이 부족하여 세상 살기가 힘겨울 때는 오히려 제 피붙이를 많이 만들어내는 것도 적자생존의 한 방식이다. '못난 것이 자식 많이 두고 병신이 명 길다', '못된 나무에 열매가 많다'는 말들이 그 뜻이다. 못났다고 자학하지 말 일이다. '잘난 놈은 저 잘난 맛에 살고 못난 놈은 인심 덕분에 산다'고 했다. 세상인심이 늘 잘난 놈만 살도록 되어 있는 게 아니다.

'사람에게는 세 가지 체병이 있다'고 한다. 바로, '못난 놈이 잘난 체 모르는 놈이 아는 체 없는 놈이 있는 체한다'는 것이다. 그러나 모든 사람이 그렇지는 않다. 못난 사람일수록 그 병이 심하다. '못난 석공 눈 껌쩍이는 짓거리부터 먼저 한다'고 하지 않던가. '똑똑한 체하는 놈이 못난 체하는 놈 못 당한다'는 말은 그래서 당연하다. 나대는 사람보다는 한발 물러서 살피는 사람의 안목이 크기 때문이다. '똑똑한 새가 그물에 걸린다'거나, '물 재주 하는 놈 물에 빠져 죽고 나무 재주 하는 놈 나무에서 떨어져 죽는다'고 하는데, 스스로 과신하여 화를 당하는 것이다. 허세를 부린다는 것은, 그만큼 재주가 덜 익었다는 뜻이 된다.

'재간도 써야 재간이라'고 했다. 살아있는 동안에 제 재주를 마음껏 키우고, 또 풀어내야 한다. '천리마는 뜰 안에서 길들일 수 없다'고 했다. 재주나 능력을 펼치기 위해서는 환경이 따라줘야 한다. '사람이 아무리 반신이라도 한 가지 재간은 있다'고 했다. 그 재주를 절대로 썩혀서는 안 될 것이다. '기는 놈 위에 뛰는 놈 있고 뛰는 놈 위에 나는 놈 있다'고 하지만, 모든 재주를 다 부리겠는가. '보라매도 새벽 맡기는 데엔 늙은 닭만 못하고 한혈구도 쥐를 잡는 데는 늙은 고양이만 못하다'고 했다. '사람이 너무 똑똑하면 귀신이 질투를 한다', '탐스러운 가지가 먼저 꺾인다'고 했다. 때로는 재주가 너무 많지도 않고, 능력이 빼어나지 않은 것을 다행으로 여길 일이다. '오리는 오 리를 가도 오리고 백 리를 가도 오리라'고 하는데, 능력이 그 모양 그 꼴이라도 절망하지 말 일이다. '배부르면 재주가 막힌다'고 했다. 돈 버는 능력이 부족하다고 자책할 이유가 없다. 다만 '재주는 양복 입은 놈이 넘고 재미는 잠바 입은 놈이 본다'거나, '재주는 곰이 부리고 돈은 대국 놈이 번다'고 하는데, 그렇게 이용당하지 않도록 자중자애할 일이다.

- ◈◈◈ 울뚝밸 : 화를 벌컥 내며 언행을 함부로 하는 성미.
- ◈◈◈ 메사구 : '메기'의 사투리.
- ◈◈◈ 한혈구 : 아라비아 말(馬)로, 명마名馬라는 뜻.

69. 부귀와 공명

'재물 있고 세력 있으면 밑구멍으로 나팔을 분다'

'부귀를 누리면 남들이 모여들고 빈천하면 친척도 멀어진다'고 했다. '빽 있고 돈 있으면 죽은 사람 되살리는 것만 빼놓고 안 되는 것 없다'고도 했다. '하늘을 나는 새도 떨어뜨리고 닫는 짐승도 멈추게 한다'는 권세를, 대부분 사람들이 꿈꿔본다. 재물과 권세가 있어 사람들이 모여들면, 제 세상같이 여겨져 살맛이 날 것은 분명하다. 더군다나 '부귀는 하늘이 낸다'고 했으니 얼마나 좋을 것인가.

'명주옷은 사촌까지 덥다'고 했다. 명주옷이란 부귀의 상징이다. '키 큰 사람은 덕이지만 키 큰 나무는 해롭다'고도 했다. 키 큰 나무는 권세가 높다는 의미가 된다. 남들이 부러워하는 부귀공명을 내가 누리고 있다고 생각하면, 몸 구석구석에서 없던 힘이 생기고 괜스레 뻐기고 싶은 충동이 생길 것이다. '부귀를 누리면 교만병에 걸린다'고 했는데, 대부분의 사람들이 그럴 것이다. '부귀에 눈이 어두우면 부끄러움을 모른다'고 했으니까 말이다. 그렇지만 교만하게 놀아나다 보면 부귀공명은 재빨리 달아나게 마련이다. '부귀는 뜬구름과 같다'거나, '부귀는 풀잎에 맺힌 이슬과 같다', '부귀를 그칠 줄 모르면 죽음을 당한다'는 말이 괜스레 있지 않다. '부귀한 집에 재난이 많다'는 말도 마찬가지다.

특히 공명심에 현혹되기가 쉽다. '십 년 세도 없고 백 년 부자 없다'고 해도, 사람들은 권력이나 명예에 '불 본 나비'가 된다. '소꼬리보다 닭대가리가 낫다'든지, '소꼬리보다 개 대가리가 낫다', '닭의 주둥이가 될지언정 소 궁둥이 노릇을 하기는 싫다'는 욕심으로, 한없이 오르려고만 한다. '용 새끼는 작아도 비를 내리게 한다'고 하니까, 닭대가리나 개대가리까지 착각에 빠질 수 있는 게 권력욕이고 공명심인 것이다. '지위가 높아지면 먼저 처를 바꾸고 친구를 바꾼다'고 하니까, 그 기대감에서인가.

'출세했다는 사내 입술에 피 안 바른 놈 없고 성공했다는 계집 밑에 물기 마를 날 없다'는 말이 절창이다. 권세욕에 눈먼 사람들은, '정승 판서 사귀지 말고 제 입이나 잘 닦아라'는 충고가 얼마나 유익한 것인지 알 리가 없다. '부귀는 하늘에 있고 죽고 사는 건 명에 있다'는 것을 모른다. 하늘은 부귀영화를 한 곳 또는 한 사람에게만 오래 머물게 하지 않는다는 것을 깨우치지 못한다. '한 집안에 두 정승 두 명창 나기 힘들다'는 말에는 그런 뜻도 포함되어 있다.

'치마 입은 사람 셋을 잘 만나면 남자가 출세를 한다'고 했다. '큰일을 하려면 똥물을 안겨줘도 삼켜야 한다'고도 했다. 출세욕을 가진 사람들에게는 금언이겠다. 그러니 권세를 좇는 사람들은, '한발 앞선 걸음이 천 리를 먼저 간다'고 부귀공명을 좇게 마련이다. '한 자리가 편안하면, 백 자리가 편안하다'는 말도 공명심을 부추기는 말이다. '한 집이 부귀하게 되면 여러 집에서 원망하게 된다'는 생각은 할 줄 모르는 것이다. 그래도 부귀공명을 얻지 못해, '억울한 놈은 죽어도 빽 하고 죽는다'고 하지 않던가.

권력을 가진 사람의 주위에는 늘 빌붙는 사람들이 몰리게 마련이다. '호랑이 옆에 가는 여우가 산천초목 울린다'고, 얼마나 그럴 듯해 보이며, '돌 진 가재 산 진 거북'인데 얼마나 든든하겠는가. '나팔 불면 아전이 앞선다'고 주제를 모르고 호가호위하는 꼴이 흥을 돋울 것이다. '말 위에 올라타자면 말꼬리에 얻어맞는 봉변쯤은 참아야 한다'고, 자존심을 내팽개치며 덤벼드는 사람들이 오죽 많은가. '대감댁 권세보다 아랫것들 행악질이 더 못 됐다'거나, '관가의 종놈들은 생청으로 행세한다', '대신댁 종놈은 왕방울로 행세한다', '대신댁 송아지 백정 무서운 줄 모른다', '마패는 하나인데 출도야 소리는 사방이라', '먼 산의 범보다 앞집 개가 더 무섭다'는 말들이 다 한 가지다. '무섭기는 가어사가 더 무섭다'는 말은 모두 이런 세태와 연관이 된다. '더위도 큰 나무 밑에서 피하랬다'거나, '관리는 높아질수록 무서워지고 나무는 커질수록 바람과 잘 지낸다'는 말을 철석같이 믿는 사람들이 많으니, 권세가 큰 사람은 더더욱 살맛이 나는 것이다.

그러나 권력이 만능은 아니다. '나라 상감도 힘이 덜 차는 대목이 있다'고 하지 않던가. '나무가 무성하면 도끼로 찍힌다', '높은 가지가 부러지기 쉽다'는 속담대로, 권력이 크면 적이 많이 생기는 법이다. '높은 나무는 바람을 싫어한다'고 권세가 안정되기를 바라지만, '나무가 흔들리면 새도 날아가게 마련이라'는 말대로 권력이 불안하면 따르던 사람들이 다 배신을 하게 된다. '높이 나는 새가 고독하다'는 말이 틀리지 않다. 그래서 권세가와 가까이 하는 것이 좋지 않다는 뜻으로, '큰 길가 큰 강가 큰 세도가 근처에서는 살지를 마라'고 했던 것이다.

권력을 감당할 능력이나 인연이 없으면서, 그것을 탐하는 것은 더욱 위험한 일이다. '굵은 똥깨나 싸는' 허세를 부리다가 화를 당하기 십상이다. 마치 '돌을 지고 물에 빠진다'는 말에 견줄 수 있을 것이다. '백 년 가는 부자 없고 십 년 가는 권세 없다'는 금언도 잊은 채, 한없이 꺼덕거리다 '갓끈 떨어진 신세'가 되는 것이다. '망나니짓을 해도 금관자 서슬에 큰기침 한다'면 그 권력이 오래 가겠는가. '팔자에 없는 감투를 쓰면 이마가 쪼개진다'거나, '감투가 크면 어깨를 누른다'는 말을 명심할 일이다. '모처럼 벼슬하니까 난리가 난다'든지, '모처럼 태수가 되니 턱 떨어졌다', '모처럼 능참봉을 하니까 거둥이 한 달에 스물아홉 번이라'는 말들은, 권력과 인연이 없는 사람을 빗대는 속담들이다.

'지위가 높을수록 마음은 낮추어 먹어야 한다'고 했다. '세도 좋을 때 인심을 써라'고 한 말도 잊어서는 안 된다. '하늘에 방망이를 달고 도리질 하다가 큰 코 다친다'는 말이 그냥 해보는 소리가 아니다. '해

동청 보라매도 높이 날지 못할 때는 까마귀 똥을 뒤집어쓸 적이 있다'고 했으며, '호랑이가 힘 빠지면 모든 짐승이 덤빈다'고 했다. 그 추락의 맛은 죽을 맛 이상이라는 것을 깨우칠 일이다. '물 밖에 났어도 용은 용이라'는 기분에 젖어 사는 것이 좋은가. '원의 부인이 죽으면 조객이 많아도 원이 죽으면 조객이 없다'는 말에서, 세태가 냉혹하다는 것을 깨달아야 한다.

'부귀와 빈천은 돌고 돈다', '흥망성쇠와 부귀빈천이 물레바퀴 돌듯 한다'고 하였다. '부귀는 사람이 힘써 일하면 다가온다'고도 했다. 부귀가 뜬구름 같다는 것을 아는 사람은 결코 악착같이 부귀를 좇지 않을 것이다. 예컨대 '중 벼슬은 닭 벼슬보다 못하다'는 것을 잘 알고 있는 수도승이 부귀공명을 원하겠는가. '닭이 진주를 물어도 옥수수알만 못하다'고 생각하는 사람도 있는 것이다. '크게 될 그릇은 느직하게 이루어진다'는 말이 맞다. 크게 된다는 것은 자잘한 부귀공명을 하찮게 안다는 뜻도 포함된다. 제 욕심에 불이 붙어 쉽게 얻은 부귀공명은, 하늘이 쉽게 거두어가는 법이다. '부귀해지면 그 친척들도 무서워하고 두려워한다'고 했는데, 친척들이 그러기를 바라는가. '부귀로도 마음을 어지럽히지 못한다'거나, '부귀를 누려도 음탕하지 않다'고 할 정도면 지혜로운 사람이다. 두루 지혜를 갖추고 있어, 제가 아닌 남들이 원해 모시는 지위라야 탈이 없이 오래 갈 수 있을 것이다. 부귀와 공명은 '구름에 비 따르듯' 하지만, 결국 허영심일 뿐이라는 것을 깨우쳐야 하리라. '부귀에 급급하지 말고 빈천에 근심하지 말라'는 충고를 잘 받아들일 일이다.

70. 건강

'복 중에는 건강복이 제일이다'

어느 정도 나이가 들면 건강을 생각하고 챙기려 한다. 아무리 사는 것이 팍팍하다 해도 죽는 것보다 낫다고 생각하기에, 더 오래 살아보려고 노력을 하게 되는 것이다. '건강은 건강할 때 지켜야 하고 돈은 있을 때 아껴야 한다'는 말이 지당하다. 건강을 잃으면 그 다음부터는 아무 것도 없을 뿐만 아니라, 남들에게 추한 꼴만 보이게 된다. '돈을 잃은 것은 조금 잃은 것이고 명예를 잃은 것은 크게 잃은 것이고 건강을 잃은 것은 전부를 잃은 것이라'는 말을 흔히 듣지만, 가장 쉽게 잊는 말이기도 하다.

지혜로운 사람은, '삼정승 부러워 말고 내 한 몸을 튼튼히 가져라'는 말을 항상 새기며 산다. '건전한 몸에 건전한 정신이 든다'는 것을 잘 알고 있기 때문이다. 부귀영화를 누리려고 골몰하는 것은 실상 전혀 건전한 정신이 아니다.

건강하기 위해서는 우선 잘 먹어야 한다. 잘 먹는다는 것은 진수성찬을 차려 먹어야 한다는 뜻이 아니다. 소박한 밥상이 오히려 건강과 장수를 보장해준다는 사실을 알아야 한다. '몸보신은 첫 식보 두 육보 세 약보라'거나, '보식이 보약보다 낫다', '육보보다 행보가 낫다'는 말은 그냥 하는 소리가 아니다. 그러니까 최상의 것은 행보行補라는 말이겠다. 즉 몸을 움직이는 것인데, 활동적인 일을 부지런히 하는 것이라든지, 운동을 하는 것이겠다.

이런 여러 몸보신 중에 사람들은 약보·식보에 관심을 집중한다.

‘무슨 보니 무슨 보니 해도 식보가 제일이라’고 내세운다. 우선 편하기도 하고, 식탐도 충족시켜 주니까 그렇겠다. 예컨대 ‘복더위에 민어찜은 일품 도미찜은 이품 보신탕은 삼품’이라는 말이나, ‘반주는 보약이라’, ‘아침 샘물은 약이다’, ‘몸을 보하는 데는 쌀밥에 미역국을 당할 게 없다’ 하면서, 식보에 관심을 갖도록 한다.

예로부터 전해지는 건강법도 거의 약보 식보에 치중해 있다. 우선 손발의 온과 냉을 중시했다. ‘머리가 차서 아픈 법 없고 배가 뜨거워서 아픈 법 없다’거나, ‘머리는 차갑고 발은 따뜻해야 건강하다’고 했다. ‘개는 입이 따뜻해야 하고 사람은 발이 따뜻해야 한다’, ‘머리는 차게 할수록 좋다’는 말도 마찬가지인데, 지금까지 통용되는 가장 기본적인 건강진단법이겠다.

약보로서는 약 중의 약이라는 삼蔘을 가장 애용했다. 특히 산삼은 신이 내려주는 약이라고 생각했다. 그래서 ‘산삼 한 뿌리 먹으려면 삼대가 적덕해야 한다’고 여겼다. 산삼을 먹는다는 것은 그렇게 어려운 것이어서, ‘산삼은 죽은 사람도 살린다’고까지 과장되었다. 그래도 대중적인 것은 인삼이었으며, 산삼에 이르지는 못하지만 최상급의 약보로 여겨졌다. ‘육지엔 인삼 바다엔 해삼’, ‘산에는 동삼 바다에는 해삼’이라는 말들에서 그것을 짐작할 수 있다. 소중한 약인지라 달이는 데까지도 조심하도록 금기어격인 속담이 따른다. ‘인삼 든 약을 달이는데 담뱃불을 붙이면 약효가 없어진다’는 말이 그렇다. 중요한 것은 ‘인삼 녹용도 배부른 뒤에야 약이 된다’고 하여 약보를 식보 다음에 두었다는 점이겠다.

‘그 집 장맛이 그 집 식구의 건강’이라는 충분히 근거가 있는 말이다. 장醬은 장將이라 하여 모든 부식 중에 제일 중요시했다. 장맛이 좋으면 그 집의 식보는 저절로 된다는 논리다. ‘한 알의 밥이 귀신 열을 쫓는다'는 뜻도 그렇다. 식보를 잘하면 모든 병을 물리칠 수 있다는 뜻으로 이르는 말이다.

그 외에 '오월 단오날 명아주 나물을 먹으면 더위를 안 먹는다'거나, '구기자도 천 년을 묵으면 사람을 보고 짖는다'는 말들이 있다. 약을 한껏 신비화함으로써, 약효 외의 약효를 거두려고 했던 것이다. 몸 밖의 약만을 신비화한 것이 아니다. '침(唾)은 보약 중에 보약이라'고 해서 제 몸에서 나온 것도 아주 소중히 했는데, 오늘날에도 타당성 있는 것으로 여겨지고 있는 것은 당연하다.

건강을 타고난 사람도 물론 있겠다. 늙을 때까지 의원 신세를 지지 않으면서 용케도 버티는 사람들이 적지 않다. '여름날 사흘 좋은 것하고 노인네 사흘 근력 좋은 것하고는 아무도 모른다'고 하지만, '쭈그렁 콩깍지가 석삼 년 매달려 있다'거나, '평생을 고랑고랑하며 칠순을 넘긴다'는 사람이 많다.

늙어서 동년배보다 훨씬 건강하면 조롱거리로 삼기도 했다. '보리 못된 것이 망종에 한창이고 인간 못된 것이 환갑에 한창이라'는 말이 그렇다. 그렇지만 분명한 것은 조롱거리는커녕 자랑거리가 틀림없다. '팔십 살의 청춘이 있고 스무 살의 노인이 있다'는 것을 모를 리 없다. '식성 줄고 양기 줄면 저승길이 가까워진다'고 하는데, 늙어 건강을 챙기려면 이미 늦으니 젊어서부터 건강에 유념할 일이다.

건강은 심리적인 원인도 크다. '마누라를 앞세우면 신간이 고단하고 건강도 내리막길 구르듯 쇠약해진다'는 사실에서 알 수 있다. '건강은 돈보다 낫다'는 것은 그야말로 '두말하면 잔소리고 세말하면 개소리다'. 행보를 최선으로 삼을 일이다. 부지런히 활동하는 몸에는 병마病魔도 얼씬 못한다. 행보가 어려우면 식보로, 식보가 어려우면 육보로, 육보가 어려우면 약보로, 건강을 지켜나가야 한다. '몸에 좋은

'약은 입에 쓰다'거나, '보약도 쓰면 안 먹는다'고 하는데, 약 먹기가 싫으면 부지런함으로 몸을 지킬 일이다.

71. 세월과 나이

'세월을 이겨내는 장사 없다'

누구나 나이가 들수록 세상사를 좀 더 잘 깨우치게 된다. '나이가 약이라'거나, '나이보다 더 좋은 약이 없다'고, 나이가 들수록 지혜가 많아지는 것은 당연하다. '나이 예순이 되도록 셈이 든다'는 말은 그래서 있다. '나이가 농간한다', '떡국이 농간한다'고도 한다. 재주는 없어도 나이 먹은 경험으로 일을 잘 처리한다는 뜻이다. '나이가 가르친다'는 말이나 마찬가지다. 그러나 나이 먹은 만큼 능력이 없으면 무시당할 수밖에 없다. '나이가 많을수록 가진 것이 있어야 한다'는 말이 그를 리 없다. 지혜도, 재물도, 인내심도 그만큼 많아야 한다.

'세월아 너 먼저 가라' 하고 잠깐 어떤 재미에 빠져 본다고 한들, 세월이 혼자서 갈 수도 없다. '세월아 좀 먹어라' 한다거나, '세월아 네월아 한다' 해도 그 여유 속에 초조함이 있다. '세월이 좀 먹나 바닷물이 쉬나' 하거나, '시간이 쉬더냐 세월이 뜨더냐 한다', '나무가 좀 먹지 세월 좀 안 먹는다'고 해도, 건성으로 해보는 소리일 뿐이다. 세월이 가거나 가지 않거나, 좀 먹거나 안 먹거나, 제가 늙어지는 것은 속일 수 없다.

세월은 빨라 누구나 '세월에 속아 산다'고 여기게 되고, 제 나이

정종진 461

에 부담을 느낄 때가 많아지기 시작하면 '나이가 원수'라고 생각하게 된다. '세월에 장사 없다'든지, '나이 이긴 장사가 없다'는 것을 깨우치면 허무감은 더한층 가중된다. '세월은 길고 인생은 짧다'든지, '세월은 못 속인다', '세월은 사람을 기다려 주지 않는다', '세월이 가는지 오는지도 모른다', '세월은 가면 돌아오지 않는다'고 하면서 세월 탓을 하게 된다. '일촌광음은 일촌의 금이라'는데, 금쪽같다는 세월이 다 어디로 흩어져 버린 것이다. 돈을 벌려고 하는 동안 세월을 잃었고, 대신 돈 몇 푼만 남은 것이다. '시간은 황금을 얻을 수 있지만 황금은 시간을 얻지 못한다'는 말이 기막힐 따름이겠다.

'나이는 못 속인다'. 제가 하는 행동이 '떡국 먹은 값을 한다'고 할 수 있는지, 자신이 없어진다. 그야말로 제 인생은 '떡도 떡같이 못 해 먹고 찹쌀 한 섬만 다 없앴다'고 생각하는 경우가 잦아지게 된다. '나이 먹으면 속이 들고 나이 더 먹으면 속이 찬다'는 말에 오히려 주눅까지 드는 경우가 있다. '삼십은 사내의 꽃이요 이십은 여자의 꽃이라'고 하다가, '쉰에 쉬지근하고 마흔에 매지근하다'는 세월도 다 지나고 나니, 남는 게 없는 것 같이 생각된다. 장년에서 노년에 이르는 세월을, '서른이면 서운하고 마흔이면 매지근하고 쉰이면 쉬지근하고 육십이면 착 쉰다'고 하지 않는가. '십 년이면 강산도 변한다'고 한다면, 몇 번 강산이 변했는가. 그런데 '갑자생이 무엇이 적은가' 하고 핀잔이나 먹어야 하는가.

'나이 많은 사람이 나잇값 한다'는 것은 욕심보다 지혜를 앞세운다는 뜻이겠다. '나이 많은 사람이 져야 한다'는 것을 알고, '세월이 약이라'는 이치를 터득하게 된다는 것일 게다. 나이 많다고 유세를 부릴 시대도 아니다. '지렁이도 위아래가 있다'거나, '수숫대도 아래 윗마디가 있다', '관청에서는 벼슬이 어른이고 촌에서는 나이가 어른이라'는 것을 내세우다가는 봉변만 당한다. '나이 많다고 위에 앉고 나이 적다고 아래 앉으랴' 하는 겸손으로 살아야 한다. '나 많은 아저씨가 져라'거나, '나이 많은 아재비가 참으랬다'는 말을 듣기 전에 젊은 사람에게 길을 내주는 아량이 있어야 한다. '먼저 난 귀는 못 써도 나중 난 뿔은 쓴다'든지, '먼저 난 머리보다 나중 난 뿔이 더 무섭다'는 생각으로 포용력을 발휘할 일이다. '묵은 닭이 볏섬을 탄다'는 것을 알지만, '상놈은 나이가 가르친다'는 것도 알기 때문이다.

젊었을 적엔 '소털 같은 세월'이라고 말하다 못해, '소털이 많다고 하여도 날이 많다'고 휜소리도 쳤을 것이다. 그러던 것이 금방 '어제 청춘이 오늘 백발이라'고 한탄하게 된 것이다. '아이 크는 것은 알아도 저 늙는 줄은 모른다'고, 자식들 키우다가 아까운 세월을 다 보낸 것이다. 백발이 될 때까지 살았으면 만족할 법도 한데, 전혀 그렇지 않다. '일흔이 지나면 덤으로 산다'거나, '일흔 하나부터는 남의 나이라'는 경계를 한참 넘어도, '천만 가지 다 먹고는 살아도 나이 먹고는 못 산다'고 푸념을 해댄다.

'말 못 하는 벙어리도 세월 가는 줄은 안다'는데, 속절없이 늙었다고 생각하면 아니 그럴 수도 없겠다. '나이가 들면 뼛속에서도 찬바람이 인다'는데, 젊은 누가 그것을 알랴. '나이가 들면 어린애가 된다'고 자기연민에 빠지고, 저도 모르게 '나이 덕이나 입자'는 식으로 행동하게 된다. 그러니 '여든 살 먹어도 마음은 어린애라'는 말을 듣고, 제 설움에 날뛰면 '여든 뒤 닷새 나도 사람질 하기는 글렀다'는 소리나 듣게 되리라.

세월을 오래 겪으면 그 대가를 내놓아야 하는데, 그게 곧 지혜다. '오뉴월 도깨비도 하루 볕 더 쬔 도깨비가 더 지혜롭다'고 했다. 나이를 많이 먹으면 베풀 것이 있으니, 덕이다. 그래서 '나쁜 사람도 나이를 먹으면 좋게 된다'고 한 것이다. '세상에 덕 없는 세월이요 무정한 것은 가난이라'는 것을 익히 안다면, '비상 먹고는 살아도 나이 먹고는 못 산다'고 푸념이나 해대서는 안 된다. 더군다나 '한 살 더 먹으니까 윗목에 가서 똥 싼다'는 소리나 들으면 안 될 일이다. '흐린 물도 윗물부터 가라앉아야 아랫물도 맑아진다'거나, '윗물이 맑아야 아랫물도 맑다'는 말들은 만고불변의 진리다. '천리마는 나이가 들어서 이루어진다'고 하지 않던가. '무심한 것이 세월이라'고 한탄하면, '청승은 늘어가고 팔자는 오그라진다'. 반대로 '약 중에 좋은 약은 세월이라'고 생각하면 마음이 편해질 것이다. 인생만사에 초연하며 지혜롭게 처신하면, '늙은이 말 그른 데 없다'는 말을 듣게 되리라. 왜 '나라 상감님도 늙은이 대접은 한다'고 했는지 젊은이들은 깨닫게 될 것이다.

72. 늙음

'도깨비도 나이 먹은 도깨비가 낫다'

'산천초목은 나날이 젊고 인생청춘은 나날이 늙는다'고 한탄하는 것도 잠깐이다. '백발도 내일 모레'라거나, '가는 세월 오는 백발'이 바로 눈앞에 아른거리게 된 것이다. '제 늙는 줄 모르고 남 늙는 줄만 안다'고 하듯, 남의 일인 줄 알았던 백발을 만난다. '늙을수록 마음은 젊어진다'는데, 참으로 황당한 일이다.

'호랑이는 늙어도 호랑이라'거나. '용마는 늙어도 용마라', '물클어져도 준치 썩어도 생치'라는 속담들은, 근본이 좋으면 늙어도 그것을 여전히 지니고 있다는 말이다. '썩어도 준치'란 말과 같이, 젊어 한 가닥을 했던 사람은 늙어도 여전히 한 가닥 하게 되어 무시당하지 않는다는 말이다. 그런 노인의 장점을 표현하려는 속담들이 적지 않다.

'늙은 소가 밭을 더 깊게 간다', '사람이 오래면 지혜요 물건이 오래면 귀신이다', '노인 말 그른 데 없고 어린이 말 거짓 없다', '술 취한 사람 말에 거짓말 없고 늙은이 말에 거짓말 없다', '가본 젊은 놈보다 못 가본 늙은 놈 짐작이 더 낫다', '늙은 말이 제값 한다', '늙은 소가 길 안다', '하룻비둘기 재를 못 넘고 늙은 말이 길을 안다', '늙은 새는 낟알로 잡지 못한다', '늙은 말은 짐작으로 길을 안다', '늙은 말은 길을 잃지 않는다', '늙은 쥐가 독 뚫는다', '늙은 쥐는 쇠뿔도 뚫는다', '늙은이 말 들어 손해 가는 일 없다', '귀신도 늙은 귀신이 낫다'는 말들이 그것이다. 오랜 체험 속에서 일의 실마리를 제대로 파악할 줄 알며, 예사롭지 않은 능력을 가지고 있다는 것을 깨닫게 해주는 말들이다. 그래서 '상감님도 늙은이 대접은 한다'고 하는 것이리라.

이에 비해 늙으면 아무 소용이 없다는 뜻으로 빗대는 말들도 있다. '당나귀가 늙으면 꾀만 남는다', '늙을수록 돈 욕심은 커진다', '늙을수록 느는 건 잔소리뿐이다', '고목에는 눈먼 새도 안 앉는다', '머슴 늙은 것하고 당나귀 늙은 것은 못 쓴다', '범이 늙으면 쥐도 깔본디', '애들은 자고 나면 예쁜 짓을 하고 늙은이는 자고 나면 미운 짓을 한다', '늙으면 눈물이 헤퍼진다', '늙으면 설움이 많다', '늙은 유세하고 사람 치고 병 유세하고 개 잡아먹는다', '철도 안 들고 노망부터 든다', '철 들자 망령난다', '늙으면 노망이 있다'는 말들이 그것이다.

늙은이를 우습게 보지 말라는 의미에서 '늙은 나무는 뿌리가 깊다'거나, '노인네 오기 고집이 황소 잡아 먹는다'란 말이 있다. 그러나 '겨울 날씨 눅은 것과 늙은이 근력 좋은 것은 못 믿는다', '늙으면 죽어야 어른이다', '늙으면 아이 탈 쓴다', '아이들과 노인은 가꾸기에 간다', '늙은이하고 아이는 괴는 대로 간다', '노인이 마음 변하면 죽는다'는 말들은, 늙으면 별 것 아니라는 뜻이나 천덕꾸러기가 된다는 뜻으로 쓰인다. 늙은이가 먹는 것을 밝힌다는 뜻으로 쓰는 속담들도 있다. '노인 망령은 고기로 달래고 아전 망령은 쇠로 달랜다'거나 '늙은이가 호박죽에 힘쓴다', '늙은이는 밥이 힘이다', '늙은이 망령은 곰국으로 고친다' 따위들이다.

하도 많이 겪은 일이라 늙어서 오히려 더욱 능수능란하다는 뜻으로 쓰이는 속담도 많다. '늙은 고양이 달걀 굴리듯', '늙은 고양이 생쥐 어르듯', '늙은 구렁이 햇달걀 집어 삼키듯', '늙은 말 엉덩이 둘러대듯' 하는 것들이 그렇다. 또한 늙어서도 제 버릇 고치지 않아 얄궂다는 뜻으로 쓰이는 속담이 있는데, '늙은 말이 서 마지기의 콩밭을 뜯어 먹는다', '늙은 말이 콩 더 달라고 나선다', '늙은 말이 콩 더 밝힌다', '늙은 당나귀 꾀만 남는다', '늙은 말일수록 애콩만 찾는다'는 말들이다. '늙고 못난 개라고 공연히 짖을까'라는 말은 다 속이 있는 짓을 한다는 뜻이고, '늙은 개 새 재주를 배우지 않는다'는 속담은, 게으르다는 뜻보다 알고 있는 재주로 제 요령껏 살아갈 수 있다는 뜻이다.

'늙은이치고 젊어서 호랑이 안 잡은 사람 없다', '호랑이 안 잡았다는 늙은이 없다'고 한다. 터무니없는 허세를 떤다고 해도 시비를 걸 사람도 없으니 좋다. '늙으면 용마도 삯마보다 못하다'든지, '늙은 천리마는 마굿간에서도 천 리 가던 생각만 한다'는 것을 알기에 연민의 정을 느끼게 되는 것이다.

'세월 앞에 안 늙는 장사 없다'는 말은 절대 진리다. 지금 살아있는 사람 누구나 다 늙어가고 있다. '사람은 세 살 때부터 늙는다'고 했으니 말이다. 조금 덜 늙어 있다고 많이 늙어 있는 사람을 업신여기거나 천덕꾸러기 취급을 해서는 안 될 일이다. '노인보고 어서 죽으라 하고 병신보고 병신이라 흉보고 여자보고 못 생겼다 하는 것이 세 가지 악담이다'고 하지 않던가. 누구나 죽음 앞에 평등하다. 늙어 자연스럽게 생을 마칠 때까지 노인을 잘 보살피는 것이 살아있는 사람들 최소한의 의리다. '기린도 늙으면 노마만 못한 법'이다. '늙은 개가 문 지키기 괴로운' 법이다. '늙은 소 콩밭으로 가더라도' 멸시하지 말 일이다.

늙어도 본능은 남는다. 본능만 남기에 더더욱 서글프게 보인다. 식욕과 성욕이 특히 그렇다. 벌어들이지는 못하면서 먹어치우려 하고, 성력性力은 없으면서 밝히기만 한다. '젊은 놈 죽는 줄은 모르고 팥죽 먹을 생각만 한다'거나, '헌 섬에 곡식 많이 든다'고 했다. 식욕이 왕성하다는 뜻이겠다. '물기 있던 씹이 마르고 말랐던 눈에 눈물이 생기면 여자는 끝장이라'든지, '진 데가 마르고 마른 데가 질게 되면 인생은 끝장이라'고 말한다. '마른 나무에 꽃이 피랴'거나, '마른 풀에 비 적시기 죽은 재에 불 붙이기'라고 빗댄다. '나이 먹으면 새는 멀어지고 정은 두터워진다'고 부부관계를 요약한다.

'늙어서 만난 사랑이 더 정답다'는 말은 늙어 외로울 때 만난 사람이기에 더 절실하게 정겹다는 표현이겠다. 그래서 '늙어 친구가 젊어 벼슬보다 낫다'는 말이 설득력 있다. 노인들의 소외감이 얼마나 절실한지 짐작할 수 있는 속담들도 적지 않다. '늙고 병든 몸에는 누먼 새도 아니 온다', '죽기는 서럽지 않으나 늙기가 서럽다', '늙은이도 늙었다 하면 싫어한다', '늙으면 이미 산 인생 파먹고 산다', '늙으면 잠이 벗이라'는 속담들이 그것이다. 눈먼 새도 오지 않는 몸이니, 과거 속에 살든지 잠이나 잔다는 것은 얼마나 참을 수 없는 소외감인지 젊은 사람들이 헤아려야 할 일이다. 그러다 보니 노인들은 어떻게 해서든지 사람들을 끌어들여 외로움을 다스리려 한다. 돈을 써서라도 사람을 만나보고 싶다는 간절한 욕망에 살고 있는 것이다. 그래서, '늙은이가 젊은 첩 하면 불 본 나비 날뛰듯 한다'는 말이 있는 것이겠다.

'백발 막을 장사 없다'고 했다. 늙는 것보다 더 서러운 것이 있을까. '아이들은 겨울에 크고 늙은이는 겨울에 늙는다'거나, '예순 살부터는 해마다 늙고 일흔 살부터는 달마다 늙고 여든 살부터는 날마다 늙고 아흔 살부터는 시간마다 늙는다'고 재치를 부린다. 젊은이에게는 재치지만 늙은이에게는 설움이다. '늙으면 저승길 닦는 일밖에 안 남는다'는 생각이나, '사람 늙으면 개 된다', '늙으면 죽어야 한다'는 자괴감에 이르면 남은 나날이 고문일 수밖에 없다.

'복은 노복老福이 좋아야 한다'고 한다. 복이라지만 '고목에 꽃이 피는' 것도 아니다. '늙어 낳은 자식에 있다'는 정도겠다. '어릴 때는 부모의 얼굴로 살고 젊어서는 제 얼굴로 살며 늙어서는 자식의 얼굴로 산다'는데, 자식을 잘 두었다면 행복하다 할 것이다. '늙어서 보기 좋은 것은 늙은 상주라'고 했다. 늙은 자식이 있다는 건 부모가 장수하고 있다는 뜻이니 그렇다. '바가지 들고 얻어먹어도 부부 해로하는 팔자가 상팔자'라고 했다. '늙어갈수록 영감이 좋다'고 하는 아내가 있으면, 그것도 분명 행복한 일이겠다. '한집에 늙은이가 둘이면 서로 죽으라고 한다'지만, 사이좋은 부부가 왜 그럴 것인가. '늙어서 고적한 것은 죽음보다 세 갑절 무겁다'고 했는데, 왜 아니 그렇겠는가.

'돈이 있어야 늙은 추접도 면한다'든지, '돈이 있어야 늙어도 대접을 받는다'고 했다. '돈이 있어야 할아비 노릇도 한다', '늙으면 베개 속에 돈을 숨겨두어야 한다', '늙으면 요 밑에 돈이 있어야 한다'고도 했다. '늙으면 돈보다도 자식이라'고 하지만, 자식이 시원찮으면, '늙으면 자식 촌수보다 돈 촌수가 더 가깝다'는 말이 더 맞는다고 여기게 된다. 그래서 '유산 물려주면 돈 잃고 자식까지 망친다'는 생각도 하게 되는 것이다.

'세상만사 돈 놓고 돈 먹기라'거나, '세상만사가 돈이면 다 된다'고 했다. 그런데 '늙으면 돈도 안 따른다'고 하니, 늙을수록 돈을 더 아끼게 된다. 돈이야말로 정력에 비례할 것인데, 정력이 쇠잔해가는 사람을 어찌 따르겠는가. '눈만 감으면 염하러 달려들겠다'는 지경이 되면 더더욱 그럴 것이다. 그러나 '나올 때도 맨손이고 죽을 때도 맨손이라'고, 마음을 고쳐먹으면 무엇이 두려울 것인가.

'사람이 오래 살면 며느리 환갑날에 국수 양푼에 빠져 죽는다'고 했다. 오래 살면 별별 욕된 일을 보게 마련이다. 그러나 '일 못하는 늙은이 쥐 못 잡는 고양이도 있으면 낫다'고도 했다. '고양이가 늙은 쥐만도 못하다'는 경우가 왜 없겠는가. 아무리 그렇다 하더라도 쓸모를 따지기 전 노인은 이미 노인이다. '가을 날씨 좋은 것과 늙은이 기운 좋은 것은 믿을 수 없다'든지, '크는 어린애 오뉴월 하루 햇볕이 무섭고 나이 든 노인네 하룻밤 새가 무섭다'고 했다.

노인들은 죽을 때 죽더라도 죽기까지는 당당하게 살도록 스스로를 늘 부추겨야 한다. '늙어서 죽어도 동티에 죽었다'고, '용수가 채반이 되도록 우겨 볼' 일이다.

73. 장수

'사람이란 오래 살고 볼 일이다'

거의 모든 사람이 오래 사는 것을 원한다. '오래 살자니 개골산

신선도 만난다'는데, 한껏 살아보겠다고 덤비는 것이 당연한 일이다. '오래 참고 살면 시어머니 죽는 날도 본다', '오래 살면 시어머니 뜨물독에 빠져죽는 꼴을 본다'고 하지 않던가. '아흔아홉까지 살아도 한 살 더 살기를 바라는 게 사람 마음이라'는 말, 한 치도 틀린 구석이 없다. '구십 노인에게 백수 하시겠습니다 하면 왜 내가 십 년만 더 살란 말이냐 하고 화 낸다'고 하지 않던가.

'벽에다 똥칠할 때까지 산다'고, 그저 오래 살기만 해서 무얼 할 것인가. '너무 오래 살면 욕 되는 일이 많다', '오래 살면 욕이 많다'고 했다. '오래 살면 손자 늙어 죽는 꼴을 본다', '오래 살면 맏며느리 얼굴에 수염 나는 것을 본다'고도 했다. 그래도 오래 사는 것이 좋은 것인가.

사는 모습이 아름답건 추하건, 우선 오래 살고 보자는 생각은 자연스런 욕망이겠다. 그래서 오래 살 수 있는 비법을 끝없이 생각해내고 만들어냈다. 일상생활로부터 행보·식보·육보·약보에 이르기까지, 더 나아가 방중술이나 관상 사주팔자에 이르기까지 사실상 장수와 한 가닥인 셈이다.

'오래 살려면 종이 한 장을 베고 자라'거나, '동방삭이는 백지장도 높다 하였다'는 말들처럼 일상생활도 장수를 위한 집념이다. 고침단명高枕短命과 같은 말인 것이다. '된밥 좋아하는 사람은 오래 산다', '된장을 잘 먹으면 오래 산다', '밥 먹고 물 안 먹는 사람이 오래 산다', '많이 먹고 장수하는 사람 없다'는 말들은 식보에 관한 비결이겠다. 하물며 '욕 많이 먹는 사람이 오래 산다', '욕을 많이 먹어야 오래 살고 악담을 많이 들어야 명이 길다', '욕도 늙마에 먹으면 명줄이 늘어난다'는 말들도 있는 것이다. 이 외에도 '죽었으면 하는 사람 평생 장수한다', '죽었다는 헛소문이 돈 사람은 오래 산다', '천식쟁이가 오래 산다', '늦자식 두면 오래 산다', '귀가 어두우면 장수할 조짐', '모진 놈이 오래 산다'는 별별 말들이 다 있다. '밥 많이 먹는다고 오래 사나 귀신 어긋 만나야 오래 살지'라는 말이 그중 지당한 말이라고 여겨지겠다.

'사내는 개똥밭에서 굴러도 명만 길면 된다'고 한다. 흔히 사내들의 기상을 키우기 위해 '굵고 짧게 산다'고 부추기는 말과는 사뭇 다르다. '글공부 하였다고 백 년을 살며 활공부 하였다고 백 년을 살랴'는 말로 맥을 빼놓는 것과도 다르다. 사내만 명이 길어야 하나. 모든 사람이 다 '무릎 귀 넘어가도록 살아라' 하고 기원할 일이다. 주위에 정든 사람들 모두가 오래 살아야 자신도 장수할 맛이 나는 법이다. '친한 친구 셋만 죽으면 병신 된다'고 하지 않던가.

'백 년을 다 살아도 삼만 육천 일이라'고 했다. 아무리 '무쇠 목숨에 돌끈 단다'고 해도 백수를 하는 사람 지극히 드물다. '어깨가 귀를 넘어까지 산다', '귀가 어깨를 넘게 오래 산다'고 해봤자 삼만 육천 일을 못 헤아린다. '도끼에 날을 달아서 살아도 내가 볼 것이라'고 벼른들 마찬가지다. '봄추위하고 늙은이 목숨은 언제 꺼질지 모른다'고 했는데, 장수라 한들 '고래 아니면 굴뚝'인 셈이고, '고랑이나 이랑이나', '가재 뒷걸음이나 게 옆걸음이나' 다 그게 그거다. '못난 밤송이 석삼 년 매달려 있다'거나, '금이 간 뚝배기 더 오래 쓰인다', '곯은 대추 삼 년 간다'고 하여 시들비들한 늙은이들을 빗대곤 한다. '동방삭이를 곱 삶아 먹었나'는 말로, 오래 사는 사람을 비꼬기도 한다.

'오래 살다보면 고손자 좆 패는 것도 본다'고 했다. 손자도 못 보고 죽는 사람이 있는데, 고손자 불알이 여물 때까지 산다면 확실히 행복한 사람이다. '오래 묵으면 빗자루 몽둥이도 귀신 된다'고 했는데, 백발노인이 총기를 더해 도사에 버금갈 수도 있겠다. '상주는 늙은 상주가 보기 좋다'고 했는데, 자식이 늙었으니 부모는 당연히 장수하고 있는 것이다. '사람은 늦팔자가 좋아야 한다'고 하지 않던가. 오래 살면서 추한 모습을 보이지 않으면, 늦팔자가 좋은 것이리라.

74. 병과 약, 의원

'살아날 사람은 약을 만난다'

'나무도 오래 되면 구새먹는다'고 했다. 노약, 병약이란 말이 있듯이, 사람도 병들면 몸이 약해질 뿐만 아니라 마음까지도 한참 위축될 수밖에 없다. '병약은 심약을 부른다'는 말은 당연하다. 생로병사라는 것이 인간을 비롯한 모든 생명체가 거쳐야 할 통과의례 같은 것일진대, 병에 걸리지 않는 사람은 거의 없다고 봐야 한다. 잔병치레를 한다거나, 아니면 아주 몹쓸 큰 병으로 고통스럽게 죽는 것을 보면서 인간의 하찮음, 생명의 허무를 생각지 않을 수 없다.

'병은 마음의 병'이라거나, '병의 화근은 마음에 있는 것이라'는 말이 결코 그르지 않다. 심약한 사람은 잔병에도 쩔쩔매는 것을 본다. 그러니 마음가짐을 잘하는 것이 병을 예방하고 이기는 일이 되리라. '대병大病은 팔자에 타고 나고 소병은 관리 소홀이라'는 말이 설득력 있다. 마음을 강하면서도 부드럽게 가져야 한다. 강할 때 강하고, 예사로울 때 부드러워야 한다는 말이다. '병 만나기는 쉬워도 고치기는 어렵다'는 걸 누구나 잘 알고 있을 것이다. '평소에 병 없던 사람이 앓으면 몹시 앓는다'는 충고도 잘 새겨두어야 한다. '병 장담 못하고, 자식 장담 못한다'고 하지 않던가.

자기가 병들어 가고 있다는 것을 천천히 느낄 수도 있지만 갑자기 찾아오는 수 있다. '병이란 눈썹에서 떨어진다'는 말이 그것이다. 감기같이 가벼운 병이라면 문제는 다르다. '감기는 밥상머리에서 물러앉는다'고 하니까 말이다. 물론 '감기 몸살이 만병의 근원이라'는 것을 모르지는 않을 것이다. '어지럼병이 지랄병 되기는 수월하다'니까, 가벼운 병도 조심을 해야 함은 물론이다. 어쨌든 병이 들면서 모든 불행은 시작된다. 몸이 젊어 병을 극복할 수 있으면 다행이지만, 늙은 몸으로는 '병이 생기면 죽겠지'하며 의기소침해지기 일쑤다.

병이 들면 그 누구라도 심신이 약해진다. '앓는 데는 장사 없다'거나, '병들어 장수 없다', '병 앞에 장사 없다', '병에 견디는 장수 없다'고 한다. 또한 '병에 장사 없고 여자 앞에 신사 없다'고 했다. '병 맞히는 점쟁이 없고 병에 장사 없다'고도 했다. 재산 재산 해도 제 몸처럼 대단한 재산이 없다. 병을 고치기 위해서는 제가 아프다는 것을 널리 광고해야 한다. '마누라 자랑은 말아도 병자랑은 하랬다'고 하지 않는가. 그래야 좋은 약을 만나게 된다. 병이 더욱 깊어지면, '죽기가 설운 것이 아니라 아픈 것이 섧다'는 생각을 뼈저리게 하게 될 것이다. 더구나 '나무도 병이 드니 정자에는 쉬는 이가 없다'고 여길 정도로 주위에 사람이 뜸해지면, 더욱 서러워지리라.

'병은 의원이 다스리고 명은 하늘이 결정한다'고 하지만, 병마다 의원이 다스릴까. 요즈음처럼 돈에 기갈 들린 의사들이 많은 세상에. 그러니까 인술仁術은 고사하고 기껏 의술醫術인 판국에, 아니 그것마저도 못 미치는, 상술商術이 판치는 세태에 모든 병을 어찌 의원에게만 의지할 수 있으랴. '상급 의사는 병이 나기 전에 예방하고 중급 의사는 병이 나려고 할 때 고치고 하급 의사는 병이 난 뒤에 고친다'고

정종진 473

했는데, 하급 이상의 의사를 만나본 사람이 있겠는가.

'의술은 인술'이라지만, '돈이 양반'인 이 시대에 인술을 기대하기는 '걸어다니는 참새 뛰어다니는 제비'를 보기만큼이나 힘들다. '의사한테 갈 때는 돈을 준비해야 되고 무당한테는 떡쌀 담가놓고 가라'는 말대로 돈을 준비하는 것은 당연한 일이다. 때로는 '네 병이야 낫든 안 낫든 내 약값이나 내라'고 하는 의원들을 만나게 되는데, '혹 떼러 갔다가 혹 하나 더 붙이고 오는 격'이 될 수도 있다. 병을 고치고 오는 게 아니라 심화心火만 지피게 된다.

아무리 '의사는 허가받은 도둑놈'이라고 하지만 찾아가지 않을 수 없다. '의사와 변호사는 면허증 가진 도둑놈이라'거나, '의사와 변호사는 나라에서 내놓은 도둑놈이라'고 해도 병들은 제 몸을 맡기지 않을 사람 드물다. '의사가 제 병 못 고친다'든지, '무당이 제 굿 못하고 의원이 제 병 못 고친다'는 말이 있지만, 아픔을 이기지 못하면 어쩔 수 없다. '돌팔이 의원 입으로 먹고 산다'거나, '돌팔이 의원일수록 간판은 크게 내건다', '밥 선 것은 사람 살려도 의원 선 것은 사람 죽인다', '선떡은 사람을 살려도 선의사는 사람을 죽인다'고 하니 불안하지만, '돌팔이 못 고치는 병이 없다'고도 하지 않는가.

'의사는 늙은 의사라야 하고 무당은 젊은 무당이라야 한다'거나, '의사는 늙을수록 용하고 술은 묵을수록 맛이 좋다'는 말대로, 나이 든 의사가 경륜이 있게 마련이어서 환자에게 믿음을 더 준다. 그러나 아무리 용한 의원도 한계가 있다. '남자 백 명을 치료하는 것과 여자 한 명을 치료하는 것이 같고 여자 백 명을 치료하는 경우와 소아 한 명 치료하는 것이 같다'는 것을 왜 모르겠는가. '노병老病에는 약도 없다'거나, '수심병과 상심병은 약방의 약도 소용없다'는 것도 웬만큼 아는 일이다. '고황에 든 병은 편작도 할 수 없다'고 했다. 고황에 든

병이란 몸속 깊이 든 병을 말한다. '상감이 약 없어 죽는다더냐'고 한다. 정말 그렇다. 부귀공명이 하늘을 찌르던 사람도 병이 들면 어쩔 도리가 없다. '죽을 병에도 살 약이 있다'지만, 그 약을 만나는 것은 '고양이 목에 방울 달기요 호랑이 눈썹 빼오기'보다 어렵다.

'싸워서 이로운 데 없고 약 먹어 해로운 데 없다'고 하지만, 반드시 맞는 말은 아니다. 가짜 약이 얼마나 많은가. 정말 좋은 약이라면, '약은 빚을 내서라도 사먹는다', '약은 돈 주고 사먹어야 효과가 있다', '돈 안 주고 먹는 약은 약효가 안 난다'는 말에 따라야 한다. '약은 갈라먹으면 효력이 없다'든지, '약은 혼자 먹고 밥은 나누어 먹으랬다'는 말을 귀담아 들어야 할 일이다. '약치고 먹기 좋은 것 없다'거나, '입에 쓴 약이 병을 고친다', '달콤한 사탕은 몸을 해쳐도 쓴 약은 병을 고친다'는 말들이 그를 리 있겠는가. 탕약의 '약 효험은 달이는 사람의 정성이 반이라', '약은 정성이 반'이라 했다. 병은 마음에서 시작하여 마음으로 끝맺기에 정성이 가장 중요하다. '침은 질러가고 약은 둘러간다'는 말을 알 것이다. 침이야 금시발복과 마찬가지다. '어설픈 약국이 사람 죽인다'고 하는데, 믿을 수 있는 곳을 찾아야 함은 물론이다. '약값 술값은 삼 년 안에 갚으면 맞돈과 한 가지라'거나, '술값 천 년 약값 만 년이라'고 했다. 약값에서 이익이 많이 남는다는 뜻으로 빗대는 말인데, 물론 그대로 받아드려서는 안 된다.

병이 생기면 숨겨두고 혼자 괴로워하지 말아야 할 일이다. 병에 대한 속담 중 많은 것이 병을 감추지 말고 남에게 알리라는 충고다. '허물은 감추고 병은 자랑하라', '병자랑은 하여라', '병은 숨길수록 커진다', '병은 여기저기 팔수록 약이 생긴다', '병은 입으로 팔아야 고친다', '병은 자랑해야 명의를 만난다', '병은 자랑해야 양약을 구한다', '병은 팔아야 약이 나온다', '병이란 숨겨두면 도지고 밝히면 약이 생긴다', '병과 근심은 외고 펴야 한다', '안으로 앓는 병은 입으로 팔아야 쓸 만한 처방이 생긴다', '돈 자랑은 말아도 병자랑은 하랬다'는 말들이 그것이다. '먼저 앓아본 놈이 의사라'는 말이 결코 그르지 않다.

그렇다. '병은 숨겨놓고 약만 달라'할 수는 없다. 이제는 민간처방의 시대가 아니라지만 병은 의사만 고치는 것이 아니다. 하고많은 사람들이 앓고 나았던 체험을 통해, 때로는 의원보다 나은 효험을 볼 수도 있다. '병든 놈 두고 약 지으러 가니 약국도 두건을 썼더라'는 말로 미루어 짐작할 일이다. '병은 한 가지 약은 만 가지'니까, 될 수 있는 한 멀리 선전하고 다니는 것이 좋다.

병 치료 때문에 재물이 축난다는 뜻으로, '병이 도둑'이라는 말을 쓴다. 돈이 있으면 병도 쉽게 고칠 수도 있다. 그래서 '돈주머니가 무거우면 병주머니가 가벼워지고 병주머니가 무거우면 돈주머니가 가볍다'고 했다. 또한 병이 생기면 식욕을 잃어 양식이 그만큼 절약된다는 뜻으로 '병이 양식이라'는 말을 하기도 한다.

살다가 보면 '자다가 얻는 병'도 있는 법이다. 그래서 의원에게 의지도 해야 하지만 궁극적으로 자기 자신에게 가장 많이 의존해야 한다. 제 마음의 병을 제가 잘 진단하고 스스로 성실하게 고쳐야 한다. 물론 마음의 병은 약으로 고치는 게 아니다. 제가 제 마음으로 고쳐야 할 것이다. '핑계 없는 병은 약이 없어도 낫는다'고 했는데, 그런 병을 비롯해서 모든 병이 마찬가지다.

'병은 가난 동무'라거나, '병은 마음에서 온다'고 했다. '없는 놈은 못 먹어서 병나고 있는 놈은 너무 먹어 병난다'고, 재물이 없어 병에 걸리는 일도 많지만 마음이 가난해서 얻는 병도 많다. '병 주고 약 주는' 세태 속에서 '병든 까마귀 어물전 돌듯' 하기 때문에 얻는 병도 많다. 볼 것 못 볼 것 다 보고, 들을 것 못 들을 것 다 들으면 어느 누가 병이 안 생기랴. '안 들으면 약이고 들으면 병이라'고 했으니, 자연 속으로 훌쩍 떠나 심신을 다스리며 병을 멀리하는 결단도 필요하겠다.

'병들어야 설움을 안다'고 했다. 입에 풀칠을 하더라도 제 손끝으로 먹고 살 수 있을 정도 건강은 지켜야지, 부자라도 병들어 누워 있으면 더이상 행복은 없다. 그야말로 아픈 게 죄니까, 오기라도 부려 아프지 말아야 할 일이다. '여자가 앓으면 살림이 안 되고 남자가 앓으면 집안이 안 된다'고 했는데, 두루 확인할 수 있는 사실이다. '병든 주인이 열 일꾼보다 낫다'거나 '병든 주인이 아흔아홉 몫이다'라는 말은 에누리 없는 진실이다.

'삼 년 병에 효자 없다'거나, '역병에 효자 없다'고 자식들도 마찬가지다. 늙고 병든 부모를 정말 성실하게 시중하려는 자식이 얼마나 되겠는가. '무릎 벗겨가며 자식 헛 낳았다'고 통탄만 할 것인가. 일꾼 원망, 자식 원망하기 전에 병에 걸리지 않도록 늘 마음과 몸을 다독거려야 할 것이다.

'사람의 염량후박은 병중에 알기 쉽다'는 말이 사실이다. '긴 병에 효자 없다'고, 아무리 가까운 관계라도 오래 병상에 누워있는 사람은 큰 짐이 된다. 조금이라도 폐를 덜 끼치는 게 도리지, 남의 염량후박을 알아서 무엇 하겠는가.

'무거운 짐은 나눠져도 병은 못 나눠진다'는 말이 당연하다. 제 병은 제가 감당해야 한다. 병을 적대시하면 좋지 않다. 큰 병 말고 잔병 하나쯤은 가지고 있는 것이 심덕을 기르는데 도움이 된다는 말은 설득력 있다. '짐하고 병은 가벼울수록 좋다'고, 아주 가벼운 병이면 괜찮겠다. 사람이 정말 건강하면 오만해져 남을 업신여긴다든지, 세상사에 감사할 줄을 모르게 된다. 그렇게 되면 심사가 사나워져 스스로를 그르치게 만든다. 병이 들면 적대시하지 말고 잘 대접하면서 병과 은근한 대화를 나누며 즐길 일이다. 대접하듯 치료를 하면 병도 염치를 알아 천천히 물러갈 것이다.

◆◆◆ 염량후박炎凉厚朴: 인정의 후함과 박함.

75. 죽음

'죽음에는 편작도 별 수 없다'

'이 문 저 문 다 닫아도 저승문은 못 닫는다'고 했다. 인간을 포함한 모든 생명체는 죽음 앞에 평등하다. 빈부귀천이 죽음과 동시에 사라진다. 무위無爲라는 말은 이런 뜻을 포함하고 있다. 자연을 향해 인위적인 행위 또는 공격적인 행위를 하지 않는다는 의미도 있지만, 자연이나 인간의 모든 결과를 원점으로 돌려놓는다는 의미가 있는 것이다. 무성했던 나뭇잎이 가을에 떨어져 썩는 것도 무위요, 겨우내 쌓였던 눈과 얼음이 속절없이 녹는 것도 무위라. 어둠인가 하면 대낮이고, 구름인가 하면 청천인 것이 모두 무위다. 우주의 순환질서가 모두 무위며, 인간의 죽음도 무위의 한 가지다.

삶과 죽음 사이가 아주 가깝다거나 잠깐이라는 뜻으로 표현된 말들이 적지 않다. '황천길이 멀다 하나 앞 냇물이 황천이라', '황천이 멀다더니 뗏장 밑이 황천이라', '문밖이 바로 저승이다', '문턱 밑이 황천이요 앞동산이 북망산천이라', '죽고 사는 것이 백지 한 장 차이라', '한 치 앞이 지옥이다', '뗏장 밑이 저승이라'는 말들이 그것이다.

그렇다. 삶과 죽음의 경계는 이렇게 가깝다. '사람의 목숨이란 모질다', '모진 게 목숨이라'지만, 그야말로 '이승과 저승이 피딱지 한 장 차이라'는 말이 맞다. '살만 해지니까 죽는다'거나, '사람은 철들면서 죽는다'는 말이 그르지 않다. 그러니 '사람이 죽더라도 다 하고 죽는다'고 하는 것이 거의 불가능하다. '사람은 하루 죽을 것을 모르고 열흘 살 것만 안다'고 하듯, 죽음이란 저로부터 아주 먼 곳에 있는 것으로 생각하기 일쑤다.

'가랑잎도 떨어질 때가 되어야 떨어진다'지만, 그 떨어질 때가 언제인가. '사람이 죽을 때가 되면 하지 않던 짓을 한다', '사람이 죽을 때가 되면 생전 안 하던 짓을 한다'거나, '죽기 전이면 사람부터 변한다', '죽으려면 사람부터 변한다', '사람이 죽으려면 마음부터 변한다'고 했다. '새도 죽을 때가 되면 울음소리가 착해진다'든지, '사람이 죽을 때면 옳은 말을 하고 죽는다'고도 했다. 그게 죽음의 암시라면 암시겠다.

'한 발 앞이 저승'인지라, 한 발 자칫 잘못 짚으면 저승으로 직행하는 것이 삶이자 죽음이다. 죽음에는 장유유서가 없다. '남대문 지게꾼도 순서가 있다'거나, '냉수도 차례가 있다'고 하지만, 죽는 데는 순서가 없다. '밀개떡도 안팎이 있고 털메기도 오른쪽 왼쪽이 있다'고 하지만, 일정한 질서가 없는 것이 사람의 죽음이다. 그래서 '익은 감도 떨어지고 선감도 떨어진다', '땡감도 떨어지고 익은 감도 떨어진다', '땡감도 떨어지고 물렁감도 떨어진다'고 했다. '늙었다고 먼저 무덤에 가며 젊었다고 나중에 무덤에 가랴'는 말처럼, '저승길에 노소가 없다'기에, 나이 젊은 사람들의 죽음은 더욱 슬플 수밖에 없다. '무른 감 두고 땡감 떨어진다'는 것은 가혹하기 짝이 없어, 하늘의 판단이

정종진 479

잘못된 것이 아닌가 의심하고 원망하게 된다. 그러니 '정든 임 이별은 하늘이 왼편으로 일곱 번 뱅뱅 돌고 부모님 이별은 눈물만 세 방울 똑 떨어진다'는 말을 이해하게 된다.

어려서 죽는 것처럼 안타까운 일도 없겠다. '죽음은 급살이 제일이라'고 하지만, 그것도 죽을 때가 된 사람에게나 맞는 얘기지, 어린이나 젊은이가 급살 했다면 좋은 죽음일 수 없음이 당연하다. '죽은 남편은 땅에 묻지만 자식이 죽으면 가슴 속에 묻는다'고 했다. '부모 앞서간 자식보다 불효 없다'고, 부모보다 일찍 죽은 자식은 어미의 가슴 속에 묻혀, 때마다 어머니를 아리고 저리게 한다. 얼마나 애통절통하면 '죽은 자식 자지 자랑' 하고, '죽은 자식 귀 모양 좋다' 하며, '죽은 자식 나이 세기'를 하겠는가.

죽는다는 것이 이렇게 나이 먹은 순으로 이어지는 차례 걸음은 아니다. 더구나 '저승길과 변소 길은 아무도 대신 가지 못한다'는 말대로, 누구나 직접 가야 하는 것이다. 모든 사람이 처음이자 마지막으로 겪는 일이어서, '저승길이 서툴기는 술아비도 마찬가지라'고 하는 것이다. 아주 늦지 않았으면 사람들은 저승길이 제게서 아주 멀리 떨어져 있다고 생각하기 일쑤다. 아주 친한 사람이 갑자기 죽어야, '저승길이 멀다더니 대문 밖이 저승이라'는 말을 절실하게 깨닫게 된다.

'죽는 것도 다 제 명에 있다', '명은 타고 난다'고 했다. 죽을 때가 되면, '땅내가 고소하다'고 했던가. '일곱 매 묶고 하늘관광 간다'고 표현하면 죽음에 대한 두려움이 더 가벼워질까. '떡 진 놈도 가고 섬 진 놈도 간다'고 하니, 덜 외로울까. '범은 죽어도 강산을 베고 죽는다'고 했으니, 사람도 강산을 베고 죽는다 하면 호연지기라도 있어 보일까.

'사람의 운명은 내일을 모른다'고 했다. '귀신이 친구하자고 한다'

면 가야 한다. '사람의 운명이란 아침 저녁으로 해 뜨고 질 때마다 모른다', '늙은이 기운 좋은 것과 가을 날씨 좋은 것은 믿을 수 없다'고 했다. '죽을 운수면 접싯물에 코를 박고 물 수 자를 쓴다'고, 운명을 거역할 수는 없다. '삼천갑자 동방삭이도 저 죽을 날 몰랐다'고 하지 않던가. 그러니 '사람의 목숨은 풀잎의 이슬 같다'는 말이 과장도 아니다.

'죽어 천 년보다 살아 일 년이 낫다'거나, '소여 대여에 죽어가는 것이 헌옷 입고 볕에 앉아 있는 것만 못하다', '못 사는 이승이 잘 사는 저승보다 낫다'고, 그렇게 말했건만 결국 죽음을 맞게 된다. '죽겠다 죽겠다 하면서 정작 죽으라면 싫어한다'는 건 누구나 일반이다. '죽어 영이별은 문 앞마다 한다'고 하지만, '죽어 영이별은 칼로 끊은 실 같다'고 하니, 얼마나 서글픈 일인가. '돈이 있어야 저승 가는 길도 편히 간다'든지, '돈이 있어야 저승에 가도 대접을 받는다'고 말하지만, 죽는 마당에 조금 편한 것이 무슨 소용이랴.

'죽어도 고깃값은 해야 한다'고 하는데, 고깃값이 얼마나 될 것인가. '죽어도 꽥 소리하고 죽는다'지만, 그거야말로 객기 아닌가. '새가 죽어도 짹 소리는 하고 사람이 죽을 때는 그 말이 옳다'는데, 옳은 말 한 마디면 족하리라. '유언에도 하루 치가 있고 열흘 치가 있다'고 했지만, 그걸 챙길 겨를이 있겠는가.

'편하게 살고 싶거든 관 속으로 가랬다'고 했다. 그러나 편하려고 죽는 게 아니라, 죽으면 편하다고 생각할 뿐이다. '죽는 것이 복'이라고 했는데, 더이상 고통을 겪지 않기 때문에 복이라고 생각할 수도 있겠다. 또한 죽음 자체도 복이 있어야 한다고 여겼다. '급살로 죽는 것도 오복 중 하나라'거나, '편하게 죽는 것도 오복의 하나라'고 했던 것이다. '복 없는 사람은 죽음복도 못 타고 난다'고 하지 않던가.

'하늘은 욕심이 많아 좋은 사람 먼저 데려간다'는데, 왜 사람들은 덜 좋은 사람 취급을 받으며 이승에서 한 시각이라도 더 머무르려 하는가. '죽기가 살기보다 어렵다'는 것을 알기 때문일까. '도끼는 무디면 갈기나 하지 사람은 죽으면 다시 오지 못한다'는 것을 알기 때문이리라. '죽은 석숭石崇보다 산 돼지가 낫다' 하고, '죽은 정승이 산 개만 못하다'는 말은 분명 저승의 실재를 믿지 않겠다는 뜻에서 이른 말이다. 석숭은 중국의 전설적인 부자를 말한다. 아무리 부자로 살았거나 명예롭게 살았다 해도 지금 살아있는 개·돼지보다 못하다는 생각이니, 저승을 믿지 않는다는 뜻이 된다.

'절친했던 친구 세 명만 죽으면 병신된다'고 했는데, 죽음에 대한 공포도 그럴 때 아주 절실히 느껴질 수 있겠다. '죽음에는 노소가 없다'고 했다. '죽어서 흙 되기는 마찬가지'라고도 했다. 허무하기 짝이 없는 인생이라고 하여 '미친년 널 뛰듯' 살 수는 없는 일이다. '죽는 년이 밑 감출까' 하는 식으로 생을 마무리했다면 누구에게 좋은 기억으로 남아있을 수 있겠는가. 이승에서는 고통스럽게 살았을지라도 평화로운 모습으로 죽었다면 아름답게 기억될 수 있을 것이다. '힘 없고 돈 없는 놈에겐 저승길도 안 열린다'고, 막무가내로 뻗대면 더없이 추해 보인다. 역시 '미련한 놈 똥구멍엔 불송곳도 안 들어간다'는 소리 들어서 좋을 게 뭐 있을까.

사람의 '오복 중에 장수長壽가 제일이라'지만, 몇 년 혹은 몇십 년을 더 산다 해도 우주적인 시각으로 보면 그야말로 '좀 벌레의 솜털'이다. '한식에 죽으나 청명에 죽으나', '진갑에 죽으나 환갑에 죽으나' 마찬가지일 것이다. 한식과 청명은 같은 날이거나 기껏 하루 차이밖에 나지 않으니 그게 그거라는 생각인 것이다.

제아무리 화타·편작이라도 늙어 죽는 병을 고칠 수 없다. '죽을 때도 쓸 약이 있다', '죽을 때도 살 약이 있다'지만 기력이 쇠잔한 늙은이에게는 해당되지 않는다. '의원마다 병 고치면 북망산이 생길까', '의원이 죽을 병 고치면 사람마다 장생불사 하게' 하는 말들은 의원의 한계이자 인간의 숙명을 말하는 것이다.

죽는 일에서 어떤 의미를 찾을 수 있을까. '사람은 죽어서 죄를 씻는다'고 하니까, 그것이 큰 의미일 수 있겠다. 살면서 알게 모르게 지은 죄가 얼마나 많을 것인가. '죽으려면 고깃값이나 하랬다'지만, 분명 그도 쉬운 일이 아니다. '부지런한 자는 벌어놓고 곧 죽는다'고, 부지런히 살던 사람도 옳게 마무리를 못해 고깃값을 못하는 경우가 허다할 것이다. '대문 밖이 북망이라'고 했다. 그러니 '오늘 일 다 하고 죽은 귀신은 없다'는 말이 있을 수밖에 없겠다. '죽어서 옳은 귀신 노릇을 하랬다'거나, '마음 바로 가져야 죽어도 옳은 귀신 된다'는 충고를 따르기 위해, 끝마무리를 잘해야 할 것이다.

'죽어 영이별은 문 앞마다 한다'고 했고, '저승길이 대문 밖이라' 해서 모두가 '사잣밥을 목에 매달고 다닐' 수는 없다. 개인적으로 보면 한없이 연약한 존재지만 이 사회라는 무리(群)로 보면 살아있는 사람은 굳건히 살아가게 마련이다. '죽기가 정승하기보다 어렵다'는 사람도 있을 것이다. '죽는다는 사람이 더 오래 산다'고, 죽는 일도 반드시 쉬운 일만은 아닌가 보다. '저승길과 변소 길은 대신 못 간다'고, 누구나 저 스스로 가야 하는데, 그게 뭐 좋은 일이라고 즐겨 찾아가겠는가. 그러나 굳건히 살아있는 누구에게라도 차례는 온다. 그것에 별 예고가 없을지라도 분명히 온다.

살 만큼 살고 죽었을 때 호상이라고 한다. 상제나 친지들이야 호상이라는 말을 함부로 할 수는 없지만, 땡감이나 선감도 떨어지는 마당에 팔순 구순을 넘게 살았으면 천수를 다했다고 할 것이다. '죽을

정종진 483

때 편히 죽는 건 오복의 하나'라 했듯이, 벽에다 똥칠하지 않고 죽는다면 정말 복된 죽음이라고 할 수 있겠다. 자식도 들지 못하는 오복 속의 행복한 죽음은 부러워할 일임에 틀림없다. '여든에 죽어도 핑계에 죽는다', '여든에 죽어도 구들 동티에 죽었다지' 하는 비아냥을 들을 것인가. 덕스럽게 최후를 맞이하는 사람의 죽음은 음덕으로 후대까지 힘을 줄 것이다.

'발인은 택일을 해도 죽는 건 날 잡아 죽지 않는다', '죽기는 그릇 죽어도 발인이야 택일 아니 할까' 하는 말들은 당연한 진리다. '죽음에는 빈부귀천이 없다'고 하지만 부富와 귀貴를 가진 이들의 측근이 죽었을 때는 여전히 인정을 써야 한다. '정승 집 개가 죽으면 문상객이 인산인해를 이루어도 정승이 죽으면 지나가던 개미새끼 한 마리 얼씬거리지 않는다'는 속담이 그것을 말해준다. '죽는 마당에 잘난 사람 없다'고는 하는데, 잘났다는 것이 권력과 금력이라면 그렇다. 그러나 인품이라면 이야기가 달라진다.

산 사람은 죽은 사람을 성심껏 보내도록 애써야 한다. 그것은 죽음의 선배가 된 사람에게 주는 마지막 의리다. 누구나 저승길은 서툰 법이다. 평소에 죽는 연습을 많이 하여 죽음에 대한 공포를 없애라고들 한다. 물론 그것은 마음으로 하는 연습이다.

살아있는 사람은 살아있는 자 위주로 생각하는 것이 당연하고, 그것이 크게 죄 될 일은 아니겠다. '죽은 사람이 먹으면 누가 제사 지낼까' 하는 말은 너무 솔직하다. 죽은 사람을 위한다는 제사지만 먹는 것만은 산 사람이 먹어야 한다는 생각이 천하지 않다. '시어머니가 죽으면 안방은 내 차지'라고 하지만, 나도 시어머니가 될 때 있고, 그때에 가서는 또 며느리가 그런 생각을 할 것이다. '시아버지 죽으라고 축수했더니 동지섣달 맨발 벗고 물 길 때 생각난다'거나, '시어미 죽었다고 춤추었더니 보리방아 찧을 때 생각나더라'는 말들은 모두 살아있는 사람 위주의 생각이면서, 또 그 생각을 비꼬는 것이다. '죽은 정은 멀어지기 때문'인 것이리라.

'사람은 죽어서 관뚜껑을 덮은 뒤에라야 자손과 재물이 쓸데없음을 알게 된다'고 했다. 공수래공수거 하는데 왜 그런 생각이 안 들겠는가. '죽어 석 잔 술이 살아 한 잔 술만 못하다'는 것을 그 누가 모르겠는가. '뒷간과 저승은 대신 못 간다'고 했으니 더욱 그렇다. '정든 아내도 죽을 때는 정을 떼고 간다'고 하거늘, 누군들 죽는 이와 정을 떼지 않으랴. '마지막 고개 넘기가 가장 힘들다'고, 죽는 순간이 서러워서 그렇지 죽으면 알 게 뭔가. '죽고 사는 것이 다 팔자소관이라' 했으니, 운명을 조용히 받아들이는 수밖에 없다. '죽으면 죽는 놈만 원통하다'고 하지만, '죽으면 욕도 없어진다'. 다만 '죽으려면 더도 말고 해토된 다음에 죽는다', '절기 좋을 때 죽는 것도 자식에게는 큰 선심이라'고, 가는 길이지만 남은 사람들 고생이나 덜 시키는 것이 좋겠다.

살 만큼 살았으면 호상이다. '호상은 초상술이 잔칫술이라'는 말이 서운하게 들리지 않는다. '호상에 곡하는 놈은 불효자식이라'고 했으니, 편하게 부모를 보내는 게 도리다. '딸의 곡소리는 저승까지 들린다'거나, '막내 울음소리는 저승까지 들린다'고 했는데, 뼈저리게 슬픈 일이지만 어찌 해볼 도리가 없다. '곡비哭婢가 상주보다 더 서럽게 운다'고 빗대지만, 곡비의 울음이야 어디 진정한 울음인가. '종신하는 자식이 자식이라'거나, '임종 자식은 따로 있다'고 하지만, 떠나는 마당에 그걸 구별해 무엇 할까. '죽은 나무 밑에 살 나무 난다'고, 부모의 죽음이 자식의 밑거름이 된다면 차라리 고마운 일이라 생각할 일이다.

'사람 죽는 마당에 잘난 사람 없다'거나, '사람 죽음에 사연 없는 죽음 없다'고도 했다. '호랑이 죽음은 껍질이 있고 사람의 죽음은 이름에 있다'는 말은 두루 쓰는 말이다. 그러나 죽음 앞에 다 부질없는 짓이다. 이름 석 자 남겨본들 별 대수로울 것도 없다.

그렇다면 죽으면서 무엇을 남기고 죽어야 하는가. '죽어서도 베개 속에 돈은 두고 죽어야 한다'거나, '죽어서도 돈이 있어야 제사도 얻어먹는다'고 했다. '사내는 죽을 때 계집과 돈을 머리맡에 놓고 죽으랬다'든지, '사내는 아내 무릎 베고 죽어야 팔자가 좋다', '아내 무릎 베고 자야 팔자가 좋다'고도 했다. 두 가지 조건이 있는 셈이다. 남자는 아내보다 먼저 죽어야 한다는 것, 그리고 돈을 남기고 죽는 것이다. '여자 젊어 상부는 고생이고 늙어 상부는 복이지만 남자 젊어 상처는 복이고 늙어 상처는 고생이라'거나, '육십이 지나 남편이 죽으면 여자는 팔자가 펴진다'고 했다. 평생 고생시켰던 아내를 뒤늦게라도 편하게 해주기 위해서다. 만약 아내가 먼저 죽으면 어떻게 될까. '육십이 지나 아내가 죽으면 남자는 고아가 된다'고 했다. 고아로 적막하게 사느니 아내의 여생을 편케 해주는 편이 낫다는 뜻이겠다. 사람의 일생을, '씹구멍에서 나와 땅구멍으로 들어간다'고 했다. 아주 고약스런 표현이지만 맞기는 맞는 말이다. 땅구멍으로 들어가 기름진 흙이 되어 산천초목으로 다시 태어날 것을 기대하며 두려워 말 일이다.

◆◆◆ 화타華陀, 편작扁鵲 : 중국의 전설적인 명의名醫들.

76. 죽음 뒤의 정리

'사람의 가치는 관 뚜껑을 덮은 후에야 안다'

'먹다가 죽은 대장부나 밭갈이하다 죽은 소나 죽기는 일반이라'거나, '놀다 죽은 염소나 일하다 죽은 누렁소나 죽기는 일반이라'고 할 것인가. 죽음 자체만 두고 보면 그렇다. 그러나 '사람이란 관뚜껑에 못을 박아야만 그 사람이 어떻다는 말을 할 수 있다'든지, '인사는 관뚜껑을 덮고 나서 결정된다'고 했다. 죽은 후 그 사람을 제대로 평가하게 된다는 뜻이다. '사람은 죽어서 이름을 남기고 범은 죽어서 가죽을 남긴다'거나, '살아 생전에는 부귀가 좋고 죽은 뒤에는 문장을 남기는 것이 좋다', '살아서는 부귀요 죽어서는 문장이라'고 하지만 기껏 선비 부류에 한정하는 말이며, 대부분의 사람은 '돈도 명예도 죽은 후 소용 없다'는 것을 잘 안다.

'사람은 살아 백 년, 죽어 백 년'이라 했다. 이 말은 '사람은 살아서 백 년을 넘기기 어렵고 죽어서 백 년 동안 무덤을 지키기 어렵다'는 말로 설명이 될 것이다. 그러나 사람들의 기억 속에 사는 것도 생각해야 한다.

'부모 송장 팔아 돈 번다'고 빗대는 상례喪禮는, 고인을 영원히 보내는 마지막 예의인지라 정성을 다해야 한다. '죽은 뒤에 탕약 달인다'거나, '죽은 사람 무덤 앞에 가서 이름 부르기' 하는 어리석음을 걷어치우고, 가시는 길이나 잘 닦아드릴 일이다. '떨어진 꽃은 다시 올라 피지 못 한다'거나, '죽은 정이 하루 천 리 달아난다'는 것을 잘 아니까 더욱 최선을 다해야 하는 것이다. '흥 없는 혼례 색시 없고 욕 안

정종진

먹는 초상 상주 없다'든지, '상가치고 욕 안 먹는 집 없다'고 했다. 대사인데 어찌 작은 흠이 없을 것인가. '상인喪人은 설워 아니 하는데, 복인服人이 더 설워한다'는 말이나 듣지 않으면 다행이겠다.

'부모의 상여 앞에서 혼자 울어본 사람이 세상을 안다'고 했다. 우는 이유는 한두 가지가 아니겠다. '죽은 이 불쌍해서 우나 제 설움에 울지' 하고 말하지만, 돌아가신 부모가 왜 불쌍하지 않으랴. '죽은 부모 슬퍼하다 아들 죽는다'고 하지 않던가. '죽은 이만 불쌍하지 산 사람은 다 제 살이 한다'는 생각만으로도 울음이 나올 것이다. '상주를 웃겨야 문상을 잘 한다'는 말을 하기도 한다. 상주의 애끓는 마음을 조금이라도 녹여주는 것도 필요하다는 뜻이겠다.

'사람이 죽어서도 돈이 있어야 한다'거나, '저승길에도 돈이 있어야 한다'고 했다. '송장도 있는 집 송장은 안 더럽다'는 생각들도 그렇거니와, 장례비용이 예사롭지 않게 든다는 뜻으로 이르는 말이다. '저 먹을 것과 저 묻힐 땅은 누구나 타고난다'고 했지만, 이제는 아니다. 묻힐 땅도 없는 시대다. '살아서는 함께 늙고 죽어서는 한 무덤에 묻힌다'면, 여러 모로 좋을 것이다.

'상제 운에 얻은 재물은 소발로 디뎌도 안 깨진다'고도 했다. 조의금이나 부조금은 상주의 몫이지만, 고인으로 인하여 받은 재물이기에 소중하게 여겨야 할 것이다. '혼사 빚은 떼먹어도 초상 빚은 못 떼어먹는다'거나, '장례 빚은 대물림해서라도 갚는다', '혼례 돈은 떼먹어도 초상 돈은 대 물려가면서 갚는다'고 했다. 고인의 명예와 관련되기 때문에 계산을 깔끔하게 하는 것은 살아있는 사람들의 도리다.

'산 사람은 살아가게 마련이라'거나, '죽은 놈은 죽거니와 사는 놈은 살아야 한다', '살아있는 사람은 살아있는 편에 붙는다', '사는 이 한 편 죽은 이 한 편이라'는 말은, 즐겨 쓰는 속담들이다. 죽은 사람만 너무 생각하다 보면 살아있는 사람이 힘들어진다는 뜻이겠다. 그러나 '죽은 사람 길 쳐야 좋은 곳에 간다'고 했다. '한을 품고 죽은 사람 썩지도 못한다'든지, '죽어서도 넋두리를 한다'는데, 고인의 넋을 위로할 수 있는 최소한의 예절을 갖추는 것도 좋다. '죽은 사람 원도 푼다'고 하지 않던가. '사람은 죽어 귀신이 되어도 먹을 것을 찾는다'고 했다. '죽어 큰 상이 살아서 한 잔 술만 못하다'고 하지만, 자식들은 제사상에 모셔 정성껏 대접해드릴 의무가 있는 것이다.

고인이 누구이든 좋은 곳에 모시는 것은 살아있는 사람들의 도리다. 더군다나 부모라면 두말할 것도 없다. 소위 명당을 구하려 할 테고, 그것은 풍수의 몫이겠다. '묘터 구하기 삼 년 날짜 택하기 삼 년'이라 했다. 명당을 구하기가 그렇게 어렵다는 뜻이다. 명당이라고는 하지만, '묘 쓰고 삼 년 새집 짓고 삼 년'이라 했다. 묘를 쓰고도 삼 년 동안은 무슨 일이 일어날 수도 있어 안심을 못 한다는 뜻이다. 고인이 살아생전, '명산 잡아 쓰지 말고 배은망덕 하지 말라'고 해도, 자식들은 그 깊은 뜻을 모른다. '죽고 나면 여섯 자'인데, '죽은 조상 다시 동티 날 일 없다'고 해도 막무가내다. '명산이 따로 없다 바람 피하고 물 피하면 된다'거나, '묘 뒤로 산이 있고 앞으로 시냇물이 흐르면 명당자리라'는 말이 풍수지리의 기본이다.

'산 공부 삼 년이면 혈穴공부 십 년이라'고 했다. 풍수가 좋은 산을 찾기는 수월해도 명당이 되는 혈을 찾기는 무척 어렵다는 뜻으로 이르는 말이다. '반풍수 명산 폐묘시킨다', '반풍수 집안 망친다', '서투른 풍수 집안 망쳐 놓는다', '선무당이 사람 잡고 반풍수가 집안 망친다'는 말들은 두루 잘 아는 속담이겠다. '안다 안다 해도 모르는 게 땅 속 사정이라'지 않던가. '산 따로 산서山書따로', 즉 이론과 실제가 다르기에 반풍수가 있는 것이다. 그러니 '집이 망하면 지관만 탓한다'

정종진 489

는 말이 있는 것이다. '풍수의 눈에는 묘밖에 안 보인다'고 했는데, 그 것은 풍수가 편견에 빠져 세상을 조화롭게 보지 못한다는 뜻이기도 하다. 그래서 '풍수 잘되는 집안 없다'고 했으며, '풍수가 제 부모 묘 명당에 못 쓰고 관상쟁이가 제 자식 관상 못 본다'고 한 이유다. '중매쟁이는 한 말이면 그만이고 풍수는 두 말이면 그만이라'고 했다. 즉 명당이다 아니다는 말만 한다는 뜻인데, 풍수가 어찌 자연의 비의秘義를 충분히 알까보냐.

'명당 도둑질은 부녀지간에도 한다'고 했다. 그래서 '명당자리는 딸에게도 말하지 말라'고 한 것이다. 심지어 '정승의 집에도 묏자리는 도둑질한다'고 했다. 명당이라면 누구나 욕심을 낸다는 뜻이다. 그러나 '사람 팔자 따로 있고 땅 팔자 따로 있다'고 했다. '망령에게 복이 없으면 풍수의 눈을 멀게 한다'고, 죽은 사람이 복 없으면 명당을 차지할 수 없다. '명당에는 임자가 따로 있다'는 말이 그런 의미다. '명당은 금시발복이 최고라'고 하는데, 인간의 욕망을 부추기는 말일뿐이다.

'남향 명당이 북향 개자리만 못하다'는 말이 있다. 죽어서 좋은 곳에 묻히는 것보다, 고생스러워도 살아있는 것이 낫다는 뜻이다. '죽은 사람이 무덤 속을 두려워하랴'는 말이 명쾌하다. '명 짧아 죽은 무덤은 있어도 서러워 죽은 무덤은 없다'고 했다. 명당이 아니라서 서러울 것도 없다. '죽음 복이 있어야 후생이 편하다'는 대로 자손이 편하길 바랄 뿐이고, '옳은 일을 하면 죽어도 옳은 귀신이 된다'고 했으니 옳은 귀신 되길 바랄 뿐이겠다.

'물려받은 재산은 지키기가 더 어렵다'고 했다. 또한 '물려받은 집 문지방에서 관솔 쪼갠다'고도 했다. 크건 작건 부모의 유산을 잘 지키고 키워야 하는데, 시원찮은 자식이 그럴 수 있을지 무덤 속에서도 걱정이리라. '죽은 아비 혼이 십 년 간다'는 걸 모를까봐 더욱 근심거리다. '죽은 시아버지도 동지섣달 맨발로 물 길러 갈 때는 생각난다'는 철부지 며느리도 걱정이 되리라. 그러나 '죽은 서방 앞에 따뜻한 밥이라'도 가져다 놓는 아내 때문에 조금은 안도가 되리라.

저승이 있다면 얼마나 흥미로울 것인가. 천당이건 극락이건 지옥이건, 또 다른 생으로 연결된다면 짧은 인생이 허무할 수가 없을 것이다. 저승이 있는지 없는지는 모르지만, 그에 대한 속담들은 있다. '죽어봐야 저승도 안다', '천당도 돈이 있어야 간다', '궂은 일을 많이 하면 죽어서 극락 간다', '극락 길은 곁에 있다', '극락 길을 버리고 지옥 길로 간다', '지옥에도 인정이라', '지옥에서 부처님 만난다', '지옥에도 부처', '지옥에서 구세주나 만난 듯', '저승에 가도 죗값은 못 면한다', '사람은 몰라도 저승에선 다 안다'는 것들이 그것이다.

제사는 조상의 영혼이 살아있다는 생각에서 비롯된 것이기도 하지만, 제 몸을 낳아주신 은혜에 보답하려는 예의로 여겨야 한다. 제 몸이 '하늘에서 떨어졌나 땅에서 솟아났나'를 종종 생각해보는 일은 제 삶에 도움이 된다. '육친 괄시해 잘 사는 놈 없고 조상 괄시해 잘 되는 놈 없다'고 했다. 제사를 지내지 않는 것이 조상 괄시에 해당할 것이다. '제 조상 굶기고 절간 돌부처나 위하러 간다'는 후손은 미움을 살 수밖에 없을 것이다. '정이 질긴 사람은 삼년상을 물려도 못 떠난다'고 했다. 아무리 정이 소중하다고 하지만, 조상의 혼이 정처 없이 떠돌게 내버려 둬서는 안 될 것이다. '사람은 죽어서도 넋두리가 있다'고 했으며, '진언 모르는 귀신 없다'고 했다. '술 못 먹는 귀신 없고 글 모르는 귀신 없다'고도 했다. '못난 자식이 조상 탓한다'거나, '하기 좋아 조상 탓'이라고, 조상 탓을 할 때는 하더라도 예의를 갖출 때는 갖출 일이다. 지방紙榜으로 모셔두고 술 한 잔 올리면, 큰돈 들일 없이 조상에 대한 예의를 다할 수 있다. 그러나 '사후 술 석 잔 말고 생전에 한 잔 술이 달다'는 것을 생각하며 잔을 올릴 일이다. 살아 계실 때 잘못한 것을 후회하는 마음이 더불어야 정성이 극진해지기 때문이다. '졸갑스러운 귀신이 물밥도 못 얻어먹는다'고 하는데, 조상이 졸갑스런 것이 아니라, 후손이 졸갑스러운 셈이다. '종가가 망해도 향로 향합은 남는다'는 말을 하찮게 여겨서는 안 될 것이다.

- ◆◆ 금시발복今時發福 : 어떤 일을 마치자마자 당장 복이 돌아온다는 뜻.
- ◆◆ 관솔 : 송진이 많이 엉긴 소나무의 가지나 옹이.
- ◆◆ 졸갑스럽다 : 졸렬하고 경망스러워 품위가 없다는 뜻.

77. 삶에 대한 회상

'사람은 다 살게 되어 있다'

'인생 제백사는 줄타기 놀음이라'고 했던가. '산다는 게 칠성판 지고 헤엄치기라'는 말이 때로는 과장일 수 없다. '사람이 쥔 것이 없으면 사람 구실을 못 한다'는 속담이, 정녕 '네 귀가 반듯한 말'이다. '계란 먹다가 뼈를 발라내는 일이 있고', '비 오는 날 소금 받으러 가고 바람 부는 날 고춧가루 받으러 가는' 경우가 허다했다. 그러나 '경상도 가서 죽 쑤는 놈 전라도 가서 죽 쑨다'고, 잘 살기란 차라리 '은진 미륵의 코 떨어지기 기다리는' 편이 나았다.

'비탈길을 오르다가도 쉬어갈 곳은 있다'는데, '산에 가면 산길이 있고 물에 가면 물길이 있다'는데, 도무지 쉴 참도 없고 길도 보이지 않는다. '재는 넘을수록 험하고 내는 건널수록 깊다'는 생각만 드니, '사는 것이 죽기보다도 힘들다'거나, '사는 게 호랑이 아가리보다 더 무섭다'는 말이 결코 허언은 아니다. '마른 땅 진 땅 다 다녀 봤다'거나, '말 갈 데 소 갈 데 다 다녔다', '맨손 하나로 밤송이 우엉송이 다 까보았다'는 말들도 삶의 고통을 충분히 표현하기에 차라리 역부족이다.

그래서 '떡을 치다가 고꾸라질 놈의 세상'이라고 푸념을 하거나, '하늘과 땅이 맷돌질이나 해라' 하고 욕설을 퍼부어도 '게 등에 소금 뿌리기'인가, '곰발바닥 바늘로 쑤시기'인가, 세상은 '네 배앓이에 내 무슨 상관이냐 한다'. 아무리 '세상인심 오동지 설한풍이라', '세상은 요지경 속이라' 하고, '세상인심이란 고양이 눈깔 변하듯 한다'거나, '세상인심은 대감 집 개 같다'고 하지만, 정말로 '말도 많고 탈도 많고 삼각산에 돌도 많고 곰의 씹에 털도 많은' 인생이다. '낮에 보았자 낫자루 밤에 보아도 밤나무 별스럽게 던져 보았자 마름쇠라'는 말대로, 자기 인생이 꼭 그 꼴이라고 스스로 조롱하기 십상이다. 그러나 '죽은 자지도 세 번은 끄덕거린다'고 했는데, 죽어지내기만 하면 될 일이 없다. '장구 깨진 무당 신세'로 있을 수만은 없는 것이다.

고통스러운 것이 삶이라 해도 대부분의 사람들은 삶에 대한 끝없는 욕구로 살아간다. '저승의 정승보다 이승의 말똥이 낫다'라든지, '개똥밭에 뒹굴며 이슬 받아먹고 살아도 이승이 좋다'는 말에 누구나 수긍한다. '말똥에 굴러도 이승이 좋다'거나 '물구나무를 서도 이승이 좋다'는 말에, '쌍지팡이 짚고 나설' 사람 없다. 물론 그것은 이승에 대한 집착이 누구나 아주 푸짐해서 그런 것은 아니다.

인생이 '대천지 한 바닥에 뿌리 없는 나무가 인생이라'거나, '인생 백 년이 풀 끝에 이슬이라'고 했다. '죽기가 살기보다 어렵고 살기가 죽기보다 어렵다'고도 했다. '한평생 살다보면 고비고비 험한 곡절 열 두 고비 넘긴다'는 경지를 이미 터득했기 때문일 것이다. '밥 먹고 살려면 돌멩이도 씹고 뉘도 씹게 마련이다', '사람이 한세상 살려면 별별 경우를 다 당한다'는 진리를 깨우쳤기 때문이리라.

'죽어 극락보다 살아 지옥이 낫다'거나, '맹감을 먹고 살아도 이승이 좋다'는 식으로 스스로를 몰아가는 것은, 삶에 대한 순박하고도 우직한 자신감일 수도 있다. '사람이 혹시로 속아 산다'고 하지만, 그런 어설픈 기대를 아예 하지 않고, '사람 죽으라는 법 없다'고, 자신 있게 나서는 모습이 좋다. '죽은 좆마냥 가만히 사는' 것이 아니라, '죽기 아니면 살기' 식으로, '죽는 놈 아주 죽으라는 법 없다', '죽을 수가 생기면 살 수가 생긴다'는 배짱으로 밀고 나가는 것이 더 아름답게 보일 수도 있다.

'정말 모진 게 목숨이라'는 말이 맞다. '죽고 사는 것이 종이 한 장 차이'고, '사람 한평생 살아가는 것이 눈 깜짝할 사이'라고는 하지만, '쭈그렁 바가지 석삼 년 가는 법'이고, '쭈그렁 밤송이 석삼 년 매달려 있다' 했으며, '평생을 고랑고랑하며 칠순을 넘기고' 금방 숨이 넘어갈 것 같은 '천식쟁이가 오래 산다'고 할 정도로, 인생은 때로 길게 여겨지기도 한다.

인간사를 그 무엇이 주재하는지 정말 알고도 모를 일이다. 그것을 안다면 팔자소관으로 돌리겠는가. 팔자소관으로 돌리는 것은 참 편하다. '망할 놈 나는 세상 홍할 놈도 나는'데, '정승 날 때 강아지도 나는 법'인데, 결국 '인간사 새옹지마' 아닌가. 개인의 힘으로 어쩔 수 없는 질서가 팔자 아니던가. 그러니 '잘 살아도 내 팔자 못 살아도 내 팔자'

고, '죽고 사는 것은 다 팔자소관이라'는 체념 아닌 체념이 좋을 수 있겠다. '팔자소관이란 길들이기 탓이라'고 나서는 것도 좋지만, '타고난 팔자는 독에 들어가서도 못 고친다'는 말대로, 팔자를 앞세우고 그 뒤를 느긋하게 따라가는 것도 아름다워 보인다.

어쨌든 인간사는 누구도 모를 일이고 모순투성이다. '대팻날에 옹이 안 걸리는 나무 없고 사람 한평생에 살 안 끼는 팔자 없다'지 않던가. '사노라면 사막도 낙원이라'고 생각되는 때도 있을 것이고, '죽을 자리에 살 자리가 있다'는 것을 절감하는 경우도 있으며, '죽었으면 하는 사람이 평생 장수한다'는 것을 확인하면서, 사람 사는 것은 그냥 사는 것이라고 생각하게 되리다. 이런 듯싶으면 저렇고, 저런 듯싶으면 이러니까, '사람의 한생애 길은 구절양장 고갯길이라'는 말이 딱 맞구나 싶다. '제 명줄 제가 타고 난다'고 했고, '사는 이 한편 죽는 이 한편'이라 하니, '콩팔칠팔 따진다'는 말을 듣지 말 일이다. '사람은 먹고 살게 마련이라'고 했으니 그저 그런 듯 천명에 따르는 것이 좋으리라.

'살다가 병신 된다'고 하지만, 그래 병신이 돼보자 하고 부지런히 사는 모습이 어찌 아름답지 않겠는가. '살다 보면 끙끙 앓는 소리도 허허 웃음소리도 있으며', '살다 보면 마른 길 두고 진창 걷는 날도 있다'는 것을 알게 된다. '살다가 별일 다 본다'거나, '살다 보면 소금이 쉬는 수도 있다'는 것을 알게 되면, 웬만한 일에 꿈쩍하지 않는 의연함이 생긴다.

'길고 짧은 건 대봐야 안다'는 말이 더할 수 없는 진실이듯, 인생도 살아봐야 판단할 수가 있다. '고기는 씹고 술은 마셔봐야 맛을 안다'거나, '내 말이 좋으니 네 말이 좋으니 해도 타봐야 안다', '대천 바다도 건너봐야 안다', '물도 넘어보아야 알고 사람도 지내보아야 안다', '깊고 얕은 것은 물을 건너봐야 안다', '강물은 건너봐야 알고 사람은 지내봐야 안다', '갓신은 신어봐야 알고 계집의 잠자리 맛은 하룻밤 품어봐야 안다'는 말들이 조금도 틀림이 없다. 무슨 일이든 겪어봐야 자신이 생긴다. 그래서 '마실도 다녀 본 놈이 가고 방귀도 뀌어 본 놈이 크게 뀐다'고 했고, '샌님이 당나귀 배 찰 적엔 다 차보던 가락이 있어서 찬다'고 한 것이다. '돌아본 마을 뀌어본 방귀라'거나, '가던 구름에 비 맞은 장단이 있다', '참빗 새새 면면촌촌 방방곡곡 다 다녔다'는 말이 얼마나 자신만만하게 들리는가.

겪어봐야 무엇인지 알고 힘도 생긴다. '우물 안의 개구리는 바다를 모르고 여름 벌레는 얼음을 모른다'고, 제 행동반경은 결국 제 지식과 지혜의 크기가 된다. 낯선 땅으로 돌면, '귀가 도자전 마룻구멍이라', '귀가 산호가지라'고 할 만큼 많이 듣고 보게 된다. '하루 종일 길 가다 보면 닭도 보고 중도 보고 굴건제복한 상제도 본다'거나, '하룻길을 가다 보면 소 탄 놈도 보고 말 탄 놈도 본다'는 말처럼 겪는 일 모든 것이 가치가 있다. '들으면 천 냥보다 무겁고 보면 백 냥보다 가볍다', '듣는 것이 보는 것만 못 하다', '귀 구경하지 말고 눈 구경하라', '귀 장사하지 말고 눈 장사를 하라', '나다니는 머저리 앉아 있는 영웅보다 낫다', '굴린 달걀은 병아리 되고 굴린 사람은 쓸모가 있다'는 말들이 모두 한가지다. 오죽하면 '팔 세 번 부러져 본 의사가 명의 된다'고 하지 않던가.

'무엇이든지 오래면 틈이 난다'고 했다. 오래 경험을 해봐야 수단도 생기고, 여유도 있게 되는 것이다. '늙은 나귀는 집을 잊어버리지 않는다'거나, '말똥도 세 번 굴러야 제 자리에 선다'는 말이 그 뜻이다. 그렇지 않고 어설프게 겪으면 두려움에서 벗어나지 못한다. '초복 전에 귀 언 놈 삼복에도 털모자'라거나, '고슴도치에 놀란 범은 밤송이 보고도 놀란다', '끓는 물에 덴 고양이는 불만 봐도 놀란다', '끓는 물에 덴 사람은 찬물도 불어 마신다', '구운 고기에 덴 놈은 회도 불어 먹는다', '국에 데고 냉수 불어 마신다', '누렁이에 물려도 검둥이를 무서워한다', '더위 먹은 소 달만 보아도 헐떡거린다', '독사 보고 놀란 가슴 새끼줄만 봐도 놀란다', '몹시 데면 회도 불어먹는다', '뱀에게 놀란 사람은 새끼 토막만 봐도 놀란다', '범에게 놀란 놈은 고양이만 봐도 놀란다'는 말들이 다 그런 뜻으로 이르는 속담인 것이다. 겪더라도 제대로 겪으면 힘과 지혜를 얻게 된다는 것은 틀림없다.

'집념은 사람을 귀신으로 만든다'고 했는데, 생에 대한 느긋한 집념이어야 할 것이다. 남들이 가련하게 볼 정도로 지나친 집착은 스스로가 봐도 불행이다. '발바닥에서 다듬이질 소리가 나도록 바쁘다'거나, '마른일 궂은일 가리지 않는다'면서, '가로 세로 날쳐대는' 삶은 누가 보아도 좋지 않다. '정선골 물레방아 돌듯 하는 것이 세상사'라서, '게으른 사람도 살고 부지런한 사람도 산다'는 것을 터득해야 하리라. '게으른 사람도 한 짐 부지런한 사람도 한 짐', 삶의 짐을 지고 있다 생각하면, '잘 살아도 내 팔자 못 살아도 내 팔자'라는 것을 터득할 것이다. 그래서 '물결치는 대로 바람 부는 대로' 살면서, '굽은 길은 굽게 간다'거나, '달걀 같은 세상 호박 같이 살랬다'는 식으로 인생관도 바뀌리라.

'인생은 행불행을 한 줄에 엇갈아 꿰어놓은 염주와 같다'거나, '인생 백 년에 고락이 상반이라'고 했던가. '행복과 불행이 하나의 오솔길로 이어져 있다'고도 했나. 그러나 많은 사람들이 그런 균형감각을 잃는다. 행복을 행복으로 생각하지 않고, 불행에 대해서만 불평한다. '해 나는 데 해만 나고 비 오는 데 비만 온다'거나, '호걸은 장 호걸이요 고생은 장 고생이라'고 푸념하고, 자기만이 '생밤송이를 맨겨드랑이에 끼고 산다'고 여긴다. '죽을래야 죽을 틈이 없다'고 뇌까리고, '산전수전 공중전 다 겪었다'고 허풍을 떤다.

'산이 높아도 오를 사람이 있고 길이 멀어도 갈 사람이 있다'는 말을 알리라. 아무리 고통스럽다 해도 삶의 의미를 부여하면서 묵묵히 살아가는 사람이 적지 않다. '쳐다보고 살지 말고 내려다보고 살라'거나, '세상살이에 공밥이 없고, 헛일이 없다'는 말을 잘 새기면서 근면하게 사는 사람들이겠다. '상전이 벽해가 되어도 헤어날 길 있고 하늘이 무너져도 솟아날 구멍 있다'는 희망과, '분수를 잘 지키면 귀신도 대들지 못 한다'는 신념으로 살기에 지혜롭게 여겨진다.

인생 오륙십을 재치 있게 요약하는 속담이 여러 가지 있다. '열 살에 재주 있다는 말 못 듣고 스무 살에 예쁘다는 말 못 듣고 서른에 힘세다는 말 못 듣고, 마흔에 똑똑하다는 말 못 듣고 쉰에 부자 소리 못 들으면 모자라는 사람이라'거나, '열 살 줄은 서로 뭣 모르고 살고 스물 줄은 서로 아기자기하게 살고 서른 줄은 눈코 뜰 새 없이 살고 마흔 줄은 서로 못 버려서, 살고 쉰 줄은 서로 가여워서 살고 예순 줄은 서로 고마워서 살고 일흔 줄은 서로 등 긁어주는 재미로 산다'는 말들이 그 예다. 사람들 대부분의 삶이 크게 다르지 않아 이런 말들이 설득력을 가진다.

성실하게 산다는 것은 제 역할을 훌륭하게 해낸다는 뜻이기도 하다. '한강물도 제 골로 흐르게 마련이라'고 하듯, 제 갈 길이나 할 일을 찾아 부지런히 사는 것이리라. '총칼로 할 일이 따로 있고 송곳으로 할 일이 따로 있다'거나, '개는 도둑을 지키고 닭은 때를 알린다'고 했는데, 제가 어디에 쓰일 수 있는지 아는 것이 중요했다. '뱁새는 작아도 알만 잘 낳는다'든지, '개미가 작아도 탑을 쌓는다', '뱀장어는 눈이 작아도 저 볼 것은 다 본다', '넙치가 눈은 작아도 저 먹을 것은 다 본다'고 했듯이, 제격에 맞는 일을 슬기롭게 감당하면 되는 것이다. '말 잃은 놈 말 찾고 소 잃은 놈 소 찾는다'고, 제 할 바를 하면 족하리라.

반면에 '물으라는 쥐는 안 물고 씨암탉만 물어 죽인다'거나, '못된 고양이 잡으라는 쥐는 안 잡고 씨암탉만 잡는다'고 하면 원망만 살 것이다. '강아지 못된 것 들에 가서 짖는다'든지, '못된 수캐 동네 다니며 일만 저지른다'는 경우도 마찬가지겠다. 그런 짓거리는 결국 제 무덤 제가 파는 것이다. '천 사람이 손가락질하면 병이 아니라도 죽는다'든지, '뭇사람에게 손가락질 받으면 병 없이도 죽는다'는 말이 조금도 그르지 않다. '들면 박대요 나면 천대라'고, 남에게 천덕꾸러기 취급을 받는 사람은 제 삶을 사는 것이 아니다.

누구나 시행착오가 있기에 인생은 전반보다 후반이 중요하다. '사람을 보려면 다만 그 후반을 보라'는 말은 그래서 있다. '집 지어 보고 자식 길러 보고 상 당해봐야 사람이 할 것 한 것이라'고 했는데, 젊은 나이에 그 모든 것을 경험할 수 없다. '세상모르고 약은 것은 세상이 너른 줄 아는 못난이만 못하다'는 지혜를 어찌 빨리 깨달을 수 있으랴. '부자는 땀이 낳고 인물은 시대가 낳고 효자는 부모가 만든다'거나, '사람 속은 소금 서 말을 같이 먹어 보아야 안다'는 것을 일찍 깨우치지는 못할 것이다. '지고 다니는 것은 칠성판이요 먹는 것은 사잣밥이라'든지, '써는 물이 있으면 드는 물 있고 드는 물 있으면 써는 물 있다', '썰매는 여름에 장만하고 달구지는 겨울에 장만한다'는 뜻을 나이 지긋해서야 비로소 깨칠 수가 있을 것이다.

세상 살아가는 지혜를 웬만큼 터득하게 되면, 무슨 일을 하든지 무리 없이 처신을 하게 된다. '돌고 도는 것이 세상사'라거나, '사람 한평생이 물레바퀴 돌듯 한다'는 기본원리를 알기 때문이다. '사람이 혹시로 속아 산다'든지, '세상이 요술단지라'고 말할 수 있는 일들을 겪었기 때문이다. '세상에 독불장군 없다'거나, '세상이 사람을 만든다'는 사실을 보았기 때문이다. '사람 일이 다 먹자고 하는 것이라'든지, '세상살이에 거저먹는 것이 없다'는 이치를 깨우쳤기 때문이다. 그래서 '사람이면 다 사람인가 사람이라야 사람이지'라거나, '사람값도 돈이 있어야 나간다', '사람은 뒤가 깨끗해야 한다', '사람이 함독含毒해지면 못할 일이 없다'는 말을 할 수 있기 때문이다.

사람이 살아가는 세상에서 가장 중요한 이치는, '버릴 그릇 없고 버릴 사람 없다'는 생각일 것이다. '산 개가 죽은 범보다 낫다', '산 개가 죽은 정승보다 낫다'고는 하지만, 분명히 '배 터져 죽는 놈 있고 배 곯아 죽는 놈 있다'거나, '병은 귀신이 낫게 하고 돈은 무당이 챙긴다'고 할 수 있는 불평등한 세상이다. '뱁새가 황새걸음 흉내 내다 가랑이 찢어지는' 수도 있고, '시세가 불리하면 순임금이 독장사 하는' 경우도 허다하다. 그러니 '사람이 살려면 여우가 돌봐도 돌봐야 산다'든지, '소도 언덕이 있어야 비빈다'는 말이 틀림없는 진리로 받아들여진다. '욕심 없이 살려면 제 창자 뽑아서 남 주어야 한다'는 말이 기막히다. '범에게 열두 번 물려가도 정신을 차려라', '얕은 물도 깊게 건너라' 하여 아무리 조심스럽게 살아봤자 '백 번을 돌아도 물레방아 팔자라' 한다. '오십에 사십구 년의 그름을 안다'거나, '흉은 없어야 아홉 가지라' 하니, 도대체 옳게 방향을 잡아 산다는 게 역부족이다. '셈이 제 만큼씩이니 산다'고 하는 말이 딱 맞다.

애증愛憎의 감정을 한껏 무디게 하는 것도 삶의 허무를 웬만큼 극복하는 방법이 되겠다. '벼룩도 낯짝이 있고 한 치의 벌레에도 혼이 들어 있다'고 하지만, 그 혼이 다 존중받고 살 수는 없다. '밤 간 원수 없고 날 샌 은혜 없다'는 게 세상사이며, '불을 끄는 데는 깨끗한 물만 필요한 게 아니라'는 게 사는 이치다. '양피도수 끼고 개구멍을 쑤셔도 내 멋이라'고 사람마다 뻗대는데, 무슨 재주로 참다운 삶을 설득할 수 있으랴. '사냥꾼에게는 경치가 보이지 않고 산삼 캐는 사람에게는 짐승이 보이지 않는다'는 이치와 다를 바 없다. '세상은 안경 빛깔대로 변한다'는 말이 조금도 그르지 않다. '풀 끝의 이슬이요 바람 앞의 등불이라'는 삶이 도무지 제 뜻대로 되지 않는다는 것을 깨닫게 된다. 그래서 '영악한 체하는 것은 못난 체하는 것을 못 당한다'는 말의 뜻을 깨우친다. 애증의 감정을 예민하게 해봤자 별 소득이 없다는 것을 알게 되는 것이다.

'사람이 한 치 앞을 내다보지 못한다'고 했다. 그런데도 백발이 될 때까지 살 수 있었다는 것은 천복을 받았기 때문이다. '인명은 하늘에 매였다'고 했는데, 하늘이 베풀어주지 않았으면 어찌 천수天壽를 누리겠는가. '하다못해 족제비라도 돌봐주는 것이 있어야 산다'고 했는데, 미물부터 숱한 사람들을 거쳐 우주만물에 이르기까지 도움을 받아서 살아올 수 있었던 것이다. '세상인심이 감기 고뿔도 남 주기 싫어한다'고 하는데, 그 틈바구니 속에서도 용케도 오래오래 버텼다는 게 신기하다.

지나고 보면 '인생만사가 꿈 속이라'거나, '인생 백 년이 풀 끝에 이슬이라'는 말이 맞다. '봄꽃도 한때요, 부귀영화도 한때'며, '이래도 한세상 저래도 한세상'인 것을 그렇게 모질게 살려고 했나, 하고 반성도 될 것이다. '죽기를 작정하면 못할 일이 없고 두려운 것이 없다'든지, '죽으려는 사람은 명을 잇고 살려고 하는 사람은 명을 줄인다'는 말만 믿고, 정신없이 앞으로만 몰아친 것이 못내 안타까울 것이다. '빠른 길 찾다가 돌아간다'거나, '빠른 걸음에 넘어지기 쉽다'는 진리를 일찍 깨우쳤다면 좋았을 걸, 하고 후회도 해볼 것이다. '오르막이 있으면 내리막이 있고 내리막이 있으면 오르막이 있다'거나, '없는 사람은 없는 걱정이 있고 있는 사람은 있는 걱정이 있다'는 말이 만고불변의 진리라는 것도 터득할 것이다. '없는 놈도 세 끼요 있는 놈도 세 끼라'거나, '천석꾼도 하루 세끼요 없이 살아도 하루 세끼라', '큰 집이 천 간이라도 밤에 자는 잠자리는 여덟 자밖에 안 된다'는 말이, 천지간에 진실이라는 것도 알게 되었으리라.

'토끼가 용궁을 가도 살길은 있다'고 했다. 아무리 험한 세상이라고 해도 살아갈 방도가 있는 것이다. '활인불은 골마다 있다'고도 했다. 어디를 가도 도와주는 사람이 있다는 뜻이다. '소망은 먼 곳에 있고 탐욕은 가까운 곳에 있다'지만, 욕심을 좀 덜어내면 그만큼 인생이 행복해진다. '어제의 부귀가 한바탕의 봄꿈이라'든지, '십 년 공적이 모래성이라'는 것을 빨리 깨우칠 일이다. '영악한 놈일수록 제 무덤 제가 판다'거나, '영특한 것도 모가 나면 화만 부른다'는 것을 빨리 깨우치는 사람은 진정 제 삶을 사는 것 같이 살게 되리라. '하늘에는 불측한 풍우가 있고 사람에게는 무상한 환난이 있다'고 했다. '피할 수 없으면 즐겨라'고 했듯이, 환난마저 즐길 수 있어야 하리라.

'한 치의 벌레에도 오 푼의 이야깃거리가 있다'는데, 하물며 인간에게는 얼마나 많은 비밀과 이야깃거리가 있겠는가. 남에게 감춘 것뿐만 아니라 저 혼자 알고 있는 것도 비밀이다. '비밀 없는 놈은 재산 없는 것보다 더 빈곤하다'는 말을 이해할 수 있을까. 인생을 살면서 누구나 숱한 비밀을 쌓아두었을 것이다. 자기도 모르는 사이에 그것으로 저마다 천일야화를 만들어 두었다. 삶은 부질없고 짧았지만, 저승에서 좋은 벗을 만나 지루하지 않게 주고받을 수 있는 이야깃거리로 충분하리라.

생로병사의 지혜, 속담으로 꿰뚫는다

초판 1쇄 발행 / 2023년 1월 20일

지은이　정종진
펴낸이　윤형두·윤재민
펴낸데　종합출판 범우(주)

등록번호　제406-2004-000012호
등록일지　1966년 8월 3일
주소　　(10881) 경기도 파주시 광인사길 9-13 (문발동)
전화　　031)955-6900~4, 팩스 031)955-6905

잘못된 책은 바꾸어 드립니다.

ISBN 978-89-6365-489-8 03810

홈페이지 www.bumwoosa.co.kr
이메일 bumwoosa1966@naver.com